高等院校研究生用书

实证研究方法论

——Stata应用

Empirical Research Methods Using Stata

毛新述 编著

中国人民大学出版社
· 北京 ·

前 言

本书在介绍实证研究基本范式和实施框架的基础上，系统阐述了统计和计量经济分析的基本思想、方法和在 Stata 上的实现，以及会计、金融、管理等领域实证研究的开展，为实证研究者提供了全景视图和一揽子解决方案。

实证研究初学者阅读相关论文时，面对大量模型、方法、数据分析、专用术语，往往一筹莫展，独立开展实证研究项目更是难上加难，因为这需要对所在专业领域实证研究的范式、数据收集、统计和计量分析方法及软件操作、实证论文的撰写等有较为全面的掌握，其中任何一个环节的学习都需要付出大量努力！没有对所在专业领域知识的长期积累，就很难提出创新性想法；没有系统学习统计和计量分析方法及软件操作，就无法进行研究设计；撰写一篇好的实证论文，还需要大量经验的积累。

本书基于“从数据到结论”的理念，按照“范式框架—设计实施—数据结论”的逻辑，首先介绍实证研究的基本范式；然后阐述实证研究项目实施的一般框架；进而介绍如何收集和处理数据进行统计和计量经济分析，通过对 Stata 的数据处理、统计和计量分析方法的详细介绍，阐明如何有效利用统计和计量软件来理解现代计量经济学的思想、方法，进行科学的实证研究；最后从会计、金融、管理等领域选择四个经典专题进行系统阐述。

本书的新颖之处包括以下几个方面。

1. 以解决实证研究中的普遍问题为根本出发点，以完成一项实证研究所需的知识和技能为写作主线，将数据处理、统计分析、计量分析、Stata 软件操作等有机融合起来，为深入学习计量经济学和进行实证研究提供了系统的方法论基础。

2. 对数据的收集、处理及在 Stata 中的实现进行了详尽分析。包括：

（1）如何获取数据？如何进行数据清洁、数据转换、数据合并？

（2）如何进行数据定位、数据配对和图表展示？

（3）如何有效地对数据进行分组和滚动处理？

3. 基于研究设计视角对统计和计量经济分析方法及其 Stata 实现作了简洁和清晰的阐述。经典的统计和计量经济分析教材非常多，内容也十分丰富，但几乎都不是基于实证研究中的研究设计主线来设计的，对于部分读者而言针对性不强。在实证研究的研究设计部分，完成数据收集整理后，通常第一步是通过描述性统计和相关分析来观察变量特征以及变量之间的初步关系，然后通过单变量参数和非参数检验判断变量、变量之间差异的显著性，以分析解释变量对被解释变量的初步影响，再进一步在控制其他变量影响的基础上，运用回归分析推断解释变量和被解释变量之间的因果关系。按照这一逻辑，本书第 4 章统计分析涵盖了描述性统计和推断统计（包括参数检验和非参数检验）；第 5 章和第 6 章基本涵盖了基于横截面数据和面板数据的线性和非线性回归分析的全部内容，并按照“进行回归分析的假定有哪些-如何检验这些假设是否满足-如果假定不满足应当如何修正”的逻辑展开，以使读者知悉统计计量方法的选择和运用。为了便于读者理解和改进研究设计，本书尽可能列示出各检验统计量的公式。例如，在经典线性回归模型中，t 检验用于检验单个估计参数是否显著，我们知道 $t_{\hat{\beta}_j}=(\hat{\beta}_j)/se(\hat{\beta}_j)$，即 t 值取决于估计参数和估计参数标准误的大小。要提高 t 值以提高统计显著性，就应当降低估计参数的标准误 $se(\hat{\beta}_j)$，因为

$se(\hat{\beta}_j)=\dfrac{\hat{\sigma}}{\sqrt{n}\,sd(x_j)\sqrt{1-R_j^2}}$（其中，$n$ 是样本量；$sd(x_j)=\sqrt{n^{-1}\sum_{i=1}^{n}(x_{ij}-\bar{x}_j)^2}$，是样本的标准差；$R_j^2$ 是自变量 x 之间的相关性），因此，在其他条件不变的情况下，要降低估计参数的标准误 $se(\hat{\beta}_j)$，就应当增大样本量 n，提高自变量 x 的波动性，减少自变量 x 之间的相关性。上述估计量的公式为我们改进研究设计提供了非常直观的思路。本书几乎没有介绍有关模型和公式的推导和证明，而是重点介绍各种统计计量方法的理解，以及在什么情况下应使用何种统计计量方法，实际应用时如何实现。比如：

- 如何理解计量经济学中各种估计方法以及模型的经济含义？
- 如何运用模拟方法获知违反模型假定时产生的后果？
- 如何进行文献中流行的稳健估计？如报告 White（1980，1982）稳健的标准误，报告单项/双向聚类/群（cluster）稳健标准误？
- 如何理解进行最大似然估计和广义矩估计？
- 为什么要使用面板数据？面板数据模型的主要作用是什么？
- 如何利用面板数据进行政策分析？什么是双重差分法（DID）？什么是倾向得分匹配(PSM)？什么是双重差分倾向得分匹配？如何实施？
- 如何有效地输出和报告模型估计的结果？

4. 对会计、金融、管理等领域的经典专题进行了介绍。本书选择了事件研究、应计会计、资产定价和公司治理四个经典专题进行阐述。事件研究在经济、法律、金融和会计领域有着广泛的使用，事件研究的思想并不复杂，但数据处理却是实证研究中较为复杂的领域，第 7 章在阐述事件研究实施步骤的基础上，用 Stata 程序完整展示了其实施过程；应计会计是现行报告的基础，大多实证会计研究都围绕应计会计展开，第 8 章详细阐述了应计利润的估计，以及盈余管理、应计质量和盈余稳健性的测度及 Stata 实现；资产定价是金融学中最重要的主题，第 9 章详细阐述了如何利用资本资产定价模型（CAPM）、Fama-French 模型以及未来收益折现法估计资本成本及 Stata 实现；公司治理是学术研究最为关注的领域之一，第 10 章对公司治理的文献、主要数据来源、主要变量测度及 Stata 实现进行了详细阐述。受篇幅影响，本书无法对除此之外的其他专题进行详细介绍，但是我

相信，熟练掌握这些专题后，将相关的方法和 Stata 编程技术运用到其他研究之中并不难。

在软件应用上，本书选择 Stata，并将数据处理、统计和计量经济分析、实证研究专题在 Stata 上的实现贯穿始终。主要的考虑是：Stata 简单与灵活性兼备，更新速度快，可扩展性强，面板数据和离散模型的分析功能非常强大，稳健估计十分方便，在经济、会计、财务、金融等领域的使用非常广泛。本书可以为读者学习应用 Stata 管理数据和进行实证研究分析提供重要参考。本书的教辅资源提供了书中所有 Stata 程序的数据，方便读者学习、运行和改进。读者可登录人大出版社网站 www.crup.com.cn，搜索本书书名，免费下载数据资源。

本书适用于会计、财务、金融方向的硕士生和博士生实证研究方法课程的教学和学习，也可作为经济管理类其他领域的硕士生和博士生学习实证研究方法论的参考用书。读者只要具有概率论与数理统计的基本知识，就可以完整地阅读本书。实证研究初学者完整阅读本书，理解其中所述方法的含义，掌握各程序的编写，完成课后练习，方可为开展实证研究和高级阶段的学习奠定坚实基础。对于已经熟练掌握统计计量分析方法和实证研究方法的研究者，本书可成为桌边案头的良师益友。

本书是我十多年来实证研究方法教学和研究的心得体会和经验总结，内容难免出现纰漏，例如有些解决方法和 Stata 程序可能并不是最优的，欢迎广大读者批评指正！相关意见可反馈至邮箱 maoxinshu@163.com，期待与大家共同推动实证研究工作！

毛新述

简要目录

目　录

第1章 绪 论

1.1 方法论与方法

方法论（methodology）是对应用于研究领域的方法的系统和理论分析。它包括与某一知识领域相关的方法和原则的理论分析，通常涵盖诸如范式、理论模型、阶段、定量或定性技术等概念（Irny and Rose，2005）。简单来说，就是指处理问题的一般途径和路线（李怀祖，2004）。而方法（method）指的是具体做法。方法论并不试图提供解决方案，因此，它与方法不同。相反，方法论为理解哪种方法、方法集或最佳实务能应用于特定情况（如计算特定结果）提供理论基础。

研究方法论阐述研究工作的基本原则、途径和过程，在总结前人经验的基础上，提出有效的研究工作的规范，包括问题阐述、文献综述、假设提出、数据收集、统计和计量经济分析以及研究报告或论文的撰写等各个环节的规范。研究方法论讲的是研究逻辑和研究规范，人们运用这套逻辑和规范能够提高研究工作的效率和质量。正所谓“工欲善其事，必先利其器”，如果将研究比作“事”，那么方法论就是“器”。方法论是指应用于某一学科的方法、规则和假定原则的分析。不同学科有不同方法论，任何研究方法或研究逻辑只能对一门学问的研究过程给予形式化的界定，不能增添所需的专业内容，但有助于将研究工作提高到专业水平。

研究方法论主要用于科学研究。科学研究和思辨研究都是获取新知识的主要方法。其中科学研究是指运用科学方法（通过系统观测）获取新知识的过程，而思辨研究是指主要运用思辨方法（通过直觉判断和个人洞察力）获取新知识的过程。科学方法具有客观性、实证性、规范性，思辨方法和科学方法相反，不强调客观性和实证性，也不服从所谓的规范。尽管思辨研究重要且不可替代（尤其在问题的发现和构思环节），但研究方法论却主要用于科学研究。研究方法论旨在总结出有成效的研究应遵守的规范和应具有的主要环节，让研究人员，特别是初涉研究的人员可以参照以往成功的经验，少走弯路。研究方法论总是试图将研究工作纳入清晰的、可观测的、能重复进行的科学方法和科学研究的轨道。此外，科学研究中所说的“大胆假设、小心求证”中的小心求证，是指在实施过程中不仅需要对研究过程保持应有的小心谨慎，而且必须系统掌握研究方法论。大多数研究者不缺乏大胆假设的精神，但缺乏小心谨慎的求证精神和过程，即常常忽略具体、烦琐的论证过程。

研究方法论可以通过系统学习掌握。每个研究者可能都有自己的思考逻辑和方法，但却不一定符合通用的规范和逻辑。例如，没有受过专门方法论训练的学生在撰写论文时，思维往往比较发散，难以抓住一项研究工作的要点和研究论文的重心；论文的形式也不符合规范，容易将论文写成教材式的文章或工作报告。通过学习研究方法论，研究者可以发现研究规范与自身思维定式之间的差异，明确自身研究思维有待改进和提高的空间；研究方法论还可帮助学术研究入门者领会研究中应该抓住的核心问题，把精力放在该投入的环节，写该写的内容，减少随意性，提高研究工作效率，也提高读者的阅读效率。

本书既讲解有关方法论，如实证会计研究项目的实施、数据收集、统计和计量分析以及某一具体研究领域的开展等，也讲解方法，如数据处理、统计和计量分析的具体方法，包括相关的 Stata 程序等。

1.2 研究范式

1.2.1 什么是研究范式

研究范式是在一定研究方法论基础上形成的研究的原则和方法体系。作为一个专门术语，“范式”由美国著名的科学哲学家托马斯·塞缪尔·库恩（Thomas Sammual Kuhn）首先提出，后经其经典著作《科学革命的结构》（*The Structure of Scientific Revolutions*）的出版而广为流传并逐渐应用于各门学科的研究中。“范式”一词的原文是 Paradigm，原意是“词尾变化”。在语法书中，词的变化是有规则的，库恩借用 Paradigm 一词来说明范式具有“范例”“模型”“模式”等意义。尽管范式是库恩首创，但他并没有对范式下过定义，从他的使用上看，这一概念与科学家集团或“科学共同体”这个概念密切相关。范式就是指科学共同体用基本一致的思考方式来研究同一领域的特定问题，是常规科学研究赖以运作的理论基础和实践规范。简言之，范式代表了一种近乎固定的问题和解题方法。基于所使用的研究方法论的不同，研究范式通常可以分为规范研究和实证研究。

1.2.2 规范研究与实证研究

1. 规范研究与实证研究的定义

规范研究是指根据假设，按事物内在联系，运用演绎推理得到结论的一种研究方法。规范研究就是从理论出发看待一个事物应该是怎么样的。规范研究回答“应该怎样”或“应然”的问题，是一种做出判断和决策行动的方式，给出解决方案或实施标准。

实证研究是指通过对研究对象的大量观察、实验和调查，获取客观材料，从个别到一般，归纳出事物的本质属性和发展规律的一种研究方法。实证研究作为一种研究范式，产生于培根的经验哲学以及牛顿、伽利略的自然科学研究。法国哲学家孔多塞（Condorcet，1743—1794）、圣西门（Saint-Simon，1760—1825）、孔德（Comte，1798—1857）倡导将自然科学实证的精神贯彻于社会现象研究之中，他们主张从经验入手，采用程序化、操作化和定量分析的手段，使社会现象的研究达到精细化和准确化的水平。孔德1830—1842年《实证哲学教程》（Lecture in Positive Philosophy）六卷本的出版揭开了实证主义运动的序幕，在西方哲学史上形成实证主义思潮。根据孔德的实证主义观点，哲学不应是抽象推理，而应当采用自然科学的观察、实验和比较等方法来研究人类社会，以实证的、确实的事实为依据，探寻其发展规律。实证主义所推崇的基本原则是科学结论的客观性和普遍性，强调知识必须建立在观察和实验的经验事实上，通过经验观察的数据和实验研究的手段来揭示一般结论，并且要求这种结论在同一条件下具有可验证性。实证主义学说在随后一百多年的时间里，被后人从不同方面加以继承和发展，成为西方社会学发展的主流，并对包括经济学在内的相关学科产生了深远的影响。

最早将实证主义思想和方法引入经济学领域的是美国著名经济学家米尔顿·弗里德曼（Milton Friedmann）。他在1953年出版的《实证经济学论文集》（*Essays in Positive Economics*）中提出了著名的实证经济学研究纲领，该纲领是近代实证主义在经济学中一次自发的运用。他指出，实证经济学的最终目的是拓展这样一种"理论"或"假设"，即对还未观察到的现象做出有效和富有意义的预测。受其影响，20世纪60年代后期，美国会计学者将实证经济学的方法引入会计研究，形成了实证会计理论，主要目标是解释和预测会计实务。可以说，实证经济学的形成为实证会计理论的形成提供了一个完整的方法论基础。需要指出的是，这个由弗里德曼加以普及的名词经常导致实证理论概念（科学上的概念，下文简称"科学实证主义"）与另一哲学上的概念，即逻辑实证主义①相混淆（Watts and Zimmerman，1986）。两者的核心区别在经验检验上，逻辑实证主义坚持证实原则，而科学实证主义坚持证伪原则，属于精致证伪主义（陈汉文，2006）。

2. 规范性命题与实证性命题

规范研究主要关注规范性命题或规范问题，而实证研究主要关注实证性命题或实证问题。规范性命题（normative proposition）是规定性的。它们得出关于世界应该是什么样子的观点，致力于探索"应该是什么"；实证性命题（positive proposition）是描述性的。它们做出关于世界是什么样子的表述，致力于探索"是什么"。

例如，假设有两个人正在讨论最低工资法，下面是你可能听到的两种表述：

波莉：最低工资法引起了失业。

诺姆：政府应该提高最低工资。

实证性命题和规范性命题之间的关键区别是我们如何判断它们的正确性。从原则上说，我们可以通过检验证据确认或否定实证性命题。经济学家可以通过分析某一时期内最

---

① 在逻辑实证主义中，论点的真实性要么通过定义，要么通过实际经验予以证实。逻辑实证主义注重非定义性论点的验证（Blaug，1980，p.11）。

实证或科学理论汇总不存在绝对事实。事实的解释取决于理论（例如因果关系的陈述也需要理论）。此外，我们无法证明假设是正确的；我们只能证实假设不成立。因而，这种理论强调的是对理论进行批判，并试图证明它们是错误的，而不试图验证它们是正确的（Blaug，1980，pp.1-28）。

逻辑实证主义对验证的强调导致人们不相信诸如机械学中的绝对失控和进化论的自然选择等不可观察到的概念（Blaug，1980，p.11），但在实证经济学中却不存在这样的不信任。事实上，一些抽象概念如经济达尔文主义在实证经济学中起着重要作用。为了解释经济机制，实证主义者通常假设有效的机制将得以生存。

低工资变动和失业变动的数据来评价波莉的表述。与此相比，对规范性命题的评价既涉及事实也涉及价值观。仅仅靠数据不能判断诺姆的表述。确定什么是好政策或什么是坏政策不仅仅是一个科学问题，它还涉及我们对伦理、宗教和政治哲学的看法。

实证性命题与规范性命题根本上是不同的，但在一个人的观念中它们通常相互关联。特别是，我们关于世界如何运行的实证观点将影响我们关于什么政策合意的规范观点。如果波莉关于最低工资法引起失业的说法正确的话，这可能会使她否定诺姆关于政府应该提高最低工资的结论。但规范结论并不能仅仅依据实证分析，还涉及价值判断。

研究者必须严格区分实证性命题与规范性命题。实证性命题关注的是世界如何运行，即“如果出现 A 就可能发生 B”的形式，并且可予以否定。例如，“假定某公司从先进先出法改为后进先出法，并且证券市场尚未预期到该变化，那么公司的股票价格就会上升”。该论点是一种可被证据否定的预测。规范性命题涉及的是各种限定，即“给定条件组 C，必须选择方案 D”。例如，“由于物价上升，公司必须采用后进先出法”。该命题则无法加以否定。但在给定条件下，上述命题也可予以否定。例如，“在价格上升的情况下，采用后进先出法将使公司的价值最大化”，这一命题可用证据予以否定。因此，在给定条件下，研究人员可以把某一限定转换成一个条件性预测并评估其经验有效性。不过，目标的选择是由该理论的使用者而不是研究者来进行的。

1.3 研究方法

1.3.1 规范研究方法

规范研究通常采用演绎推理进行论证。演绎推理是从抽象理论到具体事实的过程，它的结论必然能从前提推演出来，如前提为真则结论为真。例如，在会计研究中，规范研究通常先确定会计目标，然后对某些关键性的定义和假设进行描述，并基于这些定义和假设展开对会计目标实现过程的逻辑推理，最终得出的结论和具体化的方法通常被用以规范会计实务。

下面以“论公允价值计量与资产减值会计计量的统一”（毛新述，戴德明，2011）为例来说明规范会计研究的实施。

1. 研究背景、问题和动机

任何研究都需要首先阐述研究背景、问题和动机，研究的动机越强烈，说明研究问题越迫切。对“论公允价值计量与资产减值会计计量的统一”一文（以下简称“该文”）来说，首先要回答的问题是：为什么说公允价值计量和资产减值会计计量的统一是重要的？主要的背景有：

首先，在会计计量中，应当采用单一计量属性，还是多种计量属性？在多种计量属性中，何种计量属性是最恰当的？这一直是悬而未决的问题。

其次，2008 年美国金融危机加剧了对计量属性，特别是公允价值计量和资产减值计量的讨论。2009 年 11 月国际会计准则理事会（IASB）发布的《金融工具：摊余成本与减值》（征求意见稿）在资产减值计量领域继续坚持已见，同美国财务会计准则委员会（FASB）的规定仍存在差异。同属价值计量范畴的公允价值计量与资产减值计量为什么在计量方法上存在根本性的分歧？

最后，会计准则制定者正在寻求会计理论界的支持。2008 年 10 月在北京举行的国际财务报告准则大会中，IASB 理事沃伦·麦奎格表达了希望获得专家指导的强烈愿望。

基于上述背景，可探索的研究问题至少包括：

（1）从概念框架的推理来看，何种计量属性是最恰当的？

（2）什么情况下应当采用公允价值计量？什么样的资产可以采用？应当何时采用？

（3）为什么公允价值计量和资产减值会计计量是分离的？两者分离的不利后果有哪些？是否存在统一的逻辑基础？

主要研究动机为：通过分析现行主要准则体系中公允价值计量与资产减值会计计量的分离及其不利后果，提出基于财务报告“价值观”的要求统一公允价值计量与资产减值会计计量的可能途径，从而为解决以 FASB 和 IASB 为主的不同准则制定机构关于资产减值会计计量的分歧，实现会计准则的全球趋同，以及建立全球统一的高质量会计准则提供可行的思路。

2. 研究论证

采用演绎推理论证“从概念框架的推理来看，何种计量属性是最恰当的?”这一问题时，需要从财务报告目标、信息质量特征、要素定义等角度来进行推理。该文在论证中指出：

> 从概念的演绎看，财务报告信息要对投资者决策有用，一方面应当具有相应的质量特征，另一方面应当面向未来。基于这一逻辑，FASB 在明确会计信息质量特征的基础上，将资产的主要特征定义为预期会给企业带来经济利益的资源。因此，在资产报告时应当充分着眼于资产的未来经济利益流入（价值观），而不仅仅是取得资源时流出的对价或摊余金额（成本观）。价值观和成本观的根本区别在于，价值观主要面向未来，需要从整个市场的角度来考虑，以预期经济利益的流入或流出作为资产和负债的计量依据，后续计量中需要按其价值进行动态调整。而成本观则主要面向过去，只需要从特定主体的具体交易或事项进行考虑，以实际发生的经济利益的流入或流出作为资产和负债的计量依据，后续计量中通常不需要按其价值进行动态调整。IASB 随后也采纳了类似的观点。财务报告模式从“成本观”向“价值观”的转变导致会计准则的制定模式开始从收入费用观转向资产负债观。因为在收入费用观下，资产负债表沦为成本摊余表，甚至有些项目根本就不是资产或负债，因此，资产负债项目的金额通常不能反映其价值。会计准则制定模式的转换促使 FASB 和 IASB 在准则制定中开始大力推广公允价值计量属性的运用。公允价值计量和未来现金流量的现值成为许多资产项目计价的依据。对没有采用公允价值计量的资产项目，在其后续计量中，如果资产负债表日的账面价值高于其预计未来的经济利益流入，表明资产发生了减值，应当将其账面价值减记到公允价值或可收回金额。总之，以预期经济利益的流入或流出作为资产和负债的主要计量依据，提供资产和负债市场价值信息以计算有序清算时的企业价值（或最低企业价值），是财务报告“价值观”的主要体现。

同样，该文进一步指出，无论是对权益投资者还是债权投资者，价值计量都要优于成本计量。

对于"为什么公允价值计量和资产减值会计计量是分离的？两者分离的不利后果有哪些？"这些问题的分析，通过对两者产生和发展不同、具体计量方法不同的分析，得出：

> 对公允价值计量与资产减值会计计量采用不同的标准，一方面使概念的演绎未能贯彻始终，因为两者本质上都是价值计量的体现，唯一的区别在于资产减值会计计量是一种不对称的价值计量；另一方面，两者的分离也提高了准则的复杂性，加大了准则的执行难度。如果IASB在公允价值计量准则中采纳了基于市场参与者假定的"在用"和"在交换"前提，那么就有必要为资产减值会计计量中对使用价值的估计采用特定主体假设提供合理的解释，反之亦然。而且，还需要对会计计量中使用现值技术的目的进行详细阐述，即现值计量何时应当使用市场参与者假定？何时应当使用特定主体假定？这就大大提高了准则的复杂性和执行难度。

最后，从五个方面阐述了应当以公允价值，而不是可收回金额作为资产确认计量的依据，为资产减值建立单独的确认条件作为实现公允价值计量与资产减值会计计量统一的途径。

（1）从概念层面看，主体管理层的估计，没有提供一个价值计量的中立基础。市场是资产和负债价值的最终裁定者。

（2）从法律层面看，主体估计易遭受诉讼。

（3）从执行层面看，可收回金额计量可能更加复杂。

（4）从计量结果看，并无实质性影响。

（5）从准则趋同的角度看，公允价值计量决定趋同的程度。

3. 主要结论与建议

基于上述分析，该文得出的主要结论与建议如下：

> 与财务报告目标和相关概念相一致的计量属性是公允价值。考虑到财务报告的非估值功能和市场的非有效性，现行准则中需要对公允价值计量的运用施加不对称的约束，即实施资产减值会计，但这并不意味着需要建立单独的资产减值计量标准。准则制定机构应当在界定资产减值确认条件的基础上，基于公允价值来建立单一的减值计量模型，以形成内在一致的逻辑，并简化准则的制定和执行。

1.3.2 实证研究方法

实证研究方法是建立在事实观测的基础上，通过一个或若干个具体事实或证据归纳结论的方法。实证研究方法主要包括：

（1）档案研究（archive study）。主要指利用档案性文件中包含的数据展开分析，如统计年鉴数据、财务报表数据等。

（2）调查研究（survey study）。主要通过发放和回收调查问卷或者通过访谈（interview）获得数据，然后进行统计分析。调查研究广泛应用于各个领域。

（3）实验研究（experiments study）。实验研究是自然科学和工程技术采用的主要观测方法，包括实验室研究和现场实验。其中，实验室研究是指通过在可控制条件下的实验获得数据；现场实验是指在实验对象所在的现场进行实验获得数据。在经济、管理领域，比较有名的实验研究包括：卡尼曼的决策行为实验、霍桑实验、利皮特和怀特的领导风格与群体行为实验、罗森塔尔和雅各布森的人的行为趋向实验、亚当·斯密的证券市场的泡沫形成实验。

(4) 实地研究（fields study）。是指到研究对象或企业现场获得第一手材料进行研究。是对自然状态下的研究对象进行直接观察，收集一段时期内若干变量的数据。

1.3.3 研究方法的演进——以会计研究为例

从美国来看，20 世纪 60 年代以前，所有的会计研究都是规范会计研究。随后，实证会计研究异军突起，并成为会计研究的主流范式。会计研究范式和方法的具体演进过程如下。

19 世纪后期和 20 世纪初期，会计研究者主要注重描述已观察到的实务并为这些实务的分类提供教学式的规则。虽然他们有时能洞察到特定实务存在的原因，但早期的会计研究者并未试图建立一套能够在总体上解释会计实务的原则。

1933 年《证券法》和 1934 年《证券交易法》的颁布，对上市公司信息披露进行了规定，并促使证券交易委员会成立，会计研究者开始更加关注如何对公司报告进行规范的问题。例如，对资产的计价基础曾经有争论，一些人认为旧资产的计价应以重置成本为基础，而另一些人则提倡以现行价格为基础。会计研究者开始更加重视对会计政策提出建议；他们越来越倾向规范化，即重视应当怎么做的问题，但对规范性命题所赖以存在的假设的现实有效性却很少关注。会计研究者认为会计的性质、会计的作用、不同会计程序对股票价格的影响是不言而喻的，由此得到的理论无非是先假定会计目标，继而进行逻辑推理的结果。

经济学和公司财务理论的发展促进了会计研究范式的改变。20 世纪 50 年代，乔尔·迪安（Joel Dean）和其他一些人，如莫迪利安尼（Modigliani）和米勒（Miller），通过运用经济分析法来解决财务问题，有力地推进了财务理论的发展。证券价格研究中心（CRSP）建立的证券价格大型电子计算机数据库大大促进了对分析过程中所形成假设的经验性检验。这些数据以及电子计算机的出现，导致对股票价格行为以及信息对股票价格影响的大量研究［参见 Fama（1976）对这些研究的概述］。早期的实证研究结果促进了有效市场假说（efficient market hypothesis）的发展。在经济学和公司财务领域引进对假说，尤其是对有效市场假说进行的大量经验性检验，这最终对会计研究产生了巨大影响。60 年代中期，对有效市场假说进行验证的结果与规范性会计理论的基本假设相矛盾。具体地说，规范性会计理论假设采用不同的会计方法其后果是不同的，而有效市场假说检验研究结果表明，股票市场并不会受到会计方法的系统性干扰。这些相互矛盾的现象是由那些受训于公司财务中新的研究方法的人士发现的。为了向会计人员解释这些矛盾，这些研究人员把金融学的研究方法及与之相联系的理论概念和方法引入会计。如，1968 年芝加哥大学的雷·鲍尔（Ray Ball）和菲利普·布朗（Philip Brown）在《会计研究杂志》（*Journal of Accounting Research*）发表了《会计收益数据的经验评价》（An Empirical Evaluation of Accounting Income Numbers），斯坦福大学的威廉·H. 比弗（William H. Beaver）同年在《会计研究杂志》增刊中发表了《年度收益报告的信息含量》(The Information Content of Annual Earnings Announcements)。在以公司财务为基础的文章中，Ball and Brown (1968) 是第一篇，也是对实证会计文献影响最大的一篇。这种外来的理论概念与方法在当时无法得到大部分会计研究者的理解，因此受到抵制。Dyckman and Zeff (1984) 曾论述了鲍尔和布朗在发表其文章时所遇到的困难。然而，随着时间的推移，这种方法日益盛行，以此方法写成的文章在重要学术刊物上占有相当大的比重。

到了 20 世纪 70 年代中期，公司财务研究人员认识到：在推翻各种旧理论之后，对财务实务的解释和理论已经荡然无存。例如，他们无法解释不同企业之间负债权益比率的系统性差异。这种认识促进了能够解释诸如负债权益比率的系统性差异等财务实务的理论发展。同时，会计研究人员观察到会计实务的一些系统性状态。例如，他们发现整个行业在同一时期从一种会计方法转为另一种方法（如美国钢铁业的折旧方法在 1968 年从加速折旧法转为直线折旧法）。这表明发展一种解释会计实务的理论是完全可能的，因为解释财务实务的理论的发展为此提供了现成的参考依据。70 年代中期以后，实证会计研究重点转移至会计政策选择以及会计方法改变的经济后果上。这些研究大都建立在分红计划 (bonus plan)、债务契约 (debt contract) 和政治成本 (political costs) 三大假设之上，对会计政策选择的动因和企业管理当局决策行为的影响做出解释和预测。

20 世纪 80 年代，实证会计研究已成为美国会计学术界的主流研究范式，1986 年，罗斯·瓦茨 (Ross Watts) 和杰罗尔德·齐默尔曼 (Jerold Zimmerman) 出版了《实证会计理论》(*Positive Accounting Theory*) 一书，该书对实证会计理论的形成和发展进行了较为系统的总结，标志着实证会计理论作为一个学术流派正式形成。其后，实证研究的数量和范围不断扩大，研究领域除了会计选择外，涉及市场效率、价值相关性、分析师行为、管理者行为、基本面分析等，形成了广义的实证研究 (empirical research) 范式。这一发展趋势一直延续至今。

20 世纪 90 年代之前，我国的会计研究基本属于规范会计研究，并形成了一些代表性的学术流派，如厦门大学的“信息系统论”、中国人民大学等的“管理活动论”。90 年代中期前，会计研究主要围绕会计准则建设，以规范研究为主。1995 年中国会计教授会创立，资本市场逐步发展，会计领域实证研究逐步兴起。21 世纪后（2005 年之后），国内经验研究占据主流地位，会计研究中的中国制度背景颇受关注，社会学、政治学等理论的发展逐渐扩展了会计研究范畴。

参考文献

1. 李怀祖．管理研究方法论．西安：西安交通大学出版社，2004.

2. 刘军．管理研究方法：原理与应用．北京：中国人民大学出版社，2008.

3. 鲁桂华．经验会计与财务研究方法：原理、应用及其 SAS 实现．北京：北京大学出版社，2007.

4. ［美］罗斯·L. 瓦茨 (Ross L. Watts)，杰罗尔德·L. 齐默尔曼 (Jerold L. Zimmerman). 实证会计理论：英文版．北京：中国人民大学出版社，2009.

5. [美] 罗斯·L. 瓦茨（Ross L. Watts），杰罗尔德·L. 齐默尔曼（Jerold L. Zimmerman）. 实证会计理论. 大连：东北财经大学出版社，2012.

6. 毛新述，戴德明. 论公允价值计量与资产减值会计计量的统一. 会计研究，2011(4)：15-22.

7. [加] 威廉·R. 斯科特. 财务会计理论. 北京：机械工业出版社，2006.

8. [美] 托马斯·库恩. 科学革命的结构. 世界建筑，2018(12)：127.

9. 吴溪. 会计研究方法论. 北京：中国人民大学出版社，2012.

10. Ball, R. and P. Brown. An Empirical Evaluation of Accounting Income Numbers. Journal of Accounting Research, 1968, 6(2): 159-178.

11. Beaver, W. H. The Information Content of Annual Earnings Announcements. Journal of Accounting Research, 1968, 6: 67-92.

12. Blaug, M. Methodology of Economics. Cambridge: Cambridge University Press, 1980.

13. Boulding, K. E. and M. Friedman. Essays in Positive Economics. Political Science Quarterly, 1954, 69(1): 132.

14. Christenson, C. The Methodology of Positive Accounting. The Accounting Review, 1983, 58(1): 1-22.

15. Dean, J. Managerial Economics. Prentice-Hall, Inc., 1951.

16. Dyckman, T. R. and S. A. Zeff. Two Decades of the Journal of Accounting Research. Journal of Accounting Research, 1984, 22(1): 225-297.

17. Fama, E. F. Reply. The Journal of Finance, 1976, 31(1): 143-145.

18. Friedman, M. Essays in Positive Economics. University of Chicago Press, 1966.

19. Ishak, I. S. and R. A. Alias. Designing a Strategic Information Systems Planning Methodology for Malaysian Institutes of Higher Learning (Isp-Ipta). Issues in Information Systems, 2005, 6(1): 325-331.

20. Jensen, M. C. Reflections on the State of Accounting Research and the Regulation of Accounting. Stanford Lectures in Accounting, 1976.

21. Watts, R. and J. Zimmerman. Positive Accounting Theory. New Jersey: Prentice-Hall, 1986.

第2章 实证研究项目的实施与一般框架

2.1 研究问题的提出

提出一个明确和有意义的问题通常是研究的第一步，也是非常重要的一步。正如爱因斯坦所说，提出一个问题往往比解决一个问题更为重要，因为解决问题也许只需要数学上或实验上的技巧；而提出新的问题、新的可能性，从新的角度看旧问题，则需要创造性和想象力，可能蕴含着科学的进步。如果没有明确的问题和分析目标，研究就无从下手。如果在问题尚未明确和想法尚未成熟之时就开始收集资料，往往会事倍功半。这是因为在没有明确问题、阐述假设和设计模型的情况下，很可能会遗漏某些重要变量的信息，或是从错误的总体中取样，甚至收集错误时期的数据。

如何判断提出的研究问题是一个好的或值得研究的问题？通常，一个好的研究问题或选题应当是有趣的、新颖的，并且具体可行。由于经济学和管理学是研究稀缺资源如何有效配置的学科，因此，如果一个选题能够帮助我们理解企业或经济资源的配置过程，那么这个选题就是有趣或有意义的。要使一个问题让人感兴趣，并不需要它具有广泛的政策含义；相反，它可以只有局部意义。例如，一个会计研究问题，可能不会引起社会、政府部门和其他经济管理领域的广泛关注，但可能会引起会计准则制定机构、证券监管机构或企业管理层等部分人的关注，表明这是一个好的研究问题。另一方面，也许我们只是从局部兴趣出发分析问题，但最后却得到普遍关注，比如，确定什么因素会导致或诱发企业财务信息的造假或盈余管理问题。如果尚未有人研究这一问题，这就是一个新颖的选题。研究问题应当是具体的。简单来说，在实证研究中，通常要回答“X 对 Y 有何影响”的问题，在这一问题中应能明确 X 与 Y 具体是什么，并且 X 和 Y 之间的联系应当是重要的。这意味着，若被问及你的论文，你回答“我正在做有关公司治理的论文”或“我的论文是关于盈余管理的”，这极有可能说明你只确定了一个宽泛的研究领域，而没有表述出一个真正的问题。你应该能够这样回答：“我正在研究公司治理中的媒体监督对公司投资效率的影响”或者“我正在考虑媒体关注如何影响公司的盈余管理行为”，并且能够清楚地阐述两者之间联系的重要性。研究问题还应当是可行的，能够收集到相关数据，并运用相应的统计与计量方法来进行证伪或证实。对硕士生或博士生而言，在选择研究问题的时候，必须确信现有的数据来源足以让其在指定的时间内回答该研究问题。通过调查问卷和实地研究来获取数据时尤其需要关注这一点。

提出一个没有人研究过而又很有意义的问题当然令人激动，但往往十分困难。如果满足下列标准之一，可能意味着研究问题是有意义的。

(1) 以前研究过的问题，随着时间的推移，在新的时间断面上可能会出现新的特征或状态。例如，一项新的证券监管政策［如 IPO（首次公开募股）政策、配股增发政策、分红政策］的出台，一项新会计准则（如衍生工具准则、公允价值计量准则）的颁布，会导致以前研究过的问题发生结构性变化，从而有必要进行再次研究。

(2) 以前研究过的管理问题属于另外的空间（国家、地区、行业、板块等）。例如，Faccio and Lang（2002）研究了西欧公司的终极所有权，而随后 Chernykh（2008）则讨论了俄罗斯的终极所有权和控制权。但如果在新的空间中并没有发现增量信息（不同的制度背景会导致不同的结论等），可能意味着研究问题不值得进行探索。

(3) 你所有研究的问题，由于某种原因，如遗漏了重要的影响因素，研究结论有错误，有必要重新研究。例如，Fama and French（1993）提出的三因子模型是资本资产定价模型的推广（增加了规模和价值两个因子），其对资产定价领域的影响甚广。随后 Carhart（1997）发现动量因子对资产定价也有重要影响，通过加入动量因子将其发展为四因子模型。最近，Fama and French（2016）在 1993 年提出的模型的基础上增加了两个新因子：盈利能力（profitability）和投资模式（investment pattern），遂成为 Fama-French 五因子模型，从而能够更好地解释股票横截面收益率的差异。

(4) 通过新的数据发现更好的代理变量，或者可能得到面板数据或准自然实验数据，使我们能从不同的角度去思考一个老问题，并得到新的研究结论。例如，我国国企的“限薪令”为研究薪酬的影响提供了一个自然实验场景。2002 年，国家开始推行国企高管年薪制，规定其年薪不得超过职工平均工资的 12 倍。但随着经济发展和国企盈利的增长，这一比例早已被突破。2009 年中央企业负责人平均年薪达 68 万元。人力资源和社会保障部等六个部门于 2009 年联合出台《关于进一步规范中央企业负责人薪酬管理的指导意见》，对中央企业发出高管“限薪令”。“限薪令”的发布为我们考察这一政策对薪酬的影响以及这一影响的经济后果提供了一个自然实验场景。

如何提出一个符合上述标准之一的研究问题并没有统一的规则。通常可以通过下述途径来寻找研究问题。首先，可以通过浏览财经新闻来选定研究问题，财经新闻中一些重要会计、金融、公司治理、管理问题的讨论往往隐含着值得探讨的研究问题（通过大样本研究来验证）。其次，可以通过大量阅读文献来选定研究问题，尤其需要关注不同文献中多次提到的未来研究方向。最后，如果研究者具有一定的工作经历，实践中一些重要或有争议的问题往往可以成为有价值的选题。

在表述研究问题时，和同学、老师以及朋友讨论一些想法会有所帮助，尽量让他们相信选定的研究问题值得关注。

2.2 文献收集与回顾

所有的研究都建立在前人研究的基础之上，几乎无人会试图研究尚无前期成果的项目。因此，所有论文，无论长短，都应包含对相关文献的综述。文献既包括中文文献也包括外文文献。

有了一个初步的想法或研究选题时，可以通过关键词检索中文和外文数据库来获取与选题相关的文献。目前，主要的外文数据库包括 EBSCO，ProQuest，JSTOR 等，这些数据库的全文通常有一定的滞后，有时不能获取全文。想同步获取全文可以到期刊出版公司的数据库，如 Elsevier（包括 *Journal of Financial Economics*，*Journal of Accounting and Economics*，*Journal of Corporate Finance* 等有影响力的期刊），Wiley（包括 *Journal of Finance*，*Journal of Accounting Research*，*Contemporary Accounting Research* 等有影响力的期刊），Springer（包括 *Review of Accounting Studies*）查找，有些期刊（如美国会计学会的 *The Accounting Review*、美国管理学会的 *Academy of Management Journal* 和 *Academy of Management Review*）则需要到期刊所属的学会购买账号下载。几乎所有大学图书馆都提供整合检索或一键搜索（如图 2-1 所示），只要登录图书馆整合检索网页，在搜索栏输入英文或中文关键词，点击“搜索”即可。可以通过限定显示期刊、出版时间缩小范围，还可以通过高级搜索来进行更精确的搜索。研究者还可以在社会科学研究网（Social Science Research Network，SSRN）下载尚未发表的工作论文，这些论文通常属于经济、管理、会计、财务、法律领域的最新研究成果。

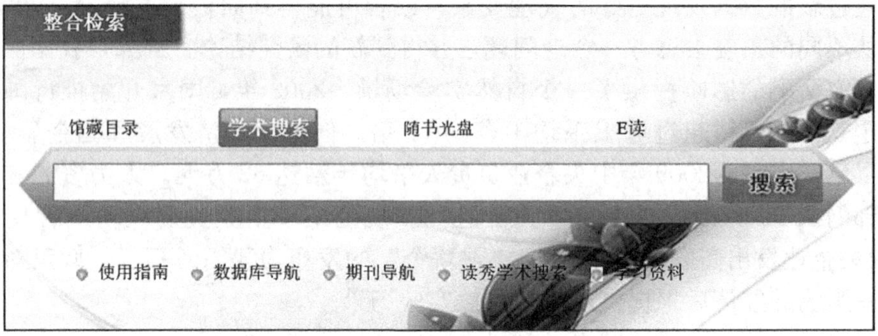

图 2-1 文献的整合检索网页

中文文献可以在中国知网或国家哲学社会科学文献中心进行搜索。

为了避免遗漏关键文献，通常需要对同一领域使用多个关键词进行搜索。例如，对“CEO 权力”一词，有些文献称之为“管理层权力”“高管权力”“高管团队权力”。这时，我们可以在中国知网点击“高级搜索”，选择搜索范围为“篇名”，在其右侧的搜索栏输入“CEO 权力”，选择“OR”（或者），重复上述操作，依次输入“管理层权力”“高管权力”“高管团队权力”。为了进一步缩小搜索范围，可以选择连接词“AND”（并且），选择“文献来源”，指定相应期刊进行搜索，如输入“经济研究＋管理世界＋经济学(季刊)＋中国工业经济＋世界经济＋财贸经济＋经济学动态＋数量经济技术经济研究＋管理科学学报＋中国软科学＋南开管理评论＋金融研究＋会计研究＋中国会计评论＋审计研究”。具体如图 2－2 所示。

图 2－2　对同一领域使用多个关键词进行搜索

文献资料浩如烟海，如何判断有价值的文献是一项富有挑战性的工作。通常的标准是根据期刊的影响因子判断期刊的质量，期刊的影响因子越高，期刊的影响力就越大，质量也就越好。发表在高影响因子期刊上的论文通常被认为质量更高。

在英文期刊方面，美国得克萨斯大学达拉斯分校（UT Dallas）发布的 TOP 24 期刊（下文简称“UT Dallas 24”）是国际公认的顶级权威管理学期刊目录。《金融时报》发布的 TOP 50 期刊（下文简称“FT 50”）则列出了商学院各领域中最顶尖的学术期刊。通常，不同的学校会基于这些目录、期刊的影响因子以及学校的学科支持倾向发布自己的期刊目录（如 A 类、B 类期刊目录）。

在中文期刊方面，管理学的权威期刊目录主要是国家自然基金委员会管理学部认定发布的 30 种重要期刊（其中 A 类 22 种，B 类 8 种），该目录未包括经济学领域中的重要期刊，如《经济研究》《经济学（季刊）》《世界经济》《财贸经济》等。

会计、财务类有影响力的国内外期刊，可参见吴溪（2012）的讨论。

某一研究领域的文献越多，越需要首先将搜索限定在有影响力的文献上。可以在中国知网的高级搜索的“文献来源”项中指定相应的期刊（见图 2－2），通过指定重要期刊来大幅缩小文献的搜索范围。

搜索完成后，简单浏览论文标题和摘要内容，下载并存储相关的文献，下载的文献建议以“作者名称（年份）”命名，如“Rajan and Zingales（1998）”，这样可以与论文文献综述中的引用一一对应，方便查找。

阅读文献时，经典文献需要反复阅读。只有虚心地从经典文献中汲取营养，才能站在巨人的肩膀上。由于经济现象的复杂性（社会科学属于软科学），任何论文都有一定缺点（比如，忽略了某些可能的重要因素），也都有可以改进的空间（甚至可能推翻作者的结论）。因此，阅读文献时应带着批判性思维，如果你认为前人所做的研究都十全十美，就不可能再有新的发现了。

为了写好文献回顾，需要在大量阅读文献的基础上做好笔记。写好一篇 1 万字的文献回顾，可能需要做 10 万字甚至更多的文献阅读笔记。做笔记可以帮助我们真正读懂文献，思考文献取舍，对写作能力也是很好的锻炼。

撰写的文献回顾可以独立成章，也可以作为引言的一部分或包含在假设提出部分，详细程度取决于写作任务。2.5.2 节将具体讨论文献综述的撰写。

2.3 数据收集

1. *确定并获取数据*

数据是整个实证研究的基础。没有数据，研究就成了“无米之炊”。没有高质量的数据，就不可能有高质量的实证研究。随着信息和数据库技术的发展，数据的来源变得越来越丰富。既可以通过现有的数据库来获取数据，也可以通过手工或计算机技术（爬虫技术）从公开的纸质或电子文档中收集数据，还可以通过设计问卷、进行试验或实地调研来获取数据。由于数据收集费时费力，我们首先应当知道何时可以通过已有的数据库获取数据，何时需要通过手工或计算机技术获取数据。其次，在数据收集前，我们应当有了明确的研究问题，熟知该领域已有的文献，清晰界定了研究的样本和变量，阐述了研究假设和模型设计。如果没有做好这些工作，在数据收集结束后的分析过程中，一旦发现遗漏了一个或一些重要的变量，并且这些变量需要手工搜集，甚至有些变量的数据获取根本不可行，那将是一件极为沮丧的事！

为了确定数据的来源和收集途径，我们需要对已有的经济、金融、会计、财务、管理数据库内容有比较清楚的认识。例如，通用的数据库公司几乎收集了上市公司所有的财务报表数据和股票价格数据。其中，包括中国上市公司数据的数据库主要有国泰安数据库（CSMAR）、中国研究数据服务平台（CNRDS）、色诺芬数据库（CCER）、锐思数据库（Resset）、万德金融数据库（Wind）、同花顺金融数据库（iFinD）、巨灵数据库（Genius）等，CSMAR、CNRDS、CCER、Resset 更多服务于学术研究，而 Wind、iFinD 等更多服务于金融机构的数据分析。包括美国上市公司数据的数据库主要有证券价格研究中心（CRSP）、企业财务分析资料库（COMPUSTAT ）和机构经纪人预测系统（I/B/E/S）等。包括各国上市公司数据的数据库主要有彭博（Bloomberg）、数据流（Datastream）、BvD 等。这些数据库都会及时更新数据。随着计算机技术的发展，数据库公司对财务报告中除财务报表以外的数据以及上市公司发布的其他公告进行格式化整理，以方便研究者获取数据。除了上市公司的数据外，这些数据库还包括国家统计部门发布的宏观数据［包括国家和地区 GDP（国内生产总值）、价格指数、景气调查、利率、货币政策、货币供应、存贷款、外汇管理、财政收支、零售与消费、固定资产投资等］，以及各行业的统计数据。相反，获取非上市公司的数据比较困难，目前我国针对非上市公司的数据库主要是中国工业企业数据库，截至 2020 年年底，数据已更新至 2013 年。

如果不能从已有的数据库获取数据，就只能自己收集数据。为确保数据收集是高效的，需要在自行收集数据前利用数据表格对数据架构做好设计。要素包括：

（1）数据库概要（summary）：对研究样本、研究对象、样本期间、研究单位、数据来源、负责人、主要工作等进行概要说明。

（2）变量定义（definition）：包括变量的中英文名称、变量测度、数据来源与说明等。收集的变量数据要尽可能细化到最小粒度或最小口径。

（3）数据展示（data）：根据概要说明和变量定义展示部分数据，判断是否达到了预期的目标或是否存在错误。

数据架构设计完成后就可以进行数据收集了。如果需要聘请他人收集数据，还需要制作单独的数据收集说明文件，包括总体要求、详细的数据收集步骤、时间要求、质量监控等。聘请他人收集数据时，应当对收集的数据进行抽样检查（至少抽取5%～10%）、核对，以确保原始数据的质量。

收集的数据一般先存储在电子表格（spreadsheet），如Excel表中，这样后续利用统计与计量经济分析软件进行分析时比较方便。

2. 检查、清理数据

无论是从已有数据库中获取的数据，还是自行收集的数据，在进行统计与计量经济分析前都要仔细检查，熟悉其结构和表达。

从已有数据库中获取数据时，首先需要对公司的数据质量进行总体评估。前面指出，可以通过多种数据库来获取上市公司的财务数据，如果所在单位购买了多个数据库，那么通过下载不同数据库的财务报表数据进行比较，就可以简单判断数据的质量。如果数据存在差异，并且不是计量单位（如采用元、万元和亿元等不同计量单位）导致的，就要与上市公司披露的原始报表进行核对，找出差异的原因。差异的原因主要有：

（1）数据输入差错。早期数据库公司都是通过手工录入来获取数据的，手工录入难免会造成数据错误。可扩展商业报告语言（extensible business reporting language，XBRL）建立后，数据库公司可以利用计算机技术直接导入数据，因此录入错误会大大减少。

（2）使用了不同报表类型的数据。按照我国会计准则的规定，我国上市公司需要同时披露母公司报表和合并报表。不同的数据库公司收集的财务报表类型数据可能有差异，有些仅收集了合并报表数据，有些则同时收集了母公司报表数据和合并报表数据。

（3）使用了财务报表项目不同类型的数据。由于会计准则要求或允许对财务报表数据进行追溯调整或追溯重述，有些数据库公司收集的财务报表项目数据是调整前的，有些则是调整后的，有些则包括两者。在实证研究中，是使用调整前的数据还是使用调整后的数据，取决于研究目的。例如，在研究公司业绩对薪酬的影响时，一般调整后的数据能真实测度两者的关系。如果是进行盈余对股票价格影响的价值相关性分析，显然，研究调整后的盈余对之前股票价格的影响没有意义。

除此之外，还应当注意以下方面：

（1）知道缺失值是如何标识的。缺失值通常用非数字符号（如“.”）或空白表示。但在有些数据库中，会用数字进行标示，如“－999”“－995”“－997”等，在利用这些观测进行统计计算时就必须非常小心。统计与计量经济软件包或许不知道某一数字实际上表示一个缺失值，很可能把这样的观测当作有效数值使用，从而产生错误的结果。因此，最好的办法是把所有代表缺失值的数字符号改为其他不会与实际数据混淆的符号。

(2) 注意数据变量的性质。哪些变量是二值变量? 哪些是序数变量 (如信用评级)? 变量的测量单位是什么? 货币价值用元、千元、万元、亿元还是其他单位测量? 表示比率的变量用百分数还是比例来表示? 这些都是研究者需要关注的问题。例如, 在 CSMAR 数据中, 公司年末股票总市值用千元表示, 而年末总资产用元表示, 那么在计算市净率 (MTB) 时就应当特别注意。如果从另一位作者那里得到一个数据集, 可能有些变量已经以一定的方式进行了变换。比如, 有时候只有变量的对数形式 (如薪酬) 出现在数据集中。

总之, 检查数据集中的错误对保持任何数据分析的完整性都是必要的。我们将在第 3 章详细讨论有关数据的获取和处理。

2.4 统计与计量经济分析

2.4.1 统计分析

统计分析包括描述性统计分析和推断统计分析。描述性统计分析是指对收集的数据进行加工处理和显示, 进而通过综合、概况与分析得出反映客观规律性的数量特征。描述性统计包括用图表对数据进行显示, 分析数据的集中趋势 (众数、中位数、分位数和均值), 离散程度 (异众比率、四分位差、方差和标准差), 以及偏态和峰态。

推断统计分析是研究如何根据样本数据推断总体数量特征的方法, 它是在对样本数据进行描述的基础上, 对统计总体的未知数量特征做出以概率形式表述的推断。推断统计包括参数估计 (点估计和区间估计) 和假设检验 (一个正态总体和多个正态总体的检验, 以及不满足正态分布时的非参数检验)。

通过统计分析, 可以获得一些对数据的直观印象, 以及变量特征、变量之间的简单关系的判断。

我们将在第 4 章详细讨论描述性统计和推断统计及其在 Stata 中的实现。

2.4.2 计量经济分析

实证研究已成为会计、财务、管理等领域的主流范式, 计量经济学是实证研究的基础。计量经济学以一定的经济理论和统计资料为基础, 运用数学、统计学方法与电脑技术, 以建立经济计量模型为主要手段, 定量分析研究具有随机性特性的经济变量关系。包括对经济关系的估计、对经济理论的检验、对经济政策的评价。系统掌握计量经济学的知识需要研究者付出较大的精力, 正如 Frisch (1933) 所指出的:

> 计量经济学的主要目标应该是推动研究经济问题的理论定量方法与经验定量方法的统一, 并促进具有创造性和严密思想的研究, 这些思想与支配着自然科学的思想类似……计量经济学绝不等同于经济统计, 它和一般经济理论也不同, 计量经济学也不用看作数学在经济中应用的同义语。经验表明, 统计学、经济理论和数学对理解现代经济生活的定量关系都是必需的, 但其中任何单独一项都是不够的, 三者的结合才是强有力的, 且正是这三者的结合构成了计量经济学。

在实证研究中，我们利用计量经济分析技术建立相应的模型，然后进行估计和推断。模型的建立可以依赖经济或管理理论，也可以依赖常识和直觉。一般来说，数据的类型和结构不同，所使用的计量经济方法是不同的。但最多的情况仍然是利用数据建立多元回归模型，并采用普通最小二乘法（OLS）进行估计。回归分析一般只能说明变量之间的相关性，对变量之间的因果关系做出判断常常需要理论支撑。因此，即使无法提供完整的理论模型，也应该进行一定的理论分析。最理想的情形是，从理论模型中推导出计量模型（econometric model），即待估计的回归方程。为了说明 OLS 的合理性，必须在一个令人信服的场合说明模型满足 OLS 的所有关键假定。例如，我们需要反复思考下述问题：

- 自变量和因变量的单向因果关系是否成立？
- 模型的函数形式是否正确？模型是否存在二次/三次效应和交互效应？是否应对变量取对数？
- 是否遗漏了重要的自变量？
- 自变量是否可以准确构建（construct）？还是只能采用代理变量（proxy）？存在的计量误差的影响如何？
- 如何处理以数值给出但又不具备定量信息的解释变量？如果自变量是序数变量，应该如何处理？
- 如果因变量不是连续的，对模型估计的影响有哪些？
- 样本是不是随机抽取的？是否可以代表所界定的总体？

如何证明模型满足 OLS 的所有关键假定？如果不满足某一关键假定，OLS 估计就存在缺陷，这时是否采取了相应的修正措施？这些问题都是从事严谨学术研究所必须关注并回答的问题。

经验社会科学方面的研究论文一般应包含敏感性分析（sensitivity analysis）。宽泛地讲，这意味着首先需要估计一个初始模型，然后用一些看似合理的方法修改它。理想的情况是重要的结论不致改变。例如，对业绩度量使用净资产收益率（ROE）和总资产收益率（ROA）结论一样；对模型采用 OLS 估计和工具变量法（IV）或两阶段最小二乘法（2SLS）估计结论一致；对模型采用 OLS 估计和面板模型估计结论一致。

即使我们在设计题目、阐述模型、收集数据和运用计量经济方法的过程中非常谨慎，仍有可能（至少在某些时候）得到令人迷惑的结果。此时，很自然的想法是尝试不同的模型、不同的估计方法，甚至不同的数据子集，直到结果与预期更加一致。实际上，所有的应用研究人员在找到“最佳”模型之前，都会搜索各种不同的模型。遗憾的是，数据挖掘（data mining）的实践破坏了我们在计量经济分析中所做的假定。OLS 和其他估计量的无偏性结论，以及我们为假设检验而推导的 t 分布和 F 分布，都假定我们观察到一个服从总体模型的样本，并对该模型只估计一次。估计初始模型的一个变化形式违背了这一假定，因为我们在模型设定搜索时利用了相同的数据集。实际上，在利用这些数据重新设定模型时，我们便利用了检验的结果，从不同的模型设定中得到的估计值和检验就不是彼此独立的。通过搜索大量模型或估计方法，直至得到一个显著结论，然后只报告这个结果，也许可以把数据挖掘的弊端最小化。

我们将在第 5 章和第 6 章中详细讨论计量经济分析及其在 Stata 中的实现。

2.5 实证研究论文的写作

写一篇采用计量经济分析的论文非常具有挑战性，除非你已经系统学习过统计学和计量经济学方面的知识，懂得如何收集数据并使用统计或计量软件，并阅读过相关的实证论文文献，或者你已经完整学习本书的内容。成功实施一个实证项目或完成一篇实证论文，既包括对假设的严谨推理，又包括对数据仔细而又令人信服的分析，以及出色的解释。因此，我们必须对研究题目有透彻的理解，对计量经济方法有很好的掌握，并具备坚实的写作技巧。如果你发现写经验论文非常困难，不要灰心，大多数专业研究人员都花了多年时间学习如何巧妙地进行经验分析，并以令人信服的形式写出其结果。经济学家 N. 格里高利·曼昆（N. Gregory Mankiw）曾问过约翰·K. 加尔布雷斯（John K. Galbraith）写作成功的秘密。加尔布雷斯回答说，他写的所有东西都会修改很多次，通常直到第五稿才会基本满意。因此论文写作是一门精益求精的艺术。

虽然写作风格因人而异，但许多论文遵循相同的框架和要求。实证研究论文都是专业学术论文，这与写一般文章不同，前者是写给行业内的、专于某项题材的一小部分人看的，因此应当简洁清楚。例如，作者应善于利用段落传递信息。最好每一段都包含一个重要信息，确保每一段的关键句是第一句或最后一句。以下介绍了一篇实证论文每个要素的写作要旨，并解释了每个要素应该涵盖的内容。这只是通常的标准，不一定要严格遵守。

2.5.1 论文题目、摘要与关键词

1. 论文题目

学术论文的题目（title）应当简洁、有吸引力。论文题目可以用描述变量或概念之间的关系表达。例如，题目“经理人异质性与大股东掏空抑制”，就简洁清楚地表述了作者要研究经理人异质性能否抑制大股东掏空行为；题目“控制权转让、产权性质与公司绩效”表明作者要研究控制权转让是否会影响公司绩效，以及这种影响是否会随产权性质的不同而不同。题目也可以采用设问的方式，例如，“民营上市公司真的面临银行贷款歧视吗?”采用设问方式的题目一般表明对当前普遍观点的质疑，可以更好地吸引读者。在论文写作过程中乃至成文之后，都有可能修改论文题目，使之更为贴切有趣。

2. 摘要

从写作顺序来看，摘要（abstract）应当在论文正文完成以后才着手撰写，这样效果较好。然而，读者首先要读的是摘要。一般读者会先看摘要，再决定是否看全文。因此不管读者是精读、泛读还是翻阅，论文摘要都是要过目的，如果摘要能够开门见山地、清晰地告诉读者论文的创新点和价值，就会给读者留下良好的第一印象。

摘要应体现论文的研究问题、研究发现（创新点）、研究方法和研究建议等要点，核心是向读者叙述本文的创新点和价值，一般采取陈述方式。摘要包含三个组成部分：1）问

题说明。指明论文所要解决的问题，问题界定要清晰，并令读者意识到此问题的价值所在。2）创新点。研究工作的贡献，即与众不同的新发现。创新点应占摘要的大部分篇幅。3）论证途径的说明。包括采用的研究方法，以及研究方法的改进和创新。摘要也可以简要说明研究发现的政策含义。研究论文的摘要一般在300字左右。如果是硕士或博士论文，字数可多些，但一般不超800字。撰写摘要时还应当注意以下方面。

（1）摘要撰写应当尽量精练和浓缩，引导性和支持性的解释尽量少。引导性、支持性的解释包括研究历史回顾、文献综述和概念名词解释等。“随着经济社会的发展”等引导性语言更是毫无必要。

（2）摘要中创新点的描述应当强调“做出了”和“发现了”什么，而不是简单罗列“做了”什么。

（3）摘要不是正文的引言，也不仅仅是正文的结论，要避免摘要与正文结论使用完全相同的表述。

3. 关键词

关键词（key words）是用以反映论文主要内容的词、词组或短语，其功能为“便于检索、勾勒文意”，一般每篇标引3～5个为宜。其内容为：研究主题、研究方法、补充主题。

关键词可以从论文题目、内容提要或正文中精选。判断关键词的简单方法是，看所选词是否为项目中的主要专业名词或词组。如选出的词不能完全提供检索信息，需从内容提要甚至正文中继续选择。

不要把无检索意义的词汇，如“发展”“影响”“研究”等选作关键词。关键词应是经过规范化处理的主题词，而不是自由词。

2.5.2 论文正文

1. 引言

引言（introduction）部分通常应包括对重点研究问题概念的设定和实施，对关键结果和其他结果的讨论以及对文章贡献和创新的阐述。

引言应首先阐述要解决的研究问题，陈述研究的基本目标，说明论文的研究动机（研究问题的实际背景），并解释其重要性，以引发读者的兴趣。

提出问题之后，可以直奔主题，介绍本文的研究方法与主要结论，然后介绍本研究与现有文献的关系。通过简要的文献回顾（详细的文献回顾可以单独成章）表明有哪些工作已经完成，前期研究可以怎样改进。

提供一些简单的统计量或者图表以揭示一个看似矛盾的关系或结论，是介绍论文主题的有用方法。例如，在公司高管中，财务总监和董事会秘书通常应当由不同的人担任，但毛新述等（2013）观察到上市公司的一个现象：作为公司专门的信息发布者的董秘，越来越多地由财务总监（CFO）兼任，数据表明存在兼任现象的公司比例从2001年的3.62%上升到2010年的11.59%，呈逐年上升趋势（见图2-3）。以此为出发点，他们探讨了公司信息发布者这一角色的差异对资本市场效率的影响。

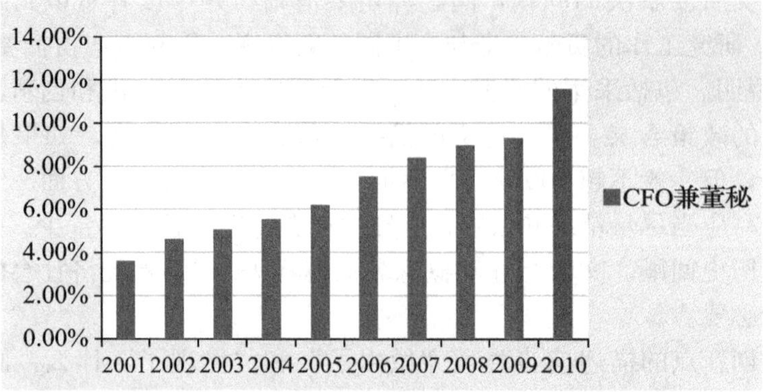

图 2-3　2001—2010 年上市公司 CFO 兼任董秘的公司比例

大部分研究人员喜欢在引言中提供其论文的结论和意义，这是抓住读者注意力的有效方法。

引言的最后部分还可以简要介绍整个论文的结构。

引言虽是全文的第一部分，却经常最后撰写。原因是：首先，引言集中了全文的卖点（selling points），最难撰写，须反复修改；其次，引言概括了全文的内容，只有在全文大体完工后，才能准确地总结与提炼。

2. *文献回顾*

前面指出，文献回顾（literature review）可以独立成章，也可以作为引言的一部分或包含在假设提出部分，详细程度取决于写作任务。如果文献十分丰富，则一般独立成章。

提出问题及交代其产生的背景后，读者会追问，这个问题的研究现状如何，文献综述就是对这一问题的回答。如果说问题的提出是对研究问题的实际背景和价值的说明，文献综述则是对研究问题的理论背景和价值的阐明。

目前，文献回顾的写作方法主要有两种，一种是区分国外和国内撰写，一种是在研究主题下分专题撰写。由于学术创新不分国内外，因此好的文献回顾应当梳理该研究主题的研究，分专题撰写。例如对董事会的研究，可按董事会组成、董事会规模、董事会薪酬等专题进行回顾和综述：

- 董事会组成研究；
- 董事会规模研究；
- 董事会薪酬研究；

……

然后在专题内按相关研究的科学脉络进行展开。通常按时间顺序展开，无须区分国外和国内。

一个好的文献回顾应当全面、系统、客观地反映某一研究领域的历史沿革、当前状况和发展趋势，在此基础上中肯地指出当前研究存在的不足，以衬托论文的创新之处。

文献回顾部分的撰写还需要注意以下方面。

（1）文献回顾的写作一定要完整、准确，不遗漏与研究主题相关的重要文献，也不要将无关文献放入文献回顾中。文献回顾部分反映了作者研究工作的基本功和文献阅读量。

作者是否找到了研究问题的关键文献；是否抓住文献的要点，评述是否切中要害；是否有独到见解等，都可以从文献回顾部分反映出来。

（2）参考文献应当以学术期刊为主。只有对发表论文进行同行评议的期刊才能称为学术期刊。学术期刊（包括会议论文集）中的文章反映了本领域的研究前沿和正在探索的问题。学术专著和尚未发表的工作论文也可以作为参考文献，但教材、报刊资料一般不作为参考文献。

有些领域的文献已经浩如烟海，这时需要对学术期刊进行适当的限定，比如限定为 SSCI（社会科学引文索引）、SCI（科学引文索引）、CSSCI（中文社会科学引文索引）检索的期刊。或者对学术期刊进行更严格的界定，如国内外 A 类期刊（如前文介绍的 UT Dallas 24，FT 50，国家自然基金委员会管理学部认定的 A 类期刊等）。

（3）文献回顾引用应准确。较短的引文一般写在段中。段中引文若是原话，要加引号；若是转述原意，那么文前只用冒号或逗号，不加引号。整段的较长引文，或者内容重要、需要强调的引文，要提行，在冒号后另起一段。提行引文头尾处不必再加引号。引文必须注明出处，通常紧接着引文用括号标明文献作者和发表年度，然后在论文的参考文献中完整地列示该文献，做到一一对应。

（4）文献回顾的撰写应当"述""评"结合。文献回顾的写作切忌只堆砌罗列一些文献，而未进行深入分析。事实上，文献回顾的根本目的是厘清文章的研究与已有文献的关系，因此应当在回顾的基础上中肯地指出现有研究的不足，并分条列示，从而凸显本文的边际贡献及其在文献中的地位。

3. 假设提出

假设是对某种行为、现象或事件做出的一种合理的、尝试性的并有待检验的解释。假设表明研究者对研究结果的一种设想，对研究问题中变量间关系的一种预期。假设对于所有研究工作都十分重要，假设意味着有新的设想（idea），有了假设才可能有新发现。可以从以下几方面评判一项假设是否成立和它是否有价值。

（1）假设提出（hypothesis development）应建立在可靠的理论基础之上。任何假设都是现有理论的扩展和继续，不可能离开某种理论体系去孤立地研究某项假设。一项旨在扩展某种理论的假设可能成为该理论和其他理论之间的桥梁，甚至导致发现新的知识领域，但它的基础是原有的理论研究成果。

需要特别强调的是，假设应当建立在理论的基础之上，这意味着理论和假设提出应当是密切联系的，而不是弱相关或相互割裂的。将不同的理论孤零零地放在假设提出之前，在假设推理部分将其"束之高阁"，这样的理论对假设提出毫无益处，甚至会降低论文的价值。

假设提出也可以建立在常识的基础之上，从现有制度背景或已有文献中推导研究假设也十分常见。

（2）假设要尽可能清晰具体地表述变量之间的关系。一项研究工作所要解决的问题应清晰、确切。如果要研究什么以及研究的实际和理论背景都是用模糊语言表达的，这种假设便不可能得出有意义的结论。例如，考虑假设"增加高管的薪酬会促进公司业绩的提高"，薪酬和业绩都是清晰、具体的变量；而对于假设"高管的颜值越高，公司的业绩越好”，颜值变量的界定以及对两者关系的推理就要困难一些。

（3）假设必须是可以验证的，如果无法用观测数据、试验的事实来支持或拒绝这一假设，研究就无法进行下去。这意味着研究人员在验证假设时，对于变量的质量技术和方法、数据的收集和分析方法都要做到心中有数，否则难以提出可供验证的假设。验证后如果假设和事实相符，那么这一假设被证实。实际情况往往不是全部证实或全部证伪，较多是一部分在一些情况、范围和条件下被证实，而另一部分被否定。

4. 研究设计

研究设计（research design）通常包括样本选择、数据来源、模型设计和变量测度等内容。在数据收集前，需要对研究设计进行全面的考虑，因此这部分主要是对研究过程进行客观如实的记录。

对于样本选择，如果以上市公司作为研究对象，通常将所有上市公司作为研究样本（这相当于一个研究总体）。根据研究设计的需要排除特定的样本公司，如金融行业公司、只发行 B 股的公司、中小板、创业板、科创板和新三板公司或者对研究目标有影响的子样本公司。对于样本年度的选择，必须给出令人信服的充分理由。例如，如果样本期间限定在 2005—2013 年，则一定要详细说明没有选择 2005 年之前和 2013 年之后的公司的原因，如在此之前上市公司没有披露关键变量，或者其他原因会影响自变量和因变量之间的关系，等等。

如果以非上市公司作为研究对象，除非可以公开获得相关的数据（如中国工业企业数据库），一般只能采用抽取样本来推断总体。这时，需要对样本抽样过程进行详细描述。如说明随机抽样如何进行，问卷如何发放与执行等，并在附录中附上具体的问卷。

根据需要，有时还会选择配对样本，以控制某些类似特征的影响。可以按同年度、同行业、同产权性质和规模最接近的标准来配对，也可以采用倾向得分法来配对。

在数据来源部分应对数据的来源进行统一说明，包括哪些数据来自公开数据库（如 CSMAR 等），哪些数据是自行收集的，并对数据收集的过程进行充分说明。数据来源的详细说明有助于其他研究者重复研究过程。

模型设计部分列示用于检验研究假设的模型。实证会计研究中大都是参数线性回归模型，财务研究会涉及参数非线性模型。通常会有一个基准（baseline 或 benchmark）的计量模型，在此基础上对模型设定（model specification）进行变化。在模型设定中，除了为检验研究假设而关注的因变量和自变量外，还应当对影响因变量的其他因素进行控制，其他因素通常根据理论、其他文献的研究和常识进行选择。此部分还需要着重说明论文的估计策略（estimation strategy），即应使用什么计量方法来识别主要变量之间的因果关系。初学者易犯的错误是，在论文中直接使用某计量方法，而未说明为什么这是最合适的计量方法。

在变量测度部分，应当对模型中因变量和每一个自变量的测度进行清晰的列示，一般以表格的形式列示。

5. 实证分析

在实证分析（empirical analysis）部分，一般首先列示所有变量的描述性统计结果，通常至少应包括的统计量有：样本量、均值、中位数、标准差、最小值、最大值。其次列示所有变量的皮尔逊和斯皮尔曼相关系数及其显著性，展示变量之间的相关性。然后按研究假设提出的顺序依次列出模型的回归分析结果。回归分析结果应包括以下信息：因变量与自变量的名称、回归系数估计值、标准误（或 t 统计量），以星号（*）表示统计显著性，以及相关的统计量（样本量、拟合优度、模型 F 值等）。最后列出敏感性分析或稳健性测试的结果（如果有的话）。所有的结果都应当按拟投稿杂志或学校对硕士和博士论文要求的格式进行列示，一般不能直接将统计与计量经济软件默认的输出结果复制粘贴到论文中。在每个列示的表格下面对结果进行详细的分析和讨论（每个表的讨论至少要写一段，既要讨论统计意义，也要讨论经济意义），包括参数估计值是多少，是否显著，估计值的经济含义是什么，是否支持相关的研究假定，没有支持的可能原因有哪些，等等。

6. 结论与建议

结论（conclusion）部分需要再次阐述研究的动机和目的，以及计量方法，并说明主要的研究发现，让读者确信已经实现预期的研究目标。在此之后，可以说明论文的研究发现对政策制定或实施的意义，以及研究的局限性和未来的研究方向。

7. 参考文献

对于在论文中出现的所有文献引用，应当在参考文献（reference）中以统一的格式列示完整的文献条目。反之，所有参考文献中的论著都应在正文中被引用。文献列示的顺序一般根据文献第一作者姓氏首字母的顺序列示。在中文论文中，一般先列示中文文献，再列示英文文献。不同的期刊和学校要求的文献的具体列示格式存在差异，使用文献编辑软件如 NoteExpress、EndNote 可以按照不同期刊要求的格式进行输出。

相关链接 2-1　英文文献的正文文献引用与参考文献的列示

假定需要引用 Sreedhar T. Bharath，Jayanthi Sunder，Shyam V. Sunder 三位作者 2008 年在 *The Accounting Review*（*TAR*）第 83 卷第 1 期上发表的论文“Accounting Quality and Debt Contracting”。

正文文献回顾部分的描述为：……Bharath，Sunder，and Sunder（2008）考察了会计质量与债务契约的关系，他们发现，……

在参考文献部分则列示如下（以 *TAR* 的列示格式为例）：

Bharath，S.，J. Sunder，and S. Sunder. 2008. Accounting quality and debt contracting. *The Accounting Review* 83(1)：1-28.

下面以图示的方式来解释作者与英文文献引用和参考文献列示的对应关系。

（1）在正文的文献回顾部分，英文作者一般仅列示作者的姓（last name），然后加年份，即 Bharath，Sunder，and Sunder（2008）。如果作者数量等于或超过 3 人，一般只列示第一作者的姓，其他的则用 et. al 表示，即 Bharath et. al（2008）。

（2）在参考文献部分，列示关系如下图所示。

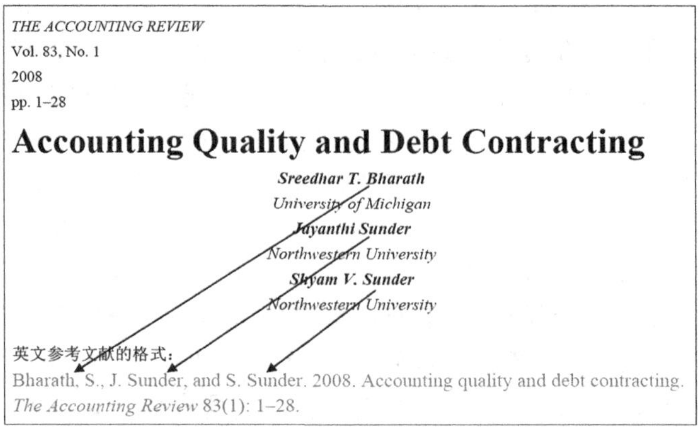
THE ACCOUNTING REVIEW
Vol. 83, No. 1
2008
pp. 1–28

Accounting Quality and Debt Contracting

Sreedhar T. Bharath
University of Michigan
Jayanthi Sunder
Northwestern University
Shyam V. Sunder
Northwestern University

英文参考文献的格式：
Bharath, S., J. Sunder, and S. Sunder. 2008. Accounting quality and debt contracting. *The Accounting Review* 83(1): 1–28.

具体说明如下（注意，这只是 *TAR* 的格式要求，其他期刊格式要求从其规范）：

1）第一作者要先写姓，然后用逗号（,）隔开，再写名（first name），名只写首字母（大写），其后带点（.）。第一作者之后的作者应先写名（只写首字母，其后带点），后写姓（姓要写全称）。最后一个作者前应当加 and 连接。注意，名字通常只列姓和名，其中姓写全称，名写首字母，中间的名字可不列。需要指出的是，在有些刊物中，第一作者之后的作者与第一作者的书写方式是一致的，即所有作者统一按照先姓后名，中间用逗号（,）隔开的方式书写，即

Bharath，S.，Sunder，J.，and Sunder，S. 2008. Accounting quality and debt contracting. *The Accounting Review* 83(1)：1-28.

有些刊物会将中间的名字的首字母列出，这些细节在投稿前要特别注意。

2）名字后面写文章的出版年份，年份前后加点（.）。

3）年份后写文章标题（句首字母大写），结束后加点（.）。

4）标题后加发表刊物名称［词首字母大写（刊物名称中的连词，如 and，首字母不需要大写），并用斜体］。如果文章尚未发表，则写“Working paper”，其后加作者所在的单位名称。

5）刊物名后加卷和期，如 83(1) 表示第 83 卷第 1 期，后加冒号（:）。

6）最后写文章所在的首末页，用“.”结束。

7）英文文献中的所有标点都应是英文输入法下标点（半角），每个标点后都应有一个空格。

英文著作需要列示出版社及出版社所在地，如下图所示。

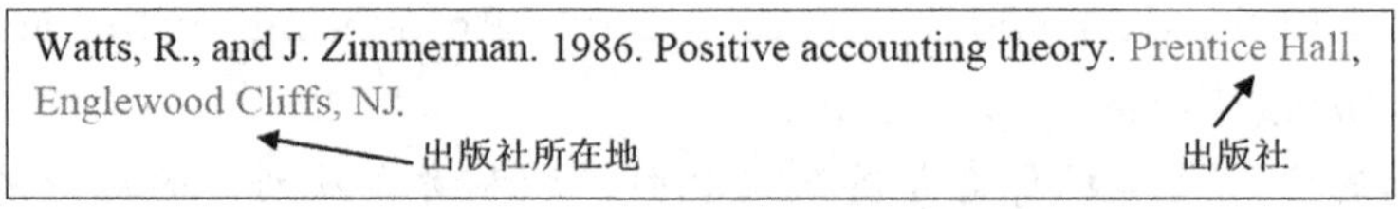
Watts, R., and J. Zimmerman. 1986. Positive accounting theory. Prentice Hall, Englewood Cliffs, NJ.

8. 附录

附录（appendix）通常包括一些较为细节的信息，这些信息如果放在正文中，可能会破坏论文的结构或影响读者的阅读。作为附录列示的信息通常包括：复杂的变量设计、与

论文研究相关的制度背景或案例说明、调查问卷或访谈提纲等。

除此之外，需要注意的其他事项包括：

(1) 标题层次。在中文论文中，应注意正文中标题层次的撰写。一般情况下：

一级标题以汉字"一""二""三"……为序，占两行居中，序号后排顿号。

二级标题以汉字"(一)""(二)""(三)"……为序，占一行居左排（首行缩进 2 个字符），序号后不排标点。

三级标题以阿拉伯数字"1""2""3"……为序，接文排；或以"第一""第二"……为序，接文排。

四级标题以阿拉伯数字"(1)""(2)""(3)"……为序，串文排。

凡是单占行的标题后均不排标点。

有时可不拘泥于以上标题排序体例，根据文章的叙述特点越级使用标题，但要保证全文体例一致。

(2) 图表。通常，表的标题居中，单位居最右端（如果有的话），表的标题出现前先用文字说明，比如在正文中说明"见表 1-1"。（公式、图表都以"章-编号"的形式出现，如公式 1-1，表 1-1，图 1-1。）表的标题放在表的上方，图的标题放在图的下方。分析时，也要将表的编号列出，不能简单说"在上表中"，应该说"在表 1-1 中"。例如：

受教育年限对工资的回归分析结果如表 2-1 所示。

表 2-1 受教育年限对工资的回归分析结果

VARIABLES	(1) wage	(2) wage
educ	0.541***	0.599***
	(10.17)	(11.68)
exper		0.0223*
		(1.853)
tenure		0.169***
		(7.820)
Constant	−0.905	−2.873***
	(−1.321)	(−3.941)
Observations	526	526
R-squared	0.165	0.306
F	103.4	76.87

从表 2-1 中可以看出，无论是在单变量回归还是多元回归分析模型中，受教育年限(educ)对小时工资(wage)都具有显著的影响。

参考文献

1. 毛新述，王斌，林长泉，王楠．信息发布者与资本市场效率．经济研究，2013 (10)：

69－81.

2. 吴溪．会计研究方法论．北京：中国人民大学出版社，2012.

3. Carhart，M. M. On Persistence in Mutual Fund Performance. Journal of Finance，1997，52(1)：57－82.

4. Chernykh，L. Ultimate Ownership and Control in Russia. Journal of Financial Economics，2008，88(1)：169－192.

5. Faccio，M. and L. H. P. Lang. The Ultimate Ownership of Western European Corporations. Journal of Financial Economics，2002，65(3)：365－395.

6. Fama，E. F. and K. R. French. Common Risk Factors in the Returns on Stocks and Bonds. Journal of Financial Economics，1993，33(1)：3－56.

7. Fama，E. F. and K. R. French. International Tests of a Five-Factor Asset Pricing Model. Journal of Financial Economics，2017，123(3)：441－463.

8. Frisch，R. Editorial. Econometrica，1933，1(1)：1－4.

9. Rajan，R. and L. Zingales. Debt，Folklore，and Cross-Country Differences in Financial Structure. Journal of Applied Corporate Finance，1998，10(4)：102－107.

10. Sreedhar，T. B. ，S. Jayanthi，and V. S. Shyam. Accounting Quality and Debt Contracting. The Accounting Review，2008，83(1)：1－28.

第3章　数据收集、处理与Stata实现

数据（data）是整个实证研究的基础。在经验研究中，甚至可以称“数据为王”。数据是对现象进行计量的结果。数据不是单个数字，而是由多个数据构成的数据集。数据可以是数字的，也可以是文字的。数据通常可以按计量尺度和时间状况进行分类。数据的类型不同，采用的统计分析和计量分析的方法也不同。研究者可以通过数据库、调查问卷、实验、模拟等方法获取数据。取得的数据通常先存储在电子数据表如 Excel 中，然后导入 Stata 等数据软件，对数据进行检查、预处理、转换、分组、展示、定位、配对、合并等处理。

3.1　数据分类

数据通常可以按计量尺度和时间状况进行分类。

3.1.1　按计量尺度分类

按照对事物计量的精确程度，可将数据按所采用的计量尺度由低级到高级、由粗略到精确分为三类：定类数据、定序数据、定量数据。

1. 定类数据

定类数据（categorical data）也称为分类数据，是按照事物的某种属性对其进行平行分类或分组而形成的数据。例如：企业按净利润是否小于0可以分为亏损和非亏损企业，按实际控制人性质可以分为国有企业和非国有企业。定类数据的主要特点有：

（1）分类结果的数据表现为类别，用文字来表述。但为了统计处理，可以用不同的数字或编码来表示不同类别。例如用1表示国有企业，0表示非国有企业。这些数字只是不同类别的代码，并不意味着它们可以区分大小或进行加、减、乘、除等数学运算。

（2）在全部分类中，每一个元素或个体能够并且只能归于某一类别的非数字型数据，即满足穷尽和互斥要求。

2. 定序数据

定序数据（ordinal data）也称顺序数据，是按照事物等级差或顺序对其进行分类或分组而形成的数据。例如，将信息披露的质量划分为：优秀、良好、合格、不合格四个等级；对某一事物的态度划分为：非常同意、同意、保持中立、不同意、非常不同意五个等级。定序数据不仅能对事物进行分类，还可以比较大小，较定类数据要精确一些。定序数据的主要特点有：

（1）对事物类别等级或顺序的测度，用文字来表述。但为了统计处理，可以用不同的数字或编码来表示不同等级或顺序。例如用4、3、2、1分别表示优秀、良好、合格、不合格四个等级。这些数字只是不同类别等级或顺序的代码，可以比较大小，但不能进行加、减、乘、除等数学运算。

（2）在全部分类等级或顺序中，每一个元素或个体能够并且只能归于某一类别的非数字型数据，即满足穷尽和互斥要求。

定类数据和定序数据说明的是事物的品质特征，其结果表现为类别或类别等级，不能进行数学运算，因此也称为定性数据（qualitative data）。

3. 定量数据

定量数据（quantitative data）也称为数值型数据（metric data），是指可以用数值来测度且能够进行数学运算的数据。例如公司的资产、负债、所有者权益、总资产收益率（ROA）、净资产收益率（ROE）等。定量数据表现为具体的数值，是对事物的精确测度。

定量数据可进一步区分为定距数据（interval data）和定比数据（ratio data）。定距数据表现为数值且每一间隔都是相等的，故可进行加、减运算，如温度，海南的温度为30度，北京的温度为15度，两者相差15度（不能说海南比北京热1倍）。定比数据表现为数值，可以计算两个数值之间的比值，可进行加、减、乘、除运算，如时间、重量和长度等数据。定距数据和定比数据的主要区别是：定距数据中的“0”是人为给定的，不具有实际意义，比如温度为0并不表示没有温度，而是表示温度的一种水平。定比数据中的“0”是实际意义上的真实零点，如净利润为0表示没有利润。

按计量尺度区分不同的数据类型是十分重要的。

首先，不同的数据需要采用不同的统计方法来处理。例如，对定类数据，通常计算频数和频率，进行列联分析和卡方检验；对定序数据，可以计算中位数和分位数，进行等级相关分析等。

其次，高层次计量尺度的数据很容易转换为低层次计量尺度的数据。例如，根据ROA是否小于0，将上市公司划分为2组等。

最后，高层次计量尺度的数据包含更多的数学特性，能运用的统计方法更多。适用于低层次计量尺度数据的方法也适用于高层次计量尺度的数据，反之则不能成立。

3.1.2 按时间状况分类

数据按时间状况通常可以分为横截面数据、时间序列数据、混合横截面数据和面板数据。

1. 横截面数据

横截面数据（cross-section data）也称为截面数据，是指给定时点对个体（包括个人、公司、城市等）采集的样本所构成的数据集。如 2017 年沪深两市全部上市公司组成的样本是一个横截面数据集。

横截面数据可以是某一数据总体，也可以通过抽样获取。如果通过抽样获取，通常假定它们是从样本背后的总体通过随机抽样（random sampling）得到的。然而，有时以随机抽样作为对横截面数据的一个假定并不适当。并且，当抽取的样本相对总体而言太大时，可能会导致另一种偏离随机抽样的情况。应当注意：

（1）在横截面数据中，不同的变量（解释变量和被解释变量）可以对应不同的时期。

（2）在横截面数据分析中，改变观测值（observation）的排列顺序对分析不会有任何影响。这也是为什么在横截面数据分析中报告一些仅适用时间序列数据的检验统计量，如 Durbin Watson（DW）值不会有任何意义。

横截面数据的结构如表 3－1 所示。其中，dm 表示股票代码，nd 表示财务年度，stknme 表示公司简称，eps 表示每股收益，bps 表示每股净资产。

表 3－1　横截面数据的结构

dm	nd	stknme	eps	bps
1	2019	平安银行	1.45	16.13
2	2019	万科 A	3.44	16.64
4	2019	国农科技	0.02	8.42
5	2019	世纪星源	0.17	1.56
6	2019	深振业 A	0.59	4.99
7	2019	全新好	0.06	0.60
8	2019	神州高铁	0.16	2.68
9	2019	中国宝安	0.12	2.15
10	2019	* ST 美丽	0.06	0.54
14	2019	沙河股份	0.10	4.42
21	2019	深科技	0.24	4.71
23	2019	深天地 A	0.37	3.42
27	2019	深圳能源	0.43	7.59
…	…	…	…	…
688310	2019	迈得医疗	0.56	8.46
688321	2019	微芯生物	0.05	3.53
688333	2019	铂力特	0.93	13.37
688357	2019	建龙微纳	1.49	15.07
688358	2019	祥生医疗	1.31	14.63

续表

dm	nd	stknme	eps	bps
688363	2019	华熙生物	1.22	9.48
688366	2019	昊海生科	2.08	30.67
688368	2019	晶丰明源	1.50	18.39
688369	2019	致远互联	1.27	15.87
688388	2019	嘉元科技	1.43	10.93
688389	2019	普门科技	0.24	2.49
688396	2019	华润微	0.48	6.54
688398	2019	赛特新材	1.24	5.46
688399	2019	硕世生物	1.43	17.41

* 深市主板、中小板公司代码以 0 开头，例如，平安银行股票代码为 000001，如果以数值型表示，则简化为 1。下同。

2. 时间序列数据

时间序列数据（time series data）由一个或几个变量不同时期的观测值构成。如股票价格、GDP（国内生产总值）等。同横截面数据的排序不同，观测值的顺序在时间序列分析中非常重要。

时间序列数据有一个关键的特征，观测值在时间上不独立（时间相依）。时间序列数据包括不同的数据频率（data frequency），最常见的频率包括年、季、月、周、天、小时、分钟等。时间序列数据的结构如表 3-2 所示。

表 3-2　时间序列数据的结构

dm	nd	stknme	eps	bps
2	1994	万科 A	0.74	4.48
2	1995	万科 A	0.51	4.09
2	1996	万科 A	0.47	4.21
2	1997	万科 A	0.42	4.07
2	1998	万科 A	0.41	4.01
2	1999	万科 A	0.42	3.84
2	2000	万科 A	0.48	4.61
2	2001	万科 A	0.59	4.95
2	2002	万科 A	0.61	5.36
2	2003	万科 A	0.39	3.37
2	2004	万科 A	0.39	2.73
2	2005	万科 A	0.36	2.23
2	2006	万科 A	0.49	3.41
2	2007	万科 A	0.70	4.26

续表

dm	nd	stknme	eps	bps
2	2008	万科 A	0.37	2.90
2	2009	万科 A	0.48	3.40
2	2010	万科 A	0.66	4.02
2	2011	万科 A	0.88	4.82
2	2012	万科 A	1.14	5.80
2	2013	万科 A	1.37	6.98
2	2014	万科 A	1.43	7.99
2	2015	万科 A	1.64	9.07
2	2016	万科 A	1.90	10.28
2	2017	万科 A	2.54	12.02
2	2018	万科 A	3.06	14.11
2	2019	万科 A	3.44	16.64

3. 混合横截面数据

混合横截面数据（pooled cross section data）指由不同期间的横截面数据混合而成的数据。混合横截面数据既具有横截面数据的特点，又具有时间序列数据的特点。混合横截面数据的分析同横截面数据的分析非常类似。然而，通常可以从混合横截面数据中获取更多的信息，即变量之间的关系如何随时间的变化而变化。这对政策效果的分析非常有用。

在混合横截面数据中，由于样本的设计并不试图在各期间保持相同的单元，因此，丧失了个体行为之间的动态相依信息。

数据库中混合横截面数据的排列格式通常有长格式和宽格式两种，如表 3－3 和表 3－4 所示。

表 3－3　混合横截面数据：长格式数据

dm	nd	stknme	eps	bps
1	2017	平安银行	1.35	12.93
1	2018	平安银行	1.45	13.98
1	2019	平安银行	1.45	16.13
2	2017	万科 A	2.54	12.02
2	2018	万科 A	3.06	14.11
2	2019	万科 A	3.44	16.64
…	…	…	…	…
688398	2019	赛特新材	1.24	5.46
688399	2019	硕世生物	1.43	17.41

表 3-4　混合横截面数据：宽格式数据

dm	stknme	eps2017	bps2017	eps2018	bps2018	eps2019	bps2019
1	平安银行	1.35	12.93	1.45	13.98	1.45	16.13
2	万科 A	2.54	12.02	3.06	14.11	3.44	16.64
…	…	…	…	…	…	…	…
688398	赛特新材					1.24	5.46
688399	硕世生物					1.43	17.41

从数据库里调出的数据结构多为混合横截面数据长格式数据，如 CSMAR、CCER 数据库等。也有少量的数据结构为混合横截面数据宽格式数据，如 Wind 数据库等。通常，对长格式数据的处理更加方便。两种数据结构的自由转换见 3.3.4 节。

4. 面板数据

面板数据（panel data）也称为纵列数据，由横截面数据集中每个数据的一个时间序列组成，如 100 家上市公司连续 10 年的数据。

面板数据有别于混合横截面数据的关键特征是，同一横截面数据的数据单位（个人或公司等）都被跟踪了一段特定的时期。和横截面数据一样，对面板数据中的横截面数据的排序无关紧要。

可以对面板数据进行横截面分析，然而，通过使用面板模型，可以从面板数据中获取更多的信息。使用面板模型的好处是，对同一单位的多次观测使我们能控制个体等观测单位本身具有而我们又观测不到的特征。面板数据的结构如表 3-5 所示，通常为长格式数据，同样，面板数据也可以通过两种格式进行排列（同混合横截面数据）。

表 3-5　面板数据的结构

dm	nd	stknme	eps	bps
1	2017	平安银行	1.35	12.93
1	2018	平安银行	1.45	13.98
1	2019	平安银行	1.45	16.13
2	2017	万科 A	2.54	12.02
2	2018	万科 A	3.06	14.11
2	2019	万科 A	3.44	16.64
…	…	…	…	…
603998	2017	方盛制药	0.14	2.28
603998	2018	方盛制药	0.17	2.46
603998	2019	方盛制药	0.18	2.59
603999	2017	读者传媒	0.13	2.93
603999	2018	读者传媒	0.07	2.92
603999	2019	读者传媒	0.11	2.94

在上述各种数据类型中，横截面数据和混合横截面数据通常不能反映变量各期之间的相依性，只能实现对静态关系的模型化；时间序列数据可以实现对变量之间的动态相依进行模型化；面板数据可以实现对静态关系和动态关系的模型化。比如，通过横截面数据可以对投入规模对产出的影响进行模型化，通过时间序列数据可以对技术发展对产出的影响进行模型化，而通过面板数据可以同时对投入规模和技术发展对产出的影响进行模型化。当然，面板数据也不是没有缺陷，通常很难在较长的期间内，使每一期间都保持相同的样本点。比如，上市公司由于连续 3 年亏损而下市，会使平衡面板数据集变为非平衡面板数据集，并导致样本丢失（sample attrition）现象发生。由于每年不断有新的公司上市交易，以前选定的样本能否代表总体也需要进一步的研究。

3.2　数据来源

数据可以来源于多种途径、多种方法。数据按收集方法，通常可以分为观察数据（observational data）和调查数据（survey data）。在微观经济计量分析中，最常用的数据结构是观察数据或调查数据。而自然科学中多使用的是实验数据（experimental data），这些数据通常通过实验获得。同实验数据相比，研究者一般不能主动控制观察数据，而是被动的数据收集者。数据收集通常包括以下途径。

3.2.1　通过数据库获取观察数据

数据库的出现大大节约了研究者收集数据的时间，提高了研究的效率。美国实证会计研究的发展离不开 CRSP、COMPUSTAT 和 I/B/E/S 等数据库的支持。近年来，在会计研究领域，我国用于实证研究的数据库发展非常迅速，主要有 CSMAR、CNRDS、CCER、Wind、Genius、iFinD、东方财富金融数据库（Choice）等。这些数据库除了包括上市公司的数据外，还包括国家统计部门发布的宏观数据。如果想进行跨国研究，主要的数据库有彭博、数据流、BvD 等。非上市公司的数据，目前我国主要有中国工业企业数据库。研究机构或研究者只要拥有了这些数据库的授权账号和密码，就可以登录网页或客户端获取数据。

很多政府部门、行业协会都会定期出版年鉴，这些年鉴也会构成档案数据的重要来源。

数据库的发展为实证研究提供了强有力的基础，然而，很多数据仍然需要手工收集，例如，年度报告中的很多非财务信息或附注信息并没有被现有的公开数据库收录。如果需要这些数据，则需要进行手工收集或委托数据库公司收集，这往往费时费力，并需要大量经费支持。在这个数据为王的时代，通过努力建立自己的特色数据库，在研究成果方面往往会获得丰厚回报。

3.2.2　通过调查问卷获取调查数据

通过调查问卷获取调查数据的优势在于可以通过设计各种问题，直接向被调查对象寻找答案。例如，Graham，Harvey，and Rajgopal（2005）对美国 401 位财务经理进行问卷调查，并对其中20位进行深度访谈，以寻找影响盈余报告和自愿性披露的关键因素。问卷调查在我国实证研究中得到了广泛的应用，尤其在管理研究领域。

构建合适的问卷需要时间和技能。问卷通常包括封面信、指导语、问题及答案、编码等。

封面信即致被调查者的短信，其内容包括自我介绍调查、主办单位简况和个人身份、调查内容和目的、调查工作的价值，并直接或间接示意被调查者不会因此受到利益损失。

指导语告诉被调查者如何正确地填写问卷，解释问卷中复杂或特殊的问题并给出填答形式的示例。

问题及答案部分是问卷的主体。测量研究对象特征、态度和行为的依据主要依靠本部分。问卷中的问题在形式上可分为开放式和封闭式两类。开放式问题（open-ended questions）指不提供具体答案而由被调查者自由填答的问题，如“你认为你所在企业亏损的主要原因是什么?”封闭式问题就是在提出问题的同时，给出若干答案，让被调查者选择。例如，上述问题加上几项拟定的答案，如“内部管理”“管理体制”“高层管理人员素质”，就成为封闭式问题。开放式问题得到的资料比封闭式问题丰富和生动，但被调查者需要花费的时间和精力多，甚至畏难而退。对开放式问题的统计和分析也更加困难，有时甚至不可行。因此开放式问题通常用于对问题的初步了解，或用于补充封闭式问题。封闭式问题刚好相反，回答简便、省时，便于统计分析，因此被普遍使用。

从问题的内容来看，可归结为特征、行为和态度三方面的问题。特征问题即用来测量被调查者基本情况的问题，如年龄、性别、职业、文化程度等，调查研究的统计分析中，这些特征常视为基本变量，用作分类的基础。行为问题用来测量被调查者过去发生或现在进行的某些实际行为和事件。例如“你今年提过几项技术革新建议?”有的文献把行为问题和特征问题合称为事实问题，涉及有关被调查者的客观事实。态度问题指被调查者对某一事物的看法、意愿、情感、认识等涉及主观因素的问题，如前述关于企业亏损原因的看法。态度问题是问卷中极重要的一部分，由于态度问题往往涉及个人内心深处的想法，任何人都有一种本能的自我防卫心理，调查中了解态度比了解事实要困难得多，然而这也正是问卷的价值所在。

问卷设计的总体原则是简明、清晰、便于回答和有吸引力。所提问题应遵循“一个问题包括一个明确界定的概念”的原则，不能有双重含义或者含糊不清。设计问卷时还有几点要注意：第一，设计问卷不能带有倾向性，避免提问方式对被调查者形成诱导；第二，不提难以真实回答的问题；第三，不能把未经确认的事情当作前提假设。

问卷设计中一个关键的环节是量表设计。在答案中，为了测量被调查者的态度、看法、意见或性格等，常要包含量表。量表给希望测量的变量属性赋予数字或符号。问卷中通常采用下述几种量表：

（1）总加量表。由一组对事物的态度或看法的陈述构成，被调查者分别对这些陈述发表“同意”或“不同意”的看法，然后按某种标准将被调查者在全部陈述上的得分加总，得出被调查者对这一事物态度的量化结果。

（2）李克特量表（Likert scale）。这是问卷设计中用得最多的一种量表。它也由一组对某种事物的态度或看法的陈述构成。与总加量表不同，被调查者对这些陈述的态度不再简单地分成“同意”和“不同意”，而是分成“非常同意”“同意”“不知道”“不同意”

“非常不同意”或者“赞成”“比较赞成”“无所谓”“比较反对”“反对”五类。

（3）语义差异量表。两端为一对意义相反的形容词，中间分为七个等级。每一等级的分级从左至右分别为 7，6，5，4，3，2，1，也可以设计为+3，+2，+1，0，−1，−2，−3。

问卷调查是获取数据的一种非常有用的方法。然而，这一方法在一定程度上遭到滥用，主要表现为随意发放问卷，而不是通过科学的抽样来随机获取样本，从而导致通过样本获得的结论并不能代表总体。此外，被调查者对研究有效性的影响非常大，回收问卷变得越来越困难。经验表明，问卷的回收率如小于 70%，调查结果的效度便有问题。

3.2.3　通过实验法获取数据

这种方法以经济学、心理学、社会学等诸多学科的理论为基础，调查参与者在实验控制的场景中如何对会计问题做出判断、决策或采取行动。它的优势在于可以操纵自变量的变化，观察这种变化对因变量的影响，从而得出因果关系的推论（罗炜，2005）。在实验中，通常需要将同意参加实验的对象随机划分为处理组（treatment group）和控制组（control group），以观察外生变化对行为和结果的影响。而通过观察数据进行研究时，很难区分外生和内生因素的影响。社会实验研究中的随机分配程序见图 3-1。随机实验的关键优势是可以将实验参与者的可以观察到和未能观察到的特征之间的任何相关性进行排除。Hirst and Hopkins（1998）用实验法调查了综合收益的不同报告方式对金融分析师评价公司价值的影响。

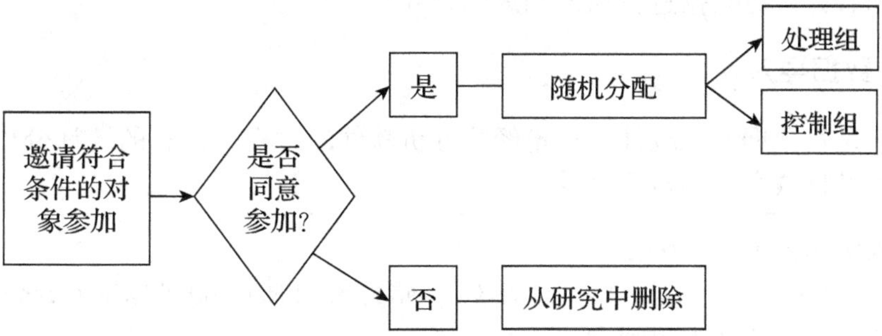

图 3-1　社会实验研究中的随机分配程序①

社会实验研究的主要局限性表现为，通常实验成本高昂，以至于除美国之外，这种方法在其他国家没有被广泛使用。实验法同样可能会带来样本选择和样本丢失问题。

3.2.4　通过模拟获取数据

通过模拟获取数据对理解统计和计量经济学的方法，以及一些统计量的属性非常有帮助。具体见“Stata 程序 5.2.3.1：对满足模型假定下估计参数性质进行蒙特卡罗模拟”“Stata 程序 5.5.3.1：模型内生性影响的模拟分析”“Stata 程序 5.5.3.2：遗漏变量导致模型内生性影响的模拟分析”。

① Cameron and Trivedi（2005），Microeconometrics：Methods and Applications，p. 50.

3.3 数据处理与 Stata 实现

根据研究设计从数据库中调出数据（或通过其他途径获取数据），以 Excel、文本（txt）或其他文件（dbf 等）形式存储，其中，最常用的是将数据存储为电子数据表（Excel 文件）。可以直接在 Excel 中对数据进行处理，但更多的情况是将数据调入相关的统计软件，如 Stata 中进行处理。也可以通过统计软件直接从数据库中获取数据。数据处理通常包括下述过程：

（1）数据导入。将收集的数据调入 Stata 软件等，或通过数据转换软件（stat/transfer 等）将数据转换为 Stata 可用的数据等。

（2）数据检查。消除相同的观测值，处理缺失值等。

（3）数据预处理。对数据和变量贴标签、变量处理、数据筛选和排序、删除重复观测值、处理缺失值等。

（4）数据转换。包括数据结构（宽格式数据和长格式数据）转换和变量类型转换。

（5）数据分组与展示。对数据进行分组标记、分组统计处理和图表展示。

（6）数据定位。包括某一事件相对时间的标定。

（7）数据配对。为研究组或处理组确定配对样本。

（8）数据合并。对数据进行横向和纵向合并。

3.3.1 数据导入

数据导入是将数据导入统计和计量经济分析软件的过程。已有的统计分析软件基本都可以调用以各种格式存储的数据文件。

Stata 程序 3.3.1.1：数据导入①

将以 raw，txt，xls，xlsx，dta，sas7bdat 存储的 StockReturn0 数据调入 Stata 软件。

Stata 调入数据的基本规则有：

1. 使用 import（Stata 12 以后版本可用）、odbc 命令直接调入 Excel 数据集。
2. 使用 infile，insheet 和 infix 命令调入 txt，csv 等类型的数据（或点击 file-import）。
3. 使用 use 命令打开存储在计算机中的 Stata 数据集，使用 sysuse 命令打开 Stata 自带的 Stata 数据集。
4. 使用 use 命令或 webuse 命令从网上直接获取数据。
5. 其他方式，例如，通过 odbc load 调取 dbase，access 等数据。

下例中，假定已经通过 cd 命令设定了当前文件目录，或者文件存于 F 盘。

```
*Stata 程序
*通过 cd 命令设定当前工作目录
*1. 调入 Excel 数据集
```

① 读者可先阅读附录中附表 1-1 和附表 1-3，了解 Stata 的工作界面和语法基本规则。

```
*方法 1：使用 import 命令调入（Stata 12 以后版本可用）
import excel "StockReturn0.xlsx", sheet("StockReturn0") firstrow clear
*方法 2：使用 odbc 命令调入（Stata 13 以前版本可用）
odbc load,dsn("Excel Files;DBQ=F:\StockReturn0.xlsx")
table("StockReturn0$") clear
*方法 3：将 Excel 数据另存为 csv 格式，然后通过 insheet 命令调入
insheet  using "StockReturn0.csv",clear
*方法 4：通过 stat/transfer 直接将 Excel 数据转换为 Stata 数据集（无法识别中
文），使用 use 命令打开
use "StockReturn0.dta",clear
```

*方法 5：点击  /*打开 Stata 数据窗口*/

```
*复制 Excel 数据，直接粘贴到 Stata 数据窗口。注意，有时不能识别 Excel 格式，容
易出错（不适用数据量大的情况）

*2. 调入 txt 数据集
*通过 infile 命令调入文本文件
infile dm  str7 month nd m r rn using "StockReturn0.txt" ,clear

*3. 调入 Stata 的 dta 数据集
use "StockReturn0.dta",clear
*或者点击 file-open 直接打开

*4. 从网上直接读取数据
use http://fmwww.bc.edu/ec-p/data/wooldridge/bwght.dta,clear
webuse lifeexp,clear
```

3.3.2　数据检查

大的数据集很容易出现错误数据，因此应仔细检查。

（1）对数据集名称、变量、观测的检查。数据集名称检查是指对数据是否命名进行检查，数据集变量检查内容包括数据集变量个数、每个变量的名称、变量存储类型、变量显示格式、变量标签等。数据集观测检查内容包括观测的数量、数据质量等初步检查。

（2）对数据质量的检查。对数据进行描述性统计可以为数据质量检查提供很多思路。比如，通过比较中位数和均值可以判断极端值（离群点）的存在。通过频数分析可以判断分类变量的准确性。有时还需要注意变量的计量单位，是基于小数还是百分数形式。比如，有些数据库中净资产收益率（ROE）是基于百分数形式的，其值 11.2 表示 ROE 为 11.2%。观察最大值和最小值时，如果发现数据中有明显的错误，应当在对原始数据进行详细检查的基础上对错误进行排除和纠正。

Stata 程序 3.3.2.1：数据检查

在 Stata 中：

可以使用 describe 或 d 命令来检查内存数据集、变量和观测的基本情况。

可以使用 compress 命令对内存中的数据进行压缩，从而释放更大的内存。

可以使用 browse 和 edit 命令浏览和修改数据，使用 list 命令在结果窗口显示数据，查看缺失值的表示情况。

可以使用 summarize(sum，su) 命令初步判断数据质量。

```
*Stata 程序
use "StockReturn0.dta",clear
describe
compress
browse
list dm nd m r rn in 1/10
summarize
sum dm nd m r rn
```

3.3.3 数据预处理

数据预处理主要包括：(1) 对数据集和变量贴标签；(2) 对变量的初步处理；(3) 对数据进行筛选和排序；(4) 对重复观测的处理；(5) 对缺失值的处理。

1. 对数据集和变量贴标签

为了便于对数据集和变量进行处理，数据集和变量的命名应尽量简洁，变量通常用英文、英文首字母简称、中文拼音首字母进行命名。这样做不利的一面是一段时间后可能无法记起数据集和变量的含义，对数据集和变量贴标签可以解决这一问题。

Stata 程序 3.3.3.1：数据预处理——对数据集和变量贴标签

在 Stata 中：

可以使用 label data 命令对数据集贴标签。

可以使用 label var 命令对变量贴标签。

可以使用 label define 命令对变量取值贴标签。

还可以使用 notes 命令对一个数据集或单个变量添加注释。

使用非官方的 labone 命令，可将数据集中的指定行作为变量的标签。例如，下载的 CSMAR 数据调入 Stata 后，可以使用 labone 命令直接将第 2 行的“变量说明”作为变量的标签。

```
*Stata 程序
use "StockReturn0.dta",clear
label data "2018-2019A 股上市公司月度股票回报"
```

```
*使用 label var 命令对变量贴标签
label var month "年度和月度"
label var dm "代码"
label var nd "年度"
label var m "月"
label var r "公司月回报率(考虑分红)"
label var rn "公司月回报率(不考虑分红)"
describe
```

2. 对变量的初步处理

变量（variable）是说明现象某种特征的概念，其特点是从一次观察到下一次观察，结果会呈现差别或变化。变量由变量名和变量值组成。变量名指变量的名称，变量值是变量的具体取值。例如对于公司产权性质这一变量，其变量值表现为国有和非国有。

对变量的初步处理主要包括变量名的统一标准化以及变量类型的转换。

(1) 变量命名及其统一标准化。尽管日常生活中对变量的命名没有强制要求，可以用中文、英文、数字、符号或者上述的组合进行命名，但在计算机语言中，变量名通常是字母（a～z，A～Z）、数字（0～9）、下划线（_）的组合，并且之间不能包含空格，数字不能放在变量名首位。变量名中一般不使用其他特定字符，如标点符号、货币符号等，因为特定字符可能意味着它是一个通配符（即可以匹配多个字符）。例如，在 Stata 中，为了便于对变量进行处理，变量名可以使用问号（?）、冒号（:）等作为通配符，从而简化程序和命令的书写。Stata 变量中的通配符见表 3-6。

表 3-6　Stata 变量中的通配符

要求	变量举例	通配符的使用
数据集中按位置排列的 var1 到 var5 的所有变量	var1 sr2 age war4 var5	var1-var5
一次性表示多个变量，无论变量处于数据集中何种位置	var1 var2 var3 var4 var5	var?
以 var 开头的所有变量	var1 var2 var10 variable varying var_1	var*
以 my 开头，以 var 结尾的一个变量	myxyzvar	my～var

此外，以下划线开头或者开头并结尾的变量，通常表示统计软件自带的系统变量。在 Stata 中，系统变量及其含义见表 3-7。

表 3-7　Stata 中的系统变量

系统变量	含义	系统变量	含义
_n	当前观测值的序号	_all	所有变量
_N	共有多少观测值	_pi	π

在数据处理过程中会产生一些中间的临时变量（tempvar），随着退出 Stata，这些

中间的临时变量会自动消失，既不会破坏原始数据，也不会妨碍我们查看结果性的变量。

```
clear
set obs 5
tempvar x y           //指明临时变量名为 x 和 y
gen `x'=_n            //生成临时变量`x'，取值为 1,2,3,4,5
gen `y'=_N            //生成临时变量`y'，取值为 5,5,5,5,5
edit                  //查看数据编辑器，却并没有变量
gen z=`x'+`y'         //将两个临时变量相加，得到新变量 z
edit                  //查看数据库，只有新变量 z
list                  //显示数据，注意临时变量的变量名为_000000  _000001
```

为了方便数据的合并转换，通常对数据集中的一些关键识别变量（也称唯一识别变量）进行标准化命名处理。例如，对于上市公司公司年（firm-year）数据，关键识别变量是公司代码和报告年度，因此可以将上市公司不同数据集，如财务报表数据、股票收益数据、公司治理数据中的公司代码和报告年度使用统一的命名规则，如公司代码用“dm”命名，报告年度用“nd”命名。[①] 统一命名规则的基本原则是简便易记。

为了方便识别，还可以对特定变量或所有变量的变量名按某个特定规则重命名。例如，如果想比较上市公司合并报表数据和母公司报表数据的差异，在合并数据前，可以给所有合并报表的变量名统一加上后缀“_c”，给所有母公司报表的变量名统一加上后缀“_p”，以此来进行区分。

Stata 程序 3.3.3.2：数据预处理——对变量的重命名

在 Stata 中，可以使用 rename 对变量进行重命名，以实现对变量的标准化命名。

```
*Stata 程序
use "StockReturn0.dta",clear
**变量重命名
rename r ret            //将变量 r 重命名为 ret
rename ret r            //将变量 ret 重命名为 r
**变量重命名批处理
*将所有或指定变量重命名，在变量后统一加上_1
foreach var of varlist dm month nd m r rn{
  rename `var' `var'_1
  }
```

（2）变量类型的转换。变量按数据计量尺度可以分为定类变量、定序变量和数字型变量。由于定类变量和定序变量可以用文字表示，也可以用数值表示，因此，在计算机语言中，变量的类型按其表现形式可以分为数字型变量和字符型变量，为了方便对时间序

① 这里用代码和年度的首字母来分别命名，也可以使用代码和年度的英文来命名，如 stkcd 和 year，code 和 year，这完全取决于研究者的偏好。

列数据的处理，通常还会加入一类单独的日期型变量。其中，数字型变量以数值形式存储，可以进行加、减、乘、除、乘方等数学运算（用数值表示的定类变量和定序变量不能进行数学运算）。字符型变量以字母、数字和其他字符构成。字符型变量不能进行数学运算，当数字以字符型变量的形式出现时也是一样。日期型变量是指能够自动识别时间先后的变量。

相关链接 3-1　**Stata 的数字型数据类型**

Stata 的数字型数据类型包括 byte，int，long，float 和 double。有关数字型数据类型的介绍如下。

存储类型	最小值	最大值	字节
byte	−127	100	1
int	−32 767	32 740	2
long	−2 147 483 647	2 147 483 620	4
float	-1.701×10^{38}	1.701×10^{38}	4
double	-8.988×10^{307}	8.988×10^{307}	8

byte，int 和 long 数据类型只能包含整数。整数可由 Stata 精确表示，通常将整数数据存储为 byte 或 int 数据类型，这样可以节省磁盘空间和内存。long 数据类型可以包含所有有符号的九位整数，但只能包含一些十位整数。因此可以将九位整数（如美国社会保险号码）存储为 long 数据类型。长标识数字也可以存储为 double 数据类型或字符串变量。这通常是一个明智的选择，因为这样就不必担心数值被截断。当特定的识别码可能包含字符时，使用字符串变量也很合适。

float 和 double 为浮点数据类型，它们可以容纳非常大的数字。一个 float 数在尾数中包含大约 7 个有效数字，而双精度（double）数包含大约 15 个有效数字。如果把一组 9 位数的美国社会保险号码读成一个浮点数（float），它们就不会被准确地读取。浮点数据不能精确表示。以基数 10 表示的浮点数（如尾数和指数）必须存储为以基数 2（二进制）表示的浮点数。虽然 1/10 是基数 10 的有理分式，但在计算机的二进制数字系统中却不是这样。如果使用 if 条件测试某个浮点数是否等于特定值（例如 if diff==0.01），很可能会失败。另外，Stata 中使用 reg price weight；predict r1，residual 命令计算出残差，残差总和应正好为 0。但 Stata 有限精度计算法使用默认浮点数据类型，这时回归残差总和为近似 0 的值，而不是 0.0。因此，关于 predict([R]predict）命令的讨论通常建议使用 predict double r2，residual 命令来计算更精确的残差。显然，如果使用命令 count if r1==r2 统计 r1 等于 r2 的观测数，报告的结果为 0。

通常，对数字型变量的处理最容易，对字符型变量的处理则相对复杂。例如，字符型变量中两个看似相同的变量值可能会因为一个存在空格或其他字符，另一个不存在空格或其他字符而不同，因此关键识别变量一般不建议以字符型变量表示，而是转换为数字型变量。例如，从 Wind 中提取的数据，公司代码以字符型变量的形式表示（如 000001.SZ，

600000.SH)，为了便于与其他数据合并，一般首先将其转换为数字型变量。在统计分析中，只有将字符型变量转换为数字型变量才能进行相应的分析。

将原始数据调入统计软件后，原本属于数字型变量的变量可能会变为字符型变量，原本属于字符型变量的变量可能会变为数字型变量，原本属于日期型变量的变量可能会变为字符型变量，这时需要对变量类型进行转换。

Stata 程序 3.3.3.3：数据预处理——变量类型的转换

Stata 为变量类型的存储和转换提供了丰富的处理方式。Stata 为数字型变量提供了 5 种类型的存储格式，包括 byte，int，long，float 和 double，为字符型变量和日期型变量的处理提供了丰富的函数。在 Stata 中可以通过 destring 和 tostring，real 和 substr 函数实现字符型变量与数字型变量的转换，可以通过日期函数实现字符型变量、数字型变量与日期型变量的转换。

在 Stata 中，可以通过 format 命令实现对变量的格式显示。但 format 命令或语句仅改变变量的显示格式（display format），不能改变变量的存储格式（storage format）。

```
*Stata 程序
*1. 将字符型变量转换为数字型变量
clear
input str6 firmstr str9 stkcd_wind
"000001" "000676.SZ"
end
destring firmstr, generate(firmnum)
gen dm=real(substr(stkcd_wind,1,6))
list
*2. 将数字型变量转换为字符型变量
clear
input firm
2
600021
end
tostring firm, generate(firmstr)
list
*3. 将字符型变量转换为日期型变量
*Stata (Stata 10 及以后版本) 可以通过 date(),yearly(),halfyearly(), quar-
terly(), monthly(),weekly()函数直接将字符型变量转换为日期型变量
clear
input str10 trddt
"7-11-1948"
end
```

```
gen date=date(trddt,"MDY")
list
format date %tdCY-N-D
list
format date %td
list
*月度数据的转换
clear
input str7 trdmnt
"1991-01"
end
gen ym=monthly(trdmnt,"YM")
format ym %tm
list
*4. 将数字型变量转换为日期型变量
*Stata（Stata 10 及以后版本）可以通过 mdy(),yw(),ym(),yq(), yh(),year()函数直接将数字型变量转换为日期型变量
clear
input m d y
12 31 2008
end
gen date=mdy(m,d,y)
format date %td
gen ym=ym(y,m)
format ym %tm
list
*for details：help date-Converting date and time values
```

3. 对数据进行筛选和排序

数据筛选（data filter）是根据需要找出符合特定条件的某类数据。主要的做法包括：将符合特定条件的数据筛选出来，剔除不符合特定条件的数据；剔除某些不符合要求的数据或有明显错误的数据。

Stata 程序 3.3.3.4：数据预处理——数据筛选

在 Stata 中，可以使用 if 和 in 选项筛选数据。

也可以使用 inlist 命令选择离散值。

例如，根据变量 d0201a 选择担任董事的高管（executive director）。d0201a 变量值为 10 位字符型代码（如 1000000000，11000044N0，1400000000），其中第 1～2 位表示

董事会或监事会任职情况，10=董事（常务、代理等），11=董事长（副），12=独立董事，13=董事局主席（副），14=其他。可以使用如下命令进行筛选：

```
gen exec_dir=inlist(real(substr(d0201a,1,2)),10,11,13,14)
```

```
*Stata 程序
use "StockReturn0.dta",clear
*选择沪市主板 A 股公司
keep if dm>=600000 & dm<900000
*选择深市主板 A 股公司
keep if dm>=1 & dm<2000
*删除不同的板块公司
drop if dm>=900000                   //删除上证 B 股公司
drop if dm>=200000 & dm<=300000      //删除深圳 B 股公司
drop if dm>=2000 & dm<3000           //删除中小企业板公司
drop if dm>300000 & dm<=400000       //删除创业板公司
```

数据排序是指按一定顺序将数据排列，以便研究者通过浏览数据发现一些明显的特征或趋势，找到解决问题的线索。除此之外，排序还有助于对数据检查纠错，为重新归类或分组等提供方便。在某些场合，排序本身就是分析的目的之一，例如了解谁是中国汽车生产的三巨头，对于汽车生产厂商而言，不论是伙伴关系还是竞争关系，都是很有用的信息。

（1）定类数据的排序。对字母型数据，排序有升序降序之分，但习惯上用升序。对汉字型数据，可按汉字的首位拼音字母排序（对多音字排序时可能会出现错误），也可按笔画排序。

（2）定量数据的排序。定量数据可以递增排序，也可以递减排序。

设一组数据为 x(1)，x(2)，…，x(n)，递增排序后可表示为：x(1)<x(2)<…<x(n)；递减排序后可表示为：x(1)>x(2)>…>x(n)。

Stata 程序 3.3.3.5：数据预处理——数据排序

在 Stata 中，可以使用 sort，gsort 命令对数据进行排序。

```
*Stata 程序
use "StockReturn0.dta",clear
*数据按 dm 排序
sort  dm
*数据按 dm 和 nd 排序
sort  dm nd
*数据按 dm，nd 和 m 排序
sort  dm nd m
*数据按 dm 升序，nd 降序排序
gsort  +dm  -nd                      //gsort 可实现对变量进行递增和递减排序
```

4. 对重复观测的处理

由于数据库的设计存在问题，有时从数据库中调出的数据存在相同的观测，或者因为重复录入而存在相同的观测，因此应首先消除相同的观测。

Stata 程序 3.3.3.6：数据预处理——对重复观测的处理

Stata 中可以使用 duplicates 命令来报告、显示和删除数据集中的重复观测。

```
*Stata 程序
use "StockReturn0.dta",clear
duplicates report                   //报告所有变量相同的重复观测数
duplicates report dm nd             //报告 dm 和 nd 相同的重复观测数
duplicates report dm nd m           //报告 dm，nd 和 m 相同的重复观测数
duplicates list                     //显示所有变量相同的重复观测数
duplicates list dm nd m             //显示 dm，nd 和 m 相同的重复观测
duplicates drop                     //删除所有变量相同的重复观测
duplicates drop dm nd m,force       //删除 dm，nd 和 m 相同的重复观测
```

5. 对缺失值的处理

抽样调查数据一个主要的问题是无回答和部分无回答，从而形成缺失值。在重复观测中，家庭搬迁，个人死亡、失踪以及公司破产等原因也会导致样本点的丢失，从而形成缺失值。处理缺失值最简单的方法是将其删除。需要注意的是，必须考虑缺失值形成的原因和重要性。如果缺失值的形成是随机的，那么无非就是减少样本量；如果缺失值以系统的方式出现，那么，删除缺失值就会导致样本失去代表性，从而导致有偏估计。还可以使用估算法对缺失值进行处理，例如在 Stata 中，可以使用 ipolate 或 impute 命令对缺失值进行插补。

不同的数据库对不同变量的缺失值有不同的表示，大多数情况下不是以点（.）表示，而是用一个数值代码表示，分析时应特别注意。SNF 数据库中缺失值的代码及解释见表 3-8。

表 3-8　SNF 数据库中缺失值的代码及解释

代码	解释
-97	由于计算原因此项没有记录（例如收益率第一项）
-95	价格库中没有交易的记录，例如停牌等
-11	公司基本信息部分缺失，有可能补齐，如企业工商注册登记号
-35	数据源数据缺失（例如成交笔数 1998 年后才可获取）
9999-12-31	对于事件终止时间现在不确定的记录

需要指出的是，缺失值和 0 存在本质的区别。有些数据库对缺失值以 0 表示，或调入 Excel 表中后变为 0，这使对缺失值的处理变得异常困难。

Stata 程序 3.3.3.7：数据预处理——对缺失值的处理

Stata 中，可以使用 browse，list，inspect 命令来查看缺失值的表示。

可以使用 mvdecode 命令将数值型缺失值转换为“.”，使用 mvencode 命令将缺失值“.”转换为数值型缺失值。

```
*Stata 程序
use "StockReturn0.dta",clear
*查看缺失值
browse
count if r==. | rn==.
list if r==. | rn==.
list if r==-97 | rn==-97
inspect r
inspect _all
*处理缺失值
*将变量中的数值型缺失值（如-97，色诺芬中默认）转换为缺失值(如.)
mvdecode r, mv(-97)            //将 r 变量中的数值型缺失值-97 转换为.
mvdecode _all, mv(-97)         //将所有变量中的数值型缺失值-97 转换为.
*假定缺失值以数值型表示
*Change missing value codes to numeric values: mvencode
mvencode r rn, mv(-97)         //将 r，rn 变量中的数值型缺失值.转换为-97
inspect r rn                   //检查 r，rn 的缺失值：结果显示没有缺失值
sum r rn                       //利用描述性统计量直观判断
mvdecode r rn, mv(-97)         //将 r 变量中的数值型缺失值-97 转换为.
```

3.3.4 数据转换

数据转换包括数据结构转换和数据变量转换。

数据结构转换包括宽格式数据和长格式数据转换（reshape）、数据转置（transpose）、数据堆叠（stack）。其中，宽格式数据如表 3-4 所示，长格式数据如表 3-3 所示。宽格式数据和长格式数据转换相对复杂，而数据转置、数据堆叠则相对简单。

数据变量转换包括宽格式数据和长格式数据转换、产生新变量和取代原有变量中的值以及对字符型变量的处理。

1. 宽格式数据和长格式数据转换

Stata 程序 3.3.4.1：数据转换——宽格式数据和长格式数据转换

在 Stata 中可以利用 reshape 命令进行宽格式数据和长格式数据之间的转换。使用 reshape 命令重排数据结构，对面板数据和混合横截面数据的操作非常适用。例如，将宽格式数据转换为长格式数据，使用 reshape long stub，i(i) j(j)，其中 j 是新产生的变量。

wide

i	stub1	stub2
1	4.1	4.5
2	3.3	3.0

long

i	j	stub
1	1	4.1
1	2	4.5
2	1	3.3
2	2	3.0

使用 reshape wide stub，i(i) j(j)，可以将长格式数据转换为宽格式数据，其中 j 是现有的变量。具体的数据输入和格式转换程序如下：

```
clear                                  //清空内存
input i  stub1  stub2                  //输入变量与数据
1  4.1  4.5
2  3.3  3.0
end                                    //结束数据输入
reshape long stub,i(i) j(j)            //将宽格式数据转换为长格式数据
reshape wide stub,i(i) j(j)            //将长格式数据转换为宽格式数据
```

```
*Stata 程序
**将 StockReturn0 数据转换为宽格式数据
*方法 1：根据数字型变量 dm，nd，m 重排
use StockReturn0.dta,clear
drop month                             //删除 month 变量
reshape wide r rn,i(dm nd) j(m)        //首先按 1—12 月重排数据
reshape wide r*,i(dm) j(nd)            //进一步按年度重排数据

*方法 2：根据字符型变量 month 重排
use StockReturn0.dta,clear
drop nd m
reshape wide r rn,i(dm) j(month) string   //报错，-不是有效的变量组成部分
replace month=subinstr(month,"-","_",.)   //用下划线_取代-
reshape wide r rn,i(dm) j(month) string   //按每年 1—12 月重排数据

*方法 3：将 month 转换为日期型数据后重排
use StockReturn0.dta,clear
gen ym=monthly(month,"YM")
format ym %tm
drop month nd m
reshape wide r rn,i(dm) j(ym)          //按 1—12 月重排数据
reshape long r rn,i(dm) j(ym)          //按 1—12 月重排数据
format ym %tm
```

2. 产生新变量和取代原有变量中的值

从数据库中调出数据，数据预处理后，需要通过变量计算（加、减、乘、除等）将原始的变量变为可用于特定目的分析的变量。

例如：对规模变量如总资产等取对数；根据净利润和平均总资产或上年总资产计算总资产收益率；根据净利润和经营活动现金流量计算应计利润；根据字符型变量产生特定的数字型变量，如通过行业分类产生行业分类变量。

产生的新变量会自动置于数据集的最后一列，为了便于变量之间的比较，可以改变变量的顺序。在 Stata 中，可以通过 order 命令来改变变量的排列顺序，具体命令为：order varlist [,options]。有关选项（option）见表 3-9。

表 3-9　Stata 中 order 命令的选项

选项	描述
first	将变量移到数据集的开头
last	将变量移到数据集的结尾
before(varname)	将变量移到 varname 之前
after(varname)	将变量移到 varname 之后
alphabetic	将变量按字母顺序排列，并移到数据集的开头
sequential	将变量按字母顺序排列，保持数字顺序，并移到数据集的开头

Stata 程序 3.3.4.2：数据转换——产生新变量和取代原有变量中的值

在 Stata 中，可以使用 generate(gen,g) 命令，通过加、减、乘、除、乘方、指数、对数、滞后、领先、差分和季节性差分等运算（+，-，*，/，^，exp，log，l.，f.，d.，s.）生成新的变量，产生变量时，可以使用逻辑关系符号来限定。

（1）表示数学运算的符号：+，-，*，/；^表示幂运算，如 x^y；x[_n-j] 表示滞后 j 期的变量，_n 表示当前观测值的数目。也可以使用滞后算子（L. 或 l.）、领先算子（F. 或 f.）、差分算子（D. 或 d.）来产生滞后、领先和差分变量。

（2）表示逻辑关系的符号：& 表示 and；| 表示 or；!=或~=表示不等；==表示相等；>，<，>=，<=表示大小关系。

使用 egen 命令能执行更复杂的变量产生任务。如产生等差数列：

```
egen d = seq(), f(1) t(39197) block(3920)
```

可以通过 help egen 命令查询其他函数的使用。使用非官方的 egen 函数可以使数据操作更为便利，安装命令为：

```
ssc install egenmore
```

使用 replace 命令取代原有变量中的值。

在经济、金融、会计的研究中，经常会基于滞后、领先和差分变量来产生新的变量。在 Stata 中可以通过 L.，D.，F.，S.（或者 l.，d.，f.，s.）等时间序列算子来产生新的变量，通过 help tsvarlist 命令可以查看详细操作步骤。

在 Stata 中，可以使用因子变量（factor variable）简化操作步骤，快捷地在回归模型中加入虚拟变量、交互项、平方项或高次项。因子变量是对现有变量的延伸，是从分类变量中生成虚拟变量、设定分类变量之间的交互项、分类变量与连续变量之间的交互项或连续变量之间的交互项（或多项式）。在 Stata 中可以通过 i.，c.，o，#，## 五个因子变量算子来产生因子变量，通过 help fvvarlist 命令可以查看详细操作步骤。

在 Stata 中，每个变量都可以通过明确的下标（explicit subscripting）来定位变量的观测：

例如：p[1] 表示变量 p 的第 1 个观测，p[2] 表示变量 p 的第 2 个观测，依次类推。在这种情况下，使用_n 和_N 来进行变量的观察定位尤为方便。

```
*产生滞后变量
generate xlag = x[_n-1]
*xlag[1] = x[0] where _n=1
*xlag[2] = x[1] where _n=2
*依次类推
*产生收入增长率
bys dm (nd): gen Growth0 = (Sales - Sales[_n-1])/ Sales[_n-1]
```

```
*Stata 程序
use "FinancialData0.dta",clear
***计算总资产收益率和净资产收益率
rename roa roa0
rename roe roe0
xtset dm nd                                        //设定面板数据
gen avTA=(TA+l.TA)/2
label var avTA "平均总资产"
gen roa=NI/avTA
label var roa "总资产收益率"
gen avNA=(NA+l.NA)/2
label var avNA "平均归属于母公司股东的净资产"
gen roe=NI/avNA
label var roe "净资产收益率"
gen Lev=Debt/TA
label var Lev "资产负债率"
gen Size=ln(TA)
label var Size "总资产对数"
gen Growth=D.Sales/L.Sales
label var Growth "收入增长率"
***将行业转换为数字
```

```
gen hydm=substr(nnindcd,1,1) if substr(nnindcd,1,1)!="C"
                                                //不是制造业，取第 1 位代码
replace hydm=substr(nnindcd,1,2) if substr(nnindcd,1,1)=="C"
                                                //是制造业，取前 2 位代码
*gen
hydm=cond (substr (nnindcd, 1, 1)!=" C", substr (nnindcd, 1, 1), substr
(nnindcd,1,2))                                  //可以使用 cond 将前 2 行代码合并
label var hydm "字符型 1-2 位数行业代码：制造业 2 位，其他 1 位"
egen hy=group(hydm)
label var hy "数值型 1-2 位数行业代码"
list  dm nd if missing(hydm)                    //检查行业的缺失情况
order hydm hy,after(nnindcd)
save "FinancialData.dta",replace

*思考：
*我们也可以采用位置标定的方法来计算滞后值，例如销售增长率
bys dm (nd): gen Growth0 = (Sales-Sales[_n-1])/Sales[_n-1]
*比较 Growth 和 Growth0 的描述性统计值，试分析两者存在差异的原因
sum Growth Growth0
list dm nd Sales Growth Growth0 if Growth!= Growth0

*使用 replace 对结果标注*号
gen star=""
replace star="***" if p<=0.010
replace star="**" if p>0.01 & p<=0.050
replace star="*" if p>=0.05 & p<=0.100
tostring dcar,replace  format(%9.3f)  force //强制转化会导致部分信息丢失
replace dcar=dcar+star
drop star
```

我们还可以通过模拟来获取相关数据，即通过随机数生成器（准确地说是伪随机数生成器）产生随机变量。伪随机数生成器运用一些确定性的设置产生一长串数字，这些数字能模拟一些目标分布的实现。对于均匀分布的随机数来说，其目标分布就是从 0 到 1 的均匀分布，即选取 0 和 1 之间的任意数值都有相同的概率。给定一个序列，有许多方法能够把从合意的分布（如正态分布）中进行非均匀分布抽样的结果排成一个序列。

Stata 程序 3.3.4.3：数据转换——随机变量的产生

在 Stata 中，可以使用随机数函数产生各种随机变量，可以通过 help function 命令，点击 random-number functions 查看。例如使用 uniform() 函数产生服从均匀分布的随机数变量。

```
*Stata 程序
clear
set obs 10000
set seed 12345/*总是产生相同的数据*/
gen randnum=uniform()/*产生服从[0,1]均匀分布的随机变量*/
gen randnum0=320*uniform()/*产生服从[0,320]均匀分布的随机变量*/
gen randnum1=1+int(320*uniform())/*产生服从[1,320]均匀分布的随机变量*/
gen z=invnorm(uniform())/*产生服从[0,1]正态分布的随机变量*/
gen z1=200+20*invnorm(uniform())/*产生服从[200,20]正态分布的随机变量*/
gen w=exp(invnorm(uniform()))/*产生服从[0,1]对数正态分布的随机变量*/
gen y=-4*ln(uniform())/*产生服从 u==4 指数分布的随机变量*/
gen x1=(invnorm(uniform()))^2/*产生服从卡方分布的随机变量(1 个自由度)*/
gen x2=(invnorm(uniform()))^2+(invnorm(uniform()))^2/*产生服从卡方分布的随机变量(2 个自由度)*/
*用 draw 产生多元正态分布
```

3. 对字符型变量的处理

前面的分析指出，对字符型变量的处理要相对复杂一些。对字符型变量的处理包括：压缩字符变量值、提取字符变量值、连接字符变量值、取代字符变量值、转换字符变量值等。Stata 提供了丰富的字符函数。

压缩字符变量值是指压缩字符型变量值的占用空间。有时，字符型变量值的存储数据过长（如高管简历），这不仅会占用过多的内存空间，还不便于阅读。特别是有些软件（如 Stata）将数据读入内存进行处理，压缩变量的存储空间对提高数据的运行效率有很大帮助。

提取字符变量值是指从已有字符或字符型变量中提取特定字符形成新的变量。例如，从上市公司的行业代码中提取两位数代码（适用于制造业）和一位数行业代码（适用于制造业之外的其他行业），以控制不同行业的影响。使用公司名称（非上市公司）、高管姓名等作为关键变量合并不同数据集时，关键变量看似相同，但却无法合并，主要原因是公司名称、高管姓名中包括空格或其他特殊字符。这种情况下需要去除关键变量中的特殊字符。

连接字符变量值是指将不同的字符或字符型变量值进行连接。

查找字符变量值是指在字符或字符型变量值中查找特定字符，并进行标示。

取代字符变量值是指用新的字符取代字符或字符型变量值中的原字符。

转换字符变量值是指对字符或字符型变量值进行转换，如大小写转换。

Stata 程序 3.3.4.4：数据转换——对字符型变量的处理

Stata 中字符型变量的处理主要通过字符型函数进行。输入 help function，点击 string functions 可以查看所有字符型函数的使用。主要字符型函数的使用说明见本书附表 1－7。本部分重点介绍文本挖掘中常用的正则表达式（regular expression，简称 regex，regexp 或 RE）匹配、替换和截取函数。正则表达式，又称规则表达式，是计算机科学的一个概念，通常用来匹配、替换那些符合某个模式（规则）的文本。《正则表达式必知必会》（本·福塔著，门佳等译）是学习正则表达式很好的入门教材。

正则表达式匹配函数：regexm，m 代表匹配（match）。

正则表达式替换函数：regexr，r 代表替换（replace）。

正则表达式截取函数：regexs，s 代表截取（subexpression）。

Stata 14 及以后的版本加强了正则表达式的功能，主要的正则表达式函数有：ustrregexm（匹配函数），ustrregexrf（f 代表 first，表示只替代第一次出现的匹配字符），ustrregexra（a 代表 all，表示替代全部匹配到的字符）和 ustrregexs（截取函数），ustr 代表 unicodestring。基本的用法同 regexm，regexs 等一致，但这些函数功能更强大，可以根据序列、POSIX 字符类等进行匹配。提取合并方文本的上市公司、提取公司或高管名称中的中文和英文名称、从高管个人简历中提取有关高管的个人特征（具体运用详见第 10 章），都要用到正则表达式函数。正则表达式也广泛应用于网络爬虫中。

```
*Stata 程序
use "FinancialData.dta",clear
**使用 compress 命令压缩字符变量值
compress nnindnme                                   //对行业名称进行压缩
compress                                            //对所有变量进行压缩

**提取字符变量值：将行业转换为数字
gen hydm=substr(nnindcd,1,1) if substr(nnindcd,1,1)!="C"
                                                    //不是制造业，取第 1 位代码
replace hydm=substr(nnindcd,1,2) if substr(nnindcd,1,1)=="C"
                                                    //是制造业，取前 2 位代码
*gen
hydm=cond(substr(nnindcd, 1, 1)!="C", substr(nnindcd, 1, 1), substr
(nnindcd,1,2))                                      //可以使用 cond 将前 2 行代码合并
label var hydm "字符型 1-2 位数行业代码：制造业 2 位，其他 1 位"
egen hy=group(hydm)
label var hy "数值型 1-2 位数行业代码"
list  dm nd if missing(hydm)                        //检查行业的缺失情况
order hydm hy,after(nnindcd)
save "FinancialData1.dta",replace

use "FinancialData1.dta",clear
*连接字符变量值
*将数值型 dm 转换为字符型代码，并且不足 6 位的前面用 0 补足
tostring dm,gen(dmstr)
replace dmstr="0"*(6-length(dmstr))+dmstr  //字符串的加和乘
```

```
*产生由年月作出的识别变量
*gen month2=substr(month,1,4) +substr(month,6,2)

*通过查找特定字符产生新的变量
*regexm 函数可以从一个字符中搜索另一个字符，也可以从一个变量中搜索另一个变量
gen big4=1 if regexm(dadtunit,"毕马威") | regexm(dadtunit,"普华永道") |
regexm(dadtunit,"安永") | regexm(dadtunit,"德勤") | regexm(dadtunit,
"安达信")
replace big4=0 if big4==.
tab big4

*有时公司名称和代码合在一起（如披露的合并方和被合并方），需要提取其中的代码
gen acquirer0=stknme+"("+dmstr+")"

*从 acquirer0 中提取股票代码
*方法 1：使用 regexm 函数搜索任意 6 位数字
gen dm1=regexs(0) if regexm(acquirer0,"[0-9][0-9][0-9][0-9][0-9][0-9]")

*方法 2：使用 ustrregexm 函数搜索任意 6 位数字
gen dm2=ustrregexs(0) if ustrregexm(acquirer0,"\d{6}")

*如果还存在其他非代码的 6 位数，该方法可能失效
*假定第一个观测不是"平安银行(000001)"，而是"911231 平安银行(000001)"，前面
数字为日期
replace acquirer0="911231"+acquirer0 in 1

*方法 3：查找以英文（或中文）开头，中间为 6 位数字，最后以英文（或中文）结尾的字
符串，字符串不包括括号
gen dm3=ustrregexs(0) if ustrregexm(acquirer0,"\b(?<=\(|（)\d{6}(?=\)|）)\b)")
*\b(?<=\(|（)   从以英文（或中文）开头的地方开始搜索
*\d{6} 6 位数字
*(?=\)|）)\b)      以英文（或中文）结尾的字符串作为结束

*方法 4：
*获取第一个括号的位置，然后从第一个括号起取 6 个字符
*收购方代码
gen first1=strpos(acquirer0,"(")
replace first1=first1+1
```

```
gen first2=strpos(acquirer0,")")
gen dfirst=first2-first1
gen acqdm6=substr(acquirer0,first1,6) if dfirst==6 //深市沪市公司 6 位代码
gen acqdm4=substr(acquirer0,first1,4) if dfirst==4   //其他市场的公司 4 位代码
gen dm4=acqdm6
replace dm4=acqdm4 if dm3=="" & acqdm4!=""
drop first* dfirst
drop acqdm6 acqdm4

**有时公司名称中、英文或高管姓名中、英文在一起，需要提取单独的中文或英文名字
replace stknme=stknme+"(Ping An Bank)" if dm==1
replace stknme=stknme+"(Vanke)" if dm==2
cap drop stknme1 stknme2
gen stknme1=ustrregexs(1) if ustrregexm(stknme,"([\w\s]+)((([\w\s]+)))?")
gen stknme2=ustrregexs(3) if ustrregexm(stknme,"([\w\s]+)((([\w\s]+)))?")
*([\w\s]+)表示任意汉字字母空格的子字符串，后面加？表示可选项

*取代字符变量值
*去掉字符型变量中的所有空格
replace stknme=subinstr(stknme," ","",.)
*去掉字符变量值中的通配符和特殊符号。若要发挥通配符的功能，可使用 regexr 函数
*有时，字符型变量中会出现通配符(?，*)等，这时可以用 subinstr 函数将其清除
replace stknme=subinstr(stknme,"*","",.)                 //方法 1：去掉通配符*
*replace stknme=subinstr(stknme,char(42),"",.)         //方法 2：去掉通配符*
*replace stknme =subinstr(stknme,"`=char(42)'","",.)    //方法 3：去掉通配符*
replace stknme=subinstr(stknme,"?","",.)                 //去掉通配符?
*去掉回车换行，使用 ASCII 码
replace stknme =subinstr(stknme,"`=char(10)'","",.)
replace stknme =subinstr(stknme,"`=char(13)'","",.)
*去掉双引号，使用 ASCII 码
replace stknme=subinstr(stknme,char(34),"",.)
*replace stknme =subinstr(stknme,"`=char(34)'","",.) //错误

*变量名大小写转换
*可以使用 rename 逐个重命名
*使用非官方的 renvars
```

```
*findit renvars
foreach v of var TA NA NI {
    local new = lower("`v'")
    rename `v' `new'
}
renvars _all,lower
```

3.3.5 数据分组与展示

在经验研究中，对数据进行分组处理是十分常见的。例如，对数据进行分年度处理、分行业处理或者分年度分行业处理。也可以对连续性变量，如 ROA 进行分组，以揭示不同业绩组之间的特定差异。

1. 数据分组标记的产生

有时，可以通过对数据产生分组标记来对给定数据进行处理。例如，仅保留每家上市公司第一次发布盈余公告时间等。因此需要将每家上市公司第一次发布盈余公告的时间标记出来，然后根据要求进行处理。

Stata 程序 3.3.5.1：数据分组标记的产生

在 Stata 中，可以在命令前加入 by 或 bysort（bys）前缀选项进行分组处理。具体语法是 help bysort：

```
bysort varlist: stata_cmd
```

这是通常使用的方式，完整的语法是：

```
bysort varlist1 [(varlist2)] [, rc0]:  stata_cmd  //bysort 可以简化为 bys
```

大多数 Stata 命令都允许使用 by 前缀，即要求对于 varlist 中变量值相同的每组观测值重复该命令（stata_cmd）。

不是所有命令都可以使用 by 前缀，如果可以使用该前缀，Stata 会在命令中说明允许（by is allowed）。

varlist1(varlist2) 语法对程序有特殊的用途。它证实数据是否按 varlist1 varlist2 排序，执行 by 时，就像只指定了 varlist1 一样（不考虑 varlist2）。例如：

```
bys dm (nd):growth=(sales-sales[_n-1])/sales[_n-1]
```

首先验证数据是否按代码（dm）排序，且在 dm 内是否按年度（nd）排序，然后按 dm 分组产生 growth 变量。

系统变量_n 和_N 通常分别表示当前观测数和观测总数。在 by 分组中，_n 和_N 分别表示在每一分组中当前观测数和观测总数。

```
*Stata 程序
*使用_n 和_N 进行分组标记
use "FinancialData1.dta",clear
*将所有观测按顺序标记
```

```
gen n=_n
*分行业将所有观测按顺序标记
bys hy: gen hn=_n
*标记所有观测数
gen maxn=_N
*分代码、分年度将所有观测按顺序标记
bys dm nd:gen dn=_n
*分代码、分年度标记所有观测数
bys dm nd:gen dN=_N   //等价于 by dm nd,sort:gen dN=_N
```

2. 数据分组

项目研究有时需要将定量数据分成观测数量相同的若干组。例如：

(1) 将所有公司按 ROA 大小分为 20 组。

(2) 分年度将所有公司按 ROA 大小分为 20 组。

(3) 分年度按 ROA 大小将公司分组，使每组的公司数为 20。

(4) 分年度按分位数分组。

(5) 分组产生虚拟变量 (dummy variable)。

在分组统计处理过程中，有时需要分组产生虚拟变量，然后进行处理，也可以直接产生虚拟变量进行处理。

Stata 程序 3.3.5.2：数据分组

在 Stata 中，可以使用 egen 命令中的 cut 函数，或者 xtile 命令对某一变量进行分组。在实证研究中，通常应当按年度进行分组。

在 Stata 中，很多命令可以根据特定定性变量产生虚拟变量，如使用 tab，todummy 等命令。但 todummy 不能和 bys 连用，这限制了分年度的虚拟变量的产生。

```
*Stata 程序
use "FinancialData1.dta",clear
*将所有公司按 ROA 大小分为 20 组
egen roarank=cut(roa),group(20)
tab roarank
*分年度将所有公司按 ROA 大小分为 20 组
*方法 1
gen roarank1=.
forvalue i=1995/2019{
  egen temp=cut(roa) if nd==`i' & roa!=.,group(20)
  replace roarank1=temp if nd ==`i' & roa!=.
  drop temp
}
```

```
replace roarank1=(roarank1+1)
*方法 2
gen roarank2 =.
forvalue i=1995/2019{
  xtile temp=roa if nd==`i', nquantile(20)
  replace roarank2=temp if nd ==`i'
  drop temp
}
*分年度按 ROA 大小将公司分组，使每组的公司数为 20
bysort nd:egen rankroa=rank(roa)
gen group20=int((rankroa-1)/20)+1
*根据行业代码（hydm）产生行业虚拟变量（hy1-hyn）
tab hydm, gen(hy)
*根据数字型变量（roa）的中位数产生虚拟变量 mroa，使 roa 大于中位数时，mroa 取
1，反之取 0
todummy roa,median gen(mroa)
*根据数字型变量（roa）的四分位数产生 4 个虚拟变量 roa1，roa2，roa3 和 roa4
todummy roa,q rlabel("1st Q" "2nd Q" "3rd Q" "4th Q")  //产生了 roa1,
roa2，roa3，roa4 共 4 个虚拟变量。roa1 是指为第 1 分数时取 1，其他取 0，依次类推
```

3. 分组统计处理

通过对数据分组标记，可以很方便地进行分组累计求和与求积。

Stata 程序 3.3.5.3：分组求和与求积

在 Stata 中，可以使用 gen 命令下的 sum 函数和 egen 命令下的 total 函数来分组求和，使用非官方的 rprod 函数来分组求积，也可以通过简单编程来累计求和、求积。

	分代码、年度对变量季度 eps 求和	分代码、年度对变量季度 eps 求积
滚动	bys dm nd:gen sum=sum(eps)	bys dm nd:gen rprod = exp(sum(ln(eps))) //eps 只能为正
常数	bys dm nd:egen total=total(eps)	bys dm nd:egen prod=prod(eps)

```
*Stata 程序
*Stata 的分组求积
*滚动求积
clear
input dm nd qtr eps
```

```
1  2019  1  0.1
1  2019  2  0.2
1  2019  3  0.5
1  2019  4  -0.1
1  2020  1  .
1  2020  2  0.6
1  2020  3  -0.1
1  2020  4  0.5
2  2019  1  0.6
end
save sumprod, replace
*滚动求和
use sumprod,clear
bys dm nd (qtr):gen sumeps1=sum(eps)
replace eps=0 if eps==.
bys dm nd (qtr):gen sumeps2 = eps  if _n==1
bys dm nd (qtr):replace sumeps2 = sumeps2[_n-1]+eps if _n>1
*滚动求积
bys dm nd (qtr):gen rprod = exp(sum(ln(eps))) /*eps 不能为负*/
replace eps=1 if eps==.
bys dm nd (qtr):gen runprod = eps  if _n==1
bys dm nd (qtr):replace runprod = runprod[_n-1]*eps if _n>1

*分组累计求和与求积
use "StockReturn0.dta",clear
*根据每个公司每年 12 月的月度回报 r，计算每年月度回报的滚动累计和
bys dm nd (m):gen runsum = r  if _n==1
bys dm nd (m):replace runsum = runsum[_n-1]+r if _n>1
bys dm nd (m):gen rsum=sum(r)
sum runsum rsum if m==12        //结果不一致，因为 sum 函数会自动将缺失值转换为 0
cap drop runsum rsum
replace r=0 if r==.             //如果 r 等于缺失值，将其取代为 0
bys dm nd (m):gen runsum = r  if _n==1
bys dm nd (m):replace runsum = runsum[_n-1]+r if _n>1
bys dm nd (m):gen rsum=sum(r)
sum runsum rsum if m==12        //取代缺失值后结果一致
*根据每个公司每年 12 月的月度回报 r，计算每年月度回报的累计和
bys dm nd (m):egen rtotal=total(r)
```

```
sum runsum rsum rtotal if m==12 //在最后一月，rtotal 与 runsum，rsum 结果一致
sum runsum rsum rtotal if m==11 //除最后一月外，rtotal 与 runsum，rsum 结果均不一致

*根据每个公司每年 12 月的月度回报 r，计算 1+r 的滚动累计积
gen r1=r+1
bys dm nd (m):gen runprod = r1  if _n==1
bys dm nd (m):replace runprod = runprod[_n-1]*r1 if _n>1
egen rprod = prod(r1),by(dm nd)
sum runprod rprod if m==12    //结果不一致，因为 prod 函数会自动将缺失值转换为 1
replace r1=1 if r1==.         //如果 r1 等于缺失值，将其取代为 1
cap drop runprod rprod
bys dm nd (m):gen runprod = r1  if _n==1
bys dm nd (m):replace runprod = runprod[_n-1]*r1 if _n>1
egen rprod = prod(r1),by(dm nd)
sum runprod rprod if m==12    //取代缺失值后结果一致
keep if m==12
keep  dm nd rprod
sort dm nd
save return,repace
```

在统计分析过程中，很多时候需要进行分组估计或分组滚动估计①，在 Stata 中，可以通过多个命令来收集分组统计量。

Stata 程序 3.3.5.4：分组统计处理

在 Stata 中，可以使用 statsby 命令分组输出各种统计量。

```
statsby exp_list , by(varname): command
```

exp_list 指定执行命令时要收集的统计量，包括描述性统计量（在 summarize 等命令运行后，输入 return list 可以显示所有 *r* 统计量）或回归估计中的系数和标准误等（在回归命令 reg 运行后，输入 ereturn list，可以显示所有 *e* 估计量）。

例如，在回归分析中，exp_list 为_b _se n=e(N) rsq=e(r2)，表示收集分组回归中的估计系数、标准误、样本量、拟合优度统计量。by(varname) 表示按指定变量分组统计。command 是所有 Stata 命令。

除了 statsby 命令外，collapse 命令可以一次分组计算多个变量的描述性统计量，且运行速度很快。

在 Stata 中，可以使用 rolling 命令对给定窗口期进行分组滚动估计。

① 对描述性统计和回归分析不熟练的读者可以跳过分组估计这部分内容。有关分组估计的示例详见第 8 章的“Stata 程序 8.5.2.1：上市公司债券发行与应计盈余管理”和“Stata 程序 8.5.3.1：企业会计准则变迁与应计质量”以及第 9 章的“Stata 程序 9.5.2.1：利用 CAPM 模型估计预期回报”和“Stata 程序 9.5.2.2：利用 FFM 估计预期回报”。

```
rolling [exp_list] [if] [in],window(#) [options]:command
```

exp_list 指定执行命令时要收集的统计量，语法同 statsby 命令。window(#) 表示每次估计的期数为#。command 是所有 Stata 命令。

注意，非官方命令 rolling2 可以对给定窗口期所有公司进行滚动估计，主要控制选项是 onepanel。两者的差别和具体使用可以通过 help rolling 或 help rolling2 查看。

使用非官方 Stata 命令 asreg，asrol，mvsumm，mvcorr 也可以进行分组估计和分组滚动估计。总体来看，asreg，asrol 可以更方便地提取分组估计、分组滚动估计统计量。asreg，asrol 综合了 statsby 和 rolling 的功能，运行速度更快，在样本量很大时效率要高很多。因此，在分组估计、分组滚动估计时建议使用 asreg，asrol 命令。

```
*Stata 程序
*分组描述性统计
*方法 1：使用 statsby 命令
use "FinancialData1.dta",clear
statsby mean=r(mean) median=r(p50), by(nd hy): sum eps, detail
//在新数据集中分年度分行业产生 eps，bps 的均值和中位数（每次一个变量）
sum mean
*方法 2：使用 collapse 命令
collapse (mean) meps=eps mbps=bps (median) mdeps=eps mdbps=bps,by(nd hy)
//在新数据集中分年度分行业产生 eps，bps 的均值和中位数
sum meps mbps
*方法 3：使用 asrol 命令
use "FinancialData1.dta",clear
bys nd hy: asrol eps bps, stat(mean median)    //在原数据集中分年度分行业产生 eps，bps 的均值和中位数
drop if mean_eps==. | mean_bps==.
duplicates drop nd hy,force                    //删除重复观测
sum mean_eps mean_bps

*分组回归分析
*方法 1：使用 statsby 命令
use "FinancialData1.dta",clear
statsby _b _se n=e(N) rsq=e(r2), by(nd hy): regress eps bps
//在新数据集中分年度分行业产生 bps 对 eps 的回归系数、标准误、样本量、rsquare 等统计量
*方法 2：使用 asreg 命令
use "FinancialData1.dta",clear
bys nd hy: asreg eps bps                       //在原数据集中分年度分行业产生 bps 对 eps 的回归系数等
```

```
*分组滚动描述性统计
*为了加快 rolling 的运行，仅选前 3 个代码
*方法 1：使用 rolling 命令
use "FinancialData1.dta",clear
xtset dm nd
rolling N=r(N) mean=r(mean) median=r(p50)  if dm<=3, window(10): summarize eps, detail
//在新数据集中分公司按 10 年窗口期滚动产生 eps 的均值和中位数，不到 10 个的也参与了计算
drop if N<10                                        //观测不够 10 个的删除
sum mean
*方法 2：使用 asrol 命令
use "FinancialData1.dta",clear
bys dm: asrol eps bps if dm<=3,wind(nd 10) min(10)  stat(mean median)
//在原数据集中分公司按 10 年窗口期滚动产生 eps, bps 的均值和中位数
drop if mean10_eps==. | mean10_bps==.
duplicates drop dm mean10_eps mean10_bps,force  //删除重复观测
sum mean10_eps mean10_bps

*分组滚动回归分析
*分公司滚动回归
*方法 1：使用 rolling 命令
use "FinancialData1.dta",clear
xtset dm nd
rolling _b _se n=e(N) rsq=e(r2) if dm<=3, window(10) : regress eps bps
drop if _eq2_n<10                                   //观测不够 10 个的删除
sum _b_bps
*方法 2：使用 asreg 命令
use "FinancialData1.dta",clear
xtset dm nd
bys dm: asreg eps bps if dm<=3, wind(nd 10) min(10)//在原数据集中分年度分行业产生 bps 对 eps 的回归系数等
keep dm nd _Nobs _R2 _adjR2 _b_bps _b_cons
keep if _b_bps!=.
sum _b_bps

*给定窗口长度所有公司滚动回归
*方法 1：使用 rolling2 命令
```

```
use "FinancialData1.dta",clear
xtset dm nd
rolling2 _b _se n=e(N) rsq=e(r2), window(10) onepanel: regress eps bps
drop if _eq2_n<10                         //观测不够 10 个的删除
sum _b_bps
*给定 10 年的窗口，1991—2019 年可以获得 20 个估计参数
*方法 2：使用 asreg 命令
use "FinancialData1.dta",clear
xtset dm nd
asreg eps bps, wind(nd 10) min(10)   //在原数据集中分年度分行业产生 bps 对
eps 的回归系数等
keep nd _Nobs _R2 _adjR2 _b_bps _b_cons
drop if _b_bps==.
duplicates drop nd _b_bps,force       //删除重复观测
drop if nd<2000
sum _b_bps
```

4. 单变量数据展示

对数据进行预处理后，可以使用图表更直观形象地展示数据。

一张完整的图应包括以下要素：坐标轴、曲线（点/线/面）、标题与副标题、图例、脚注、插文。如图 3-2 所示。

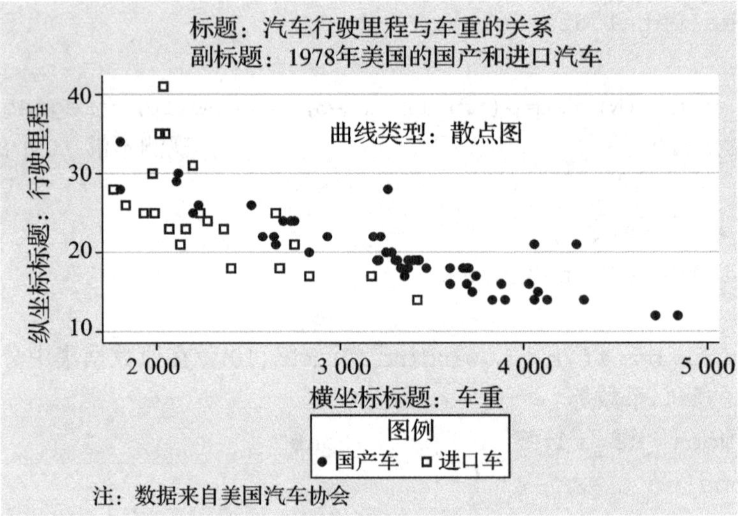

图 3-2　汽车行驶里程与车重的关系

不同数据类型的展示方式不同。如对定类数据和定序数据主要作分类整理；对定量数据则主要作分组整理。

一张好的图表应当：

● 精心设计，有助于洞察问题的实质；

● 使复杂的观点得到简明、确切、高效的阐述；

● 能在最短的时间内以最少的笔墨给读者提供最大量的信息；

● 是多维的；

● 表述数据的真实情况。

（1）定类数据的图示。

1）条形图（bar chart）。条形图是用宽度相同的条形的高度或长短来表示数据多少的图形。条形图可以横置或纵置，纵置时也称为柱形图（column chart）。条形图有简单条形图、复式条形图等形式。

例如，某调查研究显示，顾客对不同饮料类型的选择如表 3－10 所示。可以用条形图显示顾客对不同饮料类型的偏好，如图 3－3 所示。

表 3－10　不同饮料类型和购买人数分布表

	计数项：饮料类型	顾客性别		总计
		男	女	
1	果汁	1	5	6
2	矿泉水	6	4	10
3	绿茶	7	4	11
4	其他	2	6	8
5	碳酸饮料	6	9	15
	总计	22	28	50

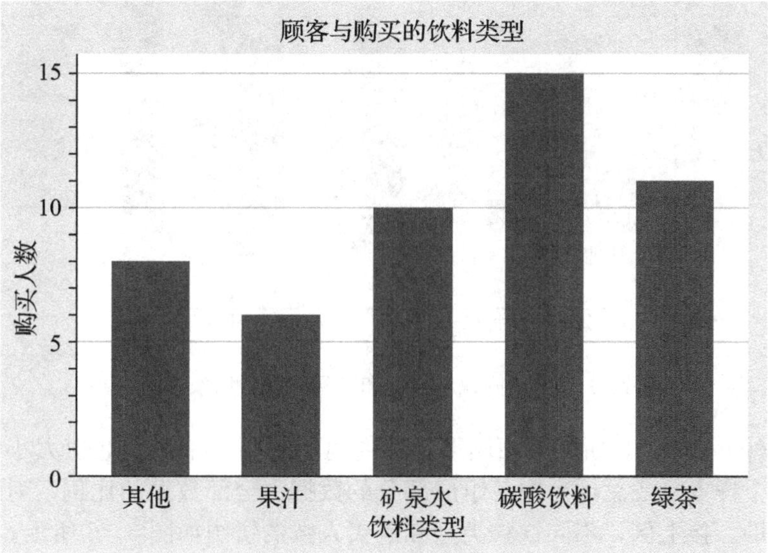

图 3－3　不同饮料类型和购买人数条形图

2）帕累托图（Pareto chart）。帕累托图是按各类别数据出现的频数排序后绘制的条形图。通过对条形的排序，容易看出哪类数据出现得多，哪类数据出现得少。接上例，不同饮料类型和购买人数的帕累托图如图 3－4 所示。

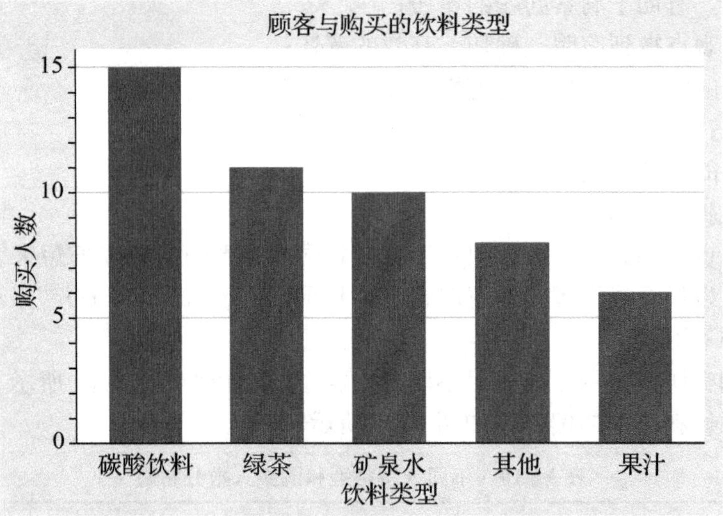

图 3－4 不同饮料类型和购买人数帕累托图

3）对比条形图。对比条形图可以提供不同组数据的对比情况。接上例，对男性和女性顾客的饮料类型选择绘制对比条形图，如图 3－5 所示。

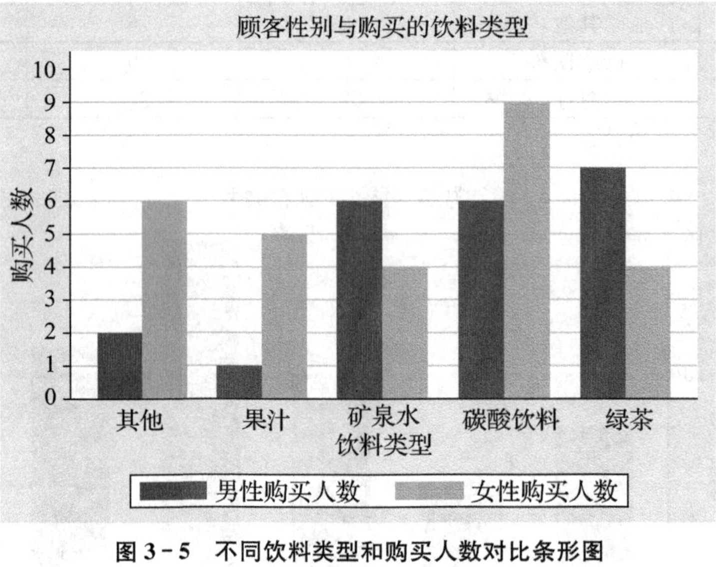

图 3－5 不同饮料类型和购买人数对比条形图

4）饼图（pie chart）。饼图是用圆形及圆内扇形的角度来表示数值大小的图形，它主要用于表示一个样本（或总体）中各组成部分的数据占全部数据的比例，对于研究结构性问题十分有帮助。接上例，不同饮料类型和购买人数的饼图如图 3－6 所示。

（2）定序数据的整理与图示。累计频数（cumulative frequencies）指各类别频数的逐级累加。累计频率（cumulative percentages）指各类别频率（百分比）的逐级累加。

根据累计频数或累计频率，可以绘制累计频数图或累计频率图。图 3－7 列示了首席财务官（CFO）在高管团队中排名位置的公司数的累计频数图。

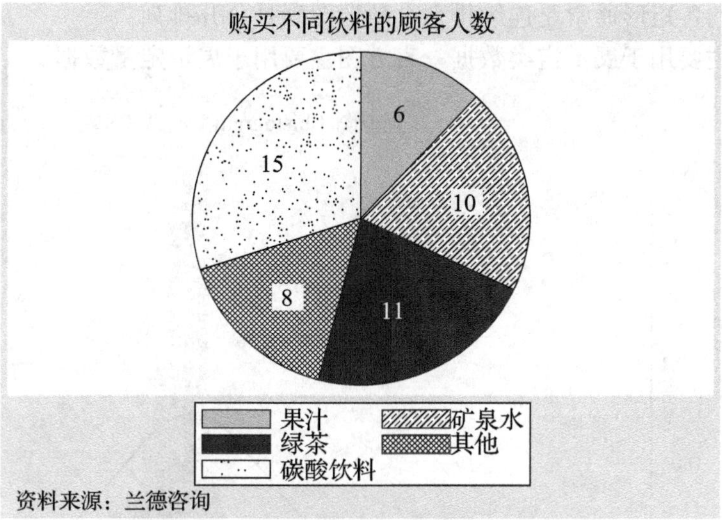

图 3－6　不同饮料类型和购买人数饼图

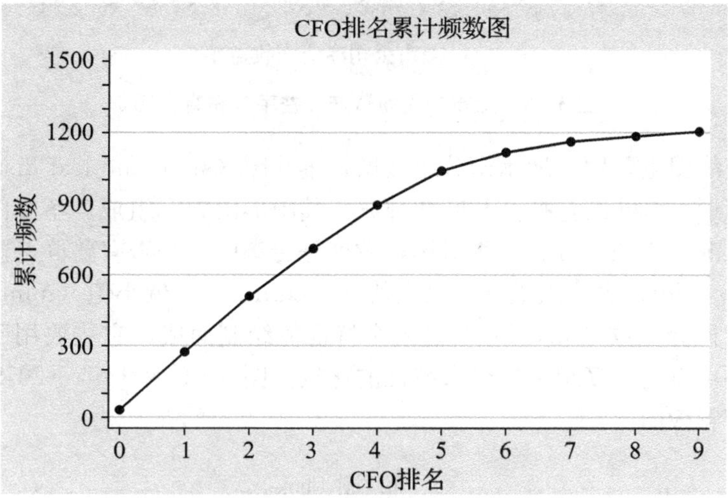

图 3－7　CFO 排名累计频数图

（3）定量数据的整理与图示。根据数据统计研究的需要，将原始数据按照某种标准分成不同的组别，分组后的数据称为分组数据。数据分组的主要目的是观察数据的分布特征。数据分组后，计算出各组中数据出现的频数，就形成了一张频数分布表。

上面介绍的条形图、饼图等都适用于展示定量数据。定量数据还可以用直方图、茎叶图和箱线图展示，这些方法并不适用于定类数据和定序数据。

直方图（histogram）是用于展示分组数据分布的一种图形，它是用矩形的宽度和高度（即面积）来表示频数分布的。图 3－8 为上市公司净资产收益率分布的直方图。

需要指出的是，直方图和条形图存在明显区别，具体表现为：

1）条形图用条形的长度（横置时）表示各类别频数的多少，其宽度（表示类别）是固定的。直方图用面积表示各组频数的多少，矩形的高度表示每一组的频数或百分比，宽度表示各组的组距，其高度与宽度均有意义。

2）直方图的各矩形通常是连续排列，条形图则是分开排列。

3）条形图主要用于展示定类数据，直方图主要用于展示定量数据。

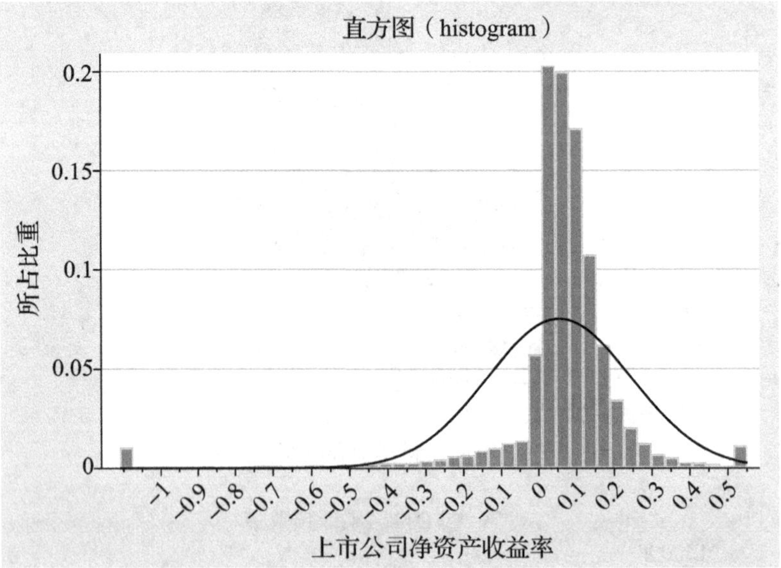

图 3－8　上市公司净资产收益率分布直方图

茎叶图和箱线图主要用于展示未分组数据。茎叶图（stem and leaf display）是反映原始数据分布的图形。茎叶图包括茎和叶两部分，其图形由数字组成。茎叶图反映数据的分布形状及离散状况，比如，分布是否对称，数据是否集中，是否有离群点，等等。

箱线图（box plot）由一组数据的最大值（maximum）、最小值（minimum）、中位数（median）、两个四分位数（quartiles）这五个特征值绘制而成，它主要用于反映原始数据分布的特征，还可以进行多组数据分布特征的比较。图 3－9 为 1995—2019 年上市公司净资产收益率分布箱线图。

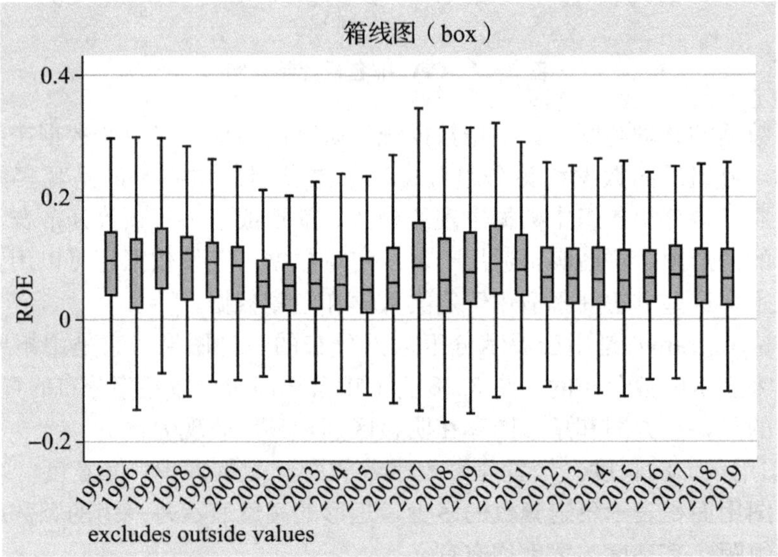

图 3－9　1995—2019 年上市公司净资产收益率分布箱线图

如果定量数据是在不同时间取得的，即时间序列数据，则可以绘制线图。线图（line plot）主要用于反映现象随时间变化的特征。

点图（dot plot）适用于展示变量的描述性统计量的分布。图 3-10 为 1995—2019 年上市公司年平均净资产收益率分布点图。

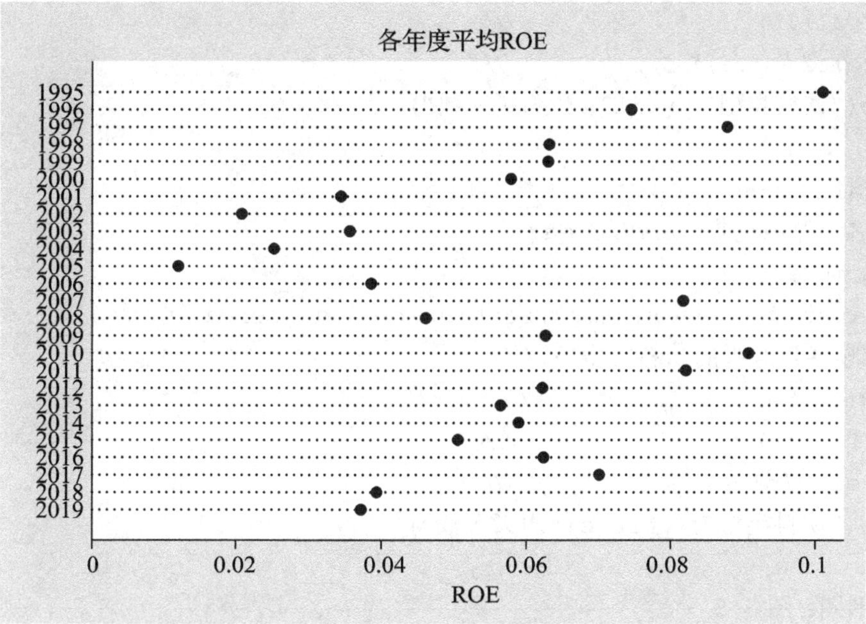

图 3-10 1995—2019 年上市公司年平均净资产收益率分布点图

Stata 程序 3.3.5.5：单变量数据展示

在 Stata 中，可以使用 graph bar，graph pi，histogram，graph box，graph dot 等命令绘制图形来展示单变量定类、定序和定量数据。有关 graph 命令及选项的说明详见“Stata 程序 3.3.5.6：多变量数据展示”。

```
*Stata 程序
*生成表 3-10 数据集
clear
input str16 drink  number male female
果汁        6   1   5
矿泉水     10   6   4
绿茶       11   7   4
其他        8   2   6
碳酸饮料   15   6   9
end
save "顾客与饮料选择.dta",replace

*条形图：图 3-3
```

```
use "顾客与饮料选择.dta",clear
graph bar number,over(drink)   ///
title("顾客与购买的饮料类型") ///
ytick(0(1)15)                  ///
ylabel(0(1)15)                  ///
bar(1,color(blue))              ///
b1title("饮料类型") ytitle("购买人数")

*帕累托图：图 3-4
use "顾客与饮料选择.dta",clear
gsort -number
graph bar number,over(drink,sort(number) descending) ///
title("顾客与购买的饮料类型") ///
ytick(0(1)15)                  ///
ylabel(0(1)15)                  ///
bar(1,color(blue))              ///
b1title("饮料类型") ytitle("购买人数")

*对比条形图：图 3-5
use "顾客与饮料选择.dta",clear
graph bar male female,over(drink)   ///
title("顾客性别与购买的饮料类型")   ///
ytick(0(1)10)                      ///
ylabel(0(1)10)                     ///
b1title("饮料类型") ytitle("购买人数") ///
bar(1,color(blue))                    ///
bar(2,color(red))                     ///
legend(label(1 "男性购买人数") label(2 "女性购买人数"))

*饼图：图 3-6
use "顾客与饮料选择.dta",clear
drop male female
xpose,clear
drop if v1==.
label var v1 "果汁"
label var v2 "矿泉水"
label var v3 "绿茶"
label var v4 "其他"
```

```
label var v5 "碳酸饮料"
graph pie v1-v5,  ///
title("购买不同饮料的顾客人数")  ///
plabel(_all sum, size(*1.5) color(white)) ///
plotregion(lstyle(none))   ///
note("资料来源：兰德咨询")

*累计频数图：图 3-7
clear
input CFOorder  Freq Percent Cum
0  31   2.57   2.57
1  244  20.25  22.82
2  235  19.5   42.32
3  201  16.68  59
4  183  15.19  74.19
5  144  11.95  86.14
6  79   6.56   92.7
7  46   3.82   96.51
8  22   1.83   98.34
9  20   1.66   100
end
gen SFreq=sum(Freq)
scatter SFreq CFOorder, ///
connect(l)              ///
title("CFO 排名累计频数图") ///
xlabel(0(1)9)               ///
ylabel(0(300)1500)          ///
ytick(0(100)1500)          ///
xtitle("CFO 排名")         ///
ytitle("累计频数")
scatter Cum CFOorder

*直方图：图 3-8
use "FinancialData0.dta",clear
drop if roe==. & nd>2019
winsor2 roe,replace
histogram roe ///
, ///
```

```
fraction  ///
normal ///
title("直方图(histogram)") ///
start(-1.11)  ///
xlabel(-1(0.1)0.5) ///
xmticks(##2) ///
xtitle("上市公司净资产收益率") ///
ytitle("所占比重")

*箱线图：图 3-9
use "FinancialData0.dta",clear
drop if roe==.
winsor2 roe,replace
graph box roe if nd>1994,over(nd,label(angle(45)))  nooutside  ///
title("箱线图(box)") ///
ytitle("ROE")

*点图：图 3-10
graph dot (mean) roe if nd>1994,over(nd)  ///
xtitle("ROE")  title("各年度平均 ROE")
```

5. *多变量数据展示*

上面介绍的图形描述的都是单变量数据。当有两个或两个以上变量时，可以采用多变量的图示方法，常见的有散点图、气泡图、雷达图等。

（1）散点图（scatter diagram）。散点图是用二维坐标展示两个变量之间关系的一种图形。它用坐标横轴代表变量 x，纵轴代表变量 y，每组数据（x_i，y_i）在坐标系中用一个点表示，n 组数据在坐标系中形成的 n 个点称为散点，由坐标及其散点形成的二维数据图称为散点图。

（2）气泡图（bubble chart）。气泡图可用于展示三个变量之间的关系。它与散点图类似，绘制时将一个变量放在横轴，另一个变量放在纵轴，第三个变量则用气泡的大小来表示。

（3）雷达图（radar chart）。雷达图是展示多个变量的常用方法，也称为蜘蛛图（spider chart）。

需要指出的是，单变量图示和多变量图示的区分不是绝对的，有些单变量图示很容易转换为多变量图示。

还可以使用统计表的方式来进行展示。统计表的设计应注意以下几点。

（1）合理安排统计表的结构。比如合理安排行标题、列标题、数据资料的位置。

（2）总标题内容应满足 3W 要求，即需要说明统计数据的时间（When）、地点

（Where）以及何种数据（What）。

（3）数据计量单位相同时，可在统计表的右上角标明，不同时应在每个变量后面或单列出一列标明。

（4）统计表中的上下两条横线一般用粗线，其他线用细线。通常使用的线条越少越好。

（5）通常情况下，统计表的左右两边不封口。

（6）统计表中的数据一般右对齐，有小数点时应以小数点对齐，小数点的位数应统一。

（7）对于没有数字的表格单元，一般用“—”表示。

（8）必要时可在统计表的下方添加注释。

不同的出版社、期刊对表格的要求通常不同，在著作出版和论文发表时应从其规定。

Stata 程序 3.3.5.6：多变量数据展示

Stata 具有强大的作图功能。

1. 引例：绘制图 3-2

```
twoway (scatter mpg weight if foreign==0)                          ///
       (scatter mpg weight if foreign==1 , msymbol(Sh))  /*曲线选项，点
的类型（Sh 表示大空心正方形）*/  ///
,                                                                  ///
title(标题：汽车行驶里程与车重的关系)          /*图选项：标题*/       ///
subtitle(副标题：1978 年美国的国产和进口汽车)                        ///
ytitle(纵坐标标题：行驶里程)                                         ///
xtitle(横坐标标题：车重)                                             ///
note(注：数据来自美国汽车协会)                          ///
text(35 3400 "曲线类型：散点图")                                     ///
legend(title(图例) label(1 国产车) label(2 进口车))                  ///
scheme(s2rcolor)        /*图样式*/
```

2. 命令结构

[graph] graph-command (plot-command, plot-options) (plot-command, plot-options), graph-options

或者

[graph] graph-command plot-command, plot-options || plot-command, plot-options ||, graph-options

graph-command 定义图的类型，多变量图形（如 twoway 命令）还是单变量图形（如 bar，box，dot，pie），plot-command 定义多变量命令 twoway 中的曲线类型（如 scatter，line，area 等），同一张图中的多条曲线可以用括号分开，也可以用“||”分开，曲线有其自身的选项，整张图也有其选项。

多变量图形的命令、曲线选项和图选项如下：

```
graph twoway (scatter mpg weight, msymbol(Oh)) , title("美国汽车") //同时用图与曲线选项
```

grapht woway scatter 命令可以简写为 twoway scatter 或 scatter，还可以缩写为 gr tw sc，tw sc 或 sc。

3. 曲线类型

在 twoway 命令中，Stata 提供各种曲线类型，包括点（scatter）、线（line）、面（area）、直方图（histogram）、条形图（bar）、饼图（pie）、函数曲线（function）以及矩阵图（matrix）等。对时间序列数据有以 ts 开头的一系列特殊命令，如 tsline。还有对双变量的回归拟合图（lfit，qfit，lowess 等），可以用帮助命令查看。

4. 主要选项说明

（1）标题项：title()。整个图的标题为 title()；图的副标题为 subtitle()。

（2）坐标轴：

1）坐标轴和刻度：默认为有坐标轴和刻度。可以不标出纵轴，命令为 yscale(off)；也可不标出横轴 xscale(off)。

2）坐标轴标题。

纵坐标标题：ytitle()，如 ytitle(GDP)。

横坐标标题：xtitle()，如 xtitle(年份)。

3）坐标轴刻度（标注刻度）。

左纵坐标刻度：ytick()，如 ytick(600(100)1400)。

下横坐标刻度：xtick()，如 xtick(1982(1)2000)。

4）坐标轴刻度值（标注刻度值）。

左纵坐标刻度及刻度值：ylabel()，如 ylabel(600(100)1400)。

下横坐标刻度及刻度值：xlabel()，如 xlabel(1982 1990 1995 2000)。

（3）图例：legend()，如 legend(label(1 一月) label(2 二月))。

（4）脚注：note()，如 note(数据来源：CSMAR 数据库)。

在经验研究中，散点图与连线图比较常见，在 Stata 中可以使用 scatter，line 命令绘制。主要选项包括指定图形中散点的表示符号：msymbol()。可选参数如下表所示。

	圆圈	菱形	正方形	三角形	＋号	×号	小点
大、实心	O	D	S	T	+	×	
大、空心	Oh	Dh	Sh	Th			
小、实心	o	d	s	t		×	p
小、空心	oh	dh	sh	th			

指定散点的颜色：mfcolor(green) mlcolor(red)，其中：

mfcolor(colorstylelist)：散点内部填充颜色（inside or "fill" color and opacity）。

mlcolor(colorstylelist)：散点外圈颜色（color and opacity of outline）。

指定散点标签：mlabel()。

指定图形中散点的连接方式：connect()。连接方式举例见下表。

.	不连接
l	用直线连接
L	按 X 在数据库中的顺序用直线连接
m	用直线连接中位值
s	用三次平滑曲线连接
J	以阶梯式直线连接
||	连接垂直方向上的两个点
II	在顶及底部添加短横线

对每种线条类型，可单独定义线条样式，如 clpattern(1) 或 c(l) 为以实线相连，c(l[-]) 为以虚线相连。线条样式举例见下表。

l	实线
l[_]	长线段
l[-]	中等长线段
l[.]	短线段
l[#]	空格

plotregion(suboptions)：是 region 的选项，定义曲线区域的属性。

margin(marginstyle)：绘图内部和外部区域之间的边缘。具体位置可参考下图。

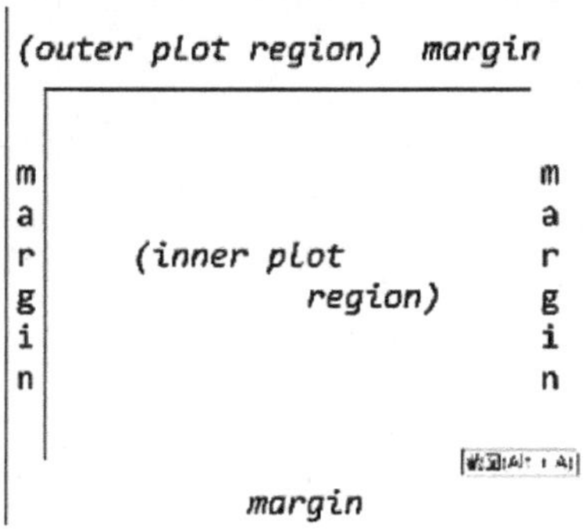

plotregion(margin(zero))：绘图内部和外部区域的边缘为 0。margin(zero)表示没有边缘；margin(tiny)表示有极少的边缘。

lcolor(colorstylelist)：可以指定连线的颜色（color and opacity of line）。

*ring(0) pos(8)：是 legend 的选项。

*position(clockposstyle)：当 legend 出现时，定义其位置，clockposstyle is ＃，0 <= ＃ <= 12，＃表示 legend 出现的位置，0 表示钟表的中心点位置，1 表示钟表 1 点的位置，依次类推。

*ring(ringposstyle)：一般与 position(clockposstyle) 结合使用。当 legend 出现时，

ringposstyle 表示位置的选择，即远离绘图区域的位置。ringposstyle 的取值为 0 <=# <= 100。

*text(1300 25 "open")表示在 $y=1300$，$x=25$ 的地方显示文本“open”。

```
*Stata 程序
*散点图
sysuse sp500,clear
gen n=_n
twoway ///
(scatter open  n in 1/50 , sort msymbol(o) mfcolor(green) mlcolor(red)
mlabel() connect(l) lcolor(green)) ///
(scatter close n in 1/50 , sort msymbol (d) mfcolor (yellow) mlcolor
(blue) mlabel() connect(l[-])lcolor(red)) ///
, ///
plotregion(margin(zero)) ///
title("twoway scatter") ///
xtitle("date") ///
ytitle("price") ///
xlabel(0(5)50)      ///
ylabel(1150(50)1400)      ///
legend(label(1 "open") label(2 "close") order(2 1) ///
ring(0) pos(8)) ///
text(1300 25  "open")

*连线图
sysuse sp500,clear
gen n=_n
twoway ///
(line open close n in 1/50 , sort clpattern(-)) ///
, ///
plotregion(margin(zero)) ///
title("twoway line") ///
xtitle("date") ///
ytitle("price") ///
legend(label(1 "open") label(2 "close") order(2 1) ///
ring(0) pos(8)) ///
text(1300 25  "open")
```

上述 Stata 程序绘制的散点图和连线图如图 3 - 11 和图 3 - 12 所示。

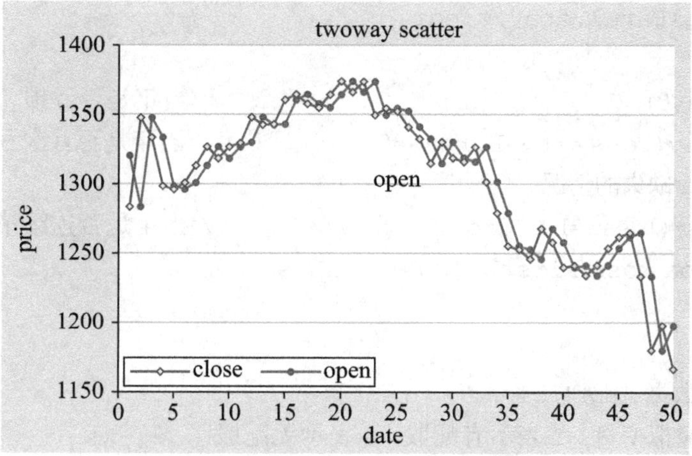

图 3 - 11　标准普尔 500 指数走势散点图

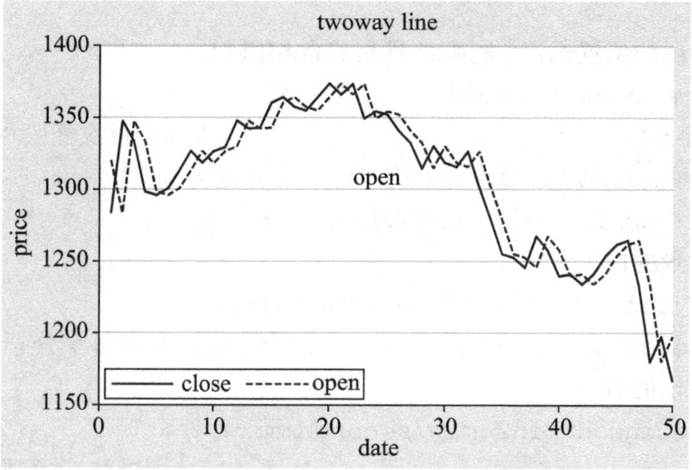

图 3 - 12　标准普尔 500 指数走势连线图

3.3.6　数据定位

在数据处理过程中，经常需要判断某一事件或事项是首次还是非首次发生。例如，公司是首次亏损还是连续亏损，是首次配股增发还是非首次配股增发，是首次债券公开发行还是非首次债券公开发行（见 Stata 程序 8.5.2.1：上市公司债券发行与应计盈余管理）。事件研究中事件日的标定（见 Stata 程序 7.3.3.1：年报披露信息含量研究）也需要进行数据定位。

Stata 程序 3.3.6.1：数据定位

利用 FinancialData1.dta 数据标定首次亏损和连续亏损公司；利用配股发行数据.dta 标定首次配股发行年度。

```
*Stata 程序
*首次和连续亏损的判定
```

```
use "FinancialData1.dta",clear
xtset dm nd
gen loss=(roa<0)                                    //当年是否亏损
gen FirstLoss=(loss==1 & L.roa>=0)                  //当年是否首次亏损，包括当年亏损，且上一年 roa 缺失的情况
gen SecondLoss=(loss==1 & L.roa<0 & L2.roa>=0)      //当年是否连续第 2 年亏损
order dm nd roa loss FirstLoss SecondLoss

*配股位置的标定
use "配股发行数据.dta",clear
*seo 为配股的虚拟变量，1 表示有配股，0 表示无配股
bys dm:gen n=_n
bys dm:egen dmmin=min(n) if seo==1   /*在每个公司 seo 等于 1 的观察中找 n 最小的值*/
/*第一次配股前后的位置标定，同事件研究非常相似*/
bys dm:egen dmmin2=min(dmmin)
gen pos=n-dmmin2                                    //标定首次配股相对年度位置
gen first=(n==dmmin)  /*第一次配股取为 1，其他为 0*/
gen first2=(n!=dmmin) /*第一次配股取为 0，其他为 1*/
/*第二次配股位置的标定*/
gen second=(first==0 & first2==1 & dmmin!=.)
bys dm:egen seconddmmin=min(n) if second==1   /*在每个公司 second 等于 1 的观察中找 n 最小的值*/
bys dm:egen secondddmmin2=min(seconddmmin)
gen secondpos=n-secondddmmin2                       //标定第二次配股相对年度位置
/*计算配股的总次数*/
bys dm:egen sumseo=sum(seo) /*sumseo 的值表示配股的次数*/
```

3.3.7 数据配对

数据配对是指将处理组数据与其他数据进行配对。

例如，将处理组（treat）的每个样本分年度和同行业的所有其他公司进行合并，然后选择总资产或营业收入，ROA 或 ROE 最小的公司为配对组（match group）。

Stata 程序 3.3.7.1：数据配对

在 Stata 中，可以通过合并数据进行配对，使用非官方的 runby，rangejoin，rangestat 命令可以方便地简单配对。

```
*Stata 程序
*为每年亏损公司（处理组）匹配一家行业、收入规模相近的非亏损公司（配对组）
```

```
use "FinancialData1.dta",clear
keep if AB=="A"                    //仅保留 A 股市场
drop if roa==.                     //删除 roa 缺失的公司
keep if roa<0                      //保留亏损公司
drop if Sales==. | Sales==0        //删除收入缺失和为 0 的公司
rename dm dm_t                     //为便于合并修改变量名，t 表示处理组
rename Sales Sales_t               //为便于合并修改变量名，t 表示处理组
keep dm_t nd hy Sales_t
sort nd hy
save "treat.dta",replace

use "FinancialData1.dta",clear
keep if AB=="A"                    //仅保留 A 股市场
drop if roa==.                     //删除 roa 缺失的公司
drop if roa<0                      //亏损公司
drop if Sales==. | Sales==0        //删除收入缺失和为 0 的公司
rename dm dm_m                     //为便于合并修改变量名，m 表示处理组
rename Sales Sales_m               //为便于合并修改变量名，m 表示处理组
keep dm_m nd hy Sales_m
sort nd hy
save "match.dta",replace

***合并处理样本和配对样本（joinby 多对多合并）
use "treat.dta",clear
joinby nd hy using "match.dta"       //每一家处理组公司与同年度、同行业所有公司合并
gen dSales=Sales_t-Sales_m           //计算处理组公司与同年度、同行业所有公司 Sales
之差
gen abs_dSales=abs(dSales)           //计算处理组公司与同年度、同行业所有公司的
Sales 之差的绝对值
bys dm_t nd hy:egen mindSales=min(abs_dSales)    //获取处理组公司与同年度、
同行业所有公司 Sales 之差的最小绝对值
keep if abs_dSales==mindSales        //选择处理组公司与同年度、同行业所有公司
Sales 之差的最小绝对值的公司
duplicates report dm_t nd            //可能出现一个公司配两个公司的情况（也可以选择）
duplicates list dm_t nd
duplicates drop dm_t nd,force
drop dSales abs_dSales mindSales
tabstat Sales_t Sales_m,stats(mean)          //检验数据格式转换后的正确性
```

```
stack nd dm_t Sales_t  nd dm_m Sales_m, into(nd dm Sales)  //改为长格式数据，注意变量顺序
tabstat Sales,stats(mean) by(_stack)   //检验数据格式转换后的正确性
replace _stack=0 if _stack==2
rename _stack loss
order dm nd Sales loss
ttest Sales,by(loss) unpaired  //检验处理组和配对组公司的Sales是否有显著差异
```

3.3.8 数据合并

有时，一个数据库并不能满足研究的需要，需要从同一公司或不同公司开发的不同数据库中调出数据，然后合并。多数情况下，只要确定不同数据库中的关键变量，合并就会比较简单。而有些情况下数据合并则比较复杂，如将财务报表数据与市场数据，如持有期回报、非正常回报（AR）和累计非正常回报（CAR）进行合并。

数据合并包括横向合并和纵向合并。横向合并又包括基于观测值的合并和基于关键变量的合并，实证研究中，更多的是基于关键变量的合并。对上市公司有关公司年的研究而言，主要基于关键变量代码（dm）、年度（nd）进行合并，因此，在不同的数据集中，统一关键变量的命名非常关键。

Stata 程序 3.3.8.1：数据合并

在 Stata 中，通过 merge，joinby 命令进行横向合并，以创建一个更宽的数据集；通过 append 命令进行纵向合并，以创建一个更长的数据集。

merge 命令可以基于关键变量进行一对一（1∶1）、一对多（1∶m）、多对一（m∶1）、多对多（m∶m）合并。在默认情况下，执行 merge 命令合并后，会产生一个新变量 _merge，取值为 1，2，3 等值。当关键变量观测值仅出现在合并数据集（指存储在内存中的数据，即 master data）中，_merge 取 1；当关键变量观测值仅出现在被合并数据集（指存储在硬盘中的数据，即 using data）中，_merge 取 2；当关键变量观测值既出现在合并数据集中，又出现在被合并数据集中，_merge 取 3。

例如，master 数据集中有学号（i 变量）为 1，2，3 的同学的化学成绩，using 数据集中有学号为 2，3，4 的同学的物理成绩，基于关键变量 i，使用 merge 命令一对一将两个数据集合并后，形成 new 数据集。由于关键变量的观测值 1 仅出现在 master 数据集中（1 仅有化学成绩），故_merge 取 1；由于关键变量的观测值 4 仅出现在 using 数据集中（4 仅有物理成绩），故_merge 取 2；由于关键变量的观测值 2，3 同时出现在 master 和 using 数据集中（2，3 既有化学成绩又有物理成绩），故_merge 取 3。如下图所示。

master

i	Chemistry
1	80
2	92
3	95

merge

using

i	Physics
2	95
3	93
4	90

➡

new

i	Chemistry	Physics	_merge
1	80		1
2	92	95	3
3	95	93	3
4		90	2

基于关键变量进行横向合并时，需要注意以下事项。

（1）合并前使用 sort 命令对合并数据和被合并数据基于关键变量排序。

（2）尽量避免基于关键变量进行多对多合并。重复执行相同的多对多合并命令，在不提示错误的情况下，可能会得到不同的合并结果。如果需要，优先使用 joinby 命令。

（3）无论是 merge 命令还是 joinby 命令，都需要匹配合并有相同变量名的数据。如果没有，需要构造名义的变量名。

append 命令可以将被合并数据集追加到合并数据集所有观测的后面，以创建一个更长的数据集。如果两个数据集中相同的变量有不同的变量名和变量类型，应该首先统一为相同的变量名和变量类型，然后再追加合并。

在实证研究中，经常循环使用 append 命令进行纵向合并，这时往往需要先建立一个空数据集作为合并数据，以便后面不断追加数据。可以利用非官方的 touch 命令建立一个空数据集，然后用于追加，这对避免 append 循环在第一次运行时由于文件不存在而失败是很用的。

```
touch event,replace
use x,clear
append using event
save event, replace
```

利用 touch 命令（需使用 ssc install touch 安装）建立空的数据集 event，将 x 追加到 event，然后保存为 event 数据。

```
*Stata 程序
*将"FinancialData0.dta"与"StockReturn0.dta"合并
use "FinancialData0.dta",clear
sort dm nd
merge 1:1 dm nd using "StockReturn0.dta"
*variables dm nd do not uniquely identify observations in the using data
*原因是："FinancialData0.dta"是公司年数据，"StockReturn0.dta"是公司月数据，故应使用一对多合并
merge 1:m dm nd using "StockReturn0.dta"
```

3.3.9　数据抽样

观察数据一般来自对个体（包括个人、公司、家庭和政府部分）的调查。当个体足够大时，通常需要通过抽样设计来抽取一定数量的个体作为样本，抽样的基本步骤包括：

（1）通过不同的抽样设计从总体中抽取样本；

（2）通过样本数据进行估计和推断。

在上述步骤中，关键的问题是如何对样本代替总体的情况进行评估。

当观察数据通过抽样设计而获取时，对观察数据的分析将变得更加困难。

抽样方法包括简单随机抽样、分层随机抽样、整群抽样、系统抽样和多阶段抽样等。通常分层随机抽样较简单随机抽样的精度高。

如果样本是随机抽取的，那么样本数据的概率分布同总体的概率分布是一致的。有时出于研究方便或成本上的考虑，抽样并不随机，这时就会出现有偏抽样（biased sampling）。有偏抽样将导致所抽取的样本不一定能代表总体，这时需要将样本合理地限定于对研究有重大影响的个体。

样本选择（sample selection）会导致偏误。样本选择问题是一个通过随机抽样数据来识别条件概率变量而导致的问题，在随机抽样数据中，条件变量的实现值总是能被观察到，而结果的实现值则被审查（Manski，1995）。

比如，我们对职业培训（training）对其后工资（posttraining-wage）的影响感兴趣，工人的特征为 x，工人接受培训，则 training 取 1，否则取 0，对所有的工人可以获得（training，x）的数据，但是 posttraining-wage 只能获得接受培训工人（training＝1）的工资数据。如果我们想通过从已知特征且当前未接受培训的工人（training＝0）中随机抽取工人来研究培训对其后工资的平均影响，样本选择问题将会导致这一推断出现困难。

调查数据的质量不仅取决于样本设计和调查工具，也取决于调查的回答情况。调查无回答是样本选择问题的一个特例。

调查无回答导致的缺失值首先会导致样本量的减少。如果缺失是随机的，那么缺失值的出现仅会导致样本量的减少。如果缺失以系统的方式出现，那么缺失值将导致样本选择偏差。

当回答者由于粗心、随意误报、对过去事项的错误记忆、对问题的错误理解以及数据处理错误而进行不正确的回答时，所获得的数据就会存在计量误差。计量误差形成的另一个原因是使用了不恰当的替代变量（proxy）。

在面板数据中，样本是对一系列个体进行重复观测而形成的。有一部分个体在开始期存在（进行了回答），但在以后期间不存在（没有进行回答），这时就会出现样本丢失（sample attrition）。典型的表现为公司破产导致的样本丢失。

在实证研究中，将沪深两市所有年度的上市公司用于研究时，应将其视为总体还是样本？目前存在两种观点，一种观点认为，它们不是样本而是总体，此时的经验研究用统计语言来说，不具有严格的统计意义；另一种观点认为，上市公司是所有企业（包括非上市公司）的一个子样本，考察的期间只不过是所有期间的一个子期间，因此，它仍然具有统计意义。

这里实际上涉及对总体的认定。通常所说的总体是目标总体，它指所要研究对象的全体，由研究对象中所有性质相同的个体组成。抽样总体指从中抽取样本的总体。如果将全体上市公司作为目标总体存在争议的话，那么，全体上市公司一定可以作为一个抽样总体。事实上，由于上市公司同非上市公司存在明显的区别，将全体上市公司视为目标总体也不存在问题。由于抽样的目的是推断总体，如果总体可以方便地获得，那么，直接分析总体将更可靠。

Stata 程序 3.3.9.1：数据抽样

在 Stata 中，主要使用 sample 命令进行随机抽样。

```
*Stata 程序
use "FinancialData1.dta",clear
**简单随机抽样
sample 10/*随机抽取全部样本量的 10%*/
sample 100,count/*随机抽取 100 个样本*/
**分层随机抽样
bys hy:sample 10/*随机抽取每个行业样本量的 10%*/
bys hy:sample 10,count/*随机抽取每个行业 10 个样本*/
```

练习题

1. 财务报表数据的合并。

（1）从 CSMAR 数据库下载 1990—2020 年资产负债表、利润表、现金流量表（直接法）、现金流量表（间接法）所有字段的数据，要求：

1）保存为 Excel 2003 格式（可以筛选下载年末数据，也可以下载所有季末数据）。利用 Stata 软件中的 forvalue 循环语句、import 命令、append 命令分别将资产负债表、利润表、直接法现金流量表、间接法现金流量表的 Excel 数据文件调入 Stata，形成资产负债表（FS_Combas. dta）、利润表（FS_Comins. dta）、直接法现金流量表（FS_Comscfd. dta）、间接法现金流量表（FS_Comscfi. dta）。

2）保存为 Excel 2007 格式（可以筛选下载年末数据，也可以下载所有季末数据）。利用 Stata 软件中的 import 命令分别将资产负债表、利润表、直接法现金流量表、间接法现金流量表的 Excel 数据文件调入 Stata，形成资产负债表（FS_Combas. dta）、利润表（FS_Comins. dta）、直接法现金流量表（FS_Comscfd. dta）、间接法现金流量表（FS_Comscfi. dta）。

（2）将所有报表的变量名改为小写；对所有变量贴标签，标签名为 CSMAR 数据库中给定的中文名称。

（3）利用 Stata 软件中 foreach 循环语句、merge 命令将资产负债表（FS_Combas. dta）、利润表（FS_Comins. dta）、直接法现金流量表（FS_Comscfd. dta）、间接法现金流量表（FS_Comscfi. dta）数据合并。合并后的数据仅保留年末数据；仅保留合并报表数据；将 stkcd 重命名为 dm，产生年度变量 nd。

（4）利用 Stata 软件中的 rename 命令重命名变量名称，新的变量以中文首字母简称命名。合并公司所在行业数据，将数据另存为 earnings_attributes_data_t2020. dta 文件。

参考文献

1. 罗炜．实证会计研究和研究数据库的几点思考——点评博士论坛的两篇文章．中国会计评论，2005，3（2）：423-426.

2. Cameron, A. C. and P. K. Trivedi. Microeconometrics: Methods and Applications. Cambridge University Press, 2005.

3. Graham, J. R., C. R. Harvey, and S. Rajgopal. The Economic Implications of Corporate Financial Reporting. Journal of Accounting & Economics, 2005, 40(1/3): 3-73.

4. Hirst, D. E. E. and P. E. Hopkins. Comprehensive Income Disclosures and Analysts' Valuation Judgments. Social Science Electronic Publishing, 1998.

5. Manski, C. F. Learning About Social Programs from Experiments with Random Assignment of Treatments. Working Papers, 1995, 31(4): 709-733.

第 4 章　统计分析

在经验研究中，数据收集和处理完成后，接下来的工作是进行统计分析。统计分析包括描述性统计分析和推断统计分析。描述性统计分析是指对所收集的数据进行加工处理和显示，进而通过综合、概括与分析得出反映客观规律性的数量特征。描述性统计分析包括分析数据的集中趋势（中位数、分位数、均值等），离散程度（四分位差、方差和标准差等），以及偏度和峰度。在 Stata 中，可以利用 summarize（或 sum，su），tabstat，tab 命令进行描述性统计分析，详细分析见“Stata 程序 4.1.4.1：概括性统计量的报告”。

推断统计分析是研究如何根据样本数据推断总体数量特征的方法，它是在对样本数据进行描述的基础上，对统计总体的未知数量特征做出以概率形式表述的推断。推断统计分析包括参数估计（点估计和区间估计）和假设检验（一个正态总体和多个正态总体的参数检验，以及不满足正态分布时的非参数检验）。在 Stata 中，可以利用 ttest，anova 命令进行参数检验，利用 signtest，signrank，ranksum 等命令进行非参数检验，详细分析见“Stata 程序 4.2.3.1：运用参数检验检验 A 股公司和 B 股公司的业绩是否存在显著差异”和“Stata 程序 4.2.4.1：运用非参数检验检验 A 股公司和 B 股公司的业绩是否存在显著差异”。

通过统计分析，可以获得对数据的直观印象，以及变量特征、变量之间的简单关系的初步判断。

4.1　描述性统计与 Stata 实现

利用图表展示数据可以大致了解数据的分布特征。但我们更希望用少量的数字来概括数据（概括性统计量），这需要找到反映数据分布特征的代表值。数据的分布特征可以从数据的集中趋势、离散程度和分布形状三个方面进行测度和描述。

4.1.1　数据的集中趋势

数据的集中趋势反映各数据向其中心值靠拢或聚集的程度，测度集中趋势也就是寻找数据一般水平的代表值或中心值。主要的概括性统计量或测度指标包括均值、中位数、四分位数和众数。

1. 均值

均值（mean），也称平均数，是一组数据相加后除以数据个数得到的结果。均值是集中趋势的最主要测度值，它主要适用于定量数据，而不适用于定类数据和定序数据。

均值有不同的计算方式，通常包括简单均值和加权均值。

（1）简单均值和加权均值。

1）根据未分组数据计算的均值称为简单均值（simple mean）。设一组数据为：x_1，$x_2,\cdots,x_n$，这组数据的简单均值为 $\overline{x}_s$，则

$$\overline{x}_s=\frac{x_1+x_2+\cdots+x_n}{n}$$

2）根据分组数据计算的均值称为加权均值（weighted mean）。设一组数据的组中值为：$M_1,M_2,\cdots,M_k$，相应的频数为：$f_1,f_2,\cdots,f_k$，这组数据的加权均值为 $\overline{x}_w$，则

$$\overline{x}_w=\frac{M_1f_1+M_2f_2+\cdots+M_kf_k}{f_1+f_2+\cdots+f_k}$$

【例 4-1】 2×16 年电子元器件制造业 9 家公司的市盈率如表 4-1 所示，计算市盈率的均值。

表 4-1 2×16 年电子元器件制造业 9 家公司的市盈率

公司代码	000016	000100	000413	000536	000636	000725	000733	000823	000970
市盈率	75.26	25.16	42.59	66.72	62.90	51.58	46.16	35.65	44.92

9 家公司市盈率的均值等于 9 家公司市盈率之和除以 9，即 50.10。

在例 4-1 中，假设该行业第 10 家公司(000068)的市盈率为 839.64，则公司市盈率的均值为 129.06。显然，均值易受极端值的影响。

（2）几何平均数。几何平均数（geometric mean）是 n 个变量值乘积的 n 次方根，用 G 表示。几何平均数是一种特殊的平均数。设一组数据为：$x_1,x_2,\cdots,x_i,\cdots,x_n$，这组数据的几何平均数为：

$$G=\sqrt[n]{x_1x_2\cdots x_i\cdots x_n}$$

对上式两边取对数：

$$\ln G=\frac{1}{n}(\ln x_1+\ln x_2+\cdots+\ln x_i+\cdots+\ln x_n)=\frac{1}{n}\sum_{i=1}^{n}\ln x_i$$

几何平均数是一种适用于特殊数据的平均数，它主要用于计算平均比率。当所掌握的变量值是比率的形式时，采用几何平均数计算平均比率更为合理。在实际应用中，几何平均数主要用于计算平均增长率。例如，一位投资者持有一种股票，在 2017 年、2018 年、2019 年和 2020 年的收益率分别为 4.5%、2.1%、25.5%、1.9%。则该投资者在这 4 年

内的平均收益率 $\bar{r}$ 为：

$$\bar{r}=\sqrt[4]{(4.5\%+1)\times(2.1\%+1)\times(25.5\%+1)\times(1.9\%+1)}-1=8.08\%$$

如果计算简单均值，则平均收益率为 8.5%，但这一结果是不正确的。

几何平均数在会计和金融的经验研究中应用广泛。

1）持有期回报。持有期回报是指持有证券期间的回报率。证券的年度持有期回报实际上是各月持有期回报的几何平均数。例如，2017 年 1 月 1 日以 5 元（p_0）买入 100 股甲公司的股票，12 月 31 日每股股票价格为 8 元（p_{12}），则 2017 年持有期回报 R 可以理解为各月回报率的几何平均数。

$$\begin{aligned}R&=\frac{p_{12}-p_0}{p_0}=\frac{p_{12}}{p_0}-1=\frac{p_1}{p_0}\times\frac{p_2}{p_1}\times\frac{p_3}{p_2}\times\cdots\times\frac{p_{11}}{p_{10}}\times\frac{p_{12}}{p_{11}}-1\\&=(r_1+1)(r_2+1)(r_3+1)\cdots(r_{11}+1)(r_{12}+1)-1\end{aligned}$$

式中，$r_i(i=1,2,\cdots,12)$ 表示 i 月的月度回报率，$r_i=\dfrac{p_i-p_{i-1}}{p_{i-1}}$。

显然，上述公式很容易拓展到持有期超过 1 年的持有期回报的计算。例如，根据月度回报率计算持有期为 2 年的持有期回报：

$$R=(r_1+1)(r_2+1)(r_3+1)\cdots(r_{23}+1)(r_{24}+1)-1$$

当持有期为多年时，也可以通过每年的年度回报率来计算持有期回报。例如，根据年度回报率计算持有期为 2 年的持有期回报：

$$R=(R_1+1)(R_2+1)-1$$

式中，$R_i(i=1,2)$ 表示第 i 年的年度回报率。

Stata 程序 4.1.1.1：利用月度回报率计算持有期回报

在 Stata 中，可以利用分组求累计积的方法来计算持有期回报，还可以在 egen 命令中使用 prod() 函数直接计算持有期回报。

```
*Stata 程序
*通过 cd 命令设定当前工作目录
use "StockReturn0.dta",clear
sort dm nd m
gen r1=1+r
egen r2=prod(r1),by(dm nd )                //需要先下载 findit _gprod
gen ret=r2-1                               //产生年度持有期回报
duplicates drop dm nd ret,force            //删除重复观测数
keep dm nd ret
*获得 2018—2019 年全部上市公司的年度持有期回报
```

2）年化收益率。年化收益率是用当前收益率（日收益率、周收益率、月收益率）换算而成的年度收益率，是一种理论收益率，并不是真正取得的收益率。

在会计与金融的经验研究中，经常需要根据月收益率来计算年化收益率。例如，在考察公司年度报告的价值相关性时，需要计算年度报告披露后 1 年的收益率，通常根据年度报告披露后 12 个月的月收益率计算。由于我国上市公司年度报告最晚应于 4 月底披露，因此，通常选择当年 5 月至下一年 4 月的月收益率计算当年的年化收益率。计算公式如下：

$$R=(r_{t,5}+1)(r_{t,6}+1)\cdots(r_{t,11}+1)(r_{t,12}+1)(r_{t+1,1}+1)(r_{t+1,2}+1)(r_{t+1,3}+1)(r_{t+1,4}+1)-1$$

式中，$r_{t,i}(i=5,6,\cdots,12)$ 表示 t 年 i 月的月收益率；$r_{t+1,i}(i=1,\cdots4)$ 表示 $t+1$ 年 i 月的月收益率。

显然，如果每月的收益率（r）相同（如债券收益率），则年化收益率的计算可以简化为：

$$R=(r+1)^{12}-1$$

年化收益率可以推广到事件研究中年化超额收益率和资本成本研究中年化市场风险溢价的估计。Lee，So，and Wang（2010）使用最近 12 个月的复利年化市场风险溢价乘以估计的贝塔，加上无风险利率，计算个股事后资本成本。最近 12 个月的复利年化市场风险溢价根据上年 5 月至本年 4 月的月市场风险溢价计算。具体数据见表 4－2，其中 t 为研究年。

表 4－2　最近 12 个月的复利年化市场风险溢价

年度	$t-1$								t			
月份	5	6	7	8	9	10	11	12	1	2	3	4
月市场风险溢价	4%	3%	4%	3%	1%	1%	0%	−1%	0%	0%	0%	1%
1＋月市场风险溢价	104%	103%	104%	103%	101%	101%	100%	99%	100%	100%	100%	101%
复利年化市场风险溢价	17.04%											

2. 中位数

中位数（median）是一组数据排序后处于中间位置上的值，用 M_e 表示。显然，中位数将全部数据等分成两部分，每部分包含 50%的数据，一部分数据比中位数大，另一部分则比中位数小。中位数主要用于测度定序数据的集中趋势，也适用于测度定量数据的集中趋势，但不适用于定类数据。

计算未分组数据的中位数时，要先对数据进行排序，然后确定中位数的位置，最后确定中位数的具体数值。中位数位置的确定公式为：

$$中位数位置=\frac{n+1}{2}$$

式中，n 为数据个数。

当 n 为奇数时，$M_e = x_{\frac{n+1}{2}}$；当 n 为偶数时，$M_e = \frac{1}{2}\left(x_{\frac{n}{2}} + x_{\frac{n}{2}+1}\right)$。

【例 4-2】 接例 4-1，计算全部公司市盈率的中位数位置及中位数。

原始数据及排序后的数据见表 4-3。

表 4-3 2×16 年电子元器件制造业 9 家公司的市盈率及其排序

原始数据	公司代码	000016	000100	000413	000536	000636	000725	000733	000823	000970
	市盈率	75.26	25.16	42.59	66.72	62.90	51.58	46.16	35.65	44.92
排序数据	公司代码	000100	000823	000413	000970	000733	000725	000636	000536	000016
	市盈率	25.16	35.65	42.59	44.92	46.16	51.58	62.90	66.72	75.26
排序位置		1	2	3	4	5	6	7	8	9

分析：$n=9$，中位数位置$=(9+1)\div 2=5$，故中位数为 46.16。

在例 4-2 中，假设该行业第 10 家公司（000068）的市盈率为 839.64，排序后的数据见表 4-4。

表 4-4 2×16 年电子元器件制造业 10 家公司的市盈率及其排序

原始数据	公司代码	000016	000100	000413	000536	000636	000725	000733	000823	000970	000068
	市盈率	75.26	25.16	42.59	66.72	62.90	51.58	46.16	35.65	44.92	839.64
排序数据	公司代码	000100	000823	000413	000970	000733	000725	000636	000536	000016	000068
	市盈率	25.16	35.65	42.59	44.92	46.16	51.58	62.90	66.72	75.26	839.64
排序位置		1	2	3	4	5	6	7	8	9	10

分析：$n=10$，中位数位置$=(10+1)\div 2=5.5$，故中位数$=(46.16+51.58)\div 2=48.87$。显然，相对于均值，中位数不易受极端值的影响，具有稳健性或耐抗性的特点。

3. 四分位数

四分位数（quartile）也称四分位点，它通过 3 个点将全部数据等分为 4 部分，其中每部分包含 25%的数据，很显然，中间的四分位数就是中位数，因此通常所说的四分位数是指处在 25%位置上的值（称为下四分位数）和处在 75%位置上的值（称为上四分位数）。同样，四分位数不受极端值的影响，主要用于定序数据，也可用于定量数据，但不能用于定类数据。

与中位数的计算方法类似，计算未分组数据的四分位数时，首先对数据进行排序，然后确定四分位数所在的位置，该位置上的值就是四分位数。

设下四分位数为 Q_L，上四分位数为 Q_U，根据四分位数的定义有：

$$Q_L\text{ 位置}=\frac{n}{4},\quad Q_U\text{ 位置}=\frac{3n}{4}$$

式中，n 为数据个数。

如果位置是整数，四分位数就是该位置对应的值；如果是在 0.5 的位置后，则四分位数取该位置两侧值的平均数；如果是在 0.25 或 0.75 的位置后，则四分位数等于该位置的下侧值加上按比例分摊位置两侧数值的差值。

【例 4－3】 接例 4－2，计算全部公司市盈率的 Q_L 和 Q_U 位置及四分位数。

当 $n=9$ 时，Q_L 位置$=\frac{9}{4}$，Q_U 位置$=\frac{27}{4}$，下四分位数=37.39；上四分位数=60.07。

当 $n=10$ 时，Q_L 位置$=\frac{10}{4}$，Q_U 位置$=\frac{30}{4}$，下四分位数=39.12；上四分位数=64.81。

4. *k* 百分位数

k 百分位数（*k*-pecentile）是指有 *k*%的观测值小于它，如果令 $\alpha=k\%$，则 *k* 百分位数也称为 α 分位数（α-quantile）。显然，中位数是 50 百分位数或 0.5 分位数。下四分位数是 25 百分位数或 0.25 分位数，上四分位数是 75 百分位数或 0.75 分位数。

Stata 程序 4.1.1.2：分位数在经验研究中的运用

"Stata 程序 3.3.5.2：数据分组"已经介绍了一些数据分组的方法，本部分将介绍如何利用分位数对数据进行分组和去除极端值。利用 FinancialData1 数据，按资产规模中位数、四分位数进行分组；去除净资产收益率（roe）的极端值。

1. 利用分位数对数据进行分组。

(1) 利用 sum 等命令的结果变量对数据进行分组。

(2) 利用 egen 命令中 pctile(exp) [, p(#)]函数进行分组（可以和 by 一起使用）。创建一个常量变量，其中包含 exp 的第#个百分位数。如果没有指定 p(#)，则假定为 50，表示中位数。

当存在多个年度时，应分年度按分位数分组。

有些时候，整体数据的差异不明显，这时可以考察最小组和最大组来获得相关结论，如应计异象研究、盈余管理研究、过度投资研究。

```
bys nd:egen p50= pctile(r), p(50)
```

2. 利用分位数去掉极端值。

当数据存在极端值时，可以使用分位数对数据进行缩尾（winsorize）或截尾（truncate）。缩尾是指用给定分位数取代给定分位数以外的数据，截尾是指用缺失值取代给定分位数以外的数据。主要方法有：

(1) 利用 sum 等命令的结果变量对极端值进行替换或删除。

(2) 利用非官方的 Stata 命令对极端值进行处理。使用比较普遍的是 winsor2 命令。

```
ssc install winsor2    //自行下载安装
```

winsor2 的语法如下：

```
winsor2 varlist [if] [in], [ suffix(string) replace trim cuts(# #) by(groupvar) label ]
```

主要选项的含义如下：

varlist：指定需要缩尾或截尾的变量。

suffix(string)：指定新变量的后缀。默认值是_w 或_tr（指定截尾时）。

replace：将变量替换为相应的缩尾或截尾后的变量。不能与 suffix(string) 一起使用。

trim：对变量进行截尾，而不是缩尾。

cuts(# #)：指定数据被缩尾或截尾的百分比。cuts(1 99)(默认值)，意味着按照第 1 和 99 个百分位数进行缩尾或截尾。

by(groupvar)：基于 groupvar 分组进行缩尾。

在处理上市公司混合横截面数据或面板数据时，一般需要分年度对数据进行缩尾或截尾，以避免使用后面年度的分位数对前面年度的数据进行缩尾或截尾。

```
*Stata 程序
use "FinancialData1.dta",clear
*1. 利用分位数对数据进行分组
*(1) 不分年度利用资产规模 (Size) 的中位数将数据分为 2 组
*方法 1：利用 sum 等命令的结果变量对数据进行分组
sum Size,detail
gen Sizerank="s" if Size<r(p50)
replace Sizerank="b" if Size>= r(p50) & Size!=.
*方法 2：利用 egen 命令进行分组
egen p50= pctile(Size), p(50)
gen Sizerank1="s" if Size<p50
replace Sizerank1="b" if Size>=p50 & Size!=.
tab Sizerank Sizerank1              //比较两种方法的结果
*(2) 分年度利用资产规模 (Size) 的四分位数和中位数将数据分为 4 组
cap drop p50                        //如果存在 p50 变量，则删除
bys nd:egen p50= pctile(Size), p(50)
bys nd:egen p25= pctile(Size), p(25)
bys nd:egen p75= pctile(Size), p(75)
gen Sizerank2=1 if Size<p25
replace Sizerank2=2 if Size>=p25 & Size<p50
replace Sizerank2=3 if Size>=p50 & Size<75
replace Sizerank2=4 if Size>=p75 & Size!=.
tab Sizerank2                       //查看 4 组的分布

*2. 利用分位数去掉极端值
use "FinancialData1.dta",clear
*(1) 利用 sum 等命令的结果变量对极端值进行替换或删除
*不分年度
*缩尾
gen x=roe
quietly sum x,d                     //quietly 或 qui 表示不在结果窗口输出结果
replace x=r(p1)   if   x<r(p1)
```

```
replace x=r(p99)  if  x>r(p99) & x!=.
*截尾
gen y=roe
qui sum y,d                              //quietly或qui表示不在结果窗口输出结果
replace y=. if y<r(p1)
replace y=. if y>r(p99)  & y!=.
*分年度
*缩尾
gen x1=roe
foreach var of varlist x1{
bys nd:egen p99=pctile(`var'),p(99)    //可实现对任意分位数的缩尾，例如99.5%
bys nd:egen p1=pctile(`var'),p(1)      //可实现对任意分位数的缩尾，例如0.5%
replace `var'=p99 if `var'>p99 & `var' !=.
replace `var'=p1  if `var'<p1
drop p99
drop p1
}
*截尾
gen y1=roe
foreach var of varlist y1{
bys nd:egen p99=pctile(`var'),p(99)    //可实现对任意分位数的缩尾，例如99.5%
bys nd:egen p1=pctile(`var'),p(1)      //可实现对任意分位数的缩尾，例如0.5%
replace `var'=. if `var'>p99 & `var' !=.
replace `var'=.  if `var'<p1
drop p99
drop p1
}
*(2) 利用非官方的Stata命令对极端值进行处理。使用比较普遍的是winsor2命令
*不分年度
*缩尾
winsor2 roe, suffix(_x) cuts(1 99)
*截尾
winsor2 roe, suffix(_y) trim cuts(1 99)
sum x roe_x                              //查看两种方法下结果一致
sum y roe_y                              //查看两种方法下结果一致
*分年度
*缩尾
winsor2 roe, suffix(_x1) cuts(1 99) by(nd)
```

```
*截尾
winsor2 roe, suffix(_y1) trim cuts(1 99) by(nd)
sum x1 roe_x1                   //查看两种方法下结果一致
sum y1 roe_y1                   //查看两种方法下结果一致
```

除了均值、中位数、四分位数外，测度数据集中趋势的还有众数（mode），众数是一组数据中出现次数最多的变量值，主要用于测度定类数据的集中趋势，当然也可作为定序数据以及定量数据集中趋势的测度值。一般情况下，只有在数据量较大的情况下，众数才有意义。一组数据可能没有众数或有几个众数。众数不受极端值的影响。Ke，Mao，Wang，and Zuo（2021）统计了 2005—2013 年我国上市公司首席财务官（CFO）在高管团队中的排名分布（见表 4－5）。可以看出，关于 CFO 的排名，众数是排名第二。

表 4－5　2005—2013 年我国上市公司 CFO 排名的分布

CFO 排名	CFO 数量		
	总样本数量	国有企业样本数量	非国有企业样本数量
2	3 103	1 491	1 471
3	2 972	1 320	1 537
4	2 754	1 231	1 376
5	2 389	1 127	1 164
6	1 821	955	784
7	1 138	591	478
8	608	356	227
>= 9	621	337	250
Total	15 406	7 408	7 287

4.1.2　数据的离散程度

数据的离散程度反映各数据远离其中心值的趋势；数据的离散程度越大，集中趋势测度值对该组数据的代表性就越差。主要的概括性统计量有方差、标准差、四分位差等。

1. *方差与标准差*

方差与标准差从平均概况衡量一组数据与平均值的离散程度。方差是全部数据离差平方的平均数，也称为均方差。总体方差的计算公式为：

$$\sigma^2 = \frac{\sum_{i=1}^{n}(x_i - \overline{x})^2}{n}$$

方差克服了平均差绝对值的问题，成为描述离散程度的一个重要指标，但是，方差的单位中有“平方”，因此在方差数值含义的解释上遇到了问题。作为一个描述指标，方差的另一问题是其平方的计算方法夸大了数据的离散程度，使人不易直观理解数值意义。因此，通常取方差的算术平方根作为描述离散程度的指标，即标准差。总体标准差的计算公式为：

$$\sigma=\sqrt{\frac{\sum_{i=1}^{n}(x_i-\overline{x})^2}{n}}$$

总体方差用σ^2表示，总体标准差用σ表示，而样本方差用s^2表示，样本标准差用s表示，不能混淆。样本方差和标准差的计算公式如下：

$$s^2=\frac{\sum_{i=1}^{n}(x_i-\overline{x})^2}{n-1}$$

$$s=\sqrt{\frac{\sum_{i=1}^{n}(x_i-\overline{x})^2}{n-1}}$$

可以看到，样本方差及标准差与总体方差及标准差的计算公式略有不同。s^2 和 s 中的分母不是n 而是$n-1$。因为在使用中，样本的方差和标准差经常作为总体方差和标准差的估计量，分母除以 $n-1$ 而不是 n，可以得到总体方差和标准差的较好的估计量。

Stata 程序 4.1.2.1：标准差与方差在经验研究中的运用

利用 FinancialData1. dta 数据，在数据集中产生 A 股和 B 股所有公司的标准差；分组产生 A 股和 B 股所有公司的标准差；分组产生每个公司总资产收益率（roa）的标准差。

标准差与方差在经验研究中有着广泛应用。包括：

（1）利用日、周、月回报率计算股票收益波动率。

（2）利用现金流对应计利润的回归残差标准差计算应计盈余质量（DD 模型）。

在 Stata 中，可以利用 egen 命令中的 sd() 函数在现有数据集中计算已有变量的标准差；或者利用 statsby，rolling 命令以及非官方的 asrol，mvsumm 命令计算分组或滚动的标准差。

```
*Stata 程序
use "FinancialData1.dta",clear
egen sdr=sd(roa)
bys AB:egen sdr_AB=sd(roa)
bys dm:egen sdr_dm=sd(roa)
```

有时，均值和标准差不同的数据不能直接比较，但是可以把它们标准化，然后再比较标准化后的数据。一种标准化的方法是把某样本原始观测值（亦称得分，score）和该样本均值之差除以该样本的标准差，得到的度量称为标准得分（standard score，又称为 z-score），即某观测值 x_i 的标准得分 z_i 定义为：

$$z_i=\frac{x_i-\overline{x}}{s}$$

把各个样本的观测值都转换成相应的标准得分就可以进行比较了。标准得分是对某个值在一组数据中相对位置的度量。

2. 四分位差

四分位差（quartile deviation）也称为内距或四分间距（inter-quartile range），它是上四分位数与下四分位数之差，用 Q_d 表示。计算公式为：

$$Q_d=Q_U-Q_L$$

四分位差反映了中间 50%数据的离散程度，其数值越小，说明中间的数据越集中；其数值越大，说明中间的数据越分散。四分位差不受极值的影响。此外，由于中位数处于数据的中间位置，四分位差的大小在一定程度上说明了中位数对一组数据的代表程度。四分位差主要用于测度定序数据的离散程度。定量数据也可以计算四分位差，但四分位差不适合定类数据。

3. 异众比率

异众比率（variation ratio）是指非众数组的频数占总频数的比重，用 V_r 表示。

其计算公式为：

$$V_r=\frac{\sum f_i-f_m}{\sum f_i}=1-\frac{f_m}{\sum f_i}$$

式中，$\sum f_i$ 为变量值的总频数；f_m 为众数组的频数。

异众比率主要用于衡量众数对一组数据的代表程度。异众比率越大，说明非众数组的频数占总频数的比重越大，众数的代表性越差；异众比率越小，说明非众数组的频数占总频数的比重越小，众数的代表性越好。异众比率主要适合测度定类数据的离散程度，当然，定序数据和定量数据也可以计算异众比率。

4.1.3 数据的分布形状

数据的分布形状反映数据分布的形状是否对称，以及其偏斜程度和扁平程度，主要的概括性统计量有偏度和峰度。

1. 偏度

“偏度”（skewness）一词是由统计学家卡尔·皮尔逊（Karl Pearson）于 1895 年首次提出的，它是对数据分布对称性的测度。测度偏度的统计量是偏度系数（coefficient of skewness），记作 SK。偏度系数的计算方法有很多。在计算未分组的原始数据的偏度系数时，通常采用下面的公式：

$$SK=\frac{n\sum_{i=1}^{n}(x_i-\overline{x})^3}{(n-1)(n-2)s^3}$$

式中，s^3 是样本标准差的三次方。

如果一组数据的分布是对称的，则偏度系数等于 0；如果偏度系数明显不等于 0，表明分布是非对称的。若偏度系数大于 1 或小于－1，称为高度偏度分布；若偏度系数在 0.5～1 或－1～－0.5 之间，则认为是中等偏度分布；偏度系数越接近 0，偏斜程度就越低。

2. 峰度

“峰度”（kurtosis）一词是由统计学家皮尔逊于 1905 年首次提出的。它是对数据分布平峰或尖峰程度的测度。测度峰度的统计量是峰度系数（coefficient of kurtosis），记作 K。峰度通常是与标准正态分布相比较而言的。如果一组数据服从标准正态分布，则峰度系数等于 0；若峰度系数明显不等于 0，则表明分布比正态分布更平或更尖，通常称为平峰分布或尖峰分布。

在根据未分组数据计算峰度系数时，通常采用下面的公式：

$$K=\frac{n(n+1)\sum_{i=1}^{n}(x_i-\bar{x})^4-3(n-1)\left[\sum_{i=1}^{n}(x_i-\bar{x})^2\right]^2}{(n-1)(n-2)(n-3)s^4}$$

式中，s^4 是样本标准差的四次方。

4.1.4 经验研究中数据概括性统计量的报告

在经验研究中，需要报告的数据概括性统计量有：均值、中位数、四分位数（最小值或最大值）、方差或标准差、偏度和峰度。需要指出的是，不同的数据类型，需要报告的概括性统计量是不同的。主要统计量的定义、优点、缺点和适用数据类型见表 4－6。

表 4－6 主要统计量的定义、优点、缺点和适用数据类型

主要统计量		定义	优点	缺点	适用数据类型	经验研究中是否报告
集中趋势	均值	一组数据相加后除以数据个数得到的结果	一组数据的均衡点所在；体现了数据的必然性特征	易受极端值的影响	定量数据	是
	中位数	一组数据排序后处于中间位置上的值	不受极端值的影响	没有充分利用原始数据	主要用于定序数据，也可用于定量数据	是
	四分位数	一组数据排序后处于 25%和 75%位置上的值	不受极端值的影响	没有充分利用原始数据	主要用于定序数据，也可用于定量数据	通常是
	众数	一组数据中出现次数最多的变量值	不受极端值的影响	一组数据可能没有众数或有几个众数	主要用于定类数据，也可用于定序数据和定量数据	较少

续表

主要统计量		定义	优点	缺点	适用数据类型	经验研究中是否报告
离散趋势	方差/标准差	反映了各变量值与均值的平均差异				是
	四分位差	上四分位数与下四分位数之差	不受极端值的影响	没有充分利用原始数据	主要用于定序数据，也可用于定量数据	较少
	异众比率	非众数组的频数占总频数的比重			主要用于定类数据，也可用于定序数据和定量数据	较少
偏度和峰度	偏度	对数据分布对称性的测度			定量数据	是
	峰度	对数据平峰或尖峰程度的测度			定量数据	是

Stata 程序 4.1.4.1：概括性统计量的报告

利用 FinancialData1.dta 数据，统计沪深两市主板 A 股公司主要财务指标的情况。主要的变量包括 dm（代码）、nd（年度）、roa（总资产收益率）、roe（净资产收益率）、Lev（资产负债率）、Size（对数总资产）、Growth（收入增长率）、AB（A 股或 B 股）、hydm（行业代码）。

在 Stata 中，可以利用 summarize（或 sum，su），tabstat 命令获取变量的均值、中位数、方差、标准差、四分位数、最小值、最大值、偏度、峰度等概括性统计量。

```
summarize [varlist] [if] [in] [weight] [,options]
```

在 options 选项中选择 detail，表示列示所有统计量（具体见 tabstat 中的 statname），选择 meanonly，表示仅计算均值。默认为 n，mean，std，min 和 max。

```
tabstat varlist [if] [in] [weight] [,options]
```

在 options 选项中选择 statistics(statname [...]) 报告指定的统计量，具体如下：

statname	中文含义	英文含义
mean	均值	mean
count	非缺失观测数	count of nonmissing observations
n	非缺失观测数	same as count
sum	汇总值	sum
max	最大值	maximum
min	最小值	minimum
range	极差	range=max−min
sd	标准差	standard deviation
variance	方差	variance

续表

statname	中文含义	英文含义
cv	离差系数	coefficient of variation (sd/mean)
semean	标准误	standard error of mean [sd/sqrt(n)]
skewness	偏度	skewness
kurtosis	峰度	kurtosis
p1	1%分位数	1st percentile
p5	5%分位数	5th percentile
p10	10%分位数	10th percentile
p25	25%分位数	25th percentile
median	50%分位数	median (same as p50)
p50	50%分位数	50th percentile (same as median)
p75	75%分位数	75th percentile
p90	90%分位数	90th percentile
p95	95%分位数	95th percentile
p99	99%分位数	99th percentile
iqr	四分位差	interquartile range=p75−p25
q	报告 25%，50%，75%分位数	equivalent to specifying p25 p50 p75

其他选项：

by(varname)：分组计算各变量的统计量，varname 可以是数字型变量或字符型变量。

columns(variables|statistics)：指定表中的列为变量或统计量，默认为指定变量为列。

format and format(%fmt)：指定统计量的格式，默认是%9.0g，可以通过 f(%8.3f) 重新设定。

casewise：要求所有变量的观测不能有缺失值。

```
tabstat price weight length,stat(N mean median sd min max) casewise
```

等价于：

```
foreach var of varlist price weight length {
drop if `var'==.
}
tabstat price weight length,stat(N mean median sd min max)
```

nototal：分组报告时不报告所有样本的统计量。

longstub：分组统计时在左边增加一列报告统计量或变量。

```
*示例
sysuse auto.dta, clear
sum price weight length
tabstat price weight length,stat(N mean median sd min max)
tabstat price weight length,stat(N mean median sd min max) by(foreign) f(%8.3f) c(s) longstub
```

使用 tabstat 报告分年度多个变量多个统计量时，表格就会显得不够简洁，这时可以选择只报告一个统计量，如均值（mean）。

也可以使用非官方的 sum2docx 命令直接将统计量输送至 word 文件。但 sum2docx 不可以与 by 一并使用，分组输出变量的描述性统计量可以使用非官方的 astx 命令。

```
sum2docx price weight length using F:/temp3.docx, replace stats(N mean(%9.2f) sd min(%9.0g) median(%9.0g) max(%9.0g)) title("this is the summary statistics")
astx price,stat(count sd mean median max min) by( foreign)
```

对定类变量，如国有企业和非国有企业，报告均值和中位数没有意义，应使用 tab 命令报告其频数。

在 Stata 中，可使用 ameans 命令获得变量的算术平均数、几何平均数和简单调和平均数。

```
*Stata 程序
use "FinancialData1.dta",clear
*不分组输出
*使用 sum 命令
sum roa roe Lev Size Growth if AB=="A"
*使用 tabstat 命令
tabstat roa roe Lev Size Growth if AB=="A" ,stat(N mean sd median max min) col(s) format(%9.2f)
*使用 sum2dox 命令输出到 word 文档
sum2docx roa roe Lev Size Growth  if AB=="A"  using "table4_7.docx", replace stats(N mean(%9.3f) sd min(%9.3f) median(%9.3f) max(%9.3f))
title("表 4-7 主要变量的描述性统计（变量未缩尾）")
winsor2 roa roe Lev Size Growth,replace by(AB nd) cuts(1 99)
sum2docx roa roe Lev Size Growth  if AB=="A"  using "table4_8.docx", replace stats(N mean(%9.3f) sd min(%9.3f) median(%9.3f) max(%9.3f))
title("表 4-8 主要变量的描述性统计（变量已缩尾）")

*分组输出
*使用 tabstat 命令分年度输出（仅输出 2018—2019）
tabstat roa roe Lev Size Growth if AB=="A" & nd>=2018 ,stat(N mean sd median max min) col(s) format(%9.2f) by(nd) longstub  nototal    //输出到结果窗口
logout, save("table4_9.docx") word fix replace:tabstat roa roe Lev Size Growth if AB=="A" & nd>=2018,stat(N mean sd median max min) col(s) format(%9.2f) by(nd) longstub nototal                    //输出到 word 文档

*使用 astx 命令分年度输出到 Excel 文档（一次输入多个变量时输出格式会乱）
```

```
astx roa if AB=="A" & nd>=2018,stat(count sd mean median max min) by(nd)
                                            //每次分组输出一个变量
astx roe if AB=="A" & nd>=2018,stat(count sd mean median max min) by(nd)
                                            //每次分组输出一个变量
```

从表 4-7 可以看出，除 Size 外，尽管绝大多数变量的均值和中位数接近，但从最小值和最大值来看，这些变量都存在极端值，尤其是 Growth 变量。对这些变量分年度进行 1%和 99%缩尾（winsorize），如表 4-8 所示，显然，缩尾后极端值被有效减少。通过表 4-9，可以观测各个变量描述性统计量的年度变化。

表 4-7　主要变量的描述性统计（变量未缩尾）

变量名	观测数	均值	标准差	最小值	中位数	最大值
roa	40 421	0.031	0.485	−64.819	0.033	64.755
roe	40 421	0.031	0.485	−64.819	0.033	64.755
Lev	44 264	0.511	4.390	−0.195	0.444	877.256
Size	44 264	21.739	1.495	10.842	21.537	31.036
Growth	40 350	4.412	674.679	−59.160	0.116	1.35e+05

表 4-8　主要变量的描述性统计（变量已缩尾）

变量名	观测数	均值	标准差	最小值	中位数	最大值
roa	40 421	0.032	0.077	−0.573	0.033	0.579
roe	40 421	0.032	0.077	−0.573	0.033	0.579
Lev	44 264	0.460	0.256	−0.127	0.444	3.678
Size	44 264	21.733	1.422	13.795	21.537	27.468
Growth	40 350	0.212	0.631	−3.035	0.116	7.680

表 4-9　主要变量分年度描述性统计（变量已缩尾）

	变量名	观测数	均值	标准差	中位数	最大值	最小值
2018	roa	3 407	0.020 0	0.100	0.030 0	0.210	−0.500
	roe	3 407	0.020 0	0.100	0.030 0	0.210	−0.500
	Lev	3 512	0.440	0.210	0.420	0.970	0.060 0
	Size	3 512	22.33	1.440	22.11	27.29	19.77
	Growth	3 407	0.160	0.370	0.110	2.240	−0.680
2019	roa	3 496	0.020 0	0.100	0.030 0	0.220	−0.520
	roe	3 496	0.020 0	0.100	0.030 0	0.220	−0.520
	Lev	3 715	0.440	0.220	0.420	0.990	0.060 0
	Size	3 715	22.35	1.460	22.10	27.47	19.75
	Growth	3 496	0.110	0.380	0.070 0	2.290	−0.750

4.2 推断统计与 Stata 实现

4.2.1 随机变量的概率与分布

1. 随机现象与随机变量

统计只说可能性，是实际世界的真实体现。真实世界充满了不确定性。从某种意义上来说，生活中唯一确定的事情就是不确定性。

随机现象是指在个别试验中结果呈现出不确定性，在大量重复试验中结果又具有统计规律性的现象。随机变量是用来描述随机试验结果的变量，其取值随试验的结果而定，在试验之前不能预知它取什么值，且取值具有一定的概率。

随机变量的引入使我们能方便地描述各种随机现象。随机变量（random variables）是一次试验的结果的数值性描述，一般用 X，Y，Z 来表示。例如：投掷两枚硬币正面朝上的数量。根据取值情况的不同，随机变量分为离散型随机变量和连续型随机变量。

在概率论与数理统计中，我们系统学习了随机变量的分布，这里不再赘述。在概率论中，假定所研究的随机变量的分布是已知的，即假定随机变量服从二项分布、泊松分布、均匀分布、正态分布等，在这一前提下研究它们的性质、特点和规律性（期望、方差等）。Stata 中概率分布和概率密度的计算可参考附表 1－5。在数理统计中，假定所研究的随机变量的分布是未知的，或者不是完全知道的，通过对随机变量进行重复独立的观察得到许多观测值，对这些数据进行分析，从而对随机变量的分布做出推断。

2. 样本与抽样分布

（1）样本。为了推断总体的某些重要特征，需要从总体中按一定抽样技术抽取若干个体，这一抽取过程称为抽样（sampling）。所抽取的部分个体称为样本（sample），样本中所含个体的数量称为样本量（sample size）。抽取的方法包括简单随机抽样、分层随机抽样、系统抽样等。

设 X 是具有分布函数 F 的随机变量，若 $X_1,X_2,X_3,\cdots,X_n$ 是具有同一分布函数 F、相互独立的随机变量，则称 $X_1,X_2,X_3,\cdots,X_n$ 为从分布函数 F（总体 X）得到的容量为 n 的简单随机样本，简称样本，它们的观测值 $x_1,x_2,x_3,\cdots,x_n$ 称为样本值。

（2）抽样分布。样本是进行统计推断的依据。但应用时，往往不直接使用样本本身，而是针对不同的问题构造样本的适当函数来进行统计推断。

设 $X_1,X_2,X_3,\cdots,X_n$ 是从总体 X 中抽取的容量为 n 的一个样本，如果由此样本构造一个函数 $T(X_1,X_2,X_3,\cdots,X_n)$，不依赖任何未知参数，则称函数 $T(X_1,X_2,X_3,\cdots,X_n)$ 是一个统计量。因为 $X_1,X_2,X_3,\cdots,X_n$ 是随机变量，所以统计量也是随机变量。样本均值和样本方差都是常用的统计量。

设 $X_1,X_2,X_3,\cdots,X_n$ 是从某个总体 X 中抽取的一个样本，$i=1,2,\cdots,n$，则

$$\overline{X}=\frac{1}{n}\sum_{i=1}^{n}X_i$$

$$s^2=\frac{1}{n-1}\sum_{i=1}^{n}(X_i-\overline{X})^2$$

$\overline{X}$ 和 s^2 都是统计量，而 $\sum_{i=1}^{n}[X_i-E(X)]^2$，$[X_i-E(X)]/D(X)$ 都不是统计量，因为其中的 $E(X)$，$D(X)$ 都是依赖于总体分布的未知参数。

在实际统计推断中，需要用统计量的值进行推断，而不是用样本观测值进行推断。这就意味着，加工后取得统计量的值即可。既然统计量如此重要，我们希望在构造统计量的过程中尽可能保留样本中有关总体的信息。在统计学中，假如一个统计量能把含在样本中有关总体的信息完好无损地提取出来，将对后续的统计推断质量具有重要意义。统计量加工过程中不损失任何信息的统计量通常称为充分统计量。

统计量的分布称为抽样分布。在使用统计量进行统计推断时，通常需要知道它的分布。研究统计量的性质和评价一个统计推断的优良性，完全取决于其抽样分布的性质。所以，抽样分布的研究是统计学中的重要内容。在总体 X 的分布类型已知时，若对任一自然数 n，都能导出统计量 $T(X_1,X_2,X_3,\cdots,X_n)$ 的分布的数学表达式，这种分布称为精确抽样分布。它对样本量 n 较小的统计推断问题非常有帮助。

【例 4-4】 统计量的分布：以样本均值为例。

设一个总体含有 4 个元素（个体），即总体单位数 $N=4$。4 个个体分别为 $x_1=1$，$x_2=2$，$x_3=3$，$x_4=4$。现从总体中抽取 $n=2$ 的简单随机样本，在重复抽样条件下，共有 16 个样本（见表 4-10）。

表 4-10 从单位数为 4 的总体中重复抽取 2 个个体的所有可能样本

第一个观测	第二个观测			
	1	2	3	4
1	1，1	1，2	1，3	1，4
2	2，1	2，2	2，3	2，4
3	3，1	3，2	3，3	3，4
4	4，1	4，2	4，3	4，4

计算各样本的均值，并给出样本均值的抽样分布，如图 4-1 所示。

16个样本的均值				
第一个观测	第二个观测			
	1	2	3	4
1	1	1.5	2	2.5
2	1.5	2	2.5	3
3	2	2.5	3	3.5
4	2.5	3	3.5	4

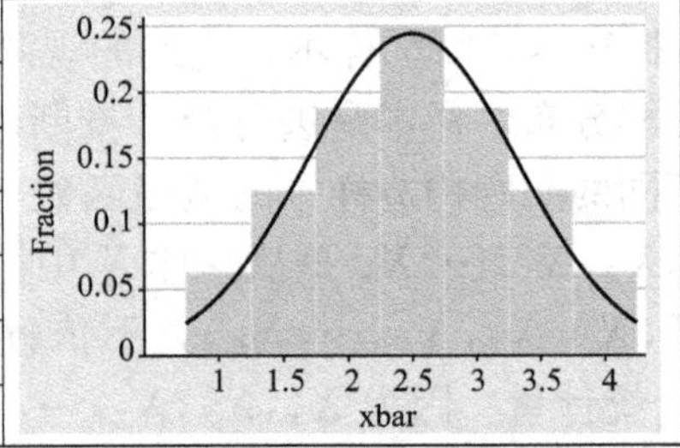

图 4-1 从单位数为 4 的总体中重复抽取 2 个个体的所有可能样本的均值的抽样分布

当总体的分布函数已知时，抽样分布是确定的。但要求出统计量的精确抽样分布，一般来说是困难的。精确抽样分布大多是在正态总体情况下得到的。例如，当总体分布为正

态分布 $N(\mu,\sigma^2)$ 时，$\overline{X}$ 的抽样分布仍为正态分布，其期望为 μ，方差为 σ^2/n。

在正态总体条件下，我们还可以获得精确抽样分布，主要有 χ^2 分布、t 分布、F 分布，常称为统计三大分布。

1）χ^2 分布。设随机变量 $X_1,X_2,X_3,\cdots,X_n$ 相互独立，且 $X_i(i=1,2,\cdots,n)$ 服从标准正态分布 $N(0,1)$，则它们的平方和 $\sum_{i=1}^{n}X_i^2$ 服从自由度为 n 的 χ^2 分布。

自由度（degrees of freedom，df）是统计学中常用的一个概念，它可以解释为独立变量的个数，还可解释为二次型的秩。

2）t 分布。设随机变量 $X\sim N(0,1)$，$Y\sim\chi^2(n)$，且 X 与 Y 独立，则

$$t=\frac{X}{\sqrt{Y/n}}$$

其分布称为 t 分布，记为 $t(n)$，其中，n 为自由度。

t 分布的密度函数曲线与标准正态分布的密度函数曲线非常相似，都是单峰偶函数。只是，t 分布的密度函数的两侧尾部比标准正态分布的两侧尾部粗一些。t 分布的方差比标准正态分布的方差大一些。自由度为 1 的 t 分布称为柯西分布，随着自由度 n 的增加，t 分布的密度函数越来越接近标准正态分布的密度函数。实际应用中，一般当 $n\geqslant 30$ 时，t 分布与标准正态分布就非常接近。

3）F 分布。设随机变量 Y 与 Z 相互独立，且 Y 和 Z 分别服从自由度为 m 和 n 的 χ^2 分布，随机变量 X 有如下表达式：

$$X=\frac{Y/m}{Z/n}=\frac{nY}{mZ}$$

则称 X 服从第一自由度为 m、第二自由度为 n 的 F 分布，记为 $F(m,n)$，简记为 $X\sim F(m,n)$。

在统计学的抽样分布理论中，除了上述分布以外，至今已求出的精确抽样分布并不多。通常，精确抽样分布是很难求得的，有时尽管求出了精确抽样分布，但因为过于复杂而难以应用。所以统计学家借助极限工具，寻求在样本量 n 无限增大时，统计量 $t(X_1,X_2,X_3,\cdots,X_n)$ 的极限分布。在实际应用中，当 n 较大时，就用这种极限分布作为抽样分布的一种近似，这种极限分布常称为渐近分布。

设从均值为 μ、方差为 σ^2 的任意一个总体（有限）中抽取样本量为 n 的样本，当 n 充分大时，样本均值 $\overline{X}$ 的抽样分布近似服从均值为 μ、方差为 σ^2/n 的正态分布。这就是中心极限定理（central limit theorem）。

中心极限定理要求 n 必须充分大，多大才叫充分大呢？这与总体的分布形状有关。总体偏离正态越远，则要求 n 越大。然而在实际应用中，总体的分布未知。此时，通常要求 $n\geqslant 30$。顺便指出，大样本、小样本并不是以样本量大小来区分的。在样本量固定的条件下所进行的统计推断、问题分析，不管样本量有多大，都称为小样本问题；而在样本量 $n\to\infty$ 的条件下进行的统计推断、问题分析则称为大样本问题。统计学中 $n\geqslant 30$ 为大样本，$n<30$ 为小样本只是一种经验说法。图 4-2 为 $\overline{X}$ 的抽样分布趋于正态分布的过程。

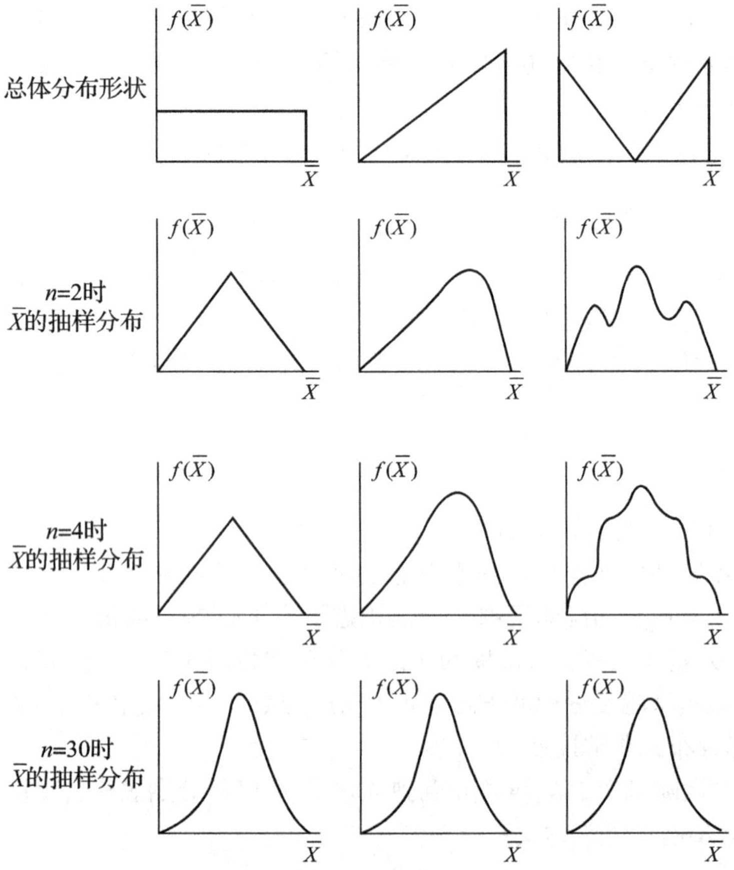

图 4-2 $\bar{X}$ 的抽样分布趋于正态分布的过程

Stata 程序 4.2.1.1：中心极限定理模拟

让连续型随机变量 Y 具有三角分布，其概率密度函数为：

$$f(y)=\begin{cases}2y & 0<y<1\\ 0 & \text{其他}\end{cases}$$

因此，Y 的期望=2/3，方差=1/18。根据中心极限定理，如果 $Y_1, Y_2, \cdots, Y_N$ 是分布在密度函数 $f(y)$ 上的独立同分布随机变量，则

$$Z_N=\frac{\bar{Y}-2/3}{\sqrt{\frac{1/18}{N}}}$$

当 N 趋向于无穷大时，该概率分布可以收敛为标准正态分布。

如果 U 是介于 0 到 1 之间的均匀随机数，那么 $Y=\sqrt{U}$ 服从三角分布。

在 Stata 中，runiform() 函数可以生成均匀随机数。

```
*Stata 程序
*中心极限定理模拟：y 具有三角分布
```

```
clear
set obs 1000   //n=1000
set seed 12345

gen y1=sqrt(runiform())
histogram y1

forvalues rep=2/30{
gen y`rep'=sqrt(runiform())
}

foreach n in 2 4 30{
egen ybar`n'=rowmean(y1-y`n')
gen z`n'=(ybar`n'-2/3)/(sqrt(1/18)/`n')
histogram z`n',normal
sum z`n',detail
}
```

4.2.2 参数估计

1. 估计量与估计值

总体代表我们所关心的那部分现实世界。如果能够掌握总体的全部数据，那么只需要做一些简单的统计描述，就可以得到总体特征，比如，总体均值、方差等。但现实情况比较复杂，有些现象的范围比较广，不可能对总体中的每个个体都进行测定，或者有些总体的个体数很多，不可能也没有必要一一测定。此外，我们一般对代表总体的变量假定分布族，比如假定人们的身高属于正态分布族，假定了总体分布族之后，接下来要在这个分布族中选择一个适合于研究问题的分布。由于分布族成员是由参数确定的，如果参数能够估计，总体的具体分布就知道得差不多了。为了估计总体参数，需要从总体中抽取一部分个体进行调查，进而利用样本提供的信息来推断总体的特征。

参数估计（parameter estimation）就是用样本统计量去估计总体参数。比如，用样本均值 $\overline{x}$ 估计总体均值 μ，用样本方差 s^2 估计总体方差 σ^2，等等。如果将总体参数笼统地用一个符号 θ 来表示，将用于估计总体参数的统计量用 $\hat{\theta}$ 表示，参数估计就是如何用 $\hat{\theta}$ 来估计 θ。

在参数估计中，用来估计总体参数的统计量称为估计量（estimator），用符号 $\hat{\theta}$ 表示。样本均值、样本方差等都可以是一个估计量。根据一个具体的样本计算出来的估计量的数值称为估计值（estimated value）。比如，估计一个国家所有成年男性的身高，因为国家所有成年男性的平均身高是不知道的，称为参数，用 θ 表示。从中抽取一个随机样本，根据样本计算的平均身高 $\overline{x}$ 就是一个估计量，用 $\hat{\theta}$ 表示，假定计算出来的样本平均身高为 175 厘米，这个 175 厘米就是估计量的具体数值，称为估计值。估计量是样本的函数，对于不同的样本值，参数 θ 的估计值一般是不同的。

2. 点估计与区间估计

参数估计的方法有点估计和区间估计两种。

（1）点估计。点估计（point estimate）就是用样本统计量 $\hat{\theta}$ 的某个取值直接作为总体参数 θ 的估计值。比如，用样本均值 $\overline{x}$ 直接作为总体均值 μ 的估计值，用样本方差 s^2 直接作为总体方差 σ^2 的估计值，等等。假定要估计一个国家所有成年男性的平均身高，根据抽出的一个随机样本计算的平均身高是 175 厘米，用 175 厘米作为全国所有成年男性平均身高的一个估计值，这就是点估计。

虽然在重复抽样条件下，点估计的均值有望等于总体真值［比如，$E(\overline{x})=\mu$］，但由于样本是随机的，抽出一个具体的样本得到的估计值很可能不同于总体真值。在用点估计值代表总体参数值的同时，还必须给出点估计值的可靠性，也就是说，必须给出点估计值与总体真值接近的程度。但一个点估计值的可靠性是由它的抽样标准误来衡量的，这表明一个具体的点估计值无法给出可靠性的度量，因此就不能完全依赖于一个点估计值，而要围绕点估计值构造总体参数的一个区间。这就是区间估计。

（2）区间估计。区间估计（interval estimate）是在点估计的基础上，给出总体参数估计的一个区间范围，该区间通常由样本统计量加减估计误差得到。与点估计不同，进行区间估计时，根据样本统计量的抽样分布可以对样本统计量与总体参数的接近程度给出一个概率度量。下面将以总体均值的区间估计为例来说明区间估计的基本原理。

由样本均值的抽样分布可知，在重复抽样或有限总体抽样的情况下，样本均值的数学期望等于总体均值，即 $E(\overline{x})=\mu$，样本均值的标准误为 $\sigma_{\overline{x}}=\sigma/\sqrt{n}$，由此可知样本均值 $\overline{x}$ 落在总体均值 μ 的两侧各为 1 个抽样标准差范围内的概率为 0.682 7；落在 2 个抽样标准差范围内的概率为 0.954 5；落在 3 个抽样标准差范围内的概率为 0.997 3；等等。通俗地说，如果抽取 100 个样本来估计总体的均值，由 100 个样本所构造的 100 个区间中，约有 95 个区间包含总体均值，而另外 5 个区间则不包含总体均值。

在区间估计中，由样本统计量所构造的总体参数的估计区间称为置信区间（confidence interval），其中区间的最小值称为置信下限，最大值称为置信上限。由于统计学家在某种程度上确信这个区间会包含真正的总体参数，所以给它取名为置信区间。如果抽取了许多不同的样本，比如抽取 100 个样本，根据每个样本构造一个置信区间，这样，由 100 个样本构造的总体参数的 100 个置信区间中，有 95%的区间包含了总体参数的真值，而 5%则没包含，95%这个值称为置信水平。一般地，如果将构造置信区间的步骤重复多次，置信区间中包含总体参数真值的次数所占的比例称为置信水平（confidence level），也称为置信度或置信系数（confidence coefficient）。

在构造置信区间时，可以用所希望的任意值作为置信水平。

3. 评估估计量的标准

参数估计是用样本估计量 $\hat{\theta}$ 作为总体参数 θ 的估计。实际上，用于估计 θ 的估计量有很多，比如，可以用样本均值作为总体均值的估计量，也可以用样本中位数作为总体均值的估计量，等等。那么，究竟用样本的哪种估计量作为总体参数的估计呢？自然要用估计效果最好的估计量。什么样的估计量才算好的估计量呢？这就需要有一定的评价标准。统计学家给出了评价估计量的一些标准，主要有以下几个。

(1) 无偏性。无偏性（unbiasedness）是指估计量抽样分布的数学期望等于被估计的总体参数。设总体参数为 θ，所选择的估计量为 $\hat{\theta}$，如果 $E(\hat{\theta})=\theta$，则称 $\hat{\theta}$ 为 θ 的无偏估计量。

虽然每个样本产生的估计量的取值不一定等于参数，但当抽取大量样本时，样本产生的估计量的均值会接近被估计的参数。无偏性仅仅是非常多次重复抽样时的一个渐近概念。

注意，由于一般仅仅抽取一个样本，并且用该样本的估计量的实现值来估计对应的参数，人们并不知道这个估计值和被估计的参数差多少。

(2) 有效性。一个无偏的估计量并不意味着它非常接近被估计的参数，它还必须与总体参数的离散程度比较小。有效性（efficiency）是指对同一总体参数的两个无偏估计量，有更小标准差的估计量更有效。

(3) 一致性。一致性（consistency）是指随着样本量的增大，估计量的值越来越接近被估计的总体参数。换言之，一个大样本给出的估计量要比一个小样本给出的估计量更接近总体参数。在大样本研究中，一致性是估计量的最低标准。

4.2.3　假设检验

统计推断的另一类重要问题是假设检验问题。在总体的分布函数完全未知或只知道其形式、但不知道其参数的情况下，为推断总体的某些未知特性，提出某些关于总体的假设，然后根据样本对假设做出是否拒绝的决策，做出这一决策的过程称为假设检验。

假设（hypothesis）是对总体参数的数值所作的一种陈述。总体参数包括总体均值、方差等。分析之前必须陈述。假设检验（hypothesis testing）采用逻辑上的反证法，依据统计上的小概率原理，事先对总体参数或分布形式做出某种假设，然后利用样本信息来判断原假设/零假设（null hypothesis）是否成立。

之所以用零来修饰原假设，原因是原假设的内容总是没有差异或没有改变，或变量间没有关系等。原假设总是一个与总体参数有关的问题，用希腊字母表示。关于样本统计量如样本均值或样本均值之差的原假设是没有意义的，因为样本统计量是已知的，当然能说出它们等于几或是否相等。

设立原假设的动机主要是利用人们掌握的反映现实世界的数据来找出假设和现实的矛盾，从而否定这个假设。如果否定不了，那就说明证据不足，无法否定原假设，但这不能说明原假设正确。

假设检验中的小概率原理是指：

(1) 在一次试验中，一个几乎不可能发生的事件发生的概率。

(2) 在一次试验中，小概率事件一旦发生，我们就有理由拒绝原假设。

小概率由研究者事先确定。概率是从 0 到 1 之间的一个数，因此小概率就应该是接近 0 的一个数。英国统计学家费希尔（Fisher）把 20 分之 1（即 0.05）作为标准，从此 0.05 或比 0.05 小的概率都被认为是小概率。

1. 假设检验的基本思想和步骤

假定某行业公司的每股收益服从正态分布，正常情况下，该行业公司的每股收益均值 μ_0 为 0.5 元/股，标准差为 0.015。2019 年随机抽取该行业 9 家公司 2018 年年报披露的每股收益，如下表所示。

公司序号	1	2	3	4	5	6	7	8	9
每股收益	0.497	0.506	0.518	0.524	0.498	0.511	0.520	0.515	0.512

请问，该行业公司 2018 年度的业绩是否正常？

以 μ，σ 分别表示总体 X 的均值和标准差。假定该行业属于成熟行业，业绩波动比较小，设 $\sigma=0.015$。于是 $X \sim N(\mu, 0.015^2)$，μ 未知。

问题是根据样本值来判断 $\mu=0.5$，还是 $\mu \neq 0.5$？

（1）提出两个相互对立的假设。

$$H_0: \mu=0.5$$

和

$$H_1: \mu \neq 0.5$$

（2）在原假设下获取统计量的分布。由于检验的假设涉及总体均值 μ，故首先想到是否可借助样本均值这一统计量来判断。样本均值是 μ 的无偏估计，一定程度上反映了 μ 的大小，因此，如果 H_0 为真，样本均值与 μ 的差异一般不应太大，如果差异过大，就有理由怀疑 H_0 的正确性。

当 H_0 为真，$\dfrac{\overline{X}-\mu_0}{\sigma/\sqrt{n}} \sim N(0,1)$，衡量 $\bar{x}-\mu_0$ 的大小可归结于衡量$\dfrac{\overline{X}-\mu_0}{\sigma/\sqrt{n}}$的大小。

当$\dfrac{\bar{x}-\mu_0}{\sigma/\sqrt{n}} \geqslant k$ 时，就拒绝原假设 H_0，反之不能拒绝。

由于做出决策的依据是一个样本，当 H_0 实际上为真时，仍可能做出拒绝 H_0 的决策，这是一种错误，应当予以控制。

$P\{$当 H_0 为真拒绝 $H_0\} \leqslant \alpha$，即犯错误的概率最大为 α。

$$P_{\mu_0}\left\{\left|\frac{\overline{X}-\mu_0}{\sigma/\sqrt{n}}\right| \geqslant k\right\}=\alpha$$

当 H_0 为真，$\dfrac{\overline{X}-\mu_0}{\sigma/\sqrt{n}} \sim N(0,1)$，由标准正态分布分位点的定义，可得 $k=z_{\alpha/2}$。

（3）做出统计决策。通常，为了控制犯错误的概率，α 取值应较小。若 H_0 为真，即当 $\mu=\mu_0$ 时，$\left|\dfrac{\overline{X}-\mu_0}{\sigma/\sqrt{n}}\right| \geqslant k=z_{\alpha/2}$ 是一个小概率事件，根据实际推断原理，就可以认为，如果 H_0 为真，则由一次试验得到的观测值满足不等式 $\left|\dfrac{\bar{x}-\mu_0}{\sigma/\sqrt{n}}\right| \geqslant k=z_{\alpha/2}$ 几乎是不会发生

的，现在在一次观察中竟然发生了，就有理由怀疑 H_0 的正确性，因而拒绝 H_0。本例中，计算过程如下：

$\overline{x}=0.511$，$\sigma=0.015$，$n=9$，假设 $\mu=0.5$，给定 $\alpha=0.05$，则有

$$z_{\alpha/2}=\left|\frac{\overline{x}-\mu_0}{\sigma/\sqrt{n}}\right|=\left|\frac{0.511-0.5}{0.015/\sqrt{9}}\right|=2.2>1.96$$

实现值 2.2 大于临界值 1.96，落入拒绝区，因此应当拒绝 H_0。

综上，假设检验的过程和逻辑可以概括为：

(1) 提出假设，包括原假设和备择假设。

(2) 确定适当的检验统计量并规定显著性水平。根据原假设，我们可以得到该检验统计量的分布，然后判断这个统计量的数据实现值（realization）是否属于小概率事件。也就是说，把数据代入检验统计量，看其值是否落入原假设下的小概率范畴。

(3) 做出统计决策。如果是小概率事件，我们就有可能拒绝原假设，否则我们说没有足够证据拒绝原假设。

假设检验中有两类错误。第一类错误（弃真错误），即原假设为真时拒绝原假设，第一类错误的概率为 α，称为显著性水平。第二类错误（取伪错误），即原假设为假时不能拒绝原假设，第二类错误的概率为 β。α 和 β 的关系就像跷跷板，α 小 β 就大，α 大 β 就小。在一项研究中，增加样本容量才能同时减少两类错误。

假设检验中需要注意以下问题。

(1) p 值的确定和统计含义。p 值（p-value）是检验统计量在原假设下等于这个样本的数据实现值或更加极端值的概率（统计量的数据实现值比临界值更极端等价于 p 值小于 α），或者说是拒绝原假设犯错误的概率。

在上例中，根据原假设得到检验统计量的分布，然后根据样本得到统计量的实现值 2.2。在正态分布下，2.2 对应的概率为 0.013 9，其含义为拒绝原假设犯错误的概率为 0.013 9（1.39%），小于设定的显著性水平 0.05。

实际上，计算机软件仅仅给出 p 值，而不给出 α。这有很多方便之处。比如 $\alpha=0.05$，而假定得到的 p 值等于 0.001。这时如果采用 p 值作为新的显著性水平，即 $\alpha=0.001$，便可以说，我们拒绝原假设，显著性水平为 0.001。拒绝原假设时犯错误的概率实际只是千分之一而不是百分之五。在这个意义上，p 值又称为观测的显著性水平（observed significant level）。统计软件输出 p 值的名称，有的用“p-value”，有的用 significant 的缩写“sig”就是这个道理。展示结果的精确性总是没有害处的。这好比一个身高 180 厘米的男生，可能愿意被认为身高高于或等于 180 厘米，而不愿意被认为身高高于或等于 155 厘米，虽然第二种说法在数学上没有丝毫错误。图 4-3 为假设检验中的 p 值、给定显著性水平 α 及其临界值的关系。

(2) 不能拒绝原假设不意味着接受原假设。在一次检验中，如果不能拒绝原假设，仅意味着当前情况下证据不足以拒绝原假设，并不意味着要接受原假设。

2. 对正态总体的参数检验

(1) 根据一个样本对其总体均值的检验。根据假设检验的不同内容和进行检验的不同

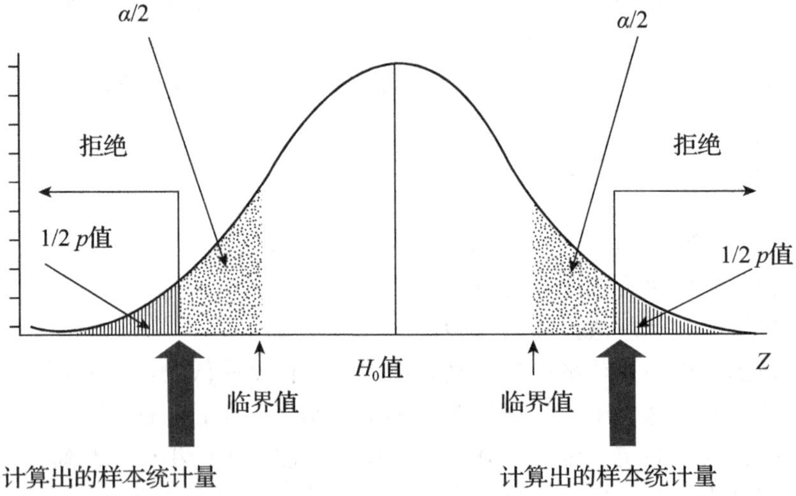

图 4-3 假设检验中的 p 值、给定显著性水平 α 及其临界值的关系

条件，需要采用不同的检验统计量，在一个总体参数的检验中，用到的检验统计量主要有三个：z 统计量，t 统计量，χ^2 统计量。z 统计量和 t 统计量常常用于均值和比例的检验，χ^2 统计量则用于方差的检验。

假定一个样本来自均值为 μ 的正态总体，想检验这个均值是否等于一个确定的数据，如 μ_0，当总体的 σ 已知时，用标准正态检验（z 检验），当总体的 σ 未知时，用 t 检验（大样本下 t 检验等价于标准正态检验）。例如，我们想检验如下问题：

1）A 股和 B 股公司的业绩是否显著异于 0。

2）事件研究中非正常回报和累计非正常回报是否显著异于 0。

3）独立董事的比例是否显著异于 1/3。

4）配股前 3 年的平均净资产收益率是否显著异于 10%和 6%。

（2）根据来自两个总体的独立样本对其总体均值的检验。在许多情况下，人们需要比较两个总体的参数，看它们是否有显著的区别。通常是两个空间里相互独立的样本均值检验（处理组和对照组之间的检验）。例如，我们想检验如下问题：

1）A 股和 B 股公司的业绩是否存在显著差异。

2）国有企业和非国有企业盈余管理水平的比较。

3）国有企业和民营企业业绩的比较。

（3）成对样本检验。在前面对两个总体参数进行显著性检验的讨论中，我们都假定样本是独立的。然而在可能情况下采用存在相依关系的匹配样本分析，可以进一步提高效率。成对样本检验一般用于跨期样本的比较。例如：

1）A 股或 B 股公司在股权分置改革前后的业绩比较。

2）同一公司在新会计准则实施前后的盈余质量比较。

3）交叉上市企业双重披露下的业绩比较。

需要注意的是，在什么情况下可以把两个样本看作成对样本？可以考虑下面两个例子。一个例子是研究人员检验新稻种和旧稻种是否有显著差异。如果从一个地区抽取新稻种的样本，从另一个地区抽取旧稻种的样本，则两个样本是独立的；但如果将一块地一分为二，一边用新稻种，一边用旧稻种，这时稻种生长所依赖的土壤、水分、气候等自然条件均相同，这样的样本就是成对样本。另一个例子是欲检验打字员在使用两种不同型号的打字机时打字速度是否有显著差异。假设让一批打字员使用某种型号的打字机，让另一批打字员使用另一种型号的打字机，这时的样本是独立的；但如果让同一批打字员分别使用不同型号的打字机，这时的样本就是成对样本。在两个总体参数的检验问题中，根据可能的情况采用成对样本的设计可以提高检验的效率。

（4）多样本参数检验（方差分析）。有时，我们需要检验多于两个总体的位置参数问题，这类问题的分析通常称为方差分析（analysis of variance，ANOVA）。这类检验问题实际上是检验因素的不同取值水平（factor levels）是否对总体的位置参数（被解释变量）产生影响。例如，检验两个以上不同行业的上市公司的业绩是否存在显著差异？行业是因素，行业数为水平数，被解释变量为业绩。因为仅考虑一个因素的影响，所以称为单因素方差分析（one-way ANOVA），该分析既适用于独立总体，也适用于非独立总体。

Stata 程序 4.2.3.1：运用参数检验检验 A 股公司和 B 股公司的业绩是否存在显著差异

利用 FinancialData1. dta 数据，检验沪深两市主板 A 股公司和 B 股公司的业绩（roa）是否分别显著异于 0，且两者是否存在显著差异。主要的变量包括 dm（代码）、nd（年度）、roa（总资产收益率）、AB（A 股或 B 股）、hydm（行业代码）。其中，A 股，即人民币普通股票，是由中国境内注册公司发行，在境内上市，以人民币标明面值，供境内机构、组织或个人以人民币认购和交易的普通股股票。B 股的正式名称是人民币特种股票。它是以人民币标明面值，以外币认购和买卖，在中国境内（上海、深圳）证券交易所上市交易的外资股。B 股公司的注册地和上市地都在境内。除了 A 股、B 股外，我国企业还可以在境外上市并发行 H 股、N 股等。

对 A 股公司和 B 股公司（排除同时在 A 股和 B 股市场上市的公司），我们可以视为两个相对独立的总体，因此它们的业绩比较可视同为独立两样本参数检验。

如果想考察 A 股公司、B 股公司在 2005 年股权分置改革（non-tradable shares reform）前后（2001—2009 年）的业绩变动情况，由于改革前后存在相依关系，因此应使用成对样本参数检验。

在 Stata 中，使用 ttest 命令进行单样本、独立两样本和成对两样本的均值比较检验。

（1）单样本参数检验（one-sample t test）。

```
ttest varname == #  [if] [in] [, level(#)]
```

（2）独立两样本参数检验。

使用分组变量进行两样本 t 检验（two-sample t test using groups）。

```
ttest varname [if] [in], by(groupvar) [options1]
```

使用变量名进行两样本 t 检验（two-sample t test using variables）。

```
ttest varname1 == varname2 [if] [in], unpaired [unequal welch level(#)]
```

（3）成对两样本参数检验（paired t test）。

```
ttest varname1 == varname2 [if] [in] [, level(#)]
```

(4) 多样本参数检验（方差分析）。

anova varname [termlist] [if] [in] [weight] [, options]

varname 为解释变量，termlist 为分类因子变量。

除了对样本的均值进行检验外，还可以对样本之间的方差进行比较检验。

在 Stata 中可以通过 sdtest 或 robvar 命令进行方差比较检验。

使用 reg 和 esttab，postfile 等命令可以对单变量的 t 检验结果进行格式化输出。

使用 Stata 非官方命令 t2docx，makematrix，ttable3 可将分组 t 检验结果进行格式化输出。

```
*Stata 程序
use "FinancialData1.dta",clear
describe                                  //查看数据
tab AB
drop if AB=="AB"                          //删除同时在 A 股和 B 股市场上市的公司
*单样本参数检验
ttest roa=0 if AB=="A"                    //检验 A 股公司 roa 是否显著异于 0
ttest roa=0 if AB=="B"                    //检验 B 股公司 roa 是否显著异于 0
*独立两样本参数检验
ttest roa ,by(AB) unpaired                //检验 A 股、B 股公司 roa 是否存在显著差异
*成对两样本参数检验
*产生股权分置改革变量（nt），将 2005 年排除在外
gen nt=1 if nd>2005
replace nt=0 if nd<2005
xtbalance,range(2001 2009)                //变为成对样本
ttest roa if AB=="A",by(nt)               //检验 A 股公司股权分置改革前后 roa 是否
存在显著差异
ttest roa if AB=="B",by(nt)               //检验 B 股公司股权分置改革前后 roa 是否
存在显著差异
*多样本参数检验
anova roa hy if AB=="A"

*单变量结果的输出
*方法 1：使用等价的回归方法后输出
reg roa if AB=="A"                        //等价于 ttest roa=0 if AB=="A"
est store m1
esttab m* using Myfile.rtf, ///
replace star( * 0.10 ** 0.05 *** 0.01 ) nogaps compress ///
b(%20.3f) se(%7.2f) obslast title(esttab_Table: ttest result)
```

```
*方法 2：利用 postfile 输出
*输出一个或多个变量单变量 t 检验结果
clear
capture postclose ttest
postfile ttest str10 var mean t pt using "ttest.dta",replace
use "FinancialData1.dta",clear
foreach var of varlist roa roe {
ttest `var'=0 if AB=="A"                //参数 t 检验
post ttest ("`var'") (r(mu_1)) (r(t)) (r(p))
}
postclose ttest
use "ttest.dta",clear
format mean t pt %9.3f

*使用 t2docx，makematrix，esttab 同时报告多个变量分组检验统计量
use "FinancialData1.dta",clear
drop if AB=="AB"
*方法 1：使用 t2docx
t2docx roa roe using "table4_11_ttest1.docx",replace by(AB) p star(* 0.1 **
0.05 *** 0.01) title("表 4-11  A 股和 B 股公司主要业绩指标差异的参数 t 检验")
note("Data source: CSMAR")
*方法 2：使用 makematrix 和 esttab 命令
makematrix results , from(r(mu_1) r(mu_2) r(t) r(p)) format(%6.3f) :
ttest roa roe, by(AB)
*esttab
local varlist "roa roe"
estpost ttest `varlist', by(AB)
esttab using ttest2.rtf, ///
cells("N_1 mu_1(fmt(3)) N_2 mu_2(fmt(3)) b(star fmt(3))") starlevels(* 0.10
** 0.05 *** 0.01) ///
noobs compress replace title(esttab_Table: T_test by group)
```

从表 4-11 可以看出，我国 A 股公司和 B 股公司的总资产收益率（roa）和净资产收益率（roe）的差异在 10%的水平下显著。

表 4-11　A 股和 B 股公司主要业绩指标差异的参数 t 检验

varname	obs(A)	mean(A)	obs(B)	mean(B)	mean-diff	p
roa	40 421	0.031	573	−0.008	0.039*	0.057
roe	40 421	0.031	573	−0.008	0.039*	0.057

Data source：CSMAR

4.2.4　非参数检验

当总体分布未知时，根据数据观测值的相对大小建立检验统计量，然后找到原假设下这些统计量的分布，判断这些统计量的数据实现值是否在原假设下属于小概率事件，这种和数据本身的总体分布无关的检验称为非参数检验。

非参数检验总是比传统检验安全，因为非参数检验无须对分布进行假定。但总体分布形式已知（正态分布）时，非参数检验不如传统检验效率高。

可以使用 Shapiro-Wilk 正态分布检验、Shapiro-Francia 正态分布检验、Kolmogorov-Smirnov 分布检验、偏度-峰度正态分布检验判断数据是否属于正态分布。

非参数检验中秩（rank）是最常使用的概念。一般来说，秩就是该数据按照升序排列后，每个观测值的位置（见表 4－12）。

表 4－12　观测值与秩

观测值 *X*	15	9	18	3	17	8	5	13	7	19
按升序排	3	5	7	8	9	13	15	17	18	19
排序后秩	1	2	3	4	5	6	7	8	9	10
观测值 *X*	15	9	18	3	17	8	5	13	7	19
秩 *R*	7	5	9	1	8	4	2	6	3	10

在 Stata 中，在 egen 命令中使用 rank() 函数可以获得数据的秩。

1. 单样本非参数检验

在总体分布未知，特别是小样本情况下，应用 t 检验可能有风险，包括易受极端值的影响。这时可以使用符号检验、Wilcoxon 符号秩检验。

（1）符号检验。符号检验是指利用观测值 X 和原假设（$m=m_0$）的中心位置之差的符号来进行检验。它是对位置参数中位数的检验，而且不需要任何关于总体的假定。当然，对于正态分布或 t 分布等对称分布，总体中位数就是总体均值，这时，对中位数的检验等价于对均值的检验。

符号检验的基本原理是：如果变量的中位数是 m_0，就意味着样本点 $x_1, x_2, \cdots, x_n$（假定 $n=20$）小于和大于 10 的概率应当相同，记作：$P_-=P_+=0.5$。可见，如果每一个样本点都以 0.5 的概率小于 μ，也以 0.5 的概率大于 μ，这就是一系列的贝努里试验，小于 μ 的样本点个数（符号为负，记作 S_-）与大于 μ 的样本点个数（符号为正，记作 S_+）均服从均值为$\frac{n}{2}$、方差为$\frac{n}{4}$的二项分布。S_- 和 S_+ 可作检验统计量。根据一定的显著性水平 α 和样本量 n 求得临界界域，可以判断是否拒绝原假设（$m=m_0$）。

（2）Wilcoxon 符号秩检验。Wilcoxon 符号秩检验（Wilcoxon signed-rank test）是指把观测值 X 和原假设的中心位置之差的绝对值的秩分别按照不同的符号相加作为其检验统计量。符号检验利用观测值和原假设的中位数之差的符号来进行检验，但是它并没有利用这些差的绝对值的大小所包含的信息，不同的符号仅仅代表在中位数的哪一边，而差的绝对值的秩的大小代表距离中心的远近。如果把这二者结合起来，自然比仅仅利用正负号的数目要更有效。这就是 Wilcoxon 符号秩检验的宗旨，它把差的绝对值的秩分别按照不同的符号相加作为其检验统计量。注意，和符号检验不同，Wilcoxon 符号秩检验需要一点对数据总体分布的了解或假定，它假定样本点来自连续对称总体分布，而符号检验不需要知道任何总体分布的性质。在对称分布中，总体中位数和总体均值是相等的，因此，对于来自连续对称总体的数据来说，对总体中位数的检验等价于对总体均值的检验。

Wilcoxon 符号秩检验的原理是：假定 $X_1,\cdots,X_n$ 为来自连续对称总体的一个样本。如果问题的原假设为中位数 $m=m_0$，符号检验只要计算在 n 个差（x_i-m_0，其中 $i=1,\cdots,n$）中有多少正负符号，即可利用二项分布的概率来计算 p 值。但对于 Wilcoxon 符号秩检验，则要把 $|x_i-m_0|$ 排序，得到 $|x_i-m_0|$ 的秩。然后把（x_i-m_0）的符号加到相应的秩上面。于是，可以得到带正号的秩和带负号的秩。对带负号的秩的绝对值求和，即把满足 $x_i-m_0<0$ 的 $|x_i-m_0|$ 的秩求和，并用 W^- 表示。类似地，对带正号的秩的绝对值也求和，即把满足 $x_i-m_0>0$ 的 $|x_i-m_0|$ 的秩求和，并用 W^+ 表示。如果 m_0 的确是中位数，那么，W^- 和 W^+ 应该大体上差不多。如果 W^- 或者 W^+ 过大或过小，则怀疑中位数 $m=m_0$ 的原假设。令 $W=\min(W^-,W^+)$，当 W 太小时，应该拒绝原假设。这个 W 就是 Wilcoxon 符号秩检验统计量。表 4－13 为 Wilcoxon 符号秩检验中样本观测秩和的计算。

$H_0:M\geqslant 34$

表 4－13 Wilcoxon 符号秩检验中样本观测秩和的计算

观测号	x_i	x_i-m_0	x_i-m_0 的符号	$\|x_i-m_0\|$	$\|x_i-m_0\|$ 的秩
1	4	−30	−	30	7
2	6	−28	−	28	6
3	9	−25	−	25	5
4	15	−19	−	19	4
5	31	−3	−	3	3
6	33	−1	−	1	1
7	36	2	+	2	2
8	65	31	+	31	8
9	77	43	+	43	9
10	88	54	+	54	10

符号检验：$S_-=6$，$S_+=4$，检验统计量 $K=S_+=4$，p 值$=0.337$。

Wilcoxon 符号秩检验：$W^-=26$，$W^+=29$，检验统计量 $W=W^+=29$，p 值$=0.577\,1$。

2. 两样本非参数检验

（1）独立两样本非参数检验：Wilcoxon（Mann-Whitney）检验。假定第一个样本有 m 个观测值，第二个样本有 n 个观测值。把两个样本混合之后，把 $m+n$ 个观测值按照大小次序排列，记下每个观测值在混合排序后的秩；然后分别把这两个样本所得到的秩相加，根据这两个秩和构造统计量（Wilcoxon 或 Mann-Whitney 统计量）。该检验需要的唯一假定就是两个总体的分布有类似的形状。

（2）成对两样本非参数检验。当总体未知时，应该使用非参数方法。检验成对样本的中位数是否相等等价于检验成对样本的中位数之差是否显著异于 0。

Stata 程序 4.2.4.1：运用非参数检验检验 A 股公司和 B 股公司的业绩是否存在显著差异

利用 FinancialData1.dta 数据（数据说明见 Stata 程序：4.2.3.1），运用非参数检验检验沪深两市主板 A 股公司和 B 股公司的业绩（roa）是否分别显著异于 0，且两者是否存在显著差异。

在 Stata 中，检验变量是否服从正态分布的方法和命令主要有：

（1）Shapiro 正态分布检验。

Shapiro-Wilk normality test：

```
swilk varlist [if] [in] [, swilk_options]
```

Shapiro-Francia normality test：

```
sfrancia varlist [if] [in] [, sfrancia_options]
```

（2）Kolmogorov-Smirnov 分布检验。

Kolmogorov-Smirnov equality-of-distributions test：

```
ksmirnov varname = exp [if] [in]
summarize x
ksmirnov x = normal((x-r(mean))/r(sd))
```

（3）偏度-峰度正态分布检验。

Skewness and kurtosis test for normality：

```
sktest varlist [if] [in] [weight] [, noadjust]
```

Stata 中非参数检验的主要命令有：

（1）单样本非参数检验。

符号检验：

```
signtest varname = exp [if] [in]
```

Wilcoxon 符号秩检验：

```
signrank varname = exp [if] [in]
```

（2）独立两样本非参数检验（Wilcoxon rank-sum test 或 Mann-Whitney two-sample statistic）。

```
ranksum varname [if] [in], by(groupvar) [porder]
```

（3）成对两样本非参数检验。

```
signtest varname1 = varname2 [if] [in]
signrank varname1 = varname2 [if] [in]
```

使用 Stata 非官方命令 makematrix 可以同时报告多个变量分组检验统计量，使用 ttable3 可以报告多个变量中位数的分组检验结果。

```
*Stata 程序
use "FinancialData1.dta",clear
drop if AB=="AB"
*检验数据是否服从正态分布
*Shapiro 正态分布检验
swilk roa if AB=="A"
sfrancia roa if AB=="A"
swilk roa if AB=="B"
sfrancia roa if AB=="B"
*Kolmogorov-Smirnov 分布检验
summarize roa if AB=="A"
ksmirnov roa = normal((roa-r(mean))/r(sd)) if AB=="A"
summarize roa if AB=="B"
ksmirnov roa = normal((roa-r(mean))/r(sd)) if AB=="B"
*偏度-峰度正态分布检验
sktest roa if AB=="A"
sktest roa if AB=="B"

*单样本非参数检验
*符号检验
signtest roa=0 if AB=="A"             //检验 A 股公司 roa 是否显著异于 0
signtest roa=0 if AB=="B"             //检验 B 股公司 roa 是否显著异于 0
*Wilcoxon 符号秩检验
signrank roa=0 if AB=="A"             //检验 A 股公司 roa 是否显著异于 0
signrank roa=0 if AB=="B"             //检验 B 股公司 roa 是否显著异于 0

*输出一个或多个变量单变量 z 检验结果
clear
capture postclose signrank
postfile signrank str10 var z pz using "signrank.dta",replace
use "FinancialData1.dta",clear
drop if AB=="AB"
foreach var of varlist roa roe {
signrank `var'=0 if AB=="A"           //参数 z 检验
post signrank ("`var'") (r(z)) (r(p))
}
postclose signrank
use "signrank.dta",clear
```

```
format z pz %9.3f

*独立两样本非参数检验：秩和检验
use "FinancialData1.dta",clear
drop if AB=="AB"
ranksum roa,by(AB)                //检验 A 股、B 股公司 roa 是否存在显著差异
*使用 makematrix 同时报告多个变量分组检验统计量
makematrix results, from(r(z) r(p)) format(%6.3f) : ranksum roa roe, by(AB)

*成对两样本非参数检验
*产生股权分置改革变量（nt），将 2005 年排除在外
gen nt=1 if nd>2005
replace nt=0 if nd<2005
xtbalance,range(2001 2009)        //变为成对样本

drop if nt==.
collapse (median) mroa=roa,by(dm AB nt)//求每个公司股改前后的中位数
reshape wide mroa,i(dm) j(nt)     //转换为宽数据格式
signrank mroa0=mroa1 if AB=="A"   //检验 A 股公司股权分置改革前后 roa 是否存在显著差异
signrank mroa0=mroa1 if AB=="B"   //检验 B 股公司股权分置改革前后 roa 是否存在显著差异

*运用非参数检验检验各行业 A 股公司的业绩是否存在显著差异
use "FinancialData1.dta",clear
kwallis roa, by(hydm)
median roa, by(hydm)
```

3. 多样本非参数检验

（1）独立多样本非参数检验：秩和检验。检验目的是看多个总体的位置参数是否一样。方法和 Wilcoxon（Mann-Whitney）检验类似。

原理：假定有 k 个总体，把从这 k 个总体得来的样本混合起来排序，记各个总体观测值的秩之和为 $R_i(i=1,\cdots,k)$。显然，如果各个 R_i 很不相同，就可以认为它们位置参数相同的原假设不妥。该检验要求各个总体有相似形状的连续分布。

（2）独立多样本非参数检验：中位数检验。在有数个独立样本的情况下，有时希望检验它们的中位数是否相等。原假设是这些样本所代表的总体中位数相等。备择假设是这些中位数不全相等。

步骤：1）所有样本混合找共同中位数。2）计算每个总体中小于和大于该中位数的观

测值个数。3）构造相关统计量，称为 Brown-Mood 中位数检验。

4. 成对多样本非参数检验

（1）Friedman 秩和检验。它适用于两种因子的各种水平的组合都有一个观测值的情况。例如，3 种减肥药分别用于 4 个人进行实验。

（2）Kendall 协同系数检验。在实践中，常需要按照某些特别的性质多次对一些个体进行评估或排序。比如，m 个评估机构对 n 所学校进行排序，人们想知道这些机构的结论是否一致，如果很不一致，则该评估意义不大。

Stata 程序 4.2.4.2：运用非参数检验检验各行业 A 股公司的业绩是否存在显著差异

在 Stata 中，独立多样本非参数检验的命令为：kwallis，median。

（1）独立多样本分类检验。

```
kwallis varname [if] [in] , by(groupvar)
```

（2）独立多样本非参数检验。

```
median varname [if] [in] [weight], by(groupvar) [median_options]
```

（3）成对多样本分类检验。

```
friedman varlist [in range] [if exp]   //自行下载
```

```
*Stata 程序
use "FinancialData1.dta",clear
kwallis roa, by(hydm)
median roa, by(hydm)
```

4.3　变量相关性检验与 Stata 实现

4.3.1　相关关系

函数关系是指变量之间一一对应的确定关系。设有两个变量 x 和 y，变量 y 随变量 x 一起变化，并完全依赖于 x，当变量 x 取某个数值时，y 依确定的关系取相应的值，则称 y 是 x 的函数，记为 $y=f(x)$，其中 x 称为自变量，y 称为因变量。各观测点（y_i, x_i）落在一条线上。例如，圆的面积（S）与半径（R）之间的关系可表示为 $S=\pi R^2$。

但在现实社会中，变量间关系不能用函数关系精确表达。一个变量的取值不能由另一个变量唯一确定。当变量 x 取某个值时，变量 y 的取值可能有几个。各观测点分布在直线周围。在数理统计中，把变量间具有密切关联而又不能用函数关系精确表达的关系称为变量间的统计关系或相关关系（correlation）。例如：

（1）子女身高（y）与父亲身高（x）之间的关系。

（2）收入水平（y）与受教育年限（x）之间的关系。

（3）商品销售额（y）与广告费支出（x）之间的关系。

4.3.2 相关关系的测度：相关系数

对两个变量之间线性相关程度的度量称为简单相关系数（correlation coefficient）。若相关系数是根据总体全部数据计算的，称为总体相关系数，记为 ρ。若相关系数是根据样本数据计算的，称为样本相关系数，记为 r，又称 Pearson 相关系数（Pearson's correlation coefficient）。

$$r=\frac{\sum(x-\overline{x})(y-\overline{y})}{\sqrt{\sum(x-\overline{x})^2\cdot\sum(y-\overline{y})^2}}$$

r 的取值范围是 $[-1,1]$。

若 $|r|=1$，为完全线性相关。$r=1$，为完全正线性相关；$r=-1$，为完全负线性相关。

若 $r=0$，不存在线性相关关系。

若 $-1<r<0$，为负线性相关；若 $0<r<1$，为正线性相关。

$|r|$ 越趋于 1 表示关系越密切；$|r|$ 越趋于 0 表示关系越不密切。图 4-4 为相关关系分类示意图。

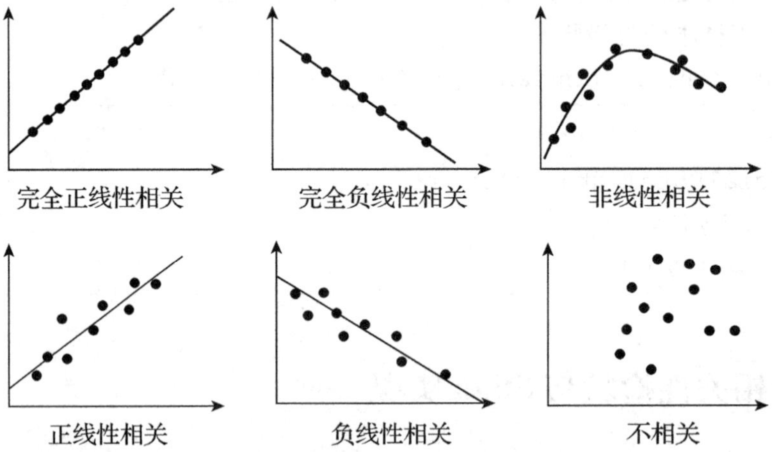

图 4-4　相关关系分类示意图

除了 Pearson 相关系数外，度量变量间相关性的系数还有 Spearman 秩相关系数（Spearman rank correlation coefficient 或 Spearman's）和 Kendall 相关系数（Kendall's τ）。

Spearman 秩相关系数和 Pearson 相关系数的定义有些类似，只不过在定义中把点的坐标换成各自样本的秩（即样本点大小的“座次”）。Spearman 秩相关系数取值也在 -1 和 1 之间，也有类似的解释。通过它也可以进行不依赖于总体分布的非参数检验。在描述定序数据的相关性上，Spearman 秩相关系数更恰当。

Kendall 相关系数的度量原理是把所有的样本点配对［如果每个点由 x 和 y 组成的坐标 (x,y) 代表，一对点就是诸如 (x_1,y_1) 和 (x_2,y_2) 的点对］，然后看每一对中的 x 和 y 的观测值是否同时增加（或减少）。比如有点对 (x_1,y_1) 和 (x_2,y_2)，计算乘积 $(x_2-x_1)(y_2-y_1)$ 是否大于 0；如果大于 0，则说明 x 和 y 同时增长或同时下降，称这两点协同（concordant）；否则就是不协同（discordant）。如果样本中协同的点数目多，两个变量就更加相关；如果样本中不协同的点数目多，两个变量就不是很相关。

Stata 程序 4.3.1.1：相关性分析

在 Stata 中，corr 命令和 pwcorr 命令执行 Pearson 相关系数的分析，spearman 命令执行 Spearman 秩相关系数的分析，ktau 命令执行 Kendall 相关系数的分析。

使用非官方的 corr2docx，corsp 或 corrtbl 命令，可以直接将 Pearson 和 Spearman 等的相关性分析结果在一张表内输出。

```
*Stata 程序
use "FinancialData1.dta",clear
corr roa roe lev size growth
pwcorr roa roe lev size growth,sig //提供显著性检验
spearman roa roe lev size growth
corr2docx roa roe lev size growth using f:/temp1.docx,replace star
corsp roa roe lev size growth, lower(rho) upper(r) sig
corrtbl roa roe lev size growth,corrvars(roa roe lev size growth)
```

有时，数据是以列联表（contingency table）的形式呈现的，列联表中间各个变量不同水平的交汇处就是这种水平组合出现的频数或计数（count）。列联表可以是多维的。二维列联表又称为交叉表（cross table）。研究列联表的一个主要目的是看这些变量是否相关。

【例 4-5】　研究收入高低与支持反对观点的关系。表 4-14 为收入高低与支持反对观点列联表。

表 4-14　收入高低与支持反对观点列联表

		收入			合计
		低	中	高	
观点	反对	7	15	19	41
	支持	45	25	12	82
	合计	52	40	31	123

对例 4-5 而言，检验的原假设为：

H_0:观点和收入这两个变量不相关。

这里的检验统计量在原假设下（大样本时）近似服从卡方分布。当统计量（常用的有 Pearson 卡方统计量、似然比卡方统计量）很大或 p 值很小时，可以拒绝原假设，从而认为这两个变量相关。

除了采用近似的卡方检验外，也可以采用 Fisher 精确检验。

Stata 程序 4.3.1.2：列联表相关分析

在 Stata 中，tab，tabi 命令执行列联表相关分析，具体取决于数据的存储格式。

```
*Stata 程序
tabi 7 15 19 \ 45 25 12,all exact
```

练习题

1. 从 CSMAR 数据库下载 1990—2020 年所有上市公司月度股票回报率数据（TRD_Mnth）。

（1）利用年化公式，根据当年 1—12 月股票回报率，计算年度持有期回报率（ret12）。

（2）利用年化公式，根据当年 5 月至下年 4 月的月度股票回报率，计算年度持有期回报率（ret5_4）。

2. 利用第 3 章练习题中生成的 earnings_attributes_data_t2020. dta 数据集，完成下列操作：

（1）打开 earnings_attributes_data_t2020. dta 文件。

（2）合并年化持有期回报数据（ret12，ret5_4）。

（3）删除上证 B 股公司，删除深圳 B 股公司，删除中小企业板块公司，删除创业板、科创板、新三板公司。

（4）剔除总资产、净资产、净利润缺失的公司。

（5）计算总资产收益率（roa）和净资产收益率（roe），总资产收益率＝归属于母公司股东的净利润÷平均总资产，净资产收益率＝归属于母公司股东的净利润÷平均归属于母公司股东的净资产，并分别贴标签。

（6）使用 2012 版证监会行业代码，根据 nnindcd 变量产生 hydm 变量，其中制造业为 2 位数代码，其他行业为 1 位数代码。

（7）对 roa，roe 的 1%和 99%分位数以外的数据进行分年度缩尾。

（8）根据 roa 变量产生是否亏损公司变量 loss，roa 少于 0 时，loss 取 1。

（9）利用参数和非参数检验方法检验样本期间的 roa 和 roe 是否显著异于 0。

（10）利用参数和非参数检验方法检验样本期间各行业的 roa 和 roe 是否存在显著差异。

（11）利用参数和非参数检验方法检验样本期间新会计准则实施前后所有公司的 roa 和 roe 是否存在显著差异。

（12）检验 roe 和年度持有期回报率的相关性。

参考文献

1. 贾俊平，何晓群，金勇进．统计学．6 版．北京：中国人民大学出版社，2015.

2. 吴喜之．非参数统计．北京：中国统计出版社，1999.

3. 吴喜之．统计学：从数据到结论．4 版．北京：中国统计出版社，2013.

4. ［美］Lawrence C. Hamilton. 应用 STATA 做统计分析：更新至 STATA 12. 北京：清华大学出版社，2017.

5. Ke，B.，X. Mao，B. Wang，and L. Zuo. Top Management Team Power in China：Measurement and an Application. Management Science，2021，67(10)：6602-6627.

第5章 横截面数据的计量经济分析

数据按时间状况分，可以分为横截面数据、时间序列数据和混合横截面数据（面板数据）。数据类型不同，采取的计量分析方法也不同，相应地产生了横截面数据计量经济分析、时间序列数据计量经济分析和面板数据计量经济分析。

尽管在会计、金融、经济的经验研究中，数据的类型主要是混合横截面数据（面板数据）、时间序列数据①，但横截面数据计量经济分析方法仍然是整个计量经济学习的基础。本章涵盖了横截面数据计量经济分析的主要内容，并将回归分析的估计和推断贯穿始终。

本章首先阐述回归分析中如何利用普通最小二乘法（OLS）来估计参数（β）；然后介绍估计的参数要满足最佳线性无偏估计（BLUE）以及对参数进行推断需要满足的假定（包括参数线性、随机抽样、不存在完全共线性、同方差性、误差正态性）；进而分析不满足假定时的检验和修正方法（包括存在异方差、多重共线性、内生性、参数非线性、非随机样本、误差非正态性的检验和修正）。除此之外，本章还分析经验研究中经常需要考虑的不同函数形式和变量类型的影响，包括对变量取对数，含二次式、交互项和虚拟变量的回归模型的估计和推断。

5.1 计量经济分析方法

计量经济学模型离不开数据。不同的数据类型支持不同类型的计量经济学模型。经典计量经济学模型的样本数据主要是连续的、服从某种分布的横截面数据和时间序列数据。近20年来计量经济学模型的一个主要发展方向是利用其他类型的数据，以满足较为特殊的研究对象的需要，例如面板数据、离散数据、受限数据、持续数据等。

---

① 在管理学领域的经验研究中，由于很多研究基于问卷调查，收集数据的成本比较高，因此研究中采用的数据大多属于横截面数据。

5.1.1 计量经济分析方法的类型

1. 横截面数据计量经济分析

横截面数据计量经济分析指仅利用横截面数据作为计量经济学模型的样本数据，对模型的参数进行估计。在用于因果分析的经典计量经济学模型中，横截面数据是应用最多的一类样本数据。

在横截面数据计量经济分析中，按被解释变量是否连续或是否受限，可以分为非限值因变量模型和限值因变量模型。在绝大多数研究中，模型的因变量都是非限值因变量。限值因变量模型可以进一步划分为：

（1）离散被解释变量数据计量经济学模型。离散被解释变量数据计量经济学模型（model with discrete dependent variable），简称离散数据模型，指模型的被解释变量的样本数据是离散的。例如二元选择模型和多元选择模型，前者被解释变量只能取是与非，即0和1两种数据，后者被解释变量可以取诸如0，1，2等多种数据。比较典型的是著名的Probit（概率单位）模型和Logit（对数单位）模型。显然，在计量经济研究的实践中，这类模型具有重要应用价值。

（2）受限被解释变量数据计量经济学模型。受限被解释变量数据计量经济学模型（model with limited dependent variable），简称受限数据模型，指模型的被解释变量的样本数据是受到某种限制的。例如，以收入作为被解释变量建立的收入模型，由于受到条件的限制，只能得到人均月收入高于500元的样本观测值。如何从这样的样本出发对总体进行研究，就是这类计量经济学模型要解决的问题。

（3）持续被解释变量数据计量经济学模型。持续被解释变量数据计量经济学模型（duration model），简称持续数据模型，指模型的被解释变量的样本观测值是事件持续的期间长度。例如，关于失业者等待时间的计量经济模型。由于人们不仅关心对事件持续期间的解释，更关心在样本观测值的时点上立即结束事件的概率，例如等待了3个月立即就业的概率。所以不能仅采用经典模型中对被解释变量进行解释的研究方法。

2. 时序数据计量经济分析

时序数据计量经济分析指仅利用时间序列数据作为计量经济学模型的样本数据，对模型的参数进行估计。在用于因果分析的经典计量经济学模型中，时序数据也是常用的一类样本数据。在时间序列分析模型中，毫无疑问，时序数据是唯一可以应用的样本数据。

3. 面板数据计量经济分析

面板数据是若干个横截面数据的组合，比较多的情况是截面上的样本点数目多于截面数目，所以也被称为“纵列”。在计量经济学模型中利用面板数据是近20年来计量经济学研究中最活跃的一个领域，因为面板数据为计量经济学模型的理论方法研究提供了一个更为丰富的环境，更重要的是它能够用于研究仅用横截面数据或者时序数据所无法研究的问题。例如，对企业的生产成本问题进行横截面分析可以揭示企业规模对成本的影响，对企业的生产成本问题进行时序分析可以揭示技术进步对成本的影响，而要研究企业规模和技术进步对成本的综合影响，就要进行面板数据分析。

在面板数据分析中，可以按被解释变量是否连续或是否受限，进一步分为非限值因变量模型和限值因变量模型。

5.1.2　横截面数据计量经济分析的估计方法

横截面数据计量经济分析具体包括以下估计方法。

1. 最小二乘法

最小二乘法（least squares，LS）是一类依赖样本信息、从最小二乘原理出发的参数估计方法，是经典线性计量经济学模型最主要的估计方法。LS 可以用于线性回归模型，也可以用于非线性回归模型。

当 LS 用于线性回归模型（被解释变量连续）时，具体包括：

（1）普通最小二乘法（ordinary least squares，OLS）。

（2）广义最小二乘法（generalized least squares，GLS）。

（3）可行的广义最小二乘法（feasible generalized least squares，FGLS）。

（4）二阶段最小二乘法（two-stage least squares，2SLS）。

（5）三阶段最小二乘法（three-stage least squares，3SLS）。

当 LS 用于非线性回归模型时，具体包括：

（1）非线性普通最小二乘法（nonlinear least squares，NLS）。

（2）非线性可行的广义最小二乘法（feasible generalized nonlinear least squares，FGNLS）。

（3）非线性二阶段最小二乘法（nonlinear two-stage least squares，NL2SLS）。

（4）非线性三阶段最小二乘法（nonlinear three-stage least squares，NL3SLS）。

当回归模型满足基本假设时采用 OLS，当经典线性计量经济学模型存在异方差和（或）序列相关性时采用 GLS 或 FGLS，当解释变量和误差项相关时采用 2SLS，3SLS，等等。对非线性回归模型的分析思路同对线性回归模型的分析一致。

2. 最大似然法

最大似然法（maximum likelihood，ML）是一类依赖样本信息、从最大似然原理出发的参数估计方法。当可以获得变量的分布时，ML 是最好的，为了控制分布误设对估计推断的影响，可采用准最大似然法（quasi-maximum likelihood，QML）进行稳健测试。

在经典线性计量经济学模型中，存在着一个与 LS 对应的 ML 系列，例如与 OLS 对应的 ML，与 2SLS 对应的有限信息最大似然法（LIML），与 3SLS 对应的完全信息最大似然法（FIML）。

3. 广义矩方法

广义矩方法（generalized method of moments，GMM）是矩方法（method of moments，MM）的拓展，也是一类依赖样本信息的参数估计方法。一般，被解释变量的各阶原点矩是待估参数的函数。利用样本数据计算各阶原点矩的估计量，例如最简单的一阶原点矩（即期望）的估计量、二阶原点矩（即方差）的估计量；然后利用该估计量求解关于待估参数估计量的各阶矩方程，以得到参数估计量。但是通过不同的矩方程得出的解可能不同，并且当矩方程的个数超过待估参数的个数时可能无法求解，这时就需要运用GMM。GMM也可以看作一个估计框架，OLS、工具变量法、ML等都可以看成它的特例。

4. 贝叶斯估计方法

贝叶斯估计方法在数理统计中具有悠久的历史和重要的地位。在计量经济学模型的参数估计中，它的最主要特点是利用非样本信息，包括前验信息和后验信息。在一些特殊的计量经济学应用模型中，样本数量的不足使得LS和ML无法应用，这时贝叶斯估计方法是不可替代的。

5.2 回归分析：估计与Stata实现

5.2.1 回归分析的概念

在社会、经济领域，我们常常想知道个人的收入增长时，其消费会如何变化；公司的盈余变化时，公司股价和管理层的薪酬会如何变化。即想获知收入与消费、盈余与股票报酬率、业绩与薪酬等变量之间的关系。假定公司的股票报酬率（RET）和盈余（EPS）的关系可用如下函数表示：

$$RET=f(EPS)$$

假定可以收集 n 家上市公司的股价和盈余数据（RET_i,EPS_i），$i=1,2,\cdots,n$。那么可以得到如下关系：

$$RET_i=f(EPS_i),\ i=1,2,\cdots,n$$

因此，未知的盈余-报酬关系 $f(EPS)$ 可以用数值逼近的方法从收集到的数据中模拟出来。然而，在观测到的数据中，可能会发现业绩相同公司的股票报酬率存在很大差异，因此观测到的数据不满足上述模型，数学逼近方法不能用来求解上述盈余-报酬函数。

为了解决上述问题，一个简单的方法是假定观测到的数据有误差，即

$$RET=f(EPS)+\mu$$

式中，μ 为误差项（error term）或扰动项（disturbance term）。当引入误差项时，对具有相同业绩但公司股票报酬率却存在很大差异的现象进行解释就成为可能。比如，尽管不同的公司具有相同的盈利能力，但是公司的规模（$SIZE$）和所处的行业（IND）不同，因此，股票报酬率不同。在这种情况下，可以在模型 $RET=f(EPS)$ 中加入 $SIZE$ 和 IND 变量，即

$$RET=f(EPS,SIZE,IND)$$

上述模型允许在控制规模和行业的情况下考察盈余-报酬关系，以消除误差项 μ 的影响。遗憾的是，对同一行业和同一规模的公司，在盈利能力相同的情况下，公司的报酬率仍然存在差异。或许我们可以控制更多的因素，如审计师意见、独立董事的比例等。但是通常不能穷尽控制所有影响股票报酬率的因素，并且，有些因素，如公司的声誉，会影响公司的股票报酬率，但很难测度，因而只能将这些因素（遗漏变量，omitted variable）包括在误差项 μ 中。再比如由于公司披露的盈余并不代表公司实际的盈利能力，收集的 EPS 数据存在计量误差（measurement error），这些计量误差同样包含在误差项 μ 中，而 μ 无法观测，因而不可能使用数值技术进行模拟，只能通过统计和计量方法予以解决。对误差项的处理构成了任何计量分析中最重要的内容。将这种通过统计方法来研究变量之间关系的方法称为回归分析（regression analysis）。即

$$Y=f(X)+\mu \tag{5-1}$$

当 X 是一个变量时，称模型（5-1）为简单回归模型；当 X 为多个变量时，称模型（5-1）为多元回归模型。

当函数形式 $f(X)$ 相对于待估参数为线性时，称为线性回归模型；当函数形式 $f(X)$ 相对于待估参数为非线性时，称为非线性回归模型。

由于对简单回归模型和多元回归模型，线性回归模型和非线性回归模型的分析大部分是类似的，而多元线性回归模型在经验研究中应用最广，因此，下面主要介绍多元线性回归模型的构建、估计和推断。

5.2.2 OLS 的应用

1. OLS 下的参数估计

我们通常用 LS 来估计多元回归模型中的参数。

多元线性回归模型：

$$\begin{aligned} y &= f(x_1,x_2,\cdots,x_k)+\mu \\ &=\beta_0+\beta_1x_1+\beta_2x_2+\cdots+\beta_kx_k+\mu \end{aligned} \tag{5-2}$$

式中，y 称为被解释变量；x_1，x_2，…，x_k 称为解释变量。不同的人对回归分析中 y 和 x 的表述可能不同，但含义是相同的。y 和 x 的一些常用表述见表 5-1。

表 5-1　y 和 x 的一些常用表述

y	x
因变量（dependent variable）	自变量（independent variable）
被解释变量（explained variable）	解释变量（explanatory variable）
响应变量（response variable）	控制变量（control variable）
被预测变量（predicted variable）	预测变量（predictor variable）
回归子（regressand）	回归元（regressor）

$\beta_j(j=0,1,2,\cdots,k)$ 是待估计的回归参数。① 通常称 β_0 为截距项（intercept）或常数项（constant），截距项尽管有作用，但很少被当作分析的核心。称除 β_0 以外的回归参数为斜率参数（slope parameter），尽管它们并不一定表示斜率（例如在同时包括 x 和 x^2 的回归模型中）。在实证研究中，斜率参数是研究的主要兴趣所在。其经济含义是，在其他条件不变的情况下（ceteris paribus），x_j 每变化 1 单位，y 的平均变化量（β_j）。

同样，可以分析同时改变多个自变量对因变量的影响。例如，$\beta_1+\beta_2$ 表示在其他条件不变的情况下，x_1，x_2 都变化 1 单位，y 的平均变化量（$\beta_1+\beta_2$）。

相关链接 5-1　　其他条件不变与因果推断

在多数对经济理论的检验（包括对公共政策的评价）中，经济学家的目标是推定一个变量（如受教育年限）对另一个变量（如薪酬）具有因果效应（causal effect）。虽然单纯地发现两个或多个变量之间有某种联系很诱人，但除非能得到某种因果关系，否则这种联系很难令人信服。

其他条件不变意味着“其他（相关）因素保持不变”的概念，在因果分析中有重要作用。多元回归分析允许我们明确地控制许多其他也影响因变量的因素，且回归系数的经济含义同“其他条件不变的情况下”这一术语紧密相连。我们常常希望通过多元回归模型来推断因果关系。尽管在实际生活中很难做出这样的假定，但如果能进行适当的实验，推断因果关系的问题便不复存在。

回归分析本身体现的是一种偏相关关系，当引入经济理论、经济逻辑和常识（注意，这是计量经济学和统计学的重大区别）后，是可以进行因果关系解释的。

μ_i 表示除 x 之外其他影响 y 的因素（即“观察不到的因素”）。

假定样本中的每一观测（$y_i, x_{i1}, \cdots, x_{ik}$），$i=1,2,\cdots,n$ 都满足模型（5-2），则有

$$y_i=\beta_0+\beta_1x_{i1}+\beta_2x_{i2}+\cdots+\beta_kx_{ik}+\mu_i,\ i=1,2,\cdots,n \tag{5-3}$$

具体展开为：

$$\begin{aligned} y_1&=\beta_0+\beta_1x_{11}+\beta_2x_{12}+\cdots+\beta_kx_{1k}+\mu_1\\ y_2&=\beta_0+\beta_1x_{21}+\beta_2x_{22}+\cdots+\beta_kx_{2k}+\mu_2\\ &\cdots\cdots\\ y_n&=\beta_0+\beta_1x_{n1}+\beta_2x_{n2}+\cdots+\beta_kx_{nk}+\mu_n \end{aligned} \tag{5-4}$$

即

$$\begin{bmatrix} y_1\\ y_2\\ \vdots\\ y_n \end{bmatrix}_{(n\times1)}=\begin{bmatrix} 1 & x_{11} & \cdots & x_{1j} & \cdots & x_{1k}\\ 1 & x_{21} & \cdots & x_{2j} & \cdots & x_{2k}\\ \vdots & \vdots & & \vdots & & \vdots\\ 1 & x_{n1} & \cdots & x_{nj} & \cdots & x_{nk} \end{bmatrix}_{[n\times(k+1)]}\begin{bmatrix} \beta_0\\ \beta_1\\ \vdots\\ \beta_k \end{bmatrix}_{[(k+1)\times1]}+\begin{bmatrix} \mu_1\\ \mu_2\\ \vdots\\ \mu_n \end{bmatrix}_{(n\times1)}$$

① 在本书中，无特别说明，i 表示观测个数（n），$i=1,2,\cdots,n$；j 表示变量的个数（k）或参数估计个数（$k+1$），$j=0,1,2,\cdots,k$；t 表示观测的期间，$t=1,2,\cdots,T$。

对于每个 i，定义一个 $1\times(k+1)$ 向量 $\boldsymbol{x}_i=(1,x_{i1},\cdots,x_{ik})$，并令 $\boldsymbol{\beta}=(\beta_0,\beta_1,\cdots,\beta_k)'$ 表示所有 $(k+1)\times1$ 参数。则有 $y_i=(1,x_{i1},\cdots,x_{ik})\times(\beta_0,\beta_1,\cdots,\beta_k)'$，即

$$y_i=\boldsymbol{x}_i\boldsymbol{\beta}+\mu_i,\ i=1,2,\cdots,n \tag{5-5}$$

写成矩阵形式为：

$$\boldsymbol{y}=X\boldsymbol{\beta}+\boldsymbol{\mu} \tag{5-6}$$

X 是 $n\times(k+1)$ 矩阵，$\boldsymbol{\beta}$ 是 $(k+1)\times1$ 向量，$\boldsymbol{X\beta}$ 是 $n\times1$ 向量。

经济意义为 x_{ij} 是 y_i 的重要解释变量。代数意义为 y_i 与 x_{ij} 存在线性关系。几何意义为 y_i 表示一个多维平面。

应当以什么样的方法和标准来求解（5-4）或（5-6）这一方程系统？在计量经济学中，尽管模型的参数估计方法处于不断发展中，但常用的参数估计方法包括：LS，ML，广义矩方法和贝叶斯估计方法。

在线性回归模型的参数估计中，LS的运用最广。简单来说，运用LS来估计参数向量 $\boldsymbol{\beta}$（即参数 $\beta_0,\beta_1,\cdots,\beta_k$），就是寻找参数向量的估计值 $\hat{\boldsymbol{\beta}}$（即参数的估计值 $\hat{\beta}_0,\hat{\beta}_1,\cdots,\hat{\beta}_k$），使残差平方和（$SSR$）最小。其中：

$$SSR=\sum_{t=1}^{n}\hat{\mu}_t^2=\mu'_t\mu_t=(\boldsymbol{y}-\hat{X}\boldsymbol{\beta})'(\boldsymbol{y}-\hat{X}\boldsymbol{\beta}) \tag{5-7}$$

最小化残差平方和的 $\hat{\boldsymbol{\beta}}$，一定满足一阶条件：

$$\partial SSR(\hat{\boldsymbol{\beta}})/\partial\hat{\boldsymbol{\beta}}=0 \tag{5-8}$$

求解方程（5-7），可知 $\hat{\boldsymbol{\beta}}=(X'X)^{-1}X'\boldsymbol{y}$

Stata 程序 5.2.2.1：回归命令初步与简单回归分析

利用 wage1.dta 数据可以考察受教育年限（educ）对工资回报（wage）的影响。

在 Stata 中，回归分析十分方便和简单，主要通过 regress 或 reg 命令进行分析，具体语法为：

```
regress depvar [indepvars] [if] [in] [weight] [, options]
```

depvar 是因变量或被解释变量，indepvars 是自变量或解释变量，options 是模型的选项。[] 内均为可选项。通过 help regress 可以查看 regress 命令的具体使用。

```
*Stata 程序
*通过 cd 命令设定当前工作目录
use "wage1.dta",clear
reg wage educ
```

估计结果见模型（5-9）：

$$wage=-0.90+0.54educ \tag{5-9}$$

从模型（5-9）可以看出，$\hat{\beta}_1$（解释变量 $educ$ 的斜率系数）$=0.54$，表示多接受1年教育，小时工资就会平均增加0.54美元，因此增加3年的教育可以使小时工资平均增加

3×0.54=1.62 美元。$\hat{\beta}_0=-0.90$ 表示一个没有受过教育（$educ=0$）的人，其平均小时工资为−0.90 美元。这显然解释不通。考虑到样本中没有人的受教育年限为 0，因此常数项/截距项没有多少意义。

单变量回归的结果意味着不论什么人（不分工作经历、任职年限），多接受 1 年教育，其小时工资都会平均增加 0.54 美元，这显然不符合实际。因此可以在控制其他因素的影响的情况下，考察受教育年限对工资回报的影响。

Stata 程序 5.2.2.2：多元回归分析

利用 wage1.dta 数据可以考察受教育年限（educ）、工作经历（exper）和任职年限（tenure）对工资回报（wage）的影响。

```
*Stata 程序
use "wage1.dta",clear
reg wage educ exper tenure
```

估计结果见模型（5-10）：

$$wage=-2.87+0.60educ+0.02exper+0.17tenure \tag{5-10}$$

从模型（5-10）可以看出，$\hat{\beta}_1$（解释变量 $educ$ 的斜率系数）=0.60，表示在其他条件不变的情况下，多接受 1 年教育，小时工资就会平均增加 0.60 美元。$\hat{\beta}_2$（解释变量 $exper$ 的斜率系数）=0.02，表示在其他条件不变的情况下，工作经历增加 1 年，小时工资就会平均增加 0.02 美元。依次类推。

2. OLS 的拟合值和残差

当获得估计的参数 $\hat{\beta}$ 后，对每个观测都得到一个拟合值或预测值。对观测 i，其拟合值为：$\hat{y}_i=\hat{\beta}_0+\hat{\beta}_1x_{i1}+\cdots+\hat{\beta}_kx_{ik}$。将第 i 个观测的自变量值代入方程就可以得到模型的拟合值。

通常，对任一观测 i，其实际值 y_i 都不等于其拟合值 $\hat{y}_i$。OLS 使预测误差平方的平均值最小化，但对任何一个观测的预测误差都没做说明。第 i 个观测的残差被定义为：

$$\hat{\mu}_i=y_i-\hat{y}_i$$

每个观测都有一个残差。若 $\hat{\mu}_i>0$，则 y_i 被预测得过低，反之则被预测得过高。

可以证明：残差的样本均值为 0，且每个自变量与 OLS 残差之间的样本协方差为零。

有时，检查个体拟合值，看因变量的实际值是高于还是低于拟合值（即考察个别观测的残差）很有帮助。这个过程称为残差分析（residual analysis）。例如，经济学家已经知道，检查回归残差有助于购买住房。对住房价格与各种可观测特征（如大小、卧室数量、卫生间数量等）进行回归，对每一套住房计算残差后，可知残差负得越多的住房，至少基于所控制的因素而言，就是价格相对其特征被低估得最多的住房。

Stata 程序 5.2.2.3：计算回归模型的拟合值和残差

利用 wage1.dta 数据可以在考察受教育年限（educ）、工作经历（exper）和任职年限（tenure）对工资回报（wage）的影响后，估计拟合值和残差。

在 Stata 中，在 reg 命令后使用 predict 命令可以预测拟合值和残差。

```
*Stata 程序
use "wage1.dta",clear
reg wage educ exper tenure
predict yhat,xb                //在原有数据集 wage1 中增加拟合值 yhat
predict uhat,resid             //在原有数据集 wage1 中增加预测残差 uhat
```

残差分析在会计与财务经验研究中被广泛应用。例如：

(1) 在盈余管理研究中，我们对影响应计利润的可观察因素（包括销售收入的变化、固定资产等）进行回归后，将残差（未被解释的部分）视为操控性应计利润（盈余管理）的一个替代测度。如果残差为正，则说明公司存在调高盈余的行为，反之则存在调低盈余的行为。具体阐述见 8.2 节和“Stata 程序 8.5.2.1：我国上市公司债券发行与应计盈余管理”。

(2) 在投资效率研究中，我们对影响投资额的可观察因素（如公司资产负债率、现金存量、上市年限、公司规模和股票收益率）进行回归后，将残差视为非效率投资（过度投资或投资不足）的一个替代测度。如果残差为正，则说明公司存在过度投资行为，反之则存在投资不足行为。

(3) 在高管薪酬研究中，我们对影响高管薪酬的可观察因素（如公司销售收入、公司规模、CEO 任职年限等）进行回归后，将残差视为超额薪酬。如果残差为正，则说明公司高管存在在职消费行为，反之则不存在。

3. OLS 的拟合优度

在回归模型中，如果能够计算出一个数值，用以概括 OLS 回归线对数据的拟合程度或概括反映解释变量 x 对被解释变量 y 的解释程度，将非常有帮助。拟合优度就是用来概括反映解释变量 x 对被解释变量 y 的解释程度的一个数值指标。

在计算拟合优度前，需要对 y 取值的波动进行适当的分解，然后捕捉对这种波动的解释。

因变量 y 的取值是不同的，y 取值的这种波动称为变差。变差来源于两个方面：

(1) 自变量 x 的取值不同；

(2) 除 x 以外的其他因素（如 x 对 y 的非线性影响、测量误差等）的影响。

对一个具体的观测值来说，变差的大小可以通过该实际观测值与其均值之差来表示（y 与其均值之差）。用公式表示为 $y-\overline{y}$，可将 y 的变差进一步分解为由于自变量 x 的取值不同造成的和除 x 以外的其他因素造成的两部分，即 $y-\overline{y}=(y-\hat{y})+(\hat{y}-\overline{y})$。变差可正可负，对不同部分取平方和，可以测度其总的变异程度。定义总平方和（TSS）、回归平方和（MSS）和残差平方和（RSS）分别如下：

$$TSS=\sum_{i=1}^{n}(y_i-\overline{y})^2$$

$$MSS=\sum_{i=1}^{n}(\hat{y}_i-\overline{y})^2$$

$$RSS=\sum_{i=1}^{n}(y_i-\hat{y})^2$$

TSS 称为总平方和，反映因变量的 n 个观测值与其均值的总离差。它度量了 y_i 中的总样本变异或者说在样本中的分散程度。

MSS 称为回归平方和，反映自变量 x 对因变量 y 取值变化的影响，或者说，x 与 y 之间的线性关系引起的 y 的取值变化，也称为模型平方和。它度量了 $\hat{y}_i$ 的样本变异。

RSS 称为残差平方和，反映除 x 以外的其他因素对 y 取值的影响，也称为不可解释的平方和或剩余平方和。它度量了 $\hat{\mu}_i$ 的样本变异。

可以证明，$TSS=MSS+RSS$，即 $\sum_{i=1}^{n}(y_i-\overline{y})^2=\sum_{i=1}^{n}(\hat{y}_i-\overline{y})^2+\sum_{i=1}^{n}(y_i-\hat{y})^2$。

需要指出的是，不同教材和软件中总平方和、回归平方和和残差平方和的英文缩写不同，阅读时应注意。

显然，*MSS* 越大，说明 x 对 y 变化的解释力越强。为了衡量这种解释力的相对程度，可以计算 *MSS* 占 *TSS* 的比例。假定 *TSS* 不为 0，等式两边同时除以 *TSS*，可得到：

$$1=MSS/TSS+RSS/TSS$$

相应地，

$$MSS/TSS=1-RSS/TSS$$

通常将 MSS/TSS 这个数值称为拟合优度，即 R-squared(或 R^2)（可以证明，R^2 等于 y_i 和 $\hat{y}_i$ 的样本相关系数的平方，这就是 R^2 这个名称的由来），或称可决系数（coefficient of determination）。因此有：$R^2=1-RSS/TSS$。

R^2 是模型解释变异与总变异之比，因此可反映样本变异中被 x 解释的部分。该统计量越接近 1，模型的拟合优度越高。若数据点都落在同一直线上，OLS 就提供了数据的一个完美拟合，此时，$R^2=1$。

在实证研究中，R^2 应当至少多高并没有具体的标准。在社会科学研究中，R^2 过低是很正常的，对于横截面分析来说更是如此（但在时间序列回归中，R^2 可能人为地偏高）。但是，一个看似很低的 R^2 并不意味着 OLS 回归方程没有用，但很低的 R^2 确实意味着误差方差相对 y 的方差太大了，这又意味着很难精确地估计 β_j。把 R^2 作为评价计量经济分析成功与否的主要准则可能会带来很多麻烦。实证研究中有关 R^2 的讨论可参考 Gu（2007）的研究。

此外，在应用过程中发现，如果在模型中增加一个解释变量，R^2 往往增大。这就给人一个错觉：要使得模型拟合得好，只要增加解释变量即可。但现实情况往往是，由增加解释变量个数引起的 R^2 的增大与拟合好坏无关，这时 R^2 需调整。

调整的 R^2 也称调整的可决系数（adjusted coefficient of determination）：在样本量一定的情况下，增加解释变量必定使得自由度减少，所以调整思路是：将残差平方和与总离差平方和分别除以各自的自由度，以剔除变量个数对拟合优度的影响：

$$\overline{R}^2=1-\frac{RSS/(n-k-1)}{TSS/(n-1)}$$

式中，$n-k-1$ 为残差平方和的自由度；$n-1$ 为总体平方和的自由度。

一般认为 $\overline{R}^2$ 比 R^2 多少要好一些，遗憾的是，通常不会认为 $\overline{R}^2$ 是一个更好的估计量。$\overline{R}^2$ 的根本吸引力在于，它为一个模型中另外增加自变量施加了惩罚（因而可以用于两个非嵌套模型的选择）。如果在回归方程中增加一个新的自变量，那么，当且仅当新变量的 t 统计量绝对值大于 1 时，$\overline{R}^2$ 才会提高。不过 $\overline{R}^2$ 也有缺陷，因为其取值可能为负，这时利用 $\overline{R}^2$ 来判断模型的拟合优度没有意义。$\overline{R}^2$ 有时和 R^2 一起报告，但更多的情况是只报告 $\overline{R}^2$。

为了比较所含解释变量个数不同的多元回归模型的拟合优度，常用的标准还有：

赤池信息准则（Akaike information criterion，AIC）：

$$AIC=\ln\frac{e'e}{n}+\frac{2(k+1)}{n}$$

施瓦茨准则（Schwarz criterion，BIC）：

$$BIC=\ln\frac{e'e}{n}+\frac{k}{n}\ln n$$

式中，k 表示估计参数的个数；n 表示观测个数；e 表示残差。

这两个准则均要求仅当所增加的解释变量能够减少 AIC 值或 BIC 值时才在原模型中增加该解释变量。

Stata 程序 5.2.2.4：回归模型的拟合优度分析

利用 wage1. dta 数据，可以考察简单回归模型［受教育年限（educ）对工资回报（wage）的影响］和多元回归模型［受教育年限（educ）、工作经历（exper）和任职年限（tenure）对工资回报（wage）的影响］的拟合优度。

在 Stata 中，回归分析结果会自动报告 R^2 和 $\overline{R}^2$，在 reg 命令后输入 estat ic 命令，可报告模型的 AIC 值和 BIC 值。

```
*Stata 程序
use "wage1.dta",clear
reg wage educ
estat ic
reg wage educ exper tenure
estat ic
```

结果显示，多元回归模型较单变量回归模型而言，$\overline{R}^2$ 从 16.32%上升到 30.24%。而 AIC 值和 BIC 值都下降了，这说明多元回归模型的拟合优度更好。

4. 过原点回归和对常数回归

在少数情形中，我们希望施加如下约束：当 $x=0$ 时，y 的期望值为零。对某些特定关系，这个约束是合理的。例如，若收入（x）为零，那么收入所得税（y）也必须为零。另外，在有些情形中，一个原本有一个非等截距的模型被变换成没有截距的模型。这种情况称为过原点回归（regression through the origin）。过原点回归方程仍然可以使用 OLS 估计斜率，不过这时估计的斜率是有偏的，在某些情况下，这种偏误可能会很严重。此外，OLS 残差的样本平均值不再是零，R^2 也可能为负。因此，在实证研究中，很少使用过原点回归来估计参数。

如果我们只对一个常数进行回归会怎样？也就是说，我们设定斜率为零（这意味着不需要 x），并只估计截距项。估计的截距项即为 y 的均值，这等价于对 y 的均值是否显著异于 0 的 t 检验。

Stata 程序 5.2.2.5：过原点回归和对常数回归

利用 wage1.dta 数据，可以通过过原点回归考察受教育年限（educ）、工作经历（exper）和任职年限（tenure）对工资回报（wage）的影响。

对于过原点回归，在 Stata 中，默认的参数估计都是带常数项或截距项的，如果要进行过原点回归（取消常数项），可以在 reg 命令后的 option 选项中选择 noconstant 或 nocon。

对于对常数回归，当回归模型中不包括任何解释变量时（注意在 Stata 的 reg 命令中，解释变量是可选项），等价于对 y 的均值是否显著异于 0 的 t 检验。

```
*Stata 程序
use "wage1.dta",clear
*过原点回归
reg wage educ exper tenure,nocon
*对常数回归
reg wage
*等价于：
ttest wage=0
```

过原点回归结果见模型（5-11）：

$$wage = 0.41educ - 0.000\,6exper + 0.18tenure \tag{5-11}$$

从模型（5-11）可以看出，*educ* 的估计系数是 0.41，而在带常数项回归中，*educ* 的估计系数是 0.60 [见模型（5-10）]，两种模型的估计差异还是很明显。显然，对常数回归的结果与单变量 t 检验的结果完全一致。

5. 改变度量单位对 OLS 统计量的影响

一般地，当因变量的度量单位改变时，很容易计算出截距和斜率估计值的变化。若因变量乘以一个常数 c（意味着样本中的每个数据都乘以 c），则截距和斜率的 OLS 估计值都扩大为原来的 c 倍。

一般地，若自变量被除以或乘以一个非零常数 c，则 OLS 斜率系数会分别被乘以或者除以 c。仅改变自变量的度量单位不会影响截距估计值。

在经验研究中，如果自变量的取值很大（如公司总资产），且没有对自变量取对数，而是直接将自变量的原始值（单位为元）放入模型进行回归，这时自变量的回归系数（β_1）可能会非常小（β_1 的经济含义是：每当 x 变化 1 元时，y 平均变化 β_1）。在这种情况下，可以对自变量进行适当的单位变换，例如，将以元表示的原始值改变为以万元或亿元表示的数值，这时回归系数（β_2）会相应地增大万倍或亿倍，相应地，回归系数的经济含义为：每当 x 变化 1 万元或 1 亿元时，y 平均变化 β_2。

5.2.3　OLS 应用的基本假定（MLR.1～MLR.5）与估计量的性质

利用样本来估计总体参数时，小样本下理想的样本估计量应当满足无偏性和有效性。在大样本下还应当满足一致性和渐近有效性。任何一个估计量的性质都取决于对数据生成过程所做的假定。根据高斯-马尔科夫（Gauss-Markov）定理：

> 当满足假定 MLR.1～MLR.5 时，小样本下 $\hat{\beta}(\hat{\beta}_0,\hat{\beta}_1,\cdots,\hat{\beta}_k)$ 是 $\beta(\beta_0,\beta_1,\cdots,\beta_k)$ 的最优线性无偏估计；大样本下 $\hat{\beta}$ 满足一致性和渐近有效性。

假定 MLR.1～MLR.5 分别是：

假定 MLR.1：参数线性

> 总体模型可写成：
>
> $$y=\beta_0+\beta_1x_1+\beta_2x_2+\cdots+\beta_kx_k+\mu$$
>
> 式中，$\beta_0,\beta_1,\beta_2,\cdots,\beta_k$ 是我们所关心的未知参数（常数），μ 则是无法观测的随机误差或随机干扰。

在假定 MLR.1 下，模型是参数 β_0，β_1，β_2，…，β_k 的线性函数，而 y 和 x 可以是所关注变量的任意函数，对 y，x 取对数或者对解释变量 x 取平方等不会改变对参数的估计框架。

假定 MLR.2：随机抽样

> 有一个包含 n 个观测的随机样本 $\{(y_i,x_{i1},\cdots,x_{ik}),i=1,2,\cdots,n\}$，它来自满足假定 MLR.1 的总体模型。

随机抽样假定意味着，利用样本来估计总体参数时，必须保证抽取的样本是随机的，否则估计将是有偏的。

假定 MLR.3：不存在完全共线性

> 在样本（总体）中，没有一个自变量是常数，自变量之间也不存在严格的线性关系。

当样本中一个自变量刚好是其他自变量的一个线性组合时，模型存在完全共线性（perfect collinearity），即定义的 $1\times(k+1)$ 向量 $\boldsymbol{x}_i=(1,x_{i1},\cdots,x_{ik})$ 不满秩，这时不能采用 LS 估计参数。

例如，研究地方生产总值（地方 GDP）和地方教育支出对地方高考分数线的影响，如果所有地方教育支出严格按照地方 GDP 的某个比例（如 4%）安排，那么自变量之间就会出现完全共线性。此外，当样本中存在一个自变量是常数，或者研究者不小心将在不同度量单位下的同一个变量放入同一个回归方程时，也会导致自变量之间存在严格的线性关系。

假定 MLR.3 允许自变量之间存在相关关系，只是不能完全相关。自变量之间存在相关关系，意味着模型存在多重共线性，多重共线性不会影响参数估计，但对模型推断有影响。多重共线性对估计推断的影响将在后面进一步讨论。

假定 MLR. 4：条件均值为零

给定自变量的任何值，误差 μ 的期望值为零，即 $E(\mu|x_1,x_2,\cdots,x_k)=0$。

当假定 MLR. 4 成立时，称 x 为外生解释变量（exogenous explanatory variables）。如果出于某种原因 x_i 仍与 μ 相关，那么称 x_i 为内生解释变量（endogenous explanatory variable）。虽然“外生”和“内生”的术语源自联立方程分析，但“内生解释变量”一词涵盖了一个解释变量可能与误差项相关的一切情况。

当模型函数关系设定错误（没有对变量取对数、遗漏自变量的高次项）、遗漏一个与 $x_1,x_2,\cdots,x_k$ 中任何一个自变量相关的重要因素，解释变量存在计量误差、解释变量与被解释变量相互影响，就会导致假定 MLR. 4 不满足，从而出现内生性。内生性的出现将导致模型估计失去无偏性和一致性。遗憾的是，我们永远无法确切地知道，无法观测因素的平均值是否与解释变量无关。但这是一个关键假定。内生性问题的检验与修正将在后面深入讨论。

定理 5－1：OLS 的无偏性

在假定 MLR. 1～MLR. 4 下，OLS 估计量是总体参数的无偏估计量。

$$E(\hat{\beta}_j)=\beta_j,\ j=0,1,\cdots,k$$

需要指出的是，样本估计量是随机变量，可以说是无偏的，或者有偏的。而估计值只是估计量的一个样本实现值。一个估计值不可能是无偏的，因为它仅是从一个特定样本得到的一个固定值，通常不等于总体参数。我们说 OLS 在假定 MLR. 1～MLR. 4 下是无偏的，此时是指，当将用来得到 OLS 估计值的程序用于各种可能的随机样本时，这个程序是无偏的（所得到的所有估计值的均值是无偏的）。

无偏性属于小样本、有限样本或精确性质。估计量的无偏性固然重要，但并非总能实现。并非所有有用的估计量都是无偏的，所以几乎所有的经济学家都同意，一致性（consistency）是对一个估计量最起码的要求。一致性的直觉理解是：对某个 j，令 $\hat{\beta}_j$ 表示 β_j 的 OLS 估计量。对每个 n，$\hat{\beta}_j$ 都有一个概率分布（代表其在不同随机样本量下的可能值）。由于 $\hat{\beta}_j$ 在假定 MLR. 1～MLR. 4 下是无偏的，所以这个分布的均值就是 β_j。如果估计量是一致的，那么随着样本量的增加，$\hat{\beta}_j$ 就越来越紧密地分布在 β_j 的周围。当 n 趋于无穷时，$\hat{\beta}_j$ 的分布就紧缩成单一的点 β_j。实际上，这意味着，如果能搜集到所需要的样本数据，就能让估计量任意接近 $\hat{\beta}_j$。

可以证明，在 MLR. 1～MLR. 4 下，对所有的 $j=0,1,\cdots,k$，OLS 估计量 $\hat{\beta}_j$ 不仅是总体参数 β_j 的无偏估计量，在大样本下也是 β_j 的一致估计。

对于任何一个具体的应用而言，只有一个固定的样本量，这就是难以理解诸如一致性等渐近性质的主要原因。一致性涉及一个样本量变大时的假想实验。如果得到越来越多的数据，还不能让我们更接近所关心的估计值，那是因为我们所使用的估计程序表现欠佳。著名计量经济学家克莱夫·格兰杰（Clive W. J. Granger）曾说过，如果你在 n 趋于无穷时还不能正确地得到它，你就不应该干这件事。

假定 MLR. 5：同方差性

给定任意解释变量值，误差 μ 都具有相同的方差，即 $Var(\mu|x_1,x_2,\cdots,x_k)=\sigma^2$。

假定 MLR. 5 意味着，以解释变量为条件，不管解释变量出现怎样的组合，误差项 μ 的方差都是一样的，即不可观测的误差方差不依赖于任一解释变量。如果这个假定不成立，那么模型就会出现异方差性。

例如，对回归方程 $wage=\beta_0+\beta_1 educ+\mu$，为了在其他条件不变的情况下，得到 $educ$ 对 $wage$ 影响的无偏估计量，必须假定 $E(\mu|educ)=0$，这表示 $E(wage|educ)=\beta_0+\beta_1 educ$。如果我们还做出同方差假定，那么 $Var(\mu|educ)=\sigma^2$ 就不依赖于受教育年限，这就等同于假定 $Var(wage|educ)=\sigma^2$。因此，虽然平均工资可随受教育年限的提高而增加（这个增长率正是我们估计的兴趣所在），但工资相对于其均值的波动却被假定为对所有受教育年限都不变。这或许不大现实。因为接受更多教育的人可能有更广泛的兴趣和更多的就业机会，从而导致受教育年限越高，工资波动越大。而受教育年限低的人工作机会更少，而且只能得到最低工资，这就降低了受教育年限极低者的工资波动。

同样，在研究个人收入对消费影响的回归方程中，情况也是类似。虽然消费可随收入的提高而增加，但消费相对于其均值的波动却被假定为对所有收入层次都不变。这同样不太现实。因为收入越高的人，消费越高，并且消费选择的空间越大，所以消费波动越大。而收入越低的人，消费越低，并且消费选择的空间越小，这就降低了低收入群体的消费波动。

在假定 MLR. 1～MLR. 5 下，可以获得 OLS 斜率估计量的抽样方差（定理 5 - 2），推导高斯-马尔科夫定理（定理 5 - 4）。

定理 5 - 2：OLS 斜率估计量的抽样方差

在假定 MLR. 1～MLR. 5 下，以自变量的样本值为条件，对所有 $j=1,2,\cdots,k$ 都有 $Var(\hat{\beta}_j)=\dfrac{\sigma^2}{SST_j(1-R_j^2)}$，其中，$SST_j=\sum_{i=1}^{n}(x_{ij}-\overline{x}_j)^2$ 是 x_j 的总样本波动，R_j^2 是将 x_j 对所有其他自变量（包含截距项）进行回归所得到的 R^2。

根据定理 5 - 2 可知，影响估计参数 $\hat{\beta}_j$ 方差的因素有 3 个：σ^2，SST 和 R_j^2。

（1）误差方差 σ^2。由定理 5 - 2 可知，σ^2 越大，意味着 OLS 参数估计量的方差就越大。原因是，方程中的“噪音”越多（σ^2 越大），估计任何一个自变量对 y 的偏效应越困难，这会通过 OLS 斜率估计量的较大方差反映出来。因此，对于一个给定的因变量 y，减少误差方差的办法是在方程中增加更多的解释变量（将某些因素从误差项中取出）。但这样做不仅不一定现实，也不一定总能令人满意。

（2）x_j 的总样本波动 SST_j。由定理 5 - 2 可知，x_j 的总波动越大，OLS 参数 β_j 估计量的方差就越小。因此，若所有其他条件不变，就估计参数 β_j 而言，我们希望 x_j 的样本方差越大越好（x 的取值应当有所变化）。当我们几乎不能选择自变量的样本值时，可以通过扩大样本量来提高每个自变量的样本波动。随着样本量的增大，SST_j 将无限递增。

（3）自变量之间的线性关系 R_j^2。由定理 5 - 2 可知，自变量之间的线性关系越强，OLS 参数 β_j 估计量的方差就越大。

问题是，如何选择 σ^2 的一个无偏估计量，从而使我们能够得到 $Var(\hat{\beta}_j)$ 和 OLS 估计量的标准误。因为$\sigma^2=E(\mu^2)$，故σ^2的无偏估计量就是误差平方的简单平均：$n^{-1}\sum_{i=1}^{n}\mu_i^2$，遗憾的是，我们无法观测到$\mu_i$，但可以用估计的$\beta$来计算$\hat{\mu}_i$，以取代$\mu_i$，进而估计$\sigma^2$。在一般多元回归情形中，$\sigma^2$的无偏估计量是：

$$\hat{\sigma}^2=\sum_{i=1}^{n}\hat{\mu}_i^2/(n-k-1)$$

$n-k-1$是含有n个观测和k个自变量的 OLS 模型的自由度。

定理 5-3：$\boldsymbol{\sigma^2}$ 的无偏估计

在假定 MLR. 1～MLR. 5 下，$E(\hat{\sigma}^2)=\sigma^2$。

$\hat{\sigma}^2$的正平方根$\hat{\sigma}$被称为回归标准误（standard error of the regression）或 SER。SER 是误差项之标准差的估计量，也被称为估计值的标准误或均方根误（root mean standard error 或 root MSE）。

为了构造置信区间并进行检验，还需要估计量的标准差，也就是方差的平方根：

$$sd(\hat{\beta}_j)=\sigma/[SST_j(1-R_j^2)]^{1/2}$$

由于σ未知，所以用其估计量$\hat{\sigma}$取代。则$\hat{\beta}_j$的方差估计值和标准误分别为：

$$Var(\hat{\beta}_j)=\hat{\sigma}^2/[SST_j(1-R_j^2)]$$
$$se(\hat{\beta}_j)=\hat{\sigma}/[SST_j(1-R_j^2)]^{1/2}$$

出于某些目的，可以对上式进行改写：

$$se(\hat{\beta}_j)=\frac{\hat{\sigma}}{\sqrt{n}\,sd(x_j)\sqrt{1-R_j^2}}$$

式中，$sd(x_j)=\sqrt{n^{-1}\sum_{i=1}^{n}(x_{ij}-\overline{x}_j)^2}$是样本标准差。

改写后的表达式清楚地显示，降低标准误，就要降低回归标准误、扩大样本量、增加解释变量x的变差和减少解释变量的相关性。

对 OLS 估计量$\hat{\boldsymbol{\beta}}$（$k\times1$向量），其方差-协方差矩阵估计值为：

$$Var(\hat{\boldsymbol{\beta}})=\hat{\sigma}^2(X'X)^{-1}=S^2(X'X)^{-1}$$

其标准误是该矩阵对角线元素的正平方根：

$$se(\hat{\boldsymbol{\beta}})=\boldsymbol{vecdiag}(\sqrt{\hat{\sigma}^2(X'X)^{-1}})=\boldsymbol{vecdiag}[\sqrt{S^2(X'X)^{-1}}]$$

X是模型（5-6）中定义的解释变量矩阵；$\hat{\sigma}^2=S^2=\sum_{i=1}^{n}\hat{\mu}_i^2/(n-k-1)$；$\boldsymbol{vecdiag}$是获取矩阵对角元素形成的列向量（$k\times1$向量）。

假定 MLR. 1～MLR. 5 被称为横截面回归分析的高斯-马尔科夫假定。

定理 5-4：高斯-马尔科夫定理

在假定 MLR. 1～MLR. 5 下，OLS 估计量是总体参数的无偏估计量。

$\hat{\beta}_j$ 分别是$\beta_j(j=0,1,\cdots,k)$ 的最优线性无偏估计。

最优线性无偏估计属于小样本、有限样本或精确性质。在大样本下，当满足高斯-马尔科夫假定，OLS 估计量具有最小的渐近方差。因此，大样本下，OLS 估计量不仅是一致的，而且具有最小的渐近方差。

Stata 程序 5.2.3.1：对满足模型假定下估计参数性质进行蒙特卡罗模拟

利用蒙特卡罗实验进行模拟对研究计量经济学是一种非常且有效的方法。这种方法能够定义并控制统计环境，以便研究者设定数据生成过程并且在随后的实验中生成数据。蒙特卡罗方法经常用来检验统计方法的有效性，或者已进行的估计与已知参数性质是否背离。蒙特卡罗实验基本的知识包括：计算机生成随机数，设置数据产生过程(DGP)，重复执行一组命令，对模拟结果进行保存、存储并处理的方法。

假定我们研究如下 DGP：

$$y=\beta_0+\beta_1 x_1+\beta_2 x_2+\mu$$

式中，$\beta_0=3$，$\beta_1=5$，$\beta_2=2$，$\mu\sim\chi^2(1)-1$，并且样本量 $n=1\,000$。在 DGP 中，解释变量 x 和 μ 相互独立，且 x_1 服从均值为 1、方差为 4 的正态分布；x_2 服从均值为 2、方差为 9 的正态分布。

在 Stata 中可以利用 random-number functions [如 runiform()，rnormal(m，s)等函数，可通过 help function 查看其他随机数函数] 产生随机变量；通过 program 程序设定 DGP；然后通过 simulate 重复执行一组命令进行模拟，获取结果，通过 sum 等命令进一步分析。

```
*Stata 程序
*模拟 1 次：
clear
set obs 1000
set seed 1979
gen x1=rnormal(1,2)
gen x2=rnormal(2,3)
gen u=rchi2(1)-1
gen y=3+5*x1+2*x2+u
reg y x1 x2
*重复模拟多次
cap pr drop simreg
program simreg, rclass
    version 11
    drop _all
    set obs 1000
    gen x1=rnormal(1,2)
```

```
    gen x2=rnormal(2,3)
    gen u=rchi2(1)-1
    gen y=3+5*x1+2*x2+u
    reg y x1 x2
return scalar b0 =_b[_con]
return scalar b1 =_b[x1]
return scalar b2 =_b[x2]
end
*Simulation for finite-sample properties of OLS
*分别模拟 30、100 和 1000 次
foreach reps of numlist 30 100 1000{
simulate b0f=r(b0) b1f=r(b1) b2f=r(b2), reps(`reps') nolegend
nodots: simreg
summarize b0f b1f b2f
}
```

可以看出（未报告程序结果，读者可以自行运行程序后获得），当满足模型假定时，利用 OLS 估计的参数同真实值基本一致，并且，随着模型次数的增加，两者越来越接近。

5.3 回归分析：推断与 Stata 实现

利用 OLS 进行参数估计后，接下来的问题是对参数进行假设检验。在假定 MLR. 1～MLR. 5 下，我们获得了 OLS 估计量的期望和方差，小样本下这些估计量是总体参数的最佳线性无偏估计量；在大样本下还是一致的和渐近有效的。但为了进行统计推断，不仅需要知道 $\hat{\beta}_j$ 的期望和方差这两个矩量，还需要知道 $\hat{\beta}_j$ 的全部抽样分布。为了使 $\hat{\beta}_j$ 的抽样分布易于处理，我们先假定（在大样本下可以进一步放松这一假定）总体中不可观测的误差是正态分布的，称之为正态性假定（normality assumption）。

假定 MLR. 6：正态性

总体误差 μ 独立于解释变量 $x_1, x_2, \cdots, x_k$，而且服从均值为零和方差为 σ^2 的正态分布：$\mu \sim N(0,\sigma^2)$。

就横截面回归分析而言，假定 MLR. 1～MLR. 6 这六个假定被称为经典线性模型假定（classical linear model assumptions）。于是我们将这六个假定下的模型称为经典线性模型（classical linear model，CLM）。CLM 假定包括所有的高斯-马尔科夫假定，再加上误差正态分布的假定。

认为误差服从正态分布的理由通常是：由于 μ 是影响 y 而又观测不到的许多因素之和，所以可借助中心极限定理断定 μ 具有近似正态分布。虽然这种论证有其优点，但并非毫无瑕疵。首先，μ 中的众多因素（比如在工资方程中，误差中的个人能力和教学质量）

可能有极为不同的总体分布。但中心极限定理在这些情形下仍成立，这种正态近似可能不那么好，这取决于μ中有多少因素，以及它们的分布有多么不同。相对于很大的样本量来说，误差的非正态性算不上一个严重问题。而且，通常利用一种变换（特别是取对数）就能得到一个更接近于正态的分布。

在任何一个应用中，是否可以假定μ的正态性实际上是一个经验问题。有时判断比较简单，例如，如果y仅取少数几个值，它就不可能接近正态分布。

在CLM假定下，OLS估计量$\hat{\beta}_j(j=0,1,\cdots,k)$比在高斯-马尔科夫假定下具有更强的效率性质。可以证明，OLS估计量是最小方差无偏估计（smallest variance unbiased estimator)，即在所有的无偏估计中，OLS具有最小的方差。

定理5-5：正态抽样分布

在CLM假定下，以自变量的样本值为条件，有：

$$\hat{\beta}_j \sim N[\beta_j, Var(\hat{\beta}_j)]$$

并且，

$$(\hat{\beta}_j-\beta_j)/sd(\hat{\beta}_j) \sim N[0,1]$$

除定理5-5外，$\hat{\beta}_0,\hat{\beta}_1,\cdots,\hat{\beta}_k$的任何线性组合都是正态分布的，而且$\hat{\beta}_j$的任何一个子集都有一个联合正态分布。即使没有误差的正态性，在大样本情况下，OLS估计量的正态性也会近似成立。

5.3.1 对单个回归参数的假设检验：t检验

对于总体回归模型$y=\beta_0+\beta_1x_1+\beta_2x_2+\cdots+\beta_kx_k+\mu$，$\beta_j$是总体的未知特征，而且我们永远不会确切地知道它。由于σ未知，因此不能直接基于定理5-5对参数进行假设检验。但是可以对β_j的值做出假设，利用样本来估计$\hat{\sigma}$，这时可以获得标准化估计量的t分布（定理5-6)，然后可以通过统计推断来检验假设。

定理5-6：标准化估计量的t分布

在CLM假定下，

$$(\hat{\beta}_j-\beta_j)/se(\hat{\beta}_j) \sim t_{n-k+1}=t_{df}$$

式中，$k+1$是总体模型$y=\beta_0+\beta_1x_1+\beta_2x_2+\cdots+\beta_kx_k+\mu$中未知参数的个数（$k$个斜率参数和截距$\beta_0$)；$n-k+1$是自由度。

定理5-6让我们能够检验β_j的假设。

1. 检验β_j是否等于0

在多数应用中，我们主要的兴趣在于检验原假设/零假设。

$$H_0:\beta_j=0$$

式中，j对应着k个自变量中的任何一个。如果拒绝原假设，则表明自变量x_j对因变量y具有显著影响。

用来检验 $H_0(\beta_j=0)$ 的统计量称为 $\hat{\beta}_j$ 的 t 统计量（t statistic）或 t 比率，并被定义为：

$$t_{\hat{\beta}_j}=\hat{\beta}_j/se(\hat{\beta}_j)$$

给定 $\hat{\beta}_j$ 及其标准误，$\hat{\beta}_j$ 的 t 统计量很容易计算。t 统计量可正可负，由于标准误总为正，因此 t 统计量的符号与 $\hat{\beta}_j$ 一致。Stata 等多数统计与计量软件都可以直接报告 $\hat{\beta}_j$，$se(\hat{\beta}_j)$ 和 $t_{\hat{\beta}_j}$。当 t 值充分远离 0 时，将导致拒绝 H_0。给定显著性水平 α（signification level，简称 level），可得到临界值 $t_{\alpha/2}(n-k-1)$，由样本求出 t 统计量的数值，在双侧检验下，当 $|t|>t_{\alpha/2}(n-k-1)$ ［或 $|t|\leqslant t_{\alpha/2}(n-k-1)$］则拒绝（或不能拒绝）原假设 H_0，从而判定对应的解释变量对 y 具有（或不具有）显著影响。

在实证研究中，更多的情况是根据统计与计量软件报告的 t 统计量观测值相对应的 p 值进行判断。p 值是给定 t 统计量的观测值，能拒绝原假设的最小显著性水平，或者说是当 H_0 实际上正确时拒绝它犯错误的概率，这个概率通常越小越好，通常应当小于 5%。如果 p 值＝0.015，我们将在 5%的显著性水平下拒绝 H_0，但在 1%的显著性水平下不能拒绝。

需要指出的是，如果理论推导中没有明确 x_j 对 y 的正向或负向影响，则对原假设的检验通常为双侧检验。如果理论推导中可以明确 x_j 对 y 的正向或负向影响，则可以进行单侧检验。单侧检验的 p 值为双侧检验 p 值的 1/2。

相关链接 5－2　经济或实际显著性与统计显著性

通过上面的分析可知，$t_{\hat{\beta}_j}=(\hat{\beta}_j)/se(\hat{\beta}_j)$，$se(\hat{\beta}_j)=\dfrac{\hat{\sigma}}{\sqrt{n}\,sd(x_j)\sqrt{1-R_j^2}}$，其中 $sd(x_j)=\sqrt{n^{-1}\sum_{i=1}^{n}(x_{ij}-\bar{x}_j)^2}$ 是样本标准差。假定其他条件不变，样本量 n 越大，$se(\hat{\beta}_j)$ 就会越小，t 统计量就会越大。举例来说，对于非常大的数据集，事实上，在标准的显著性水平下，每个即便很精确的原假设都会遭到拒绝，除非假设完全正确。在解释结果时，我们应对经济显著性（economic significance）而非统计显著性（statistic significance）给予更多的强调（Granger，1998）。

t 统计量（或 p 值）强调的是统计显著性，但除了 t 统计量（或 p 值）的大小外，应当注意系数估计值的大小。一个解释变量 x_j 的统计显著性完全由其 t 统计量的大小来决定，而一个变量的经济显著性或实际显著性（practical significance）则与估计参数的大小（及符号）有关系。

两者判断的基本逻辑是：

如果解释变量没有统计显著性，则 β 估计值的大小及符号都没有意义，即无须进一步考虑经济或实际显著性。

如果解释变量具有统计显著性，则应进一步关注 β 估计值的大小及符号（经济显著性）。如果仅关注或过多地强调统计显著性，即使一个变量的估计效应不太大，也认为它在解释 y 时很重要，就会得到错误的结论。例如，如果一个企业增加 10 000 个雇员，401(k) 养老金方案中的参与率也只下降 1.3 个百分点，这意味着即使雇员数量的增加对 401(k) 计划参与率的影响在统计上显著，经济上的影响几乎可以忽略。

相关链接 5-3

标准化的 β 系数

在计量经济的应用中，有时会采用一个难以解释的尺度来度量一个关键变量。例如，在工资方程中包括考试分数，而考试分数常常很随意又难以解释（分数的设定标准具有很大差异）。通常，我们感兴趣的不是问考试得分提高10分对小时工资有什么影响，而是考试分数提高一倍的标准差会怎么样，这样将更有意义。即当所估计模型中的一个自变量提高的一定倍数的标准差，其对因变量的影响。

有时候，得到所有变量（包括因变量和全部自变量在内）都被标准化的回归结论也有用处。在样本中进行标准化的过程，就是将一个变量减去其均值，然后除以其标准差，即对样本中的每一个变量都计算 z 得分。

对标准化的 y 和 x 进行回归后，会得到斜率系数 $\hat{b}_j$，这个系数也就是未对 y 和 x 进行标准化回归的原系数 $\hat{\beta}_j$ 乘上 x_j 的标准差与 y 的标准差之比。截距项完全消失。

$$\hat{b}_j=\hat{\beta}_j(\hat{\sigma}_{x_j}/\hat{\sigma}_y),\quad j=1,2,\cdots,k$$

传统上称 $\hat{b}_j$ 为标准化系数（standardized coefficients）或标准化 β 系数（standardized beta coefficients）。其含义是如果 x_j 提高一倍的标准差，那么 y 就变化 $\hat{b}_j$ 倍的标准差。由于它使得解释变量的度量单位无关紧要，所以这个方程把所有解释变量都放到相同的地位上。

在Stata中，在回归命令reg中加入beta选项可以获得标准化系数，即

```
reg y x1-xk,beta
```

2. β_j 的置信区间

参数的置信区间用来考察在一次抽样中所估计的参数值离参数的真实值有多“近”。在CLM假定下，很容易为总体参数 β_j 构造一个置信区间。因为置信区间为总体参数的可能取值提供了一个范围，而不只是一个点估计值，所以又被称为区间估计。利用 $(\hat{\beta}_j-\beta_j)/se(\hat{\beta}_j)\sim t_{n-k-1}=t_{df}$，很容易获得在（$1-\alpha$）的置信水平下 β_j 的置信区间：

$$[\hat{\beta}_j-t_{\alpha/2}\times se(\hat{\beta}_j),\ \hat{\beta}_j+t_{\alpha/2}\times se(\hat{\beta}_j)]$$

式中，$t_{\alpha/2}$ 为显著性水平为 α、自由度为 $n-k-1$ 的临界值。参数的置信区间越小，说明参数估计的精度越高。在实证研究中，应当尽量缩小参数的置信区间。如何才能缩小置信区间？

（1）增大样本量 n，因为 n 越大，t 分布表中的临界值越小，同时，增大 n，还可使样本参数估计量的标准差减小。

（2）提高模型的拟合优度，因为样本参数估计量的标准差与残差平方和呈正比，模型优度越高，残差平方和应越小。

（3）提高样本观测值的分散度，一般情况下，样本观测值越分散，$(X'X)^{-1}$ 作为分母时的值越大，致使区间缩小。

Stata 程序 5.3.1.1：利用矩阵运算进行多元回归分析

利用 Stata 的矩阵语言进行回归分析，有利于我们更好地理解利用矩阵语言来估计各统计量。基本的步骤是：

（1）将数据集读入矩阵模块（如 Stata 的 mata）。

（2）生成解释变量矩阵 X，被解释变量向量 $\boldsymbol{y}$，获得观测的数量 n 和变量的数量 k。

（3）计算参数的样本估计量 $\boldsymbol{b}=(X'X)^{-1}X'\boldsymbol{y}$。

（4）获得残差 $\boldsymbol{e}=\boldsymbol{y}-X\boldsymbol{b}$。

（5）获得残差方差 $s^2=e'e/(n-k)$。

（6）计算斜率估计量的标准误 sqrt($s^2*(X'X)^{-1}$) 的对角阵。

（7）计算估计量对应的 t 值、p 值和置信区间。

```
*Stata 程序
********OLS USING mata
use "wage1.dta",clear
generate cons = 1
local y wage
local xlist educ exper tenure cons
mata
  // Create y vector and X matrix from Stata dataset
  st_view(y=., ., "`y'")                    // y is nx1
  st_view(X=., ., tokens("`xlist'"))        // X is nxk
  XXinv = cholinv(cross(X,X))               // XXinv is inverse of X'X
  b = XXinv*cross(X,y)                      // b = [(X'X)^-1]*X'y
  e = y - X*b
  n = rows(X)
  k = cols(X)
  s2 = (e'e)/(n-k)
  vdef = s2*XXinv                           // default VCE not used here
  vwhite = XXinv*((e:*X)'(e:*X)*n/(n-k))*XXinv
                                            // 计算 robust VCE
  st_matrix("b",b')                         // pass results from mata to Stata
  st_matrix("V",vwhite)                     // pass results from mata to Stata
end

*  Use Stata ereturn display to present nicely formatted results
matrix colnames b = `xlist'
matrix colnames V = `xlist'
matrix rownames V = `xlist'
ereturn post b V
```

```
ereturn display

// Not included in book
*  Check
regress wage educ exper tenure,vce(robust) noheader
```

3. 检验 β_j 的其他假设

尽管 $H_0:\beta_j=0$ 是最常见的假设，但我们有时也想检验 β_j 是否等于其他某个给定常数，如 $\beta_j=1$。更一般的情况下，原假设表述为：

$$H_0:\beta_j=\alpha_j$$

式中，α_j 是假设的 β_j 值，相应的 t 统计量就是：

$$t_{\hat{\beta}_j}=(\hat{\beta}_j-\alpha_j)/se(\hat{\beta}_j)$$

Stata 程序 5.3.1.2：检验 β 是否等于 0 以外的数值——以盈余持续性为例

利用 FinancialData1.dta 数据考察盈余持续性，即上一年盈余是否在当年完全重复发生。检验模型如下：

$$ROA_t=\beta_0+\beta_1 ROA_{t-1}+\mu$$

式中，ROA 是盈余测度。检验的假设是：

$$H_0:\beta_1=1$$

在 H_0 下，上一年盈余会在当年完全重复发生。

在 Stata 中，可用 lincom 命令来检验 β 是否等于 0 以外的数值（t 检验或 z 检验）。

```
*Stata 程序
use "FinancialData1.dta",clear
*对 roa 进行缩尾
winsor2 roa,replace by(nd)
xtset dm nd
reg roa L.roa
lincom L.roa-1
```

Lincom 命令检验结果显示，系数为－0.52，t 值为－109.62，p 值为 0，拒绝原假设，表明 β_1 不为 1，即上一年盈余不会在当年完全重复发生。

5.3.2　对回归参数线性组合的假设检验

在应用中，常常需要检验涉及不止一个总体参数的假设，如检验两个参数之间的相等关系。

Stata 程序 5.3.2.1：检验回归参数 β_j 的线性组合——应计利润和现金流的持续性检验

利用 FinancialData1.dta 数据考察盈余持续性时，我们想知道上一年不同盈余组成部分是否对当年盈余具有相同的影响。

$$ROA_t = \beta_0 + \beta_1 ACC_{t-1} + \beta_2 CFO_{t-1} + \mu$$

式中，ROA 是盈余测度；ACC 是盈余中应计利润部分；CFO 是盈余中现金流量部分。检验的假设是：

$$H_0: \beta_1 = \beta_2$$

在 H_0 下，上一年应计利润和现金流量增加一个单位，在其他条件不变的情况下，会导致当年盈余同等程度的增加。

在 Stata 中，可用 lincom 命令来检验两个模型的系数是否相等。

```
*Stata 程序
use "FinancialData1.dta",clear
*对 roa，oacc，cfoa 进行缩尾
winsor2 roa oacc cfoa,replace by(nd)
xtset dm nd
reg roa L.oacc L.cfoa
lincom L.oacc-L.cfoa
```

Lincom 命令检验结果显示，系数为－0.14，t 值为－31.23，p 值为 0，拒绝原假设，表明应计利润和现金流量增加一个单位，对当年盈余的影响具有显著差异。

5.3.3 对多个线性约束的假设检验：*F* 检验

与任意一个 OLS 系数相联系的 t 统计量，都可以用来检验总体中对应未知参数是否等于 0 或某个给定常数，以及检验关于 β_j 的一个线性组合，只涉及单个约束的检验。通常情况下，我们还想检验关于基本参数 $\beta_0, \beta_1, \beta_2, \cdots, \beta_k$ 的多重假设。

1. 对排除性约束的检验

我们已经知道如何利用 t 检验检验某一自变量是否对因变量有偏效应。我们想检验一组自变量是否对因变量都没有影响。更准确地说，原假设是，在控制一些变量之后，余下的那些变量对 y 没有任何影响。比如，对回归方程：

$$y = \beta_0 + \beta_1 x_1 + \beta_2 x_2 + \beta_3 x_3 + \beta_4 x_4 + \beta_5 x_5 + \mu \quad (5-12)$$

$$H_0: \beta_3 = 0,\ \beta_4 = 0,\ \beta_5 = 0$$

备择假设是 $\beta_3, \beta_4, \beta_5$ 至少有一个不为 0。

原假设 H_0 由三个排除性约束（exclusion restrictions）构成，若原假设正确，则在控制其他因素后，x_3，x_4 和 x_5 对 y 没有影响，应该把它们从模型中剔除。这是多重约束（multiple restrictions）的一个例子，对多重约束进行的检验被称为多重假设检验（multiple hypotheses test）或联合假设检验（joint hypotheses test）。

检验的基本思路是：比较受约束模型（restricted model）和不受约束模型（unrestricted model）之间是否存在显著差异。受约束模型是指原假设成立下的模型：$y=\beta_0+\beta_1x_1+\beta_2x_2+\mu$。不受约束的模型指模型（5-12）。

利用 OLS 估计回归参数时可知，增加变量，模型的 RSS 总是减少的。反之，从模型中去掉变量时，RSS 总是增加的。因此，对模型施加约束后，RSS 总会增加，问题是，这种增加相对含有这些变量的模型的 RSS，是否大到足以拒绝原假设，通过比较约束前后的 RSS 可以构造 F 统计量（F statistic）进行检验。一般地，对含有 k 个变量的回归模型施加 q 个约束，构造的 F 统计量为：

$$F=\frac{(RSS_r-RSS_{ur})/q}{RSS_{ur}/(n-k-1)}$$

式中，RSS_r 是受约束模型的残差平方和；RSS_{ur} 是不受约束模型的残差平方和。

分子自由度 $q=df_r-df_{ur}$

分母自由度$=n-k-1$

当 F 值大于给定显著性水平下的临界值，则拒绝原假设。就是说，$x_{k-q+1},\cdots,x_k$ 在适当的显著性水平下是联合统计显著（jointly statistical significant）的（简单地说是联合显著的）。如果原假设未被拒绝，那么这些变量就是联合不显著（jointly insignificant）的，这就为我们将它们从模型中去掉提供了根据。

在实证研究中，主要根据统计与计量软件报告 F 统计量观测值相对应的 p 值进行判断。p 值是给定 F 统计量的观测值，能拒绝原假设的最小显著性水平，或者说是当 H_0 实际上正确时拒绝它犯错误的概率，这个概率应该越小越好，通常小于5%。如果 p 值$=0.035$，我们将在5%的显著性水平下拒绝 H_0，但在1%的显著性水平下不能拒绝。

相关链接 5-4　　**用 R^2 表示的 F 统计量**

F 统计量也可以通过 R^2 来表示。由于 $RSS_r=SST(1-R_r^2)$，$RSS_{ur}=SST(1-R_{ur}^2)$，代入上式有：

$$F=\frac{(R_{ur}^2-R_r^2)/q}{(1-R_{ur}^2)/(n-k-1)}$$

这是 R^2 型 F 统计量。由于 R^2 在几乎所有的回归中都会报告，多数应用表明，使用受约束模型和不受约束模型的 R^2 来检验一些变量是否需要排除很容易。

需要指出的是，$x_{k-q+1},\cdots,x_k$ 中任何单个变量的 t 检验都不显著，但联合起来可能就是显著的。原因可能是变量 $x_{k-q+1},\cdots,x_k$ 之间存在多重共线性，这种多重共线性使得我们难以发现每个变量的偏效应，而变量间的多重共线性对联合检验而言远没有那么重要。

F 统计量通常对检验一组变量是否需要排除有用处，特别是在其中变量高度相关的时候。例如，我们想检验企业的业绩是否影响总经理的薪水。有许多度量企业业绩的方法，可能事先并不清楚哪种度量方法是最重要的。既然对业绩的度量可能高度相关，那么，由于多重共线性，希望发现个别显著的度量恐怕就要求过高。但 F 检验可用来决定一组企业业绩变量是否会影响薪水。

Stata 程序 5.3.3.1：检验排除性约束假设

利用 wage1. dta 数据，在考察受教育年限（educ）、工作经历（exper）和任职年限（tenure）对工资回报（wage）的回归模型中，检验 exper 和 tenure 是否联合显著。

在 Stata 中，用 test 命令检验排除性约束假设。

一般会直接报告回归方程整体显著性（F 统计量）。也可以直接使用 test 命令来检验模型整体显著性。

```
*Stata 程序
use "wage1.dta",clear
reg wage educ exper tenure
test exper tenure
```

结果显示，F 值为 53.31，对应的 p 值为 0，这表明工作经历和任职年限对工资回报的联合影响是显著的。

2. 回归方程的整体显著性

在多元回归模型中，对含有 k 个自变量的模型施加 k 个约束（$q=k$），即原假设为对所有斜率参数都是零的检验：

$$H_0: \beta_1=\beta_2=\cdots=\beta_k$$

这意味着检验整个模型的显著性。如果我们不能拒绝原假设，就没有证据表明，有某个自变量有助于解释 y。这通常意味着，我们必须寻找其他的变量来解释 y。

需要指出的是，t 检验用来检验单个解释变量的统计显著性，F 检验可用来检验模型中是否应该包括某一组变量。如果检验某一解释变量是否应包括在回归模型中，用 t 检验和 F 检验是否会得出相同的结论？是的。可以证明，检验单个变量之排除性的 F 统计量，等于对应 t 统计量的平方。由于 t 统计量可用来检验单侧备择假设，所以它对于检验单个参数假设更灵活，也较 F 检验更容易获得。

3. 检验一般线性约束

有时候，约束并不都是排除性的（检验一组 β_j 是否为 0），而是对某个 β 或部分 β_j 施加其他约束，例如，对回归方程（5－12）：

$$y=\beta_0+\beta_1x_1+\beta_2x_2+\beta_3x_3+\beta_4x_4+\beta_5x_5+\mu$$

检验如下原假设：

$$H_0: \beta_1=1,\ \beta_2=0,\ \beta_3=0,\ \beta_4=0,\ \beta_5=0$$

原假设中有 5 个排除性约束要检验，有 4 个是排除性约束（$\beta_2=0$，$\beta_3=0$，$\beta_4=0$，$\beta_5=0$），但 $\beta_1=1$ 不是。我们仍可以使用 F 统计量来检验。

Stata 程序 5.3.3.2：检验一般线性约束假设

利用 wage1.dta 数据，在考察受教育年限（educ）、工作经历（exper）和任职年限（tenure）对工资回报（wage）的回归模型中：

（1）检验 educ，exper 和 tenure 是否联合显著。

（2）检验 2 个排除性约束和 1 个非排除性约束是否成立。

在 Stata 中，可用 test 命令检验一般线性约束。

```
*Stata 程序
use "wage1.dta",clear
reg wage educ exper tenure
test educ exper tenure         //同 F 检验
test (educ=1) (exper=0) (tenure=0)
```

5.3.4　大样本下 OLS 估计的渐近正态和大样本推断

由前面的讨论可知，总体模型 $y=\beta_0+\beta_1x_1+\beta_2x_2+\cdots+\beta_kx_k+\mu$ 中 OLS 估计量的无偏性和有效性属于小样本、有限样本或精确性质。进一步假定误差项 μ 服从正态分布并独立于解释变量，使我们能够推导出 OLS 估计量的精确抽样分布。特别是，OLS 估计量具有正态的抽样性质，这就直接产生了 t 统计量和 F 统计量的 t 分布和 F 分布。问题是，如果误差不是正态分布，那么，对任意的样本量，t 统计量的分布就不再恰好是 t 分布，F 统计量也不再完全服从一个 F 分布。幸运的是，在样本量无限增大的情况下，一个实践中相当重要的发现是，即使没有正态性假定（假定 MLR.6），t 统计量和 F 统计量也近似服从 t 分布和 F 分布，至少在大样本量的情况下如此。这是我们通常所说的估计量和检验统计量的渐近性质（asymptotic properties）或大样本性质（large sample properties）。在我们所做的假定下，OLS 具有令人满意的大样本性质。注意大样本性质不是针对特定的样本量，而是针对样本量无限增加的情况。

在假定 MLR.1～MLR.5 下，OLS 满足渐近正态性（asymptotic normality），也就是说，至少在大样本量的情况下，OLS 估计量是渐近正态分布。这意味着不再需要 MLR.6，通过渐近正态分布推导的 t 统计量称为渐近 t 统计量（asymptotic t statistics），同时，F 统计量具有近似的 F 分布。如果样本量不是很大，那么，当 μ 不是正态分布时，t 分布可能是 t 统计量分布的糟糕近似。遗憾的是，在近似程度足够好之前，对于样本量必须有多大，并没有一般性的规定。有些计量经济学家认为 $n=30$ 就令人满意了，但这不足以应对 μ 所有可能的分布。根据 μ 的分布，在应用中心极限定理之前，多一些观测可能是必要的。近似的质量不仅取决于 n，还取决于自由度 $n-k-1$：模型中的自变量越多，使用 t 近似通常需要越大的样本量。

思考：将“Stata 程序 5.2.3.1：对满足模型假定下估计参数性质进行蒙特卡罗模拟”中误差项的分布从卡方分布改为正态分布，使 DGP 满足假定 MLR.1～MLR.6，看看结果有什么变化。

5.3.5　报告回归分析结果

使用 Stata 等统计软件进行回归分析后，需要在论文或著作中呈现相关的结果。例如，利用 Stata 进行回归分析后，其结果的默认报告方式见图 5-1。

```
. reg wage educ exper tenure

      Source |       SS           df       MS      Number of obs   =       526
-------------+----------------------------------   F(3, 522)       =     76.87
       Model |  2194.1116         3  731.370532   Prob > F        =    0.0000
    Residual |  4966.30269       522  9.51398984   R-squared       =    0.3064
-------------+----------------------------------   Adj R-squared   =    0.3024
       Total |  7160.41429       525  13.6388844   Root MSE        =    3.0845

------------------------------------------------------------------------------
        wage |      Coef.   Std. Err.      t    P>|t|     [95% Conf. Interval]
-------------+----------------------------------------------------------------
        educ |   .5989651   .0512835    11.68   0.000     .4982176    .6997126
       exper |   .0223395   .0120568     1.85   0.064    -.0013464    .0460254
      tenure |   .1692687   .0216446     7.82   0.000     .1267474    .2117899
       _cons |  -2.872735   .7289643    -3.94   0.000    -4.304799   -1.440671
------------------------------------------------------------------------------
```

图 5-1　Stata 回归后结果的默认报告方式

从图 5-1 可知，默认报告方式中包括了我们之前所分析的估计参数及其主要的统计量。通常，不能直接将默认报告直接复制到论文或著作中，主要原因是一些用于估计和推断的基础变量或统计量结果通常不需要报告（如 TSS，MSS，Root MSE 等），当回归模型较多时，采用默认报告方式会占用太多的篇幅。因此，我们需要就如何对相对复杂的经验研究报告多元回归结果给出一些指导性原则。

（1）OLS 系数估计值总应该报告。报告分析中的关键变量（研究中重点关注的变量），并对所估计的系数做出详细解释。

（2）OLS 系数估计值的标准误或 t 统计量总是应该与所估计的系数一起报告。多数作者更喜欢报告 t 统计量而不是标准误，因为这样可以直观判断变量的显著性。但计量经济学学者（如 Wooldrige）认为报告标准误好一些。首先，标准误迫使我们认真考虑被检验的原假设；原假设并非总是总体参数为零。其次，有了标准误，计算置信区间就更容易。

（3）回归的 R^2 也总应该包括进来，通常报告 $\overline{R}^2$。估计任何一个方程的观测数（样本量），也应该出现在估计出来的方程中。报告残差平方和及回归标准误（均方误差）有时也是一个好主意，但并非至关重要。

（4）在许多论文或著作中，几个方程由许多不同的自变量集来估计。我们可能要对不同的样本估计同一个方程，或者方程所解释的是不同的因变量。对于这些情形，最好将结果归纳在一个或多个表格中。表中应该清楚标明因变量，而自变量则应该列在第一列。t 统计量（或标准误）放在估计值下面的括号内。为了让读者清楚地判断不同解释变量的显著性，通常在系数估计值的右上方标注 *，一般的规则是：*** 表示该变量在 1%的显著性水平下显著，** 表示该变量在 5%的显著性水平下显著，* 表示该变量在 10%的显著性水平下显著。

Stata 程序 5.3.5.1：输出期刊通用格式形式的回归结果

在 Stata 中，有很多命令可以输出设定格式的回归结果，包括 outreg2，esttab/estout，reg2docx 等命令。这些命令的输出功能都很强大，目前只有 reg2docx 命令支持中文输出。Stata 中 reg2docx 命令的输出格式见表 5-2。

使用 Stata 非官方命令 outreg2 输出回归结果。

尚未安装的，使用 ssc install outreg2 命令安装。

outreg2 命令的语法结构为：

```
outreg2 [varlist] [estlist] using filename [, options] [: command]
```

[estlist]：通过 est store 命令存储的估计结果。

using filename：将结果输出到指定文件。

option：指输出格式的设定，主要包括以下几个方面。

（1）系数、标准误、t 值和 p 值的报告，以及小数点和格式的设定。

stats(stats)：指定每个变量报告的统计量，默认为系数和标准误 stats(coef se)，使用 tstat 选项则报告变量和 t 值。主要选项的含义如下。

tstat：在系数下报告 t 值。

pvalue：在系数下报告 p 值。

bdec(#)or bfmt(type)：设定系数的输出格式，bdec(3) 要求系数保留 3 位小数。

sdec(#) or sfmt(type)：设定标准误的输出格式，sdec(2) 要求标准误保留 2 位小数。

tdec(#) or tfmt(type)：设定 t 值的输出格式，tdec(2) 要求 t 值保留 2 位小数。

pdec(#) or pfmt(type)：设定 p 值的输出格式，pdec(3) 要求 p 值保留 3 位小数。

dec(#) or fmt(type)：设定所有统计量的输出格式，默认为 default dec(3) and fmt(fc)。

（2）底部报告每个回归的其他统计量，如样本量、F 值、R^2 的增加与格式设定。

e(scalars)：在表格底部报告 e 类统计量。如 e(N r2) 要求报告观测数和拟合优度。

addstat(name, stats,…)：获取 e 类、r 类、s 类统计量，或者在拟合优度下增加行输出相关统计量。如：addstat(F test, e(p))。

adjr2：要求输出调整的拟合优度，而不是拟合优度。

rdec(#) or rfmt(type)：设定拟合优度的输出格式。

adec(#) or afmt(type)：设定 addstat() 中统计量的输出格式。

addtext(name, text,…)：在拟合优度下增加行输出用户定义的文本。例如，addtext(Year FE, YES, Industry FE, YES)，可以报告年度、行业固定效应的控制情况。

（3）显著性的标注。

symbol(text)：设定显著性水平的标注符号，默认的符号为（***，**，*），表示在 0.01，0.05，0.10 的水平上显著。

asterisk()：设定 * 号标注的位置，默认标注在系数右边。

noaster：取消星号标注。

2aster：设定 ** 表示在 1%的水平上显著，* 表示在 5%的水平上显著。

（4）方程与变量设定。

depvar：模型标题中包括因变量，模型因变量不一致时使用。

drop(varlist)：输出表格中删除这些变量，不能将被解释变量包括在变量表中。

keep(varlist)：输出表格中仅保留这些变量。

sortvar(varlist)：对解释变量进行分类和排序，自动忽略不存在的变量。

label：用变量标签取代输出表格中的变量名。使用同 stats(label)。

（5）标题和附注。

title(list)：设定表格的标题。

ctitle(list)：设定列标题。有多个模型时统一输出会出错。

addnote(list)：在表格下方增加附注。

skip：变量之间增加空列。

(6) 结果文件的输出与查看。

word：将结果输出到 word 文件。输出为 rtf 文件，输出的 word 文件扩展名不能为 docx 等。

excel：将结果输出到 excel 文件。

seeout：将结果在 Stata 的 browser 窗口显示。

replace：取代原有的文件。

append：将结果追加到原有文件。

```
*Stata 程序
use "wage1.dta",clear
reg wage educ
est store wage1
reg wage educ exper
est store wage2
reg wage educ exper tenure
est store wage3

*使用 outreg2
*ssc install outreg2
outreg2 [wage1 wage2 wage3] using "table5_3a", word tstat ///
        e(F) adjr2 bdec(3) tdec(2) title("表 5-2 Stata 中 outreg2 命令输出
格式")  replace
***中文显示会出错

*使用 esttab
esttab wage*, ///
replace star( *0.10 **0.05 ***0.01 ) nogaps compress ///
b(%20.3f) t(%7.2f) ar2(%9.3f) scalars(F) sfmt(%9.3f) ///
title(表 5-2 Stata 中 outreg2 命令输出格式)

*使用 estout
*ssc install estout
estout wage*, cells(b(star fmt(3)) t(par fmt(2))) ///
    stats(N r2_a F,star(F) fmt(%9.0g %9.3f  %9.3f) labels("N" "adj-R2"
"F 值")) ///
```

```
    starlevels(*0.1 **0.05 ***0.01) varlabels(_cons 常数项) ///
    varwidth(16) modelwidth(12) delimiter("") abbrev  ///
  title(表 5-2 Stata 中 outreg2 命令输出格式) replace

*使用 reg2docx
reg2docx wage1 wage2 wage3 using "table5_3b", replace scalars(N F(%9.2f) r2_
a(%9.2f)) b(%9.3f) t(%7.2f) title(表 5-2 Stata 中 reg2docx 命令输出格式)
```

表 5-2　Stata 中 reg2docx 命令的输出格式

	(1) wage	(2) wage	(3) wage
educ	0.541***	0.644***	0.599***
	(10.17)	(11.97)	(11.68)
exper		0.070***	0.022*
		(6.39)	(1.85)
tenure			0.169***
			(7.82)
_cons	−0.905	−3.391***	−2.873***
	(−1.32)	(−4.42)	(−3.94)
N	526	526	526
F	103.36	75.99	76.87
r2_a	0.16	0.22	0.30

5.4　回归分析：不同函数形式和变量类型的影响

在回归分析中，容易被质疑的一个问题是：为什么变量之间的关系总是线性关系？无论 x 处于何种水平，在其他条件不变的情况下，x_j 改变一个单位，y 总是平均改变 β_j。在这个问题上，存在一个很大的误区。我们所说的线性是针对参数而言的，而不是针对解释变量的。通过对变量取对数，或者在回归模型中加入解释变量的平方项（或更高次项）、交互项或者在模型中引入虚拟变量，可以将变量之间的线性关系转化为非线性关系，上述情况仍可以在参数线性的框架下进行分析。

5.4.1　变量使用对数的函数形式

在阅读社会科学的应用文献时，经常会遇到一些回归方程，其中因变量以对数形式出现，或者自变量以对数形式出现，或者因变量和自变量均以对数形式出现。这时，在解释方程中 β_j 的含义时应当特别注意，因为它与变量未取对数时的含义不同。

考虑如下方程 β_1 的含义：

$$\widehat{wage}=-0.90+0.54educ$$

方程中 β_1 等于 0.54 的含义是，受教育年限每增长 1 年，小时工资回报平均增长 54 美分。在这里，54 美分的增加，可能来自第 1 年的教育，也可能来自第 20 年的教育。为了更好地刻画工资如何随着受教育年限的变化而变化，可以这样假定：多接受 1 年教育，小时工资增长的百分数是不变的。一个给出百分比影响（近似）为常数的模型是：

$$\log(wage)=\beta_0+\beta_1 educ+\mu \tag{5-13}$$

log 表示自然对数。特别是，若 $\Delta\mu=0$，则 β_1 的含义是：多接受 1 年教育，小时工资变化的百分比。因为小时工资变化的百分比对所增加的每一单位受教育年限都相等，当受教育年限提高时，工资变化量也随之增加，这意味着教育回报是递增的。当 $\beta_1>0$，$wage$ 和 $educ$ 的关系如图 5-2 所示。

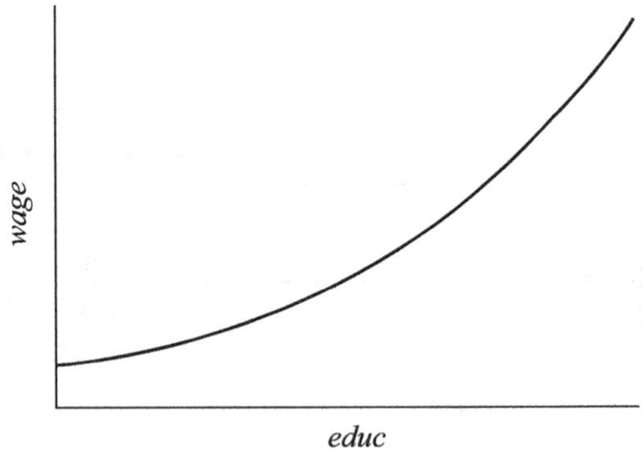

图 5-2　$wage=\exp(\beta_0+\beta_1 educ)$，$\beta_1>0$

利用相同的数据估计模型（5-13），得到如下关系：

$$\widehat{\log(wage)}=0.584+0.083educ$$

β_1 等于 0.083 的含义是：每多接受 1 年教育，小时工资平均提高 8.3%（注意：不是小时工资的对数平均提高 8.3%），这就是经济学家所说的“增加 1 年教育的回报率”。在多元回归模型中，对这一参数的解释也十分类似。

根据因变量和自变量是否使用对数形式，可得到四个函数形式组合，不同函数形式下对 β 的解释是不同的（见表 5-3）。

表 5-3　回归模型中变量使用对数的函数形式及其中 β 的解释

模型	因变量	自变量	对 β 的解释
水平值-水平值	y	x	x 每变化 1 单位，y 平均变化 β 单位
水平值-对数	y	$\log(x)$	x 每变化 1%单位，y 平均变化 $\beta/100$ 单位
对数-水平值	$\log(y)$	x	x 每变化 1 单位，y 平均变化（$100\times\beta$）%单位
对数-对数	$\log(y)$	$\log(x)$	x 每变化 1%单位，y 平均变化 β%单位

在实证研究中，对变量取对数的优势主要表现为：

（1）斜率系数不随测度单位的变化而变化，因此可以忽略以对数形式出现的变量的度量单位。

（2）当 $y>0$ 时，使用 $\log(y)$ 作为因变量的模型，通常比使用水平值作为因变量的模型更接近 CLM 假定。严格为正的变量，其条件分布常常具有异方差或偏态性，取对数后可以消除或缓解这两个问题。

（3）取对数通常会缩小变量的取值范围，在某些情况下相当可观，这就使得估计值对因变量或自变量的异常值不是那么敏感。

至于何时取对数，没有一个统一的标准，但有一些经验法则：

（1）对以货币数量（如人民币、美元）为单位的变量，通常可以取对数。

（2）对人口、雇员总数和学校人数可以取对数。

（3）以年度测度的变量（如受教育年限、工作经历、任职年限和年龄），通常以原有年数出现。

（4）对于比例或百分比变量（失业率等），存在使用水平值的趋势，既可以使用原有形式，也可以使用对数形式。

对变量取对数的限制和缺陷主要表现为以下几点：

（1）变量不能为 0 或负值。但当 y 非负又可等于零时，有时用 $\log(1+y)$ 替代 $\log(y)$。除了 $y=0$ 开始变化外，通常的百分比变化几乎完全保留了其解释，当 y 取值中包含相对较少的 0 时，使用 $\log(1+y)$ 不会导致结果的变化。

（2）使用对数形式的因变量，更难预测原变量的值。原模型使我们能预测 $\log(y)$，而不是 y。

当因变量为 $\log(y)$ 时，对 y 的预测步骤如下：

（1）从 $\log(y)$ 对 $x_1,x_2,\cdots,x_k$ 的回归中得到拟合值 $\widehat{\log(y_i)}$ 和残差 $\hat{\mu}_i$。

（2）通过方程 $\hat{\alpha}_0=n^{-1}\sum_{i=1}^{n}\exp(\hat{\mu}_i)$ 获得 $\hat{\alpha}_0$。

（3）对给定的 $x_1,x_2,\cdots,x_k$，通过 $\widehat{\log(y)}=\hat{\beta}_0+\hat{\beta}_1x_1+\hat{\beta}_2x_2+\cdots+\hat{\beta}_kx_k$ 求出 $\widehat{\log(y)}$。

（4）利用 $\hat{y}=\hat{\alpha}_0\exp[\widehat{\log(y)}]$ 获得 $\hat{y}$。

5.4.2　含二次项的回归模型

在实证研究中，为了描述递减或递增的边际效应，常常会用到二次函数（quadratic functions）。在最简单的情形中，y 只取决于一个单独可观测因素 x，但又取决于其二次形式 x^2：

$$y=\beta_0+\beta_1x+\beta_2x^2+\mu$$

这时，β_1 并没有度量 y 相对于 x 的变化，因为保持 x^2 不变而改变 x 是不可能的。

如果将估计方程写成：

$$\hat{y}=\hat{\beta}_0+\hat{\beta}_1x+\hat{\beta}_2x^2$$

有如下近似：

$$\Delta\hat{y}\approx(\hat{\beta}_1+2\hat{\beta}_2x)\Delta x$$

那么，所有 $\Delta\hat{y}/\Delta x\approx\hat{\beta}_1+2\hat{\beta}_2x$，这说明 x 和 y 之间的斜率（$\hat{\beta}_1+2\hat{\beta}_2x$）取决于 x 的值。如果代入 $x=0$，$\hat{\beta}_1$ 可被解释为从 $x=0$ 到 $x=1$ 的近似斜率。如果代入 $x=5$，$\hat{\beta}_1+10\hat{\beta}_2$ 可被解释为 $x=5$ 到 $x=6$ 的近似斜率，依次类推。通常，代入 x 的均值，然后计算在均值的基础上变化 1 单位的近似斜率，有较大的实际意义。

在多数应用中，$\hat{\beta}_1$ 为正，$\hat{\beta}_2$ 为负，说明 x 对 y 具有递减影响，两者的关系为抛物线形态（倒 U 形）。总存在一个正的 x 值，此时 x 对 y 的影响为零；在此点之前，x 对 y 的影响为正；而在此点之后，x 对 y 的影响为负。实践中，重要的是求出这个转折点的值。根据方程一阶导数为 0 的条件，可知转折点（或函数最大值点）x^* 为：

$$x^* = |\hat{\beta}_1 / 2\hat{\beta}_2|$$

当一个模型的因变量是对数形式而解释变量以二次项形式出现时，为了做出一个有用的解释，需要特别小心。

当 $\hat{\beta}_1$ 为负，$\hat{\beta}_2$ 为正，说明 x 对 y 具有递增影响，两者的关系不是抛物线形态，而是U形。

如果水平项和二次项的系数具有相同的符号（都为正或都为负），而解释变量必须非负，则在每种情形中，都没有 $x>0$ 的转折点。比如，若 β_1 和 β_2 都为正，则 y 的最小期望值在 $x=0$ 处取得，且 x 的增加总是对 y 有正的递增影响。类似地，若 β_1 和 β_2 都为负，则 y 的最大期望值在 $x=0$ 处取得，x 的增加对 y 有负的影响，而且影响的幅度随着 x 的变大递增。

Stata 程序 5.4.2.1：含二次项的回归模型分析

利用 wage1.dta 数据，在考察受教育年限（educ）、工作经历（exper）和任职年限（tenure）对对数工资回报（wage）的影响时，考虑工作经历（exper）的边际递减效应。

在 Stata 中，可以利用多种方式对含二次项的模型进行回归：

第一种方式是先产生 exper 的平方项 expersq，然后将其加入模型。

第二种方式是直接使用 Stata 中的因子变量（factor variables），例如，对连续变量使用 c. exper＃c. exper 可以直接获得 exper 的交互项（interaction term）。在命令窗口输入 help fvvarlist 获取有关因子变量使用的详细说明。

```
*Stata 程序
use "wage1.dta",clear
*方法 1：利用 gen 命令产生 exper 平方项 expersq
*gen expersq=exper*exper        //expersq 已定义
reg lwage educ exper tenure expersq
*方法 2：利用因子变量直接产生 exper 平方项
reg lwage educ c.exper tenure c.exper# c.exper
```

结果显示（括号内为 t 值）：

$$\begin{aligned}\ln(wage) = &0.198 + 0.085educ + 0.033exper + 0.021tenure - 0.001expersq \\ &(1.95)\quad(11.87)\qquad(6.43)\qquad\quad(6.94)\qquad\quad(-5.94)\end{aligned}$$

exper 的估计系数为正（0.033），*expersq* 估计系数为负（−0.001），说明 *exper* 对 *wage* 具有递减边际效应。

5.4.3 含交互项的回归模型

因变量对一个解释变量的偏效应、弹性或半弹性，有时很自然地取决于另一个解释变量的大小。比如，对模型 $y=\beta_0+\beta_1x_1+\beta_2x_2+\beta_3x_1x_2+\mu$，我们称自变量 x_1 和 x_2 之间存在交互效应（interaction effect）。在这一模型中，β_1 并没有度量 y 相对于 x_1 的变化，

因为保持 x_1x_2 不变而改变 x_1 是不可能的。如果将估计方程写成：

$$\hat{y}=\hat{\beta}_0+\hat{\beta}_1x_1+\hat{\beta}_2x_2+\hat{\beta}_3x_1x_2$$

那么，y 对 x_1 的偏效应为：$\Delta\hat{y}/\Delta x_1=\hat{\beta}_1+\hat{\beta}_3x_2$。这说明 x_1 和 y 之间的斜率（$\hat{\beta}_1+\hat{\beta}_3x_2$）取决于 x_2 的值。如果代入 $x_2=0$，$\hat{\beta}_1$ 可被解释为从 $x_1=0$ 到 $x_1=1$ 的近似斜率。如果代入 $x_2=5$，$\hat{\beta}_1+5\hat{\beta}_3$ 可被解释为 $x_2=5$ 到 $x_2=6$ 的近似斜率，依次类推。同样，考察在解释变量均值处的偏效应有较大的实际意义。

将模型重新参数化为：

$$y=\alpha_0+\delta_1x_1+\delta_2x_2+\beta_3(x_1-\mu_1)(x_2-\mu_2)+\mu$$

式中，μ_1 和 μ_2 分别是 x_1 和 x_2 的总体均值。现在 x_1 的系数 δ_1，是在 x_2 的均值处 x_1 对 y 的偏效应。因此，如果在构造交互项之前，先从变量中减去其均值（实践中通常是样本均值），原始变量的系数的解释便有意义。此外，可以立即得到在均值处偏效应的标准误。我们还可以将 μ_1 和 μ_2 换成解释变量的其他某个有意义的值。

5.4.4　含虚拟变量的回归模型

在实证研究中，很多变量都是定性变量，比如性别、地区、行业。如果定性变量以二值信息的形式出现，则称为二值变量（binary variable）、虚拟变量/哑变量（dummy variable）。通常用 0 - 1 来刻画二值变量，因此二值变量也称为 0 - 1 变量。尽管使用其他数值来刻画也是一样，但使用 0 和 1 会使回归模型中的参数有十分自然的解释。

例如，在小时工资数据（wage1）的局部数据列表（见表 5 - 4）中，female，married 都是虚拟变量。female=1 表示工人为女性，female=0 表示工人为男性。married=1 表示工人为已婚，married=0 表示工人为未婚。将虚拟变量中定义为 0 的组称为基组（base group）或基准组（benchmark group）。因此，本例中男性组、未婚组为基组或基准组。

表 5 - 4　wage1 的局部数据列表

编号	wage	educ	exper	female	married
1	3.1	11	2	1	0
2	3.2	12	22	1	1
3	3	11	2	0	0
4	6	8	44	0	1
5	5.3	12	7	0	1
6	8.8	16	9	0	1
…	…	…	…	…	…
525	12	16	5	0	1
526	3.5	14	5	1	0

1. 含有虚拟变量的回归

首先考虑只有一个虚拟解释变量的最简单情形。我们只在方程中增加一个虚拟变量作为自变量。比如，考察性别是不是决定小时工资因素的简单模型：

$$wage=\beta_0+\beta_1 female+\mu$$

在这一模型中，β_0 的含义是基准组男性的平均小时工资；β_1 的含义是女性和男性在小时工资上的平均差异；$\beta_0+\beta_1$ 为女性的平均小时工资。因此，系数 β_1 决定了是否对女性存在歧视：如果 $\beta_1<0$，那么在其他因素相同的情况下，女性总体上比男性工资低。

一般而言，对一个常数和一个虚拟变量进行简单回归，是比较两组均值的直接方法。要使 t 统计量生效，还必须假定同方差性，这就意味着，男女工资的总体方差相同。

由于影响小时工资的因素不只是性别，因此还需要在回归模型中加入其他因素，如受教育年限（educ）、工作经历（exper）、任职年限（tenure），加入这些控制因素后，β_1 的含义是：在其他条件不变的情况下，女性和男性在小时工资上的平均差异。

也可以在同一个方程中使用几个虚拟自变量。比如，可以在小时工资方程中再增加一个虚拟变量 married，其估计系数的含义是：在其他条件不变的情况下，已婚和未婚工人在小时工资上的平均差异。

当自变量中有一个或多个虚拟变量，而因变量以对数形式出现时，该系数可以用百分比来解释。若因变量为 ln(wage)，则 female 的系数 β_1 的含义是：在其他条件不变的情况下，女性比男性少挣（$100\times\beta_1$）%。更精确的计算是：如果 $\hat{\beta}_1$ 是一个虚拟变量（如 x_1）的估计系数，log(y) 是因变量，在 $x_1=1$ 时预测的 y 相对于在 $x_1=0$ 时预测的 y，精确的百分比变化（与估计系数的方向一致）为：

$$\text{百分比变化}=100\times[\exp(\hat{\beta}_1)-1]$$

2. 通过虚拟变量来传达有序变量信息

当考察公司信用等级、公司信息披露质量、学校或专业排名等有序变量（ordinal variable）的影响，如考察公司信用等级对其债券融资成本、公司信息披露质量对其股票融资成本、学校或专业排名对其毕业生起薪的影响时，一种可能是，就像增加所有其他解释变量一样把有序解释变量加进来。遗憾的是，这样很难解释有序变量一个单位的变化。例如，在考察公司信息披露质量（IDQ，假定为 0～3，0 为最低级，3 为最高级）对公司股票融资成本（CofE）的影响时，很难解释信息披露质量一个单位变化的影响。我们知道受教育年限增加 1 年或每个学生多花 1 元所包含的数量信息，但像信息披露质量之类的变量，只有序数上的含义。我们知道信息披露质量为 3 级比信息披露质量为 2 级更好，但 3 级与 2 级之间的差距与 1 级和 0 级之间的差距一样吗？如果不一样，假定信息披露质量提高一个单位对股票融资成本的影响为一个常数就讲不通。

更好的方法是对有序变量的每个值都定义一个虚拟变量。通常，为了防止虚拟变量陷阱（dummy variable trap），当变量具有 n 个等级类别，需要定义 $n-1$ 个虚拟变量，省掉的一类就是基准组。本例中，对 IDQ 定义虚拟变量。因此，若 $IDQ=1$，则 $IDQ_1=1$，否则 $IDQ_1=0$；若 $IDQ=2$，则 $IDQ_2=1$，否则 $IDQ_2=0$；若 $IDQ=3$，则 $IDQ_3=1$，否则 $IDQ_3=0$。实质上，我们把信息披露质量分为 4 个类别。然后可以估计模型：

$$CofE=\beta_0+\beta_1 IDQ_1+\beta_2 IDQ_2+\beta_3 IDQ_3+\mu$$

模型系数都很容易解释：β_1 为信息披露质量为1级的公司和信息披露质量为0级的公司在股票融资成本上的差异（保持其他条件不变）；β_2 为信息披露质量为2级的公司和信息披露质量为0级的公司在股票融资成本上的差异；β_3 为信息披露质量为3级的公司和信息披露质量为0级的公司在股票融资成本上的差异。

在某些情况下，序数变量取值过多，以致不能对每个值都定义一个虚拟变量。如果考察学校排名或学校专业排名对毕业生起薪的影响，由于每个学校和每个专业都有一个排名，我们显然不能对每个排名都定义一个虚拟变量。如果不想直接把排名放到方程中，可以把它分成几类，如1～20，21～50，51～100，101～200，201～300，301～400，401～500，500以后。

3. 虚拟变量的交互效应

就像连续变量在回归模型中可以有交互作用一样，虚拟变量也能产生交互作用。例如，我们根据婚姻状况和性别定义了四个类别。事实上，可以在 female 和 married 分别出现的模型中，增加一个 female 和 married 的交互项来重建这个模型。这就使得婚姻对小时工资的升水与性别有关。为便于比较，含有 female 和 married 交互项的估计模型为：

$$\log(wage)=\beta_0+\beta_1 female+\beta_2 married+\beta_3 female\times married+\beta_4 educ$$
$$+\beta_5 exper+\beta_6 tenure+\beta_7 exper^2+\beta_8 tenure^2+\mu \qquad (5-14)$$

使用 wage1. dta 的数据估计模型（5-14），得到 $\beta_0=0.321$，$\beta_1=0.213$，这个模型还能得到四组之间的预期工资差异，但这里必须小心地将0和1的组合代入。取 $female=0$ 和 $married=0$，这就排除了 $female$，$married$ 和 $female\times married$，所以对应单身男性这个基组。$female=0$ 和 $married=1$，就给出已婚男性组的截距，这个截距是 $0.321+0.213=0.534$。其他组合同理。

这一示例说明，在多元回归模型中，如果对不同虚拟变量进行交互，就会使几个组之间出现不同的截距。在有些情况下，虚拟变量可能与非虚拟的解释变量有交互作用，使得出现不同的斜率（differences in slopes）。回到本例，假设在男性和女性的工资存在恒定差别的情况下，我们想检验男性和女性受教育的回报是否相同，可以使用模型（5-15）进行估计。

$$\log(wage)=\beta_0+\beta_1 female+\beta_2 educ+\beta_3 female\times educ+\beta_4 exper$$
$$+\beta_5 exper^2+\beta_6 tenure+\beta_7 tenure^2+\mu \qquad (5-15)$$

一个重要的假设是，男性和女性受教育的回报是相同的，则检验的假设是：

$$H_0:\beta_3=0$$

利用 wage1. dta 的数据估计模型（5-15），可以考察 $female$ 和 $educ$ 的交互影响。结果显示，没有证据能够拒绝男女受教育的回报相同这个假设。模型（5-15）中 $female$ 的系数不显著，并不能断定没有证据表明女性获得的回报更低。一方面，加入交互项后多重共线性使得标准误发生了膨胀；另一方面，$female$ 的系数仅度量了 $educ=0$ 时男性和女性的工资差异，事实上，没有人的受教育年限是0。更有意义的做法是，在样本的平均受教育年限上估计性别的差异。

结果表明，当男性和女性的平均受教育年限相同时，女性的工资要显著低于男性（$\beta_1=-0.297$，t 值$=-8.28$）。对 *female* 和 *female*×*educ* 的联合检验也表明男性和女性的受教育回报存在显著差异（F 值$=34.33$，p 值$=0$）。

Stata 程序 5.4.4.1：含有虚拟变量的交互分析

在 Stata 中，可以通过多种方法进行虚拟变量交互分析。

（1）先产生虚拟变量的交互项，然后加入模型。

（2）直接使用 Stata 中的因子变量（factor variables），在命令窗口输入 help fvvarlist 获取有关因子变量使用的详细说明。

```
*Stata 程序
*虚拟变量之间的交互
use "wage1.dta",clear
*方法 1：产生相应的交互变量
gen female_married=female*married
reg lwage female married female_married
reg lwage female married female_married educ exper tenure expersq tenursq
est store lwage1
*方法 2：利用因子变量
reg lwage female married i.married# i.female educ exper tenure expersq tenursq
est store lwage2
esttab lwage*
est clear

*虚拟变量与连续变量的交互
use "wage1.dta",clear
*方法 1：产生相应的交互变量
gen female_educ=female*educ
sum educ
gen female_meduc=female*(educ-r(mean))
reg lwage female educ female_educ exper expersq tenure tenursq
est store lwage1
*检验边际效应
sum educ
reg lwage female educ female_meduc exper expersq tenure tenursq
est store lwage2
test female female_meduc
*方法 2：利用因子变量回归
```

```
reg lwage female educ i.female# c.educ exper expersq tenure tenursq
est store lwage3
esttab lwage*
*计算边际效应
reg lwage i.female c.educ i.female# c.educ exper expersq tenure tenursq
margin,dydx(female educ)
```

4. 检验不同组之间回归函数的差异

虚拟变量与其他自变量的交互作用可以成为一个强有力的工具。有时候，我们想检验的原假设是，两个总体或两个组具有同一个回归函数，而备择假设是，各组之间有一个或多个斜率是不同的。例如：国有企业和民营企业的薪酬业绩敏感性具有显著差异（两组不同的样本在横截面存在差异），限薪令前后国有企业的薪酬业绩敏感性具有显著差异（同一组样本在跨期存在差异）。

在工资方程中，假定想检验男性和女性的受教育年限、工作经历和任职年限对工资的影响是否有显著差异：

$$\log(wage)=\beta_0+\delta_1 female+\beta_1 educ+\beta_2 exper+\beta_3 exper^2+\beta_4 tenure+\beta_5 tenure^2 \\ +\delta_1 female(\beta_1 educ+\beta_2 exper+\beta_3 exper^2+\beta_4 tenure+\beta_5 tenure^2)+\mu \tag{5-16}$$

原假设为：

$$H_0:\delta_1\beta_1=0,\ \delta_1\beta_2=0,\ \delta_1\beta_3=0,\ \delta_1\beta_4=0,\ \delta_1\beta_5=0$$

这一联合假设可以使用 F 统计量进行检验。

Stata 程序 5.4.4.2：检验不同组之间回归函数的差异

在 Stata 中，可以通过先产生交互变量再加入模型，或者直接使用 Stata 中的因子变量（factor variables）检验不同组的差异。

```
*Stata 程序
use "wage1.dta",clear
*方法 1：产生相应的交互变量
reg lwage educ exper expersq tenure tenursq if female==0
est store lwage1
reg lwage educ exper expersq tenure tenursq if female==1
est store lwage2
gen female_educ=female*educ
gen female_exper=female*exper
gen female_expersq=female*expersq
gen female_tenure=female*tenure
```

```
gen female_tenursq=female*tenursq
reg lwage female educ exper expersq tenure tenursq female_educ  female_
exper ///
   female_expersq female_tenure female_tenursq
est store lwage3
   test female_educ  female_exper ///
   female_expersq female_tenure female_tenursq
outreg2 [lwage*] using "table5_5", word tstat ///
      e(F) adjr2 bdec(3) tdec(2) replace
*方法 2：利用因子变量回归
reg lwage female educ exper expersq tenure tenursq i.female# c.(educ
exper expersq tenure tenursq)
testparm i.female# c.(educ exper expersq tenure tenursq)
```

模型（5－16）的检验结果见表 5－5 的列（3）。联合检验 $F(5, 514)=3.90$，p 值＝0.001 8，在 1%的显著性水平下可以拒绝原假设，说明男性和女性的受教育年限、工作经历和任职年限对工资的影响具有显著差异。作为参照，我们用 *lwage* 对男性、女性的 *educ*，*exper*，*expersq*，*tenure*，*tenursq* 单独进行回归，结果见表 5－5 的列（1）和列（2），列（1）和列（3）得到的 $\beta_1 \sim \beta_5$ 的估计值完全一致。

表 5－5　男性和女性的受教育年限、工作经历和任职年限对工资的影响

VARIABLES	(1) lwage	(2) lwage	(3) lwage
female			0.108
			(0.56)
educ	0.087***	0.073***	0.087***
	(9.70)	(7.00)	(9.88)
exper	0.040***	0.017**	0.040***
	(5.60)	(2.58)	(5.71)
expersq	−0.001***	−0.000**	−0.001***
	(−4.86)	(−2.53)	(−4.96)
tenure	0.033***	0.039***	0.033***
	(3.63)	(3.35)	(3.70)
tenursq	−0.001*	−0.001***	−0.001**
	(−1.94)	(−2.80)	(−1.98)
female_educ			−0.014
			(−1.03)
female_exper			−0.023**
			(−2.34)
female_expersq			0.000*
			(1.79)

续表

VARIABLES	(1) lwage	(2) lwage	(3) lwage
female_tenure			0.007
			(0.45)
female_tenursq			−0.001
			(−1.44)
Constant	0.215	0.323**	0.215*
	(1.63)	(2.31)	(1.66)
Observations	274	252	526
Adjusted R-squared	0.436	0.245	0.450
F	43.18	17.25	40.00

思考：用 *lwage* 对女性的 *educ*，*exper*，*expersq*，*tenure*，*tenursq* 单独进行回归，得到的 $\beta_1 \sim \beta_5$ 的估计值与上表中的 $\beta_1 \sim \beta_5$ 的估计值有何关系？

5.5　回归分析：基本假定违反的检验、修正与 Stata 实现

在前面的分析中，我们知道，在高斯-马尔科夫假定 MLR.1～MLR.5 下，小样本下 OLS 估计量是总体参数的最佳线性无偏估计量。在大样本下，还是一致的和渐近有效的。总之，“在满足模型基本假定的基础上，回归分析是研究变量之间关系的最好的统计分析方法之一”。回归分析已经有 200 年左右的历史，能在如此长的时间内在各个领域广泛应用，证明了其强大的生命力。

如何判断是否满足基本假定（MLR.1～MLR.6）？如果不满足基本假定，回归分析中 OLS 估计量的性质如何？如何进行修正？本部分将对此进行讨论。

5.5.1　不满足同方差性假定：异方差的检验与修正

1. 异方差对参数估计和假设检验的影响

在多元线性回归模型中，我们假定，给定任意解释变量值，误差项 μ 都具有相同的方差。即 $Var(\mu|x_1,x_2,\cdots,x_k)=\sigma^2$，若不满足该假定，则称模型具有异方差。尽管同方差性对 OLS 估计量的无偏性、一致性没有影响，但估计量的方差 $Var(\hat{\beta}_j)$ 在没有同方差的假定下是有偏的，而 OLS 标准误直接以这些方差为基础，所以它们都不能用来构造置信区间和 t 统计量。出现异方差性时，通常 OLS 的 t 统计量不具有 t 分布。使用大样本也不能解决这个问题。类似地，F 统计量也不再是 F 分布。总之，在出现异方差性的情况下，在高斯-马尔科夫假定下用来检验假设的统计量都不再成立。OLS 估计量也不是有效的或渐近有效的。

2. 异方差的检验

多年来，人们提出过许多种检验异方差性的方法。较现代的检验主要有：布罗施-帕甘异方差检验（Breusch-Pagan test for heteroskedasticity，BP 检验）和怀特异方差检验（White test for heteroskedasticity，White test）。它们能侦查出使通常的 OLS 统计量无效的异方差类型。

（1）BP 检验。BP 检验的基本思想是以残差作为误差项的估计值，来检验误差项和自变量的相关性。其主要步骤为：

首先，利用估计模型 $y=\beta_0+\beta_1x_1+\beta_2x_2+\cdots+\beta_kx_k+\mu$ 得到 OLS 残差平方和 $\hat{\mu}^2$（每个观测得到一个）。

其次，利用估计模型 $\hat{\mu}^2=\delta_0+\delta_1x_1+\delta_2x_2+\cdots+\delta_kx_k+v$ 进行回归，获得这个回归的 $R^2_{\hat{\mu}^2}$。

最后，在原假设同方差下计算 F 统计量或 LM 统计量，并计算 p 值（前者用 F 分布，后者用卡方分布），进行推断。

$$F=\frac{R^2_{\hat{\mu}^2}/k}{(1-R^2_{\hat{\mu}^2})/(n-k-1)}\sim F_{k,n-k-1}$$

$$LM=nR^2_{\hat{\mu}^2}\sim\chi^2_k$$

如果 p 值相当小，即低于选定的显著性水平，就拒绝同方差性的原假设（表明存在异方差），应该采取某种修正措施。

如果我们猜测异方差性只取决于某些自变量，很容易就能改造 BP 检验：将残差平方对所选择的任何自变量做回归，并进行适当的 F 检验或 LM 检验（拉格朗日乘数检验）。

（2）White 检验。同方差假定 $Var(\mu|x_1,x_2,\cdots,x_k)=\sigma^2$ 可由如下较弱的假定取代：误差平方 μ^2 与所有自变量（x_j）、所有自变量的平方（$x_j{}^2$）和所有自变量的交叉乘积（x_jx_h，j 不等于 h）都不相关。这一观察促使怀特提出了一种对异方差的检验方法，即在估计模型 $\hat{\mu}^2=\delta_0+\delta_1x_1+\delta_2x_2+\cdots+\delta_kx_k+v$ 中加入自变量的平方项和交互项，然后构建 LM 统计量，这一检验称为怀特异方差检验（White，1980）。这一检验的缺陷是，对自变量较多的模型，要使用很多自由度。有可能得到一个比这一检验更容易实施且自由度更节省的检验，即通过估计方程 $\hat{\mu}^2=\delta_0+\delta_1\hat{y}+\delta_2\hat{y}^2+v$ 来构建 LM 统计量。这可以看作 White 检验的一个特例，其主要步骤为：

首先，利用估计模型 $y=\beta_0+\beta_1x_1+\beta_2x_2+\cdots+\beta_kx_k+\mu$ 得到 OLS 残差平方和 $\hat{\mu}^2$，$\hat{y}$ 和 $\hat{y}^2$（每个观测得到一个）。

其次，利用估计模型 $\hat{\mu}^2=\delta_0+\delta_1\hat{y}+\delta_2\hat{y}^2+v$ 进行回归，获得这个回归的 $R^2_{\hat{\mu}^2}$。

最后，在原假设同方差下计算 F 统计量或 LM 统计量，并计算 p 值（前者用 F 分布，后者用卡方分布），进行推断。

$$F=\frac{R^2_{\hat{\mu}^2}/k}{(1-R^2_{\hat{\mu}^2})/(n-k-1)}\sim F_{k,n-k-1}$$

$$LM=nR^2_{\hat{\mu}^2}\sim\chi^2_k$$

如果 p 值相当小，即低于选定的显著性水平，就拒绝同方差性的原假设（表明存在异方差）。

Stata 程序 5.5.1.1：异方差检验

利用 wage1. dta 数据，在考察 educ，exper，expersq，tenure，tenursq 对 lwage 的影响后进行异方差检验。

在 Stata 中，可以在执行 reg 命令后，使用 hettest 进行 BP 检验，可以下载 whitetst 命令进行 White 检验。

```
*Stata 程序
*布罗施-帕甘异方差检验（BP 检验）
use "wage1.dta",clear
*利用 Stata 命令进行 hettest 检验
reg lwage educ exper expersq tenure tenursq
hettest                                  //对所有变量进行 BP 检验
hettest exper                            //对指定变量进行 BP 检验
*自行计算对所有自变量进行 BP 检验的 F 和 LM 统计量
reg lwage educ exper expersq tenure tenursq
predict uhat,r
gen uhatsq=uhat^2
reg uhatsq educ exper expersq tenure tenursq
scalar n=e(N)
scalar k=e(df_m)
scalar r2=e(r2)
scalar F=(r2/k)/((1-r2)/(n-k-1))
scalar p_F=Ftail(k,(n-k-1),F)        //计算 F 值对应的 p 值
disp "F 值="F "   " "p 值="p_F
scalar LM=n*r2
scalar p_LM=chi2tail(k,LM)           //计算 F 值对应的 p 值
disp "LM 值="LM "   " "p 值="p_LM

*怀特异方差检验（White 检验）
use "wage1.dta",clear
*利用 Stata 命令进行 White 检验（需先自行安装 whitetst 命令）
ssc install whitetst
reg lwage educ exper expersq tenure tenursq
whitetst                                 //White 检验
*请读者利用上述步骤自行编制程序计算 F 和 LM 统计量
```

3. 异方差的修正

如果模型存在异方差，则必须对其进行修正。目前，对异方差的修正方法主要有：异方差稳健估计、可行广义最小二乘估计。

（1）异方差稳健估计。如果模型存在异方差，通常的 OLS 推断都是错的，但这不意味着必须放弃 OLS 估计，我们可以对其进行修正。目前，计量经济学家已经知道该如何调整标准误、t 统计量、F 统计量和 LM 统计量，使之在出现未知形式的异方差（heteroskedasticity of unknown form）时仍可用。这一调整的标准误（$HRSE=(X'X)^{-1}(X'diag(\mathrm{e}_i^2)X)(X'X)^{-1}$）称为异方差稳健标准误（heteroskedasticity-robust standard error)。这一稳健标准误由怀特（White，1980）提出。统计学的更早期著作（特别是埃克（Eicker，1967）和胡伯（Huber，1967））也曾指出得到这种稳健标准误的可能性。在应用研究中，有时又把它们称为怀特、埃克或胡伯标准误（或用连字符将他们的名字连在一起)。我们通常把它们称为异方差稳健标准误，甚至在不引起混淆的情况下称为稳健标准误。

无论总体中出现的异方差性类型如何（包括同方差)，都能报告异方差稳健标准误。因为无论误差方差是否为常数，它们都（至少在大样本下）是有效的。在小样本量的情况下，稳健 t 统计量的分布可能不是那么接近 t 分布，这可能会使我们通过稳健标准误进行推断时出错。在大样本量的情况下，我们有理由在横截面数据分析中总是报告异方差稳健标准误，这种做法在应用研究中越来越多。

同样，可以对任意一个未知形式的异方差性都获得稳健的 F 统计量和 LM 统计量。异方差稳健的 F 统计量（heteroskedasticity-robust F statistic)（或其简单变换）又被称为异方差稳健的 *Wald* 统计量。

Stata 程序 5.5.1.2：报告回归模型的异方差稳健标准误

利用 wage1.dta 数据，可以在考察 educ，exper，expersq，tenure，tenursq 对 lwage 的影响的回归模型中报告异方差稳健标准误。

在 Stata 中，报告异方差稳健标准误十分方便。对于横截面数据，只要在回归命令 reg 后加上 robust 或 vce(robust) 就可以报告异方差稳健的 t 统计量和 F 统计量。在小样本下，选项 vce(hc2)，vce(hc3) 能够提供更稳健的估计。

若为混合横截面数据或面板数据，应使用 vce(cluster clustvar) 选项，具体讨论见 6.2.1 节。

```
*Stata 程序
use "wage1.dta",clear
reg lwage educ exper expersq tenure tenursq,robust
reg lwage educ exper expersq tenure tenursq,vce(hc2)
reg lwage educ exper expersq tenure tenursq,vce(hc3)
```

（2）广义最小二乘估计和可行广义最小二乘估计。如果知道异方差的具体形式，可以使用 GLS。给误差方差越大的观测赋予越小的权数（加权最小二乘法（WLS)），这样使用 WLS 比 OLS 更有效，这使得 WLS 成为得到 BLUE 估计量的一种方法。WLS 估计得到的检验统计量（t 统计量和 F 统计量）在误差正态分布时确切有效（在误差非正态分布时渐近有效），前提是已经有异方差的正确模型。

但是大多数情况下，异方差的确切形式并不明显。这时，我们需要利用数据来估计异方差形式，这被称为可行的 GLS（FGLS）估计量（feasible GLS estimator）。FGLS 有时又被称为估计的 GLS 或 EGLS。由此得到的 FGLS 估计量不再是无偏的，但它仍是一致的和渐近有效的。

对估计模型 $y=\beta_0+\beta_1x_1+\beta_2x_2+\cdots+\beta_kx_k+\mu$，对异方差形式的一种简单、可行的假定是：

$$Var(\mu|x)=\sigma^2\exp(\delta_0+\delta_1x_1+\delta_2x_2+\cdots+\delta_kx_k)$$

那么，纠正异方差的 FGLS 程序是：

1）利用估计模型 $y=\beta_0+\beta_1x_1+\beta_2x_2+\cdots+\beta_kx_k+\mu$ 得到 OLS 残差 $\hat{\mu}$。

2）对残差 $\hat{\mu}$ 进行平方，然后再取自然对数得到 $\log(\hat{\mu}^2)$。

3）利用 $\log(\hat{\mu}^2)$ 对 $x_1,x_2,\cdots,x_k$ 进行回归，得到拟合值 $\hat{g}$。

4）获得拟合值 $\hat{g}$ 的指数：$\hat{h}=\exp(\hat{g})$。

5）以 $1/\hat{h}$ 为权数，用 WLS 估计方程 $y=\beta_0+\beta_1x_1+\beta_2x_2+\cdots+\beta_kx_k+\mu$。

Stata 程序 5.5.1.3：FGLS 分析

利用 wage1.dta 数据，结合 $Var(\mu|x)=\sigma^2\exp(\delta_0+\delta_1x_1+\delta_2x_2+\cdots+\delta_kx_k)$，使用 FGLS 进行分析。

在 Stata 中，在 reg 命令中使用 aweight 可以进行 FGLS 分析。

```
*Stata 程序
use "wage1.dta",clear
reg wage educ exper expersq tenure tenursq
predict double uhat,resid
generate double lnuhatsq = ln(uhat^2)    // get log squared residual
reg lnuhatsq educ exper expersq tenure tenursq
predict double ghat, xb                  // get yhat
gen hhat=exp(ghat)
*FGLS: Second step get estimate of skedasticity function
regress wage educ exper expersq tenure tenursq [aweight=1/hhat]
```

综上所述，统计与计量软件的出现使对异方差的诊断和修正变得非常简单。在经验分析中应该对异方差的处理进行简要说明，即模型是否会出现异方差，文章中是否采用了相应的解决方法。通常，对异方差最简单的修正是使用 White 稳健估计，在很多经验文献中，一般都直接报告异方差稳健的 t 统计量和 F 统计量。

对异方差的其他修正是使用 GLS 或 FGLS。遗憾的是，通常由于不知道异方差的确切形式而无法使用 GLS，而 FGLS 估计量在小样本下不是无偏的，故两种方法在会计和财务经验研究中较少使用。

在会计和财务经验研究中，对变量如资产取对数，或者对变量除以相应的期初总资产或期初股价（平减或称消除规模效应（scaled）），可以在一定程度上消除异方差的影响。

5.5.2 不满足不存在完全共线性假定或存在多重共线性的检验与修正

当样本中一个自变量刚好是其他自变量的一个线性组合时，模型存在完全共线性，即定义的 $1\times(k+1)$ 向量 $\boldsymbol{x}_i=(1,x_{i1},\cdots,x_{ik})$ 不满秩，这时不能采用LS估计参数，可以通过删除变量来进行修正。实证研究中，需要关注当模型出现两个或多个自变量之间高度（但不完全）相关，即出现多重共线性（multicollinearity）时，如何判断其影响和对其进行修正。

1. 多重共线性的影响

假定MLR.3要求在样本（在总体）中，没有一个自变量是常数，自变量之间也不存在严格的线性关系，即不存在完全共线性。多重共线性没有违背我们的任何一个假定，也不会影响估计量的无偏性和一致性，但在高度多重共线性下，很难确切地区分各个解释变量的单独效应，参数估计量的误差可能相当大，从而影响估计量的有效性。

由定理5-2可知，在假定MLR.1~MLR.5下，OLS斜率估计量的抽样方差为 $Var(\hat{\beta}_j)=\dfrac{\sigma^2}{SST_j(1-R_j^2)}$，其中 $SST_j=\sum_{i=1}^{n}(x_{ij}-\overline{x}_j)^2$，是 x_j 的总样本波动；R_j^2 是将 x_j 对所有其他自变量（包含截距项）进行回归所得到的 R^2。可知，影响估计参数 $\hat{\beta}_j$ 方差的因素有3个：误差方差 σ^2，x_j 的总样本波动 SST_j 和自变量之间的线性关系 R_j^2。假定其他因素不变，自变量之间的线性关系越强，OLS参数 β_j 估计量的方差就越大。

另一个重要问题是，虽然某些自变量之间高度相关，但对模型中其他参数的估计效果而言，可能并不重要。

2. 多重共线性的检验

检验多重共线性的常用统计量是方差膨胀因子（variance inflation factor，VIF）。斜率系数 j 的 VIF 计算很简单，$VIF_j=\dfrac{1}{1-R_j{}^2}$，进一步可知 $Var(\hat{\beta}_j)=\dfrac{\sigma^2}{SST_j(1-R_j^2)}=\dfrac{\sigma^2}{SST_j}\times VIF_j$。可以看出，若 x_j 与其他解释变量越相关，那么 VIF_j 越大，这会使得参数估计量的方差较大。对 VIF 设定一个临界值来判断多重共线性是一个“问题”，通常将 VIF 等于10作为临界值。如果 VIF 超过10（等同于 R_j 超过0.9），那么多重共线性对于估计 β_j 会成为一个“问题”。但是 VIF 超过10并不意味着估计参数的标准差太大以至于它没有用处，因为标准差还取决于 σ 和 SST_j。因此，就像直接关注 $R_j{}^2$ 的大小一样，直接关注 VIF_j 的大小的用处也有限。当然，也有些人出于好奇就是要这么做。

> Stata程序5.5.2.1：多重共线性的检验
>
> 利用wage1.dta数据，检验模型的多重共线性。
>
> 在Stata中，在回归命令reg后，通过vif或estat vif命令可检验模型的多重共线性。

```
*Stata 程序
use "wage1.dta",clear
qui reg wage educ exper tenure
estat vif
qui reg wage educ exper expersq tenure tenursq
vif
```

结果显示，在模型中加入解释变量的平方项会大幅提高 VIF 的值。

3. 多重共线性的修正

多重共线性是一个与样本有关的数据问题，而不是统计问题。其中的样本不能对解释变量提供“足够”的信息以满足模型的需要，可以通过以下三种方法来解决。

第一种方法是增加样本数据。一般来说，更多的同类数据于事无补，需要的是更多不同类型的数据，特别是那些与现有数据有较大差异的数据。

第二种方法是根据现有数据简化模型。就其本质而言，多重共线性意味着某些抽样的解释变量不能提供其他变量能提供的足够信息。最简单的方法是删除高度相关变量中的一个或几个变量。在社会科学中，我们通常是被动的数据搜集者，除了搜集更多的数据外，没有什么其他的好办法能减小无偏估计量的方差。对于一个给定的数据集，可以试着从模型中去掉一些其他自变量，以努力消除多重共线性。例如，在薪酬业绩敏感性的研究中，在解释变量中同时加入总资产收益率、净资产收益率和每股收益等业绩变量，由于这些变量都是基于净利润计算的，因此具有很大的相关性，比较理想的处理办法是保留其中一个业绩变量，然后采用其他业绩变量进行敏感性测试。

也可对几个变量求平均或加总来改变其特性。用以识别同向变动的解释变量的线性组合的主成分分析法（principal component analysis）可用于确定哪些变量可被平均化。在这些情况下，估计所得系数代表的是相关变量的加总或平均效应。

第三种方法是指出该问题的存在而不试图去改变数据或模型。如果增加样本的其他数据不可行，并且模型以一个发展完善的理论为基础，很难改变模型特性，如果剔除一些变量可能导致分析中产生设定误差，从而导致估计系数发生偏误，在这些情况下，对多重共线性“置之不理”可能是最恰当的办法。特别是，如果研究目的主要是预测，解释变量之间的关系在预测期同样存在，则预测精度不受多重共线性的影响。

5.5.3　不满足条件均值为零假定：内生性的检验与修正

1. 内生性的影响

假定 MLR. 4 要求给定自变量的任何值，误差 μ 的期望值为零，即 $E(\mu|x_1,x_2,\cdots,x_k)=0$。当假定 MLR. 4 成立时，我们称 x 为外生解释变量。如果出于某种原因 x_i 仍与 μ 相关，那么称 x_i 为内生解释变量。内生性的出现将导致模型估计失去无偏性和一致性。如果估计量不满足一致性，研究工作就不应该继续。

Stata 程序 5.5.3.1：模型内生性影响的模拟分析

模型为 $y=10+3x_1+2x_2+\mu$，考虑 x_2 与 μ 相关时导致内生性的模拟估计。

```
*Stata 程序
* Define global macros for sample size and number of simulations
global numobs 1000                                  // sample size N
* Endogenous regressor（存在多个变量：解释变量与误差项相关）
clear
set seed 10101
cap pr drop endogreg
program endogreg, rclass
    version 10.1
    drop _all
    set obs $numobs
    generate u = rnormal(0)
    generate x1 = 5*rnormal(0)
    generate x2 = 0.5*u + rnormal(0)                // endogenous regressors
    generate y = 10 + 3*x1 + 2*x2 + u
    regress y x1 x2
    return scalar b1 = _b[x1]
    return scalar se1 = _se[x1]
    return scalar t1 = (_b[x1]-3)/_se[x1]
    return scalar r1 = abs(return(t1))>invttail($numobs-3,.025)
                                                    //双侧对立假设检验
    return scalar p1 = 2*ttail($numobs-2,abs(return(t1)))
                                                    //双侧 p 值
    return scalar b2 = _b[x2]
    return scalar se2 = _se[x2]
    return scalar t2 = (_b[x2]-2)/_se[x2]
    return scalar r2 = abs(return(t2))>invttail($numobs-3,.025)
    return scalar p2 = 2*ttail($numobs-2,abs(return(t2)))
end

global numsims "1000"                               // number of simulations
simulate b1r=r(b1) se1r=r(se1) t1r=r(t1) reject1r=r(r1) p1r=r(p1) ///
        b2r=r(b2) se2r=r(se2) t2r=r(t2) reject2r=r(r2) p2r=r(p2), ///
        reps($numsims) nolegend nodots: endogreg
mean b1r se1r reject1r b2r se2r reject2r

global numsims "10000"                              // number of simulations
```

```
simulate b1r=r(b1) se1r=r(se1) t1r=r(t1) reject1r=r(r1) p1r=r(p1) ///
       b2r=r(b2) se2r=r(se2) t2r=r(t2) reject2r=r(r2) p2r=r(p2),  ///
       reps($numsims) nolegend nodots: endogreg
mean b1r se1r reject1r b2r se2r reject2r
```

表 5-6 为解释变量与误差项相关时回归分析模拟的结果，可以看出，当模型存在内生性时，得到的 β 估计会存在偏误。

表 5-6　解释变量与误差项相关时回归分析模拟的结果

	模拟 1 000 次		模拟 10 000 次	
	均值	标准误	均值	标准误
b1r	3.000	0.000	3.000	0.000
se1r	0.006	0.000	0.006	0.000
reject1r	0.054	0.007	0.051	0.002
b2r	2.400	0.001	2.400	0.000
se2r	0.025	0.000	0.025	0.000
reject2r	1.000	0.000	1.000	0.000

2. 内生性的产生原因

(1) 遗漏变量偏误。遗漏一个实际上应包括在真实（或总体）模型中的变量，通常被称为排除一个有关变量（excluding a relevant variable）或对模型设定不足（underspecifying the model）。这个问题一般会导致内生性，使 OLS 估计量产生偏误。

假定真实的总体模型有两个解释变量和一个误差项：

$$y=\beta_0+\beta_1x_1+\beta_2x_2+\mu$$

并且假定这个模型满足假定 MLR.1～MLR.4。我们主要关心的是 x_1 对 y 的偏效应 β_1。但由于疏忽或数据不足，我们在排除 x_2 的情况下估计了这个模型。换句话说，我们只将 y 对 x_1 进行了简单回归，得到方程：

$$\widetilde{y}=\widetilde{\beta}_0+\widetilde{\beta}_1x_1$$

使用符号～而不是＾，是为了强调估计参数来自一个设定不足的模型。

经过推导可知，$\widetilde{\beta}_1=\hat{\beta}_1+\hat{\beta}_2\widetilde{\delta}_1$，其中，$\hat{\beta}_1$ 和 $\hat{\beta}_2$ 是 y 对 x_1 和 x_2 进行回归得到的斜率估计量。而 $\widetilde{\delta}_1$ 是 x_2 对 x_1 进行回归的斜率估计量。由于满足假定 MLR.1～MLR.4，有 $E(\widetilde{\beta}_1)=E(\hat{\beta}_1+\hat{\beta}_2\widetilde{\delta}_1)=\beta_1+\beta_2\widetilde{\delta}_1$。这意味着 $\widetilde{\beta}_1$ 中的偏误为：$Bias(\widetilde{\beta}_1)=E(\widetilde{\beta}_1)-\beta_1=\beta_2\widetilde{\delta}_1$。$\beta_2\widetilde{\delta}_1$ 通常被称为遗漏变量偏误（omitted variable bias）。偏误为正，说明估计值较真实值过大（向上的偏误，upward bias），反之则过小（向下的偏误，downward bias）。$\widetilde{\beta}_1$ 的偏误同时取决于 β_2 和 $\widetilde{\delta}_1$ 的符号，因此至少存在四种可能情形。显然，若 x_1 和 x_2 不相关，则偏误为 0，$\widetilde{\beta}_1$ 是无偏估计。偏误的方向很重要，但偏误的大小更值得关注。若偏误很小，可忽略，否则应当采取相应的修正措施。

实践中，由于β_2是一个未知的总体参数，不能确定是正还是负。但x_2对y产生影响的方向通常可以预测。此外，尽管x_1和x_2之间相关关系的符号因不能观测到x_2而未知，但多数情况下，我们对x_1和x_2之间是正相关还是负相关能做出有根据的猜测。

在所估计的模型中含有多个回归元的情况下，推导遗漏变量偏误的符号更为困难。必须记住，一个解释变量与误差之间存在相关关系，一般会导致所有 OLS 估计量都产生偏误。通常我们关心的是，一个特定的解释变量（如x_1）与遗漏的关键因素之间的关系。

Stata 程序 5.5.3.2：遗漏变量导致模型内生性影响的模拟分析

模型为$y=10+3x_1+2x_2+\mu$，x_2与x_1相关，考虑遗漏x_2时导致内生性的模拟估计。

```
*Stata 程序
*Endogenous regressor(存在多个变量：遗漏与其他解释变量相关的解释变量)
global numobs 1000                          // sample size N
clear
set seed 10101
cap pr drop endogreg
program endogreg, rclass
    version 10.1
    drop _all
    set obs $numobs
    generate u = rnormal(0)
    generate x1 = 5*rnormal(0)
    generate x2 = 0.2*x1+rnormal(0)     // omitted variable
    generate y = 10 + 3*x1 + 2*x2 + u
    regress y x1
    return scalar b1 = _b[x1]
    return scalar se1 = _se[x1]
    return scalar t1 = (_b[x1]-3)/_se[x1]
    return scalar r1 = abs(return(t1))>invttail($numobs-3,.025)
                                        //双侧对立假设检验
    return scalar p1 = 2*ttail($numobs-2,abs(return(t1)))
                                        //双侧 p 值
end

global numsims "1000"                       // number of simulations
simulate b1r=r(b1) se1r=r(se1) t1r=r(t1) reject1r=r(r1) p1r=r(p1), ///
         reps($numsims) nolegend nodots: endogreg
```

```
mean b1r se1r reject1r

global numsims "10000"          // number of simulations
simulate b1r=r(b1) se1r=r(se1) t1r=r(t1) reject1r=r(r1) p1r=r(p1), ///
        reps($numsims) nolegend nodots: endogreg
mean b1r se1r reject1r
```

表 5-7 为解释变量与误差项相关时回归分析模拟的结果，可以看出，遗漏与其他解释变量相关的解释变量时，模型存在内生性，得到的 β 估计会存在偏误。

表 5-7 解释变量与误差项相关时回归分析模拟的结果

	模拟 1 000 次		模拟 10 000 次	
	均值	标准误	均值	标准误
b1r	3.400	0.000	3.400	0.000
se1r	0.014	0.000	0.014	0.000
reject1r	1.000	0.000	1.000	0.000

(2) 计量误差偏误。在实证研究中，有时无法搜集到那些确实影响经济和企业行为的变量数据。例如，一个家庭在决定某年向慈善机构捐款多少时需要考虑边际所得税率，但是，很难得到边际税率，或者说，很难把各种收入水平的税率概括成单个数字。但我们可基于总收入和总税收支付计算平均税率。

当我们在一个回归模型中使用变量不精确的度量时，模型就包含计量误差。在回归模型中，因变量和自变量都可能会出现计量误差。

1) 因变量的计量误差。令 y^* 为因变量，回归模型为：

$$y^*=\beta_0+\beta_1x_1+\beta_2x_2+\cdots+\beta_kx_k+\mu$$

令 y 表示对 y^* 的可观测度量，则因变量的计量误差可以定义为观测值和实际值之差：$e_0=y-y^*$，移项后得：$y^*=y-e_0$，代入上式得：

$$y=\beta_0+\beta_1x_1+\beta_2x_2+\cdots+\beta_kx_k+\mu+e_0$$

显然，若因变量的计量误差与一个或多个解释变量系统相关，会导致模型出现内生性，从而导致 OLS 的偏误。当然，如果计量误差只是一个与解释变量无关的随机报告误差，OLS 就完全适用。

2) 自变量的计量误差。假定回归模型：

$$y=\beta_0+\beta_1x_1^*+\beta_2x_2+\beta_3x_3+\mu$$

x_1^* 存在计量误差，令 x_1 表示对 x_1^* 的可观测度量，则自变量的计量误差可以定义为观测值和实际值之差：$e_1=x_1-x_1^*$，e_1 的值可能为正、负或零。μ 和 e_1 都满足零均值。

并且假定 μ 与 x_1^*，x_2，x_3 都不相关。关键假定是针对计量误差 e_1 的假定。几乎在所有情况下，都假定 e_1 与不存在计量误差的解释变量 x_2，x_3 无关。关键是计量误差 e_1

和 x_1^* 或 x_1 是否相关。在经典变量误差（classical errors-in-variables，CEV）假定下，计量误差与无法观测的解释变量无关，即

$$Cov(x_1^*, e_1)=0$$

将所观测到的观测值写成真正的解释变量与计量误差之和：

$$x_1=x_1^*+e_1$$

然后再假定 x_1 的两个成分无关，便得到了经典变量误差假定。

如果 $Cov(x_1^*, e_1)=0$ 成立，有 $Cov(x_1, e_1)=E(e_1^2)=\delta_{e_1}^2$，即 x_1 和 e_1 一定相关。

因此，CEV 假定将导致模型出现内生性，一般而言，y 对所有自变量 x_1，x_2，x_3 的 OLS 回归将给出有偏而又不一致的估计量。对于估计不存在计量误差的变量的 β_j 来说，在 x_1^* 和 x_2，x_3 都不相关的特殊情形中，$\hat{\beta}_2$ 和 $\hat{\beta}_3$ 是一致的。但在实践中几乎不存在这种情况。一般说来，单个变量的计量误差会导致所有估计量都不一致。遗憾的是，偏误的大小甚至方向都不容易得到。

如果满足 $Cov(x_1, e_1)=0$，以 x_1^* 取代 x_1 的 OLS 估计可得到参数的一致估计量。

（3）函数误设偏误。如果一个多元回归模型没有正确地解释因变量和所观测解释变量之间的关系，它就存在函数形式误设（functional form misspecification）的问题。遗漏解释变量属于函数形式误设的一种情况，函数形式误设的情形更多。

比如，若小时工资由 $\log(wage)=\beta_0+\beta_1 educ+\beta_2 exper+\beta_3 exper^2+\mu$ 决定，但我们遗漏了工作经历的平方项 $exper^2$，就会遇到函数形式误设的问题。这种函数形式误设会导致解释变量与误差项相关，从而出现内生性。这通常会导致 β_0，β_1 和 β_2 的估计量产生偏误。偏误的大小取决于 β_3 的大小，以及 $educ$，$exper$ 和 $exper^2$ 之间的相关关系。

同样，假设 $\log(wage)=\beta_0+\beta_1 educ+\beta_2 exper+\beta_3 exper^2+\mu$ 是满足假定 MLR.1～MLR.4 的真实模型，如果用 $wage$ 而不是 $\log(wage)$ 作为因变量，就不能得到偏效应的无偏或一致估计量。

（4）联立方程偏误。当至少有一个解释变量同因变量被同时确定时，联立性（simultaneity）便产生了。比如，如果 x_k 被部分地确定为 y 的函数，那么 x_k 与 μ 通常是相关的。例如，y 表示城市凶杀案件率，而 x_k 表示警力大小，警力大小部分地由凶杀案件率来决定。直观上这种情况较难分析，因为必须考虑能够外生地变动 x_k 的情况，即使在收集的数据中，y 与 x_k 是联立生成的。

解释联立方程模型富有挑战性。一般而言，在微观经验研究中，在选题和研究设计方面应当尽量避免联立性问题的出现。

3. 内生性的判断和检验

导致内生性的原因多种多样，因此对内生性的判断和检验较为复杂。有时原因显而易见，但对模型估计和推断的影响却难以判断，比如变量存在计量误差导致的内生性。下面主要讨论函数误设的检验，为内生性的判断和检验提供一些参考。

我们已经有了一个强有力的工具来检验误设函数形式：联合排除性约束的 F 检验。通常，在模型中添加任何一个显著变量的平方项并进行一个联合显著性检验都是讲得通的。

如果所增加的平方项是显著的，就可以把它们放到模型中（代价是对模型的解释更复杂）。然而，显著的平方项可能是函数有其他形式这一问题的征兆，比如在应该用变量的对数值时却使用了水平值，或反之。很难确定函数形式误设的准确原因。幸运的是，在许多情形下，使用某些变量的对数形式和添加二次项，足以发现经济学中许多重要的非线性关系。

（1）对函数形式误设问题的一般检验：RESET。拉姆齐（Ramsey，1969）的回归设定误差检验（regression specification error test，RESET）在检验一般的函数形式误设方面很有用。RESET 背后的思想相当简单。如果原模型 $y=\beta_0+\beta_1x_1+\beta_2x_2+\cdots+\beta_kx_k+\mu$ 满足假定 MLR. 4，那么在方程中添加自变量的非线性关系应该是不显著的，反之则表明回归模型遗漏了解释变量或者函数形式是否正确。例如，我们可以在方程中添加自变量的平方项，通过观察其显著性来判断回归模型是否遗漏了解释变量或者函数形式是否正确。但如果方程中自变量过多，添加所有自变量的平方项会消耗过多的自由度。RESET 在方程中添加 OLS 拟合值的多项式，以检验函数形式误设的一般形式。

为了实施 RESET，必须决定在一个扩大回归方程中包括多少个拟合值的函数。虽然对这个问题没有正确的回答，但大多数应用研究表明平方项和三次方项很有用。

令 $\hat{y}$ 表示估计 $y=\beta_0+\beta_1x_1+\beta_2x_2+\cdots+\beta_kx_k+\mu$ 所得到的 OLS 拟合值。考虑扩大回归方程：

$$y=\beta_0+\beta_1x_1+\beta_2x_2+\cdots+\beta_kx_k+\delta_1\hat{y}^2+\delta_2\hat{y}^3+v$$

通过 F 检验或 LM 检验来检验原假设 $H_0:\delta_1=0,\ \delta_2=0$，以判断模型的函数设定形式。拒绝原假设表明存在某种函数形式。

我们也可以利用 RESET 来判断因变量和自变量是否应当采用对数形式。如果一个被拒绝，而另一个没有被拒绝，则表明没有被拒绝的模型可能更可取一些。但通常事情并没有这么简单。RESET 的一个缺陷是，当模型被拒绝后，它不能为我们该怎么做提供一个现实的方向。

在 Stata 中，可以在回归命令 reg 后使用 estat ovtest 命令实施 RESET。

（2）对非嵌套模型的检验。对于嵌套模型（nested models），可以使用 F 检验或 LM 检验。对于非嵌套模型（non-nested models），即两个模型之间不具有嵌套性质的模型，如需决定自变量应以水平值还是对数形式出现，一般应当使用戴维森和麦金农（Davidson and MacKinnon，1981）提出的检验方法。考虑如下两个模型：

$$y=\beta_0+\beta_1x_1+\beta_2x_2+\mu \tag{5-17}$$

$$y=\beta_0+\beta_1\log(x_1)+\beta_2\log(x_2)+\mu \tag{5-18}$$

他们指出，若模型（5－17）正确，则从模型（5－18）得到的拟合值 $\hat{y}$ 在模型（5－17）中应该是不显著的。戴维森-麦金农检验（Davidson-MacKinnon test）基于方程 $y=\beta_0+\beta_1x_1+\beta_2x_2+\delta_1\hat{y}+v$ 中的 $\hat{y}$ 的 t 统计量。若拒绝原假设，则为拒绝模型（5－17）的函数形式提供了证据。

反之，若模型（5－18）正确，则从模型（5－17）得到的拟合值 $\hat{y}$ 在模型（5－18）中应该是不显著的。如果回归方程 $y=\beta_0+\beta_1\log(x_1)+\beta_2\log(x_2)+\theta_1\hat{y}+\tau$ 中的 θ_1 显著，则为拒绝模型（5－18）的函数形式提供了证据。

非嵌套检验也有一些问题。首先，不一定会出现一个明显好的模型。两个模型可能都被拒绝，也可能没有一个被拒绝。在后一种情形中，可以使用 $\overline{R}^2$ 来进行选择。其次，用戴维森-麦金农检验拒绝了模型（5－18），并不意味着模型（5－17）就是正确的。模型（5－18）可能会因多种误设的函数形式而被拒绝。

4. 内生性的修正：采用代理变量

当一个模型因缺乏数据而排除了一个关键变量时，会出现更困难的问题。考虑一个明确提出 *abil* 会影响 log(*wage*) 的工资方程：

$$\log(wage)=\beta_0+\beta_1 educ+\beta_2 exper+\beta_3 abil+\mu$$

这个模型明确表明，在度量受教育年限（*educ*）和工作经历（*exper*）的回报时，希望保持能力（*abil*）不变。如果受教育年限与能力相关，那么将能力放到误差项中就会导致内生性，使 OLS 估计量有偏误。如何解决因遗漏变量导致的偏误呢？一种可能是，找到遗漏变量的一个代理变量（proxy variable）。大致说来，代理变量就是某种与我们在分析中试图控制而又无法观测的变量相关的东西。在工资方程中，一种可能性就是用智商（IQ）作为能力变量的一个代理。这并不要求 IQ 等同于能力，只需要 IQ 与能力相关。

假定回归模型：

$$y=\beta_0+\beta_1 x_1+\beta_2 x_2+\beta_3 x_3^*+\mu$$

x_3^* 观测不到，但我们有 x_3^* 的一个代理变量 x_3。我们对 x_3 的要求是与 x_3^* 有某种关系，可以用简单回归方程来表示：

$$x_3^*=\delta_0+\delta_3 x_3+v_3$$

式中，v_3 是因 x_3^* 与 x_3 并非完全相关所导致的误差。参数 δ_3 度量了 x_3^* 与 x_3 之间的关系。用 x_3 代替 x_3^* 进行回归获得的相关估计量称为遗漏变量问题的植入解（plug-in solution to the omitted variables problem）。

植入解能得到 β_1 和 β_2 的一致估计量所需要的假定，可区分为对 μ 的假定和对 v_3 的假定：

（1）误差 μ 与 x_1，x_2 和 x_3^* 都不相关。

（2）误差 v_3 与 x_1，x_2 和 x_3 都不相关。

在这些假定下，用 y 对 x_1，x_2，x_3 进行回归，可以得到 β_1 和 β_2 的一致估计量。如果代理变量不符合前述假定，使用一个代理变量仍将导致偏误。因此，找到一个合适的代理变量十分重要。在某些实证研究中，对于要控制哪些无法观测的因素，我们至少会有些模糊的认识，能够选择代理变量。但在另外一些实证研究中，我们猜测一个或多个自变量与遗漏变量相关，可是对如何得到遗漏变量的代理变量却一筹莫展。在这种情况下，可以将较早时期的因变量纳入模型并加以控制。这种方法对政策分析特别有用。

使用代理变量进行修正与正常的回归分析并没有什么不同，在回归模型中加入代理变量即可。

Stata 程序 5.5.3.3：使用代理变量修正内生性

利用 wage2.dta 数据，它包含了 935 名男性在 1980 年的月工资、受教育年限、几个人口统计方面的变量和 IQ 值等信息。作为解决能力遗漏偏误的一种方法，我们在一个标准对数工资方程中增加 IQ 变量。输出结果见表 5-8。

```
*Stata 程序
use "wage2.dta",clear
reg lwage educ exper tenure married south urban black,robust
est store lwage1
reg lwage educ exper tenure married south urban black IQ,robust
est store lwage2
gen educ_IQ=educ*IQ
reg lwage educ exper tenure married south urban black IQ educ_IQ,robust
est store lwage3
esttab lwage*
outreg2 [lwage*] using "table5_8",word tstat bdec(3) tdec(2) replace
est clear
```

表 5-8 列（1）显示，没有控制 IQ 影响时，受教育的估计回报为 6.5%；列（2）显示，控制 IQ 后，受教育的估计回报下降为 5.4%，IQ 对工资具有显著影响，IQ 提高 10 分，

表 5-8　IQ 作为能力代理变量的教育回报估计

VARIABLES	(1) lwage	(2) lwage	(3) lwage
educ	0.065***	0.054***	0.018
	(10.21)	(7.48)	(0.47)
exper	0.014***	0.014***	0.014***
	(4.34)	(4.37)	(4.31)
tenure	0.012***	0.011***	0.011***
	(4.63)	(4.49)	(4.49)
married	0.199***	0.200***	0.201***
	(5.02)	(5.11)	(5.13)
south	−0.091***	−0.080***	−0.080***
	(−3.32)	(−2.89)	(−2.89)
urban	0.184***	0.182***	0.184***
	(6.78)	(6.80)	(6.84)
black	−0.188***	−0.143***	−0.147***
	(−5.13)	(−3.80)	(−3.90)
IQ		0.004***	−0.001
		(3.72)	(−0.19)
educ_IQ			0.000
			(0.91)
Constant	5.395***	5.176***	5.648***
	(47.69)	(42.70)	(11.13)
Observations	935	935	935
R-squared	0.253	0.263	0.263

预计会使月工资平均增加约 4%。我们可能会认为，能力越强的人，其受教育的回报就越高，但事实证明并非如此，从表列（3）看，交互项（educ_IQ）不显著。

5. 内生性的修正：采用工具变量法

考虑一个明确提出能力（$abil$）会影响 log($wage$）的工资方程：

$$\log(wage)=\beta_0+\beta_1 educ+\beta_2 abil+e$$

式中，e 是误差项。当能力无法观测时，一种方法是使用 IQ 作为能力代理变量。如果代理变量恰当，可获得斜率参数的一致估计。另一种方法是将无法观测的变量留在误差项中，但不用 OLS 估计模型，而是采用一种承认存在遗漏变量的估计方法，这种方法便是工具变量法。将误差放入误差项，模型变为：

$$\log(wage)=\beta_0+\beta_1 educ+\mu$$

式中，u 包含了 $abil$。当然，如果 $educ$ 与 $abil$ 相关，那么使用 OLS 估计方程 $\log(wage)=\beta_0+\beta_1 educ+u$ 会得到既有偏而又不一致的估计量。然而，假如能为 $educ$ 找到一个工具变量，仍可以根据方程 $\log(wage)=\beta_0+\beta_1 educ+u$ 来进行估计。

（1）工具变量法下的估计和推断。

情形 1：解释变量仅包括单个内生解释变量。

为描述该方法，将简单回归模型写成：

$$y=\beta_0+\beta_1 x+\mu$$

式中，我们认为 x 与 μ 相关，即 $Cov(x,\mu)\neq 0$。

若 x 与 μ 相关，为了得到 β_1 和 β_2 的一致估计量，还需要一些额外信息。这些信息由一个满足某些性质的新变量给出。假定有一个可观测的变量 z，它满足两个假定：

1）z 与 μ 不相关，即 $Cov(z,\mu)=0$。

2）z 与 x 相关，即 $Cov(z,x)\neq 0$。

我们称 z 是 x 的工具变量（instrumental variable，IV），有时也简称为 x 的工具（instrumental）。

有时，人们把工具 z 满足 $Cov(z,\mu)=0$ 的要求概括为“z 在方程 $y=\beta_0+\beta_1 x+\mu$ 中是外生的”，所以我们经常把 $Cov(z,\mu)=0$ 称为工具外生性条件（instrumental exogeneity）。从遗漏变量的角度看，工具变量外生性意味着，z 应当对 y 没有多余的影响（一旦 x 和 μ 中遗漏变量被控制），并且 z 与该遗漏变量不相关。方程 $Cov(z,x)\neq 0$ 意味着 z 必然与内生解释变量 x 有着或正或负的相关关系。这个条件有时被称为工具相关性条件（instrumental relevance）（即 z 在解释 x 的波动时有重要作用）。

工具变量的两个要求之间有一个非常重要的差别。因为 $Cov(z,\mu)=0$ 涉及变量 z 与无法观测的误差项 μ 的协方差，通常无法对它进行检验：在绝大多数情形中，必须借助于经济行为或反思来保证这一假定成立。

相比之下，给定一个总体的随机样本，z 与 x（在总体中）相关的条件可加以检验。做到这一点最容易的方法是估计一个 x 与 z 之间的简单回归。在总体中有：

$$x=\pi_0+\pi_1 z+\upsilon$$

x 和 z 的相关性这可以通过 t 统计量进行检验。

x 外生和内生假定下对 y 的影响分析见图 5－3。

解释变量 x 外生	解释变量 x 内生	解释变量 x 内生 工具变量 z 外生
$y=\beta_0+\beta_1 x+\mu$ $Cov(x,\mu)=0$	$y=\beta_0+\beta_1 x+\mu$ $Cov(x,\mu)\neq 0$	$y=\beta_0+\beta_1 x+\mu$ $Cov(x,\mu)\neq 0$ $Cov(z,\mu)=0$ $Cov(z,x)\neq 0$
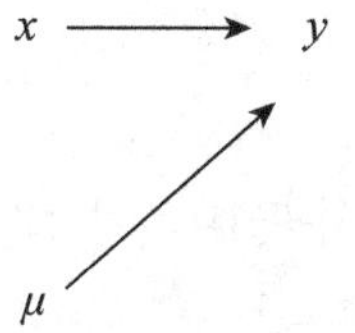	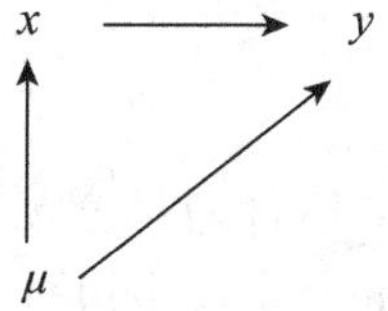	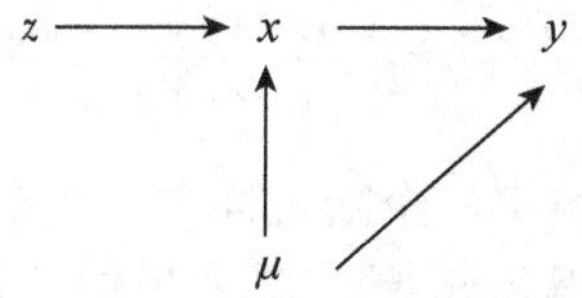
x 通过 $\beta_1 x$ 项给 y 带来直接影响	估计的 β_1 包含了 x 对 y 的直接影响，以及 μ 通过 x 给 y 带来的间接影响	工具变量 z 的变化和 x 的变化相关，但不会直接导致 y 的变化（即 z 对 y 无偏效应。除了通过 x 带来的间接变化以外）

图 5－3　x 外生和内生假定下对 y 的影响分析

对工资方程 $\log(wage)=\beta_0+\beta_1 educ+\mu$，$educ$ 的工具变量 z 必须：1）与能力（以及其他影响工资的无法观测的因素）不相关；2）与受教育年限相关。可以选择如下变量作为工具变量 z：

① 选择一个人的社会保险号的最后一位数字作为受教育年限的工具变量。该变量与能力不相关，因为它是随机决定的。然而，正是由于社会保险号尾号的随机性，该变量与受教育年限亦不相关，因而是受教育年限的一个糟糕的工具变量。

② 以代理变量 IQ 作为受教育年限的工具变量。能力的代理变量应该尽可能与能力高度相关，而工具变量必须与能力（包括在误差项中）不相关。因此，尽管 IQ 作为能力的一个代理变量不错，但作为受教育年限的工具变量却很糟糕。

③ 使用家庭背景如母亲的教育（meduc）或父亲的教育（feduc）作为受教育年限的工具变量。通常，母亲的教育与孩子的教育是正相关的，问题是，母亲的教育也可能与孩子的能力有关（它可以通过影响母亲的能力，或者孩子幼年所受的教育来对孩子的能力产生影响）。

④ 以成长过程中兄弟姐妹的数目（sibs）作为受教育年限的工具变量。一般较多的兄弟姐妹与较低的平均教育水平相联系。因此，如果兄弟姐妹的数目与能力不相关，它可以充当受教育年限的工具变量。

⑤ 以出生季度（frstqrt）作为受教育年限的工具变量。如果某人是在第一季度出生的，令 $frstqrt$ 等于 1，否则为 0。工资方程中的扰动项（特别是其中的能力因素）似乎应该与出生季度不相关。但是，出生季度还要与教育相关才可以。事实表明，在基于出生季度的总体中，受教育年限确实有系统性差异。安格里斯特和克鲁格有力地论证了这是在各州实行的义务就学法造成的。简单地说，年初出生的学生往往入学较晚。因此，他们在达

到义务教育年龄时（大部分州定为 16 岁），所受的教育略少于入学较早的学生。而对于高中学业的学生来说，安格里斯特和克鲁格证实了其受教育年限与出生季度无关。安格里斯特和克鲁格（Angrist and Krueger，1991）利用美国的异性人口调查数据，提出了教育的这个巧妙的二值工具变量 frslqrt。

● 工具变量法中的参数估计。

工具变量法能够一致地估计方程 $y=\beta_0+\beta_1 x+\mu$ 中的参数。我们将说明在 $Cov(z,\mu)=0$ 和 $Cov(z,x)\neq 0$ 的假定下能够识别参数 β_1。在这一点上，参数的识别（identification）意味着可以根据总体矩写出 β_1，而总体矩可用样本数据来估计。可以推导：

$$\beta_1=\frac{Cov(z,y)}{Cov(z,x)}$$

给定一个随机样本，用对应样本量来估计总体参数。在分子和分母中约去样本容量后，得到 β_1 的工具变量估计量［instrumental variables（IV）estimator］：

$$\hat{\beta}_1=\frac{\sum_{i=1}^{n}(z_i-\bar{z})(y_i-\bar{y})}{\sum_{i=1}^{n}(z_i-\bar{z})(x_i-\bar{x})}$$

β_0 的 IV 估计量就是：

$$\hat{\beta}_0=\bar{y}-\hat{\beta}_1\bar{x}$$

在满足 $Cov(z,\mu)=0$ 和 $Cov(z,x)\neq 0$ 的假定下，$\hat{\beta}_1$ 是一致估计量。若任一假定不成立，IV 估计量则不是一致的。事实上，若 x 和 μ 相关，则估计量绝不是无偏的，在小样本下，IV 估计量可能有相当大的偏误。

当 $z=x$ 时，获得 β_1 的 OLS 估计量。换句话说，当 x 外生时，它可用作自身的 IV，IV 估计量便等同于 OLS 估计量。

● 工具变量法中的推断。

在大样本下，IV 估计量近似服从正态分布，如果在满足 $Cov(z,\mu)=0$ 和 $Cov(z,x)\neq 0$ 假定的基础上，再假定以工具变量 z 为条件的误差方差是同方差，即 $E(\mu^2|z)=\sigma^2=Var(\mu)$，可以证明，$\beta_1$ 的渐近方差为 $\frac{\sigma^2}{n\sigma_x^2\rho_{x,z}^2}$，其中 σ^2 是 μ 的总体方差，σ_x^2 是 x 的总体方差，$\rho_{x,z}^2$ 是 x 与 z 总体相关系数的平方，n 是样本量。

在给定随机样本的情况下，可以一致地估计标准误。

$\hat{\beta}_1$ 的（渐近）标准误是所估计渐近方差的平方根。渐近方差为 $\frac{\hat{\sigma}^2}{TSS_x R_{x,z}^2}$，$TSS_x$ 是 x_i 的总平方和。所得到的标准误可用于构造 t 统计量，以检验关于 β_1 的假设。

在高斯-马尔科夫假定下，OLS 估计量的方差为 $\frac{\hat{\sigma}^2}{TSS_x}$，而 IV 估计量类似的计算式为 $\frac{\hat{\sigma}^2}{TSS_x R_{x,z}^2}$，两者的区别仅在于 IV 方差的分母中出现了 $R_{x,z}^2$。由于 $R_{x,z}^2$ 总是小于 1，所以 IV 的方差总是大于 OLS 方差（当 OLS 有效时）。若 $R_{x,z}^2$ 很小，则 IV 方差会比 OLS 方差

大得多。在 $z=x$ 的情况下，$R^2_{x,z}=1$，IV 的方差等于 OLS 的方差。

Stata 程序 5.5.3.4：使用 ivregress 进行工具变量估计：情形 1

在 Stata 中可使用 ivregress 命令进行 IV 估计。该命令的语法是：

```
ivregress estimator depvar [varlist] (varlist2=varlist_iv) [if] [in]
[weight] [, options]
```

estimator 指估计方法，可以是 2SLS，GMM，LIML，estimator 中没有提供 IV 选项，因为在恰好识别下 2SLS 估计等价于 IV 估计。depvar 是被解释变量，varlist 是外生解释变量列表，varlist2 是内生解释变量列表，varlist_iv 是内生解释变量的工具变量列表。

利用 wage2. dta 的数据，使用 sibs（兄弟姐妹的数目）作为 educ 的工具变量进行估计。

```
*Stata 程序
use "wage2.dta",clear
*解释变量仅包括单个内生解释变量
ivregress 2sls lwage (educ=sibs)
regress lwage educ      //OLS 估计
```

IV 估计结果如下：

$$\log(wage)=5.13+0.122educ$$
$$(14.46)(4.65)$$

括号内为 t 值，$educ$ 系数估计值为 12.2%，在 1%的显著性水平下显著。相比之下，β_1 的 OLS 估计值是 0.059，t 值为 10.03。因为没有控制其他变量的影响，所以很难对其合理性进行判断。

情形 2：解释变量包括单个内生解释变量（单个工具）和多个外生解释变量。

考察线性总体模型：

$$y=\beta_0+\beta_1x_1+\beta_2x_2+\cdots+\beta_{k-1}x_{k-1}+\beta_kx_k+\mu$$

式中，$E(\mu)=0$，$Cov(x_j,\mu)=0$，$j=1,2,\cdots,k-1$。

但是 x_k 可能与 μ 是相关的。这意味着 x_1 至 x_{k-1} 是外生的，而 x_k 是内生的。使用工具变量法估计上述参数时，需要一个可观测变量 z_1，它不是总体方程的变量，且满足以下两个要求：第一个要求是 z_1 与 μ 是不相关的：$Cov(z_1,\mu)=0$。第二个要求涉及 z_1 和内生变量 x_k 之间的关系，一种准确表述需要 x_k 在所有外生变量上的线性投影。

$$x_k=\delta_0+\delta_1x_1+\delta_2x_2+\cdots+\delta_{k-1}x_{k-1}+\theta_1z_1+r_k$$

其中，$E(r_k)=0$，并且 r_k 与 x_1 至 x_{k-1}，z_1 是不相关的，z_1 的系数非 0，即 $\theta_1\neq0$。

这个条件大致被描述成"z_1 与 x_k 是相关的"。

应该指出的是，对 x_k 或 z_1 的分布没有施加限制。在许多情况下，x_k 或 z_1 两者本质上均是连续的，但是，有时 x_k，z_1 或者两者都是离散的。x_k 或 z_1 中的一个或者两个可以是二值变量，或者同时具有连续以及离散特性。

当 z_1 满足条件 $Cov(z_1,\mu)=0$ 与条件 $\theta_1\neq 0$ 时，就说 z_1 是关于 x_k 的工具变量备选者（有时，z_1 直接被称为关于 x_k 的工具）。因为 x_1 至 x_{k-1} 与 μ 是不相关的，它们都适用于方程 $y=\beta_0+\beta_1x_1+\beta_2x_2+\cdots+\beta_{k-1}x_{k-1}+\beta_kx_k+\mu$ 自己的工具变量。

用矩阵表述总体 $y=\beta_0+\beta_1x_1+\beta_2x_2+\cdots+\beta_{k-1}x_{k-1}+\beta_kx_k+\mu$ 的方差：

$$y=\boldsymbol{x\beta}+\mu$$

其中，常数项被并入 $\boldsymbol{x}$ 中，因此 $\boldsymbol{x}=(1,x_1,x_2,\cdots,x_k)$。所有的外生变量的向量（$1\times k+1$）写成：

$$\boldsymbol{z}=(1,x_1,x_2,\cdots,x_{k-1},z_1)$$

通过总体正交性条件 $E(z'\mu)=0$，可知 $\boldsymbol{\beta}$ 的工具变量估计（instumental variables estimator）是：

$$\hat{\beta}_{\mathrm{IV}}=(Z'X)^{-1}Z'\boldsymbol{Y}$$

Z 和 X 是 $N\times K$ 数据矩阵，$\boldsymbol{Y}$ 是 $N\times 1$ 向量。在同方差下，即 $E(\mu^2\boldsymbol{z}'\boldsymbol{z})=\sigma^2E(\boldsymbol{z}'\boldsymbol{z})$，其中 $\sigma^2=E(\mu^2)$，有 $\hat{\beta}_{\mathrm{IV}}$ 的方差：

$$\hat{V}(\hat{\beta}_{\mathrm{IV}})=\hat{\sigma}^2(Z'X)^{-1}(Z'Z)(X'Z)^{-1}$$

Stata 程序 5.5.3.5：使用 ivregress 进行工具变量估计：情形 2

利用 wage2.dta 数据，在多元回归模型中使用 sibs（兄弟姐妹的数目）作为受教育年限的工具变量进行估计。

```
*Stata 程序
use "wage2.dta",clear
*解释变量包括单个内生解释变量（单个工具）和多个外生解释变量
ivregress 2sls lwage exper tenure married south urban black  (educ=sibs)
regress lwage educ exper tenure married south urban black  //OLS 估计
```

IV 估计结果如下：

$$\log(wage)=5.09+0.084educ+\cdots-0.017black$$
$$(9.71)(2.59)\qquad\qquad(-3.53)$$

括号内为 t 值，*educ* 系数的估计值为 8.4%，在 1%的显著性水平下显著。相比之下，β_1 的 OLS 估计值是 0.065，t 值为 10.47（来自 Stata 程序 5.5.3.5 的估计）。控制其他变量的影响后，*educ* 的回报下降了很多。

（2）2SLS 下的估计和推断。

情形 3：解释变量包括单个内生解释变量（多个工具）和多个外生解释变量。

考察线性总体模型：

$$y=\beta_0+\beta_1x_1+\beta_2x_2+\cdots+\beta_{k-1}x_{k-1}+\beta_kx_k+\mu$$

式中，$E(\mu)=0$，$Cov(x_j,\mu)=0$，$j=1,2,\cdots,k-1$。

x_k 与 μ 相关，现在假定我们拥有多个关于 x_k 的工具变量。设 $z_1,z_2,\cdots,z_m$ 是一些变量，使得：

$$Cov(z_h,\mu)=0,\ h=1,2,\cdots,m$$

每个 z_h 在总体方程中都是外生的。

如果每个 z_h 都与 x_k 是某种偏相关，那么会有 m 个不同的 IV 估计量。实际上，由于 $x_1,x_2,\cdots,x_{k-1},z_1,z_2,\cdots,z_m$ 的任何一个线性组合与 x_k 都是不相关的，所以实际上 IV 估计量比我们所知道的还要多一些。问题是，应该使用哪个 IV 估计量呢？可以证明，在某些假设下，两阶段最小二乘法估计量（2SLS estimator）是最有效的 IV 估计量。

将所有的外生变量的向量（$1\times k+m$）写成：$\boldsymbol{z}=(1,x_1,x_2,\cdots,x_{k-1},z_1,z_2,\cdots,z_m)$。出自 $\boldsymbol{z}$ 的所有可能线性组合都可以成为 x_k 的一个工具，2SLS 就是选择与 x_k 最高度相关的那一个。如果 x_k 是外生的，那么这一选择蕴含着 x_k 的最佳工具正是它自身。一旦剔除这种情况，最高度相关的就是由 x_k 在 $\boldsymbol{z}$ 上的线性投影给出的。x_k 的简化式可以写成：

$$x_k=\delta_0+\delta_1x_1+\delta_2x_2+\cdots+\delta_{k-1}x_{k-1}+\theta_1z_1+\theta_2z_2+\cdots+\theta_mz_m+r_k$$

式中，由定义知 r_k 具有零均值，且与右边每一个变量都不相关。由于 $\boldsymbol{z}$ 的任何一个线性组合都与 μ 不相关，所以：

$$x_{k*}=\delta_0+\delta_1x_1+\delta_2x_2+\cdots+\delta_{k-1}x_{k-1}+\theta_1z_1+\theta_2z_2+\cdots+\theta_mz_m$$

实际上，x_{k*} 经常被解释成与 μ 不相关的 x_k 的一部分。如果 x_k 是内生的，那么这种关系起因于 r_k 与 μ 是相关的。

如果可以观测到 x_{k*}，那么可以使用它作为 x_k 的工具。由于 δ_j 和 θ_j 都是总体参数，所有 x_{k*} 都不是可用的工具。然而，只要我们做出标准假设，即在外生变量之间不存在准确的线性相关性，就能通过 OLS 一致地估计方程（$x_k=\delta_0+\delta_1x_1+\delta_2x_2+\cdots+\delta_{k-1}x_{k-1}+\theta_1z_1+\theta_2z_2+\cdots+\theta_mz_m+r_k$）中的参数。对于每一个观测 i 而言，x_{k*} 的样本类似形式就是 OLS 的拟合值（fitted value）：

$$\hat{x}_{ik}=\hat{\delta}_0+\hat{\delta}_1x_{i1}+\hat{\delta}_2x_{i2}+\cdots+\hat{\delta}_{ik-1}x_{ik-1}+\hat{\theta}_1z_{i1}+\hat{\theta}_2z_{i2}+\cdots+\hat{\theta}_mz_{im}+r_k$$

现在，对每一个观测 i，定义向量 $\hat{\boldsymbol{x}}_i=(1,x_{i1},x_{i2},\cdots,x_{ik-1},\hat{x}_{ik})$，$i=1,2,\cdots,n$。

$$\hat{\beta}_{\text{IV}}=(\hat{X}'X)^{-1}\hat{X}'y$$

令 $\boldsymbol{x}=(1,x_1,x_2,\cdots,x_k)$，$n\times(k+1)$ 矩阵 $\hat{X}'$ 可以写成 $\hat{X}'=Z(Z'Z)^{-1}Z'X$。

令 $P_Z=Z(Z'Z)^{-1}Z'$，P_Z 为幂等对称矩阵（满足 $P_Z=P'_Z$，$P_ZP'_Z=P_Z$，$P_ZZ=P_Z$），则对 $\hat{X}'=Z(Z'Z)^{-1}Z'X$，有 $\hat{X}'=P_ZX$，$\hat{X}'X=X'P_ZX=(P_ZX)'P_ZX=\hat{X}'\hat{X}$。

因此，

$$\begin{aligned}\hat{\beta}_{\text{IV}}&=(X'Z(Z'Z)^{-1}Z'X)^{-1}X'Z(Z'Z)^{-1}Z'y\\&=(X'P_ZX)^{-1}X'P_Zy\end{aligned}$$

在同方差下，即 $E(\mu^2\boldsymbol{z}'\boldsymbol{z})=\sigma^2E(\boldsymbol{z}'\boldsymbol{z})$，其中 $\sigma^2=E(\mu^2)$，有

$$\begin{aligned}Var(\hat{\beta}_{\text{2SLS}})&=s^2(X'Z(Z'Z)^{-1}Z'X)^{-1}\\&=s^2(X'P_ZX)^{-1}\end{aligned}$$

总结一下，$\hat{\beta}_{IV}$ 可以从下面步骤中得到：

1）从"x_k 对 $1,x_1,x_2,\cdots,x_{k-1},z_1,z_2,\cdots,z_m$"回归中获得拟合值 $\hat{x}_k$，称为第一阶段回归（first-stage regression）。

2）实施"y 对 $1,x_1,x_2,\cdots,x_{k-1},\hat{x}_k$"的 OLS 回归，称为第二阶段回归（second-stage regression），从而获得 $\hat{\beta}_{IV}$。因为 $\hat{\beta}_{IV}$ 是通过两个阶段的回归获得的，因此称这一方法为两阶段最小二乘法，相应地称 $\hat{\beta}_{IV}$ 为 $\hat{\beta}_{2SLS}$。

对于 2SLS，最好使用含有 2SLS 命令的 Stata 等软件包，而不是以上述显性方式完成这两步程序。以显性方式完成这两步程序，可能会受到一些错误的影响。例如，在第一阶段仅使用"x_k 对 $1,z_1,z_2,\cdots,z_m$"进行回归，而遗漏了模型本身的外生变量 $x_1,x_2,\cdots,x_{k-1}$，会导致第二阶段产生非一致的斜率估计量。此外，以显性方式实施第二阶段回归，所报告的 OLS 标准误是不正确的。

Stata 程序 5.5.3.6：使用 ivregress 进行工具变量估计：情形 3

利用 wage2. dta 数据，在多元回归模型中使用 sibs（兄弟姐妹的数目）和 feduc（父亲的教育）作为教育的工具变量进行估计。估计结果见表 5－9。

```
*Stata 程序
use "wage2.dta",clear
*解释变量包括单个内生解释变量（多个工具）和多个外生解释变量
*使用 reg 进行 OLS 估计
regress lwage educ exper tenure married south urban black
est store lwage1
*使用 ivregress 进行 IV 估计
ivregress 2sls lwage exper tenure married south urban black  (educ=sibs
feduc)
est store lwage2
*使用显性二阶段回归模型估计
reg educ sibs feduc exper tenure married south urban black
predict educhat,xb
reg lwage educhat exper tenure married south urban black
est store lwage3
*使用显性二阶段回归模型估计：遗漏了模型本身的外生变量
reg educ sibs feduc
predict educhat2,xb
reg lwage educhat2 exper tenure married south urban black
est store lwage4
esttab lwage*,order(educ educhat educhat2)
outreg2 [lwage*] using "table5_9",word tstat bdec(3) tdec(2) sortvar
(educ educhat educhat2) replace
est clear
```

表 5-9　解释变量包括单个内生解释变量（多个工具）和多个外生解释变量的回归结果

VARIABLES	(1) lwage	(2) lwage	(3) lwage	(4) lwage
educ	0.065***	0.104***		
	(10.47)	(5.24)		
educhat			0.104***	
			(5.11)	
educhat2				0.079***
				(5.16)
exper	0.014***	0.025***	0.025***	0.005
	(4.41)	(4.34)	(4.23)	(1.29)
tenure	0.012***	0.008***	0.008**	0.011***
	(4.79)	(2.65)	(2.58)	(3.81)
married	0.199***	0.194***	0.194***	0.192***
	(5.11)	(4.45)	(4.33)	(4.28)
south	−0.091***	−0.080***	−0.080**	−0.082***
	(−3.46)	(−2.62)	(−2.55)	(−2.62)
urban	0.184***	0.165***	0.165***	0.188***
	(6.82)	(5.19)	(5.06)	(5.90)
black	−0.188***	−0.124**	−0.124**	−0.163***
	(−5.00)	(−2.36)	(−2.30)	(−3.15)
Constant	5.395***	4.789***	4.789***	5.325***
	(47.65)	(14.85)	(14.47)	(23.48)
Observations	935	741	741	741
R-squared	0.253	0.202	0.169	0.169

在表 5-9 中，列（1）为 OLS 的回归结果，*educ* 系数估计值（β_1）的 OLS 估计值是 6.5%，t 值为 10.47。列（2）为 2SLS 的回归结果，*educ* 系数估计值（β_1）为 10.4%，t 值为 5.24。列（3）为使用显性二阶段回归模型估计的回归结果，*educ* 系数估计值（β_1）的 OLS 估计值是 10.4%（同 2SLS 的回归结果），t 值为 5.11。正如上面的分析，使用显性两阶段分析可以获得一致估计，但在第二阶段因计算的标准误不同而导致 t 值与 ivregress 命令报告的 t 值不同。列（4）为遗漏了模型本身的外生变量作为工具变量的回归结果，*educ* 系数估计值（β_1）为 7.9%，t 值为 5.16。由于第一阶段模型的设定错误，第二阶段 *educ* 估计系数为 7.9%，较正确的估计系数 10.4%少了 2.5%。估计量不具有一致性。

当 $m>1$ 时，含有单一内生变量的模型称为被过度识别的（overidentified），而且存在 $m-1$ 个过度识别约束（overidentifying restrictions）。此术语出自下述事实：如果每个 z_h 与 x_k 是某种偏相关，那么我们具有 $m-1$ 个比所需要识别等式 $y=\beta_0+\beta_1x_1+\beta_2x_2+\cdots+\beta_{k-1}x_{k-1}+\beta_kx_k+\mu$ 中参数个数多的外生变量。例如，如果 $m=2$，那么可以放弃 1 个工具，从而仍是可以达到识别的。后面我们将证明如何检验过度识别约束的有效性。

情形 4：解释变量包括多个内生解释变量（多个工具）和多个外生解释变量。

更为一般的情况是，模型解释变量包括多个内生解释变量（多个工具）和多个外生解释变量。考虑到需要为每个内生解释变量寻找工具变量，而寻找工具变量是一件极为困难的工作，因此，在实证研究中，这种情况并不常见。但这可为我们的分析提供更一般的框架。

考察线性总体模型包括 p 个外生解释变量 x_j，m 个内生解释变量 y_h：

$$y=\beta_0+\beta_1x_1+\beta_2x_2+\cdots+\beta_{p-1}x_{p-1}+\beta_px_p+\gamma_1y_1+\gamma_2y_2+\cdots+\gamma_{m-1}y_{m-1}+\gamma_my_m+\mu$$

式中，$E(\mu)=0$，$Cov(x_j,\mu)=0$，$j=1,2,\cdots,p$。

y_h 与 μ 相关，$h=1,2,\cdots,m$。我们拥有 q 个对于 y_h 的工具变量 z_g。设 $z_1,z_2,\cdots,z_q$ 是一些变量，使得：

$$\text{Cov}(z_g,\mu)=0,\ g=1,2,\cdots,q$$

所以每个 z_g 在总体方程中都是外生的。

令解释变量向量 $\boldsymbol{x}=(1,x_1,x_2,\cdots,x_p,y_1,y_2,\cdots,y_m)$，包括外生和内生解释变量，令包括 1 的解释变量个数 $k=1+p+m$。

令工具变量向量 $\boldsymbol{z}=(1,x_1,x_2,\cdots,x_p,z_1,z_2,\cdots,z_q)$，$x_1$ 至 x_p 作为它自身的（理想的）工具变量（包括的外生变量），z_1 至 z_q 是 y_1 至 y_m 的工具变量（被排除的外生变量）。令包括 1 的工具个数 $L=1+p+q$。

如果 $\dim(\boldsymbol{z})=\dim(\boldsymbol{x})$，即工具变量的个数（$L$）恰好等于解释变量的个数（$k$），称为恰好识别（just-identified）。采用工具变量法和 2SLS 可获得相同的估计量。

如果 $\dim(\boldsymbol{z})<\dim(\boldsymbol{x})$，即工具变量的个数小于解释变量的个数，称为不可识别（not-identified）或者弱识别（under-identified）。这时就不存在一致的 IV 估计量。

如果 $\dim(\boldsymbol{z})>\dim(\boldsymbol{x})$，即工具变量的个数大于解释变量的个数，称为过度识别（over-identified）。特别可能发生的情况是：经济理论导致在感兴趣的方程中明确排除一些变量，如果这些排除的工具变量与包含在感兴趣的方程中的内生解释变量相关，则可以把这些排除的解释变量作为工具变量。这样 $Z'(y-X\beta)$ 就得到 β 的解，因为这是有一个 $\dim(\boldsymbol{z})$ 个方程却只有 $\dim(\boldsymbol{x})$ 个未知量的系统。要达到恰好识别，唯一可能的方法就是去掉一些工具变量。但是存在一些更有效的估计量，其中之一就是两阶段最小二乘估计量。

利用工具变量满足条件矩约束：

$$E(\boldsymbol{\mu}|\boldsymbol{z})=0$$

工具变量估计量可以通过样本进行估计。可以推导：

$$\begin{aligned}\hat{\beta}_{2SLS}&=(X'Z(Z'Z)^{-1}Z'X)^{-1}X'Z(Z'Z)^{-1}Z'y\\&=(X'P_ZX)^{-1}X'P_Zy\end{aligned}$$

（3）2SLS 下估计量的性质。

一般情况下［即在模型解释变量包括多个内生解释变量（多个工具）和多个外生解释变量的情况下，有关总体模型和变量的定义同上］，如果满足以下 2 个假定，则 $\hat{\beta}_{2SLS}$ 是一致估计量。

假定 2SLS. 1

对于某一个 $1\times L$ 向量 $\boldsymbol{z}$，$E(\boldsymbol{z}'\mu)=0$。零条件均值假定 $E(\boldsymbol{\mu}|\boldsymbol{z})=0$ 蕴含着假定 2SLS. 1。

假定 2SLS. 2

(a) $\text{rank}(\boldsymbol{z}'\boldsymbol{z})=L$；(b) $\text{rank}(\boldsymbol{z}'\boldsymbol{x})=k$。

假定 2SLS. 2 意味着我们必须拥有至少与所有解释变量个数一样多的工具。然而，$L\geqslant k$ 并不能保证假定 2SLS. 2（b）成立，还要求 $\boldsymbol{z}$ 的一些元素与 $\boldsymbol{x}$ 的一些元素不是适当相关的。

在假定 2SLS. 1～2SLS. 2 下，从随机样本中所得到的 2SLS 估计量对于 β 而言是一致的。

假定 2SLS. 3

$E(\mu^2\boldsymbol{z}'\boldsymbol{z})=\sigma^2E(\boldsymbol{z}'\boldsymbol{z})$，其中 $\sigma^2=E(\mu^2)$。

在假定 2SLS. 1～2SLS. 3 下，2SLS 是渐近正态的，且 IV 估计量是有效的。

在同方差下有

$$\begin{aligned}Var(\hat{\beta}_{2SLS})&=s^2(X'Z(Z'Z)^{-1}Z'X)^{-1}\\&=s^2(X'P_ZX)^{-1}\end{aligned}$$

在假定 2SLS. 1～2SLS. 3 下，当存在多个内生解释变量和多个工具变量时，Stata 程序如下（假定 x_1 至 x_k，y_1 至 y_m，z_1 至 z_q 均按顺序排列）：

```
ivregress 2sls y x1-xk (y1-ym= z1-zq)
```

（4）2SLS 下基本假定的检验。

1）工具变量异方差的检验与修正。假定 2SLS. 3 不满足，则称模型具有异方差性。2SLS 估计中的异方差性提出了本质上与 OLS 情况下相同的问题。我们也能用前面讨论过的与 BP 检验相似的方法来检验异方差性。令 $\hat{\mu}$ 表示 2SLS 残差，并令 $z_1,z_2,\cdots,z_m$ 表示所有外生解释变量。那么，在合理的假定下，用 $\hat{\mu}^2$ 对 $z_1,z_2,\cdots,z_m$ 回归，其中用于联合显著检验的 F 统计量就是一个检验异方差性的渐进有效的统计量，若 $z_1,z_2,\cdots,z_m$ 联合显著，则拒绝同方差的原假设。

在 Stata 中，很容易通过自编程序进行工具变量异方差的检验，具体程序见“Stata 程序 5.5.3.7：两阶段回归估计中异方差的检验与修正”。结果显示，F 值$=2.41$，p 值$=0.014$；LM 值$=19.02$，p 值$=0.015$，F 检验和 LM 检验的结果表明，在 5%的显著性水平下可以拒绝同方差假定，模型存在异方差，应当进行修正。

如果假定 2SLS. 3 不满足，或不清楚假定 2SLS. 3 是否满足，在未知异方差形式的情况下，应该使用一种稳健的方程矩阵估计量。

仅仅在假定 2SLS. 1～2SLS. 2 下，稳健标准误下 β 的渐近估计为：

$$AVar(\hat{\beta})=(\hat{X}'\hat{X})^{-1}\left(\sum_{i=1}^{n}\hat{\mu}_i\hat{x}_i\hat{x}_i\right)(\hat{X}'\hat{X})^{-1}$$

令 $P_Z=Z(Z'Z)^{-1}Z'$，P_Z 为幂等对称矩阵。则对 $\hat{X}'=Z(Z'Z)^{-1}Z'X$，有 $\hat{X}'=P_ZX$，$\hat{X}'X=X'P_ZX=(P_ZX)'P_ZX=\hat{X}'\hat{X}$。

令 $\hat{S}=1/n\sum_{i=1}^{n}\hat{\mu}_i z_i z_i'$ [一般软件中还要进行自由度修正，$\hat{S}=n/(n-k)\sum_{i=1}^{n}\hat{\mu}_i z_i z_i'$]，则 $\sum_{i=1}^{n}\hat{\mu}_i\hat{x}_i\hat{x}_i=X'Z(Z'Z)^{-1}\hat{S}(Z'Z)^{-1}Z'X$。

故：

$$\begin{aligned}AVar(\hat{\beta})&=(X'Z(Z'Z)^{-1}Z'X)^{-1}X'Z(Z'Z)^{-1}\hat{S}(Z'Z)^{-1}Z'X(X'Z(Z'Z)^{-1}Z'X)^{-1}\\&=(X'P_ZX)^{-1}X'Z(Z'Z)^{-1}\hat{S}(Z'Z)^{-1}Z'X(X'P_ZX)^{-1}\end{aligned}$$

在 Stata 中，可以很方便地进行异方差稳健估计，具体程序见“Stata 程序 5.5.3.7：两阶段回归估计中异方差的检验与修正”，两阶段回归中使用异方差稳健估计的结果如下：

$$\begin{aligned}\log(wage)=\;&4.79+0.104educ+\cdots-0.124black\\&(15.43)(5.48)\qquad\qquad(-2.49)\end{aligned}$$

异方差稳健估计的 t 值为 5.48，与没有使用异方差稳健估计的 t 值（5.24）的差异不大。

当模型过度识别且存在异方差时，一个较为常用的估计量 GMM 估计量。

GMM 估计量的推导过程如下。

与总体矩条件 $E(g_i)=E(z_i\varepsilon_i)=0$ 相对应的样本矩条件为：

$$g_n(\hat{\beta})=\frac{1}{n}(y-X\hat{\beta})'Z=0$$

在过度识别的情况下，虽然无法找到 $\hat{\beta}$ 使得 $g_n(\hat{\beta})=0$，但总可以找到 $\hat{\beta}$，使得向量 $g_n(\hat{\beta})$ 尽可能接近 0，比如，使二次型 $[g_n(\hat{\beta})]'g_n(\hat{\beta})$ 最小。

更一般地，使用权重矩阵（weighting matrix）W 来构建二次型。W 是满秩对称加权矩阵。当 $W=I$（单位阵）时，则赋予样本矩的权重是相同的。如果 $W\neq I$，则样本矩的权重是不同的。权重矩阵 W 一般会影响估计量的精度，那么应当如何选择 W 使之成为最有权重函数呢？直观上，应该对方差较大的样本矩给予较小的权重并消除样本矩各元素之间的相关性，这与 GLS 相似，GLS 对噪声较大的观测值除以扰动项的条件标准差并消除随机扰动项之间的自相关。这个估计量使得目标函数最小化：

$$Q(\beta)=\left(\frac{1}{n}(y-X\beta)'Z\right)W\left(\frac{1}{n}Z'(y-X\beta)\right)$$

可获得 GMM 估计量：$\hat{\beta}_{GMM}=(X'ZWZ'X)X'ZWZ'y$

GMM 估计量取决于权重矩阵 W。对 W 的自由选择是 GMM 估计的最大优点。W 的某些取值会比其他的更好。2SLS 估计量是通过加权矩阵 $W=(Z'Z)^{-1}$ 得到的。最优 GMM（OGMM）估计量使用 $W=\hat{S}^{-1}$，有

$$\hat{\beta}_{OGMM}=(X'Z\hat{S}^{-1}Z'X)X'Z\hat{S}^{-1}Z'y$$

式中，S 是 $Var(n^{-1/2}Z'\mu)$ 的一个估计值。如果误差是独立且异方差的，那么 $\hat{S}=$

$\frac{1}{n}\sum_{i=1}^{n}\hat{\mu}_i z_i z_i'$，其中 $\hat{\mu}_i = y_i - x_i'\hat{\beta}$，$\hat{\beta}$ 是一致估计量，通常写作 $\hat{\beta}_{2SLS}$。

$$Var(\hat{\beta}_{OGMM}) = (X'Z\hat{S}Z'X)^{-1}$$

总之，GMM 是矩估计的推广。对于恰好识别的模型，W 的任何取值都会得到同样的估计量。因此只有在过度识别的情况下，才有必要使用 GMM。GMM 之于 2SLS，正如 GLS 之于 OLS。

Stata 程序 5.5.3.7：两阶段回归估计中异方差的检验与修正

利用 wage2. dta 数据，在多元回归模型中使用 sibs（兄弟姐妹的数目）和 feduc（父亲的教育）作为受教育年限的工具变量，并进行异方差检验和修正。

在 Stata 中，很容易通过自编程序进行工具变量异方差的检验。

可以在 ivregress 命令后加入 vce(vcetype) 来进行稳健估计。将 vcetype 设定为 robust 可以生成异方差稳健标准误。

可以在 ivregress 命令的 estimator 选项中选择 gmm 进行 GMM 估计。

对于 GMM 估计拟合的过度识别模型，wmatrix(wmtype) 选项确定了在目标函数中使用的加权矩阵的类型，以得到最优的 GMM 估计。wmtype 的不同选择导致了不同的估计量。对于异方差误差，设置 wmtype 为 robust。如果 wmatrix() 被指定，vce() 没有被指定，那么 vcetype 会设置为 wmtype。igmm 选项是通过迭代的方法得到 GMM 估计量。

```
*Stata 程序
*两阶段回归中异方差检验
use "wage2.dta",clear
ivregress 2sls lwage exper tenure married south urban black  (educ=sibs
feduc)
predict uhat,resid
gen uhatsq=uhat^2
reg uhatsq exper tenure married south urban black sibs feduc
scalar n=e(N)
scalar k=e(df_m)
scalar r2=e(r2)
scalar F=(r2/k)/((1-r2)/(n-k-1))
scalar p_F=Ftail(k,(n-k-1),F)          //计算 F 值对应的 p 值
disp "F 值="F "  " "p 值="p_F
scalar LM=n*r2
scalar p_LM=chi2tail(k,LM)             //计算 F 值对应的 p 值
disp "LM 值="LM "  " "p 值="p_LM
*两阶段回归中异方差的修正：异方差稳健估计
ivregress 2sls lwage exper tenure married south urban black  (educ=sibs
feduc),vce(robust)
```

```
*两阶段回归中异方差的修正：GMM 估计
*使用 ivregress 命令 gmm 选项进行 GMM 估计
ivregress gmm lwage exper tenure married south urban black  (educ=sibs
feduc),wmatrix(robust)
```

在 Stata 中，可以很方便地进行 GMM 估计，具体程序见“Stata 程序 5.5.3.7：两阶段回归估计中异方差的检验与修正”，两阶段回归中使用 GMM 异方差稳健估计的结果如下：

$$\log(wage)=4.80+0.103educ+\cdots-0.123black$$
$$(15.47)(5.45)\qquad\qquad(-2.47)$$

GMM 异方差稳健估计的结果与 2SLS 异方差稳健估计的结果十分类似。

有关 IV 估计量及其渐近方差的总结见表 5－10。有了 IV 估计量及其渐近方差的矩阵表达式，很方便利用 Stata 的矩阵语言自行估计相应的估计量。

表 5－10　IV 估计量及其渐近方差的总结

估计方法	基本假定	估计量
IV（恰好识别）	2SLS. 1～2SLS. 2	$\hat{\beta}_{IV}=(Z'X)^{-1}Z'y$
	2SLS. 1～2SLS. 2	$\hat{V}(\hat{\beta}_{IV})=\hat{\sigma}^2(Z'X)^{-1}(Z'Z)(X'Z)^{-1}$
	2SLS. 1～2SLS. 2（稳健估计）	$\hat{V}(\hat{\beta}_{IV})=(Z'X)^{-1}\hat{S}(X'Z)^{-1}Z=(Z'X)^{-1}Z'\hat{\Omega}Z(X'Z)^{-1}$ 其中，$\hat{\Omega}=Diag[\hat{\mu}_i^2]$
2SLS	2SLS. 1～2SLS. 2	$\hat{\beta}_{2SLS}=(X'Z(Z'Z)^{-1}Z'X)^{-1}X'Z(Z'Z)^{-1}Z'y=(X'P_ZX)^{-1}X'P_Zy$
	2SLS. 1～2SLS. 3	$Var(\hat{\beta}_{2SLS})=s^2(X'Z(Z'Z)^{-1}Z'X)^{-1}=s^2(X'P_ZX)^{-1}$
	2SLS. 1～2SLS. 2（稳健估计）	$AVar(\hat{\beta})=(X'Z(Z'Z)^{-1}Z'X)^{-1}X'Z(Z'Z)^{-1}\hat{S}(Z'Z)^{-1}Z'X(X'Z(Z'Z)^{-1}Z'X)^{-1}$ $=(X'P_ZX)^{-1}X'Z(Z'Z)^{-1}\hat{S}(Z'Z)^{-1}Z'X(X'P_ZX)^{-1}$
最优 GMM	2SLS. 1～2SLS. 2	$\hat{\beta}_{OGMM}=(X'Z\hat{S}^{-1}Z'X)X'Z\hat{S}^{-1}Z'y$
	2SLS. 1～2SLS. 2（稳健估计）	$Var(\hat{\beta}_{OGMM})=(X'Z\hat{S}^{-1}Z'X)^{-1}$

表中，$P_Z=Z(Z'Z)^{-1}Z'$，$\hat{S}=\frac{1}{n}\sum_{i=1}^{n}\hat{\mu}_iz_iz_i'$ $\left(或\frac{n}{n-k}\sum_{i=1}^{n}\hat{\mu}_iz_iz_i'\right)$，其中 $\hat{\mu}_i=y_i-x_i'\hat{\beta}$。

Stata 程序 5.5.3.8：使用矩阵语言进行 2SLS 的稳健估计

利用 wage2. dta 数据，根据 2SLS 稳健估计量的矩阵表达式和 mata 语言，估计受教育回报率。

```
*Stata 程序
*2SLS 估计（过度识别）：稳健标准误
use "WAGE2.DTA",clear
drop if feduc==.
```

```
gen cons=1
local y lwage
local xlist educ exper tenure married south urban black cons
local zlist exper tenure married south urban black sibs feduc cons
                                                //变量不能有缺失值
mata
  // Create y vector and X Z matrix from Stata dataset
  st_view(y=., ., "`y'")                       // y is nx1
  st_view(X=., ., tokens("`xlist'"))           // X is nxk
  st_view(Z=., ., tokens("`zlist'"))           // Z is nxm
  PZ=Z*cholinv(cross(Z,Z))*Z'                  // ZZ is Z'Z
  ZZinv = luinv(cross(Z,Z))                    // ZXinv is inverse of Z'X cholinv
                                                  is not used
  b = luinv(X'*PZ*X)*X'*PZ*y                   // b = [(X'*PZ*X)^-1]**X'*PZ*y
  e = y - X*b
  n = rows(X)
  k = cols(X)
  s2 = (e'e)/n
  vwhite = luinv(X'*PZ*X)*X'*Z*ZZinv*((e:*Z)'(e:*Z)*n/(n-k))*ZZinv*Z'
*X*luinv(X'*PZ*X)                              // robust VCE
  st_matrix("b",b')                            // pass results from mata to Stata
  st_matrix("V",vwhite)                        // pass results from mata to Stata
end
* Use Stata ereturn display to present nicely formatted results
matrix colnames b = `xlist'
matrix colnames V = `xlist'
matrix rownames V = `xlist'
ereturn post b V
ereturn display
*这等价于如下 ivregress 命令运行的结果：
ivregress 2sls lwage exper tenure married south urban black  (educ=sibs
feduc),robust
```

2）工具变量外生性的检验：过度识别约束检验。我们在介绍只有一个内生解释变量的简单回归模型使用工具变量 IV 估计量时，强调 IV 必须满足两个要求：它必须与误差不相关，与内生解释变量相关。我们在相当复杂的模型（例如回归模型包括一个或多个内生解释变量和多个外生解释变量，采用一个或多个工具变量进行估计）中看到，如何在简化性回归中用 t 检验（单个 IV）或 F 检验（多个 IV）来验证第二个要求“与内生解释变量相关”是否满足。在单个 IV 模型中，我们声称第一个要求（与误差项不相关）不能被检验，因为它涉及 IV 与无法观测的误差之间的相关性问题。然而，如果有不止一个工具变量，就能有效地检验它们中的一部分是否与结构误差不相关。

假定一个内生解释变量 x_k 拥有排除性的两个工具（z_1 和 z_2），用 z_1 和 z_2 分别作为 x_k 的工具获得 β_k 的两个一致估计（$\hat{\beta}_{k1}$ 和 $\hat{\beta}_{k2}$），如果我们选择工具的逻辑非常合理，那么 $\hat{\beta}_{k1}$ 和 $\hat{\beta}_{k2}$ 之间的差异应该仅是抽样误差。豪斯曼（Hausman，1978）提出，可以基于这两个估计量的差 $\hat{\beta}_{k1}-\hat{\beta}_{k2}$ 来检验 z_1 和 z_2 是否都是外生的。如果 $\hat{\beta}_{k1}$ 和 $\hat{\beta}_{k2}$ 在统计上存在显著差异，那么就断定 z_1，z_2 或两者都不满足外生性假定。遗憾的是，我们不知道到底是哪种情况（除非一开始就断定 z_1 是外生的）。当我们拒绝工具外生性假定时，就要求选择新的工具。但是，我们不能拒绝 $\hat{\beta}_{k1}=\hat{\beta}_{k2}$ 的原假设，并不意味着 z_1 和 z_2 作为工具就合适，很可能两个工具都不合适，但却很类似。例如采用父亲的教育（feduc）和母亲的教育（meduc）作为受教育年限的工具变量，尽管这两个工具变量是不一致的，但却很相似，从而导致不能拒绝原假设。这意味着，即使通过了豪斯曼检验，我们也不应盲目乐观。还有一种情况是，两个工具变量看起来确实不同，但不能从统计上拒绝它们是同一个总体参数一致估计值的原假设。

上述比较同一参数不同 IV 估计值的过程是检验过度识别约束的一例。在一般情形中，我们所拥有的工具多于得到一致估计结果所需要的工具数量，假设拥有的工具数量比需要的数量多出 q 个（如一个内生解释变量 x_k 拥有排除性的三个工具 z_1，z_2 和 z_3，则 $q=3-1=2$），这时称我们有 q 个过度识别约束。当 q 为 2 或 2 以上时，比较几个不同的 IV 估计值是否有差异就很困难。但我们可以很容易地基于 2SLS 残差计算出一个检验统计量。其思想是：如果所有的工具都是外生的，那么，除了抽样误差外，2SLS 残差与工具应该不相关。但如果有 $k+1$ 个参数和 $k+1+q$ 个工具，那么，2SLS 残差的均值为 0，而且与这些工具的 q 个线性组合都不相关。

在同方差下过度识别约束检验的步骤如下：

① 用 2SLS 法估计结构方程，获得 2SLS 残差 $\hat{\mu}$。

② 将 $\hat{\mu}$ 对所有外生变量回归，获得 R^2。

③ 在所有 IV 都与 $\hat{\mu}$ 不相关的原假设下，$nR^2\sim\chi_q^2$，其中 q 等于模型之外的工具变量数目减去内生解释变量的总数目。如果 nR^2 超过了卡方分布（例如）5%的临界值，我们拒绝 H_0，并推断出至少部分 IV 不是外生的。

只要我们有多于所需的工具，就可以使用过度识别检验。如果我们有恰好足够的工具，该模型便被称为是恰好识别的，步骤②中的 R^2 将恒等于零。即在恰好识别情况下，不能检验工具的外生性。

当 $q=1$ 时，通过回归程序得到的检验和直接比较估计值是渐近一致的。需要指出的是，在标准的 2SLS 假定下，增加外生工具变量提高了 2SLS 的渐近有效性。但这只是一个渐近结果。在有限的样本量下，增添过多的工具（即增加过度识别约束的数目）会导致 2SLS 出现严重偏误。

Stata 程序 5.5.3.9：工具变量外生性的检验——过度识别约束检验

利用 wage2. dta 数据，在多元回归模型中使用 sibs（兄弟姐妹的数目）和 feduc（父亲的教育）作为受教育年限的工具变量，检验过度识别约束。

在 Stata 中，在 ivregress 命令后执行 estat overid 命令可以进行过度识别约束检验。当 estimator 选项为 2sls 时，执行 sargen test，当 estimator 选项为 gmm 时，执行 Hansen's J test。研究者也可以自行编写有关过度识别约束检验的程序。

```
*Stata 程序
*sargen test
*方法 1：在 ivregress 命令后执行 estat overid 命令
ivregress 2sls lwage exper tenure married south urban black  (educ=sibs feduc)
estat overid
*方法 2：自行计算
ivregress 2sls lwage exper tenure married south urban black  (educ=sibs feduc)
predict uhat,resid
reg uhat exper tenure married south urban black sibs feduc
scalar n=e(N)
scalar r2=e(r2)
scalar LM=n*r2
scalar p_LM=chi2tail(1,LM)  //计算卡方值对应的 p 值
disp "LM 值="LM "   " "p 值="p_LM
*Hansen's J test
ivregress gmm lwage exper tenure married south urban black  (educ=sibs feduc),wmatrix(robust)
estat overid
```

结果显示，不能拒绝原假设。表明两个工具变量是合适的，或者两个工具变量都不合适。

3）工具变量相关性的检验：弱工具变量的正式检验。我们已经知道，当 z 与 μ 不相关，而 z 与 x 存在或正或负的相关关系时，IV 具有一致性，但当 z 与 x 只是弱相关时，IV 估计值的标准误可能很大。当 z 与 x 完全不相关时，无论 z 是否与 μ 不相关，事情会尤其糟糕。实践中特别有意思的弱工具（weak instruments）问题，就被大致定义为 z 和 x 的相关度很低（但不为零）的问题。但在一个具体应用中，很难定义多低才算“很低”。一般可基于第一阶段回归的 t 统计量和 F 统计量进行判断，在出现多个内生解释变量时情况会更复杂一些。

Stata 程序 5.5.3.10：工具变量相关性的检验——弱工具变量的正式检验

在 Stata 中，在 ivregress 之后，estat firststage 提供了多种弱工具变量的诊断和检验。这个命令的语法为：

```
estat firststage [, all forcenonrobust]
```

尽管之前的 ivregress 命令使用了 vce(robust) 选项，也可以通过 forcenonrobust 选项来使用 estat firststage 命令。

如果存在多个内生解释变量，除了能自动给出的内生解释变量的关键联合统计量以外，all 选项还分别提供了每个内生解释变量的一些估计结果。

利用 estat firststage，完成下列 3 种情形下的弱工具变量检验。

情形 1：恰好识别下弱工具变量检验。

利用 wage2. dta 数据，在多元回归模型中使用 sibs（兄弟姐妹的数目）作为 educ 的工具变量，利用上述方法进行弱工具变量检验。

情形 2：过度识别下弱工具变量检验。

利用 wage2. dta 数据，在多元回归模型中使用 sibs（兄弟姐妹的数目）和 feduc（父亲的教育）作为 educ 的工具变量，利用上述方法进行弱工具变量检验。

情形 3：存在多个内生解释变量的弱工具变量检验。

利用 wage2. dta 数据，在多元回归模型中使用 sibs（兄弟姐妹的数目）和 feduc（父亲的教育）作为 educ 和 exper 的工具变量，利用上述方法进行弱工具变量检验。

```
*Stata 程序
use "wage2.dta",clear
*情形 1：恰好识别下弱工具变量检验
ivregress 2sls lwage exper tenure married south urban black  (educ=
sibs),vce(robust)
estat firststage, all forcenonrobust
*情形 2：过度识别下弱工具变量检验
ivregress 2sls lwage exper tenure married south urban black  (educ=sibs
feduc),vce(robust)
estat firststage, all forcenonrobust
```

在情形 1 下，输出结果包括三部分：

第一部分是关键诊断统计量的概述性统计表，它对判断弱工具变量有用。第一部分的两个统计量为第一阶段回归的 R^2 和 $\overline{R}^2$。它们的值都在 0.26 左右。为了分解 *sibs* 对 *educ* 的解释力，给出了两个统计量。一个是 *educ* 和 *sibs* 的偏相关系数（partial R-sq.），控制 *exper*，*tenure*，*married*，*south*，*urban* 和 *black* 后，*educ* 和 *sibs* 的偏相关系数为 0.037，这表明要警惕弱工具变量的原假设。另一个统计量是在结构模型中排除性工具变量的联合显著性 F 统计量，这里只有一个排除性工具变量（*sibs*），F 值为 42.88，就是第一阶段回归结果中 *sibs* 变量 t 统计量的平方，这个值比建议的经验法则临界值 10 要大得多，因此 *sibs* 是非弱工具变量。

第二部分给出了“Shea 偏 R^2”，只有一个内生解释变量，等价于第一部分中的偏相关系数。

在情形 2 下，结果显示，无论是使用 F 值＝56.09，还是最小特征根统计值 52.243，都拒绝了是弱工具变量的原假设。

（5）工具变量估计背景下的 Durbin Wu-Hausman 内生性检验。如果我们能够获得工具变量并采用 2SLS 估计模型，就可以通过比较 OLS 和 2SLS 的结果来判断模型是否具有内生性。

当解释变量外生时，2SLS估计量（或GMM估计量）仍然是一致的，但其有效性不如OLS，因为2SLS估计值会有非常大的标准误。因此，检验一个解释变量的内生性便很有必要，它告诉我们是否需要使用2SLS。

考察线性总体模型：

$$y=\beta_0+\beta_1x_1+\beta_2x_2+\cdots+\beta_{k-1}x_{k-1}+\beta_kx_k+\mu$$

式中，$E(\mu)=0$，$Cov(x_j,\mu)=0$，$j=1,2,\cdots,k-1$。

我们怀疑x_k与μ相关。如果不相关，则直接采用OLS估计，否则就应当采用工具变量法。豪斯曼（Hausman，1978）建议直接比较OLS和2SLS估计值，判断其差异是否在统计上显著。毕竟，如果所有变量都是外生的，则OLS和2SLS是一致的。如果2SLS与OLS在统计上具有明显的差异，可以断定x_k是内生的。因此，分别计算OLS和2SLS估计值，观察它们是否在统计上具有明显的差异是一个不错的方法。为了判断两者是否显著不同，可以利用回归检验（Durbin Wu-Hausman检验，简称DWH检验）。回归检验以估计x_k的简化式为基础。现在假定我们拥有多个关于x_k的工具变量。设$z_1,z_2,\cdots,z_m$是一些变量，使得：

$$Cov(z_h,\mu)=0,\ h=1,2,\cdots,m$$

因此x_k的简化式可以写成：

$$x_k=\delta_0+\delta_1x_1+\delta_2x_2+\cdots+\delta_{k-1}x_{k-1}+\theta_1z_1+\theta_2z_2+\cdots+\theta_mz_m+r_k$$

因为x_j和z_h与μ都不相关，所以各个x_k与μ不相关的充要条件是r_k与μ不相关，这正是我们需要检验的。写成回归形式为$\mu=\theta r_k+e$，其中e与r_k不相关，且有零均值。那么，μ与r_k不相关的充要条件是$\theta=0$。检验这一点最容易的方法是将r_k作为添加的自变量包括在总体模型中，然后做t检验。这么做唯一的问题是：r_k不能被观测到，因为它是简化式中的误差项。但是我们能用OLS估计简化式获得残差$\hat{r}_k$，因此使用OLS估计：

$$y=\beta_0+\beta_1x_1+\beta_2x_2+\cdots+\beta_{k-1}x_{k-1}+\beta_kx_k+\gamma\hat{r}_k+\text{误差项}$$

并用t统计量检验$H_0:\gamma=0$。如果在很小的显著性水平上拒绝了H_0，便可以根据r_k与μ相关而断定x_k是内生的。

检验单个解释变量内生性的步骤：

1）通过将x_k对所有外生变量（包括结构方程中的外生变量和额外的IV）回归来估计x_k的简化式方程，得到残差$\hat{r}_k$。

2）在（包括x_k的）结构方程中添加$\hat{r}_k$，并用一个OLS回归检验它的显著性。若$\hat{r}_k$的系数显著异于零，我们便断定x_k确实是内生的。还可以使用异方差稳健的t检验。

我们还可以检验多个解释变量的内生性。对于每个疑似内生变量，我们如1）中那样获得简化式残差。然后用F统计量检验这些残差在结构方程中的联合显著性。如果检验结果显示这些残差联合显著，则表明这些疑似变量中至少有一个是内生的。所检验的排除约束的数目就是疑似内生解释变量的个数。

Stata 程序 5.5.3.11：DWH 检验

在 Stata 中，可以在 OLS 回归和 2SLS 回归后，使用 estat endogenous 命令进行 DWH 检验。

利用 estat endogenous 命令，完成下列两种情形下的 DWH 检验。

情形 1：利用 wage2.dta 数据，在多元回归模型中使用 sibs（兄弟姐妹的数目）和 feduc（父亲的教育）作为 educ 的工具变量，利用 DWH 方法进行内生性检验。

情形 2：利用 wage2.dta 数据，我们怀疑 educ 和 exper 是内生的，在多元回归模型中使用 sibs（兄弟姐妹的数目）和 feduc（父亲的教育）作为 educ 和 exper 的工具变量，利用 DWH 方法对多个内生变量进行内生性检验。

```
*Stata 程序
use "wage2.dta",clear
*情形 1：单个内生解释变量
*使用 estat endogenous 命令
reg lwage educ exper tenure married south urban black,vce(robust)
ivregress 2sls lwage exper tenure married south urban black  (educ=sibs
feduc),vce(robust)
estat endogenous
*自行编写执行稳健 DWH 检验的程序：单个内生解释变量
qui reg educ exper tenure married south urban black sibs feduc,vce(robust)
qui predict rhat,resid
reg lwage educ exper tenure married south urban black rhat,robust
test rhat
*情形 2：多个内生解释变量
*使用 estat endogenous 命令
reg lwage educ exper tenure married south urban black,vce(robust)
ivregress 2sls lwage tenure married south urban black  (educ exper=sibs
feduc),vce(robust)
estat endogenous
*自行编写执行稳健 DWH 检验的程序：多个内生解释变量
qui reg educ tenure married south urban black sibs feduc,vce(robust)
qui predict rhat1,resid
qui reg exper tenure married south urban black sibs feduc,vce(robust)
qui predict rhat2,resid
reg lwage educ exper tenure married south urban black rhat1 rhat2,robust
test rhat1 rhat2
```

在情形 1 下，运行程序后结果显示，DWH 检验 F 值为 4.79（相应地，rhat 变量 t 值为−2.19，其平方为 F 值），p 值=0.029，在 5%的显著性水平下拒绝 educ 是外生变量的原假设，因此 educ 是内生的。

在情形 2 下，运行程序后结果显示，DWH 检验 F 值为 2.70，p 值=0.068，在 5% 的显著性水平下不能拒绝 educ 和 exper 都是外生变量的原假设，结合前面的分析，很可能只有 educ 是内生的，而 exper 是外生的。

（6）变量误差与联立性问题的 IV 解决方法。以上我们提出用工具变量作为解决遗漏变量问题的方法，该方法也能用于处理计量误差和联立性的问题，在此不再赘述。

（7）其他问题。解决内生性问题的方法还有很多，后面我们还将分析如何采用面板数据模型法来解决内生性问题（见第 6 章），以及存在虚拟内生解释变量时的处理。

5.5.4　不满足参数线性假定：参数非线性模型的估计与推断

1. 参数非线性模型的定义与相关假定

线性模型可以分为参数线性模型和变量线性模型。以前的讨论指出，一个参数线性和变量线性的模型是线性回归模型，一个参数线性但变量非线性的模型也是线性回归模型，例如，著名的柯布-道格拉斯生产函数（Cobb-Douglas(C-D) production function，C-D 生产函数）。令 Y=产出，X_2=劳动投入，X_3=资本投入，如果把该生产函数写成如下形式：

$$Y_i=\beta_1 X_{2i}^{\beta_2} X_{3i}^{\beta_3} e^{\mu_i}$$

对等式两边取对数有

$$\ln Y_i=\alpha+\beta_2 \ln X_{2i}+\beta_3 X_{3i}+\mu_i$$

式中，$\alpha=\ln\beta_1$。

因此这种形式的 C-D 生产函数在本质上是线性的。

在模型中加入自变量的平方项或交互项等，仍可以在线性回归的框架下讨论。如果一个模型对参数而言是非线性，它就是参数非线性回归模型，而不论该模型是不是线性于变量。

假定 C-D 生产函数的形式为：$Y_i=\beta_1 X_{2i}^{\beta_2} X_{3i}^{\beta_3}+\mu_i$，由于无法将该模型变换为参数线性模型，因此它本质上是非线性模型。

此外，还有常替代弹性（constant elasticity of substitution，CES）生产函数，C-D 生产函数是它的一个特殊情形。CES 生产函数采用如下形式：

$$Y_i=A[\delta K_i^{-\beta}+(1-\delta)L_i^{-\beta}]^{-1/\beta}$$

式中，Y=产出；K=资本投入；L=劳动投入；A=规模参数；δ=分布函数（$0<\delta<1$）；β=替代参数（$\beta\geqslant-1$）。

无论你把该生产函数中的随机误差项变换为什么形式，都不可能使它变成参数线性回归模型。它本质上是非线性回归模型。本部分讨论的非线性函数仅限于不可变换为参数线性的模型。

在非线性回归模型分析中，假设对于可观测的 y_i 和真实参数向量 $\boldsymbol{\beta}$（它是数据生成过程的一个特征），存在一个潜在的概率分布或 DGP，满足非线性回归模型的假设（Greene，2012）。

2. 参数非线性模型的估计

（1）线性化回归。可以将关于参数初始值的非线性方程线性化，然后用 OLS 来估计线性化方程，并且调整最初选取的参数值。这些经过调整的参数值可用来再次线性化该模型，然后再一次用 OLS 进行估计，重新调整估计值。重复这个过程，直到从最后两次迭代中所得到的估计值没有实质性变化为止。线性化非线性方程的主要技巧是微积分中的泰勒级数展开（Taylor series expansion）。

对于非线性回归模型 $y=h(\boldsymbol{x},\boldsymbol{\beta})+\mu$（这里去掉了观测下标），所得到的抽样理论结论都是在参数向量某个特定值 $\boldsymbol{\beta}^0$ 附近，对 $h(\boldsymbol{x},\boldsymbol{\beta})$ 进行泰勒级数近似，即

$$h(\boldsymbol{x},\boldsymbol{\beta})\approx h(\boldsymbol{x},\boldsymbol{\beta}^0)+\sum_{j=1}^{k}\frac{\partial h(\boldsymbol{x},\boldsymbol{\beta}^0)}{\partial\beta_j^0}(\beta_j-\beta_j^0)$$

这称为线性化回归模型（linearized regression model），通过合并整理，有

$$h(\boldsymbol{x},\boldsymbol{\beta})\approx\left[h(\boldsymbol{x},\boldsymbol{\beta}^0)-\sum_{j=1}^{k}\beta_j^0\frac{\partial h(\boldsymbol{x},\boldsymbol{\beta}^0)}{\partial\beta_j^0}\right]+\sum_{j=1}^{k}\beta_j\frac{\partial h(\boldsymbol{x},\boldsymbol{\beta}^0)}{\partial\beta_j^0}$$

令 x_j^0 为第 j 个变量的偏导数 $\dfrac{\partial h(\boldsymbol{x},\boldsymbol{\beta}^0)}{\partial\beta_j^0}$，有

$$h(\boldsymbol{x},\boldsymbol{\beta})\approx(h^0-\sum_{j=1}^{k}x_j^0\beta_j^0)+\sum_{j=1}^{k}x_j^0\beta_j$$

也可以写成：

$$h(\boldsymbol{x},\boldsymbol{\beta})\approx h^0-\boldsymbol{x}^{0\prime}\boldsymbol{\beta}^0+\boldsymbol{x}^{0\prime}\boldsymbol{\beta}$$

这意味着 $y\approx h^0-\boldsymbol{x}^{0\prime}\boldsymbol{\beta}^0+\boldsymbol{x}^{0\prime}\boldsymbol{\beta}+\mu$，$y^0=\boldsymbol{x}^{0\prime}\boldsymbol{\beta}+\mu^0$。

把已知项移到方程左边，可得到回归方程：

$$y^0=y-h^0+\boldsymbol{x}^{0\prime}\boldsymbol{\beta}^0=\boldsymbol{x}^{0\prime}\boldsymbol{\beta}+\mu^0$$

有了 $\boldsymbol{\beta}^0$ 的一个值，便能计算 y^0 和 x^0，然后用 LS 估计上式的参数。

（2）非线性最小二乘法（NLS）估计。NLS 估计同 OLS 估计的思路基本一致，即模型残差平方和最小化。

NLS 准则函数如下：

$$S(\boldsymbol{b})=\frac{1}{2}\sum_{i=1}^{n}[y_i-h(\boldsymbol{x}_i,\boldsymbol{b})]^2=\frac{1}{2}\sum_{i=1}^{n}e_i^2$$

我们在上式中已经代入即将得到的解值 $\boldsymbol{b}$。最小化离差平方和（前面乘以 1/2）的参数值正是 NLS 估计。最小化的一阶条件为：

$$g(\boldsymbol{b})=-\sum_{i=1}^{n}[y_i-h(\boldsymbol{x}_i,\boldsymbol{b})]\frac{\partial h(\boldsymbol{x},\boldsymbol{b})}{\partial\boldsymbol{b}}=-\boldsymbol{x}^{0\prime}e=0$$

尽管最小化一阶条件的形式与线性方程类似，但上述非线性方程没有显性解。可以用许多方法来求解。高斯-牛顿方法在这种情况下经常使用。如果可以获得 $\boldsymbol{\beta}^0$，就可以对非

线性模型所显示的线性化回归模型运用 OLS 来估计参数。一旦获得一个参数向量，它就可以作为一个新的 $\boldsymbol{\beta}^0$，然后再进行计算。迭代可以一直进行到相邻两个参数向量的差足够小为止，这样就可以认为已经收敛。

为了推导出渐近结论，假设样本矩矩阵 $(1/n)X'X$ 收敛于一个正定矩阵 Q，并对回归函数的导数施加同样的约束条件，再进行模型线性化，这些导数在以真实参数值计算时被称为伪回归元（pseudoregressors）。

若满足如下假设：

1）包含 $\boldsymbol{\beta}$ 的参数空间是紧的（没有间隙或非凹区域）；

2）对该参数空间中任一向量 $\boldsymbol{\beta}^0$，$\operatorname{plim}(1/n)S(\boldsymbol{\beta}^0)=q(\boldsymbol{\beta}^0)$ 是一个连续且可微的函数；

3）$q(\boldsymbol{\beta}^0)$ 在真实参数向量 $\boldsymbol{\beta}$ 处拥有唯一最小值。

则非线性最小二乘估计量就是一致的。

σ^2 的一致估计量是以残差为基础的，即

$$\hat{\sigma}^2=\frac{1}{n}\sum_{i=1}^{n}[y_i-h(\boldsymbol{x}_i,\boldsymbol{b})]^2$$

若定义的伪回归元“表现良好”，则 $\boldsymbol{b}$ 是渐近正态，渐近协方差矩阵的样本估计值为：

$$EAVar[b]=\hat{\sigma}^2(X^{0\prime}X^0)^{-1}$$

若缺乏特定的分布假设，很难证明 NLS 估计量的渐近有效性。

在 NLS 中，同样可以使用异方差稳健估计标准误，从而对异方差进行修正。

在评价回归的拟合优度时，

$$R^2=1-\frac{\sum_{i=1}^{n}e_i^2}{\sum_{i=1}^{n}(y_i-\bar{y})^2}$$

不能保证 R^2 介于 0 和 1 之间，但它仍是一个有用的描述统计量。

Stata 程序 5.5.4.1：参数非线性模型的 NLS 估计

利用 mus10data. dta 数据，进行参数非线性模型的最小二乘估计。mus10data. dta 数据来自 2002 年医疗支出面板数据调查，对美国 25～64 岁的病人到内科看病的次数（*docvis*）建模，考察健康保险状况（*private*）、健康状况（*chronic*）、社会经济特征（*female*，*income*）对看病次数的影响。由于看病次数不是连续变量，假定看病次数服从泊松分布并进行泊松回归。

$$y=h(\boldsymbol{x},\boldsymbol{\beta})=\exp(\boldsymbol{x}'\boldsymbol{\beta})+\mu$$

在 Stata 中，可以通过 nl 命令进行非线性模型估计。

nl 交互版的语法如下：

```
nl (depvar=<sexp>) [if] [in] [weight] [, options]
```

depvar 指被解释变量，<sexp>是非线性模型的表达式。

```
*Stata 程序
use "mus10data.dta", clear
keep if year02==1
nl (docvis = exp({private}*private + {chronic}*chronic      ///
          + {female}*female + {income}*income + {intercept}))
*或者
generate one = 1
nl (docvis = exp({xb: private chronic female income one})), vce(robust) nolog
*{}给定参数的名称
```

(3) 最大似然法（ML）估计。最大似然估计量在一些估计量中占据着特殊地位。在一致渐近正态的估计量中，它是最有效的估计量。归功于费希尔（Fisher，1922）的似然原理（likelihood principle），通过选取对观测到的实际样本的似然求极大值的 θ 值，并作为参数向量 θ_0 的估计量。在离散情况下，这一似然是通过概率质量函数所得到的概率；而在连续情况下，似然就是密度。如果 θ 的一个值蕴含着观测到的数据发生概率是 0.001 2，而 θ 的第二个值给出较大的概率 0.001 4，那么 θ 的第二个值是较好的估计量。

此处，联合概率质量函数或密度 $f(y,X,\theta)$ 可以被认为是给定数据 (y,X) 时 θ 的函数。称这种函数为似然函数（likelihood function），记为 $L_N(\theta|y,X)$。对 $L_N(\theta|y,X)$ 求极大值等价于对对数似然函数（log-likelihood function）求极大值。我们取自然对数，是因为在应用中，这会产生具有 N 项之和的目标函数，而不是具有 N 项之积的目标函数。

最大似然估计量（maximum likelihood estimator，ML 估计量）是对（条件）对数似然函数求极大估计量，对 n 个独立的观测而言，ML 估计量可通过式（5－19）最大化来求参数的估计值。

$$h(\theta)=\sum_{i=1}^{n}\ln[f(y_i|x_i,\theta)] \tag{5-19}$$

式中，$f(i|x,\theta)$ 是连续变量 y 的条件密度函数，或者是离散变量 y 的条件概率质量函数。

如果密度函数 $f(y|x,\theta)$ 是正确设定的，那么 ML 估计量就是可用的最正确的估计量。这一估计量通常也称为 m 估计量，它是 ML 估计量的缩略语。ML 估计量是 θ 的一致估计量，它服从渐近正态分布且是有效的，这意味着没有其他 θ 的估计量比 ML 估计量的渐近方差-协方差（VCE）矩阵更小。

当然，真实密度函数是未知的。如果密度函数 $f(y|x,\theta)$ 不是正确设定的，那么 ML 估计量是不一致的。即使密度函数是误设的，只要满足以下两个条件，ML 估计量仍是一致的。1）设定的密度函数在线性指数族（LEF，包括计数数据的泊松分布和负二项分布、二值数据的伯努利分布、时段数据的单分布 gamma 分布、连续数据的正态分布和逆高斯分布）中；2）条件均值 $E(y|x)$ 的函数形式是正确设定的。这时，ML 估计量的 VCE 的默认估计不再正确，我们将在 VCE 的稳健估计的基础上进行推断。

当使用 ML 来进行估计时，可采用准最大似然法，这时，随后的推断并不需要正确设定密度函数的假设。

Stata 程序 5.5.4.2：参数非线性模型的 ML 估计

利用 mus10data. dta 数据，对看病次数的模型进行 ML 估计。

情形 1：假定看病次数服从泊松分布，其概率质量函数为 $f(y|x)=(e^{-u}u^{y})/y!$，$u=\exp(x\beta)$，进而得到对数似然函数：

$$h(\beta)=\sum_{i=1}^{n}(-\exp(x'_i\beta)+y_ix'_i\beta-\ln y_i!)$$

情形 2：假定看病次数服从负二项分布，其概率质量函数为：

$$f(y|\mu,\alpha)=\frac{\Gamma(y+\alpha^{-1})}{\Gamma(\alpha^{-1})\Gamma(y+1)}\left(\frac{\alpha^{-1}}{\alpha^{-1}+\mu}\right)^{\alpha^{-1}}\left(\frac{\mu}{\mu+\alpha^{-1}}\right)^{y}$$

$\mu=\exp(x\beta)$，进而得到对数似然函数：

$$\begin{aligned}h(\beta,\alpha)=&\ln\Gamma(y_i+\alpha^{-1})-\ln\Gamma(\alpha^{-1})-\ln\Gamma(y_i+1)\\&-(y_i+\alpha^{-1})\ln\{1+\alpha^{-1}\exp(x'_i\beta)\}+y_i\ln\alpha+y_ix'_i\beta\end{aligned}$$

在 Stata 中，ml 命令使得 ML 估计可以使用用户设定的似然函数，对普遍使用的模型，软件包中已经有相应的选项。ML 的关键命令是 ml model 和 ml maximize。ml 命令用来定义需要拟合的模型，ml maximize 命令用于执行最大化。

ml 命令的使用相对复杂，读者需要花一定的精力学习。

```
*Stata 程序
use "mus10data.dta", clear
*情形 1：看病次数服从泊松分布
* Poisson ML program lfpois to be called by command ml method lf
program lfpois
  version 10.1
  args lnf theta1                  // theta1=x'b, lnf=lnf(y)
  tempvar lnyfact mu
  local y "$ML_y1"                 // Define y so program more readable
  generate double `lnyfact' = lnfactorial(`y')
  generate double `mu'      = exp(`theta1')
  quietly replace `lnf'     = -`mu' + `y'*`theta1' - `lnyfact'
end
* Command ml model including defining y and x, plus ml check
ml model lf lfpois (docvis = private chronic female income), vce(robust)
ml check
* Search for better starting values
ml search
```

```
* Compute the estimator
ml maximize

*情形 2：看病次数服从负二项分布
* Negbin ML program lfnb to be called by command ml method lf
program lfnb
  version 10.1
  args lnf theta1 a           // theta1=x'b, a=alpha, lnf=lnf(y)
  tempvar mu
  local y $ML_y1              // Define y so program more readable
  generate double `mu'  = exp(`theta1')
  quietly replace `lnf' = lngamma(`y'+(1/`a')) - lngamma((1/`a')) ///
            -  lnfactorial(`y') - (`y'+(1/`a'))*ln(1+`a'*`mu') ///
            + `y'*ln(`a') + `y'*ln(`mu')
end
* Command lf implemented for negative binomial MLE
ml model lf lfnb (docvis = private chronic female income) ()
ml maximize, nolog
```

（4）广义矩方法（GMM）估计。ML 估计与 NLS 估计都属于极值估计法（m 估计）。现在，我们考察一类更广泛的极值估计量，即建立在矩方法（MM）与 GMM 基础上的估计量。

MM 与 GMM 的基础是对总体矩条件的集合进行设定，而总体矩条件涉及数据与未知参数。MM 估计量求解相应总体条件的样本矩条件。例如，样本均值是总体均值的 MM 估计量。在一些情况下，对于 MM 估计量来说，可能不存在明显解析解，但求数值解还是可行的。然而，在一些情况下，MM 估计或许行不通，因为存在着比参数还多的矩条件和待求解方程。一个重要例子就是过度识别模型中的工具变量估计。汉森（Hansen，1982）的 GMM 估计量扩展了 MM，以便适应这种情况。

GMM 估计量定义一类估计量，利用各种不同的总体矩条件，可获得不同的 GMM 估计量，正如不同的设定密度会产生不同的 ML 估计量一样。甚至当有可供选择的表示时，我们仍强调基于矩的估计方法，这是因为它提供了一种统一的估计方法（MM、ML 都可以看作 GMM 的一个特例），并且提供了一种从线性到非线性模型扩展方法的明确途径。GMM 更多地用于包含内生解释变量且模型存在非球形扰动（如异方差等）的非线性模型分析。当非线性模型包含内生变量时，我们可以寻找相应的工具变量，采用 GMM 进行估计。

首先来讨论 GMM 的总体矩条件：

$$E(h(\boldsymbol{w}_i,\boldsymbol{\theta}))=0$$

式中，$\boldsymbol{\theta}$ 是一个 $q\times1$ 阶向量；$h()$ 是一个 $r\times1$ 阶的向量函数，且 $r\geqslant q$。向量 $\boldsymbol{w}_i$ 代表所有观测值，它们包含了被解释变量、解释变量和那些相关的 IV（如果有的话）。线性 IV 就是一个典型的例子，其中 $h(\boldsymbol{w}_i,\boldsymbol{\theta})=\boldsymbol{z}_i(y_i-\boldsymbol{x}_i'\beta)$，如果模型没有内生性，则 $\boldsymbol{z}_i=\boldsymbol{x}_i$。

如果 $r=q$，那么 MM 估计量 $\hat{\theta}_{\mathrm{MM}}$ 解决了对应样本矩条件 $n^{-1}\sum_i h(\boldsymbol{w}_i,\boldsymbol{\theta})=0$ 的估计。如果 $r>q$，就不行了，因为对于一个过度识别的线性 IV 模型，会有比参数还要多的等式。

GMM 估计量 $\hat{\theta}_{\mathrm{GMM}}$ 使得 $\sum_i h(\boldsymbol{w}_i,\boldsymbol{\theta})$ 的二次项最小化，其目标函数是：

$$Q(\boldsymbol{\theta})=\left\{\sum_i^n h(\boldsymbol{w}_i,\boldsymbol{\theta})\right\}'W\left\{\sum_i^n h(\boldsymbol{w}_i,\boldsymbol{\theta})\right\}$$

式中，$r\times r$ 阶加权矩阵 W 是正定的对称矩阵，它是随机的，其概率是有限制的，且不依赖于 $\boldsymbol{\theta}$。一个特例就是 $r=q$，其 MM 估计量通常通过令 $W=I$ 或任何其他的值来获得，在其最优点处，$Q(\boldsymbol{\theta})=0$。

只要 $E(\boldsymbol{h}(\boldsymbol{w}_i,\boldsymbol{\theta}))=0$ 成立，GMM 估计量就是关于 $\boldsymbol{\theta}$ 的一致估计量，并且服从正态分布，同时具有 VCE 稳健估计值。

$$V(\hat{\boldsymbol{\theta}}_{\mathrm{GMM}})=(\hat{G}'W\hat{G})^{-1}\hat{G}'W\hat{S}W\hat{G}(\hat{G}'W\hat{G})^{-1}$$

假定观测值 i 之间是独立的。

$$\hat{G}=\sum_i^n \frac{\partial \boldsymbol{h}_i}{\partial \boldsymbol{\theta}'}\bigg|_{\hat{\boldsymbol{\theta}}}$$

$$\hat{S}=\sum_i^n \boldsymbol{h}_i(\hat{\boldsymbol{\theta}})\boldsymbol{h}_i(\hat{\boldsymbol{\theta}})'$$

对于 MM 而言，不管 W 的选择是什么，方差简化为 $(\hat{G}'\hat{S}^{-1}\hat{G})^{-1}$。对于 GMM 而言，$W$ 的选择不同会导致估计量不同。W 的最佳选择是 $W=\hat{S}^{-1}$，在这种情况下，方差简化为 $(1/n)$ $(\hat{G}'\hat{S}^{-1}\hat{G})^{-1}$。对于线性 IV 而言，可以得到一个估计量的确切公式。

Stata 程序 5.5.4.3：参数非线性模型的 GMM 估计

利用 mus10data. dta 数据，将 private 看作内生变量，以 firmsize 作为排除性的工具变量，可以对看病次数的模型进行 GMM 估计。

在 Stata 中，可以通过 gmm 命令进行估计。

交互版 gmm 命令的语法如下：

```
gmm ([reqname1:]rexp_1) ([reqname2:]rexp_2) ...   [if] [in] [weight]
[, options]
```

gmm 可以进行单方程和多方程非线性模型的广义矩估计。

```
*Stata 程序
use "mus10data.dta", clear
gmm (docvis - exp({xb: private chronic female income} - {b0})), instru-
ment(firmsize chronic female income) onestep vce(robust) nolog
```

3. 参数非线性模型的系数解释

对于参数非线性模型，估计的主要目标常常是实施预测，而不是检验自变量的统计显著性，并且对自变量边际效应的估计要复杂得多。

(1) 边际效应。边际效应是指当解释变量 x 变化一个单位时，y 的条件均值变动。对于线性回归模型，斜率系数 β 可以作为边际直接加以解释。对于非线性回归模型，这种解释就不再可行，因为边际效应既是参数的函数，也是解释变量的函数。例如，$E(y|x)=\exp(x'\beta)$，那么 $\partial E(y|x)/\partial x=\exp(x'\beta)\beta$，边际效应的大小既依赖 β，又依赖 x。

(2) 一般回归函数。对于一般回归函数（general regression function）：

$$E[y|x]=g(x,\beta)$$

其边际效应随 x 的估计值而变化。

边际效应具有三种不同的估计值，如表 5-11 所示。

表 5-11　边际效应三种不同的估计值

公式	缩写	描述
$n^{-1}\sum_i \partial E[y_i\|\boldsymbol{x}_i]/\partial \boldsymbol{x}_i$	*AME*	所有个体的平均响应/平均边际效应（在样本值处进行评估，然后进行平均）
$\partial E[y\|\boldsymbol{x}]/\partial \boldsymbol{x}\|_{\bar{x}}$	*MEM*	平均个体的响应/均值处的边际效应（在解释变量的样本均值处进行评估）
$\partial E[y\|\boldsymbol{x}]/\partial \boldsymbol{x}\|_{x_*}$	*MER*	在个体 $x=x_*$ 的响应/代表值处的边际效应（在解释变量的代表值处进行评估）

第一个估计值是对所有个体的边际效应进行平均。第二个估计值是在 $x=\bar{x}$ 处计算边际效应。第三个估计值是在设定的特征点 $x=x_*$ 处进行计算。

在非线性模型中，这三个测量值各不相同（在线性模型中，它们都等于 β）。甚至效应的符号与参数符号是不相关的，对某些 x 值来说，$\partial E[y|\boldsymbol{x}]/\partial x_j$ 是正的；而对 x 的其他值来说，$\partial E[y|\boldsymbol{x}]/\partial x_k$ 则是负的。在解释非线性模型的系数时，必须相当慎重。

计算机程序及应用研究经常报告这些测量值中的第二个。在边际效应数量的层面上，这样做是有意义的。但是，政策通常关注全部效应，即第一个测量值，或者代表性个体或群体，即第三个测量值。第一个测量值对不同函数形式的选取有相对很少的变动，而其他两个测量值变动相当大。还可利用直方图或非参数密度估计值来阐述边际效应的全部分布。

考虑单一指数模型（single index model），如设定为

$$E[y|\boldsymbol{x}]=g(x'\beta)$$

对回归系数进行直接解释是可行的，因此，通过单一指数 $x'\beta$ 数据与参数，均可进入非线性函数 g()。那么，非线性的均值是解释变量及参数的线性组合的非线性函数。就单一指数模型而言，可利用微分法（calculs methods）进行计算，第 i 个解释变量变化的条件均值的效应为：

$$\partial E[y|\boldsymbol{x}]/\partial x_j=g'(\boldsymbol{x}'\beta)\beta_j$$

由此可知：

$$\frac{\partial E[y|\boldsymbol{x}]/\partial x_j}{\partial E[y|\boldsymbol{x}]/\partial x_k}=\frac{\beta_j}{\beta_k}$$

所以系数比值给出了解释变量变化所引起的相对效应，这里，把共同因子 $g'(x'\beta)$ 消掉。因

此，如果β_j是β_k的 2 倍，那么x_j变化 1 个单位的效应是x_k变化 1 个单位效应的 2 倍。此外，若 g() 是单调的（monotonic），系数的符号（sighs）就给出了所有可能x的效应符号。

单一指数模型由于解释简单具有一些优点。许多标准的非线性模型，如 Logit，Probit 以及 Tobit 模型，都是单一指数形式。例如，考察对指数条件均值函数的系数解释，有$E[y|\boldsymbol{x}]=\exp(x'\beta)$。许多计数模型与持续期限模型都使用指数形式。经过一些代数运算，得到$\partial E[y|\boldsymbol{x}]/\partial x_j=\partial E[y|\boldsymbol{x}]\ \beta_j$。因此，参数能够被解释为半弹性（semi-elasticities），即x_j变化 1 个单位时条件均值增加了β_j倍。例如，如果$\beta_j=0.2$，那么x_j变化 1 个单位会使$E[y|\boldsymbol{x}]$增加 0.2 倍，即增加 20%。

计算边际效应的第二种方法是有限差分法（finite difference method）。有限差分法是通过比较当x_j增加 1 个单位时的条件均值与其未增加时的条件均值来计算边际效应。因而有

$$\frac{\Delta E[y|\boldsymbol{x}]}{\Delta x_j}=g(x+e_j,\beta)-g(x,\beta)$$

式中，e_j表示第j个元素值为 1、其他元素值为 0 的向量。

对于线性模型来说，有限差分法与微分法会导致相同的估计效应。然而，对于非线性模型来说，这两种方法却给出不同的边际效应估计值，除非x_j的变化是无穷小的。

微分法经常用于分析连续解释变量，而有限差分法用于分析整数值解释变量，如（0,1）指示变量。

Stata 程序 5.5.4.4：参数非线性模型的边际效应分析

利用 mus10data.dta 数据，通过 Stata 进行参数非线性模型回归后估计边际效应。

在 Stata 中，可以通过 margin 命令进行边际计算。其语法结构为：

margins [marginlist] [if] [in] [weight] [, response_options options]

不带任何选项的 margin 命令计算默认数值的样本均值（AME），默认数值是用 predict 计算的。

使用 atmean 选项可以计算 MEM，例如当在样本均值处评估解释变量时，可以用 atmean 选项计算看病次数的预测值。在解释变量（某个变量或所有变量）代表值处进行预测（计算 MER），可以使用 at() 选项。

通常，非线性函数的均值不等于在均值处评估的非线性函数的均值。

所有这些边际效应都默认使用微分法来进行计算。为了对二值变量使用有线差分法，有必要使用前面的估计命令中用于将解释变量表示为二值变量的 i. 算子。

```
*Stata 程序
use "mus10data.dta", clear
*MEM：在均值处的边际效应（微分法）
generate one = 1
nl (docvis = exp ({ xb: private chronic female income one })), vce
(robust) nolog
margin,dydx(*) atmean
*MEM：在均值处的边际效应（有限差分法）
```

```
nl (docvis = exp({xb: i.private i.chronic i.female income one})), vce
(robust) nolog
margin,dydx(*) atmean
*MER：在代表值处的边际效应
nl (docvis = exp({xb: i.private i.chronic i.female income one})), vce
(robust) nolog
margin,dydx(*) at(private=1 chronic=0 female=1 income=10)
*AME：平均边际效应
nl (docvis = exp({xb: i.private i.chronic i.female income one})), vce
(robust) nolog
margin,dydx(*)
*手动计算 AME
nl (docvis = exp({xb: private chronic female income one})), vce(robust) nolog
preserve
predict mu0,n
quietly replace income=income+0.01
predict mu1,n
gen ME=(mu1-m0)/0.01
sum ME
restore
*存在多项式解释变量的 ME 计算
*可以使用 c.算子（对连续变量）和用于交互的# 算子设定变量 income 的多项式，这样
就可以使用 margin 命令计算边际效应
qui poisson private chronic female c.income c.income# c.income c.in-
come# c.income# c.income,vce(robust)
margin,dydx(income)
*存在交互项解释变量的 ME 计算
*对虚拟变量和连续变量的交互，可以通过 c.，i.和# 设定因子变量进行拟合，然后使用
margin 命令计算边际效应
qui poisson private chronic i.female c.income i.female # c.income,vce
(robust)
margin,dydx(female income)
```

4. 参数非线性模型的假设检验与参数约束

在大多数情形下，我们要检验的各种假设会涉及一些相当简单的线性约束。对于线性模型，*Wald*、似然比和 LM 等统计量是通过标准 F 统计量的变换而得到的，所以它们在本质上是一样的。在非线性情形下，它们只是渐近等价。由于没有假设扰动项的正态性，所以对似然比统计量的讨论被推后。通常，使用第 5 章讨论的常用公式和前面推导的渐近协方差矩

阵便可进行上述检验。但对于更复杂的假设和非线性约束而言，检验程序并不那么清晰。

（1）F 检验和 $Wald$ 检验。检验的假设是：

$$H_0: r(\boldsymbol{\beta})=q$$

式中，$r(\boldsymbol{\beta})$ 为 $\boldsymbol{\beta}$ 中元素的 J 个连续函数的列向量。这些约束可以是线性的，也可以是非线性的，但必须都是过度识别约束。因此，规范地讲，如果原参数向量有 K 个自由元素，那么假设 $r(\boldsymbol{\beta})-q$ 必须至少对参数施加一个函数关系。如果有不止一个约束，那么它们必须是函数独立的。这两个条件意味着 $J\times K$ 矩阵必须满行秩，而且约束个数 J 必须小于 K。

$$R(\boldsymbol{\beta})=\frac{\partial r(\boldsymbol{\beta})}{\partial \boldsymbol{\beta}'}$$

令 b 表示无约束的 NLS 估计量；b_* 表示施加假设约束后得到的估计量。使用哪个统计量取决于计算的困难程度。与线性模型不同，这里的各种检验程序在复杂程度上千变万化。

类似于我们熟悉的 F 统计量，基于回归拟合度（即残差平方和）的非线性统计量为：

$$F(J,n-K)=\frac{[S(b_*)-S(b)]/J}{S(b)/(n-K)}$$

这个方程具有 F 比率的形式。但在非线性设定中，分子和分母都没有所需要的严格分布，所以 F 分布只是一个近似。注意，这个 F 统计量要求约束和非约束模型都能估计。

$Wald$ 检验则基于 $r(b)$ 和 q 之间的距离。如果无约束估计值不满足约束，那么约束的合法性值得怀疑。这个统计量为：

$$\begin{aligned}W&=(r(b)-q)'(EAVar(r(b)-q))^{-1}(r(b)-q)\\&=(r(b)-q)'(R(b)\hat{V}R'(b))^{-1}(r(b)-q)\end{aligned}$$

式中，$\hat{V}=EAVar(b)$。

$R(b)$ 在 $\boldsymbol{\beta}$ 的估计值 b 处计算。

在原假设条件下，这个统计量具有自由度为 J 的极限卡方分布。如果约束正确，那么 $Wald$ 统计量渐近等于 J 乘以 F 统计量。这个 $Wald$ 统计量可基于根据无约束估计值得到的估计协方差矩阵进行计算，这就大大减少了非线性约束下的计算量。应该指出，W 的小样本表现可能飘忽不定，在样本不太大时，比较保守的 F 统计量可能更可取。

（2）基于 LM 统计量的检验。LM 检验基于去掉约束模型中的约束会使残差平方和减少这一法则。对于非线性回归模型，这个检验有一个特别吸引人的形式。令 $\boldsymbol{e}_*$ 表示用约束估计值计算出来的残差向量 $y_i-h(x_i,b_*)$。将 X^0 定义为一个在特定参数向量处计算出来的 $n\times K$ 矩阵。令 X^0_* 表示这个矩阵在约束估计值处的计算结果。于是非线性回归模型的 LM 统计量为：

$$LM=\frac{\boldsymbol{e}'_* X^0_*(X^{0\prime}_* X^0_*)X^{0\prime}_*\boldsymbol{e}_*}{\boldsymbol{e}'_*\boldsymbol{e}_*/n}$$

在 H_0 下，LM 统计量服从自由度为 J 的极限卡方分布。这个方法特别具有吸引力，因为它只需要约束估计值。如果约束的结果是一个线性模型，这个方法或许能减少一些计算。必须注意，LM 统计量是 n 乘以 $\boldsymbol{e}_*$ 对 X^0_* 的回归中未中心化的 R^2。许多 LM 统计量都可以这样计算。

(3) 似然比(likelihood ratio, LR)检验。假定扰动项服从正态分布,有 n 个观测值的样本的对数似然是:

$$\ln L=\text{雅克比行列式}-\frac{n}{2}\ln(2\pi\sigma^2)-\frac{\mu'\mu}{2\pi\sigma^2}$$

令 $\ln L^*$ 是在有约束估计值处取得的对数似然,用于检验约束的似然比统计量是:

$$\lambda=-2(\ln L^*-\ln L)$$

λ 渐近服从自由度为 J 的卡方分布。现在假定 L 中没有雅克比行列式,在每种情况下,σ^2 的最大似然统计量是 $e'e/n$,因此,在最小二乘估计值处计算的对数似然是:

$$\ln L=-\frac{n}{2}\left[1+\ln(2\pi)-\frac{e'e}{n}\right]$$

利用残差平方和同样可以求得有约束估计。整理各项后,经典回归模型(线性和非线性)的似然比统计量是:

$$\lambda=n(\ln\hat{\sigma}_*^2-\ln\hat{\sigma}^2)=n\frac{\ln\hat{\sigma}_*^2}{\ln\hat{\sigma}^2}$$

与前面的 F 统计量类似,似然比统计量要求有约束和无约束的估计。

Stata 程序 5.5.4.5:参数非线性模型的假设检验与参数约束

利用 mus10data.dta 数据,通过 Stata 执行参数非线性模型回归后的约束检验。假定检验的约束为 female 和 income 是不是联合显著的。

在 Stata 中,可以很方便地进行 *Wald* 检验、似然比检验等。在 nl,gmm 等命令后可以使用 test,testnl,lrtest 命令进行 *Wald* 检验和似然比检验。LM 统计量通常需要自行计算。

```
*Stata 程序:
*MEM:在均值处的边际效应(微分法)
use "mus10data.dta", clear
generate one = 1
nl (docvis = exp({xb: private chronic female income one})),  nolog
est store nl1
*test female income          //Wald 检验
nl (docvis = exp({xb: private chronic one})),  nolog
est store nl2
lrtest nl1 nl2


poisson docvis private chronic female income
test female income           //Wald 检验
```

5.5.5 不满足随机抽样假定：非随机样本的处理

在多元线性回归（MLR）假定中，要求满足随机抽样假定 MLR.2。即只有当样本是从总体中随机抽取的，根据样本估计的总体参数才能代表总体，否则估计结果就是有偏的。导致非随机样本的因素主要包括以下方面。

1. 数据缺失

数据缺失（missing data）问题可能会以多种形式出现。我们通常对一些主体（包括公司、个体、家庭、学校、城市）搜集一个随机样本，而后找不到样本中几个单位的某些关键变量信息。可能的原因包括公司破产、人员死亡或失踪等。如果数据缺失是随机发生的，那么无非就是来自总体的可用的随机样本的容量减小了。尽管这使得估计量没那么准确，但也不会引入任何偏误，随机抽样假定 MLR.2 仍然成立。在数据集中如果正确地标记了缺失的数据，那么包括 Stata 在内的所有现代回归软件包都会自动对缺失数据进行处理，并在回归计算时简单地把相应观测忽略掉。虽然也有办法对缺失部分变量数据进行插补等处理，但通常不这样做。因为这样做对估计量的改进很小，可使用的方法有些复杂。在大多数情况下，我们不采用有信息缺失的观测。当数据缺失导致样本变成总体的一个非随机样本时，问题就出现了，需要进行处理。

2. 非随机抽样

如果样本是基于自变量或因变量进行选择的，就是非随机抽样。非随机抽样的某些特定类型并不会导致 OLS 的偏误和不一致性。在（除 MLR.2 外的）高斯-马尔科夫假定下，事实表明，样本可在自变量的基础上加以选择，而且不会导致任何统计问题。这种基于自变量的样本选择，是外生样本选择（exogenous sample selection）的一个例子。比如在考察收入、年龄和家庭规模等对储蓄的影响时，数据基于对 35 岁以上人群的调查，所以我们得到 35 岁以上人群的一个非随机样本。虽然不是很理想，但能利用这个非随机样本得到总体模型中参数的无偏和一致估计量。

当样本选择以因变量 y 为基础时，情况就大不一样，这种情况被称为基于因变量的样本选择，是内生样本选择（endogenous sample selection）的一个例子。如果基于因变量值高于或低于某给定值而选择样本，OLS 在估计总体模型时总会产生偏误。

其他抽样模式通常是故意得到总体的非随机样本。一个常见的数据搜集方法是分层取样（stratified sampling），其中总体被恰好分成互不重叠的几组或几层，有些组取样的比例高于总体比例，而有些组取样的比例低于总体比例。比如，有些调查故意对少数群体或低收入组过度取样。是否需要特殊的方法，取决于分层是外生的（基于外生解释变量）还是内生的（基于因变量）。如果分层基于外生解释变量，那么 OLS 估计是无偏和一致的；如果分层基于因变量，那么 OLS 估计就是有偏的。

除了分层取样外，其他样本选择问题更加微妙。比如，研究受教育年限和工作经历对小时工资的影响，实质上只是工作者的一个随机样本。每个达到工作年龄的人都面临一个小时工资报价，他既可以在那个工资水平上工作，也可以不工作。对于工作的人来说，工资报价就是其目前所挣的工资。对于不工作的人来说，通常观测不到其工资报价。这样就不能用这个总体的一个随机样本来估计代表所有适龄工人构成的总体参数；相反，我们只有那些正在工作的人的工资报价数据（尽管也有那些不工作者在教育和工作经历方面的数据）。用正在工作者的一个随机样本去估计所有适龄工人的工资方程，是否能得到无偏估计量并不清楚。由于样本是基于个人的工作决策而选择的（而不是基于工资报价的高低），所以这与前面的基于内生解释变量选择的情形不同。不过，由于工作决策可能与那些影响工资报价的无法观测的因素相关，所以选择可能是内生的，而且可能导致OLS估计量中存在样本选择偏误。我们在“Stata程序5.5.6.5：截取和断尾回归模型”中讨论一些用于检验和纠正样本选择偏误的方法。

5.5.6 不满足误差正态性假定：限值因变量模型的估计与推断

在经典计量经济学模型中，被解释变量通常被假定为连续变量。但是，很多时候，因变量的取值会受到明显限制，通常称为限值因变量（limited dependent variable，LDV）。例如经济分析中经常面临许多决策问题，或者称为选择问题，即人们必须在可供选择的几个方案中做出选择。这些可供选择的方案可以用离散的数据表示，例如，某一事件发生与否，分别用1和0表示；外出旅行是选择飞机、火车还是自驾游，分别用0，1，2表示；对某一建议持强烈反对、反对、中立、支持和强烈支持5种态度，分别用0，1，2，3和4表示。以这样的决策结果作为被解释变量建立的计量经济学模型，称为离散被解释变量数据计量经济学模型（models with discrete dependent variables），或者称为离散选择模型（discrete choice model，DCM）。如果被解释变量只存在两种选择，称为二元选择模型（binary choice model）；如果被解释变量存在多种选择，称为多元选择模型（multiple choice model）。

除此之外，计量经济分析中还会出现其他类型的限值因变量。

（1）因变量表现为在严格正值域上连续但以正概率取值0的变量，通常称为角点解响应（corner solution response）。在建立个人、家庭和企业行为的模型时经常会出现此类情况。比如，在任一给定年份，研究影响家庭捐助的因素时，有相当数量的家庭的慈善捐助为0；就公司而言，研究影响获得政府补助的因素时，能够获得政府补助的公司通常为少数，绝大多数公司的政府补助为0。

（2）因变量是只取非负整数的计数变量。例如，一个人在给定年份被拘捕的次数、看病次数、专利数、奥运金牌数和子女人数等。

（3）因变量是对数据进行截取（censored）或断尾（truncated）而生成的。例如，顶端编码（top coding）问题，即当一个变量达到顶端编码时，我们只知道它的值达到了某个临界值，或者以因变量某个值为依据排除了总体的一个子集时，上述问题就会出现。

当y是离散的且只取少数几个值时，把它看成一个近似连续的变量毫无意义。尽管y的离散性本身并不意味着线性模型不合适，但这种情况下总体中不可观测的误差通常不满足正态分布，并会导致其他问题的出现，因此必须选择更合适的模型来估计参数和进行推断。

1. 二元选择模型

实际经济生活中，人们经常遇到二元选择问题。

比如，公共交通工具和私人交通工具的选择问题。选择公共交通工具还是私人交通工具取决于两类因素。一类是公共交通工具和私人交通工具具有的属性，诸如速度、耗费时间、成本等；一类是决策个体具有的属性，诸如职业、年龄、收入水平、健康状况等。从大量的统计中可以发现，选择结果与影响因素之间具有一定的因果关系。揭示这一因果关系并用于预测研究，对于制定交通工具发展规划无疑是十分重要的，这就要求建立计量经济模型。

再比如，对某种商品的购买决策问题。决定购买与否取决于两类因素。一类是该商品本身具有的属性，诸如性能、价格等；一类是消费者个体具有的属性，诸如收入水平、对该商品的偏好程度等。从大量的统计中可以发现，选择结果与影响因素之间具有一定的因果关系。揭示这一因果关系并用于预测研究，对于生产厂家无疑是十分重要的，这也要求建立计量经济模型。

尽管仍然可以使用线性回归模型（线性概率模型，LPM）估计二元选择模型（在保持其他因素不变的情况下，β_j 度量了因 x_j 的变化导致成功概率的变化），但存在两个最大不足，一是拟合出来的概率可能小于0或大于1，且任何一个解释变量（以水平值形式出现）的偏效应都是不变的。为了解决上述问题，可以考虑一类二元选择模型：

$$P(y=1|x)=G(\beta_0+\beta_1x_1+\cdots+\beta_kx_k)=G(\beta_0+\boldsymbol{x\beta})$$

式中，G 是一个取值范围严格介于0和1之间的函数，对所有实数 z，都有 $0<G(z)<1$，这就确保估计出来的响应概率严格介于0和1之间。

为了保证概率介于0和1之间，提出了函数 G 的各种非线性形式。在经验研究中广泛应用的有两个函数形式，Logit 模型和 Probit 模型。对 Logit 模型，G 是对数函数：

$$G(z)=\exp(z)/[1+\exp(z)]=\Lambda(z)$$

对所有的实数 z，它都介于0和1之间。它是一个标准逻辑斯蒂随机变量的累积分布函数。对 Probit 模型，G 是标准正态的累积分布函数，可表示为积分：

$$G(z)=\int_{-\infty}^{z}\phi(v)d(v)=\Phi(z)$$

为了使得二元选择问题的研究成为可能，必须首先建立随机效用模型。随机效用模型是二元选择模型的微观或理论基础。

以公共交通工具和私人交通工具的选择问题为例。如果某一个体选择公共交通工具，他的效用为 U_{ij}，i 表示第 i 个个体，j 表示第 j 种选择结果（$j=0$ 或 1）。该效用是随机变量，并且由公共交通工具所具有的属性和决策个体所具有的属性解释，于是有

$$U_{i1}=\boldsymbol{X}_iB_1+\varepsilon_{i1} \tag{5-20}$$

类似地，如果某一个体选择私人交通工具，他的效用为 U_i^0，该效用是随机变量，并且由私人交通工具所具有的属性和决策个体所具有的属性解释，于是有

$$U_{i0}=\boldsymbol{X}_iB_0+\varepsilon_{i0} \tag{5-21}$$

在模型（5-20）和模型（5-21）中，效用是不可观测的，我们能够得到的观测值仍然是选择结果，即1和0。但是很显然，如果不可观测的 $U_{i1}>U_{i0}$，即对应于观测值为1，

因为该个体选择公共交通工具的效用大于选择私人交通工具的效用，他当然要选择公共交通工具；相反，如果不可观测的$U_{i1}\leqslant U_{i0}$，即对应于观测值为0，因为该个体选择公共交通工具的效用小于选择私人交通工具的效用，他当然要选择私人交通工具。

将模型（5-20）与模型（5-21）相减：

$$U_{i1}-U_{i0}=\boldsymbol{X}_i(B_1-B_0)+(\varepsilon_{i1}-\varepsilon_{i0})$$

记为

$$y_i^*=\boldsymbol{X}_iB+\mu_i^* \tag{5-22}$$

这就是我们要研究的二元选择模型。这是一个线性模型，其中，y_i^*，$\boldsymbol{X}_i$，B，μ_i^* 分别为模型的被解释变量（潜变量，latent variable）、解释变量、待估计参数和随机误差项。

再来看个体选择 $y_i=1$ 的概率。显然应该有

$$P(y_i=1)=P(y_i^*>0)=P(\mu_i^*>-\boldsymbol{X}_iB)=F(\boldsymbol{X}_iB) \tag{5-23}$$

欲使得模型（5-22）可以估计，就必须为 u_i^* 选择一种特定的概率分布。两种最常用的分布是标准正态分布和逻辑（logistic）分布，于是形成了两种最常用的二元选择模型：Probit 模型和 Logit 模型。无论是标准正态分布还是逻辑分布，由于它们对称于0分布，这意味着对所有的实数 z，都有 $1-G(-z)=G(z)$。假定 u_i^* 独立于 $\boldsymbol{x}$，有 $E(y^*|\boldsymbol{x}=\boldsymbol{X}_iB=\beta_0+\boldsymbol{x\beta})$。经济学家倾向于 u_i^* 的正态假定，这就是计量经济学中使用 Probit 模型比 Logit 模型更为普遍的原因。

由于 $E(y|\boldsymbol{x})$ 的非线性性质，OLS 和 WLS 都不适用。通常使用 ML 估计来估计参数 $\boldsymbol{\beta}$。关于随机样本的（条件）ML 估计的一般理论意味着，在很一般的条件下，ML 估计是一致的、渐近正态的和渐近有效的。

在二元选择模型的大多数应用中，主要目的是解释 $\boldsymbol{x}_j$ 对响应概率 $P(y=1|\boldsymbol{x})$ 的影响。而潜变量表达式给我们留下的印象是，我们主要关心每个 $\boldsymbol{x}_j$ 对 $E(y^*|\boldsymbol{x}=\beta_0+\boldsymbol{x\beta})$ 的影响。就 Logit 模型和 Probit 模型而言，$\boldsymbol{x}_j$ 对 $E(y^*|\boldsymbol{x})$ 和 $E(y|\boldsymbol{x})$ 的影响的方向总是一致的。

需要指出的是，由于模型是参数非线性的，每个 β 的含义与线性模型明显不同。尽管其符号反映了对被解释变量的影响，但其大小本身并非特别有用，需要单独利用公式计算每个解释变量的边际影响，然后才能进行解释和比较。边际效应概念包括：

（1）平均边际效应（average marginal effect），即分别计算在每个样本观测值上的边际效应，然后进行简单算术平均。

（2）在样本均值处的边际效应（marginal effect at mean），即在 $x=\bar{x}$ 处的边际效应。

（3）在某代表值处的边际效应（marginal effect at a representative value），即给定 x^*，在 $x=x^*$ 处的边际效应。

以上三种边际效应的计算结果可能有较大差异。传统上，计算在样本均值处的边际效应（计算方便）。但在非线性模型中，样本均值处的个体行为并不等于样本中个体的平均行为。对于政策分析而言，使用平均边际效应，或在某代表值处的边际效应通常更有意义。

有三种方法检验 Logit 模型和 Probit 模型的整体解释力和排除性约束。*LM* 检验或得分检验只需要在原假设下对模型进行估计；*Wald* 检验只要求估计无约束模型。如果

约束模型和无约束模型都很容易估计（同含有排除性约束的情形一样），那么似然比检验就很有诱惑力。统计软件一般都会报告二元选择模型整体解释力的似然比统计量。我们还可以采用 McFadden（1973）提出的伪 R^2（pseudo R-squared）度量模型的拟合优度，可以将其视为对数似然函数的实际增加值占最大可能增加值的比重。拟合优度通常不是那么重要，试图在其他条件不变的情况下得到解释变量令人信服的影响估计值才至关重要。

在二元选择模型中，如果模型具有异方差或观测之间具有依赖性，则应当控制异方差和群/聚类问题的影响。同样，如果任意一个解释变量是内生的，Probit 和 Logit 极大似然估计量不是一致的，可以使用工具变量法等进行修正。

Stata 程序 5.5.6.1：二元选择模型

利用 mus14data.dta 数据，研究老年人以任何渠道购买私人保险（ins）的影响因素。解释变量包括健康状况、社会经济特征及相关配偶的信息。自我评估的健康状况信息用来生成一个虚拟变量（hstatusg），衡量健康状况是好、非常好还是极好。其他的健康状况衡量指标是日常生活中参加活动的数量（adl，上限是 5）以及慢性疾病的总数量（chronic）。使用的社会经济变量包括年龄、性别、种族、民族、婚姻状况、受教育年限和退休状况（分别为 age，female，white，hisp，married，educyear 和 retire）以及家庭收入（hhincome），如果收入为正，对家庭收入取对数（line）。配偶的退休状态（sretire）是一个指示变量，如果有一个退休配偶，那么值为 1。

在 Stata 中，可以使用 probit，logit 命令进行二元选择模型估计。

```
probit y x1 x2 x3, vce(vcetype)        //Probit 模型
logit y x1 x2 x3,or vce(vcetype)       //Logit 模型
```

其中，选择项“or”表示显示比值比（odds ratio），而不显示系数，选择项 vce(vcetype) 表示设定方差-协方差矩阵，vcetype 可以为 oim，robust，cluster clustvar，bootstrap，或 jackknife。注意，vce(robust) 不是用来控制异方差影响的，而是用来控制分布函数误设的，如果分布函数 $F(x'\beta)$ 是正确设定的，则不需要使用 vce(robust)。如果观测之间具有依赖性，应使用“vce(cluster clustvar) ”选项，表示使用以“clustvar”为聚类变量的聚类稳健标准误。

完成估计后，可用以下命令进行预测，并计算准确预测的百分比：

```
predict yhat,pr              //计算发生概率的预测值 js 并记为“yhat”
estat clas                   //计算预测准确的百分比，clas 表示 classification
```

在 Stata 12 及之后的版本中，计算边际效应的命令为：

```
margins,dydx(*)              //计算所有解释变量的平均边际效应
margins,dydx(*) atmeans      //计算所有解释变量在样本均值处的边际效应
margins,dydx(*) at(x1=0)     //计算所有解释变量在 x1=0 处的边际效应
margins,dydx(x1)             //计算解释变量 x1 的平均边际效应
margins , eyex(*)            //计算平均弹性，x 变化 1%引起 y 变化几个单位
```

如果二元选择模型存在异方差，可以使用 hetprob 命令进行修正。

```
hetprob y x1 x2 x3,het(varlist)
```

其中，选择项“het(varlist)”指定对扰动项方差有影响的所有变量。

如果二元选择模型存在内生性，可以使用 ivprobit 命令进行工具变量估计。

```
ivprobit y1 x1 x2 (y2 = z1 z2),r first twostep
```

其中，“y1”为被解释变量，“y2”为内生解释变量，“x1”“x2”为外生解释变量，“z1”“z2”为工具变量；选择项“r”表示稳健标准误；选择项“twostep”表示使用两步法，默认进行 ML 估计；选择项“first”表示显示第一步回归的结果。

```
*Stata 程序
*通过 cd 命令设定当前工作目录
*打开数据集
use "mus14data.dta",clear
*定义解释变量
global xlist age hstatusg hhincome  educyear  married  hisp
generate line=ln(hhinc)
global extralist line female white chronic adl sretire

*使用 Logit 和 Probit 进行估计
quietly logit ins retire $xlist
estimates store blogit
quietly probit ins  retire $xlist
estimates store bprobit
quietly regress ins  retire $xlist
estimates store bols
quietly logit ins retire $xlist,vce(robust)
estimates store blogitr
quietly probit ins retire $xlist,vce(robust)
estimates store bprobitr
quietly regress ins retire $xlist,vce(robust)
estimates store bolsr
esttab *,mtitles b(%9.2f) t(%9.2f) nogaps compress modelwidth(8)
est clear

*计算边际效用
*(1) 平均边际效应，即分别计算在每个样本观测值上的边际效应，然后进行简单算术平均
*Marginal  effects (AME)  after logit
quietly logit ins i.retire age i.hstatusg hhincome educyear i.married i.hisp
margins, dydx(*) noatlegend    //(AME)
estimates store AME
```

```
*(2) 在样本均值处的边际效应，即在 x=x̄ 处的边际效应
*Marginal effects (MEM) after logit
quietly logit ins i.retire age i.hstatusg hhincome educyear i.mar-
ried i.hisp
margins, dydx(*) atmean noatlegend //(MEM)
estimates store MME

*(3) 在某代表值处的边际效应，即给定 x*，在 x= x*处的边际效应
*Marginal effects (MER) after logit
quietly logit ins i.retire age i.hstatusg hhincome educyear i.mar-
ried i.hisp
margins, dydx(*) at (retire=1 age=75 hstatusg=1 hhincome=35 educy-
ear=12 married=1 hisp=1) noatlegend // (MER)
*使用 75 岁、退休、已婚、拉美裔、有良好健康状况、12 年受教育年限以及收入等于 35
作为基准条件，对于四个二值解释变量，使用有限差分而不是微积分法来计算它们在代
表值处的边际效应，即通过估计命令中的算子来进行计算
estimates store MER
esttab AME MME MER,mtitles b se

*假设与设定检验
* Wald test for zero interactions
*generate age2 = age*age
*generate agefem = age*female
*generate agechr = age*chronic
*generate agewhi = age*white
global intlist age2 agefem agechr agewhi
quietly logit ins retire $xlist $intlist
test $intlist

*Likelihood-ratio test
quietly logit ins retire $xlist $intlist
estimates store B
quietly logit ins retire $xlist
lrtest B

*Stukel score or LM test for asymmetric h-family logit
quietly logit ins retire $xlist
predict xbhat,xb
generate xbhatsq = xbhat^2
```

```
quietly logit ins retire $xlist xbhatsq
test xbhatsq

*存在异方差的估计
hetprob ins retire $xlist, het(chronic) nolog  //Heteroskedastic  Probit

*内生解释变量
*probit 不一致的 ML 估计
generate linc=log(hhincome)
global xlist2 female age age2 educyear married hisp white chronic
adl hstatusg
probit ins linc $xlist2, vce(robust) nolog
estimates store probit
*ivprobit mle 估计
global ivlist2 retire sretire
ivprobit ins $xlist2 (linc=$ivlist2), vce(robust) nolog
estimates store ivprobit_mle
*ivprobit 2-step 估计
ivprobit ins $xlist2 (linc=$ivlist2), twostep
estimates store ivprobit_2step
*ivregress 2sls 估计
ivregress 2sls ins $xlist2 (linc=$ivlist2), vce(robust) noheader
estimates store ivregress_2sls
esttab probit ivprobit_mle ivprobit_2step ivregress_2sls,mtitles b se
```

2. 多元选择模型

在实际经济生活中，经常遇到多元离散选择问题。

一类问题是同一个决策者面临多项选择，而且多项选择之间没有排序。例如决策者如何去上班，自己开车、乘出租车、乘公共车、骑自行车等，这类问题具有普遍性，我们将它称为一般的多元选择问题。

另一类问题是同一个决策者面临多项选择，且多项选择之间有排序。例如，同一种商品，不同的消费者对它的偏好是不同的，诸如十分喜欢、一般喜欢、无所谓、一般厌恶、十分厌恶，以 0，1，2，3，4 表示。影响消费者偏好的因素有两类，一类是该商品本身所具有的属性，诸如性能、价格等；一类是消费者个体所具有的属性，诸如收入水平、对该商品的需求程度等。从大量的统计中可以发现，选择结果与影响因素之间具有一定的因果关系。揭示这一因果关系并用于预测研究，同样可以建立多元选择计量经济模型。再如，求职者对某种职业的选择问题也可以描述为一个多元选择问题。还可以扩展到其他领域，一个典型的例子就是投票问题。在选票上一般有 3 栏：同意、弃权、反对，这就是一个三元选择问题。如果进行投票前的调查，甚至可以在调查表上列出 5 栏：强烈支持、一般支持、弃权、一般反对、强烈反对，这就是一个五元选择问题。

（1）多元离散选择 Logit 模型。在多元离散选择模型中，因为 Probit 模型需要对多元正态分布的整体进行评价，所以它的应用受到限制。而逻辑分布更适合效用最大化时的分布选择，所以应用最多的多元离散选择模型是 Logit 模型。

与二元选择模型的效用模型构造类似，一般多元选择模型仍然沿着这一思路，通过构造选择的效用模型，以效用的最大化来表示对某一方案的选择，达到估计模型总体参数的目的。如果决策者 i 在 $J+1$ 项可供选择的方案中选择了第 j 项，那么其效用模型为

$$U_{ij}=X_{ij}B+\varepsilon_{ij} \tag{5-24}$$

式中，B 为估计参数，并且应该有

$$P(U_{ij}>U_{ik}),\quad k=0,1,2,\cdots,J \text{ 且 } k\neq j$$

McFadden 于 1973 年指出，如果 $J+1$ 个随机误差项（ε）互不相关，并且服从 *Weibull* 分布，即

$$F(\varepsilon_{ij})=e^{-e^{-\varepsilon_{ij}}}$$

那么有

$$P(y_i=j)=\frac{e^{X_{ij}B}}{\sum_{j=0}^{J}e^{X_{ij}B}} \tag{5-25}$$

这就导出了后面的条件 Logit 模型（conditional logit model）和一般多元 Logit 模型（multinomial logit model）。

效用模型的解释变量中包括所有影响选择的因素，既包括决策者具有的属性，也包括备选方案具有的属性。备选方案具有的属性随着方案的变化而变化，例如在不同的交通方式选择中，费用、耗费时间、安全性等因素是随着不同的交通方式变化的；决策者具有的属性中一部分是随着方案的变化而变化的，例如决策者对不同交通方式的偏好程度等，一部分不随着方案的变化而变化，例如决策者的年龄、收入等。

实用的一般多元 Logit 选择模型又分三种情况。一是研究选择某种方案的概率与决策者的特征变量之间的关系（一般多元 Logit 离散选择模型）；二是研究选择某种方案的概率与决策者的特征变量以及方案的特征变量之间的关系（多元条件 Logit 离散选择模型）；三是考虑不同方案之间的相关性（嵌套 Logit 模型）。下面将分别介绍特定的模型及其估计。

1）一般多元 Logit 离散选择模型。研究一类特定的问题，例如职业选择问题，有 $J+1$ 种职业，以受教育年限、工作经历、性别、种族作为从事各种职业的个人的特征变量，利用大量样本，试图研究每种职业与这些特征变量的关系。这种研究具有特征 X_i 的个体选择第 j 种职业的概率的模型称为一般多元 Logit 离散选择模型。

一般多元 Logit 离散选择模型的参数估计并不复杂。对于第 i 个决策者，如果选择了第 j 个备选方案，令 $d_{ij}=1$；如果没有选择第 j 个备选方案，令 $d_{ij}=0$。同时，对于第 i 个决策者，在 $J+1$ 个备选方案中，只能选择其中之一，即只能存在 1 个 $d_{ij}=1$。于是，

可以写出 $y_{ij}(i=1,2,\cdots,n;\ j=0,1,2,\cdots,J)$ 的联合概率函数，由联合概率函数导出似然函数，进而得到对数似然函数，并得到模型的参数估计量。该模型参数估计量的经济意义很难直接解释，它具有对概率的边际贡献的经济意义。

2）多元条件 Logit 离散选择模型。上面的模型只考虑了选择某种方案的概率与决策者的特征变量之间的关系。如果选择某种方案的概率只与方案的特征变量有关，或者选择某种方案的概率不仅与决策者的特征变量有关，而且与方案的特征变量有关，则称为此建立的模型为条件 Logit 模型。有时，也将第一种情况称为条件 Logit 模型，而第二种情况称为混合 Logit 模型。本书中都称为条件 Logit 模型。

类似于名义 Logit 模型的参数估计方法，使用 ML 估计可以获得估计参数。

3）嵌套 Logit 模型。如果在多元离散选择模型（5－24）中，放弃 $J+1$ 个随机误差项互不相关的假设，即不同的选择方案之间具有相关性，而且必须考虑这种相关性，那么一种可行的思路是将 $J+1$ 个选择方案分为 l 组，每组内部的选择方案之间不具有相关性，而组间则具有相关性。也就是将条件 Logit 模型中隐含的齐次方差性条件放松，允许方差在组间不同，但在组内仍然是同方差的。这样的模型称为嵌套 Logit 模型。

嵌套 Logit 模型具有灵活的结构，在消费者选择中被广泛应用，而且被扩展到 3 层以上的结构。当然随着嵌套 Logit 模型层次结构的扩展，其复杂程度也呈几何级数增长。

嵌套 Logit 模型的参数估计方法有两类。一类是两阶段最大似然法，是一种有限信息估计方法。另一类是全信息最大似然估计。

（2）排序多元离散选择模型。排序多元离散选择问题普遍存在于经济生活中。对于排序多元离散选择问题，上面讨论的一般多元离散选择模型就不适合了。因为在模型（5－24）中，如果决策者 i 选择了 j，就意味着：

$$U_{ij}>U_{ik},\quad k=0,1,2,\cdots,J \text{ 且 } k\neq j$$

但是在排序多元离散选择中，即使决策者 i 选择了 j，也不意味着上述效用比较关系一定成立。

直接将选择结果作为被解释变量，以 0，1，2，3 等作为样本观测值，采用普通回归分析的方法建立模型，当这些离散数据能够真实反映不同选择方案的效用差异时，研究也是可行的。但是实际上，这些离散数据只表示不同选择方案之间的顺序，并不反映不同选择方案的效用的真实差异。

排序 Probit 模型和 Logit 模型是用与二元选择模型类似的方法建立的。以 $y^*=\boldsymbol{X}B+\mu$ 开始，这里的 y^* 是无法观测的。人们观测到的是：

$$\begin{aligned} y&=0 && \text{如果 } y^*\leqslant 0\\ &=1 && \text{如果 } 0<y^*\leqslant \mu_1\\ &=2 && \text{如果 } \mu_1<y^*\leqslant \mu_2\\ &\ \vdots && \ \vdots\\ &=J && \text{如果 } \mu_{J-1}\leqslant y^* \end{aligned}$$

假定 μ 服从正态分布，并且标准化为服从期望为 0、方差为 1 的正态分布。作为二元 Probit 选择模型的推广，其对数似然函数很容易得到，采用 ML 可以估计模型的参数。

Stata 程序 5.5.6.2：多元选择和排序模型

（1）利用 nomocc2.dta 数据，进行一般多元选择模型估计。此数据集来自 1982 年美国的 General Social Survey，该问卷调查将受访者的职业分为五类（occ），即服务人员（menial）、蓝领（blue collar）、工匠（craft）、白领（white collar）以及专业人士（professional）。解释变量包括：是否为白人（*white*）、教育年限（*ed*）以及工龄（*exper*）。显然，这三个解释变量都只依赖于个体，而不依赖于方案，故使用一般多元 Logit 回归或多元 Probit 回归。

（2）利用 travel2.dta 数据，进行条件 Logit 估计。该数据集的观测单位为 152 组人群（每组可视为一个小型旅行团），每组人群从以下三种度假旅行方式中选择一种，即火车、长途大巴或自驾车。随方案而变的解释变量包括 *time*（总旅行时间）与 *invc*（乘车成本，in-vehicle cost）。不随方案而变的解释变量包括 *hinc*（家庭收入，household income）与 *psize*（旅行团人数，party size）。

数据结构具体为：每个旅行团（由变量 *id* 指定）对应 3 行数据，每行对应一种旅行方式（以变量 *mode* 表示）。虚拟变量 *train*＝1 表示该行数据对应乘火车的方案；虚拟变量 *bus*＝1 表示该行数据对应乘长途大巴的方案；如果 *train*＝0 且 *bus*＝0，则该行数据对应自驾车的方案。即使对于同一旅行团，每个方案的总旅行时间、乘车成本也是不同的。另一方面，对于同一旅行团，其家庭收入与旅行团规模不变。被解释变量 *choice* 为虚拟变量，表示选择哪一种方案（比如，第 1 个旅行团选择自驾车，故 *car* 所对应的那一行的 *choice*＝1，而其他两行的 *choice*＝0）。

（3）利用 travel2.dta 数据，进行嵌套 Logit 估计。假设 *train* 与 *bus* 可归入一组（称为 *public*），而 *car* 自成一组（称为 *private*），将定义嵌套结构的变量记为 *type*，需先定义树形结构。

（4）利用 panel84extract.dta 数据，估计决定公司债券评级的排序数据模型。被解释变量为 *rating*83*c*（1983 年公司债券评级，取值 2～5，其中 5 为最优评级），而解释变量为 *ia*83（1983 年收入/资产比率），*dia*（收入/资产比率从 1982 年到 1983 年的变化，即 ia83 减 ia82）。

在 Stata 中，多元选择模型所使用的数据格式依赖于解释变量的类型。对于所有解释变量都只随个体而变（case-specific）的一般多元 Logit 模型或一般多元 Probit 模型，应使用宽格式，即同一个体的所有数据均出现在 Stata 数据表格的同一行。反之，在条件 Logit 模型与混合 Logit 模型中，由于存在随方案而变（alternative-specific）的解释变量，故应使用长格式，即同一个体的数据出现在 Stata 数据表格的几行，对应备选的几个方案（一个方案占一行）。在 Stata 中，可通过 reshape 命令在宽格式与长格式之间转换。

一般多元 Logit 模型的 Stata 命令为：

```
mlogit y x1 x2 x3,rrr base(#)
```

其中，选择项“base(#)”用于指定参照组（base category）；如果不指定，则默认使用观测值最多的方案为参照方案。选择项“rrr”表示汇报相对风险比率（relative risk ratio，RRR），即汇报 $\exp(\beta_j)$ 而非 β_j。

在估计一般多元 Logit 模型后，可通过非官方命令 mlogtest 对 IIA 假定进行检验：

```
net install sg155   //下载安装命令 mlogtest
mlogtest,hausman base
mlogtest,smhsiao base
```

其中，选择项“hausman”表示进行豪斯曼检验，选择项“smsiao”表示进行 Small-Hsiao 检验，而选择项“base”表示在检验中包括去掉参照方案，以剩余方案中观测值最多的方案为参照方案的检验。

一般多元 Probit 模型的 Stata 命令为：

```
mprobit y x1 x2 x3 ,rrr base (#)
```

条件 Logit 模型的 Stata 命令为：

```
asclogit y x1 x2 x3, case (varname) alternatives (varname) casevars (varname) base (#) or
```

其中，命令“asclogit”表示“alternative-specific conditional logit”，必选项“case (varname)”用来指定个体（case），必选项“alternatives(varname)”用来指定方案（数据按长格式），选择项“casevars(varname)”表示只随个体而变的解释变量，选择项“base(#)”用来指定参照方案，选择项“or”表示汇报比值比。

如果仅考察与方案的特征变量有关的情况，则可使用 clogit 模型，这是 asclogit 命令的简化版。

```
clogit y x1 x2 x3,group(varname) or
```

其中，必选项“group(varname)”用来指定由归属同一个体的观测值所构成的一组样本（因为数据按长格式排列）；选择项“or”表示汇报比值比。命令 clogit 不能直接处理只随个体而变的解释变量。

使用 asclogit 命令的主要好处在于它是更一般化的命令，可以通过选择项“casevars(varname)”将只随个体而变的解释变量包括在模型中。例如，可以将解释变量家庭收入与旅行团人数包括进来，进行混合条件 Logit 模型估计。

在 Stata 中，进行嵌套 Logit 估计之前，要定义树形的嵌套结构，其命令为：

```
nlogitgen newaltvar = altvar(branchlist)
```

其中，“altvar”为原先定义方案的变量，“newaltvar”为新定义的方案分组变量，“branchlist”定义树枝的分组归类。

进行嵌套 Logit 估计的命令为：

```
nlogit y x1 x2 x3 || lev1_equation || lev2_equation, case(varname) base (#) notree
```

其中，“x1 x2 x3”为随方案而变的随机变量（其系数相当于β，不随 j，k 而变），“||”为分隔符（delimiter），“lev1_equation”用来指定系数只随树干（level 1）而不随树枝（level 2）而变的解释变量（其系数相当于γ），“lev2_equation”用来指定系数既随树干又随树枝而变的解释变量（其系数相当于δ），必选项“case(varname)”用来指定个体，选择项“base(#)”用来指定参照方案，选择项“notree”表示不显示嵌套的树形结构（默认显示树形结构）。

排序模型的 Stata 命令为：

```
oprobit y x1 x2 x3   //ordered Probit 模型
ologit y x1 x2 x3    //ordered Logit 模型
```

```
*Stata 程序
*一般多元选择模型估计
*通过 cd 命令设定当前工作目录
use "nomocc2.dta",clear
table occ, contents(N ed mean ed sd ed) //选择项“contents()”用来指定最多 5 个统计量，“N ed mean ed sd ed”表示罗列变量 ed 的样本量、均值与标准差（按变量 occ 分为 5 个子样本）
mlogit occ white ed exper,nolog          //自动选择观测值最多的方案（即专业人士）为参照方案
estimates store mlogit1
*net install sg155                        //未安装的话需要先安装
mlogtest,hausman base                     //检验 IIA 假定
mlogit occ white ed exper,base(1) nolog   //选择服务人员作为参照方案
estimates store mlogit2
mlogit occ white ed exper,nolog rrr       //显示相对风险比率
estimates store mlogit_rrr
mprobit occ white ed exper,nolog          //使用多元 Probit 模型
estimates store mprobit
esttab mlogit1 mlogit2 mlogit_rrr mprobit,mtitles b se

*条件多元选择模型估计
use "travel2.dta",clear
*首先，通过前 6 个观测值来考察数据格式
list id mode train bus time invc choice hinc psize in 1/6 , sepby(id)
*对于条件 Logit 模型，使用命令 asclogit 来估计
asclogit choice time invc,case(id) alternatives(mode) base(3) nolog
                                          //仅考虑方案因素
estimates store clogit1
asclogit choice time invc,case(id) alternatives(mode) base(3) casevars
(hinc psize) nolog                        //考虑方案和个体因素
estimates store clogit2
esttab clogit1 clogit2,mtitles b se
predict prob,pr                           //预测概率
*由于解释变量仅包含随方案而变的解释变量，故可以使用 clogit 命令
clogit choice train bus time invc,group(id) nolog
```

```
        //随方案而变的解释变量，故仅使用总旅行时间（单位为分钟）、乘车成本、虚拟
变量 train 以及虚拟变量 bus 为解释变量（以旅行方式 car 为参照方案）
clogit choice train bus time invc,group(id) nolog or
        //汇报比值比

*嵌套多元选择模型估计
use "travel2.dta",clear
nlogitgen type=mode(public:Train | Bus,private:Car)
list id mode train bus time invc choice hinc type in 1/6 ,sepby(id)
nlogit choice time invc || type:psize,base(private) || mode:hinc,base
(3) case(id) nolog notree

*有序多元选择模型估计
use "panel84extract.dta",clear
*进行 ordered probit 估计
oprobit rating83c ia83 dia,nolog
estimates store oprobit
ologit rating83c ia83 dia,nolog
estimates store ologit
esttab oprobit ologit,mtitles b se
predict p2 p3 p4 p5
list p2 p3 p4 p5 in 1/1
```

3. Tobit 模型

变量在严格为正值时大致连续，但总体中有一个不可忽略的部分取值为 0。个人在某给定月份用于喝酒方面的花费就是一例。在美国 21 岁以上的总体中，这个变量的取值范围很大。但有相当大比例的人在喝酒方面的花费为 0。公司在获取政府补助方面也是一样，政府补助的取值范围从数百万到数亿不等，但有相当大比例的公司获取的政府补助为 0。

令 y 表示一个在严格正值域上连续但以正概率取值 0 的变量。我们完全可以使用 y 的一个线性模型。事实上，线性模型可能是对 $E(y|x_1,\cdots,x_k)$ 的良好近似，特别是对均值附近的 x_j 而言。但我们可能会得到负的拟合值，从而导致 y 的预测值为负；这与用 LPM 解释二元选择的问题类似。此外，假定以水平值形式出现的解释变量对 $E(y|x)$ 的偏效应为常数，可能有误导性。$Var(y|x)$ 可能是异方差性的，尽管我们通过计算异方差稳健的标准误和检验统计量，可以很容易地应对一般的异方差性。由于 y 的分布堆积在 0 处，显然不可能具有条件正态分布。因此，所有推断都只有渐近合理性，就像线性概率模型一样。

在某些情形中，一个模型能给出 y 的非负估计值，并且在很宽的解释变量范围内有不错的偏效应，也是很重要的。有时候，我们还想在给定 $x_1,\cdots,x_k$ 的情况下，估计 y 分布

除了条件均值之外的特征。Tobit（托宾）模型对于实现这些目标相当方便。通常，Tobit 模型用一个基本的潜变量来表示所观测到的响应 y：

$$y^* = \beta_0 + \boldsymbol{x\beta} + \mu,\ \mu | \boldsymbol{x} \sim N(0, \sigma^2)$$
$$y = \max(0, y^*)$$

潜变量 y^* 满足 CLM 假定。具体而言，它服从具有线性条件均值的正态同方差分布。

当 $y^* > 0$ 时，所观测到的变量 $y = y^*$，但当 $y^* \leqslant 0$ 时，$y = 0$。由于 y^* 为正态分布，所以 y 在严格正值上连续分布。具体而言，y 取正值时，给定 x 下 y 的密度与给定 x 下 y^* 的密度一样，同样可以获得 $y^* \leqslant 0$ 时的密度函数。利用最大似然估计，我们可以估计出 β 和 σ。

像在 Logit 模型和 Probit 模型中一样，每个 *Tobit* 估计值都有标准误，因此可以用来构造每个估计 β 统计量。用 *Wald* 检验或似然比检验很容易对多个排除性约束进行检验。*Wald* 检验与对数单位或概率单位情形的 *Wald* 检验具有类似的形式。统计软件一般会报告模型整体显著性的似然比统计量。

同样，对每个 β 含义的解释要特别小心，尽管其符号反映了对被解释变量的影响，但其大小本身并非特别有用，需要单独利用公式计算每个解释变量的边际影响，如平均偏效应（average partial effect，APE），有时候也称为平均边际效应（AME）。

Stata 程序 5. 5. 6. 3：Tobit 模型

利用 mroz. dta 数据估计已婚妇女的劳动市场参与。数据集 mroz. dta 包括 753 个已婚妇女工作小时的数据，其中有 428 个妇女当年在家庭以外工作挣钱，另外 325 个妇女的工作小时数为 0。对于那些工作小时数为正的妇女而言，工作的时间范围相当宽，从 12 小时到 4 950 小时。因此，年工作小时数很适合使用 Tobit 模型。

在 Stata 中，Tobit 模型的命令为：

```
tobit y x1 x2 x3,11(#) ul(#)
```

其中，选择项“11(＃)”表示 lower limit，即下限；选择项“ul(＃)”表示 upper limit，即上限；如果同时使用这两个选择项，则表示双边界限。如果把选择项“11(＃)”写为“11”，则 Stata 将把样本中 y 的最小值作为下限。类似地，如果把选择项“ul(＃)”写为“ul”，则 Stata 将把样本中的最大值作为上限。

```
*Stata 程序
*通过 cd 命令设定当前工作目录
use "mroz.dta",clear
*使用 Tobit 模型估计
tobit hours nwifeinc educ exper expersq age kidslt6 kidsge6, ll(0)
estimates store tobit
*fixup for expersq : take square of mean rather than mean of square
per JMW
summ exper,meanonly
local exp2=r(mean)^2
```

```
mfx compute, at(mean expersq=`exp2') predict(ystar(0,.))
*使用 OLS 模型估计
regress hours nwifeinc educ exper expersq age kidslt6 kidsge6
estimates store ols
esttab tobit ols,mtitles b se

*边际效应
*计算在下限均值 E(y|x)处的 ME
tobit hours nwifeinc educ exper expersq age kidslt6 kidsge6, ll(0)
margins, dydx(*) predict(ystar(0,.)) atmean noatlegend       //(AME)
```

4. 计数数据模型或泊松模型

另一类非负因变量是计数变量（count variable），它可以取非负整数值 $\{0,1,2,\cdots\}$。我们感兴趣的是 y 只取包括 0 在内的有限几个值的情况。这样的例子有妇女曾生育的子女数、某人在某年被拘捕的次数或企业在某年申请专利的个数等。出于前面针对二值和 Tobit 响应所讨论的同样原因，尽管可以利用线性模型估计，但恐怕不能对所有解释变量值提供最好的拟合。

像 Tobit 结果一样，因为计数变量取值有 0，所以不能对它取对数。一种有效的方法是将期望值模型转化为一个指数函数：

$$P(y=1|x_1,x_2,\cdots,x_k)=\exp(\beta_0+\beta_1x_1+\cdots+\beta_kx_k)$$

由于 exp(•）总为正，所以确保了 y 的预测值也总为正。

因为上式是其参数的一个非线性函数（记住 exp() 是一个非线性函数），所以不能使用线性回归方法。可以使用像 OLS 那样最小化残差平方和的非线性最小二乘法。然而，我们发现所有标准计数数据的分布都表现出异方差性，而非线性最小二乘又没有充分利用这一点。因而，我们要依赖于 ML 估计和 QML 估计。

我们把正态性作为线性回归的标准分布假定而引进。正态性假定对取值范围很大（大致）的连续因变量而言是合理的。计数变量不可能具有正态分布（因为正态分布是能取所有值的连续变量），如果它只取很少的几个值，它的分布与正态分布就相差很远。对计数数据来说，令人满意的分布则是泊松分布（Poisson distribution）。

由于我们感兴趣的是解释变量对 y 的影响，所以必须考虑以 x 为条件的泊松分布。因为泊松分布完全由其均值决定，所以只需设定 $E(y|x)$。以 x 为条件，$y=h$ 的概率是：

$$P(y=h|x)=\exp[-\exp(\boldsymbol{x\beta})][\exp(\boldsymbol{x\beta})]^h/h!,\quad h=0,1,\cdots$$

其中，$h!$ 表示阶乘。这个作为泊松回归模型（Poisson regression model）基础的分布，使我们能求出对应解释变量所有值的条件概率。

给定一个随机样本 $\{(\boldsymbol{x}_i,y_i),\ i=1,2,\cdots,n\}$，我们可以构造对数似然函数。最大化对数似然函数可以得到泊松估计值及其标准误。β_i 的经济含义是，给定 x_i 提高一个单位，$100\beta_i$ 大致表示了 $E(y|\boldsymbol{x})$ 变化的百分数。

和 Logit 模型、Probit 模型和 Tobit 模型一样，不能将一个指数函数的泊松估计值与一个线性函数的 OLS 估计值直接对比。不过，至少对于连续的解释变量，大致的比较是可能的。

尽管泊松 ML 分析是分析计数数据的自然起点，但它常常受到诸多限制。泊松分布的所有概率以及更高阶矩完全由其均值决定。特别是，方差等于均值，这一点具有很大的局限性。而且事实表明，多数应用与此不符。幸运的是，泊松分布具有一个很好的稳健性质，不管泊松分布成立与否，我们仍能得到 $\boldsymbol{\beta}$ 的一致和渐近正态估计量。这与 OLS 估计量相似。无论正态性假定成立与否，它都是一致和渐近正态的。

在没有假定泊松分布完全正确的情况下使用泊松 ML 时，称之为准极大似然估计（quasi-maximum likelihood estimation，QML 估计）。由于泊松 QML 估计在许多计量经济软件包中都编有程序，所以使用起来很方便。

在泊松分布下，可用似然比统计量来检验排除性约束。

泊松回归的缺陷是，它假设均等分散，即方差等于期望。如果存在过度分散，即方差大于期望，则可考虑负二项回归。

Stata 程序 5.5.6.4：计数数据模型

以 2003 年美国医疗支出面板数据调查的横截面数据 mus17data.dta 为例，使用年龄超过 65 岁的医保人群为样本来对每年看病次数（docvis）进行建模。回归中的协变量包括年龄数（*age*）、年龄的平方（*age2*）、受教育年限（*educyr*）、行为是否受限（*actlim*）、慢性疾病的数量（*totchr*）、有补充医保私人保险（*private*）、补充医保中对低收入个人发放的公共医疗补助保险（*medicaid*）。

在 Stata 中，计数数据模型的命令为：

```
poisson y x1 x2 x3,r irr
poisson y x1 x2 x3,r exposure (x1)
poisson y x1 x2 x3,r offset (x1)
```

其中，选择项“r”表示使用稳健标准误；选择项“irr”表示发生率比；选择项“exposure(x1)”表示把 ln(x1) 作为解释变量并令其系数为 1；选择项“offset(x1)”表示把 x1 作为解释变量并令其系数等于 1。

在 Stata 中，可以使用 nbreg 命令进行负二项回归。

```
*Stata 程序
*泊松模型估计
*通过 cd 命令设定当前工作目录
use "mus17data.dta",clear
*使用泊松模型估计
global xlist private medicaid age age2 educyr actlim totchr
summarize docvis   $xlist
poisson docvis   $xlist
estimates store poisson
drop yphat
```

```
predict yphat,n
corr docvis yphat
nbreg docvis  $xlist
estimates store nbreg
predict ynbphat,n
corr docvis ynbphat
esttab poisson nbreg,mtitles b se
*边际效应
poisson docvis i.private i.medicaid  age age2 educyr i.actlim totchr
margins, dydx(*) atmean noatlegend        //AME 没有变化
```

5. 截取和断尾回归模型

由前面的分析可知，对可观测的数据，需要根据 y 的分布来选择不同的模型，例如对二元选择使用 Logit 模型或 Probit 模型，对角点解结果使用 Tobit 模型，对计数响应使用泊松回归模型。

有时，尽管我们能够随机地从总体中抽取样本单位，并得到所有样本单位的解释变量信息，但对某些 i，缺少 y_i 的结果。不过，我们知道所缺少的这些信息是高于还是低于某个给定的临界值。也就是说，响应变量在某个临界值之上或之下截取。典型的截取是基于调查设计，有时也可能是因为制度上的约束。比如，在某些调查中，家庭财富有顶端编码。假设询问受访者的收入状况时，通常允许他们回答“高于 50 万元”。于是，我们可以观察到收入不足 50 万元的受访者的实际收入，但不能观察到收入高于 50 万元的受访者的实际收入。这时，需要使用截取/删失回归模型（censored regression model）来解决数据截取的问题。实质上，用一个截取回归模型解决的是响应变量 y 的数据缺失问题。这为我们估计参数提供了有用的信息。

当我们在抽样方案中以 y 为依据排除了总体的一个子集时，就出现了断尾回归模型（truncated regression model）。换句话说，虽然没有潜在总体中的一个随机样本，但我们知道关于哪些单位会被纳入样本的规则。这个规则由 y 是否高于或低于某个特定的临界值来决定。例如，研究收入的各种决定因素时，一个家庭的收入必须高于给定年份贫困线（贫困线取决于家庭规模）的 1.5 倍才会纳入研究范围。

（1）截取回归模型。尽管截取回归模型无须借助分布假定来定义，但我们还是将研究限定在截取正态回归模型（censored normal regression model）。被解释变量 y 服从 CLM。为强调概念，我们给总体的一个随机样本加下标 i：

$$y_i=\beta_0+\boldsymbol{x}_i\boldsymbol{\beta}+u_i,\ u_i|\boldsymbol{x}_i,\boldsymbol{c}_i\sim N(0,\sigma^2)$$
$$w_i=\max(y_i,c_i)$$

只有小于截取数 c_i 才能观测。例如，对于家庭收入调查，小于 50 万元的填写实际收入（24 万元、32 万元等），高于 50 万元的统一填写“高于 50 万元”。当只利用非截取的观测值（$y_i<c_i$），或者利用所有观测值得到的 w_i 对 x_i 进行 OLS 估计时，就会产生不一

致的估计量β，这与 Tobit 模型类似，但背后的问题不同。在 Tobit 模型中，我们是为结果常常为 0 的经济行为建立模型，并且假定 Tobit 模型反映了这一点。而在截取回归中，由于某种原因，数据被截取了，属于数据选择问题。

给定（x_i，w_i）的一个随机值，可用 ML 估计β和σ。在随机抽样的情况下，可以像在线性回归模型中那样解释β_j。

截取回归模型的一个重要应用是持续期间分析（duration analysis）。持续期间是一个度量某事件发生之前持续时间的变量。比如，我们想解释一个从监狱释放的重犯下次被捕前持续的天数。对于某些重犯，这种情况可能再也不会发生，或者要经过很长的时间才会发生，以致在分析数据时不得不对持续期间进行截取（例如按照 80 个月进行截取）。

在截取正态回归的持续期间分析中，我们常常使用自然对数作为因变量，因变量的对数变换可能会引起将参数解释为百分比变化的问题。此外，由于取对数的多数是正变量，所以持续期间变量的对数明显比持续期间变量本身更接近正态分布。

（2）断尾回归模型。断尾回归模型与截取回归模型在以下方面存在不同：在截取数据中，我们只是简单地、随机地从总体中选取样本。然而产生的问题是，尽管我们可以得到每一个选取的样本的解释变量，但是结果 y 只能在一定的阈值之间。然而在断尾回归中，我们会首先选取总体的一部分，然后在其中选取样本。因此，有一部分总体不会被观察到。特别是，对于这部分总体，我们不了解它们的解释变量的情况。断尾数据的现象在针对特定目标进行调查时会经常出现，可能是考虑成本问题，于是将总体的其他部分完全忽视。然而，研究人员也许希望用断尾样本得到的结果来回答关于总体的问题，必须注意的是，断尾样本得到的结果只是针对总体中一部分的研究。

断尾正态回归模型从一个满足 CLM 假定的潜在总体模型开始：

$$y_i=\beta_0+\boldsymbol{x}_i\boldsymbol{\beta}+u_i,\ u_i\mid\boldsymbol{x}_i\sim N(0,\sigma^2)$$

问题在于我们不能观测到总体的一个随机样本。随机抽取的（x_i，y_i）只有在 $y_i\leqslant c_i$ 时才能被观测到，其中 c_i 是可以取决于外生变量（特别是 x_i）的断尾临界值。

这意味着，如果 $\{(x_i,\ y_i),\ i=l,\cdots,n\}$ 是我们所观测到的样本，y_i 就一定小于或等于 c_i。这不同于截取回归模型。在截取回归模型中，我们对所有随机抽取的样本都观测了 x_i；而在断尾模型中，我们只在 $y_i\leqslant c_i$ 时才观测到 x_i。

当可以获得给定 $y_i\leqslant c_i$ 和 x_i 下 y_i 的分布时，可以利用 ML 估计β和σ。

Stata 程序 5.5.6.5：截取和断尾回归模型

利用 laborsub.dta 数据，估计一个决定妇女劳动时间的模型。该数据集包含以下变量：*whrs*（妻子的劳动时间，wife's hours of work），*kl*6（6 岁以下儿童数，# of kids less than 6），*K*618（6～18 岁少年数，# of kids between 6 and 18），*wa*（妻子年龄，wife's age），*we*（妻子受教育年限，wife's years of education），以及 *lfp*（是否就业，labor force participation）。显然，如果 $lfp=1$（有工作），则 $whrs>0$。

在 Stata 中，使用 intreg 或 cnreg 命令构建截取回归模型。

intreg 命令拟合以点数据、间隔数据、左截取数据或右截取数据测度的结果变量模型，是 Tobit 模型的推广。

```
intreg depvar1 depvar2 [indepvars] [if] [in] [weight] [, options]
```

在 Stata 中，使用 truncreg 命令构建断尾回归模型。

```
truncreg y x1 x2 x3 ,ll(#)ul(#)
```

其中，选择项“ll(#)”表示 lower limit，即左边断尾；选择项“ul(#)”表示 upper limit，即右边断尾；如果同时使用这两个选择项，则表示双边断尾。

```
*Stata 程序
*通过 cd 命令设定当前工作目录
use "laborsub.dta",clear
*先查看 lfp 的分布
tab lfp
truncreg whrs kl6 k618 wa we,ll(0) nolog
estimates store truncreg
reg whrs kl6 k618 wa we if whrs>0
estimates store reg
esttab truncreg reg,mtitles b se
```

练习题

下载阅读《我国上市公司高管的薪酬存在粘性吗?》(方军雄，2009) 一文。

(1) 利用 2001—2007 年的数据，重复论文的研究设计。

(2) 利用 2001—2020 年、2008—2020 年的数据，分别重复论文的研究设计，考察我国上市公司高管的薪酬粘性是否仍然存在，或者是否存在结构性变化。

参考文献

1. [美] 克里斯托弗·F. 鲍姆．用 Stata 学计量经济学．北京：中国人民大学出版社，2012.

2. 陈强．高级计量经济学及 Stata 应用．2 版．北京：高等教育出版社，2014.

3. 方军雄．我国上市公司高管的薪酬存在粘性吗？经济研究，2009 (3)：110-124.

4. [美] 威廉·H. 格林．计量经济分析．6 版．北京：中国人民大学出版社，2011.

5. [美] 达摩达尔·N. 古扎拉蒂，唐·C. 波特．计量经济学基础．北京：中国人民大学出版社，2011.

6. [美] A. 科林·卡梅伦，普拉温·K. 特里维迪．用 Stata 学微观计量经济学．重庆：重庆大学出版社，2018.

7. 李子奈，潘文卿．计量经济学．3 版．北京：高等教育出版社，2010.

8. [美] 乔舒亚·安格里斯特，约恩-斯特芬·皮施克．基本无害的计量经济学：实证研究指南．上海：格致出版社，2012.

9. [美] 杰弗里·M·伍德里奇. 横截面与面板数据的计量经济分析. 2版. 北京：中国人民大学出版社，2016.

10. [美] 杰弗里·M·伍德里奇. 计量经济学导论：现代观点. 5版. 北京：中国人民大学出版社，2015.

11. 赵西亮. 基本有用的计量经济学. 北京：北京大学出版社，2017.

12. Deb and Trivedi. Bayesian Analysis of the Two-Part Model with Endogeneity: Application to Health Care Expenditure. Journal of Applied Econometrics, 2010, 21(7): 1081-1099.

13. Granger, C. W. J. and L. Huang. Evaluation of Panel Data Models: Some Suggestions from Time Series. Social Science Electronic Publishing, 1998.

14. Greene, W. H. Econometric Analysis. 7th ed. Prentice-Hall, 2012.

15. Gu, Z. Across-Sample Incomparability of R^2s and Additional Evidence on Value Relevance Changes over Time. Journal of Business Finance & Accounting, 2007, 34(7-8): 1073-1098.

16. Hansen, L. P. Large Sample Properties of Generalized Method of Moments Estimators. Econometrica, 1982, 50(4): 1029-1054.

17. Hausman, J. A. Specification Tests in Econometrics. Econometrica, 1978, 46(6): 1251-1271.

18. Hausman, J., J. H. Stock, and M. Yogo. Asymptotic Properties of the Hahn-Hausman Test for Weak-Instruments. Economics Letters, 2005, 89(3):333-342.

19. White, H. A Heteroskedasticity-Consistent Covariance Matrix Estimator and a Direct Test for Heteroskedasticity. Econometrica, 1980, 48(4): 817-838.

20. Mcfadden, R. On the Structure of Certain A-Nomal Semigroups. Journal of the London Mathematical Society, 1973, s2-6(3): 543-552.

21. Eicker, F. Limit Theorems for Regression with Unequal and Dependent Errors. Berkeley Symposium on Mathematical Statistics and Probability, 1967, 59-82.

22. Huber, P. J. The Behavior of Maximum Likelihood Estimates Under Nonstandard Conditions. Berkeley Symposium on Mathematical Statistics and Probability, 1967, 1: 221-233.

第 6 章　面板数据分析

面板数据分析在实证研究中的使用越来越广泛。本章首先介绍面板数据的概念和使用面板数据的主要原因。然后阐述线性面板数据模型和非线性面板数据模型，其中线性面板数据模型部分主要包括线性面板数据模型（包括混合横截面模型、固定效应模型与随机效应模型、变系数模型）的估计和检验，线性面板数据模型中的工具变量法，以及动态面板数据的广义矩方法（GMM），包括差分 GMM 和系统 GMM。非线性面板数据模型部分主要包括面板二元选择模型、面板 Tobit 模型和面板计数数据模型的估计和检验。最后讨论面板数据在项目评价与政策分析中的应用，包括双重差分法、倾向得分匹配、断点回归的应用。

6.1　概述

6.1.1　什么是面板数据?

面板数据由数据集中每个横截面单位的一个时间序列组成。例如，对 500 家上市公司连续跟踪 10 年形成的数据集。面板数据又分为两种类型：平衡（balanced）面板数据和非平衡（unbalanced）面板数据。平衡面板数据是指每个横截面单位跟踪的时期是完全一样的。非平衡面板数据是指除平衡面板数据以外的面板数据。有时某些个体的数据可能缺失（比如，个体死亡、企业倒闭或被兼并、个体不再参与调查），或者新的个体后来才加入调查。在这种情况下，每个时期观测到的个体不完全相同，从而导致非平衡面板数据的出现。现代计量经济学软件可以轻松对这两种数据进行处理。关注非平衡面板数据出现的原因（如上市公司兼并破产导致原有公司不存在）很重要，因为这会导致复杂的计量经济学问题（如样本选择（sample selection）、样本丢失（sample attrition））。

Stata 程序 6.1.1.1：面板数据的设定和描述性分析
利用 abdata. dta 数据，理解面板数据的设定，并进行相关的描述性分析。

Layard and Nickell（1986）基于英国的不平衡公司面板数据（abdata. dta）估计了动态劳动力需求模型。Arellano and Bond（1991）将他们的新估计和测试统计应用于该模型。数据集 abdata. dta 中所有变量通过公司 i（变量 *id*）和时间 t（变量 *year*）标示。在这个数据集中，n_{it} 是公司 i 在时间 t 的就业人数的对数，w_{it} 是实际产品工资的自然对数，k_{it} 是总股本的自然对数，ys_{it} 是工业产出的自然对数。模型还包括 1980 年、1981 年、1982 年、1983 年和 1984 年等时间哑变量。

要求：

（1）设定面板数据。

（2）显示面板数据结构。

（3）显示个体组内、组间与整体的统计指标。

（4）显示组内、组间与整体的分布频率。

（5）对每一个体分别显示该变量的时间序列图，将所有个体的时间序列图叠放在一起。

```
*Stata 程序
*用 cd 命令设定当前工作目录，打开 abdata.dta 数据
use "abdata.dta",clear
*利用 xtset 命令设定面板数据
xtset id year            //数据为非平衡面板，可使用非官方的 xtbalance 命令将其变为平衡面板
*利用 xtdescribe 或 xtdes 命令显示面板数据结构
xtdescribe               //数据结构为 N=140，T=9
*利用 xtsum 命令显示个体组内、组间与整体的统计指标（变量 id year n w k ys）
xtsum id year n w k ys   //变量 id 的组内（within）标准差为 0，因为分在同一组的数据都属于同一个体
*利用 xttab 命令显示组内、组间与整体的分布频率（仅变量 year）
xttab year               //显示各年观测的详细分布
*利用 xtline 命令对每一个体分别显示该变量的时间序列图（仅 id 等于 1~5 的个体），将所有个体的时间序列图叠放在一起（选项 overlay）
xtline n if id<=5
xtline n if id<=5,overlay
```

6.1.2 为什么使用面板数据？

使用面板数据最主要的原因是解决遗漏变量问题。比如，在研究上市公司的公司治理、会计和财务问题时，有很多不随时间变化的因素无法观测，例如，管理的质量或结构。这些因素可能和解释变量相关，也可能和解释变量不相关。但由于在不同的年度中，这些因素的影响都存在，因此将这些因素包括在扰动项中总体来说会导致序列相关。

（1）如果这些未观察到的效应同解释变量相关，通常的 OLS 估计会导致非一致性。

（2）如果与解释变量不相关但序列相关，不会影响一致性，但会影响有效性。

如果（1）出现，通常采用去除均值（de-meaning）或固定效应（fixed effect）和一阶差分（first difference）来消除不随时间变化的未观察效应，从而获得一致估计。

如果（2）出现，通常采用可行的广义最小二乘法（FGLS）来获得更有效率的估计（即随机效应分析，random-effect）。

此外，由于面板数据是对不同的个体连续观察 T 期，因而更容易出现组内相关，即通常所说的群问题（cluster），群出现的影响类似于异方差。同样由于面板数据是横截面数据和时间序列数据的结合体，因此所有在横截面数据和时间序列数据分析中会出现的问题都可能在面板数据分析中出现，如异方差、自相关、群、截面相依、内生性、单位根和协整。因此对面板数据的分析要非常谨慎。Stata 提供了丰富的命令处理上述问题。

使用面板数据的第二个原因是可以增大样本本量，降低估计量的标准误，自由度$=n-k$，$s=\sqrt{e'e/(n-k)}$。

使用面板数据还有助于正确理解变量之间的关系（如产出、规模和技术进步的关系），度量难以度量的因素（如地理差异）。

Hsiao（1985，1986）等列出了使用面板数据的好处：

（1）控制个体异质性（individual heterogeneity）。Hajivassiliou（1987）用 79 个发展中国家在 1970—1982 年的数据研究了其外部债务偿还情况。这些国家在殖民历史、金融制度、宗教信仰和政治体制上都存在差异。所有这些国家特有的变量将会影响这些国家借款和违约的态度以及它们与贷款人交往的方式。不考虑这些国家的异质性将导致严重的误设。对上市公司也一样。

（2）面板数据提供更有信息含量的数据、更多的可变性、变量之间更低的多重共线性、更多的自由度和更高的效率。

时间序列数据常常会受到多重共线性的影响。数据之间的可变性可分为组内变化和组间变化，后者常常呈现出更大的可变性，更大的可变性使数据更具信息含量，从而使参数估计更可靠。

（3）面板数据可以更好地研究动态调整（dynamics of adjustment）。横截面分布看上去相对稳定但却隐藏了许多变化，面板数据由于包含较长时间，能够弄清诸如经济政策变化对失业状况的影响等问题。

对于失业率，横截面数据只能研究某一时点某一群体（如男性、会计师）的失业比例，重复的横截面数据可以显示这种比例如何随时间变化。只有面板数据才能估计某一期间某一失业的群体在另一个期间是否仍处于失业状态。同样，对于盈余与股价的关系，横截面数据只能提供某一时点两者的相关性，面板数据可以让我们考察盈余与股价的关系如何随时间（包括证券市场改革和会计制度改革）的变化而变化。重要的政策问题使面板数据的使用成为必要。

面板数据使个体在某一时点的经验和行为同另一时点的其他经验和行为相互关联。

（4）面板数据可以更好地识别、计量纯截面数据和纯时间序列数据中不能简单识别的效应。

Ben-Porath（1973）列举一个例子：假定一个妇女的横截面数据中有 50%的年平均劳动力参与率。这可以理解为：在给定的年度中，每个妇女有 50%的机会成为劳动力；也可理解为：在所有时间中，有 50%的妇女全部参加工作，有 50%的妇女完全没有参加工作。

只有面板数据才能对这两种情况进行区分。

（5）面板数据允许我们构建和检验较纯截面数据和纯时间序列数据更复杂的行为模型。

（6）面板数据通常聚集了更多的微观单元，如个体、公司和家庭。许多变量在微观层面上可以更精确地计量，并且可以消除来自公司或个体总体数据的偏差。

面板数据的局限性包括以下方面。

（1）设计与数据收集问题。主要包括：同普通数据收集和管理一样，面板数据也面临着设计不完整、无回答、核准、多次访问、访问间隔、对比参照期等问题。

（2）存在计量误差。不清晰的提问、记忆错误等带来的测量误差会给面板数据应用带来很大困难。

（3）选择问题（selectivity problem）。

1）自选择（self-selectivity）。在某种情况下，我们观察到个体的特征，但无法观测到他们的工资。由于只是工资缺失，样本是截取的，然而，如果我们不观察所有个体的数据，样本是断尾的。断尾样本的一个例子是，如果我们仅对贫穷感兴趣，收入高于贫困水平 1.5 倍的人将从样本中删除。从断尾样本中获得的推断将引入偏差，由于断尾，扩大样本量也无济于事（Hausman and Wise，1979）。

2）其他情况导致的选择问题，如无回答（nonresponse）、样本丢失（attrition）、短时窗（short time-series dimension）导致的选择问题。

6.2　线性面板数据模型与 Stata 实现

对于横截面观测值 i，t 期的面板数据模型通常为：

$$y_{it}=\alpha_i+\boldsymbol{x}_{it}\boldsymbol{\beta}_i+\mu_{it}, \quad i=1,\cdots,n; t=1,\cdots,T \tag{6-1}$$

式中，$\boldsymbol{x}_{it}$ 为 $1\times K$ 向量；$\boldsymbol{\beta}_i$ 为 $K\times 1$ 向量，K 为解释变量的数目。

$\boldsymbol{x}_{it}$ 表示一个 $1\times K$ 向量，它能够包含随 t 而不随 i 变化的可观测变量，随 i 而不随 t 变化的可观测变量，以及随 i 又随 t 变化的可观测变量。变量 α_i 概括了影响 y，但又不随着时间而变化的所有无法观测的因素（α_i 没有下标 t 这一事实告诉我们它不随时间而变）。α_i 一般被称为非观测效应（unobserved effect）、非观测成分（unobserved component）、潜变量（latent variable），在应用研究中常常被称为固定效应（fixed effect），这有助于我们记住 α_i 在时间上是固定的，模型（6-1）被称为非观测效应模型或固定效应模型。在具体应用中，α_i 也被称为不可观测异质性（unobserved heterogeneity）。如果 i 表示个体（如公司、家庭、城市等）的话，那么 α_i 有时称个体效应（individual effect）或个体异质性（individual heterogeneity），或者个人异质性、企业异质性、城市异质性等。

μ_{it} 称为特质误差或特异误差（idiosyncratic error）或特质扰动项（idiosyncratic disturbances）或时变（time-varying）误差，因为它代表因时而变且影响因变量的那些无法观测的因素。这和纯粹时间序列回归方程中的误差非常类似。

模型（6-1）常用的情形有如下三种：

情形 1：$\alpha_i=\alpha_j$，$\boldsymbol{\beta}_i=\boldsymbol{\beta}_j$。$(i,j=1,\cdots,n)$

情形 2：$\alpha_i\neq\alpha_j$，$\boldsymbol{\beta}_i=\boldsymbol{\beta}_j$。$(i,j=1,\cdots,n)$

情形 3：$\alpha_i\neq\alpha_j$，$\boldsymbol{\beta}_i\neq\boldsymbol{\beta}_j$。$(i,j=1,\cdots,n)$

对于情形 1，如果在横截面上无个体影响、无结构变化，扰动项 u_{it} 服从独立同分布假定，而且和解释变量不相关，那么普通最小二乘（OLS）估计给出了 α 和 $\boldsymbol{\beta}$ 的一致有效估计。相当于将多个时期的横截面数据放在一起作为样本数据，即混合最小二乘法（pooled OLS）估计。

对于情形 2，称为变截距模型，在横截面上个体影响不同，个体影响表现为模型中被忽略的反映个体差异的变量的影响，又分为固定效应模型和随机效应模型两种情况。如果个体效应 α_i 是一个均值为 0、方差为 σ_α^2 的独立同分布的随机变量，也就是 $Cov(\alpha_i,x_{it})=0$，该模型就称为随机效应模型（random effects model，RE 模型，又称为 error component model）；如果 α_i 和 x_{it} 相关，则称为固定效应模型（fixed effects model，FE 模型）。

对于情形 3，称为变系数模型，除了存在个体影响外，在横截面上还存在变化的经济结构，因而结构参数在不同横截面单位上是不同的。

6.2.1 混合横截面模型

在模型（6-1）中，如果在横截面上无个体影响、无结构变化，扰动项 μ_{it} 服从独立同分布假定，而且和解释变量不相关，那么 OLS 估计给出了 α 和 $\boldsymbol{\beta}$ 的一致有效估计。

如果面板数据存在组间异方差（groupwise heteroskedasticity）、组内自相关（autocorrelation within panel）、组间同期相关（contemporaneous correlation）或截面相关（cross-sectional correlation），比如，对于上市公司面板数据（firm panel data），上市公司之间的同期经济活动可能通过交易相互影响，这种相关也称为空间相关（spatial correlation）。存在上述问题时，在 μ_{it} 和解释变量不相关的情况下，可以获得一致估计，但统计推断可能是错误的或者不是有效的。在这种情况下，可以采用稳健估计或 GLS 估计。

如果仅在横截面单位存在异方差，最简单的方法是仍然使用异方差稳健标准误来控制异方差的影响。面板数据是否存在组间异方差，可以使用 Green（2002）提供的组间异方差 *Wald* 检验。

组内自相关是指同一个体不同期间的观测值存在相关性（自相关）。面板数据是否存在组内自相关，可以使用 Wooldridge（2002）提供的组内自相关 *Wald* 检验。

通常我们假设不同个体之间的扰动项相互独立，但是，当不同个体之间存在交易等相互影响时，该假设就不再成立。面板数据是否存在组间同期相关，Greene（2000）提供了对组间同期相关的 Breusch-Pagan LM 检验。

如果样本观测值可以分为不同的“群或聚类”（clusters），在同一“群”里的观测值相关，而不同“群”之间的观测值不相关，这种样本称为“群/聚类样本”（cluster sample）。例如，面板数据有时是从“整群”中得到的，部分原因是为了降低成本。比如，寻访员可能会寻访某一街区的全部家庭。在另外一些情况下，样本集中可能会很自然地产生类似面板数据处理过程中的共同随机效应中的一些效应。设想对几个州学生考试分数的一项研究，这类数据集在很多层面上可能会产生共同效应。一个州的课程设置和资助政策可能会导致州效应，也可能会引发学区效应、同区内的学校效应甚至同一学校内的教师效应。这些效应都有可能引发同一个体不同期间观测值之间的相关性，即群/聚类问题。

因此，采用 OLS 对混合横截面数据进行估计时，为了控制组间异方差以及群问题的影响，在统计推断中应采用群稳健标准误（cluster-robust standard error），或者采用 GLS 估计。

Stata 程序 6.2.1.1：对面板数据采用混合横截面模型估计

利用 abdata.dta 数据，检验滞后 1 期和滞后 2 期的 n 变量，当期、滞后 1 期和滞后 2 期的 w 变量，当期、滞后 1 期和滞后 2 期的 k 变量，ys 变量，以及年度虚拟变量对 n 的影响。假定所有解释变量都是外生的，故可采用 OLS 估计。

在 Stata 中，可以在 reg 命令后加 robust，cluster 选项来控制异方差和群问题的影响。可以通过下载非官方命令 xttest3，xtserial，xtcsd/xttest2 来检验面板数据是否存在组间异方差、组内自相关、组间同期相关问题。可以使用 xtgls 命令来进行 GLS 估计。

```
xtgls y x1 x2 x3,panels(option) corr(option) igls
```

其中，选择项“panels(iid)”假定不同个体的扰动项为独立同分布的，“panels(het)”假定不同个体的扰动项相互独立但可以有不同的方差，“panels(cor)”假定不同个体的扰动项同期相关且有不同的方差（要求平衡面板数据，而且时间维度大于个体的数目）。选择项“corr(arl)”对应于“$\rho_i=\rho$”的组内自相关情形，而“corr(psar1)”则允许每个面板有自己的自回归系数。选择项“igls”表示使用迭代式 FGLS。

```
*Stata 程序
*通过 cd 命令设定当前工作目录
use "abdata.dta",clear
*混合横截面模型估计
xtset id year
*采用 OLS 及其稳健估计
*OLS 估计
regress n L1.n L2.n w L1.w k L1.k L2.k ys L1.ys L2.ys yr*
est store OLS
*OLS 估计：异方差稳健估计
regress n L1.n L2.n w L1.w k L1.k L2.k ys L1.ys L2.ys yr*,robust
est store OLSrobust
*OLS 估计：群稳健估计
regress n L1.n L2.n w L1.w k L1.k L2.k ys L1.ys L2.ys yr*,robust cluster(id)
est store OLScluster
esttab OLS*,mtitles b t drop(yr1976 yr1977 yr1984)
*结果显示，robust 或 cluster 标准误同 OLS 估计标准误差异明显

*检验是否存在组间异方差、组内自相关、组间同期相关
*是否存在组间异方差，可通过非官方命令 xttest3 来判断，该命令只能在运行命令
xtgls 或 xtreg,fe 后运行
```

```
ssc install xttest3          //下载安装命令 xttest3
qui xtgls n L1.n L2.n w L1.w k L1.k L2.k ys L1.ys L2.ys i.id yr*
xttest3                      //拒绝同方差假设

*是否存在组内自相关
net install st0039           //下载安装命令 xtserial
xtserial n nL1 nL2 w wL1 k kL1 kL2 ys ysL1 ysL2 yr*,output
                             //拒绝没有1阶自相关的假设

*是否存在组间同期相关。短面板采用非官方命令 xtcsd
ssc install xtcsd,replace   //下载安装命令 xtcsd
xtreg n L1.n L2.n w L1.w k L1.k L2.k ys L1.ys L2.ys yr*
xtcsd,pesaran abs show       //Pesaran(2004)的检验，统计量服从标准正态分布，
不存在组间同期相关
xtcsd,friedman abs show      //Friedman(1937)的检验，统计量服从卡方分布，不
存在组间同期相关
xtcsd,frees abs show         //Frees(1995,2004)的检验，不存在组间同期相关

*采用 GLS 估计
*不控制个体影响
xtgls n L1.n L2.n w L1.w k L1.k L2.k ys L1.ys L2.ys yr*,panel(het) cor(ar1)
est store xtgls
*控制个体影响
xtgls n L1.n L2.n w L1.w k L1.k L2.k ys L1.ys L2.ys i.id yr*,panel(het)
cor(ar1)
esttab OLS* xtgls,mtitles b t drop(yr1976 yr1977 yr1984)
```

6.2.2 固定效应模型与随机效应模型

1. 固定效应模型

在模型（6-1）中，如果个体固定效应 α_i 和解释变量 $\boldsymbol{x}_{it}$ 相关，那么 OLS 和 GLS 都将失效。

一种方法是采用一阶差分（适用两期或多期数据）去除模型（6-1）中的固定效应，由此得到的估计量为一阶差分估计量（first-differenced estimator，FD 估计量）。

差分变换后 OLS：$\Delta y=\Delta \boldsymbol{x\beta}+\Delta\mu$。

一阶差分估计潜在的缺陷是：当关键解释变量在不同时期变化不大时，使用这种方法存在问题。若解释变量根本就不随时间而变化，这种方法便毫无用处。遗憾的是，即便在 x_{itj} 中有足够的时间变化，一阶差分估计仍可能存在严重偏误。在一阶差分估计中，解释变量的严格外生性是一个关键假定。若解释变量不是严格外生的（如 $\boldsymbol{x}$ 中包含 y 的滞后影

响)，则更多的时期仍不能消除 FD 估计量的不一致性。

FD 估计量的另一个重要缺陷在于，若一个或多个解释变量存在计量误差，特别是对经典变量中误差模型（errors-in-variables model)，它可能比混合 OLS 更糟。对一个测量糟糕的解释变量进行差分，相对其与差分误差（经典测量误差所致）之间的相关，便降低了它的变化，从而导致潜在相当大的偏误。解决这种问题可能十分困难。

另一种方法是使用固定效应变换（fixed effects transformation)，又称组内估计量(within estimator)，来消除个体效应的影响。

首先，对模型（6-1）中每个 i 求方程在时间上的平均，得到

$$\overline{y}_i=\alpha_i+\overline{\boldsymbol{x}}_i\boldsymbol{\beta}_i+\overline{\mu}_i \tag{6-2}$$

式中，$\overline{y}_i=T^{-1}\sum_{t=1}^{T}y_{it}$，依次类推。因为 α_i 在时间上不变，故平均后仍为 α_i。如果对于每个 t，都将模型（6-1）减去模型（6-2)，便有

$$y_{it}-\overline{y}_i=(\boldsymbol{x}_{it}-\overline{\boldsymbol{x}}_i)\boldsymbol{\beta}_i+\mu_{it}-\overline{\mu}_i \tag{6-3}$$

通过上述变换，α_i 被消除，我们可以使用混合 OLS 进行估计。这种基于去除时间均值变量的混合 OLS 估计量被称为固定效应估计量（fixed effects estimator，FE 估计量）或组内估计量（within estimator)。后一种称谓是因为用于模型（6-3）的 OLS 使用了 y 和 $\boldsymbol{x}$ 在每个横截面观测之内的时间变化（time variation)。

固定效应模型估计主要利用了时间维度的信息，因此那些不随时间变化的变量就无法估计（如性别)，在解释变量严格外生性假定下，此时的估计值是无偏的。固定效应模型的另一种等价方法是虚拟变量的 OLS，该模型通常被称为最小二乘虚拟变量（LSDV）模型，有时也称为协方差分析模型（解释变量既有定量的，也有定性的)。如果 n 充分小，此模型可以当作具有 $n+K$ 个参数的多元回归模型，参数可由 OLS 进行估计。若 n 很大，甚至成千上万，OLS 的计算可能超过任何计算机的存储容量。因此，虚拟变量法对含有许多横截面观测（单位）的面板数据集来说不是很现实。此时，可用分块回归的方法进行计算。

有时，估计的截距 $\hat{\alpha}_i$ 是人们所关注的。这种情形出现在人们想研究 $\hat{\alpha}_i$ 怎样在 i 中分布的时候，或要检查某特定企业或城市的 $\hat{\alpha}_i$ 是否高于或低于样本平均值。这些估计值虽然可直接从虚拟变量回归中得到，但备有固定效应程序的软件包却很少把它们报告出来(因为这些估计值 $\hat{\alpha}_i$ 太多了)。不管 N 多大，在做了固定效应估计之后，可以通过下述公式计算 $\hat{\alpha}_i$：

$$\hat{\alpha}_{\mathrm{i}}=\overline{y}_i-\hat{\boldsymbol{\beta}}_1\overline{\boldsymbol{x}}_{i1}-\cdots-\hat{\boldsymbol{\beta}}_k\overline{\boldsymbol{x}}_{ik},\quad i=1,2,\cdots,N \tag{6-4}$$

其中，变量上方的横线指对时间的平均，$\hat{\beta}_k$ 是固定效应估计量。

需要指出的是，直接采用模型（6-3）进行估计时，不能获得计算估计方差的自由度。如果需要去除时间均值并且用混合 OLS 进行估计，就有必要对标准误和 t 统计量加以修正。

当然，采用统计软件内置的直接估计命令，如 Stata 的 xtreg 命令进行估计时，会直接报告正确的标准误，不存在修正这个问题。

对于上述一阶差分估计（FD 估计）和固定效应估计（FE 估计）两种方法，当 $T=2$ 时，FD 和 FE 估计量及其全部检验统计量都完全一样，故可随便选用一种。当 $T\geqslant 3$ 时，FE 和 FD 估计量不同。对于较大的 N 和较小的 T，FE 估计和 FD 估计之间选择的关键在于估计量的相对效率，而这由特质误差 μ_{it} 中的序列相关性来决定。当 μ_{it} 无序列相关时，FE 估计比 FD 估计更有效。如果 μ_{it} 遵循一个随机游走（有一个很强的正的序列相关），那么差分 $\Delta\mu_{it}$ 便序列无关。这时 FD 估计更好。在许多情形中，μ_{it} 表现出某种正的序列相关，但未必达到一个随机游走的程度，这时要比较 FE 和 FD 估计量的效率就不那么容易了。

当 T 很大，尤其是 N 还不是很大时（比如，$N=20$ 而 $T=30$），使用 FE 估计量必须保持警惕。虽然在经典固定效应假定下精确分布结果对任何 N 和 T 都适用，但当 N 小而 T 大时，这些结果对假定情况的违背是极其敏感的。

当 FE 和 FD 给出明显不同的结果时，在两者之间做出取舍就很困难。同时报告两组结果并试图判断差异的原因所在也讲得通。

以上个体固定效应模型解决了不随时间而变但随个体而异的遗漏变量问题。类似地，引入时间固定效应，则可以解决不随个体而变但随时间而变的遗漏变量问题。假定模型为：

$$y_{it}=\alpha_i+x_{it}\beta_i+\lambda_t+\mu_{it},\quad i=1,\cdots,n;\ t=1,\cdots,T \tag{6-5}$$

在模型（6-5）中，可将 λ_t 视为第 t 期独有的截距项，并将其解释为第 t 期对被解释变量 y 的效应。因此，这些 $\lambda_1,\cdots,\lambda_T$ 称为时间固定效应（time fixed effects）。显然，对于模型（6-5），可使用 LSDV 法来估计，即对每个时期定义一个虚拟变量，然后把 $T-1$ 个时间虚拟变量包括在回归方程中（未包括的时间虚拟变量即为基期），这和个体固定效应的 LSDV 法的原理是完全相同的。

由于模型（6-5）既考虑了个体固定效应，又考虑了时间固定效应，故称为双向固定效应（two-way FE）。相应地，如果仅考虑个体固定效应，则称为单向固定效应（one-way FE）。

有些情况下，为了节省参数，可以引入一个时间趋势项，以替代上述 $T-1$ 个时间虚拟。显然，这里隐含着一个较强的假定，即每个时期的时间效应相等。如果此假定不太可能成立，则应使用时间虚拟变量法（可通过该法的估计结果判断每期的时间效应是否大致相等）。

在固定效应模型中，同样需要采用异方差稳健标准误、群稳健标准误来控制异方差和群问题的影响。

2. 随机效应模型

在模型（6-1）中，如果个体效应 α_i 和解释变量 $\boldsymbol{x}_{it}$ 不相关，那么使用 FE 估计和 FD 估计消去 α_i 的变换导致了非有效估计量。

如果我们假定非观测效应 α_i 与每个解释变量都无关：

$$Cov(x_{itj},\alpha_i)=0,\quad t=1,2,\cdots,T;\ j=1,2,\cdots,k$$

则称模型为随机效应模型。事实上，理想的随机效应假定包括全部固定效应假定，再加上

α_i 独立于所有时期中每个解释变量的假定。

如果我们定义复合误差项（composite error term）为 $v_{it}=\alpha_i+\mu_{it}$，由于 α_i 在每个时期都是复合误差的一部分，所以不同时期的 v_{it} 应该序列相关。当误差项存在序列相关时，可以采用 FGLS 进行参数估计。原因有两方面：第一，OLS 虽得到参数的一致估计，但标准误差被低估。第二，OLS 估计不如 FGLS 有效。

在随机效应模型中，同样需要采用异方差稳健标准误、群稳健标准误来控制异方差和群问题的影响。

Stata 程序 6.2.2.1：对面板数据采用固定效应模型和随机效应模型估计

利用 abdata. dta 数据，采用固定效应模型和随机效应模型，检验滞后 1 期和滞后 2 期的 n 变量，当期、滞后 1 期和滞后 2 期的 w 变量，当期、滞后 1 期和滞后 2 期的 k 变量、ys 变量，以及年度虚拟变量对 n 的影响。假定所有解释变量都是外生的。

在 Stata 中，可以采用 xtreg 命令进行固定效应模型和随机效应模型估计。选项 fe 表示固定效应估计，选项 re 表示随机效应估计。

固定效应模型（FE 模型）：

```
xtreg depvar [indepvars] [if] [in] [weight] , fe [FE_options]
```

随机效应模型（RE 模型）：

```
xtreg depvar [indepvars] [if] [in] [, re RE_options]
```

在 Stata 中，可以使用 reg 命令和 areg 命令进行最小二乘虚拟变量（LSDV）回归，以获得和固定效应模型相同的结果。

使用非官方的 Stata 命令 reghdfe，能方便地估计双向固定效应（选项 absorb (FE1=idcode FE2=year)）和双向 cluster 效应（选项 cluster(idcode year)）。

```
ssc install reghdfe
ssc install ftools
```

```
*Stata 程序
*通过 cd 命令设定当前工作目录
use "abdata.dta",clear
*固定效应估计
xtset id year
*xtreg 的 fe 估计
xtreg n L1.n L2.n w L1.w k L1.k L2.k ys L1.ys L2.ys yr*,fe
est store FE
*FE 估计：异方差稳健估计
xtreg n L1.n L2.n w L1.w k L1.k L2.k ys L1.ys L2.ys yr*,fe robust
est store FErobust
*FE 估计：群稳健估计
xtreg n L1.n L2.n w L1.w k L1.k L2.k ys L1.ys L2.ys yr*,fe robust cluster(id)
est store FEcluster
esttab FE*,mtitles b t drop(yr1976 yr1977 yr1984)
```

```
*随机效应估计
xtset id year
*xtreg 的 re 估计
xtreg n L1.n L2.n w L1.w k L1.k L2.k ys L1.ys L2.ys yr*, re
est store RE
*RE 估计：异方差稳健估计
xtreg n L1.n L2.n w L1.w k L1.k L2.k ys L1.ys L2.ys yr*, re robust
est store RErobust
*RE 估计：群稳健估计
xtreg n L1.n L2.n w L1.w k L1.k L2.k ys L1.ys L2.ys yr*, re robust cluster(id)
est store REcluster
esttab RE*, mtitles b t drop(yr1976 yr1977 yr1984)
esttab FE* RE*, mtitles b(%9.2f) t drop(yr1976 yr1977 yr1984) modelwidth(7)
*结果显示，固定效应模型和随机效应模型的估计结果有一定差异

*固定效应模型和 LSDV
*xtreg 的 fe 估计
est clear
xtreg n L1.n L2.n w L1.w k L1.k L2.k ys L1.ys L2.ys yr*, fe
est store FE
xi:reg n L1.n L2.n w L1.w k L1.k L2.k ys L1.ys L2.ys yr* i.id
est store LSDV
areg n L1.n L2.n w L1.w k L1.k L2.k ys L1.ys L2.ys yr*, absorb(id)
est store areg
esttab FE LSDV areg, mtitles b t drop(_Iid_* yr1976 yr1977 yr1984)
*使用上述不同命令估计的结果一致
```

6.2.3 变系数模型

对于长面板数据（大 T），如果样本量大，除了可以让每一个体拥有自己的截距项或时间趋势项外，还可以允许每一个体的回归方程斜率不同，这被称为变系数模型。变系数模型可分为两大类，取决于将可变系数视为常数还是随机变量。

1. 将可变系数视为常数

假设 $y_{it}=\boldsymbol{x}_{it}\boldsymbol{\beta}_i+\mu_{it}$，其中 $\boldsymbol{\beta}_i$ 为个体 i 对应的系数。此时，可以对每个个体方程进行分别回归（separate regressions）。如果不同个体的扰动项相关，则分别回归效率不高，因为它忽略了不同方程扰动项相关性的可用信息。有效率的做法是，把所有个体回归方程叠放（stack），然后使用似不相关回归（SUR）对整个方程系统进行系统估计（system estimation）。

使用这个方法的缺点是，可能需要估计较多参数，从而损失自由度。作为一种折中，

可以考虑部分变系数模型，即允许模型中的部分系数（比如，研究者感兴趣的系数）依个体而变，其余系数则不变。在这种情况下，不再适用 SUR，因为各个体方程除了扰动项相关外，还拥有部分相同的系数（跨方程约束）。此时，可以使用 LSDV 法，即在回归方程中引入个体虚拟变量，以及虚拟变量与 x_{it} 中具有可变系数的解释变量的交互项。

2. 随机系数模型

前面考虑个体固定效应 α_i 或个体时间效应 λ_t 时，分别将 α_i 或 λ_t 视为随机变量。类似地，可将系数（斜率）$\boldsymbol{\beta}_i$ 视为随机变量（仿佛从某个总体中获取随机样本，抽样后取值不再随时间而变），并假设 $\boldsymbol{\beta}_i=\boldsymbol{\beta}+\boldsymbol{v}_i$。其中 $\boldsymbol{\beta}$ 为常数向量，$\boldsymbol{v}_i$ 为随机向量，且满足条件期望 $E(\boldsymbol{v}_i|\boldsymbol{x}_i)=0$（故影响斜率的随机因素与解释变量 $\boldsymbol{x}_i$ 不相关），可以证明使用 OLS 是一致的。Swamy（1970）提出用 FGLS 来估计此模型，即利用 OLS 残差来估计协方差矩阵中的参数，然后再使用 GLS。

Stata 程序 6.2.3.1：对面板数据采用随机系数模型估计

利用 abdata.dta 数据，采用随机系数模型，检验滞后 1 期和滞后 2 期的 n 变量，当期、滞后 1 期和滞后 2 期的 w 变量，当期、滞后 1 期和滞后 2 期的 k 变量、ys 变量，以及年度虚拟变量对 n 的影响。假定所有解释变量都是外生的。

在 Stata 中，可以采用 xtrc 命令进行随机系数模型估计。命令为：

```
xtrc y x1 x2 x3,betas
```

其中，选择项“betas”表示，显示对每组系数的估计。该命令提供了一个检验参数稳定性（test of parameter constancy）的卡方统计量及其 p 值，其原假设为各个体的 β 相等。如果拒绝此原假设，则认为应使用变系数模型。

```
*Stata 程序
*通过 cd 命令设定当前工作目录
use "abdata.dta",clear
xtrc n L1.n L2.n w L1.w k L1.k L2.k ys L1.ys L2.ys yr*,betas
                                                    //不允许使用时间序列算子
xtrc n nL1 nL2 w wL1 k kL1 kL2 ys ysL1 ysL2 yr*,betas  //短面板拒绝执行 dropped
(panels too small)
*使用长面板
use mus08cigar.dta,clear
xtset state year
xtrc lnc lnp lnpmin lny,beta      //最后一行的参数稳定性检验的 p 值为 0，故强
烈拒绝“参数不变”的原假设，认为应使用变系数模型，估计每组系数
```

6.2.4　模型的选择与设定检验

一般来说，在实证研究中，对面板数据，作为基准（baseline），通常首先报告混合横截面模型的结果，在此基础上，再报告面板模型（固定效应模型或随机效应模型）的结果。如果不同模型能得出一致的结果，说明研究结果比较可靠。从计量分析的角度看，可

以通过一些检验为模型的设定提供依据。例如，基于 F 检验来选择混合横截面模型还是固定效应模型；基于 Breusch-Pagan 检验来选择混合横截面模型还是随机效应模型；基于豪斯曼检验来选择随机效应模型还是固定效应模型。

1. 混合横截面模型还是固定效应模型：F 检验

如果不同个体的截距项都相同，表明应当采用混合横截面模型。通过对原假设 H_0：$\alpha_1=\alpha_2=\cdots=\alpha_n$ 进行 F 检验，可以对混合横截面模型还是固定效应模型进行选择，拒绝原假设，表明应当采用固定效应模型。

2. 混合横截面模型还是随机效应模型：LM 检验

如果没有个体效应，即 $\sigma_\alpha^2=0$，那么 OLS 是最佳线性无偏估计（BLUE），否则随机效应模型较好。采用拉格朗日乘数检验（LM 检验，又称为 Breusch-Pagan 检验）。

$$H_0:\sigma_\alpha^2=0 \quad \text{vs} \quad H_\alpha:\sigma_\alpha^2>0$$

$$LM=\frac{NT}{2(T-1)}\left[\frac{\sum_{i=1}^{N}\left(\sum_{i=1}^{T}\hat{\varepsilon}_{it}\right)^2}{\sum_{i=1}^{N}\sum_{t=1}^{T}\hat{\varepsilon}_{it}^2}-1\right]^2$$

其中的扰动项来自 OLS。

3. 随机效应模型还是固定效应模型：豪斯曼检验

由于固定效应容许 α_i 与 $\boldsymbol{x}_{it}$ 任意相关，而随机效应则不然，估计其他条件不变效应，普遍认为固定效应估计是更令人信服的工具。随机效应在某些特定情形中仍可适用。最明显的是，若关键解释变量不随着时间而变化，就不能用固定效应估计其对 y 的影响。

相当常见的是，研究者同时使用随机效应和固定效应，然后规范地检验时变解释变量系数的统计显著差别。豪斯曼（Hausman，1978）首先提出这一检验。

$$H_0:Cov(\boldsymbol{x}_{itj},\alpha_i)=0 \quad \text{vs} \quad H_\alpha:Cov(\boldsymbol{x}_{itj},\alpha_i)\neq 0$$

如果原假设成立，那么随机效应估计和固定效应估计都是无偏的，随机效应模型是一致有效的，而固定效应估计是无效的；如果备择假设成立，则随机效应估计是有偏非一致的，而固定效应估计仍然是无偏的。

豪斯曼统计量：

$$Haus=(\hat{\beta}_{fe}-\hat{\beta}_{re})'[V_{fe}-V_{re}]^{-1}(\hat{\beta}_{fe}-\hat{\beta}_{re})$$

统计量渐进服从卡方分布，自由度为 k（不含截距项的解释变量个数）。

Stata 程序 6.2.4.1：对面板数据模型的设定检验

利用 abdata.dta 数据，采用不同模型检验滞后 1 期和滞后 2 期的 n 变量，当期、滞后 1 期和滞后 2 期的 w 变量，当期、滞后 1 期和滞后 2 期的 k 变量、ys 变量，以及年度虚拟变量对 n 的影响。假定所有解释变量都是外生的。

（1）混合横截面模型还是固定效应模型。在 Stata 中，进行固定效应模型（xtreg y x，fe）估计后，会自动报告固定效应的 F 检验值，如果拒绝原假设，表明应当采用固定效应模型。

（2）混合横截面模型还是随机效应模型。在 Stata 中，通过 xttest0 命令进行 LM 检验，检验应采用混合横截面模型还是随机效应模型。

（3）随机效应模型还是固定效应模型。hausman 命令用来检验应选择固定效应模型还是随机效应模型。

```
*Stata 程序
*通过 cd 命令设定当前工作目录
use "abdata.dta",clear
*1. 混合横截面模型还是固定效应模型
xtreg n L1.n L2.n w L1.w k L1.k L2.k ys L1.ys L2.ys yr*,fe    //固定效应估计
*F(139, 595)=1.89，p 值为 0，拒绝原假设，固定效应模型更好
est store FE
xtreg n L1.n L2.n w L1.w k L1.k L2.k ys L1.ys L2.ys yr*,re    //随机效应估计
est store RE
*2. 混合横截面模型还是随机效应模型
xttest0              // chibar2(01) =0.00，p 值为 1，不能拒绝原假设，OLS 更好
*3. 随机效应模型还是固定效应模型
hausman FE RE        //chi2(16) = -362.23，拒绝原假设，固定效应模型更好
*综合来看，应当选择固定效应模型
```

6.2.5　线性面板数据模型的工具变量法

虽然面板数据能在一定程度上解决遗漏变量（个体异质性）问题，但如果回归模型本身包含内生解释变量（endogenous regressors），仍需使用工具变量法。实际操作通常分为两步，即首先对模型进行变换以解决遗漏变量问题（比如，使用固定效应模型或一阶差分法），然后对变换后的模型使用二阶段最小二乘法（2SLS）。当然，如果认为不存在遗漏变量问题，则可省略第一步。考虑以下几种情形。

（1）对固定效应模型先进行离差变换，再使用工具变量法。对于固定效应模型，根据模型 $y_{it}-\overline{y}_i=(x_{it}-\overline{x}_i)\beta_i+\mu_{it}-\overline{\mu}_i$ 进行 OLS 回归。假设 x_{it} 包含内生解释变量，而 z_{it} 为有效工具变量（x_{it} 中的外生解释变量也被包括在 z_{it} 中）。此时，可以使用工具变量（$z_{it}-\overline{z}_i$），把（$y_{it}-\overline{y}_i$）对（$x_{it}-\overline{x}_i$）进行 2SLS 回归。

（2）对固定效应模型先进行一阶差分，再使用工具变量法。对于固定效应模型，也可以先进行一阶差分，然后使用工具变量（$z_{it}-z_{i,t-1}$），把（$y_{it}-y_{i,t-1}$）对（$x_{it}-x_{i,t-1}$）进行 2SLS 回归。

（3）对随机效应模型使用工具变量法。此时，可以先对随机效应模型进行 FGLS 变换，然后对变换后的模型进行 2SLS 回归。

（4）对面板数据模型采用 GMM 估计。当工具变量个数多于内生解释变量个数时，对

面板数据进行 GMM 估计会更有效率。

Stata 程序 6.2.5.1：面板数据模型的工具变量法

利用 abdata.dta 数据，采用不同模型检验滞后 1 期和滞后 2 期的 *n* 变量，当期、滞后 1 期和滞后 2 期的 *w* 变量，当期、滞后 1 期和滞后 2 期的 *k* 变量、*ys* 变量，以及年度虚拟变量对 *n* 的影响。假定滞后 1 期的 *n* 变量为内生，并采用滞后 3 期的 *n* 变量作为工具变量，其他所有解释变量都是外生变量。

在 Stata 中，可以使用 xtivreg 命令或非官方的 xtivreg2 命令进行面板数据模型的工具变量估计。

```
xtivreg y [varlist1](varlist2 = varlist_iv),option
```

其中，“varlist1”为外生解释变量，“varlist2”为内生解释变量，“varlist_iv”为工具变量。

选择项（option）“fe”表示组内估计法，即对固定效应模型先进行离差变换，再使用工具变量法。

选择项“fd”表示一阶差分法，即对固定效应模型先进行一阶差分，再使用工具变量法。

选择项“re”表示随机效应模型，即对随机效应模型使用工具变量法。

“vce(robust)”表示使用聚类稳健标准误。

Stata 中的 xtivreg 命令无法提供 GMM 估计，需要下载非官方的 xtivreg2 命令。该命令只能处理固定效应模型，即先对模型进行固定效应或一阶差分变换，再对变换后的模型使用 GMM：ssc install xtivreg2（下载安装命令 xtivreg2）。

```
xtivreg2 y [varlist1] (varlist2 = varlist_iv), fe gmm //先进行固定效应变换
xtivreg2 y [varlist1] (varlist2 = varlist_iv), fd gmm //先进行一阶差分变换
```

对于面板工具变量法的过度识别检验，可通过非官方命令 xtoverid 来实现。该命令须在运行命令 xtreg，xtivreg，xtivreg2 之后才能使用，下载安装方法为“ssc install xtoverid”，安装后，可通过“help xtoverid”查看使用说明。

```
*Stata 程序
*通过 cd 命令设定当前工作目录
use "abdata.dta",clear
xtset id year
*1. 对固定效应模型先进行离差变换，再使用工具变量法和 GMM 估计
xtivreg n nL2 w wL1 k kL1 kL2 ys ysL1 ysL2 yr1981-yr1984 (nL1=L3.n),fe vce
(robust)
est store xtivregfd1
xtivreg2 n nL2 w wL1 k kL1 kL2 ys ysL1 ysL2 yr1981-yr1984 (nL1=L3.n),fe
gmm robust
est store xtivregfd2
esttab xtivregfd*,mtitles b t
```

```
*2. 对固定效应模型先进行一阶差分，再使用工具变量法和 GMM 估计
xtivreg n nL2 w wL1 k kL1 kL2 ys ysL1 ysL2 yr1981-yr1984 (nL1=L3.n),fd vce
(robust)
est store xtivregfe1
xtivreg2 n nL2 w wL1 k kL1 kL2 ys ysL1 ysL2 yr1981-yr1984 (nL1=L3.n),fd
gmm robust
est store xtivregfe2
esttab xtivregfe*,mtitles b t

*3. 对随机效应模型使用工具变量法
xtivreg n nL2 w wL1 k kL1 kL2 ys ysL1 ysL2 yr1981-yr1984 (nL1=L3.n),re vce
(robust)
est store xtivregre
esttab xtivregre,mtitles b t

*4. 过度识别检验
ssc install xtoverid
qui xtivreg n nL2 w wL1 k kL1 kL2 ys ysL1 ysL2 yr1981-yr1984 (nL1=L3.n),re
vce(robust)
xtoverid   //模型恰好识别
```

6.3　动态面板数据的广义矩方法

面板数据的一个优点是可以对个体的动态行为进行建模。有些经济理论认为，由于惯性或部分调整，个体的当前行为取决于过去行为，比如资本存量的调整。如果面板模型中的解释变量包含被解释变量的滞后值，则称之为动态面板数据（dynamic panel data，DPD）。动态面板模型是指解释变量包含滞后被解释变量的面板模型，见模型（6－6）。

$$y_{it}=\gamma y_{i,t-1}+x_{it}\boldsymbol{\beta}+\alpha_i+\mu_{it},\quad i=1,\cdots,N;\ t=1,\cdots,T \tag{6-6}$$

式中，$E(u_{it})=0$。

$$E(u_{it}u_{js})=\begin{cases}\sigma_u^2 & i=j \text{ 且 } t=s\\ 0 & \text{否则}\end{cases}$$

采用 OLS 估计时，由于滞后被解释变量与误差项中固定效应相关，因而估计量是非一致的。为了消除滞后被解释变量和固定效应之间的相关性，可以采用最小二乘哑变量回归（LSDV）、固定效应回归或者去除均值回归，以消除固定效应的影响。

采用单因子固定效应模型估计时，由于滞后被解释变量与误差项中固定效应相关，因此，采用组间估计时，滞后被解释变量的系数估计将出现大样本偏误（动态面板偏误）

(Nickell，1981；Bond，2002)，即使增大 N 也不能消除这一偏误。并且，如果其他解释变量 x_{it} 同滞后被解释变量存在相关性，估计系数将产生更严重的偏误。如果误差项 μ_{it} 存在自相关，要获得一致的估计量则更加困难。

6.3.1 差分 GMM

一种方法是对原模型进行一阶差分，从而消除常数项和固定效应。

$$\Delta y_{it}=\gamma\Delta y_{i,t-1}+\Delta x_{it}\beta+\Delta\mu_{it},\quad i=1,\cdots,N;\ t=1,\cdots,T \tag{6-7}$$

在模型（6-7）中，由于 y_{it-1} 和 μ_{it-1} 相关，因此滞后被解释变量差分项同误差项的差分项仍然相关。由于固定效应被消除，因此，可以使用滞后被解释变量的水平项 y_{it-j}，$j\geqslant 2$ 作为滞后被解释变量差分项的工具变量估计。如果误差项服从 AR(1) 过程，可以使用 y_{it-j}，$j\geqslant 3$ 作为工具变量。然后进行 2SLS 估计，这种方法称为 Anderson and Hsiao 估计量。Arellano and Bond（1991）认为，直接使用滞后被解释变量作为工具变量未能利用样本的所有信息，并提出基于每期进行滞后来构造工具变量矩阵，对于某个特定的期间 τ，所有 $\tau-2$ 及之后的滞后项均可作为工具变量。在这种情况下，工具变量个数显然多于内生变量个数，使用 GMM 估计可以提高估计效率，这就是 Arellano-Bond 估计量，因为是对差分后的方程进行 GMM 估计，因此也称为差分 GMM。使用差分 GMM 的前提为扰动项 μ_{it} 不存在自相关，即 $Cov(\mu_{it},\mu_{is})=0$，$t\neq s$，$\forall i$。

需要指出的是，使用滞后变量作为工具变量会损失样本量，使用越高级的滞后变量作为工具变量，损失的样本量越多。为此，Holtz-Eakin 等（1988）提出使用一系列的工具变量来表示 $y_{i,t-2}$，其中每个工具变量对应一个时期，缺失值用 0 来代替：

$$\begin{pmatrix} 0 & 0 & \cdots & 0 \\ y_{i1} & 0 & \cdots & 0 \\ 0 & y_{i2} & \cdots & 0 \\ \vdots & \vdots & & \vdots \\ 0 & 0 & \cdots & y_{i,T-2} \end{pmatrix} \tag{6-8}$$

这种形式的工具变量被称为 GMM 式（GMM-type，GMM-style）或展开式（uncollapsed）工具变量。传统形式的工具变量则称为标准式（standard）、IV 式（IV-style）或 collapsed（折叠式）工具变量。在差分 GMM 以及下文的系统 GMM 估计中，为了尽量不损失样本量，一般默认使用 GMM 式工具变量。但如果工具变量并非滞后变量（比如，额外的工具变量，或外生变量作为自己的工具变量），仍可使用标准式工具变量。由模型（6-8）可知，如果使用 GMM 式工具变量，则工具变量的总数是时间维度 T 的二次函数，可能导致很多工具变量。如果 T 很大，则会有很多工具变量，容易出现弱工具变量（weak instruments）问题（通常滞后越多期，相关性越弱），产生偏差。有关 GMM 式工具变量产生及具体形式见“Stata 程序 6.3.1.1：动态面板数据模型中 GMM 式工具变量和 IV 式工具变量”。

对其他解释变量 x_{it}，应当区分前定变量和内生、外生变量，分别处理。

（1）前定变量。x_{it} 和 μ_{it-j}，$j\geqslant 1$ 相关，但是和 μ_{it} 不相关。经过差分处理，Δx_{it} 成为内生变量。因此，如果 x_{it} 为前定变量，可以用其滞后 1 阶以及更多项（$x_{i1},x_{i2},\cdots$，

x_{iT-1}）来做 Δx_{it} 的工具变量。

（2）内生变量。x_{it} 和 μ_{it-j}，$j \geqslant 0$ 相关，但是和 μ_{it+j}，$j \geqslant 1$ 不相关。经过差分处理，Δx_{it-1} 与 $\Delta \mu_{it}$ 相关。因此，如果 x_{it} 为内生变量，那么可以用其滞后 2 阶以及更多项（$x_{i1}, x_{i2}, \cdots, x_{iT-2}$）来做工具变量。

（3）外生变量。x_{it} 和 μ_{it} 不相关，无论过去、现在还是未来的扰动项（μ_{it}）。如果 x_{it} 为外生变量，那么可以用所有项（$x_{i1}, x_{i2}, \cdots, x_{iT}$）作为工具变量。

差分 GMM 存在如下问题。

（1）不随时间变化的变量因差分被消掉了，故差分 GMM 无法估计不随时间变化的变量的系数。

（2）如果序列 $\{y_{it}\}$ 具有很强的持续性，即一阶自回归系数接近 1，则 y_{it-2} 与 Δy_{it-1} 的相关性可能很弱，导致弱工具变量问题。极端情况下，如果被解释变量符合随机游走，则 y_{it-2} 不再是有效的工具变量，这时可能不适合差分 GMM。

6.3.2 系统 GMM

为了解决差分 GMM 存在的问题，Arellano and Bover（1995）重新回到了差分之前的水平方程（level equation），并使用 $\Delta y_{it-1}, \Delta y_{it-1}, \cdots$ 作为 y_{it-1} 的工具变量进行 GMM 估计，这称为水平 GMM（level GMM）。使用水平 GMM 的前提包括：扰动项 μ_{it} 不存在自相关，而且 $\Delta y_{it-1}, \Delta y_{it-1}, \cdots$ 与个体效应 α_i 不相关。

Blundell and Bond（1998）将差分 GMM 与水平 GMM 结合在一起，将差分方程与水平方程作为一个方程系统进行 GMM 估计，称为系统 GMM（system GMM）。与差分 GMM 相比，系统 GMM 的优点是可以提高估计的效率，并且可以估计不随时间变化的变量的系数（因为系统 GMM 包含对水平方程的估计）。其缺点是，必须额外地假定 Δy_{it-1}，$\Delta y_{it-1}, \cdots$ 与个体效应 α_i 不相关；如果这个条件无法满足，则不能使用系统 GMM。使用系统 GMM 的前提包括与水平 GMM 相同的假定。

在更一般的动态面板模型中，解释变量可以包括被解释变量的多阶滞后值。

差分 GMM 和系统 GMM 主要用于面板数据分析，对数据产生过程包括以下假设：

（1）过程是动态的，被解释变量当期实现值受过去值的影响。

（2）固定效应存在武断的分布，这同截面回归不同，截面回归通常不考虑固定效应。在面板数据分析中，随时间的变化可以用于识别参数。

（3）解释变量可以是内生的，这意味着同误差项的滞后值或可能同当期实现值相关。

（4）异质扰动项可以是非球形扰动，即可以是异方差和自相关的。

（5）个体内存在异方差和自相关，但不同组不存在异方差和自相关。

（6）一些解释变量可以是前定的而不是严格外生的，即独立于当期扰动项，但受上期扰动项影响，如滞后被解释变量。

（7）“小 T，大 N”面板，即面板涉及的时间短，但个体较多。

（8）唯一可以获得的工具变量是内部工具变量，基于工具变量的滞后值。

6.3.3 差分 GMM 与系统 GMM 估计的 Stata 实现

在 Stata 中，一共有 xtabond，xtdpdsys，xtdpd 和非官方的 xtabond2 四个命令可以执

行动态面板的 GMM 估计。各个命令的文献来源与使用条件见表 6－1。

表 6－1　Stata 中差分 GMM 与系统 GMM 估计命令概览

命令	文献来源	使用条件
xtabond（差分 GMM）	Arellano and Bond（1991）	要求特质误差（idiosyncratic errors）μ_{it} 不存在自相关
xtdpdsys（系统 GMM）	基于 Arellano and Bover（1995）的研究，Blundell and Bond（1998）通过使用额外的矩条件提出了一个系统估计量	要求面板水平效应与被解释变量第一个观测的一阶差分不相关；扰动项 u_{it} 不存在自相关；Δy_{it-1}，Δy_{it-1}，…与个体效应 α_i 不相关
xtdpd（差分 GMM 和系统 GMM）	采用 Arellano and Bond（1991）或 Arellano and Bover（1995）以及 Blundell and Bond（1998）提出的估计方法拟合动态面板模型	拟合特质误差存在低阶移动平均相关或前定变量具有较 xtabond 或 xtdpdsys 命令更复杂结构的模型
xtabond2（差分 GMM 和系统 GMM）	第一类是 Arellano and Bond（1991）提出的估计量，称为差分 GMM	
	第二类是 Arellano and Bover（1995）拓展，由 Blundell and Bond（1998）全面提出的估计量，称为系统 GMM	

即使有专门的命令，差分 GMM 与系统 GMM 估计在 Stata 中的实现仍较为复杂，本节专门对相关命令进行详细介绍。

（1）xtabond 命令。xtabond 估计 Arellano and Bond（1991）提出的广义矩估计量。这一估计主要适用于许多个体和时期不多的数据集。这一方法要求特质误差不存在自相关。如果特质误差存在自相关，应使用 xtdpd 进行估计。

xtabond 命令格式如下：

```
xtabond depvar indepvars,lags(p) maxldep(q) twostep vce(robust) pre
(varlist,lagstruct(prelags,premaxlags)) endogenous(varlist,lagstruct
(endlags, endmaxlags)) inst(varlist)
```

其中，"depvar"为被解释变量。"indepvars"为满足严格外生性的解释变量。"lags(p)"表示使用被解释变量的 p 阶滞后值作为解释变量，默认值 $p=1$。"maxldep(q)"表示最多使用 q 阶被解释变量的滞后值作为工具变量，默认值为使用所有可能的滞后值。"twostep"表示使用 GMM，默认方法为 2SLS。"pre(varlist)""endogenous(varlist)""inst(varlist)"分别用来指定前定变量、内生变量与额外的工具变量。"lagstruct(prelags,premaxlags)"中"prelags"指定把直至"prelags"阶的滞后值也作为解释变量（默认值 $prelags=0$），而"premaxlags"则指定最多使用"premaxlags"个更高阶滞后值作为工具变量。"lagstruct(endlags,endmaxlags)"中"endlags"指定把直至"endlags"阶的滞后值也作为解释变量（默认值 $endlags=0$），而"endmaxlags"则指定最多使用"endmaxlags"个更高阶滞后值作为工具变量。"vce(robust)"表示使用稳健标准误，该稳健标准误允许 μ_{it} 存在异方差，而且针对两步 GMM 估计进行了调整，在 Stata 中称为 WC-Robust Standard Error"（Windmeijer，2005；其中 WC 表示 Windmeijer bias-corrected）。

（2）xtdpdsys 命令。线性动态面板模型包括将被解释变量的 p 阶滞后作为协变量，并且包括不可观测的面板水平效应（固定或随机效应）。不可观测的面板水平效应与滞后的被解释变量相关导致标准的估计方法失去一致性。Arellano and Bond（1991）通过 GMM 获得了一致的广义矩估计量。然而，如果自相关参数，或者面板水平效应的方差同特质误差的方差比率太大，则 Arellano and Bond（1991）的估计量表现不好。基于 Arellano and Bover（1995）的研究，Blundell and Bond（1998）通过使用额外的矩条件提出了一个系统估计量 xtdpdsys 执行这一估计。

这一估计主要适用于许多个体和时期不多的数据集。这一方法假定特质误差没有自相关，并且要求面板水平效应与被解释变量第一个观测的一阶差分不相关。

xtdpdsys 命令的语法结构与 xtabond 命令完全一样，在此不再赘述。

```
xtdpdsys depvar [indepvars],lags(p) maxldep(q) twostep vce(robust)
pre(varlist) endogenous(varlist) inst(varlist)
```

（3）xtdpd 命令。xtdpd 命令使用 Arellano and Bond（1991）或 Arellano and Bover（1995）以及 Blundell and Bond（1998）提出的估计方法拟合动态面板模型。xtdpd 命令更综合，语法更复杂，既可执行适用 xtabond 或 xtdpdsys 命令的情形，也可以拟合特质误差存在低阶移动平均相关或前定变量具有较 xtabond 或 xtdpdsys 命令中所描述的更复杂结构的模型。具体语句结构为：

```
xtdpd depvar [indepvars] [if] [in] , dgmmiv(varlist [...]) [options]
```

主要选项及其含义如下：

dgmmiv(varlist[…])：为差分方程指定 GMM 式工具变量，可以多次指定。dgmmiv 必须指定。

lgmmiv(varlist[…])：为水平方程指定 GMM 式工具变量，可以多次指定。

iv(varlist[…])：为差分方程和水平方程指定标准工具变量，可以多次指定。

div(varlist[…])：仅为差分方程指定标准工具变量，可以多次指定。

liv(varlist)：仅为水平方程指定标准工具变量，可以多次指定。

noconstant：取消常数项。

twostep：计算两阶段 GMM 估计量。

vce(vcetype)：计算稳健标准误，vcetype 可以为 gmm 或 robust。

（4）xtabond2 命令。xtabond2 拟合两类相关的动态面板模型，第一类是 Arellano and Bond（1991）的估计量，这一估计量可以通过 xtabond 获得，尽管没有使用以下描述的两阶段有限样本修正，称为差分 GMM。第二类是 Arellano and Bover（1995）拓展，由 Blundell and Bond（1998）全面提出的估计量，称为系统 GMM。

xtabond2 的语法同 xtabond 存在实质性的区别。xtabond2 几乎完全分离了解释变量和工具变量的设定。因此，许多变量在 xtabond2 命令行中出现两次。xtabond2 要求在命令行的初始变量设定中包括所有解释变量，除了可供选择的常数项（可以是严格外生、前定或内生）。用作工具的变量再出现在逗号后的 gmmstyle() 或 ivstyle() 选项中。结果丧失了简洁性，但能更完整控制工具变量矩阵。作为“GMM-style”工具变量集基础的变量不能包括在解释变量中，反之亦然。

```
xtabond2 depvar varlist [if exp] [in range] [, level(#) twostep robust no-
```

constant small noleveleq artests(#) arlevels h(#) nomata ivopt [ivopt ...] gmmopt [gmmopt ...]]

其中 gmmopt 可以包括下述选项：

gmmstyle(varlist [, laglimits(# #) collapse equation({diff | level | both}) passthru])

ivopt 可以包括下述选项：

ivstyle(varlist [, equation({diff | level | both}) passthru mz])

level(#)：指定置信水平，缺省为 95%。

twostep：指定两阶段估计。

robust：在一阶段估计中，robust 指定稳健的协方差估计，从而当组内出现异方差和自相关时可以获得一致的标准误，相当于很多估计中的 cluster(id)。在两阶段估计中，理论上标准的协方差矩阵仍然是稳健的，但获得的标准误通常会下偏，twostep robust 选项要求对两阶段协方差矩阵进行 Windmeijer 小样本修正。

noconstant：在水平方程中取消常数项，但在 IV 方式的工具变量中仍然将其作为解释变量。xtabond2 在差分 GMM 的转换方程中不包括常数项，因为转换时被消除。

small：要求 t 统计量和 F 统计量而不是 z 统计量和 *Wald* 统计量。

noleveleq：排除水平方程，要求进行差分 GMM，而不是系统 GMM。

nodiffsargan：阻止报告差分 Sargan/Hansen 检验（可加快估计）。

orthogonal：要求向前的正交离差转换，而不是差分转换。

ivstyle()：指定一系列标准的工具变量，即在矩阵中每个变量占 1 列。严格外生的变量也应包括在 ivstyle() 中。

gmmstyle()：指定一系列变量作为 Holtz-Eakin，Newey，and Rosen（1988）和 Arellano and Bond（1991）中描述的 GMM 式工具变量。

artests(#)：指定自相关的最大阶数，缺省为 2。

h(#)：控制 H 矩阵的形式，指定误差项协方差矩阵的先验估计。

Stata 程序 6.3.1.1：动态面板数据模型中 GMM 式工具变量和 IV 式工具变量

利用 abdata.dta 数据，采用不同模型检验滞后 1 期和滞后 2 期的 n 变量，当期、滞后 1 期和滞后 2 期的 w 变量，当期、滞后 1 期和滞后 2 期的 k 变量、ys 变量，以及年度虚拟变量对 n 的影响。假定滞后 1 期的 n 变量为内生变量，其他所有解释变量都是外生变量。

```
*Stata 程序
*通过 cd 命令设定当前工作目录
use "abdata.dta",clear
xtset id year
/*DIFF GMM：用水平变量作为差分变量的工具变量*/
xtabond2 n L.n L2.n w L.w L(0/2).(k ys) yr*, gmm(L.n) iv(L2.n w L.w L(0/2).(k ys) yr*) h(1) nolevel small //工具变量共 41 个，其中 GMM 式工具变量 26 个，标准工具变量 15 个
*使用循环产生水平 GMM 式工具变量
```

```
forvalues yr=1978/1984 {
  forvalues lag = 2 / `= `yr' - 1976'{
  quietly generate z`yr'L`lag' = L`lag'.n if year ==`yr'
  }
}
quietly recode z*(. = 0) /*replace missing with zero */
ivregress 2sls D.n D.(L2.n w L.w k L.k L2.k ys L.ys L2.ys yr1978 yr1979
yr1980 yr1981 yr1982 yr1983) (DL.n = z*), nocons //工具变量共 41 个，估计结
果与 xtabond2 一致
*IV 式工具变量
ivregress 2sls D.n (D.nL1= L2.n) D.(nL2 w wL1 k kL1 kL2 ys ysL1 ysL2
yr1981 yr1982 yr1983  yr1984),cluster(id)


/*SYSTEM GMM：用差分变量作为水平变量的工具变量*/
xtabond2 n L.n L2.n w L.w L(0/2).(k ys) yr*, gmm(L.n) iv(L2.n w L.w L(0/
2).(k ys) yr*, equation(level))  robust /*工具变量共 50 个*/
xtabond2 n L.n L2.n w L.w L(0/2).(k ys) yr*, gmm(L.n) iv(L2.n w L.w L(0/
2).(k ys) yr*, equation(level)) iv(L2.n w L.w L(0/2).(k ys) yr*, equation
(diff))  robust/*工具变量共 62 个，同时指定 iv() level 和 diff，结果同上*/
*使用循环产生水平和差分 GMM 式工具变量
forvalues yr=1978/1984 {
  forvalues dif = 2 / `= `yr' - 1976'{
  quietly generate z`yr'D`dif' = D`dif'.n if year ==`yr'
  }
}
quietly recode z*(. = 0) /*replace missing with zero */
describe z*
```

Stata 程序 6.3.1.2：动态面板数据模型中 GMM 估计

利用 abdata.dta 数据，采用不同模型检验滞后 1 期和滞后 2 期的 n 变量，当期、滞后 1 期和滞后 2 期的 w 变量，当期、滞后 1 期和滞后 2 期的 k 变量、ys 变量，以及年度虚拟变量对 n 的影响。假定滞后 1 期的 n 变量为内生变量，w 变量、k 变量为前定变量，其他所有解释变量都是外生变量。

在 Stata 中，可以利用 xtabond，xtdpdsys，xtdpd，xtabond2 命令进行 GMM 估计。

```
*通过 cd 命令设定当前工作目录
use "abdata.dta",clear
xtset id year
```

```
*使用 xtabond，xtdpd，xtabond2 进行差分 GMM 估计
*Treat w and k as predetermined and include w, L.w, k, L.k, and L2.k as additional regressors
xtabond n l(0/2).ys yr1980-yr1984, lags(2) pre(w, lag(1,.)) pre(k, lag(2,.))        //工具变量 84 个
est store xtabond
xtdpd l(0/2).n l(0/1).w l(0/2).(k ys) yr1980-yr1984, dgmmiv(n w L.k) div(l(0/2).ys) div(yr1980-yr1984)        //工具变量 84 个
est store xtdpd
xtabond2 l(0/2).n l(0/1).w l(0/2).(k ys) yr1980-yr1984, gmm(L.n L.w L2.k) iv(l(0/2).ys) iv(yr1980-yr1984) nolevel        //工具变量 83 个
est store xtabond2        //默认没有常数项
esttab xtabond xtdpd xtabond2,mtitles b se        //结果一致，xtabond2 估计的标准误略有差异

*使用 xtdpdsys，xtdpd，xtabond2 进行系统 GMM 估计
**Treat w and k as predetermined and include w, L.w, k, L.k, and L2.k as additional regressors
xtdpdsys n    l(0/1).w l(0/2).(k ys) yr1980-yr1984, lags(2) twostep pre(w, lag(1,.)) pre(k,lag(2,.))        //工具变量 109 个
est store xtdpdsys
xtdpd l(0/2).n l(0/1).w l(0/2).(k ys) yr1980-yr1984, dgmmiv(n w L.k) lgmmiv(n w L.k) div(l(0/1).w) div(l(0/2).(k ys) ) div(yr1980-yr1984) twostep        //工具变量 109 个
est store xtdpd
xtabond2 l(0/2).n l(0/1).w l(0/2).(k ys) yr1980-yr1984, gmm(L.n L.w L2.k) iv(l(0/1).w,eq(diff)) iv(l(0/2).(k ys),eq(diff)) iv(yr1980-yr1984, eq(diff)) h(2) twostep        //工具变量 109 个
est store xtabond2
esttab xtdpdsys xtdpd xtabond2,mtitles b se        //结果一致
est clear        //删除存储的估计结果
```

6.4 非线性面板数据模型与 Stata 实现

6.4.1 概述

对于面板数据，如果被解释变量为虚拟变量、计数变量等受限变量，则为非线性面板数据。一般来说，非线性面板数据不再适用线性面板数据的方法。对于短面板数据，在一

些标准的非线性模型中，固定效应模型的一致估计量无法得到，比如二值 Probit 模型。与线性的情形不同，混合横截面数据模型与随机效应模型中的斜率参数将导致不一致的估计量。更一般地，线性模型的结果并非总能推广到非线性模型，并且适用于某一种形式的非线性模型的方法可能无法适用于另一种形式。

非线性面板数据模型同样包括：混合横截面模型、随机效应模型和固定效应模型（如果可获得）。如果固定效应模型是恰当的，若可行，就必须使用 FE 估计量。随机效应模型的条件均值与混合横截面数据模型的条件均值不同，除非随机个体效应是加法形式或者乘法形式的。所以，与线性的情形不同，如果假设随机效应模型是恰当的，非线性模型的混合数据模型估计会导致不一致的参数估计值，反之亦然。

在非线性面板模型中，原则上需报告群/聚类稳健标准误，即使控制了随机效应、固定效应，也需要计算群/聚类稳健标准误。

6.4.2　面板二元选择模型

对于面板数据，如果被解释变量为二值虚拟变量，则称估计模型为面板二元选择模型（binary choice model for panel data）或面板二值模型。这时，基于效应函数推导二元选择模型的潜变量方程应该从（5-22）变化为（6-9）：

$$y_{it}^{*}=\boldsymbol{X\beta}+\alpha_i+\mu_{it}^{*}, \quad i=1,\cdots,n;\ t=1,\cdots,T \tag{6-9}$$

式中，α_i 为个体效应。

给定 x_{it},β,μ，则有

$$P(y_{it}=1|x_{it},\beta,\alpha_i)=P(y_{it}^{*}>0|x_{it},\beta,\alpha)=F(\alpha_i+\boldsymbol{X\beta}) \tag{6-10}$$

欲使得模型（6-10）可以估计，必须为 μ_{it}^{*} 选择一种特定的概率分布。同样，两种最常用的分布是标准正态分布和逻辑分布，于是形成了两种最常用的二元选择模型：Probit 模型和 Logit 模型。

面板二值数据的主要估计方法包括混合横截面回归、随机效应估计与固定效应估计。在方程（6-9）中：

（1）不存在个体效应。如果 $\alpha_1=\alpha_2=\cdots=\alpha_n$，则为混合横截面回归，可将此面板数据作为横截面数据处理（因为不存在个体效应）。此时，只需使用横截面数据的相关 Stata 命令即可进行混合回归。由于同一个体不同时期的扰动项可能存在自相关，故应使用以面板为聚类的聚类稳健标准误。

（2）存在个体效应。更一般地，我们允许个体效应的存在，即不同的个体拥有不同的 α_i。如果 α_i 与所有解释变量 x_{it} 均不相关，则称为随机效应模型。如果 α_i 与某个解释变量相关，则称为固定效应模型。

对非线性面板随机效应二元选择模型，不便使用线性面板随机效应模型中的 GLS 进行估计，转而进行 ML 估计。假设 $\alpha_i \sim N(0,\sigma_\alpha^2)$，记其密度函数为 $g(\alpha_i)$。假定服从 Logit 或 Probit 分布，给定 α_i，可获得个体 i 的条件分布 $f(y_{i1},y_{i2},\cdots,y_{iT}|x_{it},\beta,\alpha_i)$，由于 α_i 不可观测，因此必须对条件分布进行分解，将 α_i 消除。进一步假设不同个体的观测值相互独立，可以写出整个样本的似然函数。最大化此似然函数即得到对 β 的随机效应 Logit

估计量或 Probit 估计量。由于在进行随机效应估计时已将 α_i 积分消除，故得不到对个体效应的估计，也因此无法预测 y_i 的发生概率或计算解释变量对 y_i 的边际效应。解决方法之一是假设 $u_i=0$。由于不同个体的观测值相互独立，故不同个体之间的扰动项互不相关。但由于 α_i 的存在，同一个体不同时期的扰动项之间仍存在自相关，自相关系数为：

$$\rho=corr(\alpha_i+\mu_{it},\alpha_i+\mu_{is})=\frac{\sigma_\alpha^2}{\sigma_\alpha^2+\sigma_\mu^2}$$

$t\neq s$，ρ 越大，则复合扰动项 $\alpha_i+\mu_{it}$ 中个体效应的部分（α_i）越重要。特别地，如果 $\rho=0$，则说明 $\sigma_\alpha^2=0$，即不存在个体随机效应，应选择混合横截面回归。

对非线性面板固定效应二元选择模型，不便使用线性面板固定效应模型中的一阶差分或组内变换来消除固定效应，即使在模型中增加个体虚拟变量（相当于 LSDV 法），仍然得不到一致估计（除非 $T\to\infty$）。在该模型中，α_i 的估计参数为伴生参数，当 $n\to\infty$而 T 为有限值时，对 α_i 的估计通常是不一致的，对 α_i 的不一致估计还会“污染”β 的估计，导致对 β 的估计也不一致，这被称为伴生参数问题。在线性面板中，可以通过组内变换或差分变换来解决伴生参数问题。对于固定效应的面板 Probit 模型，目前尚无法解决此伴生参数问题。对于固定效应的面板 Logit 模型，可以寻找充分统计量，在给定此充分统计量的条件下通过条件最大似然估计来估计和检验参数 β。同样，由于在进行固定效应条件最大似然估计时已将 α_i 消除，故得不到对个体效应的估计，也因此无法预测 y_i 的发生概率或计算解释变量对 y_i 的边际效应。解决方法之一是假设 $\mu_i=0$。

如何在固定效应二元选择模型与混合横截面二元选择模型之间进行选择？可以使用以下的豪斯曼检验。原假设为不存在个体效应，即“$H_0:\alpha_i=\alpha$”。如果原假设成立，则固定效应二元选择模型与混合横截面二元选择模型是一致的，但混合横截面二元选择模型更有效率（固定效应二元选择模型未利用 $\alpha_i=\alpha$ 的信息，而且可能损失样本容量）。反之，如果原假设不成立，则固定效应二元选择模型是一致的，而混合横截面二元选择模型不一致。如果二者的系数估计值相差较大（以二次型来衡量），则倾向于拒绝原假设，表明存在个体效应。更进一步，对于固定效应二元选择模型与随机效应二元选择模型之间的选择，也可以进行豪斯曼检验。

Stata 程序 6.4.2.1：面板二元选择模型估计

利用 mus18data.dta 数据，进行面板二元选择模型估计，考察被解释变量 *dmdu*（个体是否看医生）的影响因素。此数据集来自 Rand Health Insurance Experiment。该实验随机给家庭分配不同的健康保险单，然后跟踪调查几年，故为面板数据。该实验的主要目的是研究不同的共保率如何影响对医疗服务的使用。如果共保率为 25%，则意味着投保人支付 25%的医疗费用，保险公司支付 75%。

在本例中，被解释变量为 *dmdu*，解释变量包括 *lcoins*（共保率加 1 再取对数），*ndisease*（所患慢性病的数目），*female*（是否为女性），*age*（年龄），*lfam*（家庭人数的对数），*child*（是否有孩子）。

在 Stata 中，probit 和 logit 命令提供混合横截面二值选择模型的估计。xtprobit 和 xtlogit 命令可对随机效应面板二元选择模型进行估计。xtlogit 命令可对固定效应面板二元选择模型进行估计。

对于混合横截面二值选择模型，Stata 命令为：

```
probit y x1 x2 x3,vce(cluster id)      //混合 Probit 回归
logit  y x1 x2 x3,vce(cluster id)      //混合 Logit 回归
```

其中，“id”为用来确定面板单位的变量。

对于面板二值选择模型，其随机效应估计的 Stata 命令为：

```
xtprobit y x1 x2 x3                    //默认为随机效应 Probit
xtlogit y x1 x2 x3                     //默认为随机效应 Logit
```

在 Stata 的输出结果中，包含了对原假设“$H_0:\rho=0$”的似然比检验结果（Stata 将 ρ 记为“rho”）。如果拒绝“$H_0:\rho=0$”，则认为应采用随机效应模型；反之，则支持混合横截面回归。

固定效应面板 Logit 模型的 Stata 命令为：

```
xtlogit y x1 x2 x3,fe
```

不存在固定效应面板 Probit 模型，因为目前尚无法解决伴生参数问题。

通过 est store 命令收集 logit；xtlogit，fe；xtlogit，re 的估计结果，使用 hausman 命令进行模型选择。

```
*Stata 程序
*通过 cd 命令设定当前工作目录
use "mus18data.dta",clear
*首先，进行混合 Logit 和 Probit 回归，并使用聚类稳健标准误
xtset id year                               //设定面板数据
logit dmdu lcoins ndisease female age lfam child,nolog vce(cluster id)
est store logit
probit dmdu lcoins ndisease female age lfam child,nolog vce(cluster id)
est store probit
*其次，进行随机效应面板 Logit 和 Probit 回归
xtlogit dmdu lcoins ndisease female age lfam child,re nolog vce(cluster id)
est store xtlogit_re
xtprobit dmdu lcoins ndisease female age lfam child,re nolog vce(clus-
ter id)
est store xtprobitre
*最后，进行固定效应面板 Logit 回归
xtlogit dmdu lcoins ndisease female age lfam child,fe nolog
est store xtlogit_fe
esttab *,mtitles b(%7.2f) se(%7.2f) modelwidth(7)
*模型选择的豪斯曼检验
logit dmdu lcoins ndisease female age lfam child,nolog
                                            //豪斯曼检验不允许使用 cluster
est store POOLED
xtlogit dmdu lcoins ndisease female age lfam child,fe nolog
```

```
est store FE
xtlogit dmdu lcoins ndisease female age lfam child, re nolog
est store RE
hausman POOLED FE           //若拒绝原假设，表明应采用固定效应模型
* chi2(3)=-12.96,chi2<0 ==>model fitted on these data fails to meet the
asymptotic assumptions of the Hausman test
hausman RE FE               //若拒绝原假设，表明应采用固定效应模型
*chi2(3)=-14.27,chi2<0 ==>model fitted on these data fails to meet the
asymptotic assumptions of the Hausman test
est clear                   //删除存储的估计结果
```

6.4.3 面板 Tobit 模型

考虑如下面板 Tobit 模型：

$$y_{it}^* = \beta_0 + \boldsymbol{x\beta} + \alpha_i + u_{it}, \ u_{it} | \boldsymbol{x}_{it} \sim N(0, \sigma^2)$$
$$y_{it} = \max(0, y_{it}^*)$$

式中，y_{it}^* 不可观测；α_i 为个体效应。如果 $\alpha_1 = \alpha_2 = \cdots = \alpha_n$，可直接进行混合横截面 Tobit 回归，但须使用聚类稳健标准误。

更一般地，我们允许个体效应的存在，即不同个体拥有不同的 α_i，如果 α_i 与所有解释变量 x_{it} 均不相关，则应使用随机效应 Tobit 模型。如果 α_i 与某个解释变量相关，则应使用固定效应 Tobit 模型。

对于固定效应 Tobit 模型，由于找不到个体异质性 α_i 的充分统计量，故无法像固定效应 Logit 或计数模型那样进行条件最大似然估计。如果直接在混合横截面 Tobit 回归中加入面板单位的虚拟变量（类似于 LSDV 法），所得的 FE 估计量也是不一致的。因此，下面仅考虑随机效应 Tobit 模型。

对非线性面板随机效应 Tobit 模型，不便使用线性面板随机效应模型中的 GLS 进行估计，转而进行 ML 估计。假设 $\alpha_i \sim N(0, \sigma_\alpha^2)$，记其密度函数为 $g(\alpha_i)$。给定 α_i，可获得个体 i 的条件分布 $f(y_{i1}, y_{i2}, \cdots, y_{iT} | x_{it}, \beta, \alpha_i)$，由于 α_i 不可观测，因此必须对条件分布进行分解，将 α_i 消除。进一步假设不同个体的观测值相互独立，可以写出整个样本的似然函数。最大化此似然函数即得到对 β 的随机效应 *Tobit* 估计量。

类似地，可以通过检验"$H_0: \sigma_\alpha^2 = 0$"来判断是否存在个体一致性。由于不同个体的观测值相互独立，故不同个体之间的扰动项互不相关。但由于 α_i 的存在，同一个体不同时期的扰动项之间仍存在自相关，自相关系数为：

$$\rho = corr(\alpha_i + \mu_{it}, \alpha_i + \mu_{is}) = \frac{\sigma_\alpha^2}{\sigma_\alpha^2 + \sigma_\mu^2}$$

$t \neq s$，ρ 越大，则复合扰动项 $\alpha_i + \mu_{it}$ 中个体效应的部分（α_i）越重要。特别地，如果 $\rho = 0$，则说明 $\sigma_\alpha^2 = 0$，即不存在个体随机效应，应选择混合横截面回归。

Stata 程序 6.4.3.1：面板 Tobit 模型估计

继续以数据集 mus18data.dta 为例，进行面板 Tobit 模型估计。考虑被解释变量 *med*（医疗支出），解释变量与"Stata 程序 6.4.2.1"相同。显然，医疗开支为非负数，故在 0 处存在角点解。

在 Stata 中，tobit 命令提供混合横截面 Tobit 模型的估计。xttobit 命令可对随机效应面板 Tobit 模型进行估计。

混合 Tobit 回归的 Stata 命令为：

```
tobit y x1 x2 x3,ll(#) ul(#) vce(cluster id)
```

其中，选择项"ll(#)"表示下限，选择项"ul(#)"表示上限，id 为指示面板单位的变量。

随机效应面板 Tobit 回归的 Stata 命令为：

```
xttobit y x1 x2 x3,ll(#) ul(#) tobit
```

其中，选择项"ll(#)"表示下限，选择项"ul(#)"表示上限，选择项"tobit"表示对原假设"$H_0:\sigma_\alpha^2=0$"进行似然比检验。

不存在固定效应面板 Tobit 模型，因为目前尚无法解决此伴生参数问题。

```
*Stata 程序
*通过 cd 命令设定当前工作目录
use "mus18data.dta",clear
xtset id year                    //设定面板数据
*首先，进行混合 Tobit 回归，并使用聚类稳健标准误
tobit med lcoins ndisease female age lfam child,ll(0) nolog vce(cluster id)
est store tobit
*其次，进行随机效应面板 Tobit 回归
xttobit med lcoins ndisease female age lfam child,ll(0) nolog tobit
est store tobit_re
esttab *,mtitles b se            //tobit 和 xttobit 估计的结果基本一致
est clear                        //删除存储的估计结果
```

6.4.4 面板计数数据模型

对 y 只取包括 0 在内的有限几个值的面板数据。比如，企业在一段时间内每年获得专利的个数，全国各省在几年内每年发生矿难的数目，世界各国近几十年每年示威游行的次数，病人在一段时间内的发病次数，等等。

对于个体 i，时期 t，记被解释变量为 y_{it}，假设以 x（不含常数项）为条件，$y=h$ 的概率是：

$$P(y=h\,|\,x)=\exp[-\exp(\boldsymbol{x\beta}+\alpha_i)][\exp(\boldsymbol{x\beta}+\alpha_i)]^h/h!,\quad h=0,1,\cdots$$

式中，$h!$ 表示阶乘。令 $\lambda_{it}=\exp(\boldsymbol{x\beta}+\alpha_i)=\exp(\boldsymbol{x\beta})\exp(\alpha_i)=\upsilon_i\exp(\boldsymbol{x\beta})$。

$\upsilon_i=\exp(\alpha_i)$ 为乘积形式的个体效应。如果 $\upsilon_1=\upsilon_2=\cdots=\upsilon_n$，则不存在个体效应，可

以使用混合横截面泊松回归。

更一般地，我们允许个体效应的存在，即不同个体拥有不同的 υ_i，如果 υ_i 与所有解释变量 x_{it} 均不相关，则应使用随机效应泊松模型。如果 υ_i 与某个解释变量相关，则应使用固定效应泊松模型。

对随机效应泊松模型，由于它是非线性模型，故可使用最大似然估计。由于 υ_i 不可观测，需要首先在密度函数中分离 υ_i 的影响并将其消除，然后利用最大似然法进行估计。

对固定效应泊松模型，类似于固定效应二值选择面板模型，寻找 υ_i 的充分统计量，并计算在给定 n_i 情况下的条件似然函数，然后进行条件极大似然估计。在固定效应泊松回归与随机效应泊松回归之间进行选择时，可借助豪斯曼检验。

泊松回归的缺陷是，它假设均等分散，即方差等于期望。如果存在过度分散，即方差大于期望，则可考虑负二项回归。如果不存在个体异质性，则可直接进行混合横截面负二项回归。如果存在随机效应或固定效应，可以使用随机效应或固定效应负二项面板模型。

Stata 程序 6.4.4.1：面板计数数据模型估计

继续以数据集 mus18data. dta 为例，进行面板计数数据模型估计。被解释变量 *mdu* 表示个体看医生的次数，为计数变量。解释变量与“Stata 程序 6.4.2.1”相同。

在 Stata 中，poisson 命令提供混合横截面计数数据模型的估计。xtpoisson 和 xtnbreg 命令可对随机效应和固定效应面板计数数据模型进行估计。

混合泊松回归的 Stata 命令为：

```
poisson y x1 x2 x3 ,vce(cluster id) irr
```

其中，“id”是用来确定面板单位的变量。选择项“irr”表示汇报发生率比。

面板泊松回归的 Stata 命令为：

```
xtpoisson y x1 x2 x3, fe normal irr
```

其中，选择项“fe”表示固定效应，默认为“re”（随机效应）。选择项“normal”表示在估计随机效应模型时，指定个体异质性服从正态分布，默认为服从 Gamma 分布。选择项“irr”表示汇报发生率比。

面板负二项回归的 Stata 命令为：

```
nbreg y x1 x2 x3, vce(cluster id)
```

面板负二项回归的 Stata 命令为：

```
xtnbreg y x1 x2 x3, fe irr
```

其中，选择项“fe”表示固定效应，默认为“re”（随机效应）。选择项“irr”表示汇报发生率比。

```
*Stata 程序
*通过 cd 命令设定当前工作目录
use "mus18data.dta",clear
*(1) 数据集的结构与统计特征
xtset id year                          //设定面板数据
```

```
*(2) 进行混合泊松回归，并使用聚类稳健标准误
poisson mdu lcoins ndisease female age lfam child, vce (cluster
id) nolog
est store poisson
*(3) 进行随机效应面板泊松回归。由于 xtpoisson 命令不提供聚类稳健标准误，故使
用选择项“vce (boot)”计算聚类自助标准误；运行以下命令将花费较长时间
xtpoisson mdu lcoins ndisease female age lfam child, re vce(boot, reps
(50) seed(10101) nodots)
est store xtpoisson_re
*(4) 进行固定效应面板泊松回归。xtpoisson, fe 命令并不提供聚类稳健标准误
*解决方法之一是使用自助标准误的选择项，比如“vce (boot, reps (50) seed
(10101) nodots)”
*解决方法之二是下载非官方命令 xtpqml（其中，pgml 表示 Poisson Quasi Maximum
Likelihood）
ssc install xtpqml          //下载安装命令 xtpqml
xtpqml mdu lcoins ndisease female age lfam child, i(id)
est store xtpoisson_fe
*(5) 初步考察是否存在过度分散
sum mdu, detail
dis r(var)/r(mean)
*(6) 进行混合负二项回归，并使用聚类稳健标准误
nbreg mdu lcoins ndisease female age lfam child, vce(cluster id) nolog
est store nbreg
*(7) 进行随机效应面板负二项回归，并使用自助标准误；运行此命令需较长时间
xtnbreg mdu lcoins ndisease female age lfam child, nolog vce(boot, reps
(50) seed(10101) nodots)
est store xtnbreg_re
*(8) 进行固定效应面板负二项回归，并使用自助标准误；运行此命令需较长时间
*xtnbreg mdu lcoins ndisease female age lfam child, fe nolog vce(boot,
reps(50) seed(10101) nodots)
xtnbreg mdu lcoins ndisease female age lfam child, fe nolog
est store xtnbreg_fe
esttab *, mtitles b se
*最后，使用豪斯曼检验在固定效应与随机效应负二项回归之间进行选择
quietly xtnbreg mdu lcoins ndisease female age lfam child
est sto re
quietly xtnbreg mdu lcoins ndisease female age lfam child, fe
est sto fe
```

```
hausman fe re      //chi2(6)=101.59，p值=0，拒绝原假设，应采用固定效应模型
est clear          //删除存储的估计结果
```

6.5 利用面板数据做项目评价与政策分析及其Stata实现

混合横截面或面板数据对于评价某一事件的影响（项目评价）或政策的影响（政策分析）可能非常有用，即评价或分析某些经济或社会项目对个人、企业、邻居或城市的影响。这种项目效应常被称为处理效应。在最简单的项目评价中，把对象分为两组。对照组或控制组不参加这个项目，实验组或处理组则参加。① 收集对照组和处理组两个横截面数据集，一个于事件发生之前收集，另一个在事件发生之后收集，可以用来判断该事件的经济效果。

6.5.1 随机实验与自然实验

（1）随机实验或随机控制实验。比如，医学上对新药 x_1 疗效的实验。由于实验者的体质与生活方式不同，不可能完全控制所有其他的因素 $\{x_2,\cdots,x_K\}$（即使用老鼠做实验，老鼠之间仍然有差异），故无法进行严格的控制实验。为此，当代统计学之父费舍尔（Ronald Fischer）提出了随机实验的概念。通常将实验人群（或个体）随机地分为两组，其中实验组或处理组服用真药，而控制组服用安慰药。所有被试者均不知道自己被分在哪一组，以避免心理作用的干扰。有时候，科研人员也不知道被试者究竟在哪一组。这被称为双盲法。又比如在农学中将地块随机地分成三组（因为很难找到土壤条件完全一样的地块），分别给予不同的施肥量，然后考察施肥的效果。在经济学中，实验经济学所做的实验基本上属于随机实验。

在理想的随机实验中，实验组与控制组成员的决定完全是随机的，比如，通过抛硬币或计算机随机数来决定。因此，个体究竟被分在哪一组或得到多大的实验处理水平，与个体的特征或其他可能影响实验结果的因素是完全独立的。因此，解释变量处理水平与被遗漏的扰动项是不相关的。这样，就避免了遗漏变量偏差或内生变量偏差。这是随机实验的最大优点。

在随机实验中，因果效应有着清晰的定义。在理想的随机实验中，X 对 y 的因果效应表现为条件期望的差别，即 $E(y|X=1)-E(y|X=0)$，也称为处理效应。

虽然在理想的随机实验条件下，OLS估计量（即差分估计量）是一致且无偏的，但由于遗漏了较多变量，μ_i 的方差可能较大，OLS估计可能效率不高。引入某些遗漏变量可以改善这个问题。另外，引入其他遗漏变量提供了一个检验 x_i 是否完全随机的机会。

随机实验的执行过程可能并不完全符合理想的随机实验的要求。可能出现的问题包括内部有效性问题与外部有效性问题。

---

① 这些名称来自试验科学的文献，不应该从字面上理解。除非在极少数情形中，对照组和处理组的选择都不是随机的。但在某些情况下，为了估计项目中的因果效应，可以使用多元回归分析来控制足够多的其他因素。

1）内部有效性问题。

① 未能完全随机分组。比如，以姓氏字母在字母表的前半部或后半部来决定谁进入就业培训项目。然而，在美国，姓氏与种族有关，种族又与就业机会有关。因此，这种分组其实不完全随机。

② 未能完全遵从实验设计。比如，被指定参加就业培训者因故没来，未被指定参加者却自行来参加。即使研究者知道实际上谁参加了，但由于是否参加的决定部分地由个人做出，违反了 x_i 的随机性假定（x_i 可能与不可观测的个体特性 u_i 相关），导致不一致的估计。此时可使用工具变量法来解决此类内生性问题。

③ 中途退出实验。比如，参加就业培训的优秀者可能在项目进行过程中找到工作而退出项目。那么，该项目只剩下较不优秀者，造成选择性偏差。但如果中途退出的原因与实验无关（比如，必须退出项目去照顾生病的家人），则不会造成选择性偏差。

④ 实验效应或霍桑效应。参加实验本身可能改变个体的心理或行为，从而影响实验结果。对于药物疗效实验，可以通过双盲法来避免这种效应。但对于就业培训，双盲法并不可行，因为个体一定知道他是否参加了就业培训。这种效应也称为霍桑效应。20 世纪二三十年代，美国通用汽车公司在霍桑（地名）的工厂做了一些实验，研究灯光、休息时间、车间布置、工时等因素对劳动生产率的影响。结果发现，无论这些条件如何改变，工人的劳动生产率始终在上升。原因可能是，工人在实验过程中感到被关注而更加努力地工作。

⑤ 样本过小。由于实验成本高，实验的样本量可能较小。由于个体间差异可能较大，估计量的精确度不足。

2）外部有效性问题。

① 样本的代表性不足。比如，让即将获释的囚犯参与就业培训，其结论可能难以推广到普通人群，因为雇主可能歧视有犯罪记录的人。又比如，项目参加者为自愿报名的义工，而义工的素质通常高于普通人。

② 小型实验的条件与大规模推广时的现实条件不同。小型实验的条件与大规模推广时的现实条件可能很不同，这种差异可能导致项目的结果截然不同。比如，英国《经济学人》杂志在 2008 年 6 月 12 日报道了经济学家在非洲肯尼亚进行的实验，旨在推广蚊帐以防止疟疾。一种观点认为，免费发放蚊帐能够最快地推广蚊帐。另一种观点则认为，由于不知道蚊帐的价值，人们不会珍惜免费发放的蚊帐，而且免费发放使得蚊帐的长期供给变得困难。经济学家于是随机地对一些村庄提供免费蚊帐，而对另外一些村庄有偿提供。实验结果证明，免费提供蚊帐更为有效。然而，如果大规模推广这个实验结果仍然有效吗？反驳者指出，在肯尼亚的实验地区，蚊帐的价值已广为人知；在实验过程中，蚊帐的供给也是有保证的。这两点在大规模推广时不见得成立。

③ 一般均衡效应。一个小型的就业培训项目可能不会改变社会上雇主的行为。但大面积推广后，雇主可能减少企业自行提供的员工培训，使得该项目给整个社会带来的净福利减少。

④ 自我选择效应。在随机实验中，可以随机地安排实验组与控制组的成员。但在现实社会中，人们常常可以自由选择是否参与。这样，就会有自我选择问题。比如，在随机实验中，数据可能显示该项目并不有效。但在现实社会中，预期收益最大的人将最有积极性

参加此项目。因此，这个项目可能实际上很有效。

（2）自然实验或准实验。由于某些并非为了实验目的而发生的外部突发事件，当事人仿佛被随机地分在了实验组或控制组。比如，一个州通过了一部法律，但相邻的另一个州没有通过这一法律。两个州的民众事先并不知道哪个州会通过这部法律，因此无法选择住在哪个州。这样，从考察这部法律的效果而言，可以近似地认为民众是随机选择住在哪个州的，或者随机被分在了哪个组，即实验组（通过法律）与控制组（没通过法律）。这种情形被称为自然实验或准实验。

随机实验虽然说服力强，但通常成本较高。另一方面，自然实验为自然发生（非为实验目的而发生），几乎没有成本，而说服力类似于随机实验，故为实证研究者所青睐。发现自然实验需要一双慧眼。自然实验可分为两类。在第一类自然实验中，个体的分组或处理水平完全由自然实验所决定，可直接用 OLS 估计因果效应。在第二类自然实验中，个体的分组或处理水平只是部分地由自然实验所决定，此时应以自然实验带来的随机变动作为工具变量进行估计。不完美的自然实验可能存在与不完美的随机实验类似的问题，只是前者不可能存在实验效应，因为自然实验中的个体不会视自己为实验对象。

【例 6-1】 最低工资对就业的影响。提高法定最低工资在多大程度上会影响对低技能工人的需求？由于工资与雇佣人数由劳动力市场的供求均衡所决定，故如果使用 OLS 估计劳动力需求函数，将导致联立方程偏差或内生变量偏差。设想这样一个随机实验：将参加实验的雇主分为两组，要求实验组的雇主提高最低工资，而控制组的雇主保持最低工资不变，然后比较这两组的劳动力需求变化。然而，这种实验很难执行，因为经济学家并没有立法的权力或实验成本太高。为此，Card and Krueger（1994）考虑了一个自然实验。1992 年，美国新泽西州通过法律将最低工资从每小时 4.25 美元提高到 5.05 美元，但在相邻的宾夕法尼亚州最低工资却保持不变。在这种情况下，这两个州的雇主仿佛被随机地分配到实验组（新泽西州）与控制组（宾夕法尼亚州）。Card and Kruger（1994）收集了两个州的快餐店在实施新法前后雇佣人数的数据，并使用双重差分法进行估计。结果发现，提高最低工资对低技能工人的就业几乎没有影响。也就是说，对低技能工人的需求是没有弹性的，并不会因工资的上升而显著地减少雇佣人数。本例属于第一类自然实验，个体分组完全由自然实验所决定。

【例 6-2】 服兵役是否影响退役后的长期收入？如果使用观测数据比较服过兵役的人群与未服兵役人群的收入，则会产生选择偏差，因为能否参军取决于身体条件，以及个人选择（或许就业前景不佳者才选择参军）。为此，Angrist（1990）考察了越南战争期间的参军者，当时美国对全国年轻男子以生日抽签的方式进行征兵。尽管抽签结果完全随机，但是否参军还取决于体检结果，而且有些人得到豁免，另一些人虽未抽中却自愿参军。因此，本例属于第二类自然实验，即个体分组仅部分地由自然实验决定，故应使用抽签结果作为参军与否的工具变量进行估计。估计结果表明，服兵役会减少白人的长期收入，但不影响非白人的长期收入。

6.5.2 双重差分法（DID）

当某些外生事件（常常是政府的政策变化）改变了个人、家庭、企业或城市运行的环境时，自然实验便产生了。一个自然实验总有一个不受政策变化影响的对照组和一个被认为受政策变化影响的处理组。为了控制好对照组和处理组之间的系统差异，至少需要两个年份的数据，一个在政策改变以前，另一个在政策改变之后。于是样本按使用目的划分为 4 组：变化前的对照组，变化后的对照组，变化前的处理组和变化后的处理组。

把对照组称为 C，处理组称为 T，dT 表示是否为处理组虚拟变量，若为处理组 T 中的观测，则 dT 等于 1，否则等于 0。$d2$ 表示是否为政策后虚拟变量，若为政策改变后（第 2 个）时期，则 $d2$ 等于 1，否则等于 0。我们感兴趣的方程是：

$$y=\beta_0+\delta_0 d2+\beta_1 dT+\delta_1 d2\cdot dT+\text{其他解释变量}+\mu \tag{6-11}$$

式中，y 是我们关注的结果变量。δ_1 度量了政策效应。若回归中没有其他因素，估计的 δ_1 就是双重差分估计量：

$$\hat{\delta}_1=(\bar{y}_{2,T}-\bar{y}_{2,C})-(\bar{y}_{1,T}-\bar{y}_{1,C})=(\bar{y}_{2,T}-\bar{y}_{1,T})-(\bar{y}_{2,C}-\bar{y}_{1,C})$$

式中，字母上方的横线表示平均，第一个下标表示年，第二个下标表示组。

一般双重差分估计量的结构如表 6 - 2 所示。

表 6 - 2　双重差分估计量的结构

	之前	之后	之后一之前
对照组	β_0	$\beta_0+\delta_0$	δ_0
处理组	$\beta_0+\beta_1$	$\beta_0+\delta_0+\beta_1+\delta_1$	$\delta_0+\delta_1$
处理组一对照组	β_1	$\beta_1+\delta_1$	δ_1

表 6 - 2 显示，参数 δ_1 因度量对 y 的平均结果的"处理"或政策效应，有时也被称为平均处理效应。有两种估计方法：（1）在每个时期都计算处理组与控制组的平均值之差，然后对不同时期的上述差值进行差分；（2）分别计算处理组和控制组不同时期的平均值变化，然后对这些变化进行差分，估计值 $\hat{\delta}_1$ 不依赖差分的方式。

Stata 程序 6.5.2.1：面板数据的双重差分法

利用 cardkrueger1994.dta 数据进行双重差分分析。该数据集来自 Card and Kruger (1994) 的自然实验。被解释变量为 *fte*（full time employment，全职雇佣人数），实验组虚拟变量为 *treated*（*treated*＝1，如果快餐店在新泽西州；*treated*＝0，如果快餐店在宾夕法尼亚州），实验期虚拟变量为 *t*（*t*=1，如果时间为 1992 年 11 月；*t*=0，如果时间为 1992 年 2 月）。其他解释变量包括以下快餐品牌虚拟变量：*bk*（Burger King＝1），*kfc*（Kentucky Fried Chicken＝1），*roys*（Roy Rogers＝1），*wendys*（Wendy's＝1）。

在 Stata 中，可以自行通过设定处理组、实验期及其交互项来进行双重差分估计，也可以下载非官方命令 diff 进行双重差分估计。

```
ssc install diff                    //下载安装命令 diff
```

该命令的基本格式为：

```
diff y,treat(varname) period(varname) cov(z1 z2) robust report test
```

其中，"y"为结果变量（即被解释变量 y）。必选项"treat(varname)"用来指定处理变量（即方程（6 - 11）中的 dT）。必选项"period(varname)"用来指定实验期虚拟变量（即方程（6 - 11）中的 $d2$）。选择项"robust"表示汇报稳健标准误。选择项"cov(z1 z2)"

用来指定其他解释变量（即方程（6-11）中的其他解释变量），其中“cov”表示协变量。选择项“report”表示汇报对协变量系数的估计结果。选择项“test”表示检验在基期，各变量在实验组与控制组的均值是否相等。

```
*Stata 程序
*通过 cd 命令设定当前工作目录
use "cardkrueger1994.dta",clear
gen d2dt=t*treated
*不考虑其他协变量的 OLS 估计
reg fte treated t d2dt,robust cluster(id)
est store reg
diff fte,t(treated) p(t) robust cluster(id)
est store diff
esttab reg diff,mtitles b se              //结果一致
*考虑其他协变量的 OLS 估计
reg fte treated t d2dt bk kfc roys,robust cluster(id)
est store reg
diff fte,t(treated) p(t) cov( bk kfc roys) robust cluster(id)
est store diff
esttab reg diff,mtitles b se              //结果一致
**控制个体效应的双重差分估计
areg fte treated t d2dt bk kfc roys,absorb(id) robust cluster(id)
est store areg
esttab reg diff areg,mtitles b t          //考虑个体效应后变化较大
est clear                                 //删除存储的估计结果
```

在双重差分法的基础上，如果需要对控制组和实验组进一步细分，还可以采用三重差分法。

6.5.3 倾向得分匹配（PSM）

1. 处理效应与选择难题

在许多情况下，并没有随机实验或自然实验的数据，只有观测数据，并且实际处理水平存在自我选择，并非随机分组，可能导致不一致的估计。因此，对于观测数据，需使用特别的计量方法来估计处理效应。

考虑就业培训的处理效应评估。一个自然的做法是直接对比实验组与控制组的未来收入或就业状况。如果这样做，常会发现参加就业培训者的未来收入比未参加者更低。难道就业培训反而有害？值得注意的是，是否参加培训是参加者自我选择的结果，岗位好收入高的人群并不需要参加就业培训，而就业培训的参加者多为失业、低收入者，甚至刑满释放者。由于实验组与对照组成员的初始条件不完全相同，故存在选择偏差。另外，即使实

验组的未来收入低于对照组，我们真正感兴趣的问题是，实验组的未来收入是否会比这些人如果未参加培训项目（假想）的未来收入更高。

为此，Rubin（1974）提出了以下反事实框架，称为鲁宾因果模型（Rubin causal model，RCM）。令虚拟变量 $D_i=\{0,1\}$ 表示个体 i 是否参与此项目，即 1 为参与，0 为未参与，通常称为处理变量，反映个体 i 是否得到了处理。记其未来收入或其他感兴趣的结果为 y_i。我们想知道 D_i 是否对 y_i 有因果作用。对于个体 i，其未来收入 y_i 可能有两种状态，取决于是否参加此项目，即

$$y_i=\begin{cases} y_{1i} & 若 D_i=1 \\ y_{0i} & 若 D_i=0 \end{cases}$$

式中，y_{0i} 表示个体 i 未参加项目的未来收入，y_{1i} 表示个体 i 参加项目的未来收入。我们想知道 $y_{1i}-y_{0i}$，即个体 i 参加该项目的因果效应或处理效应。如果个体 i 参加了项目，则可观测到 y_{1i}，但看不到 y_{0i}，除非让此人“穿越”到过去，选择不参加此项目，才能观测到 y_{0i}。反之，如果个体 i 未参加项目，则可观测到 y_{0i}，但看不到 y_{1i}。总之，由于个体只能处于一种状态（要么参加项目，要么不参加），故只能观测到 y_{0i} 或 y_{1i}，而无法同时观测到 y_{0i} 和 y_{1i}。这实际上是一种数据缺失问题。

由于处理效应 $y_{1i}-y_{0i}$ 为随机变量，故我们关心其期望值，即平均处理效应（average treatment effect，ATE），也称为平均因果效应（average causal effect，ACE）。

另一常用概念为仅考虑项目实际参加者的平均处理效应，称为参与者平均处理效应（average treatment effect on the treated，ATT 或 ATET）或参与者处理效应（treatment effect on the treated，TOT）。

由于个体通常会根据其参加项目的预期收益 $E(y_{1i}-y_{0i})$ 选择是否参加项目，给平均处理效应的估计带来困难，这被称为选择难题。解决选择难题的方法之一是随机分组，使得个体是否参加项目是随机的。这对随机实验是可行的，对大多数自然实验而言则不可行。

因此，在大多数情况下，需要使用以下两类方法。第一类方法假设个体依可测变量选择是否参加项目，而第二类方法假设个体依不可测变量选择是否参加项目。

通常，除了（y_i,D_i）之外，还可以观测到个体 i 的一些特征，比如年龄、性别、培训前收入，记为向量 $\boldsymbol{x}_i$，也称为协变量。这样，总体可由（$y_i,D_i,\boldsymbol{x}_i$）来表示。如果个体 i 对 D_i 的选择完全取决于可观测的 $\boldsymbol{x}_i$，称为依可测变量选择，则可以找到估计处理效应的合适方法（即使没有合适的工具变量）。如果个体 i 对 D_i 的选择完全取决于 $\boldsymbol{x}_i$，在给定 $\boldsymbol{x}_i$ 的情况下，潜在结果 $y_{1i}-y_{0i}$ 将独立于 D_i，这就是 Rosenbaum and Rubin（1983）引入的可忽略性假定。

可忽略性假定是一个很强的假定，它意味着回归方程包括了所有相关变量，故不存在任何与解释变量相关的遗漏变量。另一方面，如果 $\boldsymbol{x}_i$ 中已包含较丰富的协变量，可认为可忽略性假定基本得到满足，遗漏变量偏差较小。

2. 匹配估计

假设个体 i 属于处理组，匹配估计量的基本思路是，找到属于控制组的个体 j，使得

个体 j 与个体 i 的可测变量取值尽可能相似（匹配），即 $x_i \approx x_j$。基于可忽略性假定，个体 i 与个体 j 进入处理组的概率相近，具有可比性，故可将 y_j 作为 y_{0i} 的估计量，即 $\hat{y}_{0i}=y_j$。因此，可将 $y_i-\hat{y}_{0i}=y_i-y_j$ 作为对个体 i 处理效应的度量。对处理组中的每一个体都如此进行匹配，类似地，对控制组中每一个体也进行匹配，然后对每一个体的处理效应进行平均，即可得到匹配估计量。

由于匹配的具体方法不同，故存在不同的匹配估计量。首先，是否放回。如果不放回，则每次都将匹配成功的个体 (i,j) 从样本中去掉，不再参与其余匹配；如果有放回，则将匹配成功个体留在样本中，参与其余匹配（这导致一个个体可能与多个不同组个体匹配）。其次，是否允许并列，比如控制组个体 j 与 k 的可测变量都与处理组个体 i 一样接近。如果允许并列，则将 y_j 和 y_k 的平均值作为 y_{0i} 的估计量。如果不允许并列，计算机程序将根据数据排序选择个体 j 或 k，此时，匹配结果可能与数据排序有关，故一般建议先将样本随机排序，再进行匹配。

以上为一对一匹配，也可以进行一对多匹配。如果进行一对一匹配，则偏差较小，但方差较大；而进行一对多匹配可降低方差（因为使用了更多信息），但代价是偏差增大（因为使用了更远的信息）。Abadie 等（2004）建议进行一对四匹配，在一般情况下可最小化均方误差。

下面以一个具体例子来说明匹配的过程。

【例 6-3】 假设样本量为 7，其中包括 3 个控制组个体与 4 个处理组个体。同时假设仅包含一个变量，具体数据见表 6-3。下面进行有放回的一对一匹配，且允许并列。

表 6-3 基于单一变量 x_i 的匹配估计量计算

i	D_i	x_i	y_i	匹配结果	$\hat{y}_{0i}$	$\hat{y}_{1i}$
1	0	2	7	{5}	7	8
2	0	4	8	{4，6}	8	7.5
3	0	5	6	{4，6}	6	7.5
4	1	3	9	{1，2}	7.5	9
5	1	2	8	{1}	7	8
6	1	3	6	{1，2}	7.5	6
7	1	1	5	{1}	7	5

在表 6-3 中，考虑个体 1 的匹配。由于个体 1 属于控制组（$D_i=0$），故在处理组（即个体 4～7）中寻找最佳匹配。由于 $x_1=2$，而 $x_5=2$，故个体 1 的匹配为个体 5，记为 {5}。因此 $\hat{y}_{01}=y_1=7$，而 $\hat{y}_{11}=y_5=8$。

考虑个体 2 的匹配。由于个体 2 属于控制组（$D_i=0$），故在处理组（即个体 4～7）中寻找最佳匹配。由于 $x_2=4$，在处理组中没有完全相同的匹配，而最近的匹配为 $x_4=x_6=3$，故个体 2 的匹配为个体 {4，6}。因此 $\hat{y}_{02}=y_2=8$，而 $\hat{y}_{12}=(y_4+y_6)/2=7.5$。类似地，可以得到个体 3 的匹配结果。

考虑个体 4 的匹配。由于个体 4 属于处理组（$D_i=1$），故在控制组（即个体 1～3）中寻找最佳匹配。由于 $x_4=3$，在控制组中没有完全相同的匹配，而最近的匹配为 $x_1=2$，$x_2=4$，故个体 4 的匹配结果为 {1，2}。因此 $\hat{y}_{04}=(y_1+y_2)/2=7.5$，而 $\hat{y}_{14}=y_4=9$。

类似地，可以得到个体5～7的匹配结果。

3. 倾向得分匹配

更一般地，x_i 可能包括多个变量，比如 $\boldsymbol{x}_i$ 为 K 维向量。此时，如果直接使用 $\boldsymbol{x}_i$ 进行匹配，则意味着要在高维度空间进行匹配，可能遇到数据稀疏的问题，即很难找到与 $\boldsymbol{x}_i$ 相近的 $\boldsymbol{x}_j$ 与之匹配。为此，一般使用某函数 $f(\boldsymbol{x}_i)$ 将 K 维向量 $\boldsymbol{x}_i$ 的信息压缩到一维，进而根据 $f(\boldsymbol{x}_i)$ 进行匹配。方法之一为使用向量范数，即在向量空间定义的距离函数。考虑 $\boldsymbol{x}_i$ 与 $\boldsymbol{x}_j$ 之间的相似度或距离，通常基于马氏距离（Mahalanobis distance）进行匹配，被称为马氏匹配（Mahalanobis matching）。

马氏匹配的缺点是，如果 x 包括的变量较多或样本量不够大，则不容易找到好的匹配，比如，尽管个体 j 与个体 i 的（相对）马氏距离最近，但绝对距离可能依然很远。为此，统计学家 Rosenbaum and Rubin（1983）提出使用倾向得分来度量距离。个体 i 的倾向得分是指，在给定的情况下，个体 i 进入处理组的条件概率，即 $P(x_i)=P(D_i=1|x=x_i)$，或简记为 $p(x)$。

在使用样本数据估计 $p(x)$ 时，可使用参数估计（如 Probit 或 Logit 估计）或非参数估计，最流行的方法为 Logit 估计。使用倾向得分来度量个体之间距离的好处在于，它不仅是一维变量，而且取值介于［0，1］之间。比如，即使 x_i 与 x_j 的距离很远，但仍可能 $p(x_i)\approx p(x_j)$。

使用倾向得分作为距离函数进行匹配，称为倾向得分匹配（propensity score matching，PSM）。PSM 的理论依据在于，如果可忽略性假定成立，在给定 $p(x)$ 的情况下，$(y_{0i},\ y_{1i})$ 就独立于 D_i，从而解决了选择难题。

通过 PSM 计算平均处理效应的一般步骤如下。

（1）选择协变量 x_i，尽量将可能影响 $(y_{0i},\ y_{1i})$ 的相关变量包括进来，以保证可忽略性假定得到满足。如果协变量选择不当或太少，导致可忽略性假定不满足，将引起偏差。

（2）估计倾向得分，一般使用 Logit 回归。Rosenbaum and Rubin（1985）建议使用形式灵活的 Logit 模型，比如包括 x_i 的高次项与交互项。

（3）进行 PSM。如果倾向得分估计得较准确，应使得 x_i 在匹配后的处理组与控制组分布较均匀。

（4）根据匹配后样本计算平均处理效应。

PSM 有不同的方法。

方法一为近邻匹配，即寻找倾向得分最近的 A 个不同组个体。

方法二为卡尺匹配或半径匹配。

方法三为卡尺内最近邻匹配。

以上三种方法本质上都是近邻匹配法，其匹配结果为最近的部分个体，然后进行简单算术平均。

另一类匹配方式为整体匹配法，每位个体的匹配结果为不同组的全部个体（但通常去掉在共同取值范围之外的个体），只根据个体距离不同给予不同的权重（近者权重大，远者权重小，超出一定范围权重可为0）。

方法四为核匹配（Heckman 等，1997，1998）。

方法五为局部线性回归匹配。

方法六为使用更为光滑的三次样条来估计权重矩阵，称为样条匹配。

在实际匹配时，究竟应使用以上哪种具体方法或参数（比如k近邻匹配的k取值，是否放回，如何处理并列），目前文献中尚无明确指南。一般认为，不存在适用于一切情形的绝对的好方法，只能根据具体数据来选择匹配方法。比如，如果控制组个体并不多（N_0较小），应进行有放回的匹配；如果存在较多具有可比性的控制组个体，可考虑一对多匹配或核匹配，以提高匹配效率。在实践中，一般建议尝试不同的匹配方法，然后比较其结果（类似于敏感性分析）；如果不同方法的结果相似，则说明结果是稳健的，不依赖于具体方法；如果存在较大差异，应考察造成此差异的原因。

在一定意义上，匹配估计量可视为一种再抽样方法。因此，在方法论上，PSM试图通过匹配再抽样的方法使得观测数据尽可能地接近随机实验数据，其思想可以追溯到费舍尔提出的随机实验设计。尽管PSM可以在很大程度上减少观测数据的偏差，但它本身有如下局限性：

（1）PSM通常要求比较大的样本量以得到高质量的匹配。

（2）PSM要求处理组与控制组的倾向得分有较大的共同取值范围；否则，将丢失较多观测值，导致剩下的样本不具有代表性。

（3）PSM只控制了可测变量的影响，如果存在依不可测变量选择（selection on unobservable），仍会带来隐性偏差。

Stata程序6.5.3.1：PSM估计

利用ldw_exper.dta进行PSM估计。该数据集由Dehejia and Wahba（1999）构建，为Abadie等（2004）所使用，原始数据来自Lalonde（1986）。该数据集包括以下变量：结果变量*re*78（1978年实际收入），处理变量t（是否参加就业培训），协变量*age*（年龄），*educ*（受教育年限），*black*（是否为黑人），*hisp*（是否为拉丁裔），*married*（是否已婚），*re*74（1974年实际收入），*re*75（1975年实际收入），*u*74（1974年是否失业），以及*u*75（1975年是否失业）。

在Stata中，PSM可通过下载非官方命令psmatch2来实现：

```
ssc install psmatch2,replace
```

该命令的一般格式为：

```
psmatch2 D x1 x2 x3,outcome(y) logit ties ate common odds pscore
(varname) quietly
```

其中，“D”为处理变量。“x1 x2 x3”为协变量。“outcome(y)”用来指定变量“y”为结果变量。选择项“logit”表示使用Logit来估计倾向得分，默认方法为Probit。选择项“ties”表示包括所有倾向得分相同的并列个体，默认按照数据排序选择其中一位个体。选择项“ate”表示同时汇报ATE，ATU与ATT，默认仅汇报ATT。选择项“common”表示仅对共同取值范围内个体进行匹配，默认对所有个体进行匹配。选择项“odds”表示使用比值比（即$p/(1-p)$）进行匹配，默认使用倾向得分进行匹配。选择项“pscore(varname)”用来指定某变量作为倾向得分，默认通过“x1 x2 x3”来估计倾向得分。选择项“quietly”表示不汇报对倾向得分的估计过程。

针对不同的匹配方法，命令 psmatch2 提供了一系列选择项。

(1) `psmatch2 D x1 x2 x3,outcome(y) neighbor(k) noreplacement`

选择项“neighbor(k)”表示进行 k 近邻匹配（k 为正整数），默认为 1，即一对一匹配。选择项“noreplacement”表示无放回匹配，默认为有放回，该选项只能用于一对一匹配。

(2) `psmatch2 D x1 x2 x3,outcome(y) radius caliper(real)`

选择项“radius”表示进行半径匹配（也称卡尺匹配），“caliper(real)”用来指定卡尺 ε 必须为正实数。

(3) `psmatch2 D x1 x2 x3,outcome(y) neighbor(k) caliper(real)`

选择项“neighbor(k)”与“caliper(real)”表示进行卡尺内的 k 近邻匹配。

(4) `psmatch2 D x1 x2 x3,outcome(y) kernel kerneltype(type) bwidth (real)`

选择项“kernel”表示进行核匹配，其中“kerneltype(type)”用来指定核函数，默认使用二次核，“bwidth(real)”用来指定带宽，默认带宽为 0.06。

(5) `psmatch2 D x1 x2 x3,outcome(y) llr kerneltype(type) bwidth(real)`

选择项“llr”表示进行局部线性回归匹配，其中“kerneltype(type)”用来指定核函数，默认使用三三核，“bwidth(real)”用来指定带宽，默认带宽为 0.8。

(6) `psmatch2 D x1 x2 x3,outcome(y) spline`

选择项“spline”表示进行样条匹配。

(7) `psmatch2 D x1 x2 x3,outcome(y) mahal(varlist) ai(m)`

选择项“mahal(varlist)”表示进行马氏匹配，并指定用于计算马氏距离的协变量。选择项“ai(m)”表示使用由 Abadie and Imbens（2006）提出的异方差稳健标准误，该选项仅适用于使用马氏距离的 k 近邻匹配；其中 m 须为正整数，表示用于计算稳健标准误的近邻个数（一般可让 $m=k$）。使用此命令进行马氏匹配时，无法使用选择项“ties”或“common”。

命令 psmatch2 还带有以下两个估计后命令，分别用来检验匹配后数据是否平衡，以及画图显示倾向得分的共同取值范围。

```
pstest x1 x2 x3,both graph
```

此命令将显示变量“x1 x2 x3”在匹配后是否平衡，选择项“both”表示同时显示匹配前后的数据平衡情况，默认仅显示匹配后情形。选择项“graph”表示图示各变量匹配前后的平衡情况。

```
psgraph,bin(#)
```

此命令将画直方图，显示倾向得分的共同取值范围，选择项“bin(#)”用来指定直方图的分组数，默认为 20 组（处理组与控制组各 10 组）。

```
*Stata 程序
*通过 cd 命令设定当前工作目录
use "ldw_exper.dta",clear
*直接进行多元回归
```

```
reg re78 t age educ black hisp married re74 re75 u74 u75,r
*进行 PSM
*先将数据随机排序，确定存在并列时选择的随机性
set seed 10101   //确定种子，确保结果可以重复
gen ranorder = runiform()
sort ranorder
*一对一匹配。由于样本量并不十分大，进行有放回匹配，且允许并列（如果进行无放回匹配，将损失约 1/5 的样本）
psmatch2 t age educ black hisp married re74 re75 u74 u75, outcome(re78)
n(1) ate ties logit common
*使用 pstest 命令来考察此匹配结果是否较好地平衡了数据
pstest age educ black hisp married re74 re75 u74 u75 ,both graph
*画直方图来显示倾向得分的共同取值范围
psgraph
```

4. 双重差分倾向得分匹配（双重差分 PSM）

以上介绍的各种匹配估计量均依赖于可忽略性假定，即依可测变量选择，故不适用于依不可测变量选择的情形。对于观测数据，如果怀疑存在依不可测变量选择，大致有以下几种处理方法。

（1）尽量使用更多的相关可测变量，以满足可忽略性假定，然后使用匹配估计量。显然，如果 x_i 中包括的变量太少，不太可能满足可忽略性假定。

（2）如果影响处理变量 D_i 的不可观测变量不随时间而变，而且有面板数据，可使用双重差分倾向得分匹配估计量。

（3）使用断点回归法，特别是模糊断点回归。

（4）使用工具变量法，比如 Imbens and Angrist（1994）提出的局部平均处理效应 IV 估计量。工具变量法的最大局限在于，通常很难找到有效的工具变量，因为此工具变量既要影响个体选择参与项目的决定 D_i，又必须与是否参加项目的潜在结果（y_{1i}，y_{0i}）无关。

（5）根据依可测变量选择的影响来估计依不可测变量选择的影响。

双重差分 PSM 由 Heckman 等（1997，1998）提出。假设有两期面板数据，记实验前的时期为 t'，实验后的时期为 t，在时期 t'，实验还未发生，故所有个体（无论处理组还是控制组）的潜在结果均可记为 $y_{0t'}$。在时期 t，实验已经发生，故可能有两种潜在结果，分别记为 y_{1t}（如果参与实验）与 y_{0t}（如果未参与实验）。双重差分 PSM 成立的前提是满足均值可忽略性假定。概括起来，双重差分 PSM 的步骤如下。

（1）根据处理变量 D_i 与协变量 x_i 估计倾向得分。

（2）对于处理组的每个个体 i，确定与其匹配的全部控制组个体（即确定集合 S_p）。

（3）对于处理组的每个个体 i，计算其结果变量的前后变化（$y_{1ti}-y_{0t'i}$）。

（4）对于处理组的每个个体 i，计算与其匹配的全部控制组个体的前后变化（$y_{0tj}-y_{0t'j}$）。

(5) 针对 ($y_{1ti}-y_{0t'i}$) 与 ($y_{0tj}-y_{0t'j}$)，进行倾向得分核匹配或局部线性回归匹配，即得到 $\widehat{ATT}$。

双重差分 PSM 的优点在于它可以控制不可观测但不随时间变化的组间差异，比如处理组与控制组来自两个不同的区域，或处理组与控制组使用了不同的调查问卷。

Stata 程序 6.5.3.2：双重差分 PSM 估计

利用 cardkrueger1994.dta 数据，进行双重差分 PSM 估计。

在 Stata 中使用双重差分 PSM，既可手工进行（手工计算每个个体的前后变化，然后使用命令 psmatch2），也可使用非官方命令 diff 来自动进行（该命令可用于估计一般的双重差分估计量）。

差分 PSM 估计的基本句式为：

```
diff outcome_var,treat (varname) period (varname) id (varname) kernel ktype(kernel) cov (varlist) report logit support test
```

其中，"outcome_var" 为结果变量。必选项 "treat(varname)" 用来指定处理变量。必选项 "period(varname)" 用来指定实验期虚拟变量（实验期=1，非实验期=0）。必选项 "id(varname)" 用来指定个体 ID（这是进行匹配的前提）。必选项 "kernel" 表示进行基于倾向得分的核匹配（命令 diff 不提供其他匹配方法）。选择项 "ktype(kernel)" 用于指定核函数，默认为二次核。必选项 "cov(varlist)" 用来指定用于估计倾向得分的协变量。选择项 "report" 表示汇报对倾向得分的估计结果。选择项 "logit" 表示使用 Logit 估计倾向得分，默认为 Probit。选择项 "support" 表示仅使用共同取值范围内的观测值进行匹配。选择项 "test" 表示检验在 PSM 后，各变量在实验组与控制组的分布是否平衡。

```
*Stata 程序
*通过 cd 命令设定当前工作目录
use "cardkrueger1994.dta",clear
gen d2dt=t*treated
reg fte treated t d2dt
est store reg
diff fte,t(treated) p(t) kernel id(id) logit cov(bk kfc roys) report
support                    //Logit 中有 404 个数据
est store diff
esttab reg diff,mtitles b t//两种方法下结果有一定差异，双重差分 PSM 估计效率更高
est clear                  //删除存储的估计结果
```

6.5.4　断点回归

依可测变量选择的一种特殊情形是，有时处理变量 D_i 完全由某连续变量 x_i 是否超过某断点所决定。据以进行分组的变量 x_i 称为分组变量。比如，考察上大学对工资收入的影响，并假设上大学与否 (D_i) 完全取决于高考成绩 x_i 是否超过 500 分：

$$D_i=\begin{cases}1 & 若\ x_i\geqslant 500\\0 & 若\ x_i<500\end{cases}$$

记不上大学与上大学的两种潜在结果分别为（y_{0i}, y_{1i}）。由于 D_i 是 x_i 的确定性函数，故在给定 x_i 的情况下，可将 D_i 视为常数，不可能与任何变量有关系，因此 D_i 独立于（y_{0i}, y_{1i}），满足可忽略性假定。但此时并不能使用 PSM，因为重叠假定完全不满足，所有处理组成员都有 $x_i\geqslant 500$，而所有控制组成员都有 $x_i<500$，二者完全没有交集。因此，匹配估计量此路不通，需另辟蹊径。

显然，处理变量 D_i 为 x_i 的函数，记为 $D(x_i)$，由于函数 $D(x_i)$ 在 500 处存在一个断点，提供了估计 D_i 对 y_i 的因果效应的机会。对于高考成绩为 498 分、499 分、500 分或 501 分的考生，可以认为他们在各方面（包括可观测变量与不可观测变量）都没有系统差异。他们高考成绩的细微差异只是随机抽样的结果。考试成绩本身含随机因素，导致成绩为 500 分或 501 分的考生上大学（进入处理组），而成绩为 498 分或 499 分的考生落榜（进入控制组）。因此，由于制度原因，仿佛对高考成绩在小邻域［$500-s$，$500+s$］之间的考生进行了随机分组，故可视为准实验。由于存在随机分组，故可一致地估计在 $x=500$ 附近的局部平均处理效应。

更一般地，断点可以是某个常数 c，分组规则为：

$$D_i=\begin{cases}1 & 若\ x_i\geqslant c\\0 & 若\ x_i<c\end{cases}$$

假设在实验前，结果变量 y_i 与 x_i 之间存在如下线性关系：

$$y_i=\alpha+\beta x_i+\varepsilon_i,\quad i=1,\cdots,n$$

不失一般性，假设 $D_i=1$（$x_i\geqslant c$）的处理效应为正，则 y_i 与 x_i 之间的线性关系在 $x=c$ 处就存在一个向上跳跃的断点。由于在 c 附近，个体在各方面均无系统差别，故造成条件期望函数 $E(y_i|x)$ 在此跳跃的唯一原因只可能是 D_i 的处理效应。基于此逻辑，可将此跳跃视为在 $x=c$ 处 D_i 对 y_i 的因果效应。

我们知道，在方程中引入虚拟变量的效果就是在不同的子样本中产生不同的截距项。因此，为了估计此跳跃，可将方程改写为：

$$y_i=\alpha+\beta(x_i-c)+\delta D_i+\gamma(x_i-c)D_i+\varepsilon_i,\quad i=1,\cdots,n$$

式中，变量（x_i-c）为 x_i 的标准化，使得（x_i-c）的断点为 0。引入互动项 $\gamma(x_i-c)D_i$ 是为了允许在断点两侧的回归线的斜率不同。对方程进行 OLS 回归，所得 $\hat{\delta}$ 就是在 $x=c$ 处局部平均处理效应的估计量。由于此回归存在一个断点，故称为断点回归（regression discontinuity，RD）或断点回归设计（regression discontinuity design，RDD）。需要注意的是，在有交互项的情况下，如果方程使用 x_i 而非标准化变量（x_i-c），$\hat{\delta}$ 虽然度量断点两侧回归线的截距之差，但并不等于这两条回归线在 $x=c$ 处的跳跃距离。

由于在断点附近仿佛存在随机分组，故一般认为断点回归是内部有效性比较强的一种准实验。在某种意义上，断点回归可视为局部随机实验，而且，可通过考察协变量在断点两侧的分布是否有显著差异来检验此随机性。另一方面，断点回归仅推断在断点处的因果关系，并不一定能推广到其他样本值，故外部有效性受局限。

断点回归由 Thistlewaite and Campbell（1960）首次使用，但直到 20 世纪 90 年代末才引起经济学家的重视。Hahn 等（2001）提供了断点回归的计量经济学理论基础。目前，断点回归在教育经济学、劳动经济学、健康经济学、政治经济学以及区域经济学等领域的应用方兴未艾。参见 Imbens and Lemieux（2008），Van Der Klaauw（2008）以及 Lee and Lemieux（2010）的文献综述。

断点回归可分为两种类型。一种类型是精确断点回归（sharp regression discontinuity, SRD），其特征是在断点 $x=c$ 处，个体得到处理的概率从 0 跳跃为 1。另一种类型为模糊断点回归（FRD），其特征是在断点 $x=c$ 处，个体得到处理的概率从 a 跳跃 b，其中 $0<a<b<1$。

Stata 程序 6.5.4.1：断点回归

下面以命令 rd 自带的数据集 votex. dta 为例演示断点回归的估计。该数据集用于考察美国国会选区如果有一名民主党众议员对该选区联邦支出的影响。传统上，民主党倾向于大政府，故一个选区如果有民主党众议员，则该议员可能为该选区争取更多的联邦支出。然而，直接对二者进行回归可能存在遗漏变量问题或双向因果关系。为此，使用该民主党候选人的得票比例作为分组变量，以 0.5 作为断点（在两党政治中，得票比例大于或等于 0.5 则当选，反之落选）进行断点回归。数据集 votex. dta 的主要变量包括：结果变量 *lne*（选区联邦开支的对数），分组变量 *d*（民主党候选人得票比例减去 0.5），处理变量 *win*（民主党候选人当选），以及一系列协变量。

断点回归可通过非官方 Stata 命令 rd 来实现：

```
ssc install rd,replace   //下载安装命令 rd
```

该命令使用局部线性回归来估计断点回归模型，其基本句式为：

```
rd y D x, z0(real) strineq mbw (numlist ) graph bdep oxline kernel
(rectangle) cov(varlist) x (varlist)
```

其中，“y”为结果变量。“D”为处理变量。“x”为分组变量。选择项 z0(real) 用来指定断点位置，默认值为 z0(0)，即断点为原点。如果省略处理变量 D，则默认为精确断点回归，并根据分组变量 x 来计算处理变量，即如果 x 大于或等于断点 z0，则 D 取值为 1；反之，D 取值为 0。选择项“strineq”表示根据严格不等式来计算处理变量，即如果 x 大于断点 z0，则 D 取值为 1；反之，D 取值为 0。

选择项“mbw(numlist)”用来指定最优带宽的倍数，默认值为 mbw(50 100 200)，即根据最优带宽的 0.5、1、2 倍进行局部线性回归，其中 100 对应根据 Imbens and Kalyanaraman（2009）计算的最优带宽。选择项“graph”表示根据所选的每一带宽，画出其局部线性回归图。选择项“bdep”表示通过画图来考察断点回归估计量对带宽的依赖性。选择项“oxline”表示在此图的默认带宽（即最优带宽）上画一条直线，以便识别。选择项“kernel(rectangle)”表示使用矩形核（即均匀核），默认使用三角核。选择项“cov(varlist)”用来指定加入局部线性回归的协变量。选择项“x(varlist)”表示检验这些协变量是否在断点处有跳跃（估计跳跃值及其显著性）。

```
*Stata 程序
*通过 cd 命令设定当前工作目录
use "votex.dta",clear
*首先，使用最优带宽以及默认的三角核进行精确断点回归并画图
rd lne d,gr mbw(100)
*其次，加入协变量重复上述估计，但省略画图
rd lne d, mbw (100) cov (i votpop black blucllr farmer fedwrkr forborn
manuf unemplyd union urban veterans)
*最后，去掉协变量，但同时估计三种带宽，并画出估计值对带宽的依赖性
rd lne d,gr bdep oxline
*进行断点回归后，还需要对其设定进行检验。下面检验协变量在断点处的条件密度是否
存在跳跃
rd lne d,mbw(100) x (i votpop black blucllr farmer fedwrkr forborn manuf
unemplyd union urban veterans)
*以上为精确断点回归。纯粹为了演示模糊断点回归，下面随机生成一个新的处理变量
ranwin。变量 ranwin 不由分组变量 d 完全决定，但与原来的处理变量 win 高度相关
(win 完全由 d 决定)
set seed 10101
gen ranwin = cond(uniform()<.1,1-win,win)
*其中,"uniform()" 表示生成一个在[0,1) 区间服从均匀分布的随机变量，而命令" cond
(uniform()<.1,1-win ,win)" 表示，如果此随机变量小于 0.1，则变量 ranwin=1- win;
否则，变量 ranwin=win。因此，ranwin 也是虚拟变量，且与 win 高度相关
*查看 ranwin 与 win 的分布情况
tab ranwin win
*可以看出，在大多数情况下，ranwin 与 win 的取值相同。下面使用最优带宽与默认的
三角核进行模糊断点回归
rd lne ranwin d,zmbw(100)
```

练习题

下载阅读《经济政策不确定性与银行流动性创造：来自中国的经验证据》（田国强和李双建，2020）一文，重复论文的研究设计。

参考文献

1. 陈强．高级计量经济学及 Stata 应用．2 版．北京：高等教育出版社，2014.

2. [美] 杰弗里·M·伍德里奇．计量经济学导论：现代观点．5版．北京：中国人民大学出版社，2015.

3. [美] 杰弗里·M·伍德里奇．横截面与面板数据的计量经济分析．2版．北京：中国人民大学出版社，2016.

4. [美] A. 科林·卡梅伦，普拉温·K. 特里维迪．用Stata学微观计量经济学．重庆：重庆大学出版社，2018.

5. 李子奈，潘文卿．计量经济学．3版．北京：高等教育出版社，2010.

6. [美] 乔舒亚·安格里斯特，约恩-斯特芬·皮施克．基本无害的计量经济学：实证研究指南．上海：格致出版社，2012.

7. 田国强，李双建．经济政策不确定性与银行流动性创造：来自中国的经验证据．经济研究，2020（11）：19-35.

8. Abadie, A. and G. W. Imbens. Large Sample Properties of Matching Estimators for Average Treatment Effects. Econometrica, 2006, 74(1): 235-267.

9. Abadie, A., D. Drukker, J. L. Herr, and G. W. Imbens. Implementing Matching Estimators for Average Treatment Effects in Stata. The Stata Journal, 2004, 4(3): 290-311.

10. Altonji, J. G., T. E. Elder, and C. R. Taber. Selection on Observed and Unobserved Variables: Assessing the Effectiveness of Catholic Schools. Journal of Political Economy, 2005, 113(1): 151-184.

11. Amemiya, T. and T. E. Macurdy. Instrumental-Variable Estimation of an Error-Components Model. Econometrica, 1986, 54(4): 869-880.

12. Anderson, T. W. and C. Hsiao. Formulation and Estimation of Dynamic Models Using Panel Data. Journal of Econometrics, 1982, 18(1): 47-82.

13. Angrist, J. D. Lifetime Earnings and the Vietnam Era Draft Lottery: Evidence from Social Security Administrative Records. Economic Review, 1990, 80(3): 313-336.

14. Arellano, M. and O. Bover. Another Look at the Instrumental Variable Estimation of Error-Components Models. Journal of Econometrics, 1995, 68(1): 29-51.

15. Arellano, M. and S. Bond. Dynamic Panel Data Estimation Using DPD98 for Gauss: A Guide for Users. The Institute for Fiscal Studies, 1988, 15(88): 180-182.

16. Arellano, M. and S. Bond. Some Tests of Specification for Panel Data: Monte Carlo Evidence and an Application to Employment Equations. The Review of Economic Studies, 1991, 58(2): 277-297.

17. Ben-Porath, Y. Labor-Force Participation Rates and the Supply of Labor. Journal of Political Economy, 1973, 81(3): 697-704.

18. Blundell, R. and S. Bond. GMM Estimation with Persistent Panel Data: An Application to Production Functions. Econometric Reviews, 2000, 19(3): 321-340.

19. Blundell, R. and S. Bond. Initial Conditions and Moment Restrictions in Dynamic Panel Data Models. Journal of Econometrics, 1998, 87(1): 115-143.

20. Bond, S. R. Dynamic Panel Data Models: A Guide to Micro Data Methods and

Practice. Portuguese Economic Journal, 2002, 1: 141-162.

21. Card, D. and A. B. Krueger. Minimum Wages and Employment: A Case Study of the Fast-Food Industry in New Jersey and Pennsylvania. The American Economic Review, 1994, 84(4): 772-793.

22. Dehejia, R. H. and S. Wahba. Causal Effects in Nonexperimental Studies: Reevaluating the Evaluation of Training Programs. Journal of the American Statistical Association, 1999, 94(448): 1053-1062.

23. Frees, E. W. Assessing Cross-Sectional Correlation in Panel Data. Journal of Econometrics, 1995, 69(2): 393-414.

24. Frees, E. W. Longitudinal and Panel Data: Analysis and Applications in the Social Sciences. Cambridge University Press, 2004.

25. Friedman, M. The Use of Ranks to Avoid the Assumption of Normality Implicit in the Analysis of Variance. Journal of the American Statistical Association, 1937, 32 (200): 675-701.

26. Greene, W. H. Econometric Analysis. Prentice-Hall, 2002.

27. Hahn, J., W. Van der Klaauw, and P. Todd. Identification and Estimation of Treatment Effects with a Regression-Discontinuity Design. Econometrica, 2001, 69(1): 201-209.

28. Hajivassiliou, V. The External Debt Repayments Problems of LDC's: An Econometric Model Based on Panel Data. Journal of Econometrics, 1987, 36(1-2): 205-230.

29. Hausman, J. A. Specification Tests in Econometrics. Econometrica, 1978, 46 (6): 1251-1271.

30. Hausman, J. A. and W. E. Taylor. Panel Data and Unobservable Individual Effects. Econometrica, 1981, 49(6): 1377-1398.

31. Hausman, J. and D. Wise. Attrition Bias in Experimental and Panel Data: The Gary Income Maintenance Experiment. Econometrica, 1979, 47(2): 455-473.

32. Heckman, J. J., H. Ichimura, and P. E. Todd. The American Statistician. Review of Economic Studies, 1997, 64(4): 605-654.

33. Heckman, J. J., H. Ichimura, and P. E. Todd. Matching as an Econometric Evaluation Estimator. Review of Economic Studies, 1998, 65: 261-294.

34. Holtz-Eakin, D., W. Newey, and H. S. Rosen. Estimating Vector Autoregressions with Panel Data. Econometrica, 1988, 56(6): 1371-1395.

35. Hsiao, C. Analysis of Panel Data. Cambridge University Press, 1986.

36. Hsiao, C. Benefits and Limitations of Panel Data. Econometric Reviews, 1985, 4 (1): 121-174.

37. Imbens, G. W. and J. D. Angrist. Identification and Estimation of Local Average Treatment Effects. Econometrica, 1994, 62(2): 467-475.

38. Imbens, G. W. and K. Kalyanaraman. Optimal Bandwidth Choice for the Regression Discontinuity Estimator. IZA Discussion Paper, 2009, 79(14726): 933-959.

39. Imbens, G. W. and T. Lemieux. Regression Discontinuity Designs: A Guide to Practice. Journal of Econometrics, 2008, 142: 615-635.

40. Lalonde, R. Evaluating the Econometric Evaluations of Training Programs with Experimental Data. American Economic Review, 1986, 76(4): 604-620.

41. Layard, R. and S. Nickell. Unemployment in Britain. Economica, 1986, 53 (210): 121-169.

42. Lee, D. S. and T. Lemieux. Regression Discontinuity Designs in Economics. Journal of Economic Literature, 2010, 48(2): 281-355.

43. Nickell, S. Biases in Dynamic Models with Fixed Effects. Econometrica, 1981, 49 (6): 1417-1426.

44. Pesaran, H. General Diagnostic Tests for Cross Section Dependence in Panels. Journal of Econometrics, 2004, 69(7): 1240.

45. Rosenbaum, P. R. and D. B. Rubin. The Central Role of the Propensity Score in Observational Studies for Causal Effects. Biometrika, 1983, 70(1): 41-55.

46. Rosenbaum, P. R. and D. B. Rubin. Constructing a Control Group Using Multivariate Matched Sampling Methods that Incorporate the Propensity Score. The American Statistician, 1985, 39(1): 33-38.

47. Rubin, D. B. Estimating Causal Effects of Treatments in Randomized and Nonrandomized Studies. Journal of Educational Psychology, 1974, 66(5): 688-701.

48. Swamy, P. A. V. B. Efficient Inference in a Random Coefficient Regression Model. Econometrica, 1970, 38(2): 311-323.

49. Thistlethwaite, D. L. and D. T. Campbell. Regression-Discontinuity Analysis: An Alternative to the Ex Post Facto Experiment. Journal of Educational Psychology, 1960, 51(6): 309-317.

50. Van Der Klaauw, W. Regression-Discontinuity Analysis: A Survey of Recent Developments in Economics. Labour, 2008, 22(2): 219-245.

51. Windmeijer, F. A Finite Sample Correction for the Variance of Linear Efficient Two-Step GMM Estimators. Journal of Econometrics, 2005, 126(1): 25-51.

52. Wooldridge, J. M. Econometric Analysis of Cross Section and Panel Data. The MIT Press, 2002.

第 7 章　事件研究专题

事件研究在金融、会计等经济管理领域有着广泛的应用，也可以应用于经济管理之外的其他领域，如法学等。事件研究不仅可以用于大样本研究，也可以用于案例研究。事件研究的思想并不复杂，但数据处理却是经验研究中较为复杂的领域，尽管很多软件提供了事件研究的程序包或命令，但通过自编程序完整地进行一遍事件研究仍然是理解事件研究思想、提升数据综合处理和分析能力的有益手段。本章首先阐述事件研究在经济、管理、法学领域的应用，然后分析事件研究的主要步骤，进而以年度报告为例完整阐述事件研究的实施，以及在 Stata 中的实现。

7.1　事件研究概述

事件研究（event study）主要是检验事件前后公司证券（股票或债券）价格等（包括回报的均值和方差、交易量等）的行为，或者说运用金融市场的数据资料测定某一特定经济事件对公司价值的影响。事件研究隐含的基本原理是：假设市场理性，则有关事件的影响会立即反映在证券价格之中。于是，运用相对来说短期内所观察到的证券价格就可以测定某一事件的经济影响。在过去几十年中，涉及事件研究的文献已经构成金融经济学文献的重要组成部分。正如 Fama（1991）所言，在公司财务的核心问题上几乎没有经验证据，但现在我们却被结果淹没了，而这些结果主要来自事件研究。根据 Kothari and Warner（2007）的统计，1974—2000 年，在 *Journal of Finance*（*JF*），*Journal of Financial Economics*（*JFE*），*The Review of Financial Studies*（*RFS*），*Journal of Financial and Quantitative Analysis*（*JFQA*）和 *Journal of Business*（*JB*）上，报告事件研究结果的文章总数为 565 篇。其中 *JF* 和 *JFE* 各超过 200 篇。尚不包括主流的会计杂志，如 *The Accounting Review*（*TAR*），*Journal of Accounting and Economics*（*JAE*），*Journal of Accounting Research*（*JAR*），*Review of Accounting Studies*（*RAS*），*Contemporary Accounting Research*（*CAR*）。截至 2020 年底，在上述刊物上发表的有关事件研究的文章已经达到 1 752 篇。

事件研究的主要应用包括：

（1）经济学与法学研究领域，主要集中于政策和监管的影响。

（2）财务决策对公司价值或股东财富的影响，如 Fama，Fisher，Jensen，and Roll（1969）研究股票分割的市场影响。

（3）检验市场的有效性。如果特定公司事件后存在系统的非零非正常回报，表明同有效市场假说不一致。

（4）会计研究领域，主要集中于盈余公告对股票价格的影响。

我们只能获得有股票或债券公开交易的公司事件前后证券价格变动的数据和信息。因此，事件研究仅限于有证券在证券交易所公开交易的公司。

7.2　事件研究的基本步骤

事件研究的基本步骤包括：定义事件（event definition）、确定研究样本（selection criteria）、估计正常和非正常回报（normal and abnormal return estimation）、统计检验（statistical test）和结果分析（result analysis）等。

7.2.1　定义事件

1. 确定要研究的事件

事件研究中的事件（event）是指对公司证券价格具有重要影响的事项，包括并购、盈余或股利公告、配股增发等再融资行为，经济政策、监管政策、法律法规的发布等。只要预期某事件对公司价值具有重要影响，均可以定义为事件研究中的事件。反之，则没有必要作为事件进行专门研究。

2. 确定事件窗

事件窗（event window）是事件所涉及的公司证券价格的研究期间，一般用相对时间表示，即以事件发生前后若干天表示，如图 7-1 中的 $[T_1,T_2]$，T_2 可以取 $0,1,2,\cdots,n$；T_1 可以取 $-m,\cdots,-2,-1$，其中 n，m 表示整数。事件发生当日为事件日，用 $t=0$ 表示。事件窗的长度依研究目的不同而不同。有时事件窗仅为一天（即事件公告当天），有时为两天（即事件公告当天与后一天），有时为三天（即公告前一天、公告当天与公告后一天），也有学者将事件窗定义为公告前后 10 天、20 天或更长。在无法确定事件窗时，一般可选择长度不等的多个事件窗进行检验。理想的结果是，在多个事件窗中都能得到一致的结果。通常，如果市场有效，在事件发生当日或后一日，市场的反应是最强烈的。

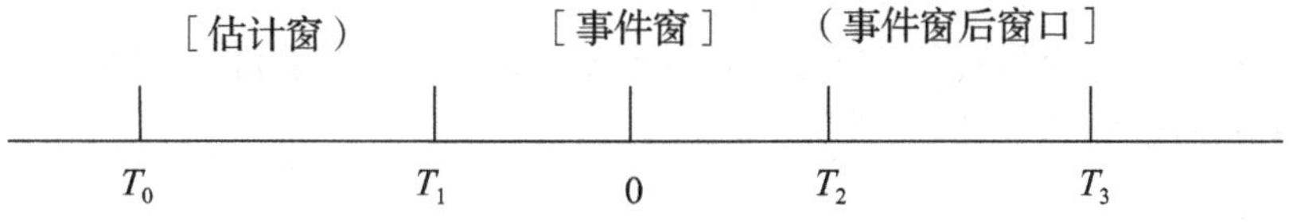

图 7-1　事件研究相关窗口

一般将事件窗之前用于估计的窗口称为估计窗 $[T_0，T_1)$，将事件窗之后的窗口称为事件窗后窗口（T_2，T_3]。

7.2.2 确定研究样本

确定事件后，应当确定将哪些公司作为研究样本。通常，凡是受到所定义事件影响的公司都应当包括进来。但这往往不切实可行，因为我们只能获得有股票或债券公开交易的公司事件前后证券价格变动的信息。考虑数据的可获得性，一般将研究样本限定在有证券在证券交易所公开交易的公司。

由于不同板块（主板、中小板、创业板、科创板、新三板）、不同行业公司的特征存在明显差异，因此有时需要将研究样本限定在特定板块或特定行业。

有时还需要通过查看研究样本的概要统计量，获取研究样本中事件的分布，并进行适当的处理。

为了识别某一事件的影响，如果有公司在事件窗内发生了多个事件，则需要将这些公司剔除，以确保能识别出单一事件的经济影响。

如果根据上述规则排除了部分样本，应当说明选样可能导致的任何偏差。

7.2.3 估计正常和非正常回报

1\. 正常回报和非正常回报的定义

为了评价事件的影响，需要对非正常回报进行度量。非正常回报是事件窗时期证券的实际回报减去事件窗时期公司的正常回报。正常回报被定义为事件未发生时的期望回报。对每个公司 i 和时期 t 来说：

$$u_{it}=R_{it}-E[R_{it}|X_t]$$

式中，u_{it}，R_{it} 和 $E[R_{it}|X_t]$ 分别代表 t 时期的非正常回报、实际回报和正常回报（期望回报）。X_t 是正常回报模型的条件信息。u_{it} 是实际回报与正常回报的差额，可以衡量某个事件的发生所导致的证券持有者财富的改变。由于实际回报是已知可观测的，因此计算非正常回报的前提是选用适当的模型来估计正常回报。

2\. 正常回报和非正常回报的估计

正常回报的估计模型主要有：均值调整回报模型、风险调整回报模型和市场调整回报模型。

（1）均值调整回报模型。均值调整回报模型（mean-adjusted return model，也称常量-均值-回报模型）假定某种证券 i 的正常回报等于事件发生前一段时间证券 i 实际回报的均值（常量 K_i）。该常量在各个证券之间是不同的。

通过均值调整回报模型计算的非正常回报 AR 等于证券 i 事件窗的实际回报减去该证券在估计窗实际回报的均值。

$$AR_{it}=R_{it}-\overline{R}_{i(T_0,T_1)}$$

式中，$\overline{R}_{i(T_0,T_1)}$ 是证券 i 在估计窗 [T_0，T_1）的平均回报。

尽管均值调整回报模型可能是最简单的模型，也缺乏足够的理论依据，但 Brown and

Warner（1980，1985）发现该模型产生的结果与其他更复杂模型的结果很相似。由于在选择一个更加复杂的模型后非正常回报方差通常减少不多，因此造成了模型选择的不敏感性。

（2）风险调整回报模型。风险调整回报模型（risk-adjusted return model）通常需要根据资本资产定价模型（CAPM）、市场模型（market model）等来估计正常回报。

通过风险调整回报模型计算的风险调整后的非正常回报（AR）等于证券 i 事件窗的实际回报减去由该证券的系统风险系数 β 所决定的期望回报或正常回报（ER）。

$$AR_{it}=R_{it}-ER_{it}$$

式中，ER_{it} 是指由 CAPM、市场模型等估计的正常回报。具体步骤是：

首先，利用回归模型 $R_{it}=\alpha_i+\beta_i R_{mt}+\varepsilon_{it}$，使用估计窗 $[T_0,T_1)$ 的个股回报（R_{it}）和市场回报（R_{mt}）估计 α_i，β_i。

β_i 由公式 $\beta_i=\dfrac{Cov(i,m)}{\sigma_m^2}$ 得到。

然后，计算正常回报 $ER_{it}=\hat{\alpha}_i+\hat{\beta}_i R_{mt}$，$t=T_1,\cdots,T_2$。

20 世纪 70 年代，CAPM 得到了广泛应用。后来发现应用 CAPM 出现了偏差，事件研究几乎停止了对其的使用。转而使用 CAPM 的拓展模型，如 Fama-French（1993）三因素模型，Carhart（1997）四因素模型。有关 CAPM 和三因素模型的使用见第 9 章。

市场模型是单因素模型，多因素模型中，除了市场这一因素外，还可以包括行业指数和规模等，也可以在行业分类的基础上讨论多因素模型。由于附加因素的边际解释能力很小，事件研究中使用多因素模型的优点有限。

（3）市场调整回报模型。市场调整回报模型（market-adjusted return model）以同时期的市场回报作为证券 i 的正常回报，这种方法实际上假定事前预期所有证券的 β 系数为 1。即在市场模型中，令 $\alpha_i=0$，$\beta_i=1$，通过市场调整回报模型计算的市场调整后的非正常回报（AR）等于证券 i 事件窗的实际回报减去同期市场组合（market portfolio）的实际回报。

$$AR_{it}=R_{it}-R_{mt}$$

式中，R_{mt} 是指 t 时期市场组合的实际回报。

该模型应用于无法事前估计模型参数的情况。例如，有时由于数据获取的限制，无法获得事件前估计窗的数据，就可以使用受约束的市场模型，即市场调整回报模型。这一模型常常用于首次公开发行（IPO）证券抑价（underpricing）的研究（Ritter，1991）。模型只在针对具有共同特征的样本时才值得考虑。市场调整回报模型应用简单，通常能得出与其他复杂模型类似的结果，所以现阶段在实证研究中被广泛应用。

7.2.4 统计检验

计算出非正常回报后，需要检验其显著性，主要原因是非正常回报存在测量误差。首先，利用模型计算的正常回报是不精确的；其次，有个别公司的实际回报与事件的发生并无关系。通常原假设是：非正常回报（或累计非正常回报）均值为 0；备择假设是：非正常回报（或累计非正常回报）均值不为 0。检验的方法包括参数 t 检验与非参数 z 检验。此外，也可以在此基础上，检验不同组的截面差异或通过回归模型考察影响非正常回报横截面差异的因素。

假定某一事件的发生涉及 N 家公司，则在事件窗 $[T_1,T_2]$ 的每一天 t，可以计算 N 家公司的非正常回报均值（$\overline{AR}_t$）。

$$\overline{AR}_t = \frac{1}{N}\sum_{i=1}^{N} \widehat{AR}_{it}, \quad t = T_1,\cdots,T_2$$

式中，$\widehat{AR}_{it}$ 指通过上述三种方法计算公司 i 第 t 天的估计非正常回报。

表 7-1 列示了 30 家公司事件窗［－10，10］共 21 天每天的非正常回报。

可以看出（见表格倒数第 2，3，4 行），30 家公司在－10 天的非正常回报均值为－0.003，标准差为 0.021，t 值为－0.817，故统计上并没有显著异于 0。

依次类推，30 家公司在事件日（0 天）的非正常回报均值为－0.011，标准差为 0.038，t 值为－1.649，约在 10%的水平上显著异于 0。

为了反映事件在事件窗的累计影响，还可以计算累计非正常回报（CAR）。

根据不同的研究设计，CAR 的计算形式不同：

可以计算 N 家公司中每家公司 $i(i=1,2,\cdots,N)$ 事件窗 $[T_1,T_2]$ 的 $CAR_i(t_1,t_2)$，检验所有公司的 CAR 的均值是否显著异于 0，或者不同组公司的 CAR 是否存在显著差异，其中，$T_1 \leqslant t_1 \leqslant t_2 \leqslant T_2$。

每家公司 i 事件窗 $[T_1,T_2]$ 的 $CAR_i(t_1, t_2)$ 计算如下：

$$\widehat{CAR}_i(t_1,t_2) = \sum_{t=t_1}^{t_2} \widehat{AR}_{it}, \quad i = 1,2,\cdots,N$$

然后可以计算 N 家公司截至第 t 天的累计非正常回报均值（$\overline{CAR}_t$）：

$$\overline{CAR}_t = \frac{1}{N}\sum_{i=1}^{N} \widehat{CAR}_{it}, \quad t = T_1,\cdots,T_2$$

由表 7-1 最后一列可知：

第 1 家公司（dm=1）在事件窗［－10，10］共 21 天的 CAR 为－0.146。

第 2 家公司（dm=2）在事件窗［－10，10］共 21 天的 CAR 为－0.068。

……

第 30 家公司（dm=36）在事件窗［－10，10］共 21 天的 CAR 为－0.089。

在 CAR 的计算上应牢记：在时间维度上只有累加（一次累加或滚动累加），平均是对截面公司而言的，与时间维度无关。所谓的 AR 均值和 CAR 均值都是对截面公司求平均，不能在时间维度上求平均。具体来说：

（1）AR 均值是指事件窗中某一期（天）所有公司 AR_i 的平均（用于计算事件窗内的滚动累加）；

（2）CAR 均值是统计推断时统计软件计算的截至第 t 天所有公司 CAR_i 的均值。

对 N 家公司的累计非正常回报均值（$\overline{CAR}_t$）的计算和统计检验如下：

$$\overline{CAR}(t_1,t_2) = \frac{1}{N}\sum_{i=1}^{N}\left(\sum_{t=t_1}^{t_2} \widehat{AR}_t\right) = \frac{1}{N}\sum_{i=1}^{N} \widehat{CAR}_i(t_1,t_2)$$

或

$$=\sum_{t=t_1}^{t_2}\left(\frac{1}{N}\sum_{i=1}^{N}\widehat{AR}_i\right)=\sum_{t=t_1}^{t_2}\overline{AR}_t$$

$$Var[\overline{CAR}(t_1,t_2)]=\overline{\sigma}^2(t_1,t_2)=\frac{1}{N^2}\sum_{i=1}^{N}\sigma_i^2(t_1,t_2)$$

获得 $\overline{CAR}_t$ 及其方差（标准差）后，就可以构造相应的 t 统计量进行检验。

从表 7-1 看，30 家公司 $CAR_i[-10,10]$ 的均值为－0.037（可以根据 30 家公司 CAR 值的均值计算得出，也可通过加总［－10,10］内 30 家公司的 AR 均值计算得出），标准差为 0.121，t 值为－1.672，在 10%的水平上显著异于 0。

除此之外，还可以计算标准化的累计非正常回报（$SCAR_i$）：

$$\widehat{SCAR}_i(t_1,t_2)=\frac{\widehat{CAR}_i(t_1,t_2)}{\hat{\sigma}_i(t_1,t_2)}$$

式中，$\hat{\sigma}_i(t_1,\ t_2)$ 是估计窗时期非正常回报的标准差。

N 家公司的平均 $SCAR$ 及其方差计算如下：

$$\overline{SCAR}(t_1,t_2)=\frac{1}{N}\sum_{i=1}^{N}\widehat{SCAR}_i(t_1,t_2)$$

$$Var[\overline{SCAR}(t_1,t_2)]=\frac{L_1-2}{N(L_1-4)}$$

L_1 指估计窗的长度，如果选择的事件窗足够长，通过逐期滚动累加，可以绘制 CAR 的直观图形。先计算［T_1,T_2］中每天所有公司的平均 AR，然后逐期滚动累加，如果只有 1 家公司，则为［T_1,T_2］中公司每天的平均 AR，然后逐期滚动累加。

在事件窗中每一天所有公司的平均 AR 的计算如下：

第一步：$\overline{AR}_t=\frac{1}{N}\sum_{i=1}^{N}\widehat{AR}_{it}$，$t=T_1,\cdots,T_2$。

第二步：$\overline{CAR}(t_1,\ End)=\sum_{t=t_1}^{End}\overline{AR}_t$。（$End=T_1,\cdots,T_2$，滚动累加，计算 T_2-T_1+1 个 CAR。）

在表 7-1 中（见最后一行）：

30 家公司在第－10 天（共 1 天）的 CAR 为－0.003。

30 家公司在第－10，－9 天（共 2 天）的 CAR 为－0.005。

30 家公司在第－10，－9，－8 天（共 3 天）的 CAR 为－0.010。

……

30 家公司在第－10，－9，－8，…，8，9，10 天（共 21 天）的 CAR 为－0.037。

表 7-1 采用宽格式有利于我们理解 AR 和 CAR 的计算。在实际研究过程中，我们更多采用长格式的表 7-2 来存储数据，然后用统计方法计算 N 家公司的非正常回报均值（$\overline{AR}_t$）和不同形式的 CAR 值。如在 Stata 中采用 ttest ar＝0 if relday＝＝0 语句，很容易检验 30 家公司在事件日的均值是否显著异于 0；采用 ttest car＝0 if relday＝＝10 语句，可以检验 30 家公司 $CAR_i[-10,\ 10]$ 的均值是否显著异于 0。

表 7-1　事件研究中 *AR* 和 *CAR* 的计算（宽格式）

dm	nd	*AR*	*AR*	*AR*	*AR*	*AR*	*AR*	*AR*	*AR*	*AR*	*AR*	*AR*	*AR*	*AR*	*AR*	*AR*	*AR*	*AR*	*AR*	*AR*	*AR*	*AR*	*CAR*
		−10	−9	−8	−7	−6	−5	−4	−3	−2	−1	0	1	2	3	4	5	6	7	8	9	10	
1	2017	−0.009	−0.007	−0.012	0.013	−0.004	−0.002	−0.011	−0.013	0.000	−0.007	−0.019	−0.006	0.013	−0.004	0.007	−0.021	−0.011	−0.045	−0.011	−0.003	0.008	−0.146
2	2017	−0.004	0.008	−0.003	−0.001	−0.037	−0.012	0.011	−0.016	0.018	−0.035	0.007	0.012	0.082	−0.036	0.002	0.005	−0.025	−0.039	0.012	0.007	−0.023	−0.068
4	2017	0.013	0.024	−0.014	−0.015	0.013	−0.002	−0.029	−0.007	0.013	−0.017	−0.016	−0.016	0.008	0.031	−0.009	0.028	−0.008	−0.006	−0.007	−0.009	0.035	0.010
5	2017	0.001	−0.006	−0.011	−0.004	−0.007	−0.002	0.013	0.003	−0.001	−0.011	0.006	0.018	0.002	−0.001	0.001	0.010	−0.002	0.006	0.001	−0.006	−0.003	0.008
6	2017	0.006	−0.007	−0.006	0.000	0.012	−0.032	−0.013	−0.014	0.003	0.029	−0.035	−0.018	−0.013	0.016	0.006	0.009	−0.010	−0.011	0.025	0.000	0.002	−0.051
7	2017	0.012	−0.002	0.000	0.000	0.006	0.010	−0.013	−0.014	0.015	0.009	−0.006	−0.007	0.014	0.002	0.017	−0.013	0.004	−0.013	0.012	−0.007	−0.009	0.016
8	2017	−0.006	0.001	−0.020	0.006	−0.010	−0.011	−0.010	−0.022	−0.010	−0.044	−0.038	−0.017	−0.015	0.002	0.014	−0.007	−0.002	−0.009	−0.010	0.028	0.024	−0.156
9	2017	0.033	−0.007	−0.001	−0.009	0.013	−0.006	−0.011	−0.006	0.007	−0.007	−0.001	−0.008	0.009	−0.007	0.009	−0.006	0.002	0.021	0.003	−0.002	−0.001	0.024
10	2017	−0.003	−0.083	0.010	−0.022	0.006	−0.021	−0.036	−0.023	0.009	−0.008	0.015	−0.024	−0.001	0.103	0.075	0.060	−0.081	−0.020	0.008	−0.009	−0.004	−0.051
11	2017	0.001	−0.013	0.000	0.010	0.024	0.016	−0.029	−0.013	0.014	0.045	−0.040	−0.018	−0.019	0.011	0.003	0.001	−0.007	−0.024	−0.002	−0.011	0.011	−0.039
12	2017	−0.016	0.001	−0.001	−0.005	0.002	−0.010	0.011	−0.003	0.011	−0.002	0.008	−0.005	−0.006	0.005	0.003	−0.016	−0.005	−0.003	−0.010	−0.002	−0.005	−0.047
14	2017	−0.006	−0.004	−0.017	0.004	0.011	0.044	0.028	−0.020	0.002	−0.004	0.091	0.026	0.030	−0.025	−0.023	0.021	−0.005	0.000	−0.032	0.001	−0.011	0.113
16	2017	0.003	0.035	−0.024	−0.001	−0.007	0.006	0.017	0.016	−0.004	−0.008	−0.004	0.024	0.011	−0.028	0.016	−0.030	−0.022	0.004	−0.017	0.002	−0.022	−0.033
17	2017	−0.007	0.003	0.023	−0.011	0.005	0.003	−0.011	−0.006	−0.007	−0.005	−0.001	−0.005	0.014	−0.007	−0.001	−0.002	0.007	−0.006	0.000	−0.008	0.004	−0.018
18	2017	0.012	0.001	0.003	0.006	0.023	−0.004	−0.007	0.008	0.004	−0.049	−0.012	0.001	0.035	0.024	−0.023	0.011	−0.018	−0.014	−0.004	−0.011	0.015	0.000
19	2017	−0.085	−0.042	−0.015	−0.005	−0.040	−0.003	0.017	−0.014	0.058	−0.036	−0.010	−0.019	−0.015	−0.002	0.010	−0.043	−0.005	−0.002	0.036	−0.010	0.030	−0.194
20	2017	0.018	−0.014	−0.014	−0.020	0.033	−0.004	−0.029	0.015	0.020	−0.026	−0.001	0.000	0.016	−0.015	0.043	−0.081	0.007	−0.016	0.089	0.022	0.092	0.135
21	2017	0.008	0.002	−0.005	0.013	0.020	−0.006	−0.026	−0.005	0.006	0.016	0.006	0.007	0.023	−0.007	0.083	0.004	0.044	−0.032	0.008	0.004	0.018	0.180

续表

dm	nd	AR -10	AR -9	AR -8	AR -7	AR -6	AR -5	AR -4	AR -3	AR -2	AR -1	AR 0	AR 1	AR 2	AR 3	AR 4	AR 5	AR 6	AR 7	AR 8	AR 9	AR 10	CAR
22	2017	−0.034	0.038	−0.020	−0.025	0.004	−0.015	0.004	0.004	−0.012	0.042	−0.075	−0.065	−0.047	−0.026	0.014	−0.009	−0.013	−0.058	−0.024	0.006	0.029	−0.283
23	2017	−0.002	0.026	0.005	−0.013	−0.015	0.017	−0.031	−0.024	−0.001	−0.005	0.001	−0.015	0.022	−0.014	−0.017	0.001	−0.021	0.017	0.019	−0.011	0.043	−0.018
25	2017	0.008	−0.009	−0.005	−0.062	−0.015	0.022	0.007	−0.006	−0.008	−0.015	0.008	−0.001	0.008	−0.007	−0.008	−0.003	−0.015	0.033	−0.011	−0.035	−0.004	−0.120
26	2017	−0.003	0.003	0.007	−0.019	0.009	−0.010	0.003	0.016	−0.003	−0.009	−0.019	−0.004	−0.013	0.003	−0.001	−0.002	0.012	0.012	0.016	0.041	−0.002	0.036
27	2017	0.001	0.010	−0.001	0.006	0.007	−0.014	0.027	0.026	−0.016	−0.014	−0.002	−0.011	−0.002	0.004	−0.007	−0.006	0.006	−0.005	−0.005	0.002	0.013	0.020
28	2017	0.002	0.006	0.010	0.004	0.003	−0.014	−0.013	0.029	0.031	0.003	−0.017	−0.018	0.023	0.024	0.010	−0.019	−0.014	0.001	−0.017	0.044	0.023	0.101
30	2017	−0.010	0.008	−0.007	0.019	0.007	−0.009	0.006	−0.010	0.007	−0.006	0.039	0.004	0.003	0.002	−0.012	−0.006	−0.002	0.000	0.001	0.017	−0.005	0.047
31	2017	0.019	0.005	−0.004	0.005	0.001	−0.015	0.006	0.007	−0.001	0.089	−0.075	−0.052	−0.014	0.021	−0.027	−0.008	−0.011	0.016	0.026	0.030	0.003	0.019
32	2017	−0.033	−0.010	0.024	−0.035	0.024	0.017	−0.008	−0.017	0.010	0.027	0.033	−0.012	−0.016	0.018	0.021	−0.013	0.039	−0.010	0.014	0.020	−0.039	0.053
34	2017	−0.002	−0.013	−0.036	0.010	−0.002	−0.019	−0.009	−0.004	0.067	−0.006	−0.053	0.104	0.045	−0.018	−0.035	−0.024	0.006	−0.068	−0.072	0.027	−0.059	−0.162
35	2017	−0.015	0.022	−0.006	0.006	−0.006	−0.010	−0.003	−0.003	−0.004	0.017	−0.120	−0.105	−0.082	−0.055	0.005	−0.063	0.073	0.000	−0.022	−0.009	−0.015	−0.395
36	2017	0.001	−0.024	−0.009	−0.008	−0.003	−0.007	−0.007	0.001	−0.001	−0.002	−0.010	−0.013	−0.015	0.006	−0.004	−0.005	−0.010	0.034	−0.003	−0.003	−0.006	−0.089
AR 均值		−0.003	−0.002	−0.005	−0.005	0.003	−0.003	−0.005	−0.004	0.008	−0.001	−0.011	−0.008	0.003	0.001	0.006	−0.008	−0.003	−0.008	0.001	0.004	0.005	−0.037
标准差		0.021	0.023	0.013	0.017	0.016	0.015	0.017	0.014	0.018	0.028	0.038	0.033	0.029	0.027	0.026	0.026	0.025	0.024	0.026	0.018	0.027	0.121
t 值		−0.817	−0.395	−2.178	−1.672	0.923	−1.169	−1.549	−1.520	2.297	−0.247	−1.649	−1.341	0.624	0.144	1.232	−1.615	−0.631	−1.811	0.148	1.158	0.951	−1.672
CAR		−0.003	−0.005	−0.010	−0.015	−0.012	−0.015	−0.020	−0.024	−0.017	−0.018	−0.029	−0.037	−0.034	−0.033	−0.028	−0.035	−0.038	−0.046	−0.045	−0.042	−0.037	

表 7-2 事件研究中 *AR* 和 *CAR* 的计算（长格式）

dm	nd	relday	*AR*	*CAR*
1	2017	−10	−0.009	−0.009
1	2017	−9	−0.007	−0.016
1	2017	−8	−0.012	−0.028
1	2017	−7	0.013	−0.016
1	2017	−6	−0.004	−0.019
1	2017	−5	−0.002	−0.021
1	2017	−4	−0.011	−0.032
1	2017	−3	−0.013	−0.045
1	2017	−2	0.000	−0.046
1	2017	−1	−0.007	−0.053
1	2017	0	−0.019	−0.072
1	2017	1	−0.006	−0.078
1	2017	2	0.013	−0.066
1	2017	3	−0.004	−0.070
1	2017	4	0.007	−0.063
1	2017	5	−0.021	−0.084
1	2017	6	−0.011	−0.095
1	2017	7	−0.045	−0.139
1	2017	8	−0.011	−0.150
1	2017	9	−0.003	−0.154
1	2017	10	0.008	−0.146
2	2017	−10	−0.004	−0.004
2	2017	−9	0.008	0.005
…	…	…	…	…
2	2017	−1	0.007	−0.063
2	2017	0	0.012	−0.051
2	2017	1	0.012	−0.052
2	2017	9	0.007	−0.045
2	2017	10	−0.023	−0.068
…	…	…	…	…
36	2017	−10	0.001	0.001
36	2017	−9	−0.024	−0.023
…	…	…	…	…
36	2017	−1	−0.002	−0.060
36	2017	0	−0.010	−0.071
36	2017	1	−0.013	−0.083
…	…	…	…	…
36	2017	9	−0.003	−0.083
36	2017	10	−0.006	−0.089

在事件长期影响的检验中，持有期非正常回报（buy and hold abnormal return，BHAR）被广泛使用。持有期非正常回报是指购买那些完成某一事件的公司证券，并且在预先规定的持有期期末出售该公司证券所获得的平均非正常回报。

证券 i 从 1 到 T 期的持有期非正常回报可定义为：

$$BHAR_i(1,T)=\prod_{t=1}^{T}(1+R_{it})-\prod_{t=1}^{T}(1+R_{Bt})$$

式中，R_{Bt} 指与事件公司 i 配对的非事件公司的回报，或者对应（基准）组合的回报。

假定 $R_{Bt}=R_{mt}$，CAR 和 $BHAR$ 的计算如下：

$$\widehat{CAR}_i(1,T)=\sum_{t=1}^{T}(R_{it}-R_{mt})$$

$$BHAR_i(1,T)=\prod_{t=1}^{T}(1+R_{it})-\prod_{t=1}^{T}(1+R_{mt})$$

非正常回报类似于在事件开始时购买样本证券，持有到最后一期期末所获得的回报。CAR 和 $BHAR$ 等同于事件窗证券持有者的财富变动，如果将这两个指标应用于事件窗，检验这些指标可以提供市场效率方面的信息，因为事件窗后系统的非零非正常回报同市场的效率不一致，这意味着可以构造一个可获利的交易规则（忽略交易成本）。

从经济学的角度来讲，$BHAR$ 更好理解，但 CAR 也有自身的优势。首先，AR 通过加总可以保留丰富的回报信息。其次，由于 AR 服从正态分布，CAR 仍然服从正态分布，这为统计检验提供了方便。

在已有文献中，尽管 CAR 和 $BHAR$ 均用于事件研究，但 CAR 主要用于短时窗的信息含量研究，而 $BHAR$ 主要用于长时窗的关联研究。

7.2.5　结果分析

最后一步是对结果进行分析和解释。当利用有限的事件观察数据进行研究时，实证结果可能会较大地受到一两个公司的影响。明白这一点对评价实证结果的价值是很重要的。从较理想的角度来说，实证结果有助于了解事件影响证券价格的机制。为了区分各种解释，还应进行一些附加分析。

7.3　事件研究在 Stata 上的实现：以年报披露的信息含量为例

7.3.1　已有的年报披露信息含量研究

尽管 Ball and Brown（1968）通过考察会计盈余和股票回报的关系首次从经验上验证了会计信息的有用性，然而，其后的研究发现，盈余公告向股票市场传递的信息十分有限，盈余与股票回报之间只存在一种微弱的联系，并在最近几十年呈下降趋势（Givoly 等，2017）。例如，Brown 等（1999）发现，从整体上看，20 世纪 50 年代至 90 年代美国资本市场会计信息的价值相关性出现了显著下降；Lev and Zarowin（1999）也得出类似的结论。财务报表（不仅仅是盈余）和股票估价几乎失去了相关性（Francis and Schipper，1999）。

也有研究得出，盈余的价值相关性在过去几十年没有下降，反而有所增加，如 Collins，Maydew，and Weiss（1997）。Barth，Li，and McClure（2018）发现尽管盈余、股利的价值相关性下降，但经营活动现金流量、现金持有量、无形资产和研发费用的价值相关性提高了。Givoly，Hayn，and Katz（2017）发现尽管盈余对股东的价值相关性下降了，但对债券持有人的信息含量却提高了。

7.3.2 年报披露信息含量检验的步骤

以 2017 年沪深两市全部 A 股公司为例[①]，上市公司年报披露信息含量的检验步骤如下。

（1）定义事件。将事件定义为年度盈余信息披露。

（2）样本选择。选择 2017 年沪深两市全部 A 股公司作为研究样本。

（3）获取事件日数据（year_disc_date. dta）。事件日数据集至少包括 dm（代码）、nd（会计年度）、evnt_date（事件发生日）、evnt_nd（事件年度）四个变量。由于 2017 年的年报披露日通常在 2018 年 1—4 月，所以应当定义会计年度和事件年度两个变量，以方便同其他财务数据和股票市场数据合并。

如果需要研究其他事件，建议保持变量名不变，仅通过 global 宏修改事件文件名，以方便将程序直接用于其他事件的研究。

（4）获取日市场回报、日指数回报、日无风险利率。使用 CAPM、市场模型、市场调整模型估计正常回报时，需要日市场回报、日指数回报、日无风险利率。由于日市场回报（TRD_Dalym. dta，TRD_Cndalym. dta）、日市场指数回报（TRD_Index. dta）、日无风险利率（TRD_Nrrate. dta）并不是很大（30 年，每年 250 个交易日，分板块指数再乘以 5～10），故可以合并为一个全数据集（日市场回报_指数_利率 . dta）。使用不同模型进行事件研究时可以减少合并数据的工作。

（5）获取日个股回报数据。无论采用均值调整回报模型、风险调整回报模型还是市场调整回报模型，日个股回报数据都必不可少。

在本例中，2017 年的年度盈余公告在 2018 年 1—4 月披露，考虑估计窗（例如采用事件日前－200 至－21 天）的数据，至少需要 2017 年日个股回报数据（Trd_dalyr2017. dta）和 2018 年日个股回报数据（Trd_dalyr2018. dta）的数据集。如果采用更长的估计窗，还需要更多年度，可相应追加（如 Trd_dalyr2016. dta 等）。

（6）将日个股回报与日市场数据合并。按市场类型（markettype）和交易日期（trad_date）将日个股回报与日市场数据合并。我国股市分主板、中小板、创业板、科创板、新三板等，主板又分为深市和沪市，不同市场的回报不同，因此，应将日个股回报与对应市场的日市场数据进行合并（retday 个股和市场数据 . dta）。有时，为了简化处理，也可对日个股回报与日综合市场指数回报进行分析。

（7）将个股、市场回报数据与事件日数据（$event_file）合并。为了获得 2018 年事件日（年报披露日）前的估计窗［－200，－21］和事件窗［－20，20］的数据，需要将每个公司的事件日与公司事件日当年和上一年的交易数据合并。

---

① 所有数据均来自 CSMAR 数据库。

例如，公司杭电股份（603618）2017年年报的披露日是2018年1月23日（事件日）。为了获取估计窗［−200，−21］和事件窗［−20，20］的数据，至少需要将2018年的披露日与2017年和2018年共2年的股票交易数据合并，或者说将事件披露当年交易日以及披露年度与披露前1年的数据合并。

（8）将事件日标记为0，确定相对估计窗，如［−200，−21］，相对事件窗，如［−20，20］。因为不同公司的事件发生日通常是不同的，所以需要将事件日及其前后日期转换为相对日期（relday）。通常将公司年报披露日标记为0，然后将年报披露日前1天的交易日记为−1，前2天的交易日记为−2，依次类推；将年报披露日后1天的交易日记为1，后2天的交易日记为2，依次类推。

一般不能简单通过使事件发生日（evnt_date）等于交易日期（trad_date）的方法来定位事件相对日期。原因是，如果公司事件发生日是周末等法定假日，则事件发生日当天不是交易日，相应地应当将假日后的第一个交易日定位为事件日。

例如对公司4（dm=4），事件发生日为2018年4月28日，由于周末和五一假日，应当将2018年5月2日定位为事件相对日期0，将之前的2018年4月27日作为−1天，将之后的2018年5月3日作为1天。具体见表7-3。在这种情况下，如果使用事件发生日等于交易日期的方法来定位事件相对日期0，就会发生错误。

表7-3 事件相对日期的定位

dm	nd	evnt_date	trad_date	relday
4	2017	2018-04-28	2018-04-16	−10
4	2017	2018-04-28	2018-04-17	−9
4	2017	2018-04-28	2018-04-18	−8
4	2017	2018-04-28	2018-04-19	−7
4	2017	2018-04-28	2018-04-20	−6
4	2017	2018-04-28	2018-04-23	−5
4	2017	2018-04-28	2018-04-24	−4
4	2017	2018-04-28	2018-04-25	−3
4	2017	2018-04-28	2018-04-26	−2
4	2017	2018-04-28	2018-04-27	−1
4	2017	2018-04-28	2018-05-02	0
4	2017	2018-04-28	2018-05-03	1
4	2017	2018-04-28	2018-05-04	2
4	2017	2018-04-28	2018-05-07	3
4	2017	2018-04-28	2018-05-08	4
4	2017	2018-04-28	2018-05-09	5
4	2017	2018-04-28	2018-05-10	6
4	2017	2018-04-28	2018-05-11	7
4	2017	2018-04-28	2018-05-14	8
4	2017	2018-04-28	2018-05-15	9
4	2017	2018-04-28	2018-05-16	10

（9）通过事件窗的数据和估计的参数计算正常回报和非正常回报。

1）检验 *AR* 是否显著异于 0，*CAR* 是否显著异于 0。

2）检验不同组 *CAR* 是否存在显著差异，绘制 *CAR* 图。

本例中，可以根据本期盈余相对上期盈余或分析师盈余的变化来定义好消息和坏消息。

如果本期盈余大于上期盈余或分析师盈余，则为好消息。

如果本期盈余小于上期盈余或分析师盈余，则为坏消息。

具体的盈余指标可以为每股收益、净资产收益率。考虑到可比性，可优先选用净资产收益率。

7.3.3 年报披露信息含量检验在 Stata 上的实现

Stata 程序 7.3.3.1：年报披露信息含量研究

以 2017 年沪深两市全部 A 股公司为例，利用事件日数据（year_disc_date.dta）、日市场回报_指数_利率.dta、日个股回报数据（Trd_dalyr2017.dta 和 Trd_dalyr2018.dta）等检查年报披露的信息含量。主要变量如下：

变量名	变量解释
dm	证券代码
dretwd	考虑现金红利再投资的日个股回报
trad_date	交易日期
evnt_nd	事件年度
markettype	市场类型
retindex	指数回报
dretwdeq	考虑现金红利再投资的日市场回报（等权平均法）
dretwdtl	考虑现金红利再投资的日市场回报（总市值加权平均法）
cdretwdeq	考虑现金红利再投资的综合日市场回报（等权平均法）
cdretwdtl	考虑现金红利再投资的综合日市场回报（总市值加权平均法）
rf	日无风险利率

```
* Stata 程序
* 通过 cd 命令设定当前工作目录
*(1) 定义事件日数据
*如果是其他事件，保持变量名不变，仅通过 global 宏修改文件名即可
global event_file "year_disc_date.dta"
touch "event2018.dta",replace   //定义最终要形成的数据集：包括 2018 年事件日(2017 年的报表在 2018 年披露) 前后[-200，20]的估计窗和事件窗
```

```
*(2) 获取日市场回报、日指数回报、日无风险利率
*将日市场指数回报、日市场回报、综合日市场回报、日无风险利率合并为"日市场回报_指数_利率.dta"
**合并日市场指数回报与日市场回报
use "TRD_Index.dta",clear
merge 1:1 markettype trad_date using "TRD_Dalym.dta"
drop _merge
**合并综合日市场回报
sort trad_date
merge m:1 trad_date using "TRD_Cndalym.dta"
drop if _merge==2
drop _merge
***合并日无风险利率
sort trad_date
merge m:1 trad_date using "TRD_Nrrate.dta"
drop if _merge==2
drop _merge
save "日市场回报_指数_利率.dta",replace

*(3) 获取日个股回报数据
*2017 年的年度盈余公告在 2018 年 1—4 月披露，考虑估计窗的数据，至少需要 2017 年和2018 年的个股和市场回报（建立一个至少包含 2 年的数据集 trd_dalyr2.dta）
*如果需要更多年度，可相应追加
use "Trd_dalyr2018.dta",clear
keep trddt stkcd dretwd
append using "Trd_dalyr2017.dta",keep (trddt stkcd dretwd)
gen trad_date=date(trddt,"YMD")                    //字符型变量转换为日期型变量
format trad_date %tdCY-N-D
label var trad_date "交易日期"
drop trddt                                         //删除不用的变量和字段
rename stkcd dm
gen evnt_nd=year(trad_date)                        //为了与事件日数据合并，产生用于合并的 evnt_nd
label var evnt_nd "事件年度"
*drop stkcd                                        //删除不用的变量和字段
gen markettype=.
replace markettype=1  if dm>=600000 & dm <900000   //定义上证 A 股公司
replace markettype=2  if dm>=900000                //定义上证 B 股公司
```

```
replace markettype=4  if dm<200000                      //定义深圳 A 股公司，包括中小板
replace markettype=8  if dm>=200000 & dm<=300000        //定义深圳 B 股公司
replace markettype=16  if dm>300000 & dm<=400000        //定义深圳创业板公司
label var markettype "市场类型"
drop if dm>=200000 & dm<=300000                         //删除深证 B 股公司
drop if dm>=900000                                      //删除上证 B 股公司
sort markettype trad_date

*(4) 将日个股回报与市场数据合并
***合并日市场指数、回报、无风险利率与日个股回报
sort markettype trad_date
merge m:1 markettype trad_date using "日市场回报_指数_利率.dta"
drop if _merge!=3
drop _merge
drop if evnt_nd==.

*检查数据缺失值
*将所有变量中的数值型缺失值-977，-9666 转换为.
mvdecode _all, mv(-9666)
mvdecode _all, mv(-977)
sort dm evnt_nd trad_date
save "retday 个股和市场数据.dta",replace
describe                                                //查看变量

*(5) 将个股、市场回报数据与事件日数据（$event_file）合并
*获得 2018 年事件日前后[-200，20]的估计窗和事件窗数据 event2018

***事件披露年度与披露前 1 年交易数据的合并
use "$event_file",clear
keep if evnt_nd==2018                                   //保留 2017 年年报的披露日，
合并年度 evnt_nd==2018，nd==2017
replace evnt_nd=evnt_nd-1                               //令合并年度减去 1，使其与前
1 年交易数据合并
sort dm evnt_nd
merge 1:m dm evnt_nd using "retday 个股和市场数据.dta"
drop if _merge!=3
drop _merge
save "event2018-1.dta",replace
```

```
***事件披露年度与披露当年交易数据的合并
use "$event_file",clear
keep if evnt_nd==2018       //保留 2017 年年报的披露日。合并年度 evnt_nd==2018，
nd==2017
replace evnt_nd=evnt_nd+0 //令合并年度等于合并年度，使其与当年交易数据合并
sort dm evnt_nd
merge 1:m dm evnt_nd using "retday 个股和市场数据.dta"
drop if _merge!=3
drop _merge
save "event20180.dta",replace

*合并上述数据
append using  "event2018-1.dta"
save "event2018.dta",replace
erase "event20180.dta"                          //必须带扩展名 dta
erase "event2018-1.dta"

*(6) 将事件日标记为 0，确定相对估计窗，如[-200，-21]，相对事件窗，如[-20，20]
count if trad_date==. | evnt_date==.
sort dm evnt_date trad_date /*很重要*/
gen before=trad_date<evnt_date
bys dm evnt_date:egen bef_sum=total(before)
bys dm evnt_date:gen n=_n
bys dm evnt_date:gen relday=n-bef_sum-1
drop before evnt_nd bef_sum n
keep if  relday>=-200 &  relday<=20            //事件窗最多前后 20 天
save "event2018",replace

*(7) 使用均值调整回报模型、风险调整回报模型、市场调整回报模型估计正常回报和非
正常回报（AR）
*均值调整回报模型
use "event2018",clear
bys dm nd evnt_date:egen mr0=mean(dretwd) if relday>=-40 &  relday<=-21
//披露前 20 个交易日的平均回报作为正常回报
bys dm nd evnt_date:egen mr=min(mr0)           //计算事件窗的正常回报
replace mr=. if relday<-20                     //将估计窗及之前窗口的 mr
赋值为缺失值
gen ar1=dretwd-mr  if relday>=-20 &  relday<=20  //产生非正常回报
```

```
label var ar1 "均值调整回报模型下的非正常回报"

*风险调整回报模型之市场模型
*retindex  指数回报
*dretwdtl  考虑现金红利再投资的日市场回报（总市值加权平均法）
*cdretwdtl 考虑现金红利再投资的综合日市场回报（总市值加权平均法）
local ret retindex
asreg dretwd `ret' if relday>=-200 & relday<=-21 ,by(dm nd evnt_date)
bys dm nd evnt_date:egen a=min(_b_cons)        //估计阿尔法 a
bys dm nd evnt_date:egen b=min(_b_`ret')       //估计贝塔 b
gen ar2=dretwd-a- b*`ret' if relday>=-20 & relday<=20
label var ar2 "市场模型下的非正常回报"

*市场调整回报模型
gen ar3=dretwd-`ret'  if relday>=-20 &  relday<=20
label var ar3 "市场调整回报模型下的非正常回报"
sum ar1 ar2 ar3
keep dm nd evnt_date trad_date relday ar1 ar2 ar3
keep if relday>=-20 &  relday<=20
sort dm nd
save "ar.dta",replace

*(8) 检验非正常回报（AR）和累计非正常回报（CAR）
*检验事件日（relday=0）AR（包括 ar1 ar2 ar3）是否显著异于 0
use "ar.dta",clear
forvalues i=1/3{
ttest ar`i'=0 if relday==0
reg ar`i'  if relday==0
est store m`i'
}
esttab m* using AR.rtf, ///
replace star( *0.10 ** 0.05 *** 0.01) nogaps compress ///
b(%20.3f) se(%7.2f) obslast title(esttab_Table: ttest result)
est clear

*用循环计算并检验不同长度对称事件窗的 CAR
use "ar.dta",clear
foreach i in 0 1 3 5 10 20{
```

```
bys dm nd:gen car`i'=sum(ar2) if (relday>=-`i' &  relday<=`i') & ar2!=.
//应排除 ar2==.的观测
ttest car`i'=0 if relday==`i'
reg car`i'  if relday==`i'
est store m`i'
}
esttab m* using CAR.rtf, ///
replace star( *0.10 ** 0.05 *** 0.01 ) nogaps compress ///
b(%20.3f) se(%7.2f) obslast title(esttab_Table: ttest result)
est clear

*幼稚模型
*区分不同消息计算 CAR 值：幼稚模型
use "ar.dta",clear
local ar ar2
bys dm nd:gen car20=sum(`ar') if relday>=-20 &  relday<=20 & ar2!=.
//应排除 ar2==.的观测
merge m:1 dm nd using "roefroe.dta"
drop if _merge!=3
drop _merge
collapse (mean) ar=`ar' car20=car20,by(news relday)

*不同消息下的 AR 图：幼稚模型
twoway ///
(line ar relday if news==1 ,  clpattern(l)) ///
(line ar relday if news==-1 , clpattern(-)) ///
, ///
plotregion(margin(zero)) ///
title("非正常回报 AR 图") ///
xtitle("relday") ///
ytitle("ar") ///
legend(label(1 "good news") label(2 "bad news") order(1 2))

*不同消息下的 CAR 图：幼稚模型
twoway ///
(line car20 relday if news==1 ,  clpattern(l)) ///
(line car20 relday if news==-1 , clpattern(-)) ///
, ///
plotregion(margin(zero)) ///
```

```
title("累计非正常回报 CAR 图") ///
xtitle("relday") ///
ytitle("car") ///
legend(label(1 "good news") label(2 "bad news") order(1 2))
```

基于上述数据和程序，将相关结果报告如下。

2017 年上市公司年报披露事件日的非正常回报的 t 检验结果见表 7-4。

表 7-4　2017 年上市公司年报披露事件日的非正常回报的 t 检验

	(1) ar1	(2) ar2	(3) ar3
AR	−0.006*** (−8.03)	−0.005*** (−7.28)	−0.006*** (−7.74)
N	3 456	2 745	2 749

t statistics in parentheses

*p<0.10，**p<0.05，***p<0.01

其中，ar1 是基于均值调整回报模型计算的非正常回报；ar2 是基于风险调整回报模型中的市场模型计算的非正常回报；ar3 是基于市场调整回报模型计算的非正常回报。

从表 7-4 可以看出，2017 年年报披露当天对市场产生了显著的负面影响。

2017 年上市公司年报披露的累计非正常回报的 t 检验结果见表 7-5。

表 7-5　2017 年上市公司年报披露的累计非正常回报的 t 检验

	(1) car[0，0]	(2) car[−1，1]	(3) car[−3，3]	(4) car[−5，5]	(5) car[−10，10]	(6) car[−20，20]
CAR	−0.005*** (−7.28)	−0.006*** (−4.63)	−0.006*** (−3.41)	−0.007*** (−3.18)	−0.006* (−1.86)	0.007 (1.48)
N	2 745	2 745	2 744	2 745	2 743	2 740

t statistics in parentheses

*p<0.10，**p<0.05，***p<0.01

其中，*CAR* 是根据基于风险调整回报模型中的市场模型计算的非正常回报（ar2）来计算的。

从表 7-5 可以看出，总体而言，2017 年年报披露短期内对市场产生了显著的负面影响。

进一步区分好消息组和坏消息组进行检验，好消息和坏消息根据幼稚模型判断，好消息是指公司当年净资产收益率超过上年净资产收益率，坏消息是指公司当年净资产收益率小于上年净资产收益率。结果见表 7-6。

从表 7-6 可以看出，年报披露日好消息组公司的非正常回报在 10%的水平下显著高于坏消息组公司的非正常回报。但是从年报披露前后 41 天的累计非正常回报看，坏消息组公司要显著高于好消息组公司。图 7-2 和图 7-3 直观地反映了上述结果。

表 7-6　年报披露日好消息组和坏消息组公司 *AR* 和 *CAR* 的差异检验

	坏消息组		好消息组			
变量	观测数	均值	观测数	均值	均值之差	t 值
AR	983	−0.005	959	−0.002	−0.003	−1.614
CAR[−20，20]	981	0.025	958	0.010	0.014	1.642

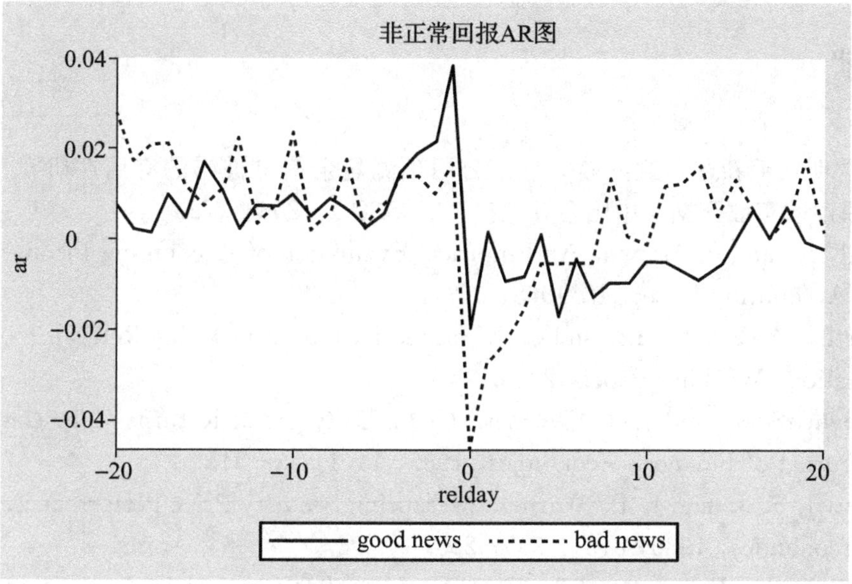

图 7-2　事件窗内好消息组和坏消息组公司 *AR* 变化图

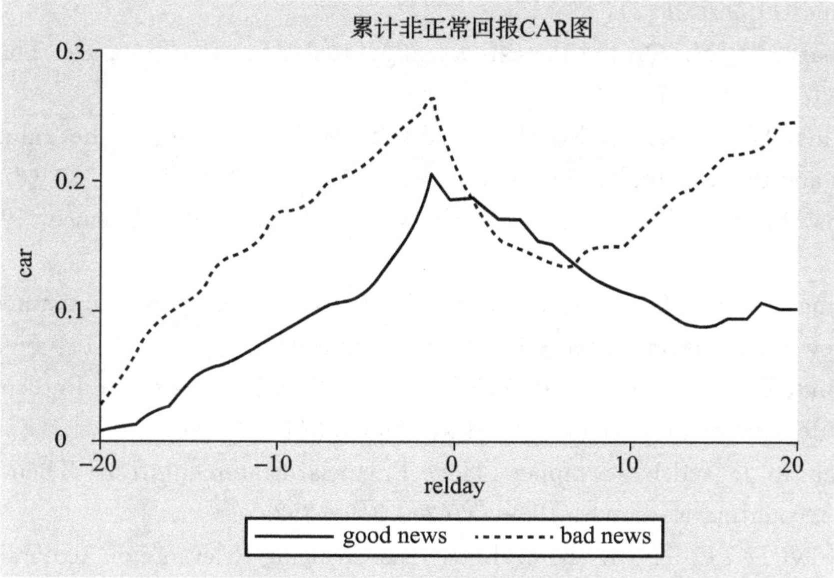

图 7-3　事件窗内好消息组和坏消息组公司 *CAR* 变化图

练习题

1. 以 2018 年沪深两市全部 A 股公司为例，检验年报披露的信息含量。
2. 以 1995—2020 年沪深两市全部 A 股公司为例，检验年报披露的信息含量。

参考文献

1. 戴德明，毛新述，姚淑瑜．上市公司预测盈余信息披露的有用性研究——来自深圳、上海股市的实证证据．中国会计评论，2005（2）：253－272.

2. Ball，R. and P. Brown. An Empirical Evaluation of Accounting Income Numbers. Journal of Accounting Research，1968，6(2)：159－178.

3. Barth，M. E.，K. Li，and C. Mcclure. Evolution in Value Relevance of Accounting Information. Working Paper，2018.

4. Brown，S. J. and J. B. Warner. Using Daily Stock Returns：The Case of Event Studies. Journal of Financial Economics，1985，14(1)：3－31.

5. Brown，S. J. and J. B. Warner. Measuring Security Price Performance. Journal of Financial Economics，1980，8(3)：205－258.

6. Brown，S.，K. Lo，and T. Z. Lys. Use of R-Squared in Accounting Research：Measuring Changes in Value Relevance over the Last Four Decades. Journal of Accounting and Economics，1999，28(2)：83-115.

7. Carhart，M. M. On the Persistence in Mutual Fund Performance. The Journal of Finance，1997，52(1)：57－82.

8. Collins，D. W.，E. L. Maydew，and I. S. Weiss. Changes in the Value-Relevance of Earnings and Book Values Over the Past Forty Years，1997，24(1)：39－67.

9. Fama，E. F. Efficient Capital Markets：II. The Journal of Finance，1991，46(5)：1575－1617.

10. Fama，E. F.，L. Fisher，and M. C. Jensen，et al. The Adjustment of Stock Prices to New Information. International Economic Review，1969，10(1)：1－21.

11. Fama，E. F. and K. R. French. Common Risk Factors in the Returns on Stocks and Bonds. Journal of Financial Economics，1993，33(1)：3－56.

12. Francis，J. and K. Schipper. Have Financial Statements Lost Their Relevance? Journal of Accounting Research，1999，37(2)：319－352.

13. Givoly，D.，C. Hayn，and S. Katz. The Changing Relevance of Accounting Information to Debt Holders over Time. Review of Accounting Studies，2017，22(1)：64－108.

14. Kothari，S. P. and J. B. Warner. Econometrics of Event Studies. Handbook of Empirical Corporate Finance SET，2007，1：3－36.

15. Lev，B. and P. Zarowin. The Boundaries of Financial Reporting and How to Extend Them. Journal of Accounting Research，1999，37(2)：353－385.

16. Ritter，J. R. The Long-Run Performance of Initial Public Offerings. The Journal of Finance，1991，46(1)：3－27.

第 8 章　应计会计专题

应计会计是现行财务报告的基础。经验研究中有关财务报告质量的研究大多是围绕应计会计展开的。本章将讨论财务报告中采用应计会计的原因和应计会计结果——应计利润的经验测度。在此基础上，阐述会计经验文献中广为使用的盈余管理模型、应计质量模型和盈余稳健性模型，并以我国上市公司债券发行、会计准则变迁为例，分析经验研究中盈余管理、应计质量和盈余稳健性测度在 Stata 中的实现。

8.1　应计会计概述

8.1.1　应计制与现金流量制

应计制，又称权责发生制，是指要在交易和其他事项发生时（而不是在收到或支付现金或现金等价物时）确认其影响，而且要将它们记入与其相联系的期间的会计记录并在该期间的财务报表中予以报告。现金流量制，又称收付实现制，是指在收到或支付现金或现金等价物时确认收入、费用或所有者权益。

在计算公司业绩时，目前准则制定机构均要求采用应计制。为什么应采用应计制而不是现金流量制?

1. 会计准则制定机构的解释

国际会计准则理事会（IASB）在《财务报告概念框架》中指出，根据应计制编制的财务报表不仅告诉使用者过去发生的、关系到现金收付的交易，而且告诉他们未来支付现金的义务和代表未来将要收到现金的资源。这些财务报表提供了在经济决策中对使用者最为有用的关于过去发生的交易和其他事项的信息。

财务会计准则委员会（FASB）发布的《财务概念公告第 1 号——企业编制财务报告的目的》指出，应计会计的意图，是记录各种交易、事项和情况在它们发生期对企业财务的影响，其中包括现金的影响，而不仅是记录企业各期现金收入或支出的影响。应计会计致力于反映这样一个过程，即在购置各种资源和进行各种活动时所支用的现金，企业会有更多（或者更少）现金回收进来，而不是反映这个过程的一头一尾。

2. 已有文献的探讨

总体来说，应计会计的作用是提高财务报告的有用性。这一作用是如何取得的，始于Dechow（1994）的研究。该研究指出，应计会计过程在利润表上的最终产物是盈余（earnings）。盈余作为基于应计会计计算和公司业绩计量的一个综合性指标，对报表使用者非常重要，并广泛用于薪酬计划、债务契约、公开上市和再融资的监管。应计的主要作用是：公司持续经营时，克服公司业绩计量中存在的问题。管理者和其他契约方之间的信息不对称产生了在有限期间（分期）报告内部公司业绩的需求。这一计量指标可以用于契约和重复契约的签订，以及评价和奖励管理层。公司的成功最终取决于净现金收入产生能力。因此，净现金收入（已实现的现金流）也作为业绩计量指标。然而，在很短的时间内，报告已实现的现金流并不一定具有信息含量，这是因为已实现的现金流具有时点和配比问题，导致其作为公司业绩计量指标含有"噪音"。为了解决这个问题，一般公认会计原则（GAAP）通过使用应计会计来改变盈余中现金流量确认的时点，从而改善业绩计量指标，并产生了指导盈余形成的两项重要会计原则：收入确认原则和配比原则。配比原则要求与收入直接相连的现金支出（如固定资产投资支出）在公司确认收入的期间费用化。应计会计的重要作用是使配比原则下收入和费用确认的时间一致（Dechow，1994；Dechow，Kothari，and Watts，1998）。在经营活动现金流量上加入应计利润使得盈余指标较现金流量指标的噪音更少。因为应计利润减少了现金流量中营运资本项目（如存货、预付账款、应收和应付账款）的外生或操控性变化产生的噪音。盈余同样较经营和投资活动现金流量之和的噪音更少，因为折旧和摊销平滑了投资支出的波动性。因此，应计的作用是减少了现金流量中公司营运资本和投资决策的外生和操控性变化产生的噪音。

（1）应计在减少营运资本决策噪音上的作用。Dechow（1994），Guay，Kothari，and Watts（1996），Dechow，Kothari，and Watts（1998）提出的应计的作用可以描述为减少经营活动现金流量中公司营运资本水平外生或操控性变化所导致的噪音。同会计收益相比，现金流量的噪音更大，因为现金流量包括了营运资产（如存货、预付账款、应收账款）和营运负债（如担保负债、应付账款）的期间变化。同可以减少噪音的应计会计调整的会计盈余相比，这些噪音使得经营活动现金流量并不是一个有效契约变量。

例如，公司在会计年度末消费了一项服务，但是偏离以前的应付账款支付政策，因此下一年才支付这些款项。这种递延可以看作是外生的（由于邮件接收延迟、电脑故障或收款人员生病导致的），也可能是操控性的（管理者为了使当年的业绩更加体面而对现金支付的时间进行了操纵），这种支付上的递延增加了年末的现金余额，因而增加了当年的经营活动现金流量。这种现金流量的影响仅仅是暂时的，因为支付仅仅被推迟到下一期。当下一期支付这些款项时，就会减少等量的现金流量。这种支付上的递延导致了应付账款（营运资本负债）的增加，因而在经营活动现金流量中加入了暂时性的噪音，并随着时间的推移而转回。应计会计试图通过在服务成本产生收益时而不是支付时将其费用化，从而将这一暂时性噪音从会计收益中消除。

因此，会计盈余比经营活动现金流量的噪音更少。财务报表变量的噪音使得依赖这些变量签订契约的各方的支付风险增加。营运资本应计的成本高昂（对存货进行计数和估计应收账款的坏账准备的成本是高昂的），考虑到成本约束，营运资本应计使会计盈余较现金流量而言是一个更有效的契约变量。在其他条件（特别是长期应计利得和损失）不变的情况下，营运资本应计在减少噪音上的作用可以通过下述方法检验：应计利润同现金流量同期负相关，现金流量较盈余而言存在更大的序列负相关，现金流量较盈余的波动性更大，盈余同股票报酬率的相关性更高（Dechow，1994）。

（2）应计在减少长期资本决策噪音上的作用。应计的折旧和摊销是盈余和经营活动现金流量永久性差异而非暂时性差异的来源，因为经营活动现金流量没有反映投资支出。同盈余最接近的现金指标是经营和投资活动现金流量之和。同样，应计会计试图减少现金流量中的外生和潜在操控性行为带来的噪音。盈余比经营和投资活动现金流量之和的噪音要少，因为折旧和摊销平滑了投资支出的波动性，从而使投资支出的时点判断并不完全取决于管理者。

例如，一类长期资产以直线法折旧，无残值。冲减盈余的折旧费用是过去 L 年投资支出的平均。加速折旧法则是投资支出的加权平均，给早期的投资更大的权数。应计折旧和摊销是当期和滞后支出的加权移动平均，从而可以减少年度投资的外生噪音（如长期支出的集中或者投资机会的外生变化）和管理者通过投资支出的时点来操纵期间盈余的潜在可能。

8.1.2　应计利润的测度

应计利润是所有基于应计会计的研究的基础。根据计算的口径不同，应计利润可以分为总应计利润（total accruals，TACC）、经营性应计利润（operating accruals，OACC）和流动性应计利润（current accruals，CACC）。总应计利润是指根据应计制计算的盈余减去根据现金流量制计算的盈余后的余额；经营性应计利润是指净利润（扣除非常项目前净收益）或营业利润（扣除非常项目后净收益）减去其中收到现金部分后的余额；流动性应计利润是指将短期营业利润减去其中收到现金部分后的余额。在 Richardson 等（2005）提出总应计利润新的测度方法以前，大部分文献均以经营性应计利润作为总应计利润的测度指标（Healy，1985；Jones，1991；Dechow，Sloan，and Sweeney，1995；Sloan，1996；Calegari，2000）。应计利润可以根据现金流量表或资产负债表进行测定，通常只有当无法通过现金流量表计算应计利润时，才使用资产负债表数据来计算。

正确计算应计利润的关键在于保持盈余和现金流量计算口径的一致性。不同类型应计利润的计算还取决于对经营活动的界定，比如是否应将企业的对外投资活动视为经营活动，FASB、IASB 和我国准则制定机构在现金流量表中对此的划分并不统一。如何结合我国准则的规定和报表体系来计算应计利润，在我国经验研究文献中并没有得到充分重视。因此，有必要首先对应计利润的测定进行详细讨论。

1. 总应计利润

（1）资产负债表法。在 Richardson 等（2005）提出总应计利润的综合计算公式之前，总应计利润通常指经营性应计利润。为了同 Richardson 等（2005）提出的总应计利润区分，在此之前的总应计利润用 TA 表示。Healy（1985），Jones（1991），Dechow，Sloan， and Sweeney（1995），Sloan（1996），Calegari（2000）等使用这一计算方法。

Dechow，Sloan，and Sweeney（1995）使用如下公式计算 TA：

$$TA_{i,t}=\Delta CA_{i,t}-(\Delta CL_{i,t}-\Delta STDEBT_{i,t})-\Delta CASH_{i,t}-DEP_{i,t}$$

Sloan（1996）在上式的基础上对所得税费用进行了调整：

$$TA_{i,t}=(\Delta CA_{i,t}-\Delta CASH_{i,t})-(\Delta CL_{i,t}-\Delta STDEBT_{i,t}-\Delta TP_{i,t})-DEP_{i,t}$$

式中，$TA_{i,t}$：总应计利润（指经营性应计利润）；

$\Delta CA_{i,t}$：流动资产的变化额；

$\Delta CL_{i,t}$：流动负债的变化额；

$\Delta STDEBT_{i,t}$：长期负债中流动部分的变化额；

$\Delta CASH_{i,t}$：现金余额的变化额；

$\Delta TP_{i,t}$：应交所得税变化额；

$DEP_{i,t}$：折旧和摊销费用。

将流动负债中的债务排除在应计利润之外是因为其属于筹资交易，而不是经营性交易。将应交所得税排除在外与经验检验使用的盈余定义一致（经验检验使用的盈余的定义来自持续经营的收益，这一指标并不包括所得税费用，来自持续经营的收益常常也将利息费用排除在外）（Sloan，1996）。

TA 也可以根据下述应计项目直接计算，$TA=\Delta$存货$+\Delta$应收债权$+\Delta$其他流动资产$-\Delta$应付债务$-\Delta$其他流动负债$-$折旧和摊销（Barth，Cram，and Nelson，2001；Ball and Shivakumar，2005；等等）

Richardson 等（2005）认为，Sloan（1996）定义的经营性应计项目忽略了与非流动性营运资产、非流动性营运负债、非现金金融资产和非现金金融负债有关的很多应计项目和递延项目，例如资本性支出、长期应收账款和长期负债。因此，他们将根据资产负债表法计算的总应计项目定义为非现金资产的变化额减去负债的变化额，即

$$TACC\_ZC=\Delta ASSET-\Delta LIABILITY-\Delta CASH$$

式中，$TACC\_ZC$：根据资产负债表法计算的总应计利润；

$\Delta ASSET$：总资产的变化额；

$\Delta LIABILITY$：总负债的变化额；

$\Delta CASH$：货币资金的变化额。

然后，他们将总应计项目按企业活动的性质分为三类：非现金营运资本的变化额（ΔWC），净非流动营运资产的变化额（ΔNCO），净金融资产的变化额（ΔFIN），即 $TACC=\Delta WC+\Delta NCO+\Delta FIN$。其中：

$\Delta WC=$(流动性营运资产的变化额－现金和短期投资的变化额)－(流动性营运负债的变化额－短期负债的变化额)。

$\Delta NCO=$非流动性营运资产的变化额－非流动性营运负债的变化额，其中，非流动性营运资产＝总资产－流动资产－长期投资（投资与预付款项），非流动性营运负债＝总负债－流动负债－长期债务。

$\Delta FIN=$金融资产的变化额－金融负债的变化额，其中，金融资产＝短期投资＋长期

投资，金融负债＝长期债务＋短期负债＋优先股。

叶康涛（2006），戴德明、姚淑瑜和毛新述（2005）通过这一方法计算了 $TACC$。

（2）现金流量表法。在 Richardson 等（2005）提出总应计利润的综合计算公式之前，总应计利润的现金流量表计算方法主要包括以下两种。

1）威尔逊法（Wilson，1987）。

$$TA = NI - CFO$$

式中，TA：总应计利润（指经营性应计利润）；

NI：净利润，包括线下项目和营业利润，线下项目包括投资收益、补贴收入、营业外收支；

CFO：经营活动现金流量。

2）瑞巴和柯林斯法（Hribar and Collins，2002）。

$$TA = EBXI - CFO$$

式中，TA：总应计利润（指经营性应计利润）；

$EBXI$：线上利润，即营业利润；

CFO：经营活动现金流量。

陈武朝和张泓（2004）、陈信元和夏立军（2006）在他们的研究中同时运用了上述两种方法。

Richardson 等（2005）认为，对应资产负债表法下总应计利润的计算，现金流量表法计算的总应计利润 $TACC\_XJ$ 应该为：

$$TACC\_XJ = \begin{matrix}\text{扣除非常项目}\\\text{前的收益}\end{matrix} - \begin{matrix}\text{经营活动、投资活动}\\\text{和筹资活动现金流量之和}\end{matrix} + \begin{matrix}\text{出售普通股股票收入}\\\text{（投资收益）}\end{matrix} - \begin{matrix}\text{股票回购和股利}\\\text{的现金支出}\end{matrix}$$

即在计算现金净收入时将直接与所有者权益变化有关（与盈余变化无关）的现金流入和现金流出剔除。

根据我国财务报表体系的安排，由于无法获得直接与所有者权益变化有关（与盈余变化无关）的现金流入和现金流出，现金流量表法下总应计利润可以近似地用下述公式计算：

$$TACC\_XJ = \text{净利润} - \text{经营活动、投资活动和筹资活动现金流量之和}$$

2. 经营性应计利润

经营性应计利润是大多数文献中总应计利润的计算方法之一。美国通常使用净收益减去经营活动现金流量获得。净收益根据其性质可分为持续经营收益、终止经营收益、特殊项目收益和会计原则变动累积影响等项目。编制现金流量表时，按照现金流量制的要求将净收益调整为经营活动现金流量。净收益和经营活动现金流量计算的口径一致，因此两者之差即为经营性应计利润。

我国大部分经验研究文献中，经营性应计利润通常也根据净利润（NI）或营业利润（OP）和经营活动现金流量（CFO）计算（即等于 $NI-CFO$ 或 $OP-CFO$）。但是由于我国利润表项目按照日常活动和非日常活动进行分类，而现金流量表则按照经营活动、投资活动和筹资活动进行分类，净利润和经营活动现金流量计算的口径并不一致，两者之差不完全为经营性应计利润。周铁，罗燕雯和荆娴（2006）讨论了计算口径的一致性，认为经营性应计利润＝公司当期营业利润＋当期补贴收入＋当期的投融资活动财务费用－当期所得税＋当期递延税款贷项（借项记为负）－CFO。实际计算时还需考虑经营活动的界定，比如是否应将股票投资活动视为经营活动，各国的做法并不一致。本书同时考虑了上述两个方面，并根据我国现金流量表对经营活动、投资活动和筹资活动的分类标准来界定经营活动。相应地，将经营性应计利润界定为来自狭义经营活动的应计利润，即将企业的证券投资和筹资活动排除在经营活动之外。因此，根据净利润和经营活动现金流量来计算经营性应计利润时，应进行一定的调整。

根据我国经营活动现金流量编制方法中的间接法，可知：

净利润－经营活动现金流量
＝净利润－［净利润＋计提的减值准备＋折旧＋摊销
＋处置固定资产或无形资产等损失（固定资产报废损失）
＋递延所得税负债增加（递延贷项）＋递延所得税资产减少－投资收益
＋财务费用－（存货的增加＋经营性应收项目的增加＋待摊费用增加
＋其他－经营性应付项目的增加）］
＝（存货的增加＋经营性应收项目的增加＋待摊费用增加＋其他
－经营性应付项目的增加）－计提的减值准备－折旧－摊销
－处置固定资产或无形资产等损失（固定资产报废损失）
－递延所得税负债增加（递延贷项）－递延所得税资产减少
＋投资收益－财务费用
＝流动性应计利润－计提的减值准备－折旧－摊销
－处置固定资产或无形资产等损失（固定资产报废损失）
－递延所得税负债增加（递延贷项）－递延所得税资产减少
＋投资收益－财务费用

式中，

流动性应计利润＝存货的增加＋经营性应收项目的增加＋待摊费用增加
＋其他－经营性应付项目的增加
＝（Δ流动资产－Δ货币资产－Δ交易性金融资产
－Δ一年内到期的非流动资产）－（Δ流动负债－Δ短期借款
－Δ应付股利－Δ一年内到期的非流动负债）

投资收益、财务费用、处置固定资产或无形资产等损失（固定资产报废损失）和递延所得税因不属于经营活动损益而在计算经营活动现金流量时被排除。为了保持净利润和经营活动现金流量计算口径的一致性，应将这些项目排除在净利润之外。因此，调整后的净利润可通过下式得出：

调整后的净利润＝净利润－投资收益＋财务费用
＋处置固定资产或无形资产等损失（固定资产报废损失）
＋递延所得税负债增加（递延贷项）＋递延所得税资产减少

调整后的净利润可以近似地理解为扣除非常项目前的净利润。因此，根据现金流量表法计算的经营性应计利润（$OACC\_XJ$）可通过下式得出：

$OACC\_XJ$ ＝调整后的净利润－经营活动现金流量

相应地，根据资产负债表法计算的经营性应计利润（$OACC\_ZC$）可通过下式得出：

$OACC\_ZC$ ＝$OACC\_XJ$
＝调整后的净利润－经营活动现金流量
＝（净利润－投资收益＋财务费用
＋处置固定资产或无形资产等损失（固定资产报废损失）
＋递延所得税负债增加（递延贷项）＋递延所得税资产减少）
－经营活动现金流量
＝流动性应计利润－计提的减值准备－折旧－摊销

在应用上述公式时还需要注意以下方面。

（1）在我国，增值税属于价外税，净利润的计算过程中并没有考虑增值税，但计算经营活动现金流量时考虑了增值税的影响。当期以现金收取的销项税额和以现金支付的进项税额差异较少时，对计算经营性应计利润的影响并不大。

（2）流动性应计利润没有考虑流动资产减值准备的影响。流动资产和长期资产的减值损失通过计提的资产减值准备一并考虑。

作为对照，考虑经营性应计利润的替代计算方法。

（1）不考虑减值准备的经营性应计利润（$OACC2$）。根据现金流量表法计算的 1998 年及以后年度不考虑减值准备的经营性应计利润（$OACC\_XJ2$）的计算公式如下：

$OACC\_XJ2$＝调整后的净利润＋计提的减值准备－经营活动现金流量

根据资产负债表法计算的 1998 年以前年度不考虑减值准备的经营性应计利润（$OACC\_ZC2$）的计算公式如下：

$OACC\_ZC2$＝流动性应计利润－折旧－摊销

$OACC\_ZC2$ 同国外通过资产负债表法计算经营性应计利润的口径一致，并且，将计提的减值准备排除在外，可以对除减值准备以外的其他应计项目是否存在结构性变化进行检验。

（2）考虑非常项目的经营性应计利润（$OACC3$）。考虑非常项目的经营性应计利润的计算类似于以扣除非经常性项目后的净利润为基础来计算经营性应计利润。

根据现金流量表法计算的 1998 年及以后年度考虑非常项目的经营性应计利润（$OACC\_XJ3$）的计算公式如下：

$OACC\_XJ3$＝净利润－投资收益＋财务费用－经营活动现金流量

根据资产负债表法计算的1998年以前年度考虑非常项目的经营性应计利润（$OACC\_ZC3$）的计算公式如下：

$OACC\_ZC3$＝流动性应计利润－计提的减值准备－折旧－摊销
－处置固定资产或无形资产等损失（固定资产报废损失）
－递延所得税负债增加（递延贷项）－递延所得税资产减少

广义的经营性应计利润（考虑投资收益和财务费用）可以根据下述公式计算，其值等于净利润－（经营活动现金流量＋取得投资收益收到的现金－偿付利息支付的现金），然而由于偿付利息支付的现金无法从现金流量表中直接获得，因此会存在一定的误差。

3. 扣除折旧和摊销前的经营性应计利润

应计折旧和摊销表示购入资产时正的应计金额（即净利润超过现金流量）的转回。Givoly and Hayn（2000）认为，由于相关的现金流出（取得长期资产的现金流出）在投资活动现金流量中反映，购入资产时正的应计金额不能通过收益和经营活动现金流量的差异获得（即折旧和摊销是构成净收益和经营活动现金流量永久性差异而非暂时性差异的来源），因此计算经营性应计利润时应当将折旧和摊销排除在外，并且，在稳定状态下，累积的折旧和摊销前的净收益同累积的经营活动现金流量将趋于一致。因此，累积的扣除折旧和摊销前的经营性应计利润将趋于0。但Ahmed等（2002）认为，使用折旧和摊销后应计利润忽略了折旧计算的稳健性，这可能使结论产生偏误。因此通过下述公式计算扣除折旧和摊销前的经营性应计利润（$OACCBDA$）。

$OACCBDA$＝$OACC2$＋折旧和摊销

4. 流动性应计利润

流动性应计利润（或营运资本）通常根据资产负债表法计算。根据我国会计准则的规定，流动性应计利润可以根据下述公式计算：

$CACC\_ZC$＝（Δ流动资产－Δ货币资产－Δ交易性金融资产
－Δ一年内到期的非流动资产）－（Δ流动负债－Δ短期借款
－Δ应付股利－Δ一年内到期的非流动负债）

流动性应计利润，排除了被假定为与经理自主处理无关部分之后的营运资本的变化额（指与经理自主处理有关部分的营运资本的变化额）。将非流动性应计项目包括进去并不一定能为估计提供更准确的基础，Jones（1999）发现非流动性应计项目的估计值部分显著正相关（正自相关），因而较不可能反映各年度的自主处理权。

由于1998年前的$OACC2$是通过资产负债表法计算的，即$OACC2$＝流动性应计利润－折旧－摊销，因此，1998年前的$OACCBDA$同流动性应计利润一致。

5. 非正常经营性应计利润

将经营性应计利润中的折旧和摊销以及流动性应计利润排除以后，剩余的应计部分主要由减值损失、会计估计变更导致的变化、资产处置损益以及递延项目组成，这些应计组成部分称为非正常经营性应计利润（*NOACC*），*NOACC*＝*OACC*3－*OACC*2，主要包括减值损失、处置损益和递延项目。通常，*NOACC* 的确认时间更容易受到管理层判断的影响。Givoly and Hayn（2000）将累积的非正常经营性应计利润作为稳健性的测度指标。

综上，有关应计利润变量的定义见表 8－1。

表 8－1　应计利润变量的定义

变量名	变量定义 （经验研究中，所有应计利润指标均以平均总资产或滞后 1 期总资产进行平减）
TACC_ZC	根据资产负债表法计算的总应计利润，*TACC_ZC*＝总资产的变化额－总负债的变化额－货币资金的变化额
TACC_XJ	根据现金流量表法计算的总应计利润，*TACC_XJ*＝净利润－经营活动、投资活动和筹资活动现金流量之和
TACC	总应计利润，*TACC*＝*TACC_ZC*
OACC_ZC	根据资产负债表法计算的经营性应计利润，*OACC_ZC*＝流动性应计利润－计提的减值准备－折旧－摊销
OACC_XJ	根据现金流量表法计算的经营性应计利润，*OACC_XJ*＝调整后的净利润－经营活动现金流量，其中，调整后的净利润＝净利润－投资收益＋财务费用＋处置固定资产或无形资产等损失（固定资产报废损失）＋递延所得税负债增加（递延贷项）＋递延所得税资产减少
OACC	经营性应计利润，1998 年前其值为 *OACC_ZC*，1998 年及以后其值为 *OACC_XJ*
*OACC_ZC*2	根据资产负债表法计算的不考虑减值准备的经营性应计利润，*OACC_ZC*2＝流动性应计利润－折旧－摊销
*OACC_XJ*2	根据现金流量表法计算的不考虑减值准备的经营性应计利润，*OACC_XJ*2＝调整后的净利润＋计提的减值准备－经营活动现金流量
*OACC*2	不考虑减值准备的经营性应计利润，1998 年前其值为 *OACC_ZC*2，1998 年及以后其值为 *OACC_XJ*2
*OACC_ZC*3	根据资产负债表法计算的考虑非常项目的经营性应计利润，*OACC_ZC*3＝流动性应计利润－计提的减值准备－折旧－摊销－处置固定资产或无形资产等损失（固定资产报废损失）－递延所得税负债增加（递延贷项）－递延所得税资产减少
*OACC_XJ*3	根据现金流量表法计算的考虑非常项目的经营性应计利润，*OACC_XJ*3＝净利润－投资收益＋财务费用－经营活动现金流量
*OACC*3	考虑非常项目的经营性应计利润，1998 年前其值为 *OACC_ZC*3，1998 年及以后其值为 *OACC_XJ*3
OACCBDA	扣除折旧和摊销前的经营性应计利润，*OACCBDA*＝*OACC*2＋折旧和摊销。1998 年前的 *OACCBDA* 同 *CACC*
CACC_ZC	根据资产负债表法计算的流动性应计利润，*CACC_ZC*＝（Δ流动资产－Δ货币资产－Δ交易性金融资产－Δ一年内到期的非流动资产）－（Δ流动负债－Δ短期借款－Δ应付股利－Δ一年内到期的非流动负债）
NOACC	非正常经营性应计利润，主要包括减值损失、处置损益和递延项目等，*NOACC*＝*OACC*3－*OACC*2
CUMTACC	累积的总应计利润，其他类推

8.2　盈余管理测度

8.2.1　盈余管理的概念与测度

盈余管理是 20 世纪 80 年代中后期兴起的实证会计研究的一个重要领域，在过去 30 多年中，该领域的研究经久不衰。尽管对盈余管理研究的批评从未停止，但它仍旧是研究盈余质量的重要方面。

盈余管理按是否通过应计利润来管理盈余可以分为应计盈余管理和真实活动盈余管理。应计盈余管理主要通过应计利润来管理盈余，而真实活动盈余管理则主要通过真实的交易活动等来管理盈余。无论采用哪种盈余管理方法，基本的思路都包括以下方面。

首先，要构建或计算正常状态下公司的非操控性利润；

其次，用公司当年利润减去公司的非操控性利润，得到公司的操控性利润；

最后，检验公司的操控性利润是否显著异于 0，或者不同组公司的操控性利润是否存在显著区别。

通常，可以用时间序列模型或截面模型来估计公司的非操控性利润或操控性利润。

在时间序列模型中，我们假定某个事件发生前，公司的利润（Y_{t1}）属于非操控性利润，并与某些因素（X_{t1}）保持稳定的关系。利用事件发生前的相关数据可以估计 Y_{t1} 与 X_{t1} 的回归系数。通过估计的回归系数、事件发生后的 X_{t2} 可以推断出事件发生后估计的 $\hat{Y}_{t2}$（正常状态下的非操控性利润），用实际的 Y_{t2} 减去估计的 $\hat{Y}_{t2}$ 即可得到公司的操控性利润。

在截面模型中，我们假定某个事件发生在一些公司，而另一些公司不受该事件的影响。不受该事件影响的公司（一般应与受事件影响的公司可比，例如同年度、同行业、同地区、同产权性质等）的利润（Y_{i1}）属于非操控性利润，并与某些因素（X_{i1}）保持稳定的关系。利用不受该事件影响公司的相关数据可以估计 Y_{i1} 与 X_{i1} 的回归系数。利用估计的回归系数、受事件影响公司的 X_{i2} 可以推断出受事件影响公司估计的 $\hat{Y}_{i2}$（正常状态下的非操控性利润），用实际的 Y_{i2} 减去估计的 $\hat{Y}_{i2}$ 即可得到公司的操控性利润。

在上述思路下，学术界发展出非常多的盈余管理计量模型，其中应计盈余管理比较常见的模型有：（1）Healy 模型（Healy，1985）；（2）DeAngelo 模型（DeAngelo，1986）；（3）Jones 模型（Jones，1991）；（4）修正的 Jones 模型（Dechow，Sloan，and Sweeney，1995）；（5）行业模型（Dechow，Sloan，and Sweeney，1995）；（6）截面 Jones 模型（DeFond and Jiambalvo，1994）；（7）截面修正的 Jones 模型（DeFond and Jiambalvo，1994）；（8）KS 模型（Kang and Sivaramakrishnan，1995）；（9）Beneish 模型（Beneish，1997）。另外，还有这些模型的变体及其他模型。最常见的是 Jones 模型和修正的 Jones 模型。真实活动盈余管理则主要使用 Roychowdhury（2006）模型。下面介绍这些常用模型的测度。

8.2.2　应计盈余管理水平的测度

1. Jones 模型

Jones（1991）在估计正常性应计利润时成功地控制了公司经济环境的变化对正常性

应计利润的影响。

$$ACC_{\tau}=a_1+a_2\Delta REV_{\tau}+a_3PPE_{\tau}+\varepsilon_{\tau} \tag{8-1}$$

式中，ACC 指应计利润；ΔREV 指销售收入或营业收入的变化额；PPE 指固定资产合计；τ 表示公司或（和）年度。在截面模型中，通常利用同年度、同行业的控制组估计参数，然后计算研究组的非操控性应计利润和操控性应计利润。研究组公司（i）的非操控性应计利润（NDA）和操控性应计利润（DA）计算如下：

$$NDA_{it}=\hat{a}_1+\hat{a}_2(\Delta REV_{it})+\hat{a}_3PPE_{it}$$
$$DA_{it}=ACC_{it}-NDA_{it}$$

该模型同样可用于时间序列模型估计。

2. 修正的 Jones 模型

当收入确认受到操纵时，Jones 模型在估计非操控性应计利润时会出现误差。Dechow，Sloan，and Sweeney（1995）提出的修正的 Jones 模型（DSS 模型）考虑了针对收入确认的盈余管理，即模型（8-2）。

$$ACC_{\tau}=a_1+a_2(\Delta REV_{\tau}-\Delta AR_{\tau})+a_3PPE_{\tau}+\varepsilon_{\tau} \tag{8-2}$$

式中，ΔAR 指应收账款的变化额；其他变量的含义同模型（8-1）。

需要指出的是，a_1，a_2，a_3 的估计值是从基本 Jones 模型中得到的，即使用模型（8-1）估计的，而不是从修正的 Jones 模型（8-2）中得到的。修正的 Jones 模型相对 Jones 模型的调整仅仅是模型中营业收入变化量经过了当期应收账款变化量的调整。

研究组公司（i）的非操控性应计利润（NDA）和操控性应计利润（DA）计算如下：

$$NDA_{it}=\hat{a}_1+\hat{a}_2(\Delta REV_{it}-\Delta AR_{it})+\hat{a}_3PPE_{it}$$
$$DA_{it}=ACC_{it}-NDA_{it}$$

根据 Dechow，Sloan，and Sweeney（1995）和夏立军（2003）的研究，基于分行业的横截面修正的 Jones 模型能较好地估计公司的盈余管理水平。

Ball and Shivakumar（2006a）认为，应计会计（应计项目）除了可以减少现金流中公司营运资本和投资决策的外生和操控性变化产生的噪音外（Dechow，1994；Guay，Kothari，and Watts，1996；Dechow，Kothari，and Watts，1998），还具有一种功能，即实现经济利得和损失的及时确认（Kothari，Leone，and Wasley，2004；Ball and Shivakumar，2006a）。并且研究表明，非线性的应计模型可以实质性地改善模型的设定效果。同传统的线性设定模型（如 Jones 模型）相比，对应计利润变化的解释力可以提高到 3 倍。遗漏应计项目在损失及时确认方面的作用是传统线性模型设定效果较差的重要原因。因此，Ball and Shivakumar（2006a）提出考虑应计项目在利得和损失的及时确认上的作用后的盈余管理模型（8-3）。

$$ACC_{\tau}=a_1+a_2\Delta REV_{\tau}+a_3PPE_{\tau}+a_4CFO_{\tau}+a_5DCFO_{\tau}+a_6DCFO_{\tau}CFO_{\tau}+\varepsilon_{\tau} \tag{8-3}$$

式中，CFO 指经营活动现金流量；$DCFO$ 是虚拟变量。当 CFO 小于 0 时，$DCFO$ 取 1，反之取 0。其他变量的含义同模型（8－1）。

8.2.3 真实活动盈余管理水平的测度

公司可以通过改变真实活动来管理盈余（Roychowdhury，2006；Cohen and Zarowin，2010）。同应计盈余管理相比，真实活动盈余管理可以影响现金流。基于 Roychowdhury（2006）的研究，公司可以通过以下三种真实活动方式来操纵公司盈余：

（1）操纵销售收入。提前确认收入，或者通过提高销售折扣或延长信用期限确认非持续销售收入。提高销售折扣或延长信用期限可以增加销售收入，但是一旦取消这些措施，销售收入的增加将不复存在。当销售毛利为正时，增加销售收入可以提高当期利润。然而，提高销售折扣或延长信用期限会导致当期的现金流量减少。

（2）增加产量以报告更低的销售成本。管理层可以通过增加产量来增加利润。产量增加，单位产量分担的固定成本就会降低，只要单位固定成本的减少没有被单位边际成本的增加完全抵销，产品单位成本就会降低。

（3）减少酌量费用。减少广告费用、研发费用、销售费用和管理费用等酌量费用可以提高当期利润。由于这些费用通常用现金支付，减少这些费用也可以减少现金流出。

基于以上分析，我们通过以下三个指标来测度公司的真实活动盈余管理水平：操控性经营活动现金流量、操控性生产成本和操控性酌量费用。具体估计步骤是：首先通过 Dechow，Kothari，and Watts（1998）提出的模型估计非操控性经营活动现金流量、非操控性生产成本和非操控性酌量费用。然后用实际经营活动现金流量、实际生产成本和实际酌量费用减去非操控性经营活动现金流量、非操控性生产成本和非操控性酌量费用，从而获得真实活动盈余管理水平的三个测度。估计模型见模型（8－4）、模型（8－7）和模型（8－9）。

$$CFO_{it}=a_1(1/A_{it})+a_2REV_{it}+a_3\Delta REV_{it}+\varepsilon_{it} \tag{8-4}$$

式中，REV 指销售收入或营业收入；CFO 和 ΔREV 的测度同模型（8－3）。通过分年度和分行业估计模型（8－4）的系数后，计算出样本公司非操控性经营活动现金流量（$NDCFO$），然后用实际 CFO 减去 $NDCFO$ 得到操控性经营活动现金流量（$DCFO$）。$DCFO$ 越低，表明公司越可能通过操纵销售收入来报告更高的盈余。

我们将生产成本定义为当年营业成本（$COGS$）与存货变化额（ΔINV）之和，并将当年营业成本视为当年营业收入的线性函数，见模型（8－5），存货变化额视为当年和上一年营业收入的线性函数，见模型（8－6）。

$$COGS_{it}=a_1(1/A_{it})+a_2REV_{it}+\varepsilon_{it} \tag{8-5}$$

$$\Delta INV_{it}=a_1(1/A_{it})+a_2REV_{it}+a_3\Delta REV_{it}+\varepsilon_{it} \tag{8-6}$$

结合模型（8－5）和模型（8－6），通过分年度分行业估计模型（8－7），可以估计非操控性生产成本（$NDPROD$）。操控性生产成本（$DPROD$）等于实际生产成本（$PROD$）减去 $NDPROD$。$DPROD$ 越高，表明公司越可能通过操控产品产量来报告更高的盈余。

$$PROD_{it}=a_1(1/A_{it})+a_2REV_{it}+a_3\Delta REV_{it}+a_4\Delta REV_{it-1}+\varepsilon_{it} \tag{8-7}$$

非操控性酌量费用（$NDDISX$）也可预期为当期营业收入的线性函数。然而，如果公司为增加报告盈余在某些年度向上操纵了营业收入，就会导致模型（8－8）估计的残差显著下偏。因此本章使用模型（8－9）估计非操控性酌量费用。操控性酌量费用（*DDISX*）等于实际酌量费用（*DISX*）减去 *NDDISX*。*DDISX* 越低，表明公司越可能通过减少酌量费用来报告更高的盈余。

$$DISX_{it}=a_1(1/A_{it})+a_2REV_{it}+a_3\Delta REV_{it}+\varepsilon_{it} \tag{8-8}$$

$$DISX_{it}=a_1(1/A_{it})+a_2REV_{it-1}+\varepsilon_{it} \tag{8-9}$$

为了捕捉真实活动盈余管理的综合影响，借鉴 Zang（2006），Cohen and Zarowin（2010）的做法，合并上述三个单个测度以计算两个综合测度。第一个测度（*RM*_1）① 是：操控性生产成本＋操控性酌量费用×(－1)，*RM*_1 越高，公司从事真实活动盈余管理的概率越大。第二个测度（*RM*_2）是：操控性现金流量×(－1)＋操控性酌量费用×(－1)，*RM*_2 越高，公司越可能通过操纵销售收入和减少酌量费用来报告更高的盈余。

8.3　应计质量测度

除了通过上述模型测度盈余管理水平来间接研究盈余质量外，Dechow and Dichev（2002）从应计利润和经营活动现金流量的内在变化关系推导了盈余和应计利润质量（应计质量）的直接测度指标 DD 模型，即模型（8－10）。Dechow and Dichev（2002）认为，公司经济利益和耗费的及时性常常同相关现金流量的及时性存在差异。应计的优势在于调整现金流量的及时性。但使用应计需要假定和估计，因而会存在估计误差。论文作者通过集中关注营运资本应计利润（通常在一年内转回）和经营活动现金流量的关系，以特定公司营运资本变化额对过去、现在和未来经营活动现金流量的回归所获得的残差来构造应计质量的经验测度，残差（包括估计误差及其转回）同现金流量的实现无关。残差的标准离差和绝对值可以作为公司应计利润和盈余质量的测度。使用残差的标准离差作为盈余质量的测度时，在公司层面的测度上只能计算出一个值（即根据每个公司残差的时间序列数据计算出该公司的标准离差）。

$$\Delta WC_t=b_0+b_1CFO_{t-1}+b_2CFO_t+b_3CFO_{t+1}+\varepsilon_t \tag{8-10}$$

式中，ΔWC 指营运资本变化额；CFO_{t-1}，CFO_t 和 CFO_{t+1} 分别指滞后 1 期、当期和领先 1 期的经营活动现金流量。

NcNichols（2002）认为，收入变化额和固定资产在形成流动性应计利润预期方面具有重要作用，其影响超过了经营活动现金流量的影响。因此，在 DD 模型中控制收入变化额和固定资产两个因素很重要，论文作者通过经验数据检验发现，加入收入变化额和固定资产两个因素后，显著提高了模型的解释力。随后的研究中，基本使用这一拓展的模型来测度应计质量（Francis，LaFond，Olsson，and Schipper，2004；等等），见模型（8－11）

---

① 没有将操控性生产成本乘以－1，是因为生产成本越高，意味着公司将通过过度生产以降低销售成本，从而提高利润。没有将操控性生产成本和操控性现金流量合并，是因为同一活动可能导致更高的非操控性生产成本和更低的非操控性现金流量，将这两个指标合并可能会导致重复计算。

(FLOSAQ模型)。但是，由于Dechow and Dichev (2002) 模型仅考虑了现金流量同营运资本变化额（流动性应计利润）的关系，控制收入变化额和固定资产的影响后，这两个因素不仅影响流动性应计利润，而且影响非流动性应计利润。

$$ACC_t = b_0 + b_1 CFO_{t-1} + b_2 CFO_t + b_3 CFO_{t+1} + b_4 \Delta REV_t + b_5 PPE_t + \varepsilon_t \quad (8-11)$$

根据前述分析，考虑应计项目在经济利得和损失及时确认上的作用后，Ball and Shivakumar (2006a) 提出了修正的FLOSAQ模型，即BSAQ模型，见模型（8-12）。

$$\begin{aligned} ACC_t = {} & b_0 + b_1 CFO_{t-1} + b_2 CFO_t + b_3 CFO_{t+1} + b_4 \Delta REV_t + b_5 PPE_t \\ & + b_6 DCFO_t + b_7 DCFO_t CFO_t + \varepsilon_t \end{aligned} \quad (8-12)$$

上述模型仅控制了经济因素对应计利润的影响，除此之外，公司所处的行业不同，对应计利润的形成会有影响。比如，相对于其他行业而言，零售行业现金收付的业务较多，因此盈余中应计利润所占的比重较小。而资产密集型行业中，企业计提的折旧通常较多，因此应计利润所占的比重更高。应通过分年度分行业估计参数，充分考虑经济因素、行业因素等对应计利润形成的影响。

8.4 盈余稳健性测度

盈余稳健性的经验测度方法主要包括：盈余/股票报酬关系测度、盈余/应计利润测度等。

8.4.1 盈余/股票报酬关系测度

Basu (1997) 将稳健性解释为导致盈余反映坏消息比好消息更快的属性，并首次提出通过会计盈余对经济收益（以股票报酬率作为替代变量）的分段线性回归［见模型（8-13），以下简称Basu模型］来测度盈余稳健性。

$$NI_{it} = \beta_0 + \beta_1 DR_{it} + \beta_2 R_{it} + \beta_3 DR_{it} R_{it} + \varepsilon_{it} \quad (8-13)$$

式中，NI_{it} 表示会计盈余；R_{it} 表示股票报酬率；DR_{it} 表示股票报酬虚拟变量。当 R_{it} 小于0时，DR_{it} 取1，反之取0。

长期以来，尽管会计上奉行稳健性原则，但通常所说的稳健性原则（不高估资产或收益，不低估负债或费用）在经验研究中很难量化，这大大制约了对稳健性原则实施效果的评价。Basu模型的提出为测度盈余稳健性的“度”找到了突破点，从而极大地激发了研究者对稳健性研究的热情，催生了大量关于稳健性的研究文献（Pope and Walker, 1999; Ball, Kothari, and Robin, 2000; Givoly and Hayn, 2000; Holthausen and Watts, 2001; Ball, Robin, and Wu, 2003; 等等），为比较不同国家、不同时期的盈余稳健性及其影响因素奠定了基础。

从财务报告发展的历程来看，总体趋势是要求资产负债表项目越来越反映资产和负债的价值，利润表项目中的会计收益（会计盈余）越来越接近经济收益（经济盈余），以向财务报表的使用者提供更有价值的信息。经济收益是指在保持公司年底和年初的境况一般好时，公司向其权益所有者分配的数额（Hicks，1939，1946）。经验研究中通常使用对股利和资本交易进行调整后的权益市场价值的年度变化作为经济收益的替代变量（Basu，1997；Ball，Kothari，and Robin，2000；等等）。“干净剩余”会计（Ohlson，1995）意味着所有公司都存在两个相互关联的等式：

(1)会计收益＝对股利和资本交易调整后的权益账面价值的年度变化额

(2)公司存续期间会计收益之和＝经济收益之和

会计“确认”原则，如收入实现和费用配比原则决定了会计收益的变化与经济收益的变化并不同步。会计收益在不同时期（逐期）反映经济收益是现行会计模式下的最基本特征。经济收益立刻反映预期未来现金流量现值的变化，而会计“确认”原则使得会计收益在一定期间内反映这些变化。通常在真实现金流量实现的那一点两者较为接近。因此，会计收益系统地滞后于经济收益（Ball and Brown，1968），这种滞后将延续多期（Beaver，Lambert，and Morse，1980；Easton，Harris，and Ohlson，1992；Kothari and Sloan，1992）。因此，会计“确认”原则使得经济收益在一定期间以滞后和平滑的方式反映在会计收益中。

根据“干净剩余”会计，考虑现行会计模式的如下三个基本特征：

（1）通过在不同时期平滑经济收益来减少会计收益及时性的会计“确认”原则；

（2）通过改善经营活动现金流量的序列相关来提高会计应计项目的有效性；

（3）会计利润表的稳健性。

Ball，Kothari，and Robin（2000）调查了会计收益反映经济收益的时间变化过程，推导了收益决定的会计模型及其如何受国际制度因素的影响，并导出了Basu模型。

收益决定的会计模型的前两个特征意味着：

$$Y_{it}=f(\Delta V_{it},\Delta V_{it-1},\Delta V_{it-2},\cdots,\Delta V_{it-n},V_{it}) \tag{8-14}$$

式中，Y 和ΔV 分别表示会计收益和经济收益；V 表示由于不完美会计应计导致的噪音。ΔV 表示权益市场资本化价值的变化额加上股利减去当年资本分配（Hicks，1946）。假定ΔV 在时间上独立。模型（8-14）可简化为：

$$Y_{it}=g_i(\Delta V_{it},\eta_{it}) \tag{8-15}$$

η_{it} 反映市场价值的滞后变化（$\Delta V_{it-1},\Delta V_{it-2},\Delta V_{it-3},\cdots,\Delta V_{it-n}$），也反映由于没有通过会计应计（$V_{it}$）消除的现金流量中残差序列而导致的噪音。扰动项的不同组成部分的分布都会影响模型（8-15）中的拟合优度（R^2），R^2 将作为会计收益及时性的替代变量。通过使用期初市场价值 V_{it-1}，去除解释变量和被解释变量来消除规模效应，可以获得年度报酬率（$R_{it}=\Delta V_{it}/\Delta V_{it-1}$）和盈余收益（$NI_{it}=Y_{it}/\Delta V_{it-1}$），线性设定如下：

$$NI_{it}=\alpha_0+\alpha_1 R_{it}+\xi_{it} \tag{8-16}$$

为体现负经济收益的不对称性，对模型（8-16）进行修正可以在会计收益及时性中反映稳健的不对称性，从而得到Basu模型。

尽管准则通常对好信息的确认比对坏消息的确认要求更高的可证实性标准，但这并不意味着所有的坏消息都应立刻确认。准则通常要求在确认损失时必须符合一定的标准，比如损失必须可以合理估计并且很可能发生。考虑到好消息和坏消息都不是立刻被确认的，会计盈余同滞后的正的和负的股票报酬率之间的相关关系就会出现。同样，由于稳健性原则要求损失更快地确认，因此会计盈余同滞后的正的和负的股票报酬率之间的不对称关系仍然存在。Pope and Walker（1999），Ryan and Zarowin（2003），Price（2005）通过加入滞后的股票报酬率拓展了 Basu 模型，如模型（8－17)所示。

$$NI_{it}=\beta_0+\beta_1 DR_{it}+\beta_2 R_{it}+\beta_3 DR_{it}R_{it}+\sum_{\tau=1}^{3}\lambda_\tau R_{it-\tau}+\sum_{\tau=1}^{3}\delta_\tau DR_{it-\tau}R_{it-\tau}+\varepsilon_{it} \tag{8-17}$$

Beaver and Ryan（2005）在应用盈余/股票报酬回归时也考虑了滞后的报酬率。Basu（2005）对这一设定进行了评论：当当期减值的可能性在某种程度上取决于过去期间所记录的冲销时，滞后报酬对当期盈余的影响就是历史相依的。遗憾的是，在大样本研究中，对过去相关的减值活动进行测度和替代并不容易。一种可能是加入滞后的报酬率，并加入滞后的盈余（或应计利润）作为冲销的替代变量。同样可以加入损失表征变量（虚拟变量）和负的滞后报酬率的交互项。尽管这种设定可以增加模型的解释力，但是如果没有进一步的理论分析，通过 Beaver and Ryan（2005）模型估计的系数将很难解释。

盈余/股票报酬关系的设定也可以是非线性的。Basu（2005）认为，当唯一的摩擦由宽松的减值政策所引发时，模型（8－13）就会存在误设，因为模型（8－13）假定 DR_{it} 变量由严格的减值政策所引发。对于拥有多种资产的公司而言，模型（8－13）的合理修正取决于我们在减值政策的宽松程度中对不同资产变化所做的假定。在这种情况下，当 R_{it} 小于 0，DR_{it} 取 1，反之取 0 就不合适，而应该先假定一个触发点（trigger point），比如−0.2，当 R_{it} 小于−0.2 时，DR_{it} 取 1，反之取 0。当每项资产的减值概率同其未预期的价格下降呈线性正相关时，在模型（8－13）中加入 R_{it} 的平方项可以改善模型的设定，改进后的模型如下所示：

$$NI_{it}=\beta_0+\beta_1 DR_{it}+\beta_2 R_{it}+\beta_3 DR_{it}R_{it}+\gamma_0 R_{it}^{\ 2}+\gamma_1 DR_{it}R_{it}^{\ 2}+\varepsilon_{it} \tag{8-18}$$

系数 γ_0 可以测度好消息程度增加而导致好消息被确认的概率，系数［$\gamma_0+\gamma_1$］可以捕捉当期坏消息程度增加而导致减值被快速确认的概率。

8.4.2 盈余/应计利润测度

在财务报表中对坏消息进行及时和充分确认，而对好消息进行递延和部分确认，导致负的盈余和盈余减少额较正的盈余和盈余增加额具有更差的持续性。对利得和损失的不对称处理导致盈余和应计利润的不对称。由于损失几乎全部属于应计利润，而利得不是，当期应计利润趋于负，并且累计应计利润被低估，从而使盈余和应计利润的分布呈现负偏。而且，更及时地确认坏消息或者更积极地提供预期未来成本和损失，将导致损失较利得而言具有更大的可变性（波动性）。因此负的当期净应计利润和负的累计应计利润以及盈余和应计利润的可变性可作为盈余稳健性的测度。但通过波动率来描述盈余稳健性时需要考虑盈余的符号，因为及时的损失确认会提高负的盈余的波动率，但却会降低正的盈余的波动率。

1. 盈余测度

Basu（1997）和 Watts（1993）预测，负的盈余变化额较正的盈余变化额而言更容易在下期转回。已有的经验研究证据也支持了这一论断（Brooks and Buckmaster，1976；Elgers and Lo，1994）。Basu（1997）建立了负的盈余变化额较正的盈余变化额而言更容易在下期转回的不对称模型，即时间序列相依模型，见模型（8－19）。

$$\Delta X_{it}=\beta_0+\beta_1 DX_{it-1}+\beta_2\Delta X_{it-1}+\beta_3 DX_{it-1}\Delta X_{it-1}+\varepsilon_{it} \tag{8-19}$$

式中，ΔX_{it-1} 指 i 公司 t 年度和 $t-1$ 年度的会计盈余之差，如果 $\Delta X_{it-1}<0$，则 $DX_{it-1}=1$，反之取 0。研究结论表明，对于正的盈余变化组，估计的滞后盈余系数（β_2）并没有显著异于 0。对于负的盈余变化组，估计的滞后盈余系数显著为负，但并不显著异于－1.0，从而支持了作者的预测。Ball，Kothari，and Robin（2000），Ball，Robin，and Wu（2003），Ball and Shivakumar（2005）为模型（8－19）提供了额外的证据。

2. *应计利润测度*

Givoly and Hayn（2000）认为，稳健性减少了各期累计报告盈余。他们建议用各期累计应计利润的符号和大小作为稳健性的测度。在其他条件不变的情况下，长期内不同公司负的应计利润一致占优是稳健性的表现，然而负的应计利润的累计比率是各期稳健性程度变化的表现。

Givoly and Hayn（2000）还发现，资产收益率分布在检验期（1956—1999 年）内的大部分期间负偏，不论是单个公司的时间序列数据，还是公司年度的截面数据。研究还发现，1956—1998 年间，除折旧以外的应计利润累计为负的金额相当于同一期间累计盈余的 16%。这一累计额发生在 1982—1998 年，并且与在基于盈余/股票报酬关系的时间序列分析中观察到的稳健性大量增加的证据一致。

3. *应计利润/现金流量关系测度*

Ball and Shivakumar（2005）指出，Basu（1997）的时间序列相依模型（8－19）存在两个缺陷：第一，它不能将盈余中暂时性利得或损失部分同应计项目中的随机误差（如存货的误计）、某些类型的盈余管理（超额计提准备，并在以后期间转回）进行区分，所有这些项目都是暂时性的，并会导致收益变化的负序列相依。第二，模型仅能识别利得和损失中的暂时性部分的存在，而不论这种确认是否及时。因而，该研究提出可以以应计利润/现金流量关系来衡量会计损失的及时确认。

由于经济损失更可能在发生时以及时的方式确认，而经济利得更可能在实现时以递延的方式确认，这种不对称是应计利润与同期现金流量呈正的但不对称相关关系的来源。比如，当资产发生减值时，判断的依据以及由此确认的减值损失同未来现金流量的现值紧密相关，因此同经济利得相比，经济损失的确认同现金流量的正相关关系更强，从而呈现出不对称性。据此，Ball and Shivakumar（2005）估计了现金流量和应计利润的分段线性回归模型，即模型（8－20）。

$$ACC_{it}=\beta_0+\beta_1 DCFO_{it}+\beta_2 CFO_{it}+\beta_3 DCFO_{it}CFO_{it}+\varepsilon_{it} \tag{8-20}$$

式中，CFO_{it} 是 i 公司 t 年度的经营活动现金流量，以扣除例外项目和非常项目前的盈余减去应计利润（ACC_{it}）计算获得，$ACC_{it}=\Delta$存货$+\Delta$应收债权$+\Delta$其他流动资产$-\Delta$应付债务$-\Delta$其他流动负债$-$折旧。如果 $CFO_{it}<0$，则 $DCFO_{it}=1$，反之取 0。CFO_{it}，ACC_{it}

均以期初总资产进行标准化。模型（8-20）实际上是对 Givoly and Hayn（2000）根据应计利润的分布来测度盈余稳健性的拓展。

8.4.3 公司层面盈余稳健性的测度

Basu 模型是盈余稳健性研究领域应用最广泛的模型。但 Basu 模型不能直接用来获得盈余稳健性的公司年度测度。从理论上讲，利用 Basu 模型对每个公司一定年度的数据分别进行回归，可以获得公司层面的盈余稳健性测度。然而，对每个公司分别进行回归以获取各个公司的盈余稳健性测度需要各个公司具有足够长的时间序列数据。我国证券市场发展才二十余年，因此很难通过各个公司的时间序列数据来分别估计各公司的盈余稳健性程度。同样，估计各个行业层面的稳健性要求每个行业具有足够的公司年度数据，并且需要有足够的行业才能对行业稳健性的影响进行进一步的分析。由于公司年度层面、公司层面和行业层面盈余稳健性的估计具有难度，因此，在已有文献中，对盈余稳健性的测度和经济影响的研究主要集中于国际比较，即先估计出国家层面的稳健性测度，然后进行国家之间的比较。

尽管估计公司年度层面、公司层面和行业层面的盈余稳健性具有挑战性，但为了研究公司盈余稳健性的经济影响，一些学者开始尝试发展公司层面的稳健性测度，Givoly and Hayn（2000）认为，一定期间的累计应计利润能够更好地反映特定公司应计利润的稳健性。Ahmed 等（2002）用以 6 年为估计期计算的公司平均累计应计利润（用以 3 年为估计期计算的公司平均累积应计利润作为公司的稳健性测度时未改变其结论）和账面市值比中的偏差部分作为公司层面的稳健性测度，研究了稳健性同债务成本之间的关系，但 Ahmed 等（2002）的稳健性测度没有考虑公司稳健性的行业差异。Francis 等（2004）通过利用 Basu 模型和公司滚动 10 年的数据估计了公司层面的盈余稳健性，研究了稳健性同权益成本之间的关系。由于 Francis 等（2004）仅使用 10 年的数据进行回归，因此获得的公司稳健性具有较大的误差。

前面的研究表明，通过应计利润进行分组来获取 Basu 测度，两者具有很好的一致性，即应计利润越低，Basu 测度越高，这说明，应计利润可以有效测度公司的有条件稳健性。考虑到稳健性的行业差异，笔者将以行业调整后的公司应计利润作为盈余稳健性的公司年度测度。为了便于解释，将行业调整后的应计利润乘以－1，得到新的公司年度层面的稳健性测度指标 Indconacc。Indconacc 越大，说明公司盈余稳健性越大。

Khan and Watts（2009）通过识别影响特定公司稳健性的因素，结合 Basu 模型（8-21），提出公司年度层面的稳健性测度。研究认为，公司规模、市净率和财务杠杆是影响公司稳健性的主要因素，因此，模型（8-21）中的 β_{3it}，β_{4it} 是这些因素的线性函数。将这些因素嵌入 Basu 模型中形成模型（8-22），然后通过估计系数和这些因素的乘积计算公司年度稳健性。

$$X_{it}=\beta_{1t}+\beta_{2it}DR_{it}+\beta_{3it}R_{it}+\beta_{4it}DR_{it}R_{it}+\varepsilon_{it} \tag{8-21}$$

$$G\_Score=\beta_{3it}=u_{1t}+u_{2t}Size_{it}+u_{3t}MTB_{it}+u_{4t}Lev_{it}$$

$$C\_Score=\beta_{4it}=\lambda_{1t}+\lambda_{2t}Size_{it}+\lambda_{3t}MTB_{it}+\lambda_{4t}Lev_{it}$$

$$\begin{aligned}X_{it}=&\beta_{1t}+\beta_{2it}D_{it}+R_{it}(u_{1t}+u_{2t}Size_{it}+u_{3t}MTB_{it}+u_{4t}Lev_{it})\\&+D_{it}R_{it}(\lambda_{1t}+\lambda_{2t}Size_{it}+\lambda_{3t}MTB_{it}+\lambda_{4t}Lev_{it})+\varepsilon_{it}\end{aligned} \tag{8-22}$$

式中，X_{it} 表示公司每股收益（并用期初股价进行平减）。R_{it} 表示持有期股票报酬率，根据公司当年 6 月到下年 5 月的月度股票报酬率计算的持有期报酬率进行测度。DR_{it} 表示股票报酬虚拟变量，R_{it} 小于 0 时，DR_{it} 取 1，反之取 0。G_Score 表示盈余对好消息的反映。C_Score 表示盈余对坏消息的增量反映，即公司年度稳健性测度。$Size$ 是公司的总市值。MTB 是公司市净率。Lev 是公司的财务杠杆，等于公司总负债除以总市值。

考虑公司应计利润和 Basu 测度在捕捉公司盈余稳健性上的一致性，笔者将对 Khan and Watts（2009）提出的方法进行修正，通过应计利润和 Basu 模型来获取公司年度稳健性测度，见模型（8－23）。

$$\begin{aligned} X_{it} &= \beta_{1t} + \beta_{2it} D_{it} + R_{it}(u_{1t} + u_{2t} Accrual_{it}) \\ &\quad + D_{it} R_{it}(\lambda_{1t} + \lambda_{2t} Accrual_{it}) + \varepsilon_{it} \\ C\_Score1 &= \beta_{4it} = \hat{\lambda}_{1t} + \hat{\lambda}_{2t} Accrual_{it} \end{aligned} \tag{8-23}$$

式中，$Accrual_{it}$ 表示公司应计利润，其值等于调整后的净利润－经营活动现金流量，其中，调整后的净利润＝［净利润－投资收益＋财务费用＋处置固定资产或无形资产等损失（固定资产报废损失）＋递延贷项］/平均总资产。其他变量的定义同前。

除了使用单个指标来测度盈余稳健性外，Beatty，Weber，and Yu（2008）基于 Basu 测度、市净率、经营活动现金流量偏度和净收益偏度之差、负的非经营性应计利润四个指标的秩和构造了稳健性公司年度层面的综合测度。Khan and Watts（2009）提出的 C 得分（C_Score）、市净率、经营活动现金流量偏度和净收益偏度之差、负的非经营性应计利润四个指标的秩和构造了稳健性公司年度层面的综合测度。考虑到单独使用 Basu 模型难以准确获得公司年度的稳健性测度，以及操控性应计利润主要用来测度盈余管理水平而不是盈余稳健性，而市净率主要用来衡量无条件稳健性，并且由于我国上市公司的市净率受公司股价波动的影响较大，整体上并不能捕捉到我国上市公司的盈余稳健性，因此，笔者将通过负的应计利润、Khan and Watts（2009）提出的 C 得分、经营活动现金流量偏度和净收益偏度之差，以及负的非经营性应计利润四个指标的秩和和因子得分来构造稳健性公司年度层面的综合测度。由于在公司样本量较大和构造秩和的变量较多的情况下，秩和或者平均秩和的值会非常大，从而可能使估计的系数非常少，因此笔者对秩和取对数后再进行回归。尽管稳健性的综合测度综合了尽可能多的信息，但是使用综合测度后变量之间的数量关系变得不够清晰，在这种情况下，应更多地关注变量之间的影响方向。此外，使用因子分析来构造统计测度，可能由于数据过度拟合而使变量不显著（Khan and Watts，2009）。

8.5　我国上市公司盈余管理、应计质量和盈余稳健性测度——Stata 实现

8.5.1　我国上市公司应计利润的计算

Stata 程序 8.5.1.1：我国上市公司应计利润的计算

利用我国 A 股上市公司截至 2018 年的数据（应计会计专题.dta），计算上市公司应计利润。主要的变量及其解释如下：

变量名	变量解释
zzc	资产总计
fzhj	负债合计
hbzj	货币资金
ldzchj	流动资产合计
dqtz	短期投资净额
jyxjrzc	交易性金融资产
ynnfldzc	一年内到期的非流动资产
ldfzhj	流动负债合计
dqjk	短期借款
yfgl	应付股利
ynnfldfz	一年内到期的非流动负债
zjfy_cf	固定资产折旧、油气资产折耗、生产性生物资产折旧
wxzctx_cf	无形资产摊销
cqdtfy_cf	长期待摊费用摊销
czgdzcss_cf	处置固定资产、无形资产和其他长期资产的损失（收益以“—”号填列）
gdzcbfss_cf	固定资产报废损失（收益以“—”号填列）
dysdszcjs_cf	递延所得税资产减少（增加以“—”号填列）
dysdsfzzj_cf	递延所得税负债增加（减少以“—”号填列）
jyhdxjlld	经营活动产生的现金流量净额（直接法）
jyhdxjll_cfi	经营活动产生的现金流量净额（间接法）

```
*Stata 程序
*通过 cd 命令设定当前工作目录
use "应计会计专题.dta",clear
describe zzc fzhj hbzj ldzchj dqtz jyxjrzc ynnfldzc ldfzhj dqjk yfgl yn-
nfldfz zjfy_cf wxzctx_cf cqdtfy_cf czgdzcss_cf gdzcbfss_cf dysdszcjs_
cf dysdsfzzj_cf jyhdxjlld jyhdxjll_cfi

***计算平均总资产，用于消除规模效应
xtset dm nd
gen avzzc=(zzc+ l.zzc)/2                    //计算平均总资产
label var avzzc "平均总资产"

***计算总应计利润
gen tacc=(d.zzc-d.fzhj-d.hbzj)/avzzc        //计算总应计利润
label var tacc "总应计利润"

*Richardson 等（2005）根据资产负债表法计算的总应计项目为非现金资产的变化额
减去负债的变化额
*TACC_ZC=ΔASSET-ΔLIABILITY-ΔCASH
```

```
***计算流动性应计利润 CACC
**检查各项目是否存在缺失值
foreach var of varlist ldzchj hbzj dqtz jyxjrzc ynnfldzc ldfzhj dqjk yf-
gl ynnfldfz{
        count if `var'==.
        }
**因会计准则变化将交易性金融资产和短期投资合并
gen dqtz2=dqtz
replace dqtz2= jyxjrzc if nd>=2007
gen cacc=((d.ldzchj-d.hbzj-d.dqtz2-d.ynnfldzc)-(d.ldfzhj-d.dqjk-d.
yfgl-d.ynnfldfz))/avzzc                          //计算流动性应计利润
label var cacc "流动性应计利润"
*流动性应计利润=（Δ流动资产－Δ货币资产－Δ交易性金融资产－Δ一年内到期的非
流动资产）－（Δ流动负债－Δ短期借款－Δ应付股利－Δ一年内到期的非流动负债）
*在 2007 年新会计准则执行前，流动性应计利润=（Δ流动资产－Δ货币资产－Δ短期投
资－Δ一年内到期的长期债券投资）－（Δ流动负债－Δ短期借款－Δ应付股利－Δ一年
内到期的长期借款）

**计算经营性应计利润的相关调整项
gen zjtxfy=zjfy_cf+ wxzctx_cf+ cqdtfy_cf          //固定资产折旧+无形资产摊
销+长期待摊费用摊销
label var zjtxfy "折旧摊销费用"
gen gdzcczqlss=czgdzcss_cf+ gdzcbfss_cf
label var gdzcczqlss "固定资产处置损失与清理费用"
gen dysdsfy_cf=dysdszcjs_cf+dysdsfzzj_cf
label var dysdsfy_cf "递延所得税费用"
*递延所得税费用= 递延所得税资产的减少+递延所得税负债的增加

**利用 1997 年及之前的合并财务状况表数据，计算 1997 年前的应计利润和经营活动现金流量
replace zjtxfy=zjtxfy97 if nd<=1997                //折旧摊销费用
replace gdzcczqlss=gdzcczqlss97  if nd<=1997 //固定资产处置损失与清理费用
replace dysdsfy_cf=dysdsfy_cf97  if nd<=1997 //递延所得税费用

replace jyhdxjlld=hbjlr+zjtxfy+gdzcczqlss+dysdsfy_cf-tzsy+cwfy-cacc
*avzzc  if nd<=1997                               //经营活动现金流量_直接法：
使用直接法推算
replace jyhdxjll_cfi=hbjlr+zjtxfy+gdzcczqlss+dysdsfy_cf-tzsy+cwfy-
cacc*avzzc  if nd<=1997                          //经营活动现金流量_间接法：
使用间接法推算
```

```
*cfo=净利润+固定资产折旧+无形资产、递延资产及其他资产摊销额+固定资产净盘亏额+清理固定资产净损失+递延税款贷项-投资收益+财务费用-流动性应计利润
drop zjtxfy97 gdzcczqlss97 dysdsfy_cf97

***计算经营活动现金流量和经营性应计利润(递延所得税费用 dysdsfy_cf)
gen cfo=jyhdxjlld
label var cfo "经营活动现金流量"
gen cfoa=jyhdxjlld/avzzc
label var cfoa "总资产现金率:经营活动现金流量/总资产"

gen oacc=((hbjlr-tzsy+cwfy+gdzcczqlss+dysdsfy_cf)-jyhdxjlld)/avzzc
label var oacc "经营性应计利润 oacc=调整后的净利润-经营活动现金流量"
*经营性应计利润 oacc=调整后的净利润-经营活动现金流量
*调整后的净利润=净利润-投资收益+财务费用+处置固定资产、无形资产等损失(固定资产报废损失)+递延贷项
*调整后的净利润可以近似地理解为扣除非常项目前的经营净利润

gen oacc2=((hbjlr-tzsy+cwfy+gdzcczqlss+dysdsfy_cf+zcjzss_cf)-jyhdxjlld)/avzzc
  //不考虑减值损失
*oacc2=调整后的净利润+计提的减值准备-经营活动现金流量
label var oacc2 "经营性应计利润 oacc2=调整后的净利润+计提的减值准备-经营活动现金流量"

gen oacc3=((hbjlr-tzsy+cwfy)-jyhdxjlld)/avzzc        //考虑非常项目
*oacc3=净利润-投资收益+财务费用-经营活动现金流量
label var oacc3 "经营性应计利润 oacc3=净利润-投资收益+财务费用-经营活动现金流量"

gen oaccbda=oacc+(zcjzss_cf+zjtxfy)/avzzc            //扣除折旧和摊销前的经营性应计利润
label var oaccbda "oaccbda=oacc2+折旧和摊销"

gen noacc=oacc3-oacc2
label var noacc "noacc=非正常经营性应计利润"

***计算狭义的经营性应计利润，剔除投资收益、财务费用和公允价值变动损益后的营业利润减 cfo
gen oacc4=(yylr+cwfy-tzsy-gyjzbdsy)/avzzc-cfoa
label var oacc4 "狭义的经营性应计利润，剔除投资收益、财务费用和公允价值变动损益后的营业利润减 cfo"
```

```
save "应计会计专题 1.dta",replace

sum tacc oacc oacc2 oacc3 oaccbda cacc noacc if nd>=2007 & nd<=2018
sum2docx tacc oacc oacc2 oacc3 oaccbda cacc noacc using "table8_2.docx"
if nd>=2007 & nd<=2018, replace stats(N mean sd min median max)  title
("表 8-2 2007—2018 年上市公司应计利润描述性统计")
```

2007—2018 年上市公司应计利润描述性统计见表 8－2。从表中可以看出，未缩尾的应计利润估计存在明显的极端值，估计总应计利润同经营性应计利润在数值上差异明显。

表 8－2　2007—2018 年上市公司应计利润描述性统计

VarName	Obs	Mean	SD	Min	Median	Max
tacc	27 780	0.062	0.602	−64.835	0.039	40.427
oacc	27 780	−0.006	0.610	−64.834	−0.010	67.745
oacc2	27 780	0.006	0.608	−64.834	−0.003	67.960
oacc3	27 780	−0.003	0.612	−64.834	−0.008	67.745
oaccbda	27 780	0.031	0.608	−64.834	0.022	67.963
cacc	27 780	0.020	0.578	−64.835	0.015	42.155
noacc	27 780	−0.009	0.088	−4.933	−0.003	10.260

8.5.2　我国上市公司债券发行与应计盈余管理

Stata 程序 8.5.2.1：我国上市公司债券发行与应计盈余管理

利用我国 A 股上市公司财务数据（应计会计专题 1. dta）与债券发行数据（ifind 上市公司债券发行汇总 data. dta），考察上市公司首次债券发行前的盈余管理行为。

变量名	变量解释
avzzc	平均总资产
gdzcje	固定资产净额
zjgcje	在建工程净额
gcwz	工程物资
ppe	固定资产净额
sale	营业收入
yspj	应收票据净额
yszkzc	应收账款净额
issue	当年是否发行债券，发行为 1，否则为 0
IssuePos	首次发行取 0，首次发行之前依次取－1，－2，…，之后依次取 1，2，…
IssueY	公司是否发行过债券，发行过取 1，反之取 0
hy	基于 2012 年证监会行业分类数字

```
*Stata 程序
use "应计会计专题 1.dta",clear
sort dm nd
*合并债券发行数据
merge 1:1 dm nd using "ifind 上市公司债券发行汇总 data.dta"
drop if _merge==2
gen issue=(_merge==3)
label var issue "当年是否发行债券，发行为 1，否则为 0"
drop  _merge

*首次债券发行年度位置的标定
bys dm:gen n=_n
bys dm:egen minissue=min(n) if issue==1  /*在每个公司 issue 等于 1 的观测
中找 n 最小的值*/
bys dm:egen minissue2=min(minissue)
gen IssuePos=n-minissue2
label var IssuePos "首次发行取 0，首次发行之前依次取-1，-2,…，之后依次取 1,2,…"

*截面 Jones 模型：以未发行过债券的公司估计非操控性利润
bys dm:egen IssueY=max(issue)  /*当年是否发行债券，发行为 1，否则为 0*/
label var IssueY "公司是否发行过债券，发行过取 1，反之取 0"
tab IssueY

*产生 Jones 模型中所需的变量
xtset dm nd
gen ppe=(gdzcje+zjgcje+gcwz)/avzzc
label var ppe "固定资产净额"
tsset dm nd
gen drev=d.sale/avzzc
label var drev "销售收入的差分"
egen ar=rowtotal(yspj yszkzc)
label var ar "应收款项"
gen dar=d.ar/avzzc
label var dar "应收款项变化额"
***ar 是应收款项，包括应收票据和应收账款
gen lavzzc=1/avzzc
label var lavzzc "平均总资产的倒数"

*使用估计样本估计模型参数
*方法 1：使用 asreg 命令分年度分行业直接获取估计参数
asreg oacc lavzzc drev ppe if IssueY==0,noc by(nd hy)
```

```
*将估计的参数复制给研究样本
bys nd hy: egen b0=min(_b_lavzzc)
bys nd hy: egen b1=min(_b_drev)
bys nd hy: egen b2=min(_b_ppe)
*使用修正的 Jones 模型计算研究样本非操控性和操控性应计利润
gen nda=b0*lavzzc+b1*(drev-dar)+b2*ppe if IssueY==1
gen da=oacc-nda if IssueY==1
*检验研究样本发行前 1 年是否存在盈余管理行为
ttest da=0 if IssuePos==-1                  //参数 t 检验
signrank da=0 if IssuePos==-1               //非参数 z 检验

drop _Nobs _R2 _adjR2 _b_lavzzc _b_drev _b_ppe

*时间序列 Jones 模型：以公司发行债券前的样本估计非操控性利润
*方法 1：使用 asreg 命令分年度分公司直接获取估计参数
asreg oacc lavzzc drev ppe if IssueY==1 & IssuePos<=-2,noc by(dm)
tab _Nobs
bys dm: egen b01=min(_b_lavzzc)
bys dm: egen b11=min(_b_drev)
bys dm: egen b21=min(_b_ppe)

*计算研究样本非操控性应计利润和操控性应计利润
***使用修正的 Jones 模型计算操控性应计利润
gen nda1=b01*lavzzc+b11*(drev-dar)+b21*ppe if IssueY==1
gen da1=oacc-nda1 if IssueY==1

*检验研究样本发行前 1 年是否存在盈余管理行为
ttest da1=0 if IssuePos==-1                 //参数 t 检验
signrank da1=0 if IssuePos==-1              //非参数 z 检验

drop _Nobs _R2 _adjR2 _b_lavzzc _b_drev _b_ppe

describe avzzc gdzcje zjgcje gcwz ppe sale yspj yszkzc issue IssuePos
IssueY hy

save "应计盈余管理.dta",replace

/*方法 2：使用 statsby 命令分年度分行业获取估计参数，然后进行合并，请读者自行完成*/
```

2007—2018 年上市公司债券发行前 1 年操控性盈余单变量检验结果见表 8－3，从表中看，无论是参数检验还是非参数检验，都表明我国上市公司在债券发行前 1 年实施了显著的盈余管理行为。

表 8-3　2007—2018 年上市公司债券发行前 1 年操控性盈余单变量检验

变量	参数 t 检验			非参数 z 检验	
	均值	t 值	p 值	z 值	p 值
da	0.036	10.006	0.000	10.577	0.000
da1	0.185	4.386	0.000	6.704	0.000

8.5.3　企业会计准则变迁与应计质量

Stata 程序 8.5.3.1：企业会计准则变迁与应计质量

利用我国 A 股上市公司“应计会计专题 1.dta”，生成 1995—2018 年的平衡面板数据，考察 2007 年企业会计准则体系实施前后上市公司应计质量的变化。

变量名	变量解释
cacc	流动性应计利润
cfoa	总资产现金率：经营活动现金流量/总资产
Lcfoa	滞后 1 期经营活动现金流量/总资产
Fcfoa	领先 1 期经营活动现金流量/总资产
period	会计准则变迁，2007 年及之后取 1，反之取 0
AQ	应计质量

```
*Stata 程序
use "应计会计专题 1.dta",clear
xtset dm nd
gen Lcfoa=L.cfoa
label var Lcfoa "滞后 1 期经营活动现金流量/总资产"
gen Fcfoa=F.cfoa
label var Fcfoa "领先 1 期经营活动现金流量/总资产"
drop if nd<=1994
xtbalance , range(1995 2018)            //生成 1995—2018 年平衡面板数据
xtdescribe
*估计企业会计准则体系实施前（1995—2006 年）的公司层面应计质量
asreg cacc Lcfoa cfoa Fcfoa if nd<=2006, by(dm)
tab _Nobs
gen uhat1=cacc-(_b_cons+_b_Lcfoa*Lcfoa+_b_cfoa*cfoa+_b_Fcfoa*Fcfoa)
bys dm:egen AQ1=sd(uhat1) if uhat1!=. & nd<=2006
drop _Nobs _R2 _adjR2 _b_Lcfoa _b_cfoa _b_Fcfoa _b_cons
*估计企业会计准则体系实施后（2007—2018 年）的公司层面应计质量
```

```
asreg cacc Lcfoa cfoa Fcfoa if nd>=2007 , by(dm)
gen uhat2=cacc-(_b_cons+ _b_Lcfoa*Lcfoa+ _b_cfoa*cfoa+ _b_Fcfoa*Fcfoa)
bys dm:egen AQ2=sd(uhat2) if uhat2!=. & nd>=2007
drop _Nobs _R2 _adjR2 _b_Lcfoa _b_cfoa _b_Fcfoa _b_cons
egen AQ=rowtotal(AQ1 AQ2)
label var AQ "应计质量"
drop if AQ==0
gen period=(nd>=2007)
label var period "会计准则变迁"
ttest AQ,by(period)                //参数 t 检验
ranksum AQ,by(period)              //非参数 z 检验
```

相关检验结果见表 8-4，从表中可以看出，2007 年企业会计准则实施前后，应计质量发生了显著的结构性变化。2007 年企业会计准则的实施显著提高了 DD 模型残差的波动性，可能的原因是新准则更大范围地使用了公允价值计量，通常未实现损益确认越多，现金流对应计利润的预测越差。

表 8-4　企业会计准则变迁与应计质量的单变量检验

变量	参数 *t* 检验				非参数 *z* 检验	
	AQ（1995—2006 年）	AQ（2007—2018 年）	*t* 值	*p* 值	*z* 值	*p* 值
AQ	0.081	0.162	−5.888	0.000	−3.498	0.000

8.5.4　企业会计准则变迁与盈余稳健性

Stata 程序 8.5.4.1：企业会计准则变迁与盈余稳健性

利用我国 A 股上市公司“盈余稳健性数据.dta”，考察 2007 年企业会计准则体系实施前后上市公司盈余稳健性的变化。

变量名	变量解释
eps	每股收益：归属于母公司净利润/股本总额
p12	12 月末公司股票价格
e	等于 eps/上年末股价
r	根据当年 1—12 月持有期回报率来计算
dr	r<0，dr 取 1，反之取 0
rdr	等于 r×dr
p	会计准则变迁，2007 年及之后取 1，反之取 0
pr	等于 p×r
pdr	等于 p×dr
prdr	等于 p×rdr

```
*Stata 程序
*通过 cd 命令设定当前工作目录
use "盈余稳健性数据.dta",clear
xtset dm nd
gen e=eps/L.p12
label var e "等于 eps/上年末股价"
gen r=ret12
label var r "根据当年 1—12 月持有期回报率来计算"
gen dr=(r<0)
label var dr "r<0,dr 取 1，反之取 0"
gen rdr=r*dr
label var rdr "等于 r×dr"
gen p=(nd>=2007)
label var p "会计准则变迁，2007 年及之后取 1，反之取 0"
gen pr=p*r
label var pr "等于 p×r"
gen pdr=p*dr
label var pdr "等于 p×dr"
gen prdr=p*rdr
label var prdr "等于 p×rdr"

describe eps p12 e r dr rdr p pr pdr prdr

drop if nd<=1994

qui reg e r if dr==0,vce(cluster dm)
est store e1
qui reg e r if dr==1,vce(cluster dm)
est store e2
qui reg e r dr rdr,vce(cluster dm)
est store e3
qui reg e r dr rdr p pr pdr prdr,vce(cluster dm)
est store e4
estout e*, cells(b(star fmt(3)) t(par fmt(2)))  ///
stats(N F r2_a,star(F) fmt(%9.0g %9.2f %9.2f) labels("N")) ///
starlevels(*0.1 **0.05 ***0.01)  varlabels(_cons Constant)   ///
varwidth(8) modelwidth(8)  abbrev replace
outreg2 [e*] using "table9_5.rtf", word tstat ///
        e(F)  bdec(3) tdec(2) replace
est clear
```

企业会计准则变迁与盈余稳健性的回归分析结果见表 8-5。从表中可以看出，我国上市公司盈余具有显著的稳健性，即盈余对坏消息的反映比对好消息的反映更及时。2007 年企业会计准则的实施显著降低了盈余稳健性，可能的解释是新准则更大范围地使用了公允价值计量，因为公允价值计量强调损失和利得的对称确认。

表 8-5 企业会计准则变迁与盈余稳健性的回归分析结果

VARIABLES	(1) e	(2) e	(3) e	(4) e
	dr==0	dr==1	总体稳健性	制度前后稳健性变化
r	0.008*** (8.65)	0.069*** (17.10)	0.008*** (8.65)	0.020*** (6.36)
dr			0.006*** (4.69)	0.037*** (6.22)
rdr			0.061*** (14.40)	0.244*** (9.61)
p				0.008** (2.26)
pr				−0.013*** (−4.04)
pdr				−0.032*** (−5.23)
prdr				−0.200*** (−7.79)
Constant	0.022*** (22.84)	0.028*** (23.80)	0.022*** (22.84)	0.015*** (4.03)
Observations	14 675	16 807	31 482	31 482
R-squared	0.007	0.026	0.032	0.056
F	74.77	292.5	213.5	113.8

Robust t-statistics in parentheses
*** p<0.01, ** p<0.05, * p<0.1

练习题

1. 利用我国 A 股上市公司财务数据（应计会计专题 .dta）与债券发行数据（ifind 上市公司债券发行汇总 data.dta），考察上市公司首次债券发行前的真实活动盈余管理行为。

2. 利用我国 A 股上市公司财务数据（应计会计专题 .dta）中公司当年及之前年份共计 10 年的数据，滚动估计公司的应计质量，并检验经济因素（见 Dechow and Dichev (2002)）对应计质量的影响。

3. 运用我国 A 股上市公司财务数据（盈余稳健性数据 .dta）进行以下操作。

(1) 利用Basu (1997) 提出的盈余时间序列相依模型，检验2007年企业会计准则体系实施前后上市公司盈余稳健性的变化。

(2) 利用Ball and Shivakumar (2005) 提出的现金流量和应计利润的分段线性回归模型，检验2007年企业会计准则体系实施前后上市公司盈余稳健性的变化。

(3) 使用Khan and Watts (2009) 提出的方法估计公司层面的盈余稳健性测度。

参考文献

1. 陈武朝，张泓．盈余管理 审计师变更与审计师独立性．会计研究，2004 (8)：81-86.

2. 陈信元，夏立军．审计任期与审计质量：来自中国证券市场的经验证据．会计研究，2006 (1)：44-53.

3. 戴德明，姚淑瑜．会计—税收差异及其制度因素分析——来自中国上市公司的经验证据．财经研究，2006 (5)：48-59.

4. 毛新述．公开债务融资、财务报告与公司治理．北京：中国人民大学出版社，2014.

5. 毛新述．中国上市公司盈余稳健性研究．北京：经济科学出版社，2009.

6. 夏立军．盈余管理计量模型在中国股票市场的应用研究．中国会计与财务研究，2003 (2)：94-122.

7. 叶康涛．盈余管理与所得税支付：基于会计利润与应税所得之间差异的研究．中国会计评论，2006 (2)：205-224.

8. 周铁，罗燕雯，荆娴．应计利润计量偏差及对识别盈余管理的影响——基于计量信息相关性分析和中国制造业上市公司经验验证．会计研究，2006 (6)：63-69.

9. Ahmed, A. S., B. K. Billings, R. M. Morton, and M. Stanford-Harris. The Role of Accounting Conservatism in Mitigating Bondholder-Shareholder Conflicts over Dividend Policy and in Reducing Debt Costs. The Accounting Review, 2002, 77(4): 867-890.

10. Ball, R. and L. Shivakumar. Earnings Quality in UK Private Firms: Comparative Loss Recognition Timeliness. Journal of Accounting and Economics, 2004, 39(1): 83-128.

11. Ball, R. and L. Shivakumar. The Role of Accruals in Asymmetrically Timely Gain and Loss Recognition. Journal of Accounting Research, 2006, 44(2): 207-242.

12. Ball, R. and P. Brown. An Empirical Evaluation of Accounting Income Numbers. Journal of Accounting Research, 1968, 6(2): 159-178.

13. Ball, R., A. Robin, and J. S. Wu. Incentives Versus Standards: Properties of Accounting Income in Four East Asian Countries. Journal of Accounting and Economics, 2003, 36(1): 235-270.

14. Ball, R., S. P. Kothari, and A. Robin. The Effect of International Institutional Factors on Properties of Accounting Earnings. Journal of Accounting and Economics, 2000, 29(1): 1-51.

15. Barth, M. E. , D. P. Cram, and K. K. Nelson. Accruals and the Prediction of Future Cash Flows, 2001, 76(1): 27 - 58.

16. Basu. Discussion of "Conditional and Unconditional Conservatism: Concepts and Modeling". Review of Accounting Studies, 2005, 10: 311 - 321.

17. Basu, S. The Conservatism Principle and the Asymmetric Timeliness of Earnings 1. Journal of Accounting and Economics, 1997, 24(1): 3 - 37.

18. Beaver, W. H. and S. G. Ryan. Conditional and Unconditional Conservatism: Concepts and Modeling. Review of Accounting Studies, 2005, 10(2 - 3): 269 - 309.

19. Beaver, W. , R. Lambert, and D. Morse. The Information Content of Security Prices. Journal of Accounting and Economics, 1980, 2(1): 3 - 28.

20. Beneish, M. D. Detecting GAAP Violation: Implications for Assessing Earnings Management Among Firms with Extreme Financial Performance. Journal of Accounting and Public Policy, 1997, 16(3): 271 - 309.

21. Brooks, L. and D. Buckmaster. Further Evidence of the Time Series Properties of Accounting Income. Journal of Finance, 1976, 31(5): 1359 - 1373.

22. Calegari, M. J. The Effect of Tax Accounting Rules on Capital Structure and Discretionary Accruals. Journal of Accounting and Economics, 2000, 30(1): 1 - 31.

23. Cohen, D. A. and P. Zarowin. Accrual-Based and Real Earnings Management Activities Around Seasoned Equity Offerings. Journal of Accounting and Economics, 2010, 50(1): 2 - 19.

24. DeAngelo, L. E. Accounting Numbers as Market Valuation Substitutes: A Study of Management Buyouts of Public Stockholders. The Accounting Review, 1986, 61(3): 400 - 420.

25. Dechow, P. M. and I. D. Dichev. The Quality of Accruals and Earnings: The Role of Accrual Estimation Errors. The Accounting Review, 2002, 77: 35 - 59.

26. Dechow, P. M. , A. P. Hutton, and R. G. Sloan. An Empirical Assessment of Residual Income Valuation Model. Journal of Accounting & Economics, 1999, 26(1): 1 - 34.

27. Dechow, P. M. , R. G. Sloan, and A. P. Sweeney. Detecting Earnings Management. The Accounting Review, 1995, 70(2): 193 - 225.

28. Dechow, P. M. , S. P. Kothari, and R. L. Watts. The Relation Between Earnings and Cash Flows. Journal of Accounting and Economics, 1998, 25(2): 133 - 168.

29. Dechow, P. Accounting Earnings and Cash Flows as Measures of Firm Performance: The Role of Accounting Accruals. Journal of Accounting and Economics, 1994, 18(1): 3 - 42.

30. DeFond, M. L. and J. Jiambalvo. Debt Covenant Violation and Manipulation of Accruals. Journal of Accounting and Economics, 1994, 17(1 - 2): 145 - 176.

31. Easton, P. , T. Harris, and J. Ohlson. Aggregate Accounting Earnings Can Explain Most of Security Returns: The Case of Long Return Intervals. Journal of Accounting and Economics, 1992, 15(2 - 3): 119 - 142.

32. Elgers, P. and M. H. Lo. Reductions in Analysts' Annual Earnings Forecast Errors Using Information in Prior Earnings and Security Returns. Journal of Accounting Research, 1994, 32(2): 290－303.

33. Francis, J., R. Lafond, P. Olsson, and K. Schipper. The Market Pricing of Accruals Quality. Journal of Accounting and Economics, 2004, 39(2): 237－295.

34. Givoly, D. and C. Hayn. The Changing Time-Series Properties of Earnings, Cash Flows and Accruals: Has Financial Reporting Become More Conservative? Journal of Accounting and Economics, 2000, 29(3): 287－320.

35. Guay, W. R., S. P. Kothari, and R. L. Watts. A Market-Based Evaluation of Discretionary Accruals. Journal of Accounting Research, 1996, 34: 83－115.

36. Healy, P. M. The Effect of Bonus Schemes on Accounting Decisions. Journal of Accounting and Economics, 1985, 7: 85－107.

37. Hicks, J. R. Value and Capital. Oxford University Press, 1939.

38. Hicks, J. R. Value and Capital. 2nd ed. Clarendon Press, 1946.

39. Holthausen, R. W. and R. L. Watts. The Relevance of the Value-Relevance Literature for Financial Accounting Standard Setting. Journal of Accounting and Economics, 2001, 31(1): 3－75.

40. Hribar, P. and D. W. Collins. Errors in Estimating Accruals: Implications for Empirical Research. Journal of Accounting Research, 2002, 40(1): 105－134.

41. Jones, J. Earnings Management During Import Relief Investigations. Journal of Accounting Research, 1991, 29(2): 193－228.

42. Khan, M. and R. L. Watts. Estimation and Empirical Properties of a Firm-Year Measure of Accounting Conservatism. Journal of Accounting and Economics, 2009, 48(2): 132－150.

43. Kothari, S. P. and R. G. Sloan. Information in Prices About Future Earnings: Implications for Earnings Response Coefficients. Journal of Accounting and Economics, 1992, 15(2－3): 143－171.

44. Kothari, S. P., A. Leone, and C. Wasley. Performance Matched Discretionary Accrual Measures. Journal of Accounting and Economics, 2004, 39(1): 163－197.

45. Ohlson, J. A. Earnings, Book Values and Dividends in Equity Valuation. Contemporary Accounting Research, 1995, 11: 611－687.

46. Pope, P. F. and M. Walker. International Differences in the Timeliness, Conservatism, and Classification of Earnings. Journal of Accounting Research, 1999, 37: 53－87.

47. Price, R. A. Accounting Conservatism and the Asymmetry in the Earnings Response to Current and Lagged Returns. Stanford University, 2005.

48. Richardson, S. A., R. G. Sloan, M. T. Soliman, and Irem Tuna. Accrual Reliability, Earnings Persistence and Stock Prices. Journal of Accounting and Economics, 2005, 39(3): 437－485.

49. Roychowdhury, S. Earnings Management through Real Activities Manipulation.

Journal of Accounting and Economics, 2006, 42(3): 335-370.

50. Ryan, S. G. and P. A. Zarowin. Why Has the Contemporaneous Linear Returns-Earnings Relation Declined? The Accounting Review, 2003, 78(2): 523-553.

51. Sivaramakrishnan, K. Situating the Subaltern: History and Anthropology in the Subaltern Studies Project. Historical Sociology, 1995, 4(8): 395-429.

52. Sloan, R. G. Do Stock Prices Fully Reflect Information in Accruals and Cash Flows About Future Earnings. The Accounting Review, 1996, 71(3): 289-315.

53. Wilson, G. P. The Incremental Information Content of the Accrual and Funds Components of Earnings After Controlling for Earnings. The Accounting Review, 1987, 62(2): 293-322.

第 9 章　资产定价专题

资产定价理论（asset pricing theory）是金融学中最重要的主题之一。从实证研究的角度看，资产定价主要集中于股票预期回报率的横截面变化。例如解释为什么某些股票的期望回报率比其他股票的期望回报率高。目前估计公司股票的期望回报率的方法主要有两种。一种方法是使用资本资产定价模型、Fama-French 模型等进行估计。另一种方法是使用未来收益折现法进行估计。本章将介绍这两种方法的估计思想、步骤以及在 Stata 软件中的实现。从公司的角度看，股东预期回报率即为公司的权益资本成本（cost of equity capital，CofEC），而权益资本成本是公司筹资和投资决策时需要考虑的重要问题。本章的学习为估计公司权益资本成本、测度影响公司权益资本成本的因素奠定基础。

9.1　资产定价概述

资产定价理论试图解释不确定条件下未来支付的资产价格或者价值，这里的资产通常指金融工具或某种证券，价格是市场均衡时的价格，即由市场需求与供给决定的价格。人们发现，低的资产价格蕴含着高的回报率，因此资产定价往往不是研究资产价格或价值本身，而是研究资产的回报率，例如解释为什么某些股票的期望回报率比其他股票的期望回报率高。并且在多数情况下，考察股票超额回报的做法优于仅考虑股票回报的做法，这里的超额回报指相同时期股票回报和相同时期无风险证券回报的差值。

所有资产定价理论都基于一种简单思想：资产价格等于未来收益的预期折现；或者以无风险回报率去折现未来的收益，再加上一个代表风险溢价的误差因子。为此，资产定价理论中最重要的问题是如何将表示整个市场的变动情况或系统性风险总体变动的随机变量暴露出来。目前有两大类资产定价方法，通常称为均衡定价（如资本资产定价模型）与套利定价（如套利定价模型）。

从实证研究的角度看，资产定价主要集中于股票预期回报率的横截面变化（见巴利等的《实证资产定价：股票横截面收益》）。那如何估计公司股票的期望回报率呢？

一种方法是使用资本资产定价模型、Fama-French 模型等进行估计。例如，利用公司过去一段时间的数据估计其β，然后使用市场因子、规模因子、账面市值因子等估计公司未来的期望回报率（也称事后实现的回报率）。另一种方法是使用未来收益折现法进行估计。即用使资产的市场价值与其预期未来现金流的现值相等的折现率（或内部收益率）作为期望回报率。由于该期望回报率对公司而言是隐含的权益资本成本，因此该方法也称为ICC法（详见9.3节）。

从目前来看，使用股票事后实现的回报率来测度其预期回报的问题已经有很多研究，如Fama and French（1997），Elton（1999），以及Pástor and Stambaugh（1999）。近年来关于ICC法的文献逐渐丰富起来，首先是在会计领域，现在越来越多地出现于金融领域。2007年之前的会计文献见Easton（2007）。在金融领域，ICC法被用来测试跨期资本资产定价模型（Pastor等，2008）、国际资产定价模型（Lee等，2009）和违约风险（Chava and Purnanadam，2009）。在每种情况下，相对于通过事后已实现回报获得的关系，ICC法提供的关于风险回报关系的新证据更直观，更符合理论预测。这些研究的共同证据表明，ICC法为解决一些长期存在的经验资产定价难题提供了希望。

股东预期回报率或投资者要求的回报率，从公司的角度看，即为公司的权益资本成本。资本成本一直是公司财务的核心概念之一。从微观层面看，资本成本是企业投资项目甄选与评价、融资方式选择等行为的重要标准，对公司的财务及业务决策起着至关重要的作用。从宏观层面看，资本成本是资本市场发展和相关制度建设的基本考量指标，对资本市场资源配置效率的提高及资金流向的正确引导起着极为关键的作用。遗憾的是，时至今日，财务理论仍未能对如何准确测度权益资本成本做出解答。权益资本成本是现有股东投入资金的机会成本，只有高于此机会成本的收益才真正为股东创造价值，因此它是股东和管理层都极为关注的重要标杆。对权益资本成本的衡量不仅能为公司筹资与投资决策提供评价标准，还可为公司治理、信息披露，以及公司声誉的建立和评价等提供科学依据。

从目前来看，国外（主要是美国）基于其资本市场的状况提出了多种权益资本成本的测算方法。相比美国股市三百多年的历史，我国股市从1990年至今仅仅经历了三十多年的发展，呈现出更易受宏观政策因素影响、投机程度更高、监管体系不够完善、市场参与者风险识别能力较低等特点，这意味着我国股市的系统性风险相对较高，股票价格的噪音相对较大。在这一背景下，投资者要求的股票回报应当更高。但大量的研究表明，我国股权融资成本低于债务融资成本，因而上市公司存在明显的股权融资偏好。那么，究竟应当采用何种模型测度股权融资成本？这些模型在中国的适用程度如何？不同模型测度结果有无差异？这些差异对评价我国上市公司的筹资和投资决策，特别是公司的融资偏好，以及信息披露等决策是否有显著影响？

9.2 利用资本资产定价模型和Fama-French模型定价

9.2.1 资本资产定价模型

Sharpe（1964），Litner（1965），Mossin（1966）分别在现代投资组合理论的基础上独立提出了资本资产定价模型（CAPM）。CAPM以极其简明的方式表述了资产回报与风险的关系，认为风险资产的均衡回报率是其与市场组合回报率的协方差（β 系数）的函数，资产的预期回报率等于无风险利率加上由系统性风险所决定的风险溢价。

$$E(R_{it})=R_{ft}+\beta_i[E(R_{mt})-R_{ft}] \tag{9-1}$$

式中，R_{it} 指个股回报率；R_{mt} 指市场回报率；R_{ft} 指无风险利率。

CAPM是现代金融经济学的奠基石。该模型对资产风险与其期望回报之间的关系给出了精准的预测。即证券的预期回报是市场 β 系数的正向线性函数，且市场 β 系数足以解释横截面股票预期回报。也就是说，证券的平均回报是由其对市场组合回报的敏感性生成的，它只与证券的系统性风险有关。这一关系发挥着两个重要作用。首先，它为评估各项投资提供了一个基准回报率。例如，当我们分析股票时，会十分关注股票在给定的风险水平下的期望回报与其“合理”回报之间的差异。其次，该模型帮助我们对还没有上市交易的资产的期望回报做出合理的估计。例如，如何对首次公开发行的股票定价？一个新的重大投资项目使投资者对公司股票的回报率产生怎样的影响？CAPM在诸多重要的实践应用中的精确度得到了普遍认同，并且具有较强的洞察力，因而得到了广泛应用。

CAPM认为资产的期望回报与资产组合的风险正相关，并且这个结论是可以检验的。要证明CAPM，实证结果需要满足以下两个条件。

（1）回归方程的截距项 α 必须等于或接近零。如果CAPM成立，那么市场组合超额收益 $E(R_{mt})-R_{ft}$ 就是解释资产组合超额收益 $E(R_{it})-R_{ft}$ 的唯一重要原因，将不会存在其他对资产组合超额收益造成影响的因素。如果还有其他原因使得截距项显著不为零，说明模型遗漏了影响资产组合回报率的其他重要因素。Jensen（1968）发现截距项 α 可以解释投资组合回报率差异的来源，这就是著名的Jensen's α（詹森阿尔法），它成为投资业绩评价的重要方法之一。

（2）对于不同的证券或证券组合而言，其超额回报率 $E(R_{it})-R_{ft}$ 的差异只能用各自的 β 来解释，即对方程进行回归时，$E(R_{it})-R_{ft}$ 和 β 应该存在线性关系。回归直线的斜率 β 是验证资产组合超额收益的唯一解释。如果还存在其他因素（如公司规模、市盈率、股利政策、公司治理等）可解释资产风险回报率，则说明经典的CAPM不成立。

检验CAPM的方法主要有两种：时间序列的CAPM检验——BJS检验法，以及横截面的CAPM检验——FM检验法。这两种方法都需要滚动组合形成期来形成不同的 β 系数，其原因是如果用过去（三年）的收益率估计未来一个月的 β 系数，只估计一次得到的 β 系数会不稳定，所以需要重复滚动。对CAPM中风险溢价的确定非常困难，以至于之后的实证研究未能找到足够的证据来支持CAPM。Reinganum（1981），Coggin and Hunter（1985），Lakonishok and Shapiro（1986）以及Fama and French（1992）等研究都未发现资产期望回报与 β 系数存在正相关关系。

尽管如此，在使用CAPM估计股票预期回报率时，仍将使用滚动组合形成期来估计 β 系数，并据此预测下一期的股票回报率。

9.2.2 Fama-French 模型

传统的CAPM只抓住了其中一个风险因素，即市场风险。一些投资策略在控制市场风险以后，出现了系统性的超额回报（即一部分股票回报异常、可预测，通常称为异象），如市场规模异象（Banz，1981）、账面市值比异象（Basu，1983）、反转策略异象（Bondt and Thaler，1985）、惯性策略异象（Jegadeesh and Titman，1993）、盈余公告后漂移异象（Bernard and Thomas，1990）、应计异象（Sloan，1996）和稳健会计政策异象（Penman and Zhang，2002）。不相信有效资本市场假说的人认为这样的异象是否定市场充分有效的证据，但是相信市场充分有效的人，例如 Fama 和 French 教授，则认为这些异象的出现是由于 CAPM 没有抓住所有的风险因素，异象得到的超额回报实际上还是风险回报，只不过需要确认这些缺失的风险因素是什么。Fama and French（1993）通过考虑市场风险、公司市值、账面市值比三大因素，提出三因素模型（FFM），从而为估计公司股票预期收益和公司预期资本成本提供了新的思路。

$$E(R_{it})=R_{ft}+\beta_i[E(R_{mt})-R_{ft}]+s_iSMB+h_iHML \tag{9-2}$$

式中，SMB 为小规模公司与大规模公司股票回报率之差；HML 为市净率高的公司与市净率低的公司股票回报率之差。

Fama 和 French 通过巧妙的分组把公司规模与市净率分开：根据所选时间段第一年年末的公司市值由小到大排序，市值最小的 20%为第一组，最大的 20%为第五组，同一组中的股票按照年末公司市净率由小到大排序，分成五组，一共就是 5×5＝25 组。分别对每一组计算每月的股票回报率平均值，求出该组的回报率，并减去无风险收益率，得出超额回报率，作为被解释变量。重复以上过程（第二年至最后一年），反复分组，求出所有的被解释变量。

SMB 与 HML 的分组与被解释变量的分组类似，先按照市值分成 2 组，然后按照账面市值比分成 3 组，共 6 组。注意，如果先按照账面市值比分成 3 组，再按照市值分成 2 组，将会改变每组的成分股，如表 9－1 所示。

表 9－1　*SMB* 与 *HML* 的计算基础

	低账面市值比（L）	中账面市值比（M）	高账面市值比（H）
小市值（S）	*SL*	*SM*	*SH*
大市值（B）	*BL*	*BM*	*BH*

用高账面市值比的月回报率减去低账面市值比的月回报率，得到 HML：

$$HML_t=\frac{SH_t+BH_t}{2}-\frac{SL_t+BL_t}{2} \tag{9-3}$$

用小市值组的月回报率减去大市值组的月回报率，得到 SMB：

$$SMB_t=\frac{SL_t+SM_t+SH_t}{3}-\frac{BL_t+BM_t+BH_t}{3} \tag{9-4}$$

$E(R_{mt})-R_{ft}$ 与 CAPM 中一样，为市场的超额回报率，用这 3 个因子对被解释变量进行回归，得到 25 组时间序列回归模型。应注意，该模型同一个月中每组的解释变量的值是一样的。

遗憾的是，FFM 不仅缺乏强有力的理论支撑，Fama 和 French 在之后的研究中还发现，用这两个模型估计出来的资本成本十分不准确。估计误差的出现主要是由于对风险溢价和影响风险溢价的因素把握不准。

除 CAPM 和 FFM 外，Bower and Logue（1984），Goldenberg and Robin（1991）以及 Elton，Gruber，and Mei（1994）等提出套利定价模型（APT 模型）能够相对更好地测度资本期望回报率的观点。与 CAPM 预测所有证券的回报率都与唯一的公共因子（市场证券组合回报率）存在线性关系相比，APT 模型以回报率形成的多因素模型为基础，但是并没有明确界定影响资本收益的因素，只不过是一种广义的 CAPM。

以上模型都是用已实现的股票回报来测度期望资产回报，得出的是事后资本成本（Elton，1999）。大量的经验证据表明，事后资本成本往往非常不准确（Blume and Friend，1973；Sharpe，1978；Froot and Frankel，1989；Elton，1999）。利用事后回报数据进行估计的前提假设是：在有效资本市场上，风险能够被正确地定价，平均已实现的回报数据是对未来收益的无偏估计。然而这一假设并不总是成立，由于市场并不是完全有效，事后的数据受到很多随机干扰，噪音很大。Gebhardt，Lee，and Swaminathan（2001）研究得出，用 1979—1985 年的数据估计出的风险溢价比事后真正的市场风险溢价低很多。这一研究与 Claus and Thomas（2001）的结论一致。Fama and French（1997）采用 1963—1994 年纽约证券交易所、美国证券交易所及纳斯达克股市的交易数据进行的实证研究证明：无论是用 CAPM 还是 FFM，估计标准误差都高于 3.0%。

9.3 使用公司隐含权益资本成本测度定价

鉴于用已实现的股票回报来测度期望股票回报不准确，近些年学者将注意力转向使用未来收益折现法（ICC 法）进行估计。Claus and Thomas（2001），Gebhardt，Lee，and Swaminathan（2001），以及 Pástor，Sinha，and Swaminathan（2008）等提出隐含的权益资本成本（implied cost of capital，ICC）的概念。ICC 是使股票未来现金流的现值等于现行股票价格的内含报酬率。

在 ICC 的估计中，股票预期回报（权益资本成本）的测度摆脱了对股价波动及已实现的股票收益数据的依赖，这种利用股票价格、短期与长期盈利预测数据来进行估计的方法为权益资本成本的测度另辟蹊径，同时使得与权益资本成本相关的信息披露、绩效评价等研究向前推进了一大步。

ICC 的测度可大致分为三类：戈登增长模型、剩余收益模型和非正常盈余增长模型（Lee，So，and Wang，2010）。

9.3.1 戈登增长模型

Gordon and Gordon（1997）提出当期股票价格等于未来预期股利的折现，构建了戈登增长模型。

$$P_t=\sum_{i=1}^{T-1}\frac{dps_{t+i}}{(1+r_e)}+\frac{eps_{t+T}}{r_e(1+r_e)^{T-1}} \tag{9-5}$$

式中，P_t 指 t 时股票价格；r_e 指权益资本成本；t 为期数；$T=1,2,\cdots,n$；dps_{t+i} 为 $t+i$

期的普通股每股股利；eps_{t+T} 为 $t+T$ 期的普通股每股收益。这一模型将无限期间的估值模型转化为有限期间的估值模型。根据所选期间 T 的不同，现行研究中存在两种推导权益资本成本的方法。一种方法是选取 $T=1$，即用 1 年的预测数据和现行股价推导权益资本成本（RE_EPR）。另一种方法是假定可预测区间为 5 年（即可获取预测数据的期间 T 为 5 年），依据这 5 年的预测数据和现行权益市价推导权益资本成本（RE_GGM）。

9.3.2 剩余收益模型

剩余收益模型（GLS 模型）由传统的贴现现金流量模型推导而来，其中，剩余收益指账面收益与股东要求的必要报酬之差。企业只有获得高于股东必要报酬的收益，才算获得了真正的剩余价值。GLS 模型认为企业内在价值等于账面价值的现值和剩余价值的现值之和。Gebhardt，Lee，and Swaminathan（2001）对剩余收益模型进行了完善，提出用 GLS 模型估计权益资本成本 $r_e(RE\_GLS)$。

$$P_0=bps_0+\sum_{t=1}^{11}\frac{(ROE_t-r_e)bps_{t-1}}{1+r_e}+\frac{(ROE_{12}-r_e)bps_{11}}{r_e(1+r_e)^{11}} \tag{9-6}$$

式中，P_0 指当前价格，ROE_t 是 t 年预期净资产收益率，等于 eps_t/bps_{t-1}，其中 bps 是每股净资产。

GLS 模型中，可预测区间通常为 12 年。其中，前 3 年使用分析师的预测数据，从第 4 年起，假定公司的 ROE 向行业 ROE 历史数据（过去 9 年）的中位数等差回归。该模型最大的局限性在于其对企业未来 ROE 的预测。首先，ROE 等差回归这一假设在实际中很难成立，这不可避免地会影响估计的准确性。其次，由于现代企业多是混业经营，业务常常跨多个行业，对公司所属行业的划分越来越困难，这给行业 ROE 的计算带来困难。但 Gebhardt，Lee，and Swaminathan（2001）实证证明用这种方法估计出的 ICC 相对传统的 CAPM 和 FFM 能够较好地反映企业的风险溢价。Lee，So，and Wang（2010），Hou，Dijk，and Zhang（2012）等也得出 GLS 模型较 CAPM 和 FFM 估计权益资本成本的效果更好。

9.3.3 非正常盈余增长模型

1. PEG 模型与 MPEG 模型

Easton（2004）提出了基于市盈率（PE ratio）和市盈增长比率（PEG ratio）的 PEG 模型和 MPEG 模型，这类模型假定非正常收益的增长率 agr_t 存在一个期望变化率 Δagr，且 $\Delta agr=(agr_{t+1}/agr_t)-1$。

PEG 模型中假定 Δagr 恒定且为零，得到 $r_e(RE\_PEG)$：

$$r_e=\sqrt{(eps_2-eps_1)/P_0} \tag{9-7}$$

通过放宽 Δagr 为零的假设，只假定其不变，可得到 MPEG 模型下的 $r_e(RE\_MPEG)$：

$$P_0=\frac{eps_2+r_e dps_1-eps_1}{r_e^2}$$

$$r_e^2 - r_e \frac{dps_1}{P_0} - \frac{eps_2 - eps_1}{P_0} = 0$$

$$r_e = \sqrt{eps_{t+2} + r_e dps_{t+1} - eps_{t+1}} / P_t \tag{9-8}$$

此外，通过构造下式，可以同时得到 r_e 和 Δagr 的估计值，无须对 Δagr 做出假定，这无疑会提高 *ICC* 估计的准确性。下式推导过程见 Easton（2004）。

$$ceps_2/P_0 = \gamma_0 + \gamma_1 eps_1/P_0$$

式中，$\gamma_0 = r_{\Delta agr}(r_{\Delta agr} - \Delta agr)$，$\gamma_1 = (1 + \Delta agr)$，$ceps_2$ 为 $T=2$ 期的收益（股利分配前）。

PEG 模型与 MPEG 模型的主要区别在于 PEG 模型不考虑长期增长，而是假设非正常收益的长期增长率等于短期增长率，它是 MPEG 模型的一个特例。

2. AGR 模型

Easton（2004）提出了 $T=2$ 时非正常盈余增长模型，通过求解下述方程获得 r_e(*RE_AGR*)：

$$P_t = \frac{eps_{t+1}}{r_e} + \frac{eps_{t+1}\{eps_{t+2} + r_e dps_{t+1} - (1+r_e)eps_{t+1}\}}{r_e\left\{r_e - \frac{eps_{t+3} + r_e dps_{t+2} - (1+r_e)eps_{t+2}}{eps_{t+2} + r_e dps_{t+1} - (1+r_e)eps_{t+1}}\right\}} \tag{9-9}$$

3. OJM 模型

Ohlson and Juettner-Nauroth（2005）认为股票价格与下一年的每股期望收益、每股收益的短期增长率、每股收益的长期增长率以及资本成本有关，并不取决于股利。

$$\begin{aligned} P_0 &= \sum_{t=1}^{\infty} dps_t/(1+r_e)^t \\ &= \frac{eps_1}{r_e} + \frac{eps_2 - eps_1 - r_e(eps_1 - dps_1)}{r_e(r_e - g_p)} \end{aligned} \tag{9-10}$$

g_p 表示增长率，由上式可倒推出 r_e(*RE_OJM*)：

$$r_e = A + \sqrt{A^2 + \frac{esp_1}{P_0}[g_2 - (\gamma - 1)]} \tag{9-11}$$

式中，$\gamma = \lim\limits_{t \to \infty} \frac{eps_{t+1}}{eps_t} = g_p + 1$；$A = (\gamma - 1 + dps_1/P_0)/2$；$g_2 = (eps_2 - eps_1)/eps_1$。该模型的优点在于只需要预测未来的盈利，而不需要对账面价值和 *ROE* 做出估计。

通过上述分析可以得出，事前资本成本测度模型的基础——剩余收益估值模型的运用基于一个重要假设，那就是干净剩余关系（clean-surplus relation）。正是基于干净剩余关系，由股利折现模型到剩余收益折现模型的推导才成立。因此，干净剩余关系在实践中成立与否是影响事前资本成本测度模型准确性的重要因素之一。

此外，各模型都对未来期间的收益做出了不同的假设，有些直接对 *ROE* 进行假设，有些对收益增长率做出假设，这些假设均有根据而非凭空捏造，但资本市场从来都不是一成不变的，这些假设与资本市场实际情况的契合程度难免影响模型测度的准确性。

9.4　不同定价测度方法的评价

学者在提出各模型之前，都会对其估计的可靠性进行测试，或与其他模型进行比较以证明模型的有效性。检验方法主要有两类，一类是经济意义上的检验，即检验预期权益资本成本对已实现回报的解释力，以及检验风险因素对预期资本成本的影响是否符合预期。一类是统计意义上的检验，主要检验权益资本成本时间序列预测计量误差的方差。

1. 检验预期回报率估计值对公司事后已实现回报的解释力

股票预期回报率（公司权益资本成本）估计值应当与事后已实现回报呈正相关，并且对未来回报的解释力越强，股票预期回报率估计越好。

Easton and Monahan（2005）在控制影响未来折现率的因素和影响未来现金流的因素的前提下，通过计量误差的分析检验了各模型计算出的 *ICC* 与事后真实回报的关系，认为对于预测数据的假定越少的模型，测度效果越佳。Guay 等（2011）分别在行业层面和公司层面检验了当年 *ICC* 估计值与第二年真实回报的相关关系，但由于文章重点在于研究分析师预测数据对估计的影响，所以并未对模型的优劣给出结论。

这类方法的问题在于，众所周知，股价的噪音难以避免，因此真实回报率本身的可靠性就成为检验结果可信度的重要因素。

2. 检验预期回报率各截面估计值能否较准确反映及区分不同公司的风险

公司面临的风险是影响投资者预期回报的重要因素。已有研究表明，这些风险因素主要包括系统性风险（β 系数）、公司规模和账面市值比（Fama and French，1992，1993）、公司杠杆（Bhandari，1988）、价格惯性与股票价格波动性等。通常，β 系数越高、股票回报的波动性越大，公司杠杆越高，投资者面临的风险和要求的回报越高，因而系统性风险与股票预期回报率或公司权益资本成本正相关。由于投资者预期小公司将产生更大的收益，因此，公司市值越大，股票预期回报率越低（Fama and French，1992）。有关账面市值比、价格惯性与股票预期回报率（公司权益资本成本）的关系，现有研究尚未得出一致的结论，见 Dechow 等，2004；Jegadeesh and Titman，1993；Conrad and Kaul，1998。

这种检验方法分析股票预期回报率与其影响因素（一般是财务风险影响因素）之间的相关关系的符号与强弱。Easton（2005），Botoson and Plumlee（2002，2005），Gode and Mohanram（2003），Gebhardt，Lee，and Swaminathan（2001）等将估计出的股票预期回报率与风险变量（一般选取 β 系数、权益账面市值比、负债率、企业规模、收益波动、股价波动、行业等）进行回归，通过二者之间的相关关系（如回归系数的符号和大小，回归的估计误差大小等）来判断各模型的有效性。一般来说，相关程度越高、估计误差越小的模型估计的结果更可靠。这种评价方法应用很广泛，理论上收益与风险的确存在很强的相关关系，可以作为模型估计准确性的判别标准。但是，这些风险变量本身是否有噪音，从而能否准确并全面地反映企业真实风险还有待进一步的研究和检验。

考虑到信息披露是连接股票市场资金供给方和需求方的重要纽带，是投资者决策的重要参考依据，本文进一步采用深圳证券交易所对深圳证券市场上市公司信息披露质量的评级来衡量上市公司的信息披露总体质量，考察各权益资本测度的经济有效性。

3. 股票预期回报率时间序列误差方差的检验

Lee，So，and Wang（2010）提出了评估权益资本成本质量的二维框架，即一方面检验各模型下权益资本成本估计值对已实现回报的解释力，另一方面计算和比较各模型下预期权益资本成本时间序列预测的误差方差的大小及稳定程度。误差方差越小，越稳定，权益资本成本估计指标的效果就越好。

考虑到上述测度指标一定程度上依赖于有效市场的假设，因此，我们认为，股票预期回报率指标首先应当满足经济检验标准，当经济检验标准无法进行有效区分时，可通过统计方法进行进一步的检验。

迄今为止，我国学术界尚未构建起成熟的股票预期回报率估算的理论框架和模型，通常的做法是利用国外已有的研究模型来进行测试。从现有文献来看，GLS 模型使用较为广泛（陆正飞和叶康涛，2004；曾颖和陆正飞，2006；黄娟娟和肖珉，2006；于李胜和王艳艳，2007；徐浩萍和吕长江，2007；于李胜，王艳艳和陈泽云，2008；沈洪涛，游家兴和刘江宏，2010；肖珉，2008；等等）。其他模型的使用则比较少见，如汪祥耀和叶正虹（2011）使用了 PEG 模型，沈洪波（2007），徐浩萍和吕长江（2007）使用了 OJM 模型，姜付秀和陆正飞（2006）使用了 CAPM 模型，王兵（2008）则直接用已实现的股票收益作为权益资本成本的测度。然而在选择国外模型时，这些研究并没有对上述模型在中国的适用性进行评价。

9.5 我国上市公司股票预期回报率（权益资本成本）测度——Stata 实现

9.5.1 数据与样本选择

本文以 2003—2018 年所有上市公司为初选研究样本，剔除仅在 B 股上市的公司，以及每股股票价格、每股净资产、每股盈余以及每股股利等相关数据不全的公司。所有数据均来自 CSMAR 数据库。

9.5.2 利用 CAPM 和 Fama-French 模型测度

CAPM 可以视为 Fama-French 单因子模型（FF1），而 Fama-French 模型属于三因子模型（FF3）。我们使用 FF1、FF3 计算出非缺失的预期回报。FF1 表示每年 6 月底计算的每个公司基于 CAPM 的 *ICC* 估计数。为了计算 FF1，首先使用之前 60 个月的数据（从 $t-1$ 到 $t-60$）估计每家公司的市场系数 β。然后，将估计的 β 系数乘以最近 12 个月的复合年化市场风险溢价，再加上无风险利率，得到 FF1。类似地，FF3 使用 Mkt、Rf、*HML* 和 *SMB* 因子以及 60 个月滚动 β 估计值计算的基于三因子的 *ICC* 估计数。

1. 利用 CAPM 测度股票预期回报

（1）测度无风险利率。无风险利率以一年期整存整取定期利率为基础计算，并且转换为月无风险利率。

（2）测度月市场溢价回报。以月加权市场回报的算术平均减去月无风险利率作为预期市场风险回报的测度。市场回报为公司所在市场的考虑现金红利再投资的月市场回报（加权平均法）(mretwdeq)。

（3）估计 β。以当年 4 月末前[1] 60 个月（从 $t-1$ 到 $t-60$，至少需要 24 个数据）的月个股回报溢价（月个股回报－月无风险利率）与月市场回报溢价（月市场回报－月无风险利率）为基础估计 CAPM 模型的 β。

（4）利用估计的 β 预测月个股预期回报，并将 12 个月的月个股回报复合年化为年预期个股回报，得到 CAPM 估计的权益资本成本（re_capm）。

Stata 程序 9.5.2.1：利用 CAPM 模型估计预期回报

利用个股市场回报率数据估计 β 和预期回报率。时间跨度为 1990—2019 年，变量名及其解释如下。为了与后面 *ICC* 的期间一致，仅估计 2000—2019 年的 β。

变量名	变量解释
dm	证券代码
trd_nd	正常交易年度：当年 1 月至 12 月
nd	调整后交易年度：当年 5 月至下年 4 月
trd_m	交易月份：当年 1 月至 12 月
m	调整后交易月份：当年 5 月至下年 4 月，重排为 1—12
ri	考虑现金红利再投资的月个股回报率
rm	考虑现金红利再投资的月市场回报率（总市值加权平均法）
rf	月无风险利率（%）
eri	月个股回报溢价，等于 ri－rf
erm	月市场回报溢价，等于 rm－rf

```
*Stata 程序
*利用月个股回报率、月市场回报率、月无风险利率估计截至当月的 Beta
*通过 cd 命令设定当前工作目录
use "个股市场回报率数据.dta",clear
gen ym=ym(nd,m)
format ym %tm
```

① 也可以采用截至上年年末前 60 个月的数据。

```
by dm:asreg eri erm,w(ym 60) min(36)      //分公司对前 60 个月数据进行回归估
计 Beta，至少 36 个月
*产生滞后一个月的 Beta
xtset dm ym,monthly
gen alpha=L._b_cons                         //截至上月的估计系数
gen beta=L._b_erm                           //截至上月的估计系数
gen fri=rf+(alpha+beta*erm)                 //用截至上月的估计系数计算当月的预
期回报

*根据当月预期回报计算年化预期回报率
foreach var of varlist fri{
gen `var'1=1+`var'
egen p`var'=prod(`var'1),by(dm nd)
gen y`var'=p`var'-1
}
duplicates drop dm nd yfri,force
gen re_capm=yfri
keep dm nd re_capm
winsor2 re_capm,by(nd) replace
sort dm nd
save re_capm,replace
```

2. 利用 Fama-French 模型（FFM）测度股票预期回报

（1）基于市值与账面市值比的分组。以个股第 $t-1$ 年 12 月 31 日的权益账面与市值的比值（book-to-market ratio，BM）和第 t 年 4 月 30 日的市值（SIZE）为依据，对第 t 年 5 月至第 $t+1$ 年 4 月的公司观测进行分组。

分组方法如下：1）按 *SIZE* 大小平均分为两组：Small 组和 Big 组；2）按 *BM* 从小到大分三组：Value 组（前 30%）、Neutral 组（中间 40%）和 Growth 组（后 30%）。依据 *SIZE* 和 *BM*，共形成 6 个组：Small Value 组、Small Neutral 组、Small Growth 组、Big Value 组、Big Neutral 组和 Big Growth 组。

个股的市值是指月个股总市值（*Msmvttl*），权益账面价值是指归属于母公司股东的股东权益合计。若 *BM* 和 *SIZE* 为缺失值或负值，则删除。

（2）计算分组月回报率。以个股第 t 年 4 月 30 日的相对市值为权重（个股市值与组内个股市值总和的比），对第 t 年 5 月至第 $t+1$ 年 4 月个股的月回报进行加权平均，从而求得每个组的月回报。个股的月回报是指考虑现金红利再投资的月个股回报率（*Mretwd*）。

（3）计算 *SMB* 和 *HML*。以每个组的月回报为依据，计算每个月的 *SMB* 和 *HML* 值。具体计算公式见式（9-3）和式（9-4）。

(4) 获取市场溢价回报（$Rm-Rf$）。用市场回报减去无风险回报，市场回报为公司所在市场的考虑现金红利再投资的月市场回报率（加权平均法）。月无风险利率的测度同 CAPM 模型。

(5) 估计 FF3 的系数。以当年 4 月末前[①] 60 个月（从 $t-1$ 到 $t-60$，至少需要 24 个数据）的月个股回报、市场溢价回报、*SMB*、*HML* 估计 FFM 的系数。

(6) 利用估计系数预测预期月个股回报率。并将 12 个月的月个股回报复合年化，得到 FFM 估计的权益资本成本（re_ff3）。

Stata 程序 9.5.2.2：利用 FFM 估计预期回报率

(1) 市值、账面市值比数据（size_bm.dta），变量解释见下表。

变量名	变量解释
dm	证券代码
nd	年度
size	4 月末日个股总市值
size12	12 月末日个股总市值
jzc	归属于母公司所有者权益合计
bm	当年账面市值比
lbm	上年账面市值比

(2) 个股市场回报率数据.dta，变量解释见“Stata 程序 9.5.2.1”。

```
*Stata 程序
*通过 cd 命令设定当前工作目录
*(1) 基于市值与账面市值比的分组
use size_bm.dta,clear
*分年度按市值规模分为 2 组
bys nd:egen p50= pctile(size), p(50)
gen sizerank="s" if size<p50
replace sizerank="b" if size>=p50 & size!=.
drop  p50
*分年度按 lbm 将样本分为 3 组
bys nd:egen p30= pctile(lbm) , p(30)
bys nd:egen p70= pctile(lbm) , p(70)
gen lbmrank="l" if lbm<p30
replace lbmrank="m" if lbm>=p30 & lbm<=p70
replace lbmrank="h" if lbm>p70  & lbm!=.
```

① 也可以采用截至上年末前 60 个月的数据。

```
drop p30 p70
***按 SIZE 和 BM 分成 6 组(编码)
gen group=sizerank + lbmrank  if sizerank!="" & lbmrank!=""//有些缺失值
drop if group==""
sort dm nd
save ff_size_bm,replace
tab group

*(2) 计算分组月回报率
use "个股市场回报率数据.dta",clear                    //同 CAPM 模型
sort dm nd m
merge m:1 dm nd using ff_size_bm
drop if _merge!=3
drop _merge

bys group:egen w_group=pc(size),prop
bys group:egen r_group=total(w_group*ri)         //求加权平均
*drop w_group
sort nd m dm
bys nd m: egen S_temp=mean(r_group) if sizerank=="s"
bys nd m: egen S=mean(S_temp)
bys nd m: egen B_temp=mean(r_group) if sizerank=="b"
bys nd m: egen B=mean(B_temp)
drop S_temp B_temp
gen smb = S-B
drop   S B
bys nd m: egen H_temp=mean(r_group) if lbmrank=="h"
bys nd m: egen H= mean(H_temp)
bys nd m: egen L_temp=mean(r_group) if lbmrank=="l"
bys nd m: egen L=mean(L_temp)
gen hml = H - L
drop H_temp H L_temp L
sum smb hml
order dm nd m eri erm smb hml
keep  dm nd m eri erm smb hml trd_nd trd_m ri rm rf
gen ym=ym(nd,m)
format ym %tm
```

```
xtset dm ym
save "ff3 个股市场回报率数据.dta",replace

*(3) 估计 FF3 的系数并计算预期回报
*利用 3 因子滚动估计 Beta 等系数
use "ff3 个股市场回报率数据.dta",clear
xtset dm ym,monthly
by dm:asreg eri erm smb hml,w(ym 60) min(36)   //分公司对前 60 个月数据进行
回归估计 Beta，至少 36 个月
*产生滞后一个月的 Beta
xtset dm ym,monthly
gen alpha=L._b_cons
gen beta=L._b_erm
gen bsmb=L._b_smb
gen bhml=L._b_hml
*用截至上月的估计系数计算当月的预期回报
gen fri=rf+ (alpha+ beta*erm + bsmb*smb+ bhml*hml)
*根据当月预期回报计算年预期回报率
foreach var of varlist fri{
gen `var'1=1+ `var'
egen p`var'=prod(`var'1),by(dm nd)
gen y`var'=p`var'-1
}
duplicates drop dm nd yfri,force
gen re_ff3=yfri
keep dm nd re_ff3
winsor2 re_ff3,by(nd) replace
sort dm nd
save re_ff3,replace
```

9.5.3　使用公司隐含权益资本成本测度

1. 估计预测盈余

在事前资本成本的估计中，预测盈余是最重要的基础数据。通常情况下，预测盈余的主要来源有以下三个：公司管理层、证券分析师和统计模型。在我国，公司管理者很少发布盈余预测，预测盈余主要来源于证券分析师和统计模型。国外大量的研究表明分析师的盈余预测要优于统计模型，在我国，岳衡和林小驰（2008）研究得出，我国证券分析师做出的盈余预测，同以年度历史数据为基础的统计模型得出的盈余预测相比，预测误差较

小，证券分析师盈余预测具有一定的优势；但同某些以季度历史数据为基础的统计模型得出的盈余预测相比，预测误差较大，证券分析师盈余预测不具有优势。由于我国分析师预测起步较晚，截至目前，许多上市公司尚未受到分析师的关注，因此没有相关的分析师预测数据，这使得使用分析师预测数据估计 *ICC* 时会出现大量的缺失值。Hou，Dijk，and Zhang（2012）发现，使用截面模型预测的单个公司的盈余同分析师预测的盈余具有很高的一致性，并且有更大的可靠性。这种方法不仅解决了因分析师预测数据缺失带来的样本量减少问题，而且可以获得未来多年的盈余预测数据，而分析师通常仅提供未来 1～2 年的预测数据。

（1）利用统计模型估计预测盈余。借鉴 Hou，Dijk，and Zhang（2012）的方法，利用模型（9－12）使用过去 10 年的数据（至少 5 年）估计如下混合横截面回归模型。

$$E_{j,t+\tau}=\beta_0+\beta_1 EV_{j,t}+\beta_2 TA_{j,t}+\beta_3 DIV_{j,t}+\beta_4 DD_{j,t}+\beta_5 E_{j,t}+\beta_6 NEGE_{j,t} \\ +\beta_7 ACC_{j,t}+\varepsilon_{j,t+\tau} \qquad (9-12)$$

变量定义见表 9－2。

表 9－2　变量定义

变量名	变量含义	变量计算
$E_{j,t+\tau}$	j 公司第 $t+\tau$ 年的扣除非常项目前的盈余	等于营业利润
EV	公司价值	等于总资产＋权益的市场价值－权益的账面价值
TA	总资产	等于资产负债表中的资产总计
DIV	支付的每股股利	
DD	是否支付股利	
NEGE	公司盈余是否为负	公司盈余为负时取 1
ACC	经营性应计利润	

为了减少极端值的影响，我们分年度对连续性变量在 1%和 99%的分位数上进行缩尾处理。具体的操作步骤是：

1）产生领先当年 1～5 年的盈余（f1e，f2e，…，f5e）。

2）使用模型（9－12），利用截至当年共 10 年的样本数据，使用领先当年 1～5 年的盈余（f1e，f2e，…，f5e）对解释变量进行滚动回归获得估计参数。

对 f1e 而言：

2003 年估计模型（9－12）时（样本为 1994—2003 年，共 10 年）：

F1e（2004 年的 *E*），2003 年的 *EV*，*TA*，*DIV*，*DD*，*NEGE*，*ACC*；

F1e（2003 年的 *E*），2002 年的 *EV*，*TA*，*DIV*，*DD*，*NEGE*，*ACC*；

……

F1e（1995 年的 *E*），1994 年的 *EV*，*TA*，*DIV*，*DD*，*NEGE*，*ACC*。

……

2018 年估计模型（9－12）时（样本为 2009—2018 年，共 10 年，2018 年会缺失）：

F1e（2019 年的 E），2018 年的 EV，TA，DIV，DD，$NEGE$，ACC（缺失）；
F1e（2018 年的 E），2017 年的 EV，TA，DIV，DD，$NEGE$，ACC；
……
F1e（2010 年的 E），2009 年的 EV，TA，DIV，DD，$NEGE$，ACC。
……
对 f5e 而言：
2003 年估计模型（9－12）时（样本为 1994—2003 年，共 10 年）：
F5e（2008 年的 E），2003 年的 EV，TA，DIV，DD，$NEGE$，ACC；
F5e（2007 年的 E），2002 年的 EV，TA，DIV，DD，$NEGE$，ACC；
……
F5e（1999 年的 E），1994 年的 EV，TA，DIV，DD，$NEGE$，ACC。
……
2018 年估计模型（9－12）时（样本为 2009—2018 年，共 10 年，2014—2018 年会缺失）：
F5e（2023 年的 E），2018 年的 EV，TA，DIV，DD，$NEGE$，ACC（缺失）；
F5e（2022 年的 E），2017 年的 EV，TA，DIV，DD，$NEGE$，ACC（缺失）；
F5e（2021 年的 E），2016 年的 EV，TA，DIV，DD，$NEGE$，ACC（缺失）；
F5e（2020 年的 E），2015 年的 EV，TA，DIV，DD，$NEGE$，ACC（缺失）；
F5e（2019 年的 E），2014 年的 EV，TA，DIV，DD，$NEGE$，ACC（缺失）；
F5e（2018 年的 E），2013 年的 EV，TA，DIV，DD，$NEGE$，ACC；
……
F5e（2014 年的 E），2009 年的 EV，TA，DIV，DD，$NEGE$，ACC。

3）利用估计的系数，估计未来 1～5 年的预测盈余和每股收益。

Stata 程序 9.5.3.1：利用统计模型估计预测盈余

```
*Stata 程序
*通过 cd 命令设定当前工作目录
use "HDZ1_FD.dta",clear
*多个变量循环缩尾程序
winsor2 ev ta d e acc,replace cut(1 99) by(nd)
xtset dm nd
gen f1e=f1.e
gen f2e=f2.e
gen f3e=f3.e
gen f4e=f4.e
gen f5e=f5.e
save ICC0,replace

tabstat ev ta d dd e nege acc ///
```

```
        ,stats(N mean sd min median max ) col(stat)

forvalue i=1/5{
use ICC0,clear
preserve
rolling2 _b e(r2),win(10) onepanel:reg f`i'e ev ta d dd e nege acc
rename _b_* _b_*`i'
rename _eq2_stat_1 rsq`i'   //r-squared
gen nd=end
drop start end
sort nd
save rf`i'e,replace
restore
sort nd
merge m:1 nd using rf`i'e
gen rf`i'e=_b_cons`i'+_b_ev`i'*ev+_b_ta`i'*ta+_b_d`i'*d+_b_dd`i'*d
d+_b_e`i'*e+_b_nege`i'*nege+_b_acc`i'*acc
gen rf`i'eps=(rf`i'e)/(jlr/eps)       //将预测营业利润转换为每股营业利润，
假定未来不发行股份
*drop _b_*
drop _merge
save ICC0,replace                     //确保保存文件名和打开文件名一致，需
要循环追加
}

sum rf1eps rf2eps rf3eps rf4eps rf5eps

forvalue i=1/5{
qui reg f`i'e ev ta d dd e nege acc
est store hou`i'
}
estout hou*, cells(b(star fmt(3)) t(par fmt(2)))   ///
          stats(N r2_a F,star(F) fmt(%9.0g %9.2f  %9.2f) labels("N" "
R-squared" "F值")) ///
          starlevels(*0.1 **0.05 ***0.01)  varlabels(_cons 常数项)   ///
          varwidth(12) modelwidth(10) delimiter("") abbrev replace
outreg2 [hou*] using "table1.rtf", word tstat e(r2_a)  bdec(3) tdec
(2) replace
```

```
est clear

*rf1eps 表示通过滚动估计得出的预测 eps
gen k=dps/eps
gen dps1=rf1eps*k
label var dps1 "t+ 1 预测每股股利"
gen dps2=rf2eps*k
label var dps2 "t+ 2 预测每股股利"
gen dps3=rf3eps*k
label var dps3 "t+ 3 预测每股股利"
gen dps4=rf4eps*k
label var dps4 "t+ 4 预测每股股利"
gen dps5=rf5eps*k
label var dps5 "t+ 5 预测每股股利"
save ICC0,replace
```

模型（9－12）的回归结果见表 9－3（非滚动估计）。从表中可以看出，解释变量对领先 1 年盈余回归的 R^2 为 89.3%，对领先 5 期盈余回归的 R^2 仍可达 72.5%，这表明将模型（9－12）用于预测盈余较为合理。

利用上面估计的历史系数，可以估计未来 1～5 年的预测盈余。

表 9－3　未来 1～5 年截面盈余预测模型的估计系数

被解释变量	(1) E_{t+1}	(2) E_{t+2}	(3) E_{t+3}	(4) E_{t+4}	(5) E_{t+5}
EV	0.003***	0.002***	0.011***	0.012***	0.010***
	(8.24)	(3.59)	(18.58)	(17.90)	(13.37)
TA	0.002***	0.008***	0.004***	0.005***	0.010***
	(6.94)	(14.69)	(5.80)	(7.12)	(12.21)
D	0.181***	0.389***	0.390***	0.543***	0.419***
	(8.22)	(12.26)	(9.70)	(10.56)	(6.73)
DD	36 832 189.001	71 508 682.015**	98 958 593.003***	95 955 628.045**	1.110e+08**
	(1.60)	(2.31)	(2.76)	(2.43)	(2.49)
E	0.825***	0.700***	0.594***	0.618***	0.644***
	(102.15)	(59.51)	(40.37)	(35.34)	(30.91)
NEGE	43 407 686.048	36 144 976.608	23 159 855.236	1.491e+08**	1.854e+08**
	(1.48)	(0.91)	(0.47)	(2.54)	(2.57)

续表

被解释变量	(1) E_{t+1}	(2) E_{t+2}	(3) E_{t+3}	(4) E_{t+4}	(5) E_{t+5}
ACC	−0.018***	−0.014***	0.030***	0.047***	−0.009
	(−6.80)	(−3.28)	(5.37)	(7.26)	(−1.09)
常数项	−9 389 078.367	5 181 322.225	−9 349 974.219	−1 809 571.235	20 724 920.672
	(−0.42)	(0.17)	(−0.27)	(−0.05)	(0.48)
Observations	22 052	19 675	17 602	15 818	14 012
R-squared	0.893	0.823	0.782	0.758	0.725
r2_a	0.893	0.823	0.782	0.758	0.725

t-statistics in parentheses

*** $p<0.01$, ** $p<0.05$, * $p<0.1$

(2) 使用分析师预测估计预测盈余。从 CSMAR 数据库来看，我国从 2001 年开始有分析师预测数据，从 2004 年起分析师预测数据逐步发展。

通常，一家公司可能有多位分析师进行跟踪，同一位分析师可能对同一家公司某一年的业绩进行多次预测。当一家公司某一年存在多个预测数据时，一般取预测数据的中位数或平均数。

Stata 程序 9.5.3.2：使用分析师预测估计预测盈余

```
*Stata 程序
*通过 cd 命令设定当前工作目录
use "AF_Forecast.dta",clear
drop if dm>900000                  /*删除上证 B 股公司*/
drop if dm>200000 & dm<300000      /*删除深证 B 股公司*/
gen rnd=real(substr(rptdt,1,4))              //获取盈利报告公布年度
gen fnd=real(substr(fenddt,1,4))             //获取盈利预测年度
order dm rnd fnd,first
keep  dm rnd fnd rptdt fenddt ananm feps froe

*获得每个公司每一报告期公布的每一预测期的预测中位数
collapse (median) mfeps=feps mfroe=froe (count) coverage=feps,by(dm
rnd fnd)
sort dm rnd fnd
gen diff=fnd-rnd                             //未来 diff 年的预测（盈利预测年度
相对盈利报告公布年度的变化数）
order dm rnd fnd diff,first
```

```
drop if diff<=0
reshape wide mfeps mfroe fnd coverage,i(dm rnd) j(diff)
rename rnd nd
sort dm nd
save "fepscover.dta",replace
*mfeps1- mfeps5 即为未来 1~5 年预测每股收益
*合并当年每股收益和每股股利数据，计算股利支付率
*根据预测每股收益和股利支付率，计算预测每股股利
```

2. 测度资本成本

Stata 程序 9.5.3.3：测度资本成本

在 Stata 中，需要安装 moremata 程序包，获取 mm_root 函数，如果已安装，则忽略。

```
ssc install moremata   //安装 moremata 程序包
```

```
*Stata 程序
*方法 1：使用统计预测盈余
*通过 cd 命令设定当前工作目录
*ssc install moremata                  //安装 moremata 程序包，获取 mm_root 函数，如果已安装，请忽略
*Gordon Growth Models (EPR, GGM)
use ICC0,clear
g re_epr=.
mata
mata clear
v=J(1,1,.)                             //产生 1×1 的缺失值.矩阵，使用 st_view 函数前，需先定义矩阵
st_view(v,.,"re_epr p12 rf1eps")       //将 re_epr p12 rf1eps 变量的所有观测值导入矩阵 v (3×n 矩阵)
function y(re_epr,p12,rf1eps) {        //设定未知和已知变量
return(rf1eps-p12*re_epr)              //设定隐性函数形式
}
for (i=1;i<=rows(v);i++) {             //逐行运行
r=mm_root(re_epr=.,&y(),0,1,1e-9,1000,v[i,2],v[i,3])  //求解未知变量
v[i,1]=re_epr                          //求解未知变量赋值到矩阵第 1 列，同时出现在数据集中
}
end
```

```
replace re_epr=. if re_epr==0
sum re_epr,d

*固定股利支付率
g re_ggm=.
mata
mata clear
v=J(1,1,.)
st_view(v,.,"re_ggm p12 dps1 dps2 dps3 dps4 rf5eps")
function y(re_ggm,p12,dps1,dps2,dps3,dps4,rf5eps) {
return(dps1*re_ggm*(1+ re_ggm)^3+ dps2*re_ggm*(1+ re_ggm)^2+ dps3*re_
ggm*(1+ re_ggm) + dps4*re_ggm+ rf5eps-p12*re_ggm*(1+ re_ggm)^4)
}
for (i=1;i<=rows(v);i+ + ) {
r=mm_root(re_ggm=.,&y(),0,1,1e-9,1000,v[i,2],
v[i,3],v[i,4],v[i,5],v[i,6],v[i,7])
v[i,1]=re_ggm
}
end
replace re_ggm=. if re_ggm==0
sum re_ggm,d

*PEG 模型
gen re_peg=sqrt((rf2eps-rf1eps)/p12)
replace re_peg=. if re_peg==0
sum re_peg,d

*MPEG 模型
g re_mpeg=.
mata
mata clear
v=J(1,1,.)            //产生 1×1 的缺失值.矩阵，使用 st_view 函数前，需先定义矩阵
st_view(v,.,"re_mpeg p12 dps1 rf1eps rf2eps")
                      //将 re_mpeg p12 dps1 rf1eps rf2eps 变量的所有观测值导入
矩阵 v(5×n 矩阵)
function y(re_mpeg,p12,dps1,rf1eps,rf2eps) {      //设定未知和已知变量
return(re_mpeg^2-re_mpeg*(dps1/p12)-(rf2eps-rf1eps)/p12)
                                                  //设定隐性函数形式
}
```

```
for (i=1;i<=rows(v);i++) {                              //逐行运行
r=mm_root(re_mpeg=.,&y(),0,1,1e-9,1000,v[i,2],       //求解未知变量
v[i,3],v[i,4],v[i,5])
v[i,1]=re_mpeg                                           //求解未知变量赋值到
矩阵第 1 列，同时出现在数据集中
}
end
*Stata 对计算限定了边界（0,1），0 其实是缺失值
replace re_mpeg=. if re_mpeg==0
sum re_mpeg,d

*AGR 模型
g re_agr=.
mata
mata clear
v=J(1,1,.)
st_view(v,.,"re_agr p12 dps1 dps2 rf1eps rf2eps rf3eps")
function y(re_agr,p12,dps1,dps2,rf1eps,rf2eps,rf3eps) {
return(p12*re_agr-rf1eps-((rf1eps*(rf2eps+ re_agr*dps1-(1+ re_agr)*
rf1eps))/  ///

(re_agr-(rf3eps+ re_agr*dps2-(1+ re_agr)*rf2eps)/(rf2eps+ re_agr*
dps1-(1+ re_agr)*rf1eps))))
}
for (i=1;i<=rows(v);i++) {
r=mm_root(re_agr=.,&y(),0,1,1e-9,1000,v[i,2],
v[i,3],v[i,4],v[i,5],v[i,6],v[i,7])
v[i,1]=re_agr
}
end
*Stata 对计算限定了边界（0,1），0 其实是缺失值
replace re_agr=. if re_agr==0
sum re_agr,d

**OJM 模型
*需要年度无风险利率
gen g1=(rf3eps-rf2eps)/rf2eps
winsor g1,gen(g2) p(0.1)
```

```
gen g4=(rf5eps-rf4eps)/rf4eps
winsor g4,gen(g5) p(0.1)
gen gamma=rf-0.03
gen A=((gamma-1)+dps1/p12)/2
g re_ojm=.
mata
mata clear
v=J(1,1,.)
st_view(v,.,"re_ojm p12 A rf1eps g2 gamma")
function y(re_ojm,p12,A,rf1eps,g2,gamma) {
return(re_ojm-A-sqrt(A^2+ (rf1eps/p12)*(g2-(gamma-1))))
}
for (i=1;i<=rows(v);i++) {
r=mm_root(re_ojm=.,&y(),0,1,1e-9,1000,v[i,2],
v[i,3],v[i,4],v[i,5],v[i,6])
v[i,1]=re_ojm
}
end
*Stata对计算限定了边界(0,1),0其实是缺失值
replace re_ojm=. if re_ojm==0
sum re_ojm,d

**GLS模型(请读者自行完成)

*合并事前资本成本
merge 1:1 dm nd using re_capm
replace re_capm=. if re_capm<=0
replace re_capm=1 if re_capm>1 & re_capm!=.
drop _merge
merge 1:1 dm nd using re_ff3
replace re_ff3=. if re_ff3<=0
replace re_ff3=1 if re_ff3>1 & re_ff3!=.
drop _merge
save ICC,replace

tabstat  re_peg re_mpeg re_ojm re_epr re_agr re_ggm re_capm re_ff3  if
nd>=2003 & nd<=2018,stats(N mean median sd min max) c(s)
```

不同测度方法下上市公司2003—2018年的资本成本的描述性统计见表9-4。

表 9-4　不同测度方法下上市公司 2003—2018 年的资本成本的描述性统计

variable	N	mean	p50	sd	min	max
re_peg	19 431	0.102	0.093	0.050	0.001	0.652
re_mpeg	19 427	0.113	0.102	0.057	0.003	1.000
re_ojm	21 079	0.058	0.047	0.045	0.000	1.000
re_epr	21 079	0.054	0.042	0.049	0.000	1.000
re_agr	19 485	0.057	0.033	0.111	0.000	1.000
re_ggm	21 259	0.075	0.066	0.043	0.000	1.000
re_capm	18 647	0.360	0.228	0.339	0.000	1.000
re_ff3	12 224	0.452	0.323	0.366	0.000	1.000

从表 9-4 可以看出，使用事后估计法估计的资本成本（re_capm 和 re_ff3）较高，而使用事前估计法估计的资本成本较低。到底何种估计值更可靠，需要进一步评估。

练习题

1. 利用本章统计预测模型估计的预测盈余，使用 GLS 估计上市公司的资本成本。
2. 利用本章分析师预测模型估计的预测盈余，估计上市公司的资本成本。
3. 利用本章介绍的方法，检验不同资本成本的有效性。

参考文献

1. ［美］图兰·G. 巴利实证资产定价：股票横截面收益．北京：中国人民大学出版社，2020.

2. 曾颖，陆正飞．信息披露质量与股权融资成本．经济研究，2006（2）：69-79.

3. 黄娟娟，肖珉．信息披露、收益不透明度与权益资本成本．中国会计评论，2006（1）：69-84.

4. 姜付秀，陆正飞．多元化与资本成本的关系——来自中国股票市场的证据．会计研究，2006（6）：48-55.

5. 陆正飞，叶康涛．中国上市公司股权融资偏好解析——偏好股权融资就是缘于融资成本低吗？经济研究，2004（4）：50-59.

6. 毛新述，戴德明．会计制度变迁与盈余稳健性：一项理论分析．会计研究，2008（9）：26-32.

7. 毛新述，叶康涛，张頔．上市公司权益资本成本的测度与评价——基于我国证券市场的经验检验．会计研究，2012（11）：12-22.

8. 沈红波．市场分割、跨境上市与预期资金成本——来自 Ohlson-Juettner 模型的经验证据．金融研究，2007（2）：146-155.

9. 沈洪涛，游家兴，刘江宏．再融资环保核查、环境信息披露与权益资本成本．金融研究，2010（12）：159－172.

10. 汪祥耀，叶正虹．执行新会计准则是否降低了股权资本成本——基于我国资本市场的经验证据．中国工业经济，2011（3）：119－128.

11. 王兵．盈余质量与资本成本——来自中国上市公司的经验证据．管理科学，2008（3）：67－73.

12. 肖珉．法的建立、法的实施与权益资本成本．中国工业经济，2008（3）：40－48.

13. 徐浩萍，吕长江．政府角色、所有权性质与权益资本成本．会计研究，2007（6）：61－67.

14. 于李胜，王艳艳，陈泽云．信息中介是否具有经济附加价值？——理论与经验证据．管理世界，2008（7）：134－144.

15. 于李胜，王艳艳．信息风险与市场定价．管理世界，2007（2）：76－85.

16. 岳衡，林小驰．证券分析师 VS 统计模型：证券分析师盈余预测的相对准确性及其决定因素．会计研究，2008（8）：40－49.

17. Banz，R. W. The Relationship Between Return and Market Value of Common Stocks. Journal of Financial Economics，1981，9(1)：3－18.

18. Basu，S. The Relationship Between Earnings' Yield，Market Value and Return for NYSE Common Stocks：Further Evidence. Journal of Financial Economics，1983，12(1)：129－156.

19. Bernard，V. L. and J. K. Thomas. Evidence that Stock Prices Do Not Fully Reflect the Implications of Current Earnings for Future Earnings. Journal of Accounting and Economics，1990，13(4)：305－340.

20. Bhandari，L. C. Debt/Equity Ratio and Expected Common Stock Returns：Empirical Evidence. Journal of Finance，1988，43(2)：507－528.

21. Blume，M. E. and I. Friend. A New Look at the Capital Asset Pricing Model. The Journal of Finance，1973，28(1)：19－34.

22. Bondt，W. F. M. D. and R. Thaler. Does the Stock Market Overreact? Journal of Finance，1985，40(3)：793－805.

23. Botosan，C. A. and M. A. Plumlee. A Re-Examination of Disclosure Level and the Expected Cost of Equity Capital. Journal of Accounting Research，2002，40(1)：21－40.

24. Botosan，C. A. and M. A. Plumlee. Assessing Alternative Proxies for the Expected Risk Premium. Accounting Review，2005，80(1)：21－53.

25. Bower，D. H.，R. S. Bower，and D. E. Logue. Arbitrage Pricing Theory and Utility Stock Returns. The Journal of Finance，1984，39(4)：1041－1054.

26. Chava，S. and A. Purnanandam. Is Default Risk Negatively Related to Stock Returns? Review of Financial Studies，2010，23(6)：2523－2559.

27. Claus，J. and J. Thomas. Equity Premia as Low as 3 Percent? Evidence from Analysts' Earnings Forecasts for Domestic and International Stock Markets. The Journal of Finance，2001，56：1629－1666.

28. Coggin, T. D. and J. E. Hunter. Are High-Beta, Large-Capitalization Stocks Overpriced? Financial Analysts Journal, 1985, 41(6): 70 - 71.

29. Dechow, P. M., R. G. Sloan, and M. T. Soliman. Implied Equity Duration: A New Measure of Equity Risk. Review of Accounting Studies, 2004, 9(2 - 3): 197 - 228.

30. Easton and Peter. Estimating the Cost of Capital Implied by Market Prices and Accounting Data. Foundations & Trends in Accounting, 2007, 2(4): 241 - 364.

31. Easton, P. D. and S. J. Monahan. An Evaluation of the Reliability of Accounting Based Measures of Expected Returns: A Measurement Error Perspective. Social Science Electronic Publishing, 2005, 80(2): 501 - 538.

32. Easton, P. D. PE Ratios, PEG Ratios, and Estimating the Implied Expected Rate of Return on Equity Capital. Accounting Review, 2004, 79(1): 73 - 95.

33. Elton, E. Expected Return, Realized Return, and Asset Pricing Tests. Journal of Finance, 1999, 54(4): 1199 - 1220.

34. Elton, E. J., M. J. Gruber, and J. Mei. Cost of Capital Using Arbitrage Pricing Theory: A Case Study of Nine New York Utilities. Financial Markets Institutions & Instruments, 1994, 3(3): 46 - 73.

35. Fama, E. F. and K. R. French. Common Risk Factors in the Returns on Stocks and Bonds. North-Holland, 1993, 33(1): 3 - 56.

36. Fama, E. F. and K. R. French. Industry Costs of Equity. Journal of Financial Economics, 1997, 43(2): 153 - 193.

37. Fama, E. F. and K. R. French. The Cross-Section of Expected Stock Returns. Journal of Finance, 1992, 47(2): 427 - 465.

38. Froot, K. A. and J. A. Frankel. Forward Discount Bias: Is It an Exchange Risk Premium? Quarterly Journal of Economics, 1989, 104(1): 139 - 161.

39. Gebhardt, W. R., C. M. C. Lee, and B. Swaminathan. Towards an Implied Cost of Capital. Journal of Accounting Research, 2001, 39(1): 135 - 176.

40. Gode, D. D. K. and P. S. Mohanram. What Affects the Implied Cost of Equity Capital? Review of Accounting Studies, 2001, 8: 399 - 431.

41. Goldenberg, D. H. and A. J. Robin. The Arbitrage Pricing Theory and Cost-of-Capital Estimation: The Case of Electric Utilities. Journal of Financial Research, 1991, 14(3): 181 - 196.

42. Gordon, J. and M. Gordon. The Finite Horizon Expected Return Model. Financial Analysts Journal, 1997, 53(3): 52 - 61.

43. Guay, W., S. P. Kothari, and S. Shu. Properties of Implied Cost of Capital Using Analysts' Forecasts. Australian Journal of Management, 2011, 36(2): 125 - 149.

44. Hou, K., M. A. van Dijk, and Y. Zhang. The Implied Cost of Capital: A New Approach. Journal of Accounting and Economics, 2012, 53(3): 504 - 526.

45. Jegadeesh, N. and S. Titman. Returns to Buying Winners and Selling Losers: Implications for Stock Market Efficiency. Journal of Finance, 1993, 48(1): 65 - 91.

46. Jennifer, C. and K. Gautam. An Anatomy of Trading Strategies. The Review of Financial Studies, 1998, 11(3): 489 - 519.

47. Jensen, M. C. The Performance of Mutual Funds in the Period 1945-1964. Journal of Finance, 1968, 23(2): 389 - 416.

48. Lakonishok, J. and A. C. Shapiro. Systematic Risk, Total Risk and Size as Determinants of Stock Market Returns. Journal of Banking & Finance, 1986, 10(1): 115 - 132.

49. Lee, C. M. C., E. C. So, and C. C. Y. Wang. Evaluating Firm-Level Expected-Return Proxies. Social Science Electronic Publishing, 2010.

50. Lee, C., D. Ng, and B. Swaminathan. Testing International Asset Pricing Models Using Implied Costs of Capital. Journal of Financial and Quantitative Analysis: JFQA, 2009, 44(2): 273 - 305.

51. Lintner, J. The Valuation of Risk Assets and Selection of Risky Investments in Stock Portfolios and Capital Budgets. Review of Economics and Statistics, 1965, 47(1): 13 - 37.

52. Mossin, J. Equilibrium in a Capital Asset Market. Econometrica, 1966, 34(4): 768 - 783.

53. Ohlson, J. A. and B. E. Juettner-Nauroth. Expected EPS and EPS Growth as Determinants of Value. Review of Accounting Studies, 2005, 10(2): 349 - 365.

54. Pástor, L'. and R. F. Stambaugh. Costs of Equity Capital and Model Mispricing. The Journal of Finance, 1999, 54(1): 67 - 121.

55. Pástor, L'., M. Sinha, and B. Swaminathan. Estimating the Intertemporal Risk-Return Tradeoff Using the Implied Cost of Capital. Journal of Finance, 2008, 63(6): 2859 - 2897.

56. Penman, S. H. and X. Zhang. Accounting Conservatism, the Quality of Earnings, and Stock Returns. The Accounting Review, 2002, 77(2): 237 - 264.

57. Reinganum, M. R. Misspecification of Capital Asset Pricing: Empirical Anomalies Based on Earnings' Yields and Market Values. Journal of Financial Economics, 1981, 9(1): 19 - 46.

58. Sharpe, W. F. Capital Asset Prices: A Theory of Market Equilibrium Under Conditions of Risk. Journal of Finance, 1964, 19(3): 425 - 442.

59. Sharpe, W. F. New Evidence on the Capital Asset Pricing Model: Discussion. Journal of Finance, 1978, 33(3): 917 - 920.

60. Sloan, R. G. Do Stock Prices Fully Reflect Information in Accruals and Cash Flows About Future Earnings? The Accounting Review, 1996, 71(3): 289 - 315.

第 10 章　公司治理专题

公司治理是现代化公司运行机制中最重要的制度安排，也是学术研究者最为关注的研究领域之一。公司治理是伴随着企业的发展而产生的。即使不直接研究公司治理，其他有关公司的研究也或多或少与之相关。本章首先简要分析公司治理研究的主要方面，这在各类研究中都会涉及。然后以会计背景的首席财务官（CFO）对公司产出的影响为例，分析其决定因素与经济后果。

10.1　公司治理研究

公司治理是现代化公司运行机制中最重要的制度安排。规模经济和技术变迁导致企业规模越来越大，公司股权分散在众多的中小投资者手中，从而使得不拥有或拥有较少公司股份的管理人员掌握了公司的控制权（Berle and Means，1932）。这一论述拉开了公司治理研究的序幕，为此后的一系列研究提供了理论范式。公司治理理论的研究，最早可以追溯到经济学之父亚当·斯密，他在《国富论》中指出，因为公司管理层经营的不是自己的资产而是他人的资产，所以不可能期望他们能像经营自己的资产一样那么用心，因此，在经营管理公司的过程中，多多少少都会存在一些疏忽大意或慷慨无私。所以，他认为需要建立一套行之有效的制度来缓解管理者和所有者之间的利益冲突。而现代意义上的公司治理研究始于 Jensen and Mecking（1976）的开创性工作，他们将代理理论、产权理论和金融学理论融合起来，从股东和管理层之间的代理问题（第一类代理问题）出发，研究如何减少管理层非货币利益追求，保护投资者利益。其中，股东与管理者的代理问题是指，当作为股东的管理者并不对公司的全部现金流都具有所有权时，由于信息不对称的存在，这类管理者有动机将公司大量资源占为己有，或者不会尽全力为股东创造价值。委托人为了克服这一问题必须付出一定的成本：（1）监督成本，包括聘用审计人员、建立独立董事制度等；（2）承诺成本，例如要求代理人拥有公司更多的所有权等；（3）剩余成本。这些成本都是由股东所承担的。因此，Shleifer and Vishny（1997）从代理问题的角度出发，认为公司治理就是研究投资者如何按时收回投资并取得合理回报的各种方法的总称。这比较符合股权相对分散的美国、英国公司的情况。

在公司股权集中的制度背景下，大股东利用各种直接或间接的方式对公司进行实际控制，在公司各项经营决策中几乎拥有完全的话语权，股权分散的中小股东只能听命于大股东，在这种情况下，公司的代理问题转变为大股东与中小股东之间的利益冲突（第二类代理问题），公司治理的重点变为如何限制大股东的利益侵占，保护中小股东的利益。在我国，由于市场环境和制度背景的差异，大股东与中小股东之间的利益冲突一直是公司治理的重点问题，也是学术界争相研究的主要问题之一。

代理问题对社会的影响在于阻碍了公司目标的有效完成。目前，存在许多公司治理机制来解决股东和管理者之间的代理问题，包括大股东、董事会、高管薪酬安排、收购等。

本部分主要围绕股东、董事会、高管团队来简要回顾已有的主要研究。

10.1.1 股东研究

公司因股东出资而形成，因此股东及由此形成的股权结构是公司治理问题的逻辑起点。如果公司股权很分散，所有权和控制权的分离就会导致股东和管理层之间的利益冲突，从而产生第一类代理问题。在这种情况下，大股东被认为能够有效抑制管理层与股东之间的利益冲突。然而股权集中过度集中又会导致大股东与中小股东之间的利益冲突，产生第二类代理问题。此时，研究者转而研究是否存在最优股权结构、股权集中度和股东制衡问题。

1. 代理理论下的股东研究

代理理论下的股东研究主要集中在大股东方面。现有文献对大股东没有一致的定义。一般认为，大股东至少应持有公司5%以上的表决权，如果公司股权相对集中，那么持有更高的股份（10%甚至20%）才能称得上大股东。此外，也可以将公司前十大股东视为大股东。大股东被视为解决第一类代理问题的一种方式。当大股东在公司中拥有更高的持股比例时，他有更强的动机来收集信息，对公司的表现和管理者的行为进行监督。这样能够一定程度上克服由于股份过度分散造成的监管搭便车的问题。例如，Jensen（1986）指出，过度投资是管理层获取私利的重要方式。管理层通过企业帝国建造可增加直接控制的资源，获得更大的权力、更高的薪酬、更高的成就感和威望。当公司内部有大股东时，其较强的监督作用能够缓解管理层的过度投资冲动，抑制管理层的机会主义行为，提升公司的投资效率。Mak and Lim（2000）为此提供了相应的证据。

如同双刃剑的另外一面，大股东的存在也可能会引发新的代理问题：侵占中小股东利益（La Porta，Lopez-de-Silanes，and Shleifer，1999；Djankov 等，2008；Johnson 等，2000；唐宗明和蒋位，2002；张祥建和徐晋，2005；等等）。大量证据显示，大股东控制存在私有收益，降低了公司价值。在新兴市场国家中，经济处于高速发展阶段，市场环境较差，公司治理结构以股权高度集中模式为主。在这种环境下，大股东利益侵占行为具有普遍性（Khanna and Yafeh，2007；Fan，Wei，and Xu，2011），同时，利益侵占方式也有一定的多样性（Bertrand 等，2002）。Johnson 等（2000）首次使用了“掏空”一词来形象地描述这种利益侵占行为。控股股东的掏空行为通常有两种方式：第一，控股股东为了私有收益通过自我交易将公司的资源转移出去，这种自我交易包括往往不可观测的直接偷窃或欺诈、在法律允许范围内给予控股股东价格优惠的资产销售、过高的高管薪酬与过多的贷款担保等。第二，控股股东通过稀释股票发行、排挤小股东、内部交易、爬行式收购以及其他伤害小股东利益的金融交易方式来增加其持有股份的价值。这种现象不仅存在于新兴市场经济国家，在发达国家也时有出现。控股股东持股的比例越低，控制权与现金流权偏离程度越大，控股股东越有动机剥夺更多的公司资源（Claessens 等，2002）。

控股股东"掏空"行为的识别和直接度量很困难。Jiang，Rao，and Yue（2015）指出，现有文献普遍采用以下两种方式度量控股股东的"掏空"行为：

第一，由于控股股东"掏空"行为的动机是获得控制权私有收益，因此，使用控股股东支付的投票权溢价对控股股东的控制权私有收益进行衡量，并据此推测控股股东可能的"掏空"行为程度是现有文献常用的一种方法（Zingales，1994；Nenova，2003；Dyck and Zingales，2004）。

第二，对控股股东可能采取的"掏空"类型的具体交易行为进行识别，并将其与公司绩效和公司治理进行联系是现有学者采用的另一种方法。大量的学者认为，集团内公司的并购（Bae，Kang，and Kim，2002）、向集团内成员发行的上市流通证券（Baek 等，2006）、关联方的贷款担保（Berkman 等，2009）以及控股股东和上市公司之间的关联方交易（Cheung 等，2006；Jian and Wong，2010）等，都可能成为控股股东侵害中小股东利益的行为方式。

在我国，上市公司的股权结构是高度集中的，一股独大的现象非常普遍，因此主要表现为第二类代理问题。大股东对中小股东的利益侵占形式多样，资金占用当属最为直接的方式之一。其他应收款（Jiang，Lee，and Yue，2010）、非经营性资金占用（Jiang 等，2015）多被用来度量控股股东的"掏空"行为。上市公司大股东及其关联方违规占用公司资金，置中小投资者的利益于不顾，严重损害了上市公司的价值，同时也不利于证券市场的健康发展。在我国上市公司中，由于大股东的资金占用致使上市公司陷入困境的案例层出不穷，如三九药业、猴王股份、幸福实业、济南轻骑等。所以，无论是理论上还是现实中，以资金占用方式为主的大股东利益侵占行为已经危及上市公司的健康有序发展，成为公司治理的难点。然而，由于种种原因，我国尚未对大股东资金占用诉诸司法层面。目前要追究大股东资金占用的具体责任，只能从虚假陈述等方面着手。但随着 2006 年《中华人民共和国公司法》、《中华人民共和国证券法》及《中华人民共和国刑法修正案（六）》的施行，在法律层面，我国逐步建立一套从民事诉讼赔偿到刑事追究的完整体系。这套体系是否能够发挥应有的作用，需要时间的验证。近年来，监管当局高度重视上市公司中的大股东利益侵占问题，并积极采取各种手段加强整治，2007 年前后，上市公司中被侵占的大部分资金已清理完毕，但这只是对表面现象的一种治理，现象产生的根本原因并没有消除，所以，目前大股东资金占用等利益侵占行为仍时有发生。例如，中国证监会 2008 年 6 月 13 日披露，已立案查处了中捷股份、九发股份两起大股东违法占用上市公司资金案件，对两起案件的相关企业及责任人进行了行政处罚。因此，在股权高度集中且缺乏对中小股东及债权人有效法律保护的背景下，能否有效监督、制衡上市公司大股东，限制其利益侵占行为，以有效保护中小股东及债权人等外部利益相关者的利益，能否有效发挥债权人在公司治理中的作用，强化债务融资治理效应，是一个值得深入探讨的现实问题，同时也是关系到资本市场健康有序发展的重要问题。

大股东可以抑制第一类代理问题，但却可能引发第二类代理问题，从理论上讲，如果存在多个大股东，一方面他们因为持股较多，有动机和能力监督管理层，从而缓解第一类代理问题；另一方面，他们相互监督（即股权制衡），从而可以缓解第二类代理问题。现实中，公司存在多个大股东非常普遍（Laeven and Levine，2008）。大多数研究发现，多个大股东有利于公司治理，进而提高公司绩效和价值（Lehmann and Weigand，2000；Faccio 等，2001；Volpin，2002；白重恩等，2005；等等）。但也有证据显示，多个大股东的存在同样会导致大股东之间的合谋，侵占中小股东利益（Maury and Pajuste，2004；Laeven and Levine，2008）。

2. 股东资源理论下的股东研究

股东资源是指股东拥有并投入企业中，用来提升企业竞争优势与价值的要素，包括财务资本，以及社会、人力、技术等非财务资源，具有异质性和互补性（张伟华等，2016；王斌，2020）；股东资源强调股东背后资源的合作，股东间合作关系的形成得益于股东资源的异质性与互补性（王斌和宋春霞，2015）。

学术界关于股东资源的研究主要涉及两个方面。一方面，关于公司治理的理论研究不再局限于以财务资本比例划分股权结构与股东权利。如 Zingales（2000）；Zahra 等（2009）；Kraaijenbrink 等（2010）；王斌和宋春霞（2015）；宋春霞（2015）；王斌和刘一寒（2019）等。另一方面，基于资源的公司价值创造研究越来越多地关注非财务资源这一视角。如 Barney（1991）；周其仁（1996）；Zahra 等（2009）；Kraaijenbrink 等（2010）；赵晶等（2010）；朱国泓和杜兴强（2010）等。尽管关于股东的非财务资源和非财务资源的价值创造形成了较为丰硕的研究成果，但股东资源这一概念仅仅停留于理论构建或案例研究层面（王斌和宋春霞，2015；张伟华等，2016；许金花等，2019；李明敏等，2019；王斌，2020），尚缺乏经验证据对股东资源进行佐证。

股东资源理论下的股东研究将成为股东研究的沃土。

3. 股权性质研究

企业按股权性质可以分为国有企业和非国有企业。其中，国有企业是指由国家控制的企业，或者说实际控制人（最终控制人）为国家（中央和地方政府代表国家对国有企业履行出资人职责）的企业。非国有企业是指国有企业以外的企业，其实际控制人指的是非国家的其他投资主体，如个人或家族、外资企业等。非国有企业的目标通常很明确，投资成立公司就是为了赚钱，公司的目标是实现利润或价值最大化。而国有企业的目标取决于国有企业的功能定位。按国有企业参与市场竞争的程度，可将国有企业划分为市场竞争类国有企业和非市场竞争类国有企业两大类。其中，市场竞争类国有企业是指以市场为导向，以企业经济效益最大化为主要目标的国有企业。按照设立目标，非市场竞争类国有企业可以进一步划分为特定功能类国有企业和公共服务类国有企业。其中，特定功能类国有企业是指承担资源保障、国家安全等战略或专项任务，需要兼顾经济效益和社会效益的国有企业。公共服务类国有企业是指以确保国家和地方城市正常运行和稳定，实现社会效益为主要目标的国有企业。两类企业股权性质不同，决定了两类企业的目标不同，从而决定了两类企业的公司治理问题不同。因此，在分析中国公司治理问题、设计公司治理机制时，应考虑中国存在国有和非国有这样两类性质截然不同的企业这一事实，在学术研究中，一般应当设计一个虚拟变量予以控制。

首先，国有企业的公司治理问题更突出地表现为第一类代理问题。在国有企业中，尽管存在国有大股东，但是由于所有者缺位，管理层很大程度上控制了公司决策权。管理层基于私利考虑，会损害股东利益。然而，国有企业管理层代理问题有其特殊性。一方面，他们的自利行为可能会损害中小股东的利益，但是可能并没有损害国有大股东的利益。例如，相关研究发现，在金融危机期间，国有企业响应政府的号召过度投资；国有企业很少进行合理避税，比非国有企业缴纳了更多的税收。另一方面，管理层可能损害国有大股东的利益，同时，不确定是否会损害中小股东的利益。比如，在国有股份转让的过程中，管理层与其他人合谋，低价转让国家所持有的股份，这无疑会损害国有大股东的利益。股份转让后，如果企业经营有方，企业股价表现很好，其他中小股东将从中受益；但是如果转让后公司业绩表现很差，其他中小股东将受损。在非国有企业中，大股东和管理层的利益冲突并不是一个突出的公司治理问题。首先，在非国有企业尤其是家族企业中，管理层往往是创业元老或者家族成员，这些人的股东与管理层身份重合，不存在所谓的代理问题；其次，即使雇佣了职业管理层，非国有大股东由于持有较多的公司股份，有很强的动机和能力去监督他们，从而使得管理层的代理问题表现并不突出。

其次，无论是国有企业还是非国有企业，由于股权结构集中，大股东有公司资源支配权。为了自己的私利，大股东可能会损害其他股东的利益，如通过关联交易转移公司财富，无偿占有持股公司的资本，为大股东的贷款等融资行为进行担保，操纵信息披露，等等。在中国企业中，普遍存在大股东与小股东之间的利益冲突问题。

国家作为大股东可能会出于社会效益而非经济效益考虑，迫使上市公司的决策偏离利润最大化。例如，为了稳定就业，雇佣超过实际需要数量的员工，不得解雇表现不佳的员工，即存在所谓的冗员问题；为了在经济形势不好时期拉动经济增长，国有企业在一定程度上存在过度投资问题；等等。这些行为不利于公司最优价值创造，甚至可能会损害其他股东的利益。但是，我们也应看到国有企业在第二类代理问题中的特殊性。一方面，国有大股东并没有很强的动机去掏空上市公司，如国有企业广泛受到媒体、舆论等社会关注，国有企业大股东（无论是国资委还是国有企业集团）不能从转移上市公司财富中实现任何私有收益，却可能遭受转移上市公司财富、给上市公司业绩带来不良后果的指责与惩罚；另一方面，国家对于其控制的国有上市公司的非经济行为会给予补偿，如在贷款、补贴、市场准入上，国有企业都占有一定的优势。从这一意义上讲，对国有企业的第二类代理问题要综合分析。

与国有企业不同的是，大股东和中小股东的利益冲突问题在非国有企业中最为典型。在非国有企业中，大股东有很强的动机去转移上市公司财富，侵占中小股东的利益。例如，大股东与控股的上市公司发生关联交易，低价买入上市公司商品、资产，接受劳务，或者高价卖给上市公司商品、资产，提供劳务，从上市公司转移财富，而这些财富切切实实地被非国有大股东占有。因此，不难看到，为什么资本市场上屡次出现的关联交易、忽悠式重组等行为大多发生在非国有企业中。

10.1.2 董事会研究

董事会是公司治理机制的重要组成部分，股东控制管理者并确保公司根据股东利益行事的首要途径是董事会（Allen and Gale，1999）。作为联结股东与经理层的纽带，董事会通常被认为是公司最重要的内部治理机制。然而，为什么存在董事会？目前理论上有两种解释。

一种解释是法规的要求。大多数的公司条例要求股东选举一个董事会，董事会负责决定首席执行官（CEO），监督管理层（Hermalin and Weisbach，2001；丁忠明等，2008）。但是，有大量的证据显示这个解释是片面的。首先，董事会产生的时间要远远早于法律要求和上市公司规制形成的时间；其次，许多非营利组织都设置了董事会；再次，如果只是满足监管机构的需要，董事会规模往往会保持在最低的水平上，但在发达国家，董事会人数常常会超出要求很多；最后，如果只是满足监管需要而没有其他作用，就会有相关游说活动要求取消，但事实上相关的游说活动很少见。

另一种解释是市场的结果。董事会被看作是由市场诱导并演进出来的经济组织，它的中心任务是协调各种利益矛盾，最有效率地对代理关系进行控制（Fama and Jensen，1983）。这种控制始于 Fama and Jensen（1983）的研究。Fama and Jensen（1983）提出，广义上，公司决策程序包括四个步骤：（1）提议；（2）批准；（3）执行；（4）监督。

从理论的角度讲，在所有权和控制权分离的情况下，需要对决策权进行分解，从而降低代理成本。通常提议和执行由一个代理人（管理层）担任，习惯称为决策管理；批准和监督则由另一代理人（董事会）承担，习惯称为决策控制。这样既保证了决策的效率，又能有效降低代理成本。

代理理论下，董事会的主要职责是代表股东监督管理层；资源依赖理论则主张，提供资源助力企业发展是董事会的主要功能（Hillman and Daliel，2003）。理论上，董事会无论是扮演监督还是咨询角色，都会协助企业更优质地发展。大量研究表明，董事会资本、独立性等特征提升了公司治理水平及投资效率（许为宾和周建，2017；陈运森和谢德仁，2011）。

通常，董事会主要行使两方面的职能：监督职能和咨询职能（Fama and Jensen，1983）。监督职能包括雇佣、提升、评估以及在必要的时候解聘高管（Vancil，1989；Coles，Daniel，and Naveen，2008），以此确保股东财富最大化，这是代理理论的主要观点；咨询职能则意味着董事成员根据从业经验、专业特长等自身优势给予管理层或 CEO 公司战略决策及执行方面的建议（Mace，1971；Faleye，Hoitash，and Hoitash，2011）。

董事会的职能一般会授权给各个委员会。审计委员会、薪酬委员会和提名委员会为最主要的三个委员会。其中，审计委员会审查财务报告和内部控制系统；薪酬委员会管理并审查所有的高管薪酬方案；提名委员会则主要负责具体高管候选人的提名、评估和审议。

目前关于董事会的实证研究主要针对以下几个方面。

1. 董事会组成

董事会组成可以从外部董事比例、性别、年龄、专业背景等不同的维度进行刻画。董事会监督和咨询职能的发挥都离不开董事的独立性，因此，董事会的独立性（通常以外部独立董事占董事会的比例测度）是董事会组成研究中非常重要的一方面。

一般认为，相对于内部董事，外部董事更不可能与管理层合谋，因此拥有更高比例的独立董事的董事会能更好地监督管理层（Fama，1980；Fama and Jensen，1983）。经验证据也支持了这一观点。例如，独立董事占主导的董事会，CEO 的离职与公司业绩之间的敏感性更大，即公司业绩不佳，CEO 离职的可能性更大（Weisbach，1988；Laux and Laux，2009），现任 CEO 的任期会更短（Arthur，2001）。当然，也有研究指出，董事会应当在业绩出现问题前采取实际行动（Warner，Watts，and Wruck，1988），但这很难做到。日本和德国的证据也显示：除非在极端的情况下，董事会是很被动的。Mace（1971）和 Jensen（1993）非常坚定地认为，作为一般规则，在美国，公司董事会是由经理层控制的，这意味着即使美国公司董事会成员几乎（除 CEO 外）由外部董事组成，其独立性和有效性也十分存疑。

至于董事会独立性对公司业绩和价值的影响，一直有争议，经验研究也未得出一致的结论。基于美国市场的研究发现，更多的外部董事与公司的优异表现并无显著关系。也有研究发现，在其他国家，如印度、韩国，两者之间存在显著的相关性。

在我国，2001 年 8 月 16 日，证监会发布了《关于在上市公司建立独立董事制度的指导意见》，首次对我国上市公司独立董事的设立（独立董事人数应占董事会规模的 1/3 以上）进行了规范。统计分析显示，我国上市公司每年独立董事比例的中位数为 1/3，均值为 0.33～0.4，从数据上看，我国独立董事的设立似乎主要是为了满足监管的规定。大多数经验证据显示，中国独立董事并未发挥相应的监督作用。主要原因在于：独立董事的独立性不够，其任命受到现任管理层的影响，此外，独立董事难以获得履职所需的信息。中国独立董事更多的是发挥咨询作用（Wang，2014）。尽管独立董事的比例等与公司绩效没有显著关系，但独立董事的背景特征，尤其是专业背景、政治背景与公司业绩呈正相关。

除了独立性外，董事会的性别结构也是董事会组成研究领域的热点问题。近几十年来，经济学家和政策制定者已经注意到性别差异存在于不同的领域，例如消费、投资和劳动力市场（Blau and Kahn，2000）。心理学和社会学的研究也表明，女性在信仰、规范标准、风险偏好等方面均异于男性。同时，基于企业中包括女性董事在内的女性高管数量显著增加这一背景，学者们研究了女性高管在企业融资、投资、并购和上市等方面所产生的作用，大多数文献发现女性高管在公司决策方面显著不同于男性（Mohan and Chen，2004；Levi，Li，and Zhang，2014；Huang and Kisgen，2013）。

2. 董事会规模

除了董事会的独立性外，董事会的规模也被视为影响董事会功能的关键因素（Coles，Daniel，and Naveen，2008）。现有研究基于不同的理论和视角，围绕着董事会的最优规模进行了大量的理论探讨和实证研究，但并未达成一致的意见。

在研究董事会规模对治理效率的影响方面，“董事会规模相对较小有利观”和“董事会规模相对较大有利观”是两种最主要的观点。20 世纪 90 年代以前，大多数关于董事会规模的研究是从资源依赖理论展开的规范研究，学者们认为大规模的董事会能够提供更好的决策咨询、提升企业获得必要资源的能力（Pfeffer，1972；Bacon，1973；Denis 等，1999）以及降低管理层决策失误的概率，同时在与管理层博弈中能够更好地保护自身的利益，提升企业绩效（Zahra and Pearce，1989）。因此，学者们普遍支持大规模的董事会。然而，随着公司内外部环境的变化以及大型跨国公司的出现，上述观点开始遭到质疑，学者们基于委托代理理论认为，过大的董事会规模不仅不能促进企业绩效的提高，反而会因为高昂的协调成本和组织成本、董事搭便车问题降低公司的效率（Lipton and Lorsch，1992；Andres，Azofra，and Lopez，2005；Jensen，1993；Yermack，1996）。这些研究支持了“董事会规模相对较小有利观”。

那么是否存在对所有公司均最优的董事会规模呢？现有学者提出了自己的见解。Lipton and Lorsch（1992）认为董事会的最佳规模为 10 人；Jensen（1993）则明确指出董事会的最佳规模为 7～8 人；Tricker（1994）的实证检验显示，与董事会规模较小的公司相比，董事会规模在 12～17 人的公司有更好的市场业绩。然而，随着研究的不断深入，越来越多的文献认为，并不存在一个对所有公司都适用的董事会规模；相反，董事会规模是内生决定的，是公司在结合其所处的经营环境和公司特征的基础上，对董事会进行监督和咨询所获取收益与所付出成本进行权衡后做出的选择。

根据《中华人民共和国公司法》的规定，上市公司必须设立董事会，董事会规模为 5～19 人，统计分析表明，我国上市公司董事会规模的均值和中位数为 9 人。3 个独立董事，6 个内部董事已成为我国上市公司董事会的标准配备。

10.1.3 高管团队研究

尽管通过股东和董事会的合理安排对管理层进行监督可以抑制管理层的机会主义行为，降低代理成本，但是，由于信息不对称，作为委托人的股东不可能对拥有私人信息和企业控制权的经理进行全面彻底的监督。因此，在完善对管理层的监督机制的同时，寻求合理的管理层激励机制，对于实现企业价值最大化具有重要意义。

长久以来，管理层激励是一个受到激烈讨论的话题（Bebchuk and Fried，2005）。合理的薪酬契约被认为是协调委托代理关系的有效工具（Holmstrom，1979）。为了避免委托代理关系可能带来的管理者决策偏离股东价值最大化目标，最优契约理论认为，可以通过有效的契约安排将管理者薪酬与股东财富紧密联系起来，以激励管理者基于股东利益最大化而行事（Jensen and Meckling，1976）。最优契约理论的前提假设是董事会的有效谈判、市场的有效约束和股东权力的有效行使。然而，Bebchuk，Fried，and Walker（2002），Bebchuk and Fried（2005）针对高管薪酬提出了高管团队权力理论或管理层权力理论，认为管理层同董事会之间的关系远超出最优契约理论的预期，由于管理层权力的存在，董事会受管理层俘获或影响，从而使最优报酬合同不但没有解决代理问题，反而本身成为一个代理问题。

高管团队权力理论得到了大量经验证据的支持。例如，Essen 等（2012）通过对 219 篇基于美国背景的相关学术研究的元分析，研究了 CEO 权力对 CEO 薪酬的影响，结果显示高管团队权力理论可以很好地解释核心薪酬，例如总的现金收入等。目前，有关高管团队权力和薪酬激励的研究，主要涉及高管团队/CEO 权力与薪酬水平、薪酬业绩敏感性和股票激励等方面。

从薪酬水平看，高管团队（或 CEO）的权力越大，高管的货币薪酬或异常薪酬越高（陈震和丁忠明，2011；代彬、刘星和郝颖，2011；傅颀和汪祥耀，2013；卢锐、魏明海和黎文靖，2008；吕长江和赵宇恒，2008；王清刚和胡亚君，2011；熊风华和彭珏，2012；翟爱梅和张舒然，2013），在职消费等私有收益也越高（傅颀和汪祥耀，2013；卢锐、魏明海和黎文靖，2008；马德芳和叶陈刚，2016；权小锋、吴世农和文芳，2010；树友林，2011）。这种现象主要存在于国有企业（代彬、刘星和郝颖，2011；刘星和徐光伟，2012；权小锋、吴世农和文芳，2010）或垄断企业（陈震和丁忠明，2011）中。步丹璐和王晓艳（2014）还发现高管权力的存在会使政府补助成为其“伪装”业绩的指标，从而增加高管薪酬，进而扩大公司内部的薪酬差距。胡明霞和干胜道（2015）则发现，管理层权力越大，越可能诱发高管腐败行为。但王雄元和何捷（2012）研究发现，在控制行政垄断与规模因素后，非国有企业 CEO 权力与 CEO 薪酬显著正相关，而国有企业 CEO 权力与 CEO 薪酬的关系不符合高管团队权力理论假说。

就薪酬业绩敏感性而言，高管团队（或 CEO）权力越大，薪酬业绩敏感性越小（熊风华和彭珏，2012）、薪酬与操控性业绩的敏感性越大（权小锋、吴世农和文芳，2010）、高管薪酬黏性特征越显著（方军雄，2011），即当公司绩效上升时，公司高管获得了比普通员工更大的薪酬增幅；而在业绩下滑时，高管薪酬的增幅并没有显著低于普通员工。并且，高管的权力越大，薪酬黏性或薪酬业绩敏感性的不对称现象越明显（高文亮、罗宏和程培先，2011；刘星和徐光伟，2012；熊风华和彭珏，2012）。Morse，Nanda，and Seru（2011）还发现了挖掘激励性薪酬现象，即强权 CEO 会诱使董事会在评价时从一种业绩指标转向另一种更好的业绩指标，从而获得更高的薪酬。挖掘效应解释了至少 10%的薪酬业绩敏感性，并随着 CEO 人力资本和公司波动性的增加而增加。这种挖掘效应会显著降低公司的价值和经营业绩。

从股票激励来看，高管团队（或 CEO）权力越大，实施股票激励的可能性越大，在股票激励计划中获取私有利益的可能性越大。例如，徐虹、林钟高和李倩（2015）发现，管理层权力越大的企业，采用股权激励的可能性越大。Pollock，Fischer，and Wade（2002）发现，CEO 权力越大，公司高管期权重新定价的概率越大。当治理机制难以发挥作用时，高管在股权激励计划的设计过程中就会拥有较大的实际权力，从而使股权激励变成高管人员的福利（吕长江等，2009）；管理层权力越大，股权激励计划中所设定的初始行权价格越低，相对于非国资控股公司，国资控股公司推出的股权激励计划所设定的行权价格更低（王烨、叶玲和盛明泉，2012）；公司高管团队权力越大，公司越有动机推出股权激励计划（赵青华和黄登仕，2013）。

高竞争度能抑制高管团队权力对薪酬的直接影响，降低显性权力薪酬（陈震和丁忠明，2011），产品市场竞争对高管团队权力滥用有显著的治理效应（陈震和汪静，2014），此外，政府控制层级的提升和制度环境的改善能够抑制国企高管的权力寻租行为（刘星、代彬和郝颖，2012）。

上述证据总体而言支持高管薪酬的高管团队权力理论。但 Murphy（2002）发现，那些从外部聘任的 CEO，第一年的总报酬几乎是从内部晋升的 CEO 的报酬的两倍。外聘 CEO 并不具有影响董事会制定其报酬的权力，因此他们的报酬现状与高管团队权力理论假说相矛盾。

公司治理领域的高管研究主要关注高管激励，管理领域的高管研究则更为宽泛，包括高管团队的组成、结构和过程，以及这些核心要素对组织产出的影响、高管团队权力与公司行为、高管团队权力分布测度等方面，具体参考毛新述（2016）的综述。

10.2 公司治理相关研究在 Stata 上的实现：以会计背景的 CFO 对公司产出的影响为例

Hoitash，Hoitash，and Kurt（2016）研究了会计背景的 CFO 是否与更稳健的公司产出相关，作者发现，在高成长性行业中，拥有会计背景的 CFO 的公司其研发和资本支出更少，参与外部融资的可能性也更小。在低增长行业中，拥有会计背景的 CFO 的公司表现出更高的成本产出效率。这一结果与会计背景的 CFO 以风险规避为导向是一致的。进一步的研究发现，在高增长行业，拥有会计背景的 CFO 与公司价值呈负相关；而在低增长行业，拥有会计背景的 CFO 与公司价值呈正相关。

论文的主要贡献有两个。首先，为越来越多的有关会计背景的 CFO 与财务报告质量之间正相关关系的文献提供了补充证据。作者首次通过考察会计背景的 CFO 在企业投资和成本控制等领域的表现，拓展了现有调查领域，对会计背景的 CFO 的作用进行了更全面的调查。研究结果表明，会计背景的 CFO 的风险厌恶延伸到了财务报告以外的职责。与以往的研究不同，作者分别对高增长和低增长行业的企业进行了分析，因为面临不同增长前景的企业有不同的需求。作者的实证结果支持这种方法，并表明会计背景的 CFO 的表现因行业增长类别而异。

其次，通过研究会计背景的 CFO 与企业价值之间的关联扩展了先前的研究。对低增长行业的研究结果与最近较少任命会计背景的 CFO 的趋势相反，表明企业可能从任命决策中受益。然而，对新 CFO 的“一刀切”的任命策略可能并不合适，这一点可以从在高增长行业中任命会计背景的 CFO 对企业价值的负面影响中得到证明。因此，企业应该认识到任命会计背景的 CFO 的成本和收益。

从方法论的角度看，Hoitash，Hoitash，and Kurt（2016）的研究考察了公司基本面因素、CFO 个人特征、CEO 个人特征、董事会等对选聘会计背景的 CFO 的影响，在此基础上，考察了会计背景的 CFO 对公司投资、融资、成本收入效率、现金持有、公司价值等的影响，为研究高管特征、公司治理因素的经济后果的初学者提供了很好的学习机会。

下面，我们利用中国上市公司的数据来简要重复 Hoitash，Hoitash，and Kurt（2016）的研究。

10.2.1 研究样本与数据来源

1. 研究样本

考虑到 2005—2006 年的股权分置改革和 2007 年我国上市公司全面执行《企业会计准则》，选取我国 2007—2016 年所有非金融业的上市公司作为研究样本。

2. 数据来源

上市公司债券发行来自 Choice 数据库、并购数据来自 iFind 数据库，其他数据均来自 CSMAR 数据库。具体见表 10-1。

表 10-1 主要数据集及其来源

数据集名	数据集含义	主要内容	数据来源
CG_Director. dta	高管个人资料数据	包括 CFO 特征、CEO 特征，据此生成 CFO. dta，CEO. dta	来自 CSMAR 治理结构中的高管个人资料文件
TRD_Co. dta	公司文件数据	包括有关公司名称、行业等数据	来自 CSMAR 股票市场交易-公司文件
Fundamental. dta	基本财务数据	包括其他所有控制变量数据	来自 CSMAR 财务报表数据库、股票市场交易-公司文件、治理结构数据库、个股回报数据库，以及 iFind 并购数据
Investment. dta	投资数据	包括资本化支出和研发支出	来自 CSMAR 现金流量表和上市公司研发投入情况文件
Financing. dta	外部融资数据	包括股票融资和债券融资	来自 CSMAR 配股、增发、回购、分红数据文件，Choice 债券发行数据
Governance. dta	公司治理数据	包括股东、董事会数据	来自 CSMAR 股东研究、治理结构文件
Hgrowth. dta	公司增长分组数据	包括年度、行业、高低增长分组哑变量	根据 CSMAR 中分析师预测数据计算

10.2.2 变量定义

1. 首席财务官的界定

首席财务官（CFO）是指上市公司担任首席财务官、财务总监、总会计师的高管。

2. 首席执行官的界定

首席执行官（CEO）是美国在 20 世纪 60 年代进行公司治理结构改革创新的产物，

它的出现在某种意义上代表董事会手中的一些决策权过渡到经营层手中。我国的法律法规并没有专门界定 CEO，其概念最早出现在网络企业中，并且这一称谓在使用上有很强的随意性（刘新民、王垒和吴士健，2013）。我国上市公司中很少单独披露 CEO。有学者认为 CEO 实际上是我国的 50%董事长职能与 50%总经理职能的加总。因此，如果公司没有明确披露 CEO，一般应将董事长和总经理界定为 CEO。为了简化处理，本部分将 CEO 及没有明确披露 CEO 的公司总经理界定为CEO。

主要变量的测度见表 10 - 2。

表 10 - 2　变量定义

变量名	变量定义	数据来源
解释变量		
Accountant CFO	会计背景 CFO 虚拟变量，当 CFO 具有担任会计经理、内部或外部审计师的经历，或为注册会计师，取 1，否则为 0	来自 CSMAR 高管个人资料 CG_Director 数据表
被解释变量		
Investment	投资额，等于资本化支出与研发支出之和除以滞后 1 期总资产，如果研发支出为缺失值，取 0	来自 CSMAR 现金流量表（直接法）FS_Comscfd 数据表和研发投入情况 PT_LCRDSpending 数据表
Underinvestment	投资不足，使用 Biddle 等（2009）模型估计的负的残差投资的绝对值，如果残差投资为正，取 0	根据 Biddle 等（2009）模型估计
Overinvestment	过度投资，使用 Biddle 等（2009）模型估计的正的残差投资，如果残差投资为负，取 0	根据 Biddle 等（2009）模型估计
Financing dummy	融资虚拟变量，如果年度外部融资净额大于滞后 1 期总投入资本的 5%，取 1，反之为 0	股票融资来自 CSMAR 上市公司增发发行基本情况 RS_Aibasic 数据表、上市公司配股基本情况 RS_Robasic 数据表、股份回购信息 SR_Implement 数据表、红利分配 CD_Dividend 数据表，债券融资来自 Choice 数据库
Cost efficiency	成本效率，等于总成本的年度变化和总收入的年度变化之差乘以（—1）	来自 CSMAR 利润表 FS_Comins 数据表
Cash	现金，等于现金和交易性证券之和与营业收入之比	来自 CSMAR 资产负债表 FS_Combas 数据表和利润表 FS_Comins 数据表
Tobin's q	托宾 *Q* 值，等于资产的市场价值与账面价值之比。权益市场价值的计算同 *Market value*，等于（负债账面价值＋权益市场价值）/资产账面价值	账面价值来自 CSMAR 资产负债表 FS_Combas 数据表，股票市场价格来自年个股回报率 TRD_Year 数据表，流通股和非流通股数据来自股本情况 HLD_Capstru 数据表

续表

变量名	变量定义	数据来源
其他控制变量		
Market value	市场价值，等于会计期末股票价格乘以流通在外股份数量。考虑到我国部分非流通股的存在，等于期末股票价格×流通股＋每股净资产×非流通股	股票市场价格来自年个股回报率 TRD_Year 数据表，流通股和非流通股数据来自股本情况 HLD_Capstru 数据表
Book-to-market	账面市值比，等于资产的账面价值与市场价值之比	数据来源同变量 *Tobin's q*
Leverage	杠杆比率，等于总负债与权益比率	来自 CSMAR 资产负债表 FS_Combas 数据表
Return on assets	资产报酬率，等于折旧前利润与总资产之比	来自 CSMAR 利润表 FS_Comins 数据表、现金流量表（间接法）FS_Comscfi 数据表和利润表 FS_Comins 数据表以及资产负债表 FS_Combas 数据表
Operating cash flow	经营活动现金流量，等于经营活动现金流量与总资产之比	来自 CSMAR 现金流量表（直接法）FS_Comscfd 数据表
Firm age	公司年龄，等于公司存续年度	来自 CSMAR 股票市场交易-公司文件 TRD_Co 数据表
Asset tangibility	有形资产，使用 Almeida and Campello's（2007）估计的非现金有形资产	来自 CSMAR 资产负债表 FS_Combas 数据表
Employee intensity	劳动密集度，等于员工数量与总资产之比	员工数量来自 CSMAR 治理综合信息 CG_Ybasic 数据表
Sales growth	销售增长率，等于营业收入年度变化额与滞后 1 年营业收入之比	来自 CSMAR 利润表 FS_Comins 数据表
Employee growth	员工增长率，等于员工数量年度变化额与总资产之比	员工数量来自 CSMAR 治理综合信息 CG_Ybasic 数据表
Asset turnover	资产周转率，等于营业收入与总资产之比	来自 CSMAR 资产负债表 FS_Combas 数据表和利润表 FS_Comins 数据表
Stock return volatility	股票报酬波动率，等于会计年度日个股回报的标准差	日回报率来自 CSMAR 日个股回报率 trd_dalyr 数据表
Acquisition	并购金额，等于并购支出与总资产之比	来自 iFind 并购数据
Special items dummy	特殊项目虚拟变量，特殊项目（等于营业外收入－营业外支出）与滞后 1 期的总资产之比大于 1%取 1，否则取 0	来自 CSMAR 利润表 FS_Comins 数据表和资产负债表 FS_Combas 数据表
Foreign operations dummy	境外经营虚拟变量，当公司报告非缺失、非零外币折算差额时取 1，否则取 0	来自 CSMAR 资产负债表 FS_Combas 数据表和所有者权益变动表 FN_FN046 数据表

续表

变量名	变量定义	数据来源
SOX	SOX 法案执行，会计年度为 2002—2004 年取 1，否则取 0	不适用
公司治理变量		
CFO tenure	CFO 任职年限	来自 CSMAR 高管个人资料 CG_Director 数据表
CFO age	CFO 年龄	来自 CSMAR 高管个人资料 CG_Director 数据表
CFO w/MBA	CFO 学历，如果 CFO 具有 MBA 学位，取 1，否则取 0	来自 CSMAR 高管个人资料 CG_Director 数据表
CFO is internal	CFO 来源，如果 CFO 属于内部提拔，取 1，否则取 0	来自 CSMAR 高管个人资料 CG_Director 数据表
CEO was accountant CFO	CEO 来源，如果 CEO 由会计背景的 CFO 担任，取 1，否则取 0	来自 CSMAR 高管个人资料 CG_Director 数据表
CEO was non-accountant CFO	CEO 来源，如果 CEO 由非会计背景的 CFO 担任，取 1，否则取 0	来自 CSMAR 高管个人资料 CG_Director 数据表
CEO tenure	CEO 任职年限	来自 CSMAR 高管个人资料 CG_Director 数据表
CEO age	CEO 年龄	来自 CSMAR 高管个人资料 CG_Director 数据表
CEO is chairman	CEO 兼任，如果 CEO 兼任董事长，取 1，否则为 0	来自 CSMAR 高管个人资料 CG_Director 数据表
Board size	董事会规模，等于董事会人数	来自 CSMAR 治理综合信息 CG_Ybasic 数据表
Board independence	董事会独立性，等于董事会非执行董事的比例	来自 CSMAR 治理综合信息 CG_Ybasic 数据表
Finance committee	是否设立金融委员会，如果董事会设立了金融委员会，取 1，否则取 0	来自 CSMAR 委员会成员情况 CG_Commit 数据表
Investment committee	是否设立投资委员会，如果董事会设立了投资委员会，取 1，否则取 0	来自 CSMAR 委员会成员情况 CG_Commit 数据表
shrcr1	公司第一大股东持股比例	来自 CSMARHLD_Cr 数据表

10.2.3 主要研究设计

区分高增长和低增长行业进行研究是 Hoitash，Hoitash，and Kurt（2016）一文的重要贡献。为了确定高增长和低增长行业，他们首先获取机构经纪人预测系统（I/B/E/S）文件中所有公司的分析师每股收益（EPS）长期增长预测。然后，对于每个会计年度，保留每个公司最新月度的估计。每年对公司层面的估计进行 1%和 99%的缩尾处理后，计算出截至该年度末各行业的平均估计增长率，并将其作为行业增长率。最后，根据过去三年的行业平均增长率，每年对 Fama and French 48 个行业（不包括金融和公用事业）进行排名，将每年增长最快的 12 个行业归为高增长行业，其余行业归为低增长行业。这种方法对 BoardEx 数据集中高增长和低增长行业观测值进行了平均分割。具体而言，最终样本包含 50.2%的高增长观测值。商业服务、电子设备和医药产品（机械、石油和运输）是持续出现在高增长（低增长）类别中的三个行业。

在我国，没有 Fama and French 48 个行业的划分，因此只能基于证监会最新的行业分类来确定高增长和低增长行业。具体的做法是：

（1）获取所有分析师对所有公司的 *EPS* 预测，以所有预测的中位数作为预测年度的公司层面数据。

（2）基于每个公司预测的未来两年的 *EPS* 计算 *EPS* 平均几何增长率。

（3）计算每个行业 3 年滚动 *EPS* 增长率。

（4）基于每年所有行业 3 年滚动 *EPS* 增长率，计算所有行业 3 年滚动 *EPS* 增长率的中位数。

（5）当年行业 3 年滚动 *EPS* 增长率大于其中位数时，定义该行业为高增长行业，否则为低增长行业。

10.2.4 Stata 程序实现

Stata 程序 10.2.4.1：CFO 特征程序

利用 CG_Director.dta 和 TRD_Co.dta，获取上市公司 CFO，定义会计背景的 CFO，获取 CFO 特征变量，并且另存为 CFO.dta。

```
*Stata 程序
*通过 cd 命令设定当前工作目录
use "CG_Director.dta",clear
*通过 CG_Director 数据集中具体职务变量 d0201b 进行识别
*d0201b 变量中包括高管多个职务，为了便于文本搜索，可利用 split 命令将各职务分开
*使用 split 命令前先检查分隔符的一致性（统一用半角,分开）
count if regexm(d0201b," ")                    //统计半角空格
list d0201b if regexm(d0201b," ")              //查看分割情况
replace d0201b=subinstr(d0201b," ","",.)       //去除半角空格
count if regexm(d0201b," ")                    //统计全角空格
replace d0201b=subinstr(d0201b," ","",.)       //去除全角空格
*主要分隔符为逗号,统一中文和英文状态下的分隔符
count if regexm(d0201b,",")
count if regexm(d0201b,",")
replace d0201b=subinstr(d0201b,",",",",.)      //用英文,取代中文,
```

```
*检查是否存在分号、顿号
count if regexm(d0201b,";")
count if regexm(d0201b,"；")
replace d0201b=subinstr(d0201b,"；",",",.)      //用英文,取代中文；
count if regexm(d0201b,"、")
replace d0201b=subinstr(d0201b,"、",",",.)      //用英文,取代中文、

*识别 CFO
split d0201b,p(,)                              //将具体职务分开，最多的有 5
个头衔（样本不同会不同）
*产生 CFO 虚拟变量
gen CFO=0                                      //将 CFO 的初始值设为 0
label var CFO "首席财务官"
*利用文本搜索函数 regexm 搜索被分开的单个职务，识别 CFO，即只要单个职务以财务
总监、总会计师、首席财务官、财务负责人开头并结尾，则令 CFO 的值加 1。
forvalue i=1/5{
replace CFO=CFO+ 1 if regexm(d0201b`i',"^财务总监$") | regexm(d0201b`i
',"^总会计师$") | regexm(d0201b`i',"^首席财务官$") | regexm(d0201b`i',"^
财务负责人$")
}
tab CFO                                        //CFO==2 表示有上述两个职
务，如财务总监、财务负责人
keep if CFO>=1                                 //保留拥有高管 CFO 的样本
bys dm nd :gen n=_N
tab n                                          //当年更换 CFO
*以任职日期为依据，仅保留当年新任 CFO
*观察数据可知，任职日期与具体职务的顺序一一对应，且日期间以“,”相隔。如，具体
职务显示：董事长,首席执行官;对应的任职日期显示：2005-06-17,2005-06-17。
replace d0201b=subinstr(d0701b ,"　","",.)
replace d0201b=subinstr(d0701b," ","",.)       //去除空格
split d0701b,p(,)                              //CFO 最多有 4 个职务

forvalue i=1/4 {
gen n`i'=d0201b`i'+ "+"+ d0701b`i'
}                                              //生成“职务+任职日期”的变量
gen cfo_date=""
forvalue i=1/4{
```

```
replace cfo_date=n`i' if regexm(d0201b`i',"^财务总监$") | regexm(d0201b
`i',"^总会计师$") | regexm(d0201b`i',"^首席财务官$") | regexm(d0201b`i
',"^财务负责人$")
}
codebook cfo_date
split cfo_date,p(+)
gsort dm nd -cfo_date2          //按任职日期倒序排序
by dm nd :keep if _n==1         //保留新任
drop n n1 n2 n3 n4 d0201b? d0701b? cfo_date?
duplicates list dm nd           //得到公司-年度的唯一识别

*合并公司全称和简称，用于后续文本搜索
sort dm nd
merge m:1 dm using "TRD_Co.dta",keepusing(stknme conme)
drop if _merge==2
drop _merge
order dm nd stknme conme        //将 dm，nd，stknme，conme 4 个变量排为前 4 个变量

*识别会计背景的 CFO
*会计背景的 CFO 虚拟变量，当 CFO 具有担任会计经理、内部或外部审计师的经历，或为
注册会计师，取 1，否则为 0

*识别 CFO 的会计经历
*通过 CFO 简历搜索确定会计经历，如果有，则 fa_acc 为 1
gen fa_acc=0
label var fa_acc "会计经历"
*定义会计经历，当 CFO 简历中具有下述关键词之一时，界定为拥有会计经历
local acc1 "财务部总经理 财务部经理 审计总监 财务副总 财务副经理 财务监理"
local acc2 "财务经理 财务部部长 财务部长 财务部主任"
local acc3 "财务处处长 财务处长 会计处处长 会计处长"
local acc4 "财务科科长 财务科长 会计科科长 会计科长"
local acc5 "财务部 财务处 财务科"
local acc6 "计划财务部 计财处 财务资产部 资金部 投资部 证券部 风险管理部 内控部
风控部 资本运营部 并购部"
local acc7 "内审部 审计部 财务成本部 审计处 审计监察部 会计师事务所 法律与审计
事务总监 法律及审计事务总监"
local acc8 "审计机构负责人 审计主管 财务分析师 财务中心经理"
local acc9 "会计工作 财务工作 审计工作 财务管理工作 会计师事务所"
```

```
local acc "`acc1' `acc2' `acc3' `acc4' `acc5' `acc6' `acc7' `acc8' `acc9'"
foreach  x of local acc{
gen fa_acc_x=regexm(d0801c,"`x'")
replace fa_acc=fa_acc+ fa_acc_x
drop fa_acc_x
}

tab fa_acc

*是否具有会计师事务所工作经历
gen acc_firm=regexm(d0801c,"会计师事务所")
label var acc_firm "会计师事务所工作经历"
tab acc_firm

*是否具有 CPA 资格证书
gen CPA=0
label var CPA "注册会计师"
local cpa "注册会计师 CPA ACCA ACA CGA cpa acca aca cga"
foreach  x of local cpa{
gen cpa_x=regexm(d0801c,"`x'")
replace CPA=CPA+ cpa_x
drop cpa_x
}
gen ACFO=(fa_acc>0 | acc_firm>0 | CPA>0) if d0801c!=""

*定义 CFO 的其他特征
*tenure
bys personid dm (nd): gen CFO_tenure = _n
*age
gen CFO_age = d0401b

*CFO w/MBA
gen CFO_MBA=regexm(d0801c,"MBA") | regexm(d0801c,"工商管理硕士")

*CFO is internal
*通过 CFO 简历中“历任和曾任……”进行识别（还应对识别的结果逐个检查）
*历任本公司/本集团/本企业，或历任公司/集团/企业
```

```
gen CFO_internal1=regexm(d0801c,"历任本公司") | regexm(d0801c,"历任本集团") | regexm(d0801c,"历任本企业") | regexm(d0801c,"历任公司") | regexm(d0801c,"历任集团") | regexm(d0801c,"历任企业")
tab CFO_internal1
*历任**公司，如历任万科，历任万科股份有限公司等
gen lrstknme1="历任"+ stknme
replace lrstknme1=subinstr(lrstknme1,"A","",.)      //去掉简称中的A
gen lrconme1="历任"+ conme

replace CFO_internal1=1 if CFO_internal1==0 & (regexm(d0801c,lrstknme1) | regexm(d0801c,lrconme1) )
tab CFO_internal1
*曾任本公司/本集团/本企业，或曾任公司/集团/企业
gen CFO_internal2=regexm(d0801c,"曾任本公司") | regexm(d0801c,"曾任本集团") | regexm(d0801c,"曾任本企业") | regexm(d0801c,"曾任公司") | regexm(d0801c,"曾任集团")  | regexm(d0801c,"曾任企业")
tab CFO_internal2
*曾任**公司，如曾任万科，曾任万科股份有限公司等
gen lrstknme2="曾任"+ stknme
replace lrstknme2=subinstr(lrstknme2,"A","",.)      //去掉简称中的A
gen lrconme2="曾任"+ conme

replace CFO_internal2=1 if CFO_internal2==0 & (regexm(d0801c,lrstknme2) | regexm(d0801c,lrconme2) )
tab CFO_internal2

*担任CFO前，任本公司财务总监以下的职务
*如，"一九九七年十月起任本公司财务部经理/总经理/处长/部长/主任/科长,或，或。或、"
gen CFO_internal3= ///
regexm(d0801c,"任本公司.*部经理,$") | regexm(d0801c,"任本公司.*部经理，$")
  | regexm(d0801c,"任本公司.*部经理。$") | regexm(d0801c,"任本公司.*部经理、$") |  ///
regexm(d0801c,"任本公司.*部总经理,$") | regexm(d0801c,"任本公司.*部总经理，$")  | regexm(d0801c,"任本公司.*部总经理。$") | regexm(d0801c,"任本公司.*部总经理、$") |  ///
regexm(d0801c,"任本公司.*处长,$") | regexm(d0801c,"任本公司.*处长，$")  |
regexm(d0801c,"任本公司.*处长。$") | regexm(d0801c,"任本公司.*处长、$") |
  ///
```

```
regexm(d0801c,"任本公司.*部长,$") | regexm(d0801c,"任本公司.*部长，$")  |
regexm(d0801c,"任本公司.*部长。$") | regexm(d0801c,"任本公司.*部长、$") |
  ///
regexm(d0801c,"任本公司.*主任,$") | regexm(d0801c,"任本公司.*主任，$")  |
regexm(d0801c,"任本公司.*主任。$") | regexm(d0801c,"任本公司.*主任、$") |
  ///
regexm(d0801c,"任本公司.*科长,$") | regexm(d0801c,"任本公司.*科长，$")  |
regexm(d0801c,"任本公司.*科长。$") | regexm(d0801c,"任本公司.*科长、$")
tab CFO_internal3

*担任 CFO 前，任本集团财务总监以下的职务
*如，"一九九七年十月起任本集团财务部经理/总经理/处长/部长/主任/科长,或，或。或、"
gen CFO_internal4= ///
regexm(d0801c,"任本集团.*部经理,$") | regexm(d0801c,"任本集团.*部经理，$")
 | regexm(d0801c,"任本集团.*部经理。$") | regexm(d0801c,"任本集团.*部经
理、$") |  ///
regexm(d0801c,"任本集团.*部总经理,$") | regexm(d0801c,"任本集团.*部总经
理，$")  | regexm(d0801c,"任本集团.*部总经理。$") | regexm(d0801c,"任本集
团.*部总经理、$") |  ///
regexm(d0801c,"任本集团.*处长,$") | regexm(d0801c,"任本集团.*处长，$")  |
regexm(d0801c,"任本集团.*处长。$") | regexm(d0801c,"任本集团.*处长、$") |
  ///
regexm(d0801c,"任本集团.*部长,$") | regexm(d0801c,"任本集团.*部长，$")  |
regexm(d0801c,"任本集团.*部长。$") | regexm(d0801c,"任本集团.*部长、$") |
  ///
regexm(d0801c,"任本集团.*主任,$") | regexm(d0801c,"任本集团.*主任，$")  |
regexm(d0801c,"任本集团.*主任。$") | regexm(d0801c,"任本集团.*主任、$") |
  ///
regexm(d0801c,"任本集团.*科长,$") | regexm(d0801c,"任本集团.*科长，$")  |
regexm(d0801c,"任本集团.*科长。$") | regexm(d0801c,"任本集团.*科长、$")
tab CFO_internal4

gen CFO_internalX=(CFO_internal1==1 | CFO_internal2==1 | CFO_
internal3==1  | CFO_internal4==1) if d0801c!=""

tab CFO_internalX

*有一年是，所有年都是
```

```
bys dm personid:egen CFO_internal=max(CFO_internalX)
tab CFO_internal

sort dm nd

save "CFO.dta",replace
```

Stata 程序 10.2.4.2：CEO 特征程序

利用 CG_Director.dta 数据，获取上市公司 CEO，获取 CFO 特征变量，并且另存为 CEO.dta。

```
*Stata 程序
*通过 cd 命令设定当前工作目录
use "CG_Director.dta",clear
*通过 CG_Director 数据集中具体职务变量 d0201b 进行识别
*d0201b 变量中包括高管多个职务，为了便于文本搜索，可利用 split 命令将各职务分开
*使用 split 命令前先检查分隔符的一致性（统一用半角,分开）
count if regexm(d0201b," ")                    //统计半角空格
list d0201b if regexm(d0201b," ")              //查看分割情况
replace d0201b=subinstr(d0201b," ","",.)       //去除半角空格
count if regexm(d0201b,"　")                   //统计全角空格
replace d0201b=subinstr(d0201b,"　","",.)      //去除全角空格
*主要分隔符为逗号，统一中文和英文状态下的分隔符
count if regexm(d0201b,",")
count if regexm(d0201b,"，")
replace d0201b=subinstr(d0201b,"，",",",.)     //用英文,取代中文，
*检查是否存在分号、顿号
count if regexm(d0201b,";")
count if regexm(d0201b,"；")
replace d0201b=subinstr(d0201b,"；",",",.)     //用英文,取代中文；
count if regexm(d0201b,"、")
replace d0201b=subinstr(d0201b,"、",",",.)     //用英文,取代中文、
replace d0201b=subinstr(d0201b,"（","(",.)
replace d0201b=subinstr(d0201b,"）",")",.)     //统一中英文状态下的括号
*识别 CEO
```

```
split d0201b,p(,)                                  //将具体职务分开，最多的有 5 个头衔
(样本不同会不同)
*产生 CEO 虚拟变量
gen CEO=0
gen chair=0
label var chair "董事长"
gen president=0
label var president "总经理"
*利用文本搜索函数 regexm 识别 CEO/董事长/总经理，包括代理的 CEO
local j=5
forvalue i=1/`j'{
replace CEO=CEO+ 1 if regexm(d0201b`i',"^CEO$") | regexm(d0201b`i',"^首
席执行官$")

replace chair=chair+ 1 if regexm(d0201b`i',"^董事长$") | regexm(d0201b`
i',"^董事局主席$") | regexm(d0201b`i',"^董事会主席$") | regexm(d0201b`i
',"^董事会召集人$") | regexm(d0201b`i',"^代董事长$") | regexm(d0201b`i',"
^ 董事长(代理)$")

replace president=president+ 1 if regexm(d0201b`i',"^总经理$") | regexm
(d0201b`i',"^总裁$") | regexm(d0201b`i',"^行长$") | regexm(d0201b`i',"^
代总经理$") | regexm(d0201b`i',"^代总裁$") | regexm(d0201b`i',"^代行长$") |
regexm(d0201b`i',"^ 总经理(代理)$") | regexm(d0201b`i',"^ 总裁(代理)$")
}

*将 CEO 及没有明确披露 CEO 的公司总经理界定为 CEO
bys dm nd:egen CEO_total=total(CEO)
replace CEO=president if CEO_total==0  //没有 CEO 的公司，用总经理代替
tab CEO
drop if CEO==0                         //仅保留有 CEO 的样本

bys dm nd :egen n=total(CEO)
tab n
list dm nd d0101b d0201b if n!=1       //发现有更换 CEO 的现象，导致存在多
个 CEO 的情况
*以任职日期为依据，仅保留当年新任 CEO
*观察数据可知，任职日期与具体职务的顺序一一对应，且日期间以“,”相隔。如，具体
职务显示：董事长,首席执行官;对应的任职日期显示：2005-06-17,2005-06-17。
```

```
replace d0201b=subinstr(d0701b ,"　","",.)
replace d0201b=subinstr(d0701b," ","",.)    //去除空格
split d0701b,p(,)                           //CEO 最多有 4 个职务

forvalue i=1/4 {
gen n`i'=d0201b`i'+"+"+ d0701b`i'
}                                           //生成“职务+任职日期”的变量
gen ceo_date=""
forvalue i=1/4{
replace ceo_date=n`i' if regexm( n`i',"首席执行官")|regexm( n`i',"
CEO")|regexm(d0201b`i',"^总经理$") | regexm(d0201b`i',"^总裁$") | re-
gexm(d0201b`i',"^行长$") | regexm(d0201b`i',"^代总经理$") | regexm
(d0201b`i',"^代总裁$") | regexm(d0201b`i',"^代行长$") | regexm(d0201b`i
',"^ 总经理(代理)$")| regexm(d0201b`i',"^ 总裁(代理)$")
}                                           //筛选出 CEO 对应的任职日期
codebook ceo_date
split ceo_date,p(+)
gsort dm nd -ceo_date2                      //按任职日期倒序排序
by dm nd :keep if _n==1                     //保留新任
drop n n1 n2 n3 n4 d0201b? d0701b? ceo_date?
duplicates list dm nd                       //得到公司-年度的唯一识别

*定义来源于 accountant CFO 的 CEO
*如果 CEO 由会计背景的 CFO 担任，取 1，否则取 0
gen presid_CFO0=regexm(d0801c,"财务总监") | regexm(d0801c,"总会计师") |
regexm(d0801c,"首席财务官") | regexm(d0801c,"财务负责人")
*有一年是，所有年都是
bys dm personid:egen presid_CFO=max(presid_CFO0)
label var presid_CFO "担任过 CFO 的总裁或 CEO"
tab presid_CFO
*会计背景的界定
*通过 CFO 简历搜索确定会计经历，如果有，则 fa_acc 为 1
gen fa_acc=0
label var fa_acc "会计经历"
*定义会计经历，当 CFO 简历中具有下述关键词之一时，界定为拥有会计经历
local acc1 "财务部总经理 财务部经理 审计总监 财务副总 财务副经理 财务监理"
local acc2 "财务经理 财务部部长 财务部长 财务部主任"
```

```
local acc3 "财务处处长 财务处长 会计处处长 会计处长"
local acc4 "财务科科长 财务科长 会计科科长 会计科长"
local acc5 "财务部 财务处 财务科"
local acc6 "计划财务部 计财处 财务资产部 资金部 投资部 证券部 风险管理部 内控部
风控部 资本运营部 并购部"
local acc7 "内审部 审计部 财务成本部 审计处 审计监察部 会计师事务所 法律与审计
事务总监 法律及审计事务总监"
local acc8 "审计机构负责人 审计主管 财务分析师 财务中心经理"
local acc9 "会计工作 财务工作 审计工作 财务管理工作 会计师事务所"

local acc "`acc1' `acc2' `acc3' `acc4' `acc5' `acc6' `acc7' `acc8' `acc9'"
foreach  x of local acc{
gen fa_acc_x=regexm(d0801c,"`x'")
replace fa_acc=fa_acc+ fa_acc_x
drop fa_acc_x
}

tab fa_acc

*是否具有会计师事务所工作经历
gen acc_firm=regexm(d0801c,"会计师事务所")
label var acc_firm "会计师事务所工作经历"
tab acc_firm

*是否具有 CPA/CFA/CMA 资格证书
gen CPA=0
label var CPA "注册会计师"
local cpa "注册会计师 CPA ACCA ACA CGA cpa acca aca cga"
foreach  x of local cpa{
gen cpa_x=regexm(d0801c,"`x'")
replace CPA=CPA+ cpa_x
drop cpa_x
}

gen presid_ACFO=(presid_CFO==1  & (fa_acc>0 | acc_firm>0 | CPA>0)) if
d0801c!=""
tab presid_ACFO
```

```
gen presid_NACFO=(presid_CFO==1  & (fa_acc==0 & acc_firm==0 & CPA==0))
if d0801c!=""
tab presid_NACFO

*定义 CEO 的其他特征
*tenure
bys personid dm (nd): gen presid_tenure = _n
*age
gen presid_age = d0401b
*CEO 兼任
gen CEO_chair = (chair>=1)
*CEO is chairman  CEO 兼任，如果 CEO 兼任董事长，取 1，否则为 0
save "CEO.dta",replace
```

Stata 程序 10.2.4.3：重复 Hoitash，Hoitash and Kurt（2016）的研究

利用 CFO. dta，CEO. dta 及下述数据集，重复 Hoitash，Hoitash，and Kurt（2016）的研究。

所需数据集：

（1）基本财务数据 Fundamental. dta。

（2）投资数据 Investment. dta。

（3）外部融资数据 Financing. dta。

（4）公司治理数据 Governance. dta。

（5）公司增长分组数据 Hgrowth. dta。

```
*Stata 程序
*通过 cd 命令设定当前工作目录
use "Fundamental.dta",clear
merge 1:1 dm nd using "investment.dta"                  //合并投资数据
drop if _merge==2
drop _merge
xtset dm nd
replace rdspendsum=0 if rdspendsum==.
gen investment=(capx+ rdspendsum)/L.asset               //计算投资额
label var investment "Investment"
winsor2 investment growth,cuts(1 99) by(nd) replace     //对 growth(=D.sale/
L.sale)进行缩尾处理
```

```
gen Lgrowth=L.growth
bys nd hy:asreg investment Lgrowth, fitted      //分年度分行业回归
replace _residual=. if _Nobs<20                 //如果少于 20 个观测，设为缺失
gen Underinv=abs(_residual) if _residual<0      //产生投资不足变量
replace Underinv=0 if Underinv==.
sum Underinv
label var Underinv "Underinvestment"
gen Overinv=_residual if _residual>0            //产生过度投资变量
replace Overinv=0 if Overinv==.
sum Overinv
label var Overinv "Overinvestment"
sum Underinv Overinv

*外部融资
sort dm nd
merge 1:1 dm nd using "financing.dta"           //合并外部融资数据
drop if _merge==2
drop _merge
gen ext_fin=(ptfdrs1- aitlcost+ ptfdrs2- ttlcstro- repurchase- snum-
div+ bondissue- bondretire)/(sszb+ zbgj)
sum ext_fin
gen FinDum=(ext_fin>0.05)
label var FinDum "Financing dummy"

*成本降低
*收入增长-成本增长
xtset dm nd
gen totalcost=yycb+ glfy+ xsfy
label var totalcost "总成本"
gen CostEff=((D.totalcost-D.sale)/asset)*(-1)
label var CostEff "Cost efficiency"

*产生销售收入增长哑变量
gen Dsale=(D.sale>0)
label var Dsale "Inc.sales"

*现金持有
gen CashHold=(hbzj+ jyxjrzc)/sale
```

```
label var CashHold "Cash"

*托宾 Q
gen mv=p12*nshra+ bps*nshrnn
label var mv "权益市场价值"
gen bv=(nshra+ nshrnn) *bps
label var bv "权益账面价值"
gen TobinQ=(mv+ fzhj) /asset
label var TobinQ "Tobin's q"

*控制变量
*mv
gen MarKValue=p12*nshra+ bps*nshrnn
label var MarKValue "Market value"
*btm
gen btm=asset/ (mv+ fzhj)
label var btm "Book to market"
*Leverage
gen Leverage=fzhj/ (asset-fzhj)
label var Leverage "Leverage"
*roa
gen roa=(yylr+ zjfy_cf) /asset
label var roa "Return on assets"
label var roa "Return on assets"
*OCF
gen OCF=cfo/asset
label var OCF "Operating cash flow"
*Firm age
gen FirmAge=nd-listnd
label var FirmAge "Firm age"
*Asset tangibility
gen
AssetTan=(0.715*(yszkzc+ yspj) +0.547*inventory+0.535*(gdzcje+zjgcje+
gcwz)) /asset
label var AssetTan "Asset tangibility"
*Employee intensity
gen EmployeeInt=(y0601b/asset) *10000
label var EmployeeInt "Employee intensity"
```

```
*Sales growth
*growth
label var growth "Sales growth"
*Employee growth
xtset dm nd
gen EmployeeGrow=(D.y0601b/asset)*10000
label var EmployeeGrow "Employee growth"
*Asset turnover
gen AssetTO=sale/asset
label var AssetTO "Asset turnover"
*Stock return volatility
*vol: 基于每年日个股回报率的标准差计算

*Acquisition
gen MA=Acexp/asset
label var MA "Acquisition"

*Special items dummy
xtset dm nd
gen Special=abs(yywsr-yywzc)/L.asset   //通过“营业外收入-营业外支出”计算获得
gen SpecialI=(Special>0.01 & Special!=.)
label var  SpecialI "Special items dummy"

*Foreign operations dummy
gen ForeignOD=(wbbbzsce!=0 & wbbbzsce!=.)
label var  ForeignOD "Foreign operations dummy"

*治理变量
*合并 CFO 数据
sort dm nd
merge 1:1 dm nd using "CFO.dta", keepusing(dm nd stknme conme CFO ACFO
CFO_tenure CFO_age CFO_MBA CFO_internal)
drop if _merge==2
drop _merge
label var ACFO "Accountant CFO"
label var CFO_tenure "CFO tenure"
label var CFO_age "CFO age"
label var CFO_MBA "CFO w/MBA"
```

```
label var CFO_internal "CFO is internal"

*合并 CEO 数据
*合并 CEO 变量
sort dm nd
merge 1:1 dm nd using "CEO.dta", keepusing(presid_ACFO presid_NACFO
presid_tenure presid_age CEO_chair)
drop if _merge==2
drop _merge
label var presid_tenure "CEO tenure"
label var presid_age "CEO age"
label var CEO_chair "CEO is chairman"
label var presid_ACFO "CEO was accountant CFO"
label var presid_NACFO "CEO was non-accountant CFO"

*合并治理变量数据
sort dm nd
merge 1:1 dm nd using "governance.dta"
drop if _merge==2
drop _merge

*合并分析师数据
sort nd hy
merge m:1 nd hy using "Hgrowth.dta"
drop if _merge==2
drop _merge
label var Hgrowth "分析师预测 EPS 增长率"
tab Hgrowth

*排除金融业
drop if hydm=="I"
*删除 2006 年及之前的数据
drop if nd<=2006

gen lnCFO_age=ln(CFO_age)
label var lnCFO_age "Log(CFO age)"
gen lnpresid_age=ln(presid_age)
label var lnpresid_age "Log(CEO age)"
```

```
gen lnBoardSize=ln(BoardSize)
label var lnBoardSize "Log(Board size)"
gen lnMarKValue=ln(MarKValue)
label var lnMarKValue "Log(MarKet value)"
gen lnFirmAge=ln(FirmAge)
label var lnFirmAge "Log(Firm age)"

gen ACFO_Dsale=ACFO*Dsale
label var ACFO_Dsale "Accountant CFO*Inc.sales dummy"

*对数字型变量进行缩尾
*Underinv Overinv
foreach var of varlist CostEff CashHold TobinQ btm Leverage roa OCF As-
setTan EmployeeInt EmployeeGrow AssetTO vol MA board_ind {
winsor2 `var',replace cuts(1 99) by(nd)
}

sum ACFO investment Underinv Overinv FinDum CostEff CashHold TobinQ ln-
MarKValue btm Leverage roa OCF lnFirmAge AssetTan EmployeeInt growth
EmployeeGrow AssetTO vol MA SpecialI ForeignOD CFO_tenure lnCFO_age
CFO_MBA CFO_internal presid_tenure presid_ACFO presid_NACFO lnpresid_
age CEO_chair lnBoardSize board_ind FinCom InvCom shrcr1

save "Hoitash, Hoitash and Kurt 2016 JAE accountant CFOs.dta",replace

use "Hoitash, Hoitash and Kurt 2016 JAE accountant CFOs.dta",clear
*产生 Hoitash，Hoitash，and Kurt（2016）中的 table 2
global Xlist "CFO_tenure lnCFO_age CFO_MBA CFO_internal presid_ACFO
presid_tenure  lnpresid_age CEO_chair lnBoardSize board_ind FinCom In-
vCom lnMarKValue btm Leverage CashHold roa OCF lnFirmAge AssetTan Em-
ployeeInt growth EmployeeGrow AssetTO vol MA SpecialI ForeignOD"

qui xi:logit ACFO $Xlist i.nd i.hy if Hgrowth==0 ,vce(robust)
est store LG
qui xi:logit ACFO $Xlist i.nd i.hy if Hgrowth==1 ,vce(robust)
est store HG
outreg2 [LG HG] using "table2.rtf", word excel tstat e(r2_p) label bdec
(3) tdec(2) drop(_Ind_*_Ihy_*_est_X_*) replace
```

```
est clear

*单变量检验
qui xi:reg investment ACFO  if Hgrowth==0 ,vce(cluster dm)
est store X_investment_LG
qui xi:reg investment ACFO if Hgrowth==1,vce(cluster dm)
est store X_investment_HG

qui xi:tobit Underinv ACFO if Hgrowth==1,ll(0) vce(cluster dm)
est store X_Underinv_HG

qui xi:tobit Overinv ACFO if Hgrowth==1,ll(0) vce(cluster dm)
est store X_Overinv_HG

qui xi:logit FinDum ACFO  if Hgrowth==0,vce(robust)
est store X_FinDum_LG
qui xi:logit FinDum ACFO  if Hgrowth==1,vce(robust)
est store X_FinDum_HG

qui xi:reg CashHold ACFO  if Hgrowth==0,vce(cluster dm)
est store X_CashHold_LG
qui xi:reg CashHold ACFO  if Hgrowth==1,vce(cluster dm)
est store X_CashHold_HG

qui xi:reg CostEff ACFO_Dsale  if Hgrowth==0,vce(cluster dm)
est store X_CostEff_LG
qui xi:reg CostEff ACFO_Dsale  if Hgrowth==1,vce(cluster dm)
est store X_CostEff_HG

qui xi:reg TobinQ ACFO  if Hgrowth==0,vce(cluster dm)
est store X_TobinQ_LG
qui xi:reg TobinQ ACFO  if Hgrowth==0,vce(cluster dm)
est store X_TobinQ_HG

outreg2 [X_*] using "table4_A.rtf", word excel tstat e(F)  bdec(3) tdec
(2) label sortvar(ACFO ACFO_Dsale) replace
est clear
```

10.2.5 结果报告

会计背景的 CFO 的决定因素及对公司产出的影响见表 10-3 和表 10-4。总体来看，基于我国情况的研究同 Hoitash，Hoitash，and Kurt（2016）的研究部分相同，部分有一定的差异。例如，从表 10-3 来看，无论是我国还是美国，CFO 的年龄对聘用会计背景的 CFO 均有显著负面影响；但 CEO 的会计背景对选聘 CFO 则不同，在我国，如果 CEO 有会计背景，那么公司聘用的概率显著更高。从表 10-4 来看，总体而言，结果与会计背景的 CFO 的风险规避是一致的。但在我国，会计背景的 CFO 对投资及投资效率、公司价值均没有显著影响，对外部融资的影响显著为负，对成本降低的影响显著为正，这表明会计背景的 CFO 更注重经营决策，而不是外部融资决策。

表 10-3 会计背景的 CFO 的决定因素：基于 Logit 模型的估计

（对应 Hoitash，Hoitash，and Kurt（2016）中的 Table 2）

VARIABLES	Dependent variable=accountant CFO	
	LG industry firms (1)	HG industry firms (1)
CFO tenure	−0.096***	−0.115***
	(−5.31)	(−9.10)
Log(CFO age)	−2.269***	−2.461***
	(−8.30)	(−15.00)
CFO w/MBA	0.070	0.219**
	(0.45)	(2.07)
CFO is internal	−0.092	0.209***
	(−1.13)	(3.78)
CEO was accountant CFO	1.593***	1.614***
	(5.04)	(5.82)
CEO was non-accountant CFO	−0.394**	−0.394***
	(−2.12)	(−3.50)
CEO tenure	−0.024	−0.009
	(−1.34)	(−0.75)
Log(CEO age)	0.547*	0.151
	(1.90)	(0.86)
CEO is chairman	−0.056	0.054
	(−0.55)	(0.94)
Log(Board size)	0.084	0.291**
	(0.43)	(2.14)
Board independence	0.014	0.291
	(0.02)	(0.60)
Finance committee	0.186	0.016
	(0.84)	(0.07)
Investment committee	0.011	0.047
	(0.16)	(1.03)

续表

VARIABLES	Dependent variable=accountant CFO	
	LG industry firms (1)	HG industry firms (1)
Log(Market value)	0.105***	−0.048
	(2.66)	(−1.59)
Book to market	0.179	−0.113
	(1.08)	(−1.03)
Leverage	−0.025	−0.025*
	(−1.50)	(−1.86)
Cash	0.155***	0.006
	(3.37)	(0.14)
Return on assets	−0.096	−0.248
	(−0.16)	(−0.59)
Operating cash flow	−0.096	−0.177
	(−0.21)	(−0.52)
Log(Firm age)	0.044	0.001
	(0.88)	(0.02)
Asset tangibility	0.725**	0.109
	(2.22)	(0.41)
Employee intensity	0.661	4.797
	(0.15)	(1.38)
Sales growth	−0.111**	0.043
	(−2.46)	(1.04)
Employee growth	1.602	8.033
	(0.12)	(0.79)
Asset turnover	−0.069	0.062
	(−0.85)	(1.04)
Stock return volatility	0.095	−0.088
	(0.03)	(−0.05)
Acquisition	0.137	0.229
	(0.15)	(0.40)
Special items dummy	−0.086	−0.059
	(−1.01)	(−1.13)
Foreign operations dummy	0.045	−0.010
	(0.42)	(−0.16)
Constant	4.480***	9.609***
	(2.90)	(8.90)
Observations	4 229	9 925
r2_p	0.057 4	0.049 5

表 10-4 会计背景的 CFO 与公司产出的关系：单变量检验（对应 Hoitash，Hoitash and Kurt（2016）中的 Table 4）

VARIABLES	DV=Investment		DV=Underinvestment	DV=Overinvestment	DV=Financing dummy		DV=Cash		DV=Cost efficiency		DV=Tobin's q	
	LG industry firms (1)	HG industry firms (2)	LG industry firms (3)	HG industry firms (4)	LG industry firms (5)	HG industry firms (6)	LG industry firms (7)	HG industry firms (8)	LG industry firms (9)	HG industry firms (10)	LG industry firms (11)	HG industry firms (12)
Accountant CFO	0.006*	0.004*	−0.002	0.002	−0.099*	−0.078**	0.183***	0.017			−0.011	0.059
	(1.75)	(1.66)	(−1.58)	(0.52)	(−1.71)	(−2.08)	(2.99)	(0.76)			(−0.14)	(1.24)
Accountant CFO * Inc. sales dummy									0.019***	0.021***		
									(14.51)	(25.79)		
Constant	0.064***	0.083***	0.006***	−0.070***	−0.014	−0.218***	0.572***	0.477***	−0.003***	−0.003***	1.942***	2.176***
	(23.98)	(41.78)	(4.70)	(−17.31)	(−0.29)	(−7.04)	(13.09)	(23.98)	(−3.86)	(−6.07)	(28.23)	(51.96)
Observations	5 185	12 497	13 638	13 638	5 484	13 638	5 465	13 628	4 929	12 483	5 246	12 940
R-squared	0.001	0.000					0.003	0.000	0.045	0.058	0.000	0.000

Robust t-statistics in parentheses

*** p<0.01, ** p<0.05, * p<0.1

练习题

1. 阅读 Hoitash，Hoitash，and Kurt（2016）的论文和本章数据，使用 PSM 法对样本进行匹配后重复该论文主要步骤。

2. 补充会计背景的 CFO 与财务报告质量的相关证据。

参考文献

1. 白重恩，刘俏，陆洲，宋敏，张俊喜．中国上市公司治理结构的实证研究．经济研究，2005（2）：81－91.

2. 步丹璐，王晓艳．政府补助、软约束与薪酬差距．南开管理评论，2014（2）：23－33.

3. 陈运森．社会网络与企业效率：基于结构洞位置的证据．会计研究，2015（1）：48－55.

4. 陈运森，谢德仁．网络位置、独立董事治理与投资效率．管理世界，2011（7）：113－127.

5. 陈震，丁忠明．基于管理层权力理论的垄断企业高管薪酬研究．中国工业经济，2011（9）：119－129.

6. 陈震，汪静．产品市场竞争、管理层权力与高管薪酬—规模敏感性．中南财经政法大学学报，2014（4）：135－142.

7. 代彬，刘星，郝颖．高管权力、薪酬契约与国企改革——来自国有上市公司的实证研究．当代经济科学，2011（4）：90－98.

8. 丁忠明，王振富．公司董事会治理研究：综述与启示．上海经济研究，2008（1）：100－106.

9. 方军雄．高管权力与企业薪酬变动的非对称性．经济研究，2011（4）：107－120.

10. 傅颀，汪祥耀．所有权性质、高管货币薪酬与在职消费——基于管理层权力的视角．中国工业经济，2013（12）：104－116.

11. 高文亮，罗宏，程培先．管理层权力与高管薪酬粘性．经济经纬，2011（6）：82－86.

12. 胡明霞，干胜道．管理层权力、内部控制与高管腐败．中南财经政法大学学报，2015（3）：87－93.

13. 李明敏，李秉祥，惠祥．混合所有制企业资源异质股东共生关系形成机理——以中国联通混改方案为例．经济学家，2019（6）：70－79.

14. 刘慧龙，吴联生，王亚平．国有企业改制、董事会独立性与投资效率．金融研究，2012（9）：127－140.

15. 刘星，徐光伟．政府管制、管理层权力与国企高管薪酬刚性．经济科学，2012（1）：86－102.

16. 卢锐，魏明海，黎文靖．管理层权力、在职消费与产权效率——来自中国上市公司的证据．南开管理评论，2008（5）：85－92.

17. 吕长江，赵宇恒．国有企业管理者激励效应研究——基于管理者权力的解释．管理世界，2008（11）：99－109.

18. 吕长江，郑慧莲，严明珠，许静静．上市公司股权激励制度设计：是激励还是福利？管理世界，2009（9）：133－147.

19. 马德芳，叶陈刚．管理层权力、在职消费与公司业绩．现代管理科学，2016（1）：94－96.

20. 毛新述．高管团队及其权力分布研究：文献回顾与未来展望．财务研究，2016（2）：52－60.

21. 权小锋，吴世农，文芳．管理层权力、私有收益与薪酬操纵．经济研究，2010（11）：73－87.

22. 树友林．高管权力视角下的股权激励效应研究．南京社会科学，2011（12）：36－42.

23. 宋春霞．股东资源-资源基础理论的研究新视角．技术经济与管理研究，2015（3）：70－74.

24. 唐宗明，蒋位．中国上市公司大股东侵害度实证分析．经济研究，2002（4）：44－50.

25. 王斌．股东资源与公司财务理论．北京工商大学学报（社会科学版），2020（2）：9－21.

26. 王斌，刘一寒．美国公司双重股权结构：溯源、争议及借鉴．财务研究，2019（5）：3－14.

27. 王斌，宋春霞．基于股东资源的公司治理研究：一个新的视角．财务研究，2015（1）：88－96.

28. 王清刚，胡亚君．管理层权力与异常高管薪酬行为研究．中国软科学，2011（10）：166－175.

29. 王雄元，何捷．行政垄断、公司规模与 CEO 权力薪酬．会计研究，2012（11）：33－38.

30. 王烨，叶玲，盛明泉．管理层权力、机会主义动机与股权激励计划设计．会计研究，2012（10）：35－41.

31. 熊风华，彭珏．高管权力对高管薪酬的影响研究．财经问题研究，2012（10）：123－128.

32. 徐虹，林钟高，李倩．管理层权力、客户集中度与股权激励．广东财经大学学报，2015（3）：86－96.

33. 许金花，戴媛媛，李善民．社会责任、股东资源与创始人实际控制权．管理学报，2019（12）：1820－1829.

34. 许为宾，周建．董事会资本影响企业投资效率的机制——监督效应还是资源效应？经济管理，2017（5）：69－84.

35. 翟爱梅，张舒然．高管权力与激励薪酬操纵研究．中山大学学报（社会科学版），2013（5）：195－208.

36. 张伟华，王斌，宋春霞．股东资源、实际控制与公司控制权争夺——基于雷士照明的案例研究．中国软科学，2016（10）：109－122.

37. 张祥建，徐晋．股权再融资与大股东控制的“隧道效应”——对上市公司股权再融资偏好的再解释．管理世界，2005（11）：127－136.

38. 赵晶，关鑫，高闯．社会资本控制链替代了股权控制链吗？——上市公司终极股东双重隐形控制链的构建与动用．管理世界，2010（3）：127－139.

39. 赵青华，黄登仕．高管权力与股票期权计划实证研究．重庆大学学报（社会科学版），2013（3）：65－72.

40. 周其仁．市场里的企业：一个人力资本与非人力资本的特别合约．经济研究，1996（6）：71－80.

41. 朱国泓，杜兴强．控制权的来源与本质：拓展、融合及深化．会计研究，2010（5）：54－61.

42. Allen，F. and D. Gale. Diversity of Opinion and Financing of New Technologies. Journal of Financial Intermediation，1999，8(1－2)：68－89.

43. Arthur，N. Board Composition as the Outcome of an Internal Bargaining Process：Empirical Evidence. Journal of Corporate Finance，2001，7(3)：307－340.

44. Bacon，J. Corporate Directorship Practices：Membership and Committees of the Board. New York：The Conference Board，1973.

45. Bae，K. H.，J. K. Kang，and J. M. Kim. Tunneling or Value Added? Evidence from Mergers by Korean Business Groups. The Journal of Finance，2002，57(6)：2695－2740.

46. Baek，J. S.，J. K. Kang，and I. Lee. Business Groups and Tunneling：Evidence from Private Securities Offerings by Korean Chaebols. The Journal of Finance，2006，61(5)：2415－2449.

47. Barney，J. Firm Resources and Sustained Competitive Advantage. Journal of Management，1991，17(1)：99－120.

48. Bebchuk，L. A. and J. M. Fried. Executive Compensation at Fannie Mae：A Case Study of Perverse Incentives，Nonperformance Pay，and Camouflage. Journal of Corporation Law，2005，30(4)：807－822.

49. Bebchuk，L. A.，J. M. Fried，and D. I. Walker. Managerial Power and Rent Extraction in the Design of Executive Compensation. NBER Working Papers，2002.

50. Berkman，H.，R. A. Cole，and L. J. Fu. Expropriation through Loan Guarantees to Related Parties：Evidence from China. Journal of Banking and Finance，2009，33(1)：141－156.

51. Bertrand，M.，P. Mehta，and S. Mullainathan. Ferreting out Tunneling：An Application to Indian Business Groups. The Quarterly Journal of Economics，2002，117(1)：121－148.

52. Blau，F. D.，L. M. Kahn，and J. Waldfogel. Understanding Young Women's Marriage Decisions：The Role of Labor and Marriage Market Conditions. Industrial & Labor Relations Review，2000，53(4)：624－647.

53. Cheung，Y.，P. R. Rau，and A. Stouraitis. Tunneling，Propping，and Expropriation：Evidence from Connected Party Transactions in Hong Kong. Journal of Financial Economics，2006，82(2)：343－386.

54. Coles, J. L., N. D. Daniel, and L. Naveen. Boards: Does One Size Fit All? Journal of Financial Economics, 2008, 87(2): 329-356.

55. De Andres, P., V. Azofra, and F. Lopez. Corporate Boards in OECD Countries: Size, Composition, Functioning and Effectiveness. Corporate Governance: An International Review, 2005, 13(2): 197-210.

56. Denis, D. J., D. K. Denis, and A. Sarin. Agency Theory and the Influence of Equity Ownership Structure on Corporate Diversification Strategies. Strategic Management Journal, 1999, 20(11): 1071-1076.

57. Djankov, S., R. La Porta, and F. Lopez-De-Silanes. The Law and Economics of Self-Dealing. Journal of Financial Economics, 2008, 88(3): 430-465.

58. Dyck, A. and L. Zingales. Private Benefits of Control: An International Comparison. The Journal of Finance, 2004, 59(2): 537-600.

59. Faccio, M., L. H. P. Lang, and L. Young. Dividends and Expropriation. American Economic Review, 2001, 91(1): 54-78.

60. Faleye, O., R. Hoitash, and U. Hoitash. The Costs of Intense Board Monitoring. Journal of Financial Economics, 2011, 101(1): 160-181.

61. Fama, E. F. Agency Problems and the Theory of the Firm. Journal of Political Economy, 1980, 88(2): 288-307.

62. Fama, E. F. and M. C. Jensen. Separation of Ownership and Control. Journal of Law and Economics, 1983, 26(2): 301-325.

63. Fan, J. P. H., K. C. J. Wei, and X. Xu. Corporate Finance and Governance in Emerging Markets: A Selective Review and an Agenda for Future Research. Journal of Corporate Finance, 2011, 17(2): 207-214.

64. Hermalin, B. E. and M. S. Weisbach. Boards of Directors as an Endogenously Determined Institution: A Survey of the Economic Literature. Federal Reserve Bank of New York Economic Policy Review, 2001, 9(Apr): 7-26.

65. Hillman, A. J. and T. Dalziel. Boards of Directors and Firm Performance: Integrating Agency and Resource Dependence Perspectives. Academy of Management Review, 2003, 28(3): 383-396.

66. Hoitash, R., U. Hoitash, and A. C. Kurt. Do Accountants Make Better Chief Financial Officers? Journal of Accounting & Economics, 2016, 61(2-3): 414-432.

67. Holmstrom, B. Moral Hazard and Observability. The Bell Journal of Economics, 1979, 10(1): 74-91.

68. Huang, J. and D. J. Kisgen. Gender and Corporate Finance: Are Male Executives Overconfident Relative to Female Executives? Journal of Financial Economics, 2013, 108(3): 822-839.

69. Jensen, M. C. Agency Costs of Free Cash Flow, Corporate Finance, and Takeovers. The American Economic Review, 1986, 76(2): 323-329.

70. Jensen, M. C. and W. H. Meckling. Theory of the Firm: Managerial Behavior, Agency Costs and Ownership Structure. Journal of Financial Economics, 1976, 3(4): 305-360.

71. Jian, M. and T. J. Wong. Propping through Related Party Transactions. Review of Accounting Studies, 2010, 15(1): 70－105.

72. Jiang, G., C. M. C. Lee, and H. Yue. Tunneling through Intercorporate Loans: The China Experience. Journal of Financial Economics, 2010, 98(1)1: 20.

73. Jiang, G., P. Rao, and H. Yue. Tunneling through Non-Operational Fund Occupancy: An Investigation Based on Officially Identified Activities. Journal of Corporate Finance, 2015, 32: 295－311.

74. Johnson, S., R. L. Porta, F. L. D. Silanes, and A. Shleifer. Tunneling. American Economic Review, 2000, 90(2): 22－27.

75. Khanna, T. and Y. Yafeh. Business Groups in Emerging Markets: Paragons or Parasites? Journal of Economic Literature, 2007, 45(2): 331－372.

76. Kosnik, R. D. Greenmail: A Study of Board Performance in Corporate Governance. Administrative Science Quarterly, 1987, 32(2): 163－185.

77. Kraaijenbrink, J., J. C. Spender, and A. J. Groen. The Resource-Based View: A Review and Assessment of Its Critiques. Mpra Paper, 2010, 36(1): 349－372.

78. La Porta, R., F. Lopez-De-Silanes, and A. Shleifer. Corporate Ownership Around the World. The Journal of Finance, 1999, 54(2): 471－517.

79. Laeven, L. and R. Levine. Bank Governance, Regulation and Risk Taking. Journal of Financial Economics, 2008, 93(2): 259－275.

80. Laux, C. and V. Laux. Board Committees, CEO Compensation, and Earnings Management. The Accounting Review, 2009, 84(3): 869－891.

81. Lehmann, E. and J. Weigand. Does the Governed Corporation Perform Better? Governance Structures and Corporate Performance in Germany. Review of Finance, 2000, 4(2): 157－195.

82. Levi, M., K. Li, and F. Zhang. Director Gender and Mergers and Acquisitions. Journal of Corporate Finance, 2014, 28: 185－200.

83. Lipton, M. and J. W. Lorsch. A Modest Proposal for Improved Corporate Governance. The Business Lawyer, 1992, 48(1): 59－77.

84. Mace, M. L. Directors: Myth and Reality. MA: Harvard Business School Press, 1971.

85. Mak, Y. T. and S. C. Lim. Ownership Structure, Board Structure and Corporate Diversification. SSRN Working Paper, 2000.

86. Maury, B. and A. Pajuste. Multiple Large Shareholders and Firm Value. Journal of Banking and Finance, 2004, 29(7): 1813－1834.

87. Mohan, N. J. and C. R. Chen. Are IPOs Priced Differently Based upon Gender? Journal of Behavioral Finance, 2004, 5(1): 57－65.

88. Morse, A., V. Nanda, and A. Seru. Are Incentive Contracts Rigged by Powerful CEOs? The Journal of Finance, 2011, 66(5): 1779－1821.

89. Nenova, T. The Value of Corporate Voting Rights and Control: A Cross-Country

Analysis. Journal of Financial Economics, 2003, 68(3): 325 - 351.

90. Pfeffer, J. Size and Composition of Corporate Boards of Directors: The Organization and Its Environment. Administrative Science Quarterly, 1972, 17(2): 218 - 228.

91. Pollock, T. G., H. M. Fischer, and J. B. Wade. The Role of Power and Politics in the Repricing of Executive Options. The Academy of Management Journal, 2002, 45(6): 1172 - 1182.

92. Claessens, S. Corporate Governance and Development. World Bank Research Observer, 2006, 21(1): 91 - 122.

93. Shleifer, A. and R. W. Vishny. A Survey of Corporate Governance. The Journal of Finance, 1997, 52(2): 737 - 783.

94. Tricker, B. German Two Tier Boards and Bank Share Holdings—The Case of Metallgesellschaft. Corporate Governance: An International Review, 1994, 2(3): 123 - 123.

95. Vancil, R. F. Passing the Baton: Managing the Process of CEO Succession. The Academy of Management Executive, 1989, 2(3): 251 - 253.

96. Volpin, P. F. Erratum to "Governance with Poor Investor Protection: Evidence from Top Executive Turnover in Italy". Journal of Financial Economics, 2002, 65(1): 159 - 160.

97. Warner, J. B., R. L. Watts, and K. H. Wruck. Stock Prices and Top Management Changes. Journal of Financial Economics, 1988(20): 461 - 492.

98. Weisbach, M. S. Outside Directors and CEO Turnover. Journal of Financial Economics, 1988, 20: 421 - 460.

99. Yakov, A. and L. Baruch. Risk Reduction as a Managerial Motive for Conglomerate Mergers. The Bell Journal of Economics, 1981, 12(2): 605 - 617.

100. Yermack, D. Higher Market Valuation of Companies with a Small Board of Directors. Journal of Financial Economics, 1996, 40(2): 185 - 211.

101. Zahra, S. A. and J. A. Pearce. Boards of Directors and Corporate Financial Performance: A Review and Integrative Model. Journal of Management, 1989, 15(2): 291 - 334.

102. Zahra, S. A., E. Gedajlovic, D. O. Neubaum, and J. M. Shulman. A Typology of Social Entrepreneurs: Motives, Search Processes and Ethical Challenges. Journal of Business Venturing, 2009, 24(5): 519 - 532.

103. Zingales, L. The Value of the Voting Right: A Study of the Milan Stock Exchange Experience. The Review of Financial Studies, 1994, 7(1): 125 - 148.

104. Zingales, L. In Search of New Foundations. The Journal of Finance, 2000, 55(4): 1623 - 1653.

附录　Stata 入门

附表 1－1　Stata 软件简介

Stata 是应用经济学研究者的一个强有力的工具，具有强大的数据管理、统计和计量经济分析（包括横截面数据、时间序列数据和面板数据分析）、矩阵运算能力。 目前，主要的统计和计量软件有 SAS，EVIEWS，SPSS，TSP，RATS，LIMDEP，Shazam，Gauss，OX 或 Matlab。 SAS 具有强大的数据管理、统计和计量分析能力。但学习 SAS 需要花费较大的精力，且 SAS 的可扩展性不够强。 EVIEWS 和 SPSS 属于点击式软件，SPSS 是一个统计软件，而不是计量软件，EVIEWS 的时间序列分析功能非常强大，统计分析功能相对较弱。 TSP，RATS，LIMDEP，Shazam 都是比较流行的计量经济学软件，均以编程为主，但并不复杂，在数据管理的透明度和统计分析上存在一定的缺陷。 Gauss，OX，Matlab 均属于矩阵语言。理论上绝大多数统计问题可以通过矩阵语言来解决，因而在软件的学习上需要花费更多的精力。在这个问题上应该考虑成本效益原则。 同上述软件相比，Stata 集数据管理、统计和计量经济分析于一体，在数据的管理上比较透明。Stata 提供的许多数据管理函数使数据管理变得异常方便，其统计和计量经济分析能力强大。Stata 的主要优点有： （1）Stata 在分析时将数据全部读入内存，运算速度非常快，数据管理能力很强大，尤其方便对数据执行分组、滚动处理和分析； （2）简单与灵活性兼备，拥有菜单、命令与编程三种执行方式； （3）更新速度快，可扩展性强（自行下载更新和修改）； （4）面板数据和离散模型的分析功能非常强大，稳健估计非常方便。 下面简要说明一下 Stata 的工作界面。 安装 Stata 打开程序后，会显示 Stata 的工作界面（见附图 1－1）。工作界面中一共包括 4 个窗口（见附图 1－1 的指示说明）： 1. 结果（output）窗口。用于显示在 Stata 运行中的所有信息。所有提交的命令都用白色显示（如在附图 1－1 中结果窗口输入 sysuse auto,clear），运算结果用黄色与绿色显示，如有错误，则用红色显示。 2. 命令（command）窗口。用于输入命令，回车后提交命令，运算结果在结果窗口显示。例如，输入命令 sysuse auto,clear 后回车。 3. 变量（variables）窗口。用于显示当前数据中的所有变量，包括变量名、变量标签等。在命令窗口输入命令 sysuse auto,clear 后回车，变量窗口会显示 auto 数据的所有 12 个变量（make，price，…，foreign）。 4. 命令记录（history）窗口。用于记录提交的命令。

除了 4 个默认打开的窗口外，Stata 工作界面上方还有菜单栏和工具栏（见附图 1－1 的指示说明）。用户通过菜单点击方式操作 Stata，主要菜单选项有：

File（文件菜单），主要用于执行文件的打开、调入、存储、退出等操作。

Edit（编辑菜单），主要用于执行文本的选择、复制、粘贴、查找、替换等操作。

Data（数据菜单），主要用于执行数据的描述、编辑、修改、排序、合并和变量管理等操作。

Graphics（图形菜单），主要用于执行各种图形的制作和编辑等操作。

Statistics（统计菜单），主要用于执行各种统计和计量经济分析等操作。

User（用户菜单），主要用于用户数据、图形和统计操作。

Window（视窗菜单），主要用于工作界面视窗的设置和调整等操作。

Help（帮助菜单），主要用于查询手册、Stata 命令查询和使用、Stata 更新等操作。

Stata 菜单栏的下面是工具栏（快捷键）。从左至右，这些快捷键的功能分别是：数据打开、数据存盘、窗口打印、结果记录文件处理、信息浏览窗口打开、制图窗口打开、do 文件编辑器处理、数据编辑窗口、数据浏览窗口、分页符处理、中断按键。

了解 Stata 的工作界面后，可以尝试通过 File 菜单，或在命令窗口输入命令，或者通过 do 文件编辑器处理编程来打开或调入数据，然后进行各种操作。

如果读者对 Stata 还不够了解，可以在安装 Stata 后，点击工具栏 Help-PDF documentation，点击文件目录［GS］Getting Started，下载 Getting Started With Stata 手册阅读。或者选择任意一本有关 Stata 入门的中英文书籍，如《Stata 实用教程》（王天夫和李博柏，2008）。

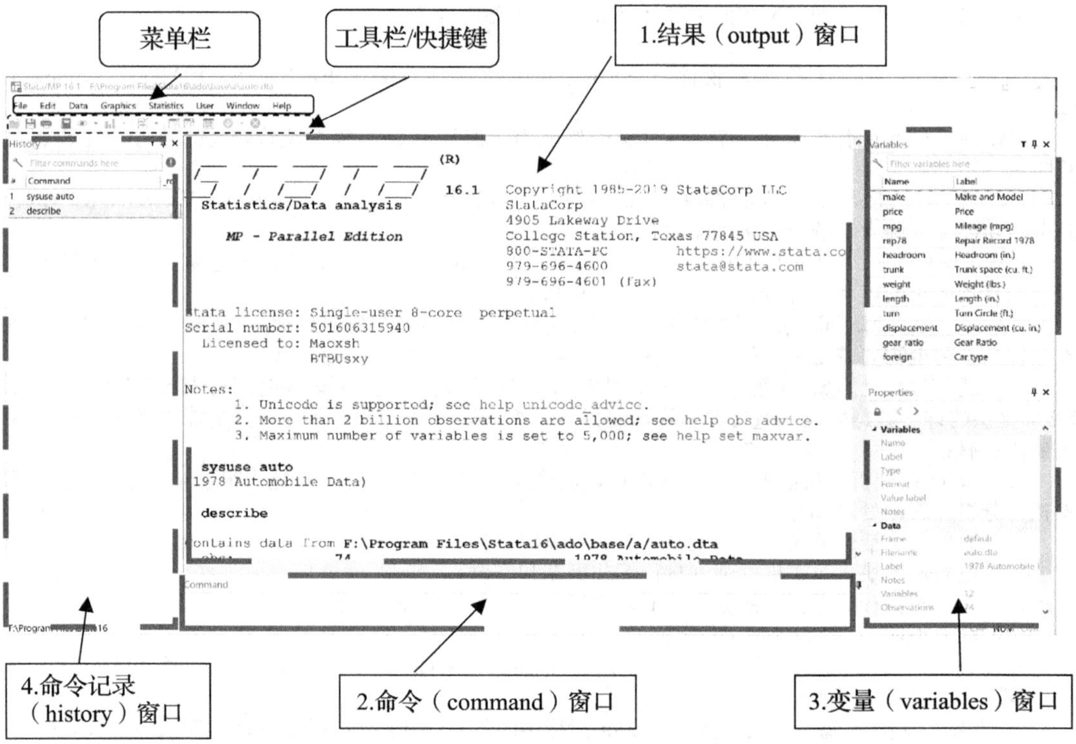

附图 1－1　Stata 的工作界面

附表 1-2 Stata 的软件更新和学习资源

软件的升级	Stata 软件的升级： 一、Stata 公司提供的升级（截至 2020 年底，最新版本为 Stata 16） Stata 升级包括两个部分：Stata executables 和 Stata ado-files。 方法 1：输入命令 update all 更新所有部分。 方法 2：登录 http://www. stata. com/support/updates/，选择相应的版本下载更新文件。然后： （1）用下载的新的 Stata executables 文件替换原有文件。 （2）对于 Stata ado-files： 1）下载升级包，将整个升级包解压到某个文件夹下，如 c：\ temp，升级后可以将其删除。 2）打开 Stata，键入命令 update from c：\ temp。 3）按照提示继续，例如键入 update ado。 二、其他机构提供的 ado 文件的升级 http://ideas. uqam. ca/ideas/data/bocbocode. html 提供了大量的 ado 文件，可下载后安装。或直接通过 ssc intall 命令进行安装。如安装 outreg2，ssc install outreg2。 也可以通过 net install 命令进行安装，如 net install outreg2，或先 findit outreg2，然后进行安装。 在 Stata 中输入下述命令，可查询更新。 ssc whatsnew/* 查找 ssc 的更新* / adoupdate /* 全部更新 ssc 的 ado 文件* /
软件内存和硬盘要求	Stata 能够处理多大的数据取决于计算机的内存。可以通过 set memory 命令来设定数据管理的内存（Stata 12 以后自动分配内存）： set memory50m /* 将用于 Stata 数据管理的内存设为 250 兆* / Stata 对数据集的变量以及数据矩阵也有限制，可以通过 set maxvar 和 set matsize 来设定。 set maxvar 10000 set matsize 7300 注意，Stata 不同版本（MP，SE，intercool 和 small）的限制大小不同。
学习资源	一、Stata 学习资源 （1）通过 Stata 手册进行学习。 （2）通过 help 命令了解对相关命令的使用。 （3）其他资源： http://www. stata. com/support/faqs/ http://statcomp. ats. ucla. edu/stata/ http://www. mimas. ac. uk/stats/stata 二、计量经济学与 Stata 学习网址 Econometric Analysis by William Greene Econometric Analysis of Cross Section and Panel Data by Jeffrey M. Wooldridge http://fmwww. bc. edu/gstat/examples/wooldridge/wooldridge. html（wooldridge 计量经济学导论） https://stats. idre. ucla. edu/other/examples/#（更多统计与计量经济学教材示例）

附表 1－3　Stata 语法的基本规则

<table>
<tr><td>一般语法</td><td>1. 除了矩阵运算及某些特殊符号以外，所有的命令和关键词一律用小写，变量可以大写，但大小写不等价，即 VAR 和 var 是两个变量。有些算子大小写等价，如滞后算子（L. 或 l.）、差分算子（D. 或 d.）。
2. 每一命令行以回车作为结束符，模型和选项之间用，隔开。
3. 通常，一次处理一个数据集。
4. 提供菜单、命令和编程三种处理方式。
5. 不区分数据步和程序步。
6. 每次将全部数据读入内存，可以访问整个数据集中每个变量的所有观测值。处理过程中应该考虑计算机的内存，通常数据集分配的内存应为数据集的 120%。
7. 数字型变量中的缺失值（.）为最大值；字符型缺失值用“”表示。
8. 条件语句位于命令之后。
9. 区分数学等号（=）和逻辑等号（==）。
10. 命令的书写可以简化，可以用其开头几个字母表示，比如用 g 或 gen 表示 generate。
11. 数学运算中加、减、乘、除、乘方的表示分别为：＋、－、＊、/、∧。
12. 逻辑运算中和、或、非的表示分别为：&、|、! 或～。</td></tr>
<tr><td>程序与命令语法</td><td>Stata 程序可以由 Stata 命令组成。Stata 命令的通用格式为：
[分组选项(by varlist)：]命令名(command)[变量名(varlist)][if 表达式(if exp)][in 选项(in range)][加权(weight)][，选项(options)]
[] 表示可选项，例如：
use "F:\return.dta"
sort year
by year:reg y x1 x2 if year> = 2001,robust
这一程序由三行命令组成，表示打开数据集 return(use "F:\return.dta")，按年度进行排序(sort year)，然后对 2001 年度以后的年度(if year> = 2001)分年度(by year)进行回归(reg)，并且报告异方差稳健标准误(robust)。

使用 cd 设置当前路径。
cd "F:\"
use return.dta
注：路径中最后的斜杠有时只能是/，不能是\，否则 Stata 无法连接字符串，字符串可带“”，也可以不带。</td></tr>
</table>

附表 1-4 Stata 常用数学函数

数学函数	描述
abs()	求绝对值。
cond(x,y,z)	如果 x 不等于 0，则返回 y，否则返回 z。
exp()	指数函数。
int()	取整函数。
log()或 ln	取自然对数。
log10()	取 10 为底的对数。
min(x1,x2,…)	求最小值。
max(x1,x2,…)	求最大值。
mod(x,y)	x 被 y 整除以后的余数。
sqrt()	取平方根。
sign()	三个结果：+1（正数）；-1（负数）；0。
sum()	对当前值及以前的观测值求和。
uniform()	产生 0，1 之间的随机数，() 内不添加数字但不可省。
cos()	三角函数 gen y=cos(x*_pi/180)。
substr(s,n1,n2)	对字符串 s 从第 n1 个开始取 n2 长度的子字符串。
length(s)	返还字符串的长度。
real(s)	转换为数值型，real("5.2")=5.2。

附表 1-5　Stata 常用分布与密度函数

分布与密度函数	描述
binomial(n,k,p)	二项式分布，当一次实验的成功概率为 p 时，则 n 次实验中有 k 次或更少次成功的概率。
chi2(n,x)	自由度为 n 的累计卡方分布。
chi2tail(n,x)	自由度为 n 的反向累计卡方分布，chi2tail(n,x)= 1-chi2(n,x)。
F(n1,n2,f)	分子、分母自由度分别为 n1、n2 的累计 F 分布。
Fden(n1,n2,f)	分子、分母自由度分别为 n1、n2 的 F 分布的概率密度函数。
Ftail(n1,n2,f)	分子、分母自由度分别为 n1、n2 的反向累计 F 分布，Ftail(n1,n2,f)= 1-F(n1,n2,f)。
invchi2(n,p)	卡方分布的逆运算：如果 chi2(n,x)= p,则 invchi2(n,p)= x。
invchi2tail(n,p)	chi2tail() 的逆运算，如果 chi2tail()= p，则 invchi2tail(n,p)= x。
invF(n1,n2,p)	分子、分母自由度分别为 n1、n2 时，累计 F 分布的逆运算，如果 F(n1,n2,f)= p，则 invF(n1,n2,p)= f。
invFtail(n1,n2,p)	分子、分母自由度分别 n1、n2 时，反向累计 F 分布的逆运算，如果 Ftail(n1,n2,f)=p，则 invFtail(n1,n2,p)=f。
invnormal(p)	累计标准正态分布的逆运算，如果 normal(z)= p，则 invnormal(p)= z。
invttail(n,p)	反向累计 t 分布的逆运算，如果 ttail(n,t)= p，则 invttail(n,p)= t。
normal(z)	累计标准正态分布。
normalden(z)	标准正态分布密度。
normalden(x,m,s)	均值为 m、标准差为 s 的正态分布密度。normalden(x,0,1)= normalden(x)。normalden(x,m,s)= normalden[(x-m)/s]/s。
tden(n,t)	自由度为 n 的 t 分布密度。
ttail(n,t)	自由度为 n 的反向累计 t 分布，结果为 T>t 的概率。

附表 1-6 Stata 常用日期函数

日期函数和命令	描述	举例
date(s1,s2[,Y])	将字符型日期转换为时间型日期。根据 s2 和 Y 将对应的 s1 字符型日期转换为 Stata 日期（自 1960 年 1 月 1 日起的天数），s1 包含以字符串形式记录的日期，几乎可以采用任何格式。月份可以全称、缩写（三个字符）或以数字表示；年份可以包括或不包括世纪；允许使用空格和标点符号。 s2 是 M，D 和［##］Y 的任意排列，它们的顺序确定了月、日和年在 s1 中出现的顺序。如果指定 ##，则表示 s1 中两位数年份的默认世纪。例如，s2＝"MD19Y" 将 s1＝"11/15/91" 转换为 1991 年 11 月 15 日。Y 提供了另一种处理两位数年份的方法。遇到两位数年份时，返回不超过 Y 的最大年份（topyear）。 如果既没有指定 ##，也没有指定 Y，则 date() 遇到两位数的年份时返回缺失值。	date("7-11-1948","MDY")= 11jul1948 date("11/07/1948","DMY")= 11jul1948 date("July 11,1948","MDY")= 11jul1948 date("1948 Jul11","YMD")= 11jul1948 date("11/07/48","DM19Y")= 11jul1948 date("11/07/48","DM20Y")= 11jul1948 date("1/15/08","MDY",1999)= 15jan1908 date("1/15/08","MDY",2019)= 15jan2008 date("1/15/51","MDY",2000)= 15jan1951 date("1/15/50","MDY",2000)= 15jan1950 date("1/15/49","MDY",2000)= 15jan1949 date("1/15/01","MDY",2050)= 15jan2001 date("1/15/00","MDY",2050)= 15jan2000
format date %d	将 Stata 日期转换为日期时间 %d 格式。 Stata 以 1960 年 1 月 1 日作为日期 0，1960 年 1 月 2 日作为日期 1，利用 format 命令进行格式转换。 类似地，季度和月度数据转换如下。 季度：format t %tq。 月度：format m %tm。	主要日期显示格式： %d %td 07jul1948 %tdM_d, _CY July 7，1948 %tdY/M/D 48/07/11 %tdM-D-CY 07-11-1948 %tqCY. q 1999. 2 %tqCY:q 1992:2 %twCY, _w 2010,48
year(e_d) month(e_d) day(e_d) halfyear(e_d) quarter(e_d) week(e_d) dow(e_d) doy(e_d)	从日期时间常量 e_d 中提取年、月、日、半年、季、周等时间。e_d 应该为 Stata 日期，如果不是，首先应将其转换为 Stata 日期。	gen y= year(date) gen m= month(date) gen d= day(date) gen halfyear= halfyear(date) gen quarter= quarter(date) gen week= week(date) gen dow= dow(date) gen doy= doy(date)

续表

日期函数和命令	描述	举例
mdy(m,d,y)	将年（Y）、月（M）和日（D）合成日期。	gen mdy=mdy(m,d,y) format mdy %td
yh(Y,H) ym(Y,M) yq(Y,Q) yw(Y,W)	将年半年、年季、年月和年周合并。	gen yh=yh(y,halfyear) format yh %th gen yq=yq(y,quarter) format yq %tq gen ym=ym(y,m) format ym %tm gen yw=yw(y,week) format yw %tw

附表 1-7 Stata 常用字符函数

字符函数	描述	举例
abbrev(s,n)	将字符串 s 缩写至 n 字符。	abbrev("displacement",8)= displa~t.
char(n)	返回到 ASCII 码 n 的字符。	
indexnot(s1,s2)	s1 字符中，未在 s2 中出现的第 1 个字符在 s1 中的位置，若都出现，则为 0。	display indexnot("ab", "carribean") //显示为 0
itrim(s)	去除字符串 s 中间连续的空格。	itrim("hello there") = "hello there"
ltrim(s)	去除字符串 s 左边连续的空格。	ltrim(" this")= "this"
rtrim(s)	去除字符串 s 右边连续的空格。	rtrim("this ")= "this"
trim(s)	去除字符串 s 左右两边连续的空格。	trim(" this ")= "this"
length(s)	统计字符串 s 的长度。	length("ab")= 2
lower(s)	将大写字符串 s 转换为小写。	lower("THIS")= "this"
upper(s)	将小写字符串 s 转换为大写。	upper("this")= "THIS"
plural(n,s) or plural(n,s1,s2)	将字符串 s 转换成复数。	plural(2, "horse")= "horses"
proper(s)	将字符串 s 的每个词汇首字母大写。	proper("jack o'reilly")= "Jack O'Reilly"
real(s)	将字符串 s 转换为数字。	real("5. 2")+1=6. 2 real("hello")= .
regexm(s,re)	在字符串 s 中查找匹配正则表达式 re，若找到，为 1，否则为 0。	见 Stata 字符型函数的应用
regexr(s1,re,s2)	用字符串 s2 取代 s1 中第一个与 re 匹配的字符串。	disp regexr("600,000",",","")//将 600,000 中的,去掉
regexs(n)	截取执行 regexm() 函数后第 n 个子表达式。	display regexm("x1","x") //显示为 1 display regexs(0) //显示 x
reverse(s)	将字符串 s 反转。	reverse("hello")= "olleh"
soundex(s)	将字符串 s 转为 sound 表达式。	soundex("Ashcraft")= "A226"
string(n)	将数字转换为字符。	string(4)+"F"="4F"

续表

字符函数	描述	举例
string(n,s)	将带有显示格式的数字和时间转换为字符串。	string(4,"%9.2f")= "4.00" string(0,"%td")= "01jan1960"
strmatch(s1,s2)	若 s1 与 s2 匹配，则为 1，反之为 0。	strmatch("17.4","1?? 4")= "1"
strpos(s1,s2)	s2 在 s1 中出现的首个位置。	strpos("this","is")= 3
subinstr(s1,s2,s3,n)	将 s1 中首个 n 次出现的 s2 用 s3 取代。(s1 中有 s2 即被 s3 取代。)	subinstr("this is this","is","X",1)= "thX is this"
subinword(s1,s2,s3,n)	将 s1 中每个词汇中首个 n 次出现的 s2 用 s3 取代。(s1 中词汇与 s2 一致才被 s3 取代。)	subinword("this is this","is","X",1)= "this X this"
substr(s,n1,n2)	从字符串 s 第 n1 个开始取，取 n2 个字符。	substr("abcdef",2,3)= "bcd" substr("abcdef",-3,2)= "de"
word(s,n)	选取字符串 s 中第 n 个词汇。	word("this is this",2)= "is"
wordcount(s)	计算字符串 s 中词汇的数量。	disp wordcount("this is this")= 3 disp wordcount("我 爱 你")= 3

附表 1-8 Stata 宏变量和循环语句

1. 宏变量

一个宏可以是局部的，也可以是全局的。局部宏（local macro）可创建于 do 文件和 ado 文件，当 do 文件正常或非正常终止时就会消失。全局宏（global macro）会在 Stata 程序中或交互对话期间持续存在。

(1) 局部宏。Stata 中的局部宏有助于更高效地完成任务。在 Stata 中，一个局部宏就是一个容器，它可以包含一个对象，例如一个数字或一个变量的名称，或者是一组对象。一个局部宏也可能包含文字数字式字符的任意组合。Stata 的宏实际上是别名，它既有名称也有取值。随时都可以通过解引用（dereference）宏的名称，并得到其取值：

```
local country US UK DE FR
display "`country'"
US UK DE FR
```

上述 local 命令命名宏的名称为 country，而后用四组两字节的国家编码序列定义了其取值。为了访问宏的值，我们必须解引用宏。为了得到宏的取值，宏的名称前后必须分别有左撇号（`）与右撇号（'）。如果需要对宏的值进行计算，在 local 语句中可以使用等号（=），其他情况下则应当尽量避免使用等号。例如：

```
local count 0
local country US UK DE FR
foreach c of local country {
  local count =  `count'+ 1
  display "Country `count': `c'"
}
```

运行结果为：

```
Country 1: US
Country 2: UK
Country 3: DE
Country 4: FR
```

若计算中不使用等号：

```
local count 0
local country US UK DE FR
foreach c of local country {
  local count  `count'+ 1
  display "Country `count': `c'"
}
```

则运行结果为：

```
Country 0+ 1: US
Country 0+ 1+ 1: UK
Country 0+ 1+ 1+ 1: DE
Country 0+ 1+ 1+ 1+ 1: FR
```

(2) 全局宏。在 Stata 中可以通过 global 来定义全局宏，并通过 $ 来解引。通常全局宏用于将项目参数保存到程序当中，诸如将一个包含今天日期的字符串嵌入由此程序创建的文件名称，或数据集默认目录下，而且 do 文件可以存取。

除非确实需要全局宏（带有全局范围的符号），否则应使用局部宏。当全局符号是用 do 文件 A 定义的时候，再运行 Stata 的 do 文件 G 或 H 时，会发现它们的运行不如预期的那样，原因在于它们获得了全局符号的值。这种问题一旦出现，很难排除。

2. 循环语句

在 Stata 中，可以很方便地通过 forvalues 和 foreach 命令执行循环，从而提高程序的编写效率。

例如，我们已经有了一组变量 gdp1，gdp2，gdp3，gdp4，现要对其取对数，并产生 4 个新的变量 lngdp1，lngdp2，lngdp3，lngdp4，对新变量进行描述性统计。通过使用下述循环，可以很方便地完成：

```
forvalues i = 1/4 {
gen lngdp`i' = log(gdp`i')
summ lngdp`i'
}
```

当局部宏 i 定义为循环整数时，使用 forvalues 命令可以高效方便地执行程序。但是如果变量名称中不能含有相同的整数部分或是包含不连续的整数，就应当使用 foreach 命令。例如，利用循环对 USgdp，UKgdp，DEgdp，FRgdp 变量取对数，并产生 lnUSgdp，lnUKgdp，lnDEgdp，lnFRgdp 这些新变量。

```
foreach c in US UK DE FR {
  gen ln`c'gdp = log(`c'gdp)
  summ ln`c'gdp
  }
```

*说明与注意事项

(1) 宏变量的表示：`i'，`c'。

(2) forvalues 总是和宏变量一起使用。

(3) forvalues 中 i=1/4 仅表示循环过程控制，不会出现在 Stata 数据集中。forvalues 通常不能用于产生观察，如

```
forvalues i = 1/4 {
  gen lngdp = `i'
}
```

因为 Stata 总是一次将变量的数据全部读入内存。

Stata 中的循环不便于对观察进行处理，但对变量进行处理的功能很强大。例如将资产负债表 hbzj 到 lrfp 的所有项目都重命名，标注为合并报表项目：

```
foreach var of varlist hbzj- lrfp{
        rename `var' `var'_hb
        }
```

图书在版编目（CIP）数据

实证研究方法论：Stata 应用 / 毛新述编著. --北京：中国人民大学出版社，2022.2
高等院校研究生用书
ISBN 978-7-300-30017-7

Ⅰ.①实… Ⅱ.①毛… Ⅲ.①统计分析－应用软件－研究生－教材 Ⅳ.①C819

中国版本图书馆 CIP 数据核字（2021）第 244422 号

高等院校研究生用书
实证研究方法论——Stata 应用
毛新述　编著
ShiZheng YanJiu FangFaLun——Stata YingYong

出版发行	中国人民大学出版社		
社　　址	北京中关村大街 31 号	**邮政编码**	100080
电　　话	010－62511242（总编室）		010－62511770（质管部）
	010－82501766（邮购部）		010－62514148（门市部）
	010－62515195（发行公司）		010－62515275（盗版举报）
网　　址	http://www.crup.com.cn		
经　　销	新华书店		
印　　刷	固安县铭成印刷有限公司		
开　　本	787 mm×1092 mm　1/16	**版　　次**	2022 年 2 月第 1 版
印　　张	26.25 插页 1	**印　　次**	2024 年 12 月第 5 次印刷
字　　数	625 000	**定　　价**	79.00 元

中国人民大学出版社　管理分社

教师教学服务说明

中国人民大学出版社管理分社以出版工商管理和公共管理类精品图书为宗旨。为更好地服务一线教师，我们着力建设了一批数字化、立体化的网络教学资源。教师可以通过以下方式获得免费下载教学资源的权限：

★ 在中国人民大学出版社网站 www.crup.com.cn 进行注册，注册后进入“会员中心”，在左侧点击“我的教师认证”，填写相关信息，提交后等待审核。我们将在一个工作日内为您开通相关资源的下载权限。

★ 如您急需教学资源或需要其他帮助，请加入教师 QQ 群或在工作时间与我们联络。

中国人民大学出版社　管理分社

教师 QQ 群： 648333426（工商管理）　114970332（财会）　648117133（公共管理）
教师群仅限教师加入，入群请备注（学校＋姓名）

联系电话： 010-62515735，62515987，62515782，82501048，62514760

电子邮箱： glcbfs@crup.com.cn

通讯地址： 北京市海淀区中关村大街甲 59 号文化大厦 1501 室（100872）

管理书社　　人大社财会　　公共管理与政治学悦读坊